हिन्दी रामकाव्य का स्वरूप और विकास
बदलते युगबोध के परिप्रेक्ष्य में

संरक्षण

योगी आदित्यनाथ

माननीय मुख्यमंत्री, उत्तर प्रदेश

मार्गदर्शन

श्री जयवीर सिंह

माननीय मंत्री, संस्कृति एवं पर्यटन विभाग, उत्तर प्रदेश

निर्देशन

श्री मुकेश कुमार मेश्राम

प्रमुख सचिव, संस्कृति एवं पर्यटन विभाग, उत्तर प्रदेश
अध्यक्ष-संस्थान

श्री शिशिर

निदेशक, संस्कृति निदेशालय, उत्तर प्रदेश
उपाध्यक्ष-संस्थान

कार्यकारी संपादक

डॉ. लवकुश द्विवेदी

हिन्दी रामकाव्य का स्वरूप और विकास

बदलते युगबोध के परिप्रेक्ष्य में

प्रेमचन्द्र माहेश्वरी

ESTD.-1986

लेखश्री पब्लिकेशन | अयोध्या शोध संस्थान

सजिल्द प्रथम संस्करण : 2023

लेखश्री पब्लिकेशन
दयानन्द मार्ग, दरियागंज, नयी दिल्ली-110002
मो.- 8588048658
ईमेल : daminimaheshwari017@gmail.com

In Association with

ESTD.-1986
Ayodhya Shodh Sansthan

presents

Hindi Ramkavya Ka Swaroop Aur Vikas
Badalate Yugbodh Ke Pariprekshya Mein
by Premchandra Maheshwari

ISBN : 978-93-5775-930-4
Religion/Culture

मूल्य : ₹ 2000

चित्र : गीताप्रेस, गोरखपुर से आभार सहित प्रकाशित किये जा रहे हैं।

आर.के.ऑफ़सेट, शाहदरा, दिल्ली-110 032 में मुद्रित

आमुख

राम-काव्य भारतीय चिन्तन का वह मेरुदण्ड है जिससे कला, साहित्य, दर्शन और मनोविज्ञान की अवधारणाओं के सूत्र जुड़ते और प्रेरणा पाते हैं। विभिन्न कालों की आध्यात्मिक, सामाजिक तथा राजनैतिक अवधारणाएँ राम कथा के सनातन प्रतीक-पुरुषों के माध्यम से ही अपने युग के प्रश्नों-प्रतिप्रश्नों का समाधान खोजती रही हैं। प्राचीन तथा मध्ययुग इन प्रश्नों का समाधान अध्यात्म तथा भक्ति की कुक्षि से जन्म लेनेवाली ईश्वरीय आस्था में खोजता रहा है तो आधुनिक वैज्ञानिक की सप्रश्न दृष्टि भी वर्तमान युग के शंकाकुल प्रश्नों के उत्तर के लिए इन्हीं सनातन प्रज्ञा-पुरुषों की ओर देखती है।

आधुनिक काव्य वैचारिक नवजागरण तथा भावात्मक उन्मेष के क्रमिक विकास का प्रतिफलन है। यह जागरण विशुद्ध सामाजिक-राजनैतिक सुधारों को लेकर व्यक्ति की अन्तश्चेतना, वर्ग-वैषम्य और सन्देहाकुल मन:स्थिति की अनेक भाव-भूमियों को पार करता हुआ वर्तमान सप्रश्न चिन्तन की सीमा तक आ पहुँचा है। उसमें रूढ़िवादी, सामंती, एवं आभिजात्य संस्कारों के विरुद्ध प्रतिक्रिया का स्वर धार्मिक आस्थाओं और आध्यात्मिक विश्वासों के प्रति एक जबर्दस्त चुनौती के रूप में सामने आया है जो आधुनिक पौराणिक काव्य की केन्द्रीय आस्था को अनेक स्थलों पर झकझोरता और खण्डित करता है। इस स्थिति में आधुनिक भक्ति काव्य का उसकी सप्रश्न मानसिकता के साथ तालमेल बिठाना आधुनिक कवि अथवा साहित्य स्रष्टा के लिए अत्यन्त कठिन है, क्योंकि एक स्तर पर उसे पौराणिक मिथकों की आत्मा को सुरक्षित रखना है, तो दूसरे स्तर पर पाठकीय संवेदना को उनके प्रति आश्वस्त भी बनाना है। साथ ही युग की समस्याओं और मूल्यों-प्रतिमानों को नवीन युग की अपेक्षाओं के अनुरूप मूल्यांकित करना भी उसके लिए उतना ही अनिवार्य है; कवि की निजी दृष्टि, पारिवारिक संस्कार और मानसिक पृष्ठभूमि भी नवयुग की समस्याओं के सीधे साक्षात्कार में अवरोध डालती है। परिणामस्वरूप समान केन्द्रीय पात्रों को लेकर भी आधुनिक कवि एक ही स्थिति को अपनी-अपनी दृष्टि से परिभाषित करते हैं।

पाठक अथवा समीक्षक (समीक्षक भी अन्तत: प्रबुद्ध पाठक ही होता है) को भी अन्तत: कवि के समान इस दुहरे दायित्व का निर्वाह करना अनिवार्य है कि वह बीसवीं शती की काव्य-प्रवृत्तियों के समानान्तर रचे हुए राम-काव्य की मौलिक संवेदना को भी रेखांकित करे और उसमें आये हुए नवीन परिवर्तनों की प्रासंगिकता और उपल-ब्धियों का लेखा-जोखा भी प्रस्तुत करे। प्रस्तुत कृति बीसवीं शती के राम-काव्य में संवेदना, पात्र-परिकल्पना, कथात्मक विकास और शैली-शिल्प की विशिष्टताओं को इसी दुहरे स्तर पर व्याख्यायित और मूल्यांकित करने का विनम्र प्रयास है।

बीसवीं शती का राम-काव्य-गुण और परिमाण-दोनों ही दृष्टियों से अत्यन्त समृद्ध और पुष्कल है। मध्ययुग में कृष्ण-काव्य की प्रचुरता और लोकप्रियता की तुलना में राम-काव्य नगण्य रहा है। आधुनिक युग की वैचारिक भूमि के लिए राम-काव्य ही अधिक सशक्त माध्यम रहा है। युग-बोध के अनुरूप पौराणिक मिथकों की अर्थवत्ता राम-काव्य के माध्यम से ही अभिव्यक्त हुई है। परम्परा और प्रयोगों का जैसा द्वन्द्व और समन्वय आधुनिक राम काव्य में है; वैसा अन्यत्र दुर्लभ है। युग की विकासमान चेतना और परिस्थिति के बोध के लिए आधुनिक राम-काव्य को एक दर्पण कहें तो अतिशयोक्ति नहीं होगी।

आधुनिक युग में राम-काव्य पर शताधिक रचनाएँ रची जा चुकी हैं और यह सृजन अनवरत गति से चल रहा है। प्रतिवर्ष चार-पाँच कृतियों का प्रकाशित हो जाना सामान्य घटना है। अत: उसके निरन्तर विकासमान स्वरूप को उद्‌भावित करने की आवश्यकता भी निरन्तर बनी हुई है और बनी रहेगी। समय-समय पर उपलब्ध कृतियों को दृष्टि में रखकर कुछ शोध प्रबन्ध भी प्रस्तुत किये गये हैं। अपनी प्रतिपादन-दृष्टि तथा उपलब्ध सामग्री की सीमाओं के बावजूद इनकी अपनी

उपलब्धियाँ हैं। अतः प्रस्तुत कृति उनसे किस अर्थ में उत्कृष्ट है, इसका निर्णय तो समीक्षक ही करेंगे। यहाँ इतना कहना पर्याप्त है कि यह उनसे भिन्न और विशिष्ट अवश्य है।

अब तक शोधकर्त्ता की दृष्टि में जो सूचित या लिखित शोध-प्रबन्ध आये हैं, वे इस प्रकार हैं :

(1) 'बीसवीं शताब्दी के रामकाव्य'-शुभकारनाथ कपूर (सन् 1962 में लखनऊ-विश्वविद्यालय; लखनऊ, की पी-एच. डी. उपाधि के लिए स्वीकृत शोध-प्रबन्ध।' हिन्दी के स्वीकृत प्रबन्ध, सम्पादक कृष्णाचार्य, पृष्ठ, 25 पर सूचित)।[1]

(2) 'संस्कृत तथा हिन्दी के राम-काव्यों का तुलनात्मक अनुशीलन' – सोमदत्त अवस्थी (अवधेश प्रतापसिंह विश्वविद्यालय, रीवां की पी-एच. डी. उपाधि के लिए स्वीकृत शोध-प्रबन्ध)। इस शोध-प्रबन्ध में खड़ी बोली के राम-काव्यों के नाम तो अनेक दिये गये हैं परन्तु पूर्ण विवेचन 'राम-चरित-चिन्तामणि', 'वैदेही-वनवास', 'साकेत', 'उर्मिला', 'साकेत-संत' आदि तक ही सीमित है।

(3) 'तुलसीदासोत्तर राम-साहित्य'-डॉ. रामलखन पाण्डेय (सन् 1965 में इलाहाबाद विश्वविद्यालय, इलाहाबाद, द्वारा पी-एच. डी. उपाधि के लिए स्वीकृत शोध-प्रबन्ध)। इस प्रबन्ध में राम-साहित्य की नवीन सन्दर्भों सहित सूचना मात्र है।

(4) ' हिन्दी के आधुनिक राम-काव्य का अनुशीलन' – डॉ. परमलाल गुप्त (नागपुर-विश्वविद्यालय, नागपुर की पी-एच. डी. उपाधि के लिए स्वीकृत शोध-प्रबन्ध। प्रकाशित सन् 1973)। इस शोध प्रबन्ध में सम्पूर्ण राम काव्य की विशेषताओं का आलोचना के निर्धारित मानों के आधार पर पर्यवलोकन किया गया है।

(5) 'खली बोली के राम-काव्य'-श्रीमती कांतामोहिनी (सन् 1974 में सरदार पटेल विश्वविद्यालय, वल्लभ विद्यानगर की पी-एच. डी. उपाधि के लिए स्वीकृत शोध-प्रबन्ध)। इस शोध-प्रबन्ध में खड़ी बोली के राम-काव्यों का तथ्यपरक अनुशीलन है।

इनके अतिरिक्त अयोध्यासिंह उपाध्याय 'हरिऔध', मैथिलीशरण गुप्त, बालकृष्ण शर्मा 'नवीन', सूर्यकान्त त्रिपाठी 'निराला' आदि कवियों पर आलोचनात्मक कृतियों अथवा शोध-प्रबन्धों में रामकथा-संबंधी रचनाओं पर समीक्षाएँ भी प्रस्तुत हुई हैं। राम कथा के पात्रों पर भी तथा आधुनिक हिन्दी महाकाव्यों पर भी शोध कार्य हुआ है। प्राचीन तथा मध्यकालीन राम-काव्य पर जो शोध कार्य हुआ है, वह भी आधुनिक राम-काव्य की पूर्व पीठिका को आलोकित करता है। उपस्कारक ग्रंथों में उनके नाम द्रष्टव्य हैं। यहाँ पर यह इंगित करना-भर अपेक्षित है कि राम-काव्य पर इस पुष्कल समीक्षात्मक सामग्री के होते हुए भी ऐसी शोध-कृति के लिए अवकाश अवश्य था जिससे अधुनातन राम-काव्य की कृतियों में निहित वैचारिक अन्त:सूत्रों का क्रमिक विकास दिखाया जा सके। प्रस्तुत प्रबन्ध कथा-सूत्रों तथा पात्र-परिकल्पना की नव्य उद्भावनाओं एवं संवेदना और विचार तत्त्व तथा शिल्प के विविध स्वरूपों को इस प्रकार उद्घाटित करने का एक विनम्र प्रयास है। युग और परिवेश-बोध के अनु-रूप परिवर्तित भावात्मक एवं वैचारिक अवधारणाओं की आधुनिक राम-काव्य की कृतियों के साथ क्रमिक संगति दिखाकर, परम्परा और प्रयोगों को एकसूत्रता देने में ही, इस प्रबन्ध की सार्थकता निहित है।

आधुनिक राम-काव्य मूलतः विचार-काव्य है। अतः कथा, पात्र, शिल्प और संवेदना स्वयं में एकांत साध्य न रहकर वैचारिक नवोन्मेष को ही केन्द्र में रखकर चले हैं, ताकि शिल्प और संवेदना के विविध स्तरों की प्रासंगिकता को इसी वैचारिक परिप्रेक्ष्य में रेखांकित किया जाये।

अध्ययन के लिए सन् 1911 से सन् 1970 तक का राम काव्य ही मूल रूप से इस कृति में विवेचित है किन्तु विषय को अद्यतन बनाने के लिए प्रसंग प्राप्त स्थलों पर सन् 1977 तक प्रकाशित (अद्यतन) राम-काव्यों का भी उपयोग किया गया है। बीसवीं शती की प्रथम दशाब्दी आधुनिक नव जागरण की पीठिका-भर है। वैचारिक तथा भावात्मक नव जागरण का वास्तविक स्वरूप दूसरी दशाब्दी की रचनाओं में उभरकर आता है। 'सरस्वती' में प्रकाशित राम-काव्य-सम्बन्धी रचनाओं की भी प्रकाशन तिथि से ज्ञात होता है कि उनका प्रणयन दूसरे दशक के आरम्भ में एक नवीन भाव-भूमि तथा वैचारिक उन्मेष के साथ आधुनिक राम काव्य की एक परिवर्तित दिशा की सूचना देता है। इस युगान्तर के मूल में रवीन्द्र की

'काव्येर उपेक्षिता' ('सरस्वती', जुलाई, 1908 में प्रकाशित) से प्रेरणा प्राप्त करके आचार्य महावीरप्रसाद द्विवेदी के निबन्ध 'कवियों की उर्मिला-विषयक उदासीनता' का भी विशिष्ट स्थान है जिसके परिणामस्वरूप 'हरिऔध' की 'उर्मिला' नामक कविता[2] प्रकाश में आयी। अत: सन् 1911 से सन् 1970 तक की कालावधि को मात्र व्यावहारिक स्तर पर ही ग्रहण किया गया है। विवेचन की यह लक्ष्मण-रेखा नहीं है। पृष्ठभूमि के रूप में वैदिक रामकथा से लेकर बीसवीं शती से पूर्व के समग्र राम-काव्य का प्रसंग प्राप्त अनुशीलन प्रस्तुत किया गया है। विवेचक की दृष्टि मूलत: उन परिवर्तित मूल्यों पर केन्द्रित रही है जो आदिकाव्य से लेकर आधुनिक युग तक के जीवनादर्शों को प्रभावित करते रहे हैं। अत: ऐतिहासिक काल-निर्णय की अपेक्षा समग्र भाव-बोध को ही विवेचन का विषय माना गया है। कहने की आवश्यकता नहीं कि मूल्यांकन की यह दिशा तथ्यात्मक अनुशीलन तक सीमित न रहकर आधुनिक समीक्षा के नव्यतम प्रतिमानों को आत्मसात् करके विकसित की गयी है।

आधुनिक राम-काव्य की एक दिशा अवधी तथा ब्रजभाषा में लिखित माधुर्य-भक्ति भावापन्न अथवा विशुद्ध इतिवृत्तात्मक प्रबन्धों की भी रही है जिसमें 'रावण महाकाव्य' तथा 'शबरी' इत्यादि अपवादस्वरूप ही हैं। इस परम्परा में इन दो काव्यों को वैचारिक दृष्टि की नवीनता के कारण ग्रहण किया गया है। शेष विवेचन मूलत: खड़ी बोली के ही आधुनिक राम-काव्यों को लक्ष्य बनाकर चला है।

तथ्य-संकलन की अपेक्षा विवेचक का लक्ष्य विश्लेषण और मूल्यांकन ही अधिक रहा है जो अपेक्षाकृत अधिक विशदता की प्रत्याशा जगाता है। राम कथा का मूल सौंदर्य घटनाओं और पात्रों के वैविध्य के इसी विश्लेषण-प्रकर्ष में निहित है। अत: शोध-प्रबन्धों के वर्तमान सामान्य आकार की अपेक्षा इसका आकार कुछ विशद हो गया है। निश्चिय ही यह विषय की अपनी सीमा और उपलब्धि है।

यह शोध-प्रबन्ध सात अध्यायों में विभक्त है : प्रथम अध्याय में वैदिक युग से लेकर आधुनिक युग तक के राम-काव्यों में जीवनादर्शों तथा नैतिक प्रतिमानों के स्तर पर जो वैविध्य अथवा क्रमिक परिवर्तन लक्षित हुआ है, उसका विश्लेषण प्रस्तुत किया गया है। नव्य समीक्षा के प्रतिमानों-निर्वैयक्तिकता, अनुभूति की प्रामाणिकता, वस्तु और अभिव्यंजना में एकात्मकता, युग-बोध तथा परिवेश बोध—के परिप्रेक्ष्य में आधुनिक काल में राम-काव्य की अर्थ-वत्ता पर विचार किया गया है। यह अध्याय मूलत: समग्र आधुनिक राम-काव्य के अनुशीलन और विश्लेषण के लिए सैद्धांतिक पृष्ठभूमि है।

द्वितीय अध्याय में आधुनिक राम-काव्य में युग और परिवेश के अनुरूप कथा-वस्तु की नवीन उद्भावनाओं का क्रमिक विकास प्रस्तुत किया गया है। प्राचीन एवं मध्ययुगीन (परम्परित) कथावस्तु की पृष्ठभूमि में आधुनिक राम-काव्य के कथा-प्रसंगों का यह तुलनात्मक अध्ययन आधुनिक भाव-बोध के ही विविध आयामों को उद्घाटित करता है।

तृतीय अध्याय के प्रारम्भ में आधुनिक राम-काव्य की पात्र परिकल्पना को प्रभावित करने वाले सांस्कृतिक, बौद्धिक, सामाजिक, राजनैतिक, साहित्यिक, कलागत एवं मनोवैज्ञानिक प्रभाव स्रोतों का आकलन किया गया है। आदिकाव्य से लेकर अद्यतन राम-काव्य (सन् 1977 तक) के प्रमुख एवं गोण पात्रों के चरित्र में लक्षित निरन्तर नवीन उद्भानाओं की युगीन अर्थवत्ता के अनुरूप व्याख्या एवं मूल्यांकन प्रस्तुत करते हुए इन पात्रों के अनेकमुखी व्यक्तित्वों में वैचारिक एवं भावात्मक संगति दिखलायी गयी है।

चतुर्थ अध्याय में आधुनिक राम काव्य के धार्मिक, राजनैतिक, मनोवैज्ञानिक, नैतिक और दार्शनिक प्रतिमानों का व्यावहारिक विश्लेषण है। आधुनिक युग की शंका-कुल मन:स्थिति के समानान्तर इन आस्था तथा भक्ति-प्रेरित प्रतिमानों में जो क्रमिक परिवर्तन लक्षित होता है, उसका व्यापक विश्लेषण किया गया है। आधुनिक युग की बौद्धिकता से आक्रांत दृष्टि भाव-तत्त्व एवं रस-तत्त्व के जिम नवीन स्वरूपों की अपेक्षा जगाती है, उनका विश्लेषण भी इसी अध्याय में हुआ है।

राम-काव्य मूलत: प्रकृति के क्रोड़ में घटित होनेवाला पात्रों एवं परिस्थितियों का अन्त: व्यापार ही है। आधुनिक युग में मानव और प्रकृति के पारस्परिक संबंधों के स्वरूप-परिवर्तन का आकलन पंचम अध्याय में हुआ है। आधुनिक युग में प्रकृति के प्रति संवेदनात्मक विस्तार की जो नवीन दिशाएँ तथा पद्धतियाँ उद्घाटित एवं विकसित हुई हैं, उनका विश्लेषण भी प्रस्तुत अध्याय में हुआ है।

षष्ठ अध्याय में आधुनिक राम-काव्य के काव्यरूपों की अनिवार्यताओं और प्रासंगिकताओं पर विचार करते हुए महाकाव्य, खण्डकाव्य, गीतिनाट्य, दीर्घ कविता इत्यादि की विषयगत तथा संवेदनागत स्वरूप और प्रासंगिकता का मूल्यांकन किया गया है। शैली-शिल्प की दृष्टि से आधुनिक राम काव्य में अनेकस्तरीयता लक्षित होती है। बिम्बों और अप्रस्तुतों में परम्परित और नवीन प्रयोगों के व्यक्ति-निष्ठ और वस्तुनिष्ठ समन्वय का विश्लेषण प्रस्तुत अध्याय का विषय है। भाषा, शब्दशक्ति और छंद के आधार पर राम-काव्य के शब्द, अर्थ और लय के अन्त:स्वरूप का भी विश्लेषण शैली-शिल्प के समग्र-बोध को दृष्टि में रखकर किया गया है।

अन्तिम अध्याय-उपसंहार में विविध अध्यायों के निष्कर्ष के आधार पर उस वैचारिक अन्त:सूत्र को ग्रहण करने का प्रयास है जो समग्र आधुनिक राम-काव्य को आधुनिक-बोध के स्तर पर प्रासंगिक और सम्प्रेषणीय बनाता है।

मैं इस शोध-प्रबन्ध की निर्देशिका, डॉ. सुशीला शर्मा, के प्रति आभार प्रकट करता हूँ। साथ ही आभार प्रकट करता हूँ उनके पति डॉ. कौशल किशोर शर्मा के प्रति, जिनका वांछित सहयोग मेरा सम्बल रहा है।

श्री क्षेमचन्द्र 'सुमन' मेरे इस शोध कार्य के संरक्षक-स्वरूप रहे हैं, उनके प्रति मैं श्रद्धानत हूँ।

इस शोध-प्रबन्ध के प्रस्तुतीकरण में मुझे डॉ. रामप्रकाश से जो सत्परामर्श मिला, उसके लिए मैं उनका कृतज्ञ हूँ।

अन्त में कृतज्ञ हूँ राम कथा के स्रष्टा और समीक्षक मनीषियों का, जिनकी कृतियों के वाग्द्वार से मैं राम कथा के रस-प्रदेश तक पहुँच सका।

"मणी वज्रसमुत्कीर्णे सूत्रस्येवास्ति मे गति:।"

—प्रेमचन्द्र महेश्वरी

बुद्ध पूर्णिमा
22 मई, 1978

संदर्भ

1. आयवत्तं प्रकाशन गृह, कलकत्ता, (संस्करण सन् 1964)
2. 'सरस्वती' (सन् 1914, भाग 15, संख्या () में प्रकाशित।

अनुक्रम

हिन्दी रामकाव्य का स्वरूप और विकास

बदलते युगबोध के परिप्रेक्ष्य में

रामकाव्य : प्रतिमान, युगबोध और प्रासंगिकता

(अ) रामकाव्य के प्रतिमान

वैदिक युग से वर्तमान युग तक सांस्कृतिक पौराणिक बिम्बों, मिथकों एवं विचार-खण्डों की जो धारा प्रवाहित होती रही है, उसके वैविध्य के मूल में एक अखण्ड चेतना सदैव विद्यमान रही है। हमारे जातीय जीवन के अनेक अनुभव खण्डों एवं संकल्पों का बहुत बड़ा भाग उन पौराणिक बिम्बों एवं मिथकों से निर्मित हुआ है जो प्रजातीय मान-सिकता से निर्मित होकर सामूहिक अवचेतन के रूप में व्यक्ति मानस को उद्वेलित एवं प्रभावित करते रहे हैं। प्रख्यात मनोवैज्ञानिक युंग के अनुसार, प्रजातीय अवचेतन जो हम सबमें वर्तमान है, सृष्टि के आरम्भ से आज तक संस्कारों की सुदीर्घ परम्परा का संग्रहा-लय रहा है। इसी में देव, असुर, प्रेत आदि शक्तियों की व्याख्याएँ और पुराण-विज्ञान निहित हैं।[1] युंग ने अवचेतन में निहित इन प्रजातीय बिम्बों को आद्य प्ररूप (आर्किटाइप) कहा है।[2] भारतीय जनमानस में निहित इन आद्यप्रारूपों के निर्माण में रामकाव्य की महत्ता असंदिग्ध है। कारण कि इन मिथकों का बृहत् अंश रामकाव्य-सम्बन्धी प्रसंगों और संदर्भों से निर्मित हुआ है। वैदिक गीतों से अद्यावधि प्रवहमान साहित्य की धारा में पारलौकिक एवं ऐहिक मान्यताओं, सनातन एवं युगीन समस्याओं के विश्लेषण एवं समाधान के लिए रामकथा के प्रसंग एवं पात्र जीवंत माध्यम का कार्य करते रहे हैं। साथ ही वे विभिन्न मौलिक उद्‌भावनाओं के लिए प्रेरणा भूमि का भी निर्माण करते रहे हैं। प्राचीन एवं मध्ययुग के समान ही आज भी युग एवं जीवन की शाश्वत तथा सामयिक संकल्पनाओं की अभिव्यक्ति के लिए रामकथा अर्थपूर्ण माध्यम है। वह हमारे जातीय मानस के निर्माण में निरंतर वेगवान एवं प्रगतिशील तत्त्वों के विभिन्न कोणों तथा परिपार्श्वों को उद्‌घाटित करने में अपनी महत्त्वपूर्ण भूमिका प्रस्तुत करती रही है।

भारतीय संस्कृति की मूलभूत चेतना अर्थात् उसके सांस्कृतिक मूल्यबोध की दीर्घ-कालीन परम्परा रामकाव्य के पात्रों और उनके आचरण के विविध आयामों में अभिव्यक्त हुई है। किसी युगविशेष के रामकथा के अध्ययन से भारत की चिरंतन आध्यात्मिक साधना तथा तत्कालीन विचारधारा और मूल्यबोधों के संतुलन तथा संघर्ष का सटीक चित्र प्रस्तुत किया जा सकता है। रामकाव्य वस्तुत: प्रागैतिहासिक युग से वर्तमान युग तक के जनमानस को प्रभावित एवं आन्दोलित करने वाले नैतिक, आध्यात्मिक, सामाजिक एवं राजनैतिक मूल्यों का प्रतिबिम्ब है। भारतीय संस्कृति के क्रमिक विकास को रामकथा के क्रम विकास के समानान्तर उसके नैरन्तर्य में विश्लेषित किया जा सकता है अत: आधुनिक रामकाव्य में मूल्यों और प्रतिमानों का अनुसंधान हमें उसे वैदिक संस्कृति के उत्स तक ले जाता है जहाँ रामकथा के पात्रों और स्थानों का न केवल अभिधान-अनुशीलन मात्र है, अपितु एक सांस्कृतिक परिवेश भी उपलब्ध होता है जिसके साम्य और वैषम्य के विदुओं का आधुनिक परिप्रेक्ष्य में विश्लेषण किया जा सकता है।

आधुनिक युग में बौद्धिकता, प्रश्नता, वैज्ञानिकता, सामाजिक चेतना, राजनैतिक जागृति, मानववाद, राष्ट्रीयता इत्यादि वैचारिक एवं भावात्मक अवधारणाएँ विशेष प्रासंगिक हो उठी हैं। पूर्ववर्ती रामकाव्य में भी ये मूल्य अथवा प्रतिमान एकांत अनुपस्थित नहीं हैं। अन्तर केवल यह है कि वहाँ वे अपेक्षाकृत गौण तथा मध्ययुगीन दृष्टि से परिचालित हैं। अत: आधुनिक रामकाव्य के अनुशीलन के लिए उनका अनुसंधान भी अपेक्षित है ताकि आधुनिक रामकाव्य को परम्परा और प्रयोग की सुदृढ़ भूमि पर विश्लेषित तथा बदलते युग के परिप्रेक्ष्य में उसके स्वरूप और विकास को रेखांकित किया जा सके। संस्कृत वाङमय में रामकथा के प्रतिमान भारतीय प्रज्ञा को राम कथा ने कितने व्यापक रूप में प्रभावित किया है,

इसका प्रमाण वैदिक, बौद्ध एवं जैन परम्परा में रामकाव्य के विभिन्न रूपान्तरण हैं। वैदिक साहित्य में राम की क्रमबद्ध कथा नहीं है। "वैदिक रचनाओं में रामायण के पात्रों के एकाध नाम अवश्य मिलते हैं, लेकिन न तो इनके पारम्परिक सम्बन्ध की कोई सूचना दी गयी है और न इनके विषय में किसी तरह की रामायण की कथावस्तु का किंचित् भी निर्देश किया गया है। जनक और सीता का बार-बार उल्लेख होने पर भी दोनों का पिता-पुत्री का सम्बन्ध कहीं भी निर्दिष्ट नहीं हुआ है। अनेक ऐतिहासिक व्यक्तियों के नाम रामायण के पात्रों के नामों से मिलते हैं। इससे यही निष्कर्ष निकाला जा सकता है कि ये नाम प्राचीन काल में भी प्रचलित थे।"[3] उदाहरणार्थ राम,[4] सीता [5], दशरथ [6], जनक[7], रावण[8]' आदि का उल्लेख हुआ है तथापि ऐसा प्रतीत होता है कि जनसाधारण में प्रचलित इक्ष्वाकुवंशीय गाथाओं ने उक्त वैदिक आख्यानों के साथ संश्लिष्ट होकर जिन स्वतन्त्र आख्यानों के निर्माण में योग दिया, उन्हीं की पीठिका पर 'वाल्मीकीय रामायण' का निर्माण हुआ।

वाल्मीकीय रामायण

रामकथा का प्राचीनतम क्रमबद्ध रूप वाल्मीकीय रामायण में मिलता है। विद्वानों का विचार है कि वाल्मीकि ने स्फुट आख्यानों को कथासूत्रों में संग्रथित कर रामायण महाकाव्य की रचना की, जिसके आज दाक्षिणात्य, गौड़ीय तथा पश्चिमोत्तरीय पाठ मिलते हैं। रामायण के रचनाकाल के सम्बन्ध में विभिन्न मत हैं। प्रो. वेवर ने रामायण की रचना कवि होमर कृत 'ओडेसी' के अनुकरण पर स्वीकार की है।[9] एच. याकोबी प्रचलित रामायण का रचना-काल दूसरी शताब्दी ई. पू. मानते हैं।[10] श्री एम. विंटरनित्ज के अनुसार, "मूल रामायण ईसा पूर्व तीसरी शताब्दी में वाल्मीकि के द्वारा रची गयी और उसका आधार प्राचीन आख्यान थे।[11] श्री ए. वी. कीय रामायणका रचना-काल ई. पू. चतुर्थ शताब्दी[12] में मानते हैं तथा श्री सी. वी. वैद्य रामायण की रचना ई. पू. छठी शताब्दी में 'महाभारत' से परवर्ती रचना के रूप में स्वीकार करते हैं।[13] किन्तु, भारतीय परम्परा वाल्मीकीय रामायण को इतनी परवर्ती रचना स्वीकार नहीं करती। 'महाभारत' से परवर्ती रचना माननेवालों को 'वाल्मीकीय रामायण' एवं 'महाभारत' के कतिपय पद्यों में सादृश्य प्रतीत होता है। विभिन्न क्रांतदर्शी कवियों में यत्र-तत्र भाव-साम्य एक सामान्य प्रवृत्ति है। अत: किसी सुदृढ़ प्रमाण के अभाव में यह कल्पना विशेष संगत प्रतीत नहीं होती। वस्तुत: 'महाभारत' में भी समाविष्ट रामकथा का मूलाधार 'वाल्मीकीय रामायण' ही है, क्योंकि 'महाभारत' के एक स्थल पर कवि वाल्मीकि का उल्लेख इसका प्रमाण है।[20]

रामायण में भारत की आरण्यक संस्कृति का जैसा विशद-व्यापक चित्रण हुआ है, वैसा अन्यत्र अलभ्य है। रामायण में जीवन के जिन काम्य मूल्यों के अनुसंधान का आयोजन है, उनका कवि ने आदिकाण्ड के प्रथम सर्ग में अपने काव्य के उपयुक्त नायक की खोज करते हुए स्पष्ट उल्लेख किया है। यहाँ यह द्रष्टव्य है कि वाल्मीकि किसी अतिप्राकृत, अलौकिक देवत्व के अनुसंधान की अपेक्षा नरत्व के अनुसंधान के लिए ही विशेष प्रवृत्त रहे। उनकी दृष्टि में मानवीय सृष्टि देव-सृष्टि से भी कहीं अधिक महान् है :

देवेष्वपि न पश्यामि कश्चिदेभिर्गुणैर्युत:।
श्रूयतां तु गुणैरेभिर्यो युक्तो नरचन्द्रमा: ॥[21]

(ऐसा गुण युक्त पुरुष देवताओं में तो मुझे दिखायी नहीं पड़ता, इसलिए जिस नर-चन्द्रमा में ये सब गुण हैं, उनकी कथा सुनो।) रवीन्द्रनाथ ठाकुर ने उपयुक्त ही कहा है—"रामायण में देवता ने अपने को छोटा करके मनुष्य नहीं बनाया, मनुष्य ही अपने गुण से देवता हो उठा है।"[22]

वाल्मीकि ने मनुष्यत्व को उसके केन्द्र में प्रस्तुत किया है तथा देवी और आसुरी जीवन-दर्शनों के जिस द्वन्द्ध को उन्होंने उद्घाटित किया है, वह भी मनुष्यत्व की उच्च भूमि पर ही है। रावण यदि प्रतिनायक है तो वह क्षुद्र-संकीर्ण राक्षसी वृत्ति से अनु-शासित नहीं है। रावण एक विरोधी आदर्श अथवा प्रति आदर्श का प्रतीक है, खलनायक नहीं है। राम और रावण का संघर्ष दो विश्वव्यापी चरम आदर्शों का द्वन्द्ध है, न कि धर्म के विरुद्ध अधर्म का संघर्ष। "रावण धर्म की अस्वीकारात्मक

स्थिति का प्रतीक नहीं। इसके प्रतिकूल रावण का सम्पूर्ण बल उपासना आश्रित और उपासना-सम्भूत है। तथ्य तो यह है कि वह 'धर्म' के प्रतिपक्ष ' प्रतिधर्म' को व्यक्त करता है।[23]

रामायण भारत के प्राचीन पारिवारिक आदर्श को मूर्त करती है। पिता के प्रति पुत्र का आज्ञा-पालन, भाई के लिए भाई का आत्मत्याग, पति-पत्नी की परस्पर निष्ठा आदि के संदर्भ अपने मौलिक रूप में रामायण में विद्यमान हैं। फलतः आत्म-बलिदान, स्वार्थ त्याग, सहिष्णुता, प्रेम, भक्ति एवं श्रद्धा को कवि ने मूल मानकों के रूप में ही स्वीकार किया है। व्यक्ति से व्यक्ति के अन्तःसम्बन्धों का ऐसा विराट् व्यापक चित्रण वर्णनीय विषय के रूप में अन्यत्र दिखलायी नहीं देता।

रामायण में पात्र और घटनाएँ यथार्थ की भूमि पर पल्लवित हुई हैं। इसमें मानव और बाह्य प्रकृति का अकृत्रिम रूप दृष्टिगत होता है। अस्तु, रामायण की रचना भार-तीय संस्कृति के आदिम आलोक की महती उपलब्धि है, यह असंदिग्ध है।

महाभारत

'महाभारत' में आरण्यक[24], द्रोण[25] और शांति[26] पर्वों में तो रामायण के कथांशों का उल्लेख मिलता है, किन्तु 'रामोपाख्यान' में पूरी राम कथा दी गयी है। इन चार स्थलों पर रामकथाओं के वर्णन के अतिरिक्त उपमाओं के रूप में रामकथा के पात्रों का अनेक स्थलों पर उल्लेख हुआ है।

'महाभारत' में रामकथा का रूप प्रायः इतिवृत्तात्मक है। अतः किसी सुस्पष्ट जीवन-दर्शन के अनुसंधान का विशेष अवकाश यहाँ नगण्य ही है। मानवत्व की उज्ज्वलता की जो प्रतिष्ठा तथा पात्रों के अन्तर्द्वन्द्व का जो मनोवैज्ञानिक चित्रण रामायण में हुआ है, वैसा यहाँ दृष्टिगोचर नहीं होता। यथार्थ तथा मानववादी दृष्टि भी यहाँ उतनी प्रखर नहीं है। वाल्मीकीय रामायण में रावण की सीता के प्रति मानव-सुलभ सहानुभूति, प्रणय-तृषा में ढलने वाली काम तृषा, सहज एवं मनोवैज्ञानिक है। वह वासना के उस स्तर को स्पर्श नहीं करती जो दर्प और क्रोध से प्रेरित होता है। जबकि 'महाभारत' में रावण सीता की हत्या करने तक के लिए उद्यत होता है। [27] 'महाभारत' में रावण सीता का स्पर्श इसलिए नहीं करता क्योंकि उसे शाप था कि यदि वह अकामा स्त्री का भोग करेगा तो उसका सिर विदीर्ण हो जायेगा :

> यदि ह्यकामां सेवेत स्त्रियमन्यामपि ध्रुवम्।
> शतधास्य फलेन्मूर्धा इत्युक्तः सोऽभवत् पुरा॥[28]

जबकि वाल्मीकीय रामायण में यह स्थिति अत्यधिक मनोवैज्ञानिक है। रावण अपनी काम-लालसा को प्रणय में रूपान्तरित करना चाहता है। वह सीता के प्रति एक आन्तरिक स्नेहबद्धता स्वीकार करता है। वह स्वयं दग्ध हो सकता है किन्तु सीता के मन को पीड़ा पहुँचाकर बलात्कार नहीं करना चाहता। उसकी मनश्चेतना शारीरिक लालसा से नहीं, अपितु तीव्र भावाकुलता से परिचालित होती है। वह स्पष्ट कहता है :

> एवं चेतदकामां तु नत्वा स्प्रक्ष्यामि मैथिलि।
> कामं कामः शरीरे मे यथाकामं प्रवर्तताम् ॥
> हिन्दी रामकाव्य का स्वरूप और विकास
> देवि नेह भयं कार्यं मयि विश्वसिद्धि प्रिये।
> प्रणयस्व च तत्त्वेन मैवं भूः शोकलालसा।।[29]

'महाभारत' में नारी की उस ऐकान्तिक प्रतिष्ठा का अभाव है जो रामायण में दृष्टिगोचर होती है। साथ ही, रामायण में समाज-शुद्धि अथवा नीति का जैसा आग्रह है, वैसा 'महाभारत' में नहीं है। फिर भी मानवीय आवेगों का वैविध्यपूर्ण व्यापक चित्रण कर महाभारतकार ने मानव-मनोरागों की जिस विराट् लीला का दर्शन कराया है, उसकी यत्किंचित् झलक 'महाभारत' के 'रामोपाख्यान' में दृष्टिगत होती है। श्री उमा-शंकर जोशी के ये वाक्य इसके संदर्भ में अत्यन्त सार्थक हैं, "महाभारतकार केवल मानव के चित्तावेगों की प्रमत्त ताण्डव लीला का निरूपण करके ही अलग नहीं हो जाते, वे परम स्वस्थता से इन सब तत्त्वों को संयम में रखते हैं। तुच्छ अथवा महान् राग-द्वेष, सरल अथवा कृत्रिम सुख-दुःख, अनिवार्य अश्रु अथवा आपाद रम्य

स्मित-सभी तत्त्वों को उन्होंने जीवन में अनिवार्य रूप से पायी जाने वाली धर्म-भावना से सुशोभित किया है। संक्षेप में, उनका यह काव्य कला निर्मित सरोवर जैसा नहीं है। महाभारत तो युग-युग के इस मानवीय प्रवाह का बहता जल है।"[30]

पुराण और संस्कृत ललित वाङ्मय में राम-काव्य के प्रतिमान

रामायण एवं 'महाभारत' के अनन्तर राम कथा की वाङ्मयी अभिव्यक्ति दो परस्पर सम्बद्ध दिशाओं में प्रवाहित हुई। एक ओर पुराण साहित्य, 'योग-वसिष्ठ', 'अध्यात्म रामायण' आदि की रचना हुई जिनकी मूल प्रेरणा सांप्रदायिक, धार्मिक एवं आध्यात्मिक है तो दूसरी ओर संस्कृत के नाटकों एवं काव्यों का विपुल वाङ्मय है।

पुराण-साहित्य में 'हरिवंशपुराण', 'विष्णुपुराण', 'वायुपुराण', 'वाराहपुराण', 'ब्रह्मपुराण', 'पद्मपुराण' आदि में रामकथा का संक्षिप्त वर्णन आया है। 'श्रीमद्भाग-वत' के नवम स्कंध तथा 'कूर्मपुराण' के रामचरित में भी कोई उल्लेखनीय नूतनता नहीं है, यद्यपि इन सभी पुराणों में वाल्मीकीय रामायण का ही अनुसरण किया गया है तथापि राम की अवतार रूप में परिकल्पना, उनके शंकातीत परब्रह्म रूप के अतिरिक्त सर्व-धर्मज्ञता तथा सर्वभूत-हित-तत्परता के रूप में अभिव्यक्त हुई है।[31] यह धार्मिक दृष्टि का ही नैतिकता के संदर्भ में पुनराख्यान है, जो परवर्ती रामकाव्य में अधिक व्यापक स्तर पर प्रस्तुत हुआ।

'अध्यात्मरामायण' में राम-रूप ब्रह्मत्व की प्राप्ति के लिए भक्ति को अनि-वार्य बतलाकर राम को परब्रह्म परमात्मा के रूप में चित्रित किया गया है। वस्तुतः 'अध्यात्म रामायण' वेदांत दर्शन का रामकथात्मक संस्करण है[32], जो प्रत्यक्ष जगत् मिथ्या अथवा आभास मात्र मानकर समस्त सृष्टि को प्रपंच-रूप में स्वीकर करता है।

इसके विपरीत भास के 'प्रतिमा' तथा 'अभिषेक' नाटकों तथा कालिदास के 'रघुवंश' में कवि का जीवन-दर्शन ऐहिकतामूलक है। राम को एकाध स्थल पर विष्णु का अवतार बतलाने के अतिरिक्त उनके अवतारत्व के प्रति कालिदास विशेष आग्रह नहीं दिखलाते।[33] उनकी दृष्टि वर्जना-मुक्त एवं प्रवृत्तिमूलक है। जब इंद्र-पुत्र जयंत अपने नखों से सीता के स्तनों को विदीर्ण करता है तो कालिदास उस प्रसंग को किसी वर्जना अथवा मर्यादा से मुक्त होकर रसग्राही भोगमूलक दृष्टि से निरूपित करते हैं।[34] जीवन के प्रश्नों के प्रति उनकी दृष्टि समझौतावादी नहीं है। वे राम के गरिमावृत्त को अति-रंजित रूप में प्रस्तुत करके मानवीय मूल्यों को क्षति नहीं पहुँचाते। वे सीता-परित्याग के प्रति सजग हैं। सीता स्पष्ट कहती हैं कि राम ने पति-धर्म ही नहीं, राजा के निर्णा-यक धर्म की भी अवहेलना की है।[35]

इस प्रकार हम देखते हैं कि कालिदास तक आते-आते जीवनादर्शों की नवीन व्याख्या के केन्द्र में मानव का महत्त्व अधिकाधिक बढ़ता जाता है। भवभूति के लव राम के चरित्र की आलोचना कर उस युग की सप्रश्न जागरूकता को बड़ी सशक्तता से रेखा-कित करते हैं।[36]

रामकथा से सम्बद्ध संस्कृत नाटकों की अन्य उल्लेखनीय कृतियाँ हैं-भवभूति-कृत 'महावीरचरित', दिङ्नाग-कृत 'कुन्दमाला', मुरारि-कृत 'अनर्घराघव', जयदेव कृत 'प्रसन्न राघव' व 'हनुमन्नाटक', अनंगहर्ष-कृत 'उदात्त राघव', राजशेखर-कृत 'बाल-रामायण', शालिभद्र-कृत 'आश्चर्यचूड़ामणि', सोमेश्वर-कृत 'उल्लास राघव' आदि। काव्यों में 'रावणवध काव्य' (भट्टि-विरचित), 'जानकीहरण' (कुमारदास), 'रामचरित' (कवि अभिनंदन), 'राघवपाण्डवीयम्' (कविराज सूरि), 'रावणार्जुनीयम्' (भट्ट भौम), 'रामचरित' (संध्याकर नंदी), 'रामायणमंजरी' (क्षेमेन्द्र), 'द्विसंधानकाव्य महाकाव्य ' (धनंजय) इत्यादि महाकाव्य हैं। इन नाटकों एवं काव्यों में ऐहिकता की प्रधानता है।

वस्तुतः संस्कृत नाटकों एवं काव्यों में रामकथा के जिन मार्मिक प्रसंगों को लिया गया है, उनमें मानवीय भावों के अंतर्द्वन्द्व, जीवन के उत्थान-पतन तथा संघर्ष की प्रधानता है। मानव के सम्पूर्ण कृत्यों की नियामिका अदृश्य शक्ति उसकी स्वतन्त्र इच्छा का नियंत्रण करती है। नियति की विडम्बना एवं भाग्य का व्यंग्य मानव को अपने इंगित पर चलने के लिए बाध्य करता है। 'उत्तररामचरितम्' का एक प्रसंग इस दृष्टि से उल्लेख-नीय है। राम के वक्ष पर सीता सिर रख कर सो जाती है, तब राम जैसे ही सीता-वियोग की असहनीयता का कथन करते हैं, तभी प्रतिहारी का 'दैव ! उपस्थित है' वाक्यांश उनके हृदय को आगामी वियोग की आशंका से त्रस्त कर देता है।[37] वस्तुतः यह जीवन की विडंबना है। मनुष्य भाग्य के हाथ

का खिलौना है। वह जिसकी कामना करता है, उसका विपरीत ही उसको प्राप्त होता है। आधुनिक अस्तित्ववादी चिन्तकों इसीको विसंगति (एसडिटी) कहा है।

रामकाव्यों में श्रृंगारिक प्रवृत्ति का विशेष विकास 'आनंद रामायण' (15वीं शती), 'रामलिंगामृत' (16वीं शती), 'भुशुण्डि रामायण' तथा 'हनुमत्संहिता' (17वीं शती) इत्यादि में दृष्टिगोचर होता है। इनमें 'आनंद रामायण' तथा ' रामलिंगामृत' में राम-सीता की संभोग क्रीड़ा का विस्तृत वर्णन हुआ है। 'भुशुण्डि रामायण' में भी राम-विवाह से पूर्व प्रमोद-वन में देवता-अवतार गोपियों और अपनी पराशक्ति सीता के साथ रासलीला करते हैं। 'हनुमत्संहिता' में हनुमान चारुशीला सखी के रूप में अंकित किये गये हैं। परवर्ती रामकाव्यों के श्रृंगार-वर्णन पर इन ग्रन्थों का प्रत्यक्ष प्रभाव तो नहीं लक्षित होता, किन्तु श्रृंगारिक प्रवृत्ति की उस परम्परा के दर्शन अवश्य होते हैं [38] जिनमें राम के चरित्र की मर्यादा का अतिक्रमण कर उसे कृष्णलीला के परिवेश में प्रस्तुत किया गया है।[39]

बौद्ध राम-काव्य के प्रतिमान

बौद्ध साहित्य में राम कथा की परम्परा अत्यन्त प्राचीन है। ईसा पूर्व तीसरी शताब्दी में रचित जातकों[40] में महात्मा बुद्धको राम का पुनरवतार मानने की संकल्पना[41] के आधार पर जातकों में रामकथा का अवतरण हुआ है। 'दशरथ जातक', 'अनामक जातक' तथा 'दशरथ कथानक'-रामकथा-सम्बन्धी तीन ये मुख्य जातक हैं। 'दशरथ जातक' में सीता दशरथ की संतान तथा राम-लक्ष्मण की बहिन है। इस जातक की कथा के अनुसार राम अपनी बहिन सीता से विवाह कर लेते हैं। स्पष्टत: इन कथाओं में आदिम युग का प्रतिबिम्ब दृष्टिगत होता है। नैतिकता एवं अनैतिकता के मानदण्ड प्रत्येक युग में भिन्न-भिन्न रहे हैं। जहाँ तुलसी के राम बालि को भगिनी और कन्या के समान अनुज वधू पर कुदृष्टि डालने के कारण प्राणदण्ड देते हैं, वहाँ 'दशरथ जातक' में वे स्वयं अपनी भगिनी से विवाह करते हैं। वस्तुतत: किसी देश अथवा युग के नैतिक प्रतिमानों को बलात् दूसरे काल अथवा देश पर आरोपित नहीं किया जा सकता।

जैन राम-काव्य के प्रतिमान

बौद्ध साहित्य के समान जैन साहित्य में भी रामकथा उपलब्ध होती हैं। जैन धर्म में राम की गणना त्रिशष्टि शलाका-पुरुषों में की गयी है। जैन मान्यता के अनु-सार ये महापुरुष प्रत्येक कल्प में अवतरित होते हैं। जैन-काव्यों में राम का नाम पद्‌म है, वे वासुदेव हैं तथा रावण प्रति वासुदेव है। प्रति वासुदेव वासुदेव का विरोध अवश्य करता है किन्तु वह खलनायक नहीं है, एक समानान्तर आदर्श का प्रतिष्ठापक है। जैन साहित्य में विमलसूरि तथा गुणभद्र की दो परम्पराएँ हैं। विमलसूरि-कृत 'पउमचरियं' (चौथी ई. शती) तथा रविषेण-कृत 'पद्‌मपुराण' (आठवीं ई. शती) में रामकथा का एक रूप मिलता है तथा गुणभद्राचार्य के 'उत्तर-पुराण' (नौवीं ई. शती) में दूसरा रूप मिलता है। विमलसूरि की परम्परा में रामकथा परम्परानुकूल है, जबकि गुण-भद्राचार्य की परम्परा 'उत्तरपुराण' में ब्राह्मण-परम्परा से भिन्न जैन साम्प्रदायिकता का अनुसरण करके चली है। 'उत्तरपुराण' में राजा दशरथ वाराणसी के राजा हैं तथा राम की माता का नाम सुबाला और लक्ष्मण की माता का नाम कैकेयी बताया गया है। सीता मंदोदरी के गर्भ से उत्पन्न हुई है। इस रामकथा का अनुसरण पुष्पदंत ने भी अपने 'महापुराण' में किया है। दसवीं ई. शती में रचित इस ग्रंथ के 'उत्तरपुराणखण्ड' में (69वीं संधि से 79वीं संधि तक) रामकथा का वर्णन है। इसे 'पउमचरिउ' या 'पद्‌म-पुराण' भी कहते हैं। पुष्पदन्त ने अपनी रामकथा को रामायण भी कहा है, जिससे वाल्मीकीय रामायण की शैली के अनुकरण के प्रति उनकी आग्रहशीलता स्पष्ट होती है। [42] इस प्रकार जैनाचार्यों ने अपभ्रंश और संस्कृत में विपुल राम-साहित्य की सृष्टि की है।

अपभ्र ंश में स्वयंभू-कृत 'पउमचरिउ' अथवा 'रामायणपुराण' (सातवीं ई. शती के पश्चात् रचित) अपनी मौलिकता, सप्रश्नता तथा मानवीय अन्तर्द्वन्द्वों के व्यापक महत्त्व के कारण अपना विशिष्ट स्थान रखता है। आधुनिक दृष्टि जिन अतिप्राकृत-अलौ-किक तत्त्वों के प्रति शंकालु एवं प्रश्नशील है, उसका पूर्वाभास 'पउमचरिउ' में स्पष्ट दृष्टिगत होता है।

राजा श्रेणिक गौतम गणधर से पूछते हैं कि स्त्री के लिए सुग्रीव ने भाई को क्यों मारा ? वानरों ने पर्वत किस प्रकार उठाया? क्या रावण के दश मुख और बीस हाथ थे ? क्या कुम्भकर्ण वास्तव में छह मास सोता था और करोड़ों भैंसों का भोजन करता था ? जिस विभीषण ने परस्त्री की कामना करनेवाले भाई का वध कराया, उसने स्वयं माता-सदृश मंदोदरी को कैसे ग्रहण किया ?[43] 'पउमचरिउ' में जहाँ स्थान-स्थान पर जैन सिद्धांतों का प्रतिपादन तथा जीवन की क्षणभंगुरता एवं वैराग्य का चित्रण किया गया है, वहाँ मानव और जीवन के विविध पक्षों के विशद मनोहारी चित्रांकन के माध्यम से जीवन के रसमय, प्रवृत्तिमूलक पक्ष की ओर भी इंगित किया गया है। समाज का यथार्थ एवं सजग चित्रण करके कवि ने साहित्यकार की भूमिका तथा दायित्व के प्रति अपनी जागरूकता का परिचय दिया है।

स्वयंभू जीवन की अन्तर्वृत्तियों का उन्मुक्त चित्रण कर ऐहिक वृत्तियों के प्रति अपने प्रवृत्तिमूलक दृष्टिकोण का परिचय भी देते हैं। रागवृत्तियों के दमन की अपेक्षा उनकी अभिव्यक्ति मानसिक स्वास्थ्य के लिए अनिवार्य है। फलत: स्वयंभू की दृष्टि मानवीय धरातल का स्पर्श करती है। भाई विभीषण के प्रति वह अपने ममत्व का एकांत निषेध करके नहीं चला है। अपने भाई रावण के वध पर उसके करुण क्रंदन में उसके हृदय की यथार्थ झलक दिखलायी देती है।[44]

विमल सूरि की परम्परा में ही आचार्य रविषेण ने जैन रामायण 'पद्मपुराण' (आठवीं ई. शती) की रचना की है। डॉ. कामिल बुल्के के अनुसार इसकी समस्त रचना 'पउमचरियं' (विमलसूरि-कृत) का पल्लवित छायानुवाद मात्र प्रतीत होती है।[45] 'पद्मपुराण' में विद्याधर वंश में उत्पन्न रावण का विस्तृत परिचय दिया गया है तथा उसके गुण, शौर्य इत्यादि का उन्मुक्त स्तवन भी किया गया है।[46] इस काव्य-ग्रंथ में वानर-वंश की विवेक-सम्मत व्याख्या प्रस्तुत की गयी है। लांगूल हनुमान का अस्त्र है।

एवं राक्षस और वानर विद्याधरवंशी राजा हैं।[47] यहाँ वानर पशु नहीं, अपितु वानर-चिह्नधारी राजा हैं।[48] इसी प्रकार रावण के कण्ठहार में उसके मुख का प्रतिबिम्ब पड़ने से उसके दशाननत्व की भी वैज्ञानिक व्याख्या प्रस्तुत की गयी है।[49] रावण के दशमुख का यह प्रसंग 'पउमचरियं' में भी इस प्रकार से वर्णित है कि बचपन में एक बार भण्डार में खेलते समय रावण को नवमणिजटित तोयदवाहन का हार मिल गया, जिसके मणियों से बड़े नौ मुख थे। ये मानो नौ ग्रहों की कल्पना करके बनाये गये थे। प्रत्येक मणि में पहनने वाले के मुख का प्रतिबिम्ब पड़ता था। रावण ने जब हार उठाकर पहना, तब उसको दस मुख दिखाई दिये। इस कारण रावण का नाम 'दशानन' पड़ गया जैसे सिंह पंचानन के नाम से प्रसिद्ध है।[50] कतिपय अन्य प्रसंग भी जैन दृष्टि की वैज्ञानिकता के द्योतक हैं। यथा, कुम्भकर्ण न तो कुरूप है और मांस भक्षी ही।[51] उसके सुंदर कपोलों के कारण यहाँ उसका नाम भानुकर्ण है। कुम्भपुर की कन्या से विवाह होने के कारण उसका नाम कुम्भकर्ण हो जाता है।[52] इस प्रकार 'पद्मपुराण' में "हमें बौद्धिक दृष्टिकोण सर्वत्र दिखायी पड़ता है। सभी असंभव तथा अतिमानुष घटनाओं की बौद्धिक व्याख्या इसमें प्रस्तुत की गयी है।''[53]

उक्त जैन रामकाव्यों के अतिरिक्त अन्य प्रमुख जैन रामकाव्य हैं-संस्कृत में हेमचन्द्र-कृत 'जैन रामायण' (12वीं ई. शती), जिनदास कृत 'रामपुराण' (15वीं ई. शती) तथा पद्मदेव विजयमणि-कृत 'रामचरित' (16वीं ई. शती), अपभ्रंश में सत्य-भूदेव कृत 'पउमचरिउ' आदि।

निष्कर्ष

ब्राह्मण, बौद्ध एवं जैन रामकाव्य-परम्परा के विहगावलोकन के उपरांत निम्न-लिखित तथ्य सहज ही दृष्टिगत होते हैं :

(1) राम के अवतारत्व की परिकल्पना अपेक्षाकृत परवर्ती दृष्टि है। ब्राह्मण-धर्म में राम की विष्णु के अवतार के रूप में जो कल्पना की गयी उसके आधार पर बौद्ध धर्म में बोधिसत्त्व के रूप में तथा जैन धर्म में वासुदेव एवं त्रिषष्टि शलाका-पुरुषों में से एक के रूप में उनका रूपान्तरण हुआ। रामचरित की लोकप्रियता से प्रभावित होकर बौद्ध-जैन कवियों ने अपने सिद्धांतों के प्रचार के लिए रामकथा के पात्रों को माध्यम बनाया। जैन पुराणों में राम को जैन-धर्म की दीक्षा ग्रहण कराकर रामकथा को धर्म-प्रचार का माध्यम बनाया गया।

(2) अवतारत्व की कल्पना के कारण रामकाव्य में अध्यात्म-तत्त्व का अनुप्रवेश हुआ, जिसके परिणामस्वरूप रामकथा को अत्यन्त लोकप्रियता प्राप्त हुई। 'अध्यात्म रामायण', 'अद्‌भुत रामायण' तथा 'भुशुण्डि रामायण' में यह धार्मिक एवं साम्प्रदायिक दृष्टि अधिक प्रखर होने के कारण रामकथा के सभी प्रमुख पात्रों में विष्णु अंश की परिकल्पना की गयी जिससे चरित में भक्ति और श्रद्धा का अपूर्व समन्वय हुआ तथा परवर्ती पुराण-साहित्य-'स्कंदपुराण', 'पद्‌मपुराण', 'महाभागवत' (देवीभागवत)—में राम का चरित पुण्य फलदायी रूप में ग्राह्य हुआ।

(3) बौद्ध रामकाव्य में नैतिकता के आदिम प्रतिमान निहित हैं। यहाँ राम के द्वारा अपनी सगी बहन सीता से विवाह सम्बन्ध के मूल में हीनता की कोई ग्रन्थि नहीं है। "ऐतिहासिक धारणा के अनुसार शाक्य वंशीय राज परिवारों में राजवंश की शुद्धता सुरक्षित रखने के लिए, भाई और बहिन को भी परस्पर ब्याह दिया जाता था। बुद्ध स्वयं शाक्यवंशी थे। अत: उनके पूर्वजन्म के वृत्तों में इस प्रकार के उल्लेख का होना नितान्त अस्वाभाविक नहीं रह जाता।''[54]

(4) जैन रामकाव्य में आधुनिक बौद्धिक जागरूकता के दर्शन होते हैं। प्रति-नायक रावण-पक्ष के पात्रों की पुन:प्रतिष्ठा के द्वारा कवियों ने आधुनिक मानववादी दृष्टिकोण का परिचय दिया है। रावण, कुम्भकर्ण इत्यादि पात्र मानवोचित सौन्दर्य एवं गुणों से परिपूर्ण हैं।

(5) जैन रामकाव्य में यद्यपि जिनेन्द्र की वंदना, पाँच अणुव्रत, शिक्षा व्रत एवं तीन गुण व्रत इत्यादि का अनेक स्थलों पर उल्लेख होने के कारण जैन साम्प्रदायिक दृष्टि की प्रधानता है तथा ब्राह्मण जैन विरोध का संकेत भी है तथापि विचार तत्त्व में संकीर्णता का अभाव है। कतिपय आलोचक जैन दृष्टि को एकांत साम्प्रदायिक और संकीर्ण मानते हैं। "पुराणों के नाम, स्वभाव तथा शैली को अपनाते हुए भी जैन कवि केवल अपने एवं ब्राह्मणों के धर्म में अन्तर स्पष्ट करने में ही सतर्क नहीं रहे, वरन् उन्होंने ब्राह्मणों की ईश्वर-सम्बन्धी मान्यताओं तथा दार्शनिक सिद्धांतों का तर्कपूर्ण खण्डन भी किया है। यही नहीं, उन्होंने वाल्मीकि तथा व्यास-सरीखे विश्ववंद्य महाकाव्य-प्रणेताओं तथा भारतीय संस्कृति के निर्माताओं को मिथ्यावादी एवं कुमार्ग-कूप में डालने वाले कवि तक कहने में संकोच नहीं किया है।[55]

(6) बाह्य प्रकृति एवं मानव प्रकृति का अत्यन्त रसमय चित्र जैन कवियों ने अंकित किया है। ये निवृत्ति के धरातल पर प्रवृत्ति की प्रतिष्ठा कर स्वस्थ मानसिकता का दिशा-निर्देश करते हैं।

(7) संस्कृत-रामकाव्यों में ऐहिक दृष्टि की प्रधानता है। 'भट्टिकाव्य', 'जानकी-हरण' इत्यादि में श्रृंगारात्मक स्थलों का बाहुल्य है। इसी प्रकार संस्कृत नाटकों 'प्रसन्नराघव', 'अनर्घ राघव', 'हनुमन्नाटक' इत्यादि में भी श्रृंगार रस की व्यापकता दिखलायी देती है।

(8) संस्कृत नाटकों में रामकथा के असद्-प्रवृत्तिमूलक समझे जाने वाले चरित्रों के उदात्तीकरण की दृष्टि विशेषत: उल्लेखनीय है। उदाहरणत: 'अभिषेक' नाटक में प्रतिनायक (रावण) के प्रति सहानुभूति प्रदर्शित की गयी है तथा 'प्रतिमा' नाटक में कैकेयी के निर्दोष चरित्र में सहज मानवीय कारुण्य के दर्शन होते हैं।[56]

इस प्रकार समग्रत: रामकाव्य की दिशा और संम्भावनाओं के बीजाणु ब्राह्मण, बौद्ध एवं जैन रामकाव्य की परम्परा में मिलते हैं।

तुलसी-पूर्व हिन्दी-रामकाव्य के प्रतिमान

तुलसी-पूर्व हिन्दी-रामकाव्य के विकास को दृष्टि में रखते हुए यह नि:संकोच कहा जा सकता है कि रामकाव्य की परम्परा निरन्तर गतिशील रही है। आधुनिक रामकाव्य की मूल्यदृष्टि के बिन्दुओं का अनुसंधान इनमें भी किया जा सकता है।

वीरगाथा-काल के राम-काव्य

चन्द बरदाई के 'पृथ्वीराज रासो की प्रामाणिकता यद्यपि संदिग्ध है तथापि विद्वानों की मान्यता है कि 'दशावतार वर्णन' 'पृथ्वीराज रासो' के प्राचीन संस्करणों में भी मिलता है।[57] अथ दसम रासो' के दूसरे प्रस्ताव में अवतारों के क्रम में रामावतार का वर्णन 38 छन्दों में किया गया है। इस प्रसंग में वीर और रौद्र रूप का ही विस्तृत वर्णन है, जो कवि की वीर वृत्ति का परिचायक है।[58] राम के चरित्र विकास की परिकल्पना का यह द्वितीय स्तर है। प्रथम स्तर पर रामकथा जहाँ आदर्श क्षत्रिय राम का चरित्र है वहाँ द्वितीय स्तर पर राम विष्णु के अवतार के रूप में दृष्टिगोचर होते हैं। इसी क्रमिक विकास का तृतीय स्तर वहाँ दृष्टिगोचर होता है जहाँ वे विष्णु के अवतारत्व की सीमा में परिबद्ध न रहकर ईश्वर का स्वतन्त्र अस्तित्व ग्रहण कर लेते हैं। "राम-कथा के विकास के द्वितीय सोपान में दुष्ट राक्षस का नाश ही रामावतार का उद्‌देश्य है। रामभक्ति के पूर्ण पल्लवित होने के साथ यह भावना उत्पन्न हुई कि जो कोई राम द्वारा मारा जाय वह राम का पद प्राप्त कर लेता है, अत: यह माना जाने लगा कि रावण ने मोक्ष पाने के उद्‌देश्य से सीता का अपहरण किया था तथा राम के हाथ से मरकर सायुज्य मुक्ति प्राप्त की थी।''[59]

स्पष्टत: रासो की रामकथा को हम द्वितीय सोपान के अन्तर्गत रखेंगे, जहाँ राम को हरि का अवतार बतलाया गया है। रासो की रामकथा में पात्रों की कल्पना तथा कथावस्तु की संयोजना उसी पारम्परिक रूप में प्राप्त है जहाँ शूर्पणखा मायाविनी तथा कुम्भकर्ण रक्त की धार पीने वाला, वानरों को चबाने वाला मांसाहारी राक्षस है।[60]

मधुर-उपासना और रामकाव्य

तुलसी-पूर्व रामकथा का एक स्रोत मधुर-उपासना के रूप में प्रवाहित हुआ है, जिसके प्रेरणा-बीज 'जानकीहरण', 'उदार राघव', 'हनुमन्नाटक' इत्यादि संस्कृत-काव्यों एवं नाटकों में प्राप्त हैं। तुलसीदास के वरिष्ठ समसामयिक श्री अग्रस्वामी या अग्रदास या अग्रअली ने 'अष्टयाम' संस्कृत में और 'ध्यानमंजरी' हिन्दी में लिखकर युगल सरकार सीता-राम की प्रणय-लीला का माधुर्य-भाव के आवेष्टन में वर्णन किया है। तुलसीदास के ही समकालीन श्रीनाभादास कृत 'अष्टयाम' में भी मधुर-उपासना की यह धारा प्रवा-हित हुई है। तुलसीदास के मर्यादावाद के कठोर आवरण के कारण मधुर-उपासना की यह धारा अवश्य कुछ समय तक अवरुद्ध रही, किन्तु कालान्तर में अत्यन्त वेग के साथ प्रवाहित हुई।[61] रसिक सम्प्रदाय के अनुसार साधना का लक्ष्य युगल-केलि के लोकोत्तर रस का आस्वादन है। स्पष्ट है कि आधुनिक युग में 'साकेत' और 'उर्मिला' जैसे काव्यों में लक्ष्मण-उर्मिला एवं राम-सीता की जिस प्रेमचर्या का वर्णन हुआ है, उसके बीज रसि-कोपासना के इसी मधुर भाव में खोजे जा सकते हैं। अग्रदास और नाभादास के अनन्तर बानादास ('उभय प्रबोधक रामायण'), शूर किसोर ('श्री मिथिला विलास'), रामप्रिया शरण ('सीतायन'), रामचरणदास ('पंचशतक', 'रसमल्लिका', 'कौशलेन्द्र-रहस्य' आदि), बैजनाथ कुरमी ('राम-सीता संयोग पदावली) इत्यादि कवियों ने इस परम्परा का पल्लवन किया।

मर्यादावादी परम्परा के रामकाव्य

विष्णुदास कृत रामायन कथा' पन्द्रहवीं शताब्दी की रचना है, जिसमें चौपाई-दोहा-छन्द-श्लोक आदि अनेक वृत्तों का प्रयोग हुआ है। कथानक अपने विकास क्रम की दृष्टि से 'वाल्मीकीय रामायण' की सरणि पर है। कतिपय विद्वान् इसे वाल्मीकीय रामा-यण का भाषा-रूपांतर मानते हैं। डॉ. अमरपाल सिंह के अनुसार इसका नाम 'भाषा वाल्मीकि रामायण' है।[62] किंतु इसमें बालकाण्ड, सुन्दरकांड तथा उत्तरकांड—इन तीन ही कांडों में संपूर्ण रामकथा के इतिवृत्त को समाहित किया गया है। वैचारिक गाम्भीर्य और दार्शनिक दृष्टि के कारण विशेष महत्त्वपूर्ण न होते हुए भी सांस्कृतिक दृष्टि, लोक-प्रचलित भाषा की सहजता तथा सहज ऋजु कथा प्रवाह की दृष्टि से यह कृति तुलसी-पूर्व राम-साहित्य में ऐतिहासिक महत्त्व रखती है। "हिन्दी साहित्य में राम कथा को लेकर इतना विस्तृत काव्य विष्णुदास से पूर्व नहीं मिलता।''[63] यहाँ यह तथ्य भी महत्त्वपूर्ण है कि चौपाई पद्धति के कारण यह कृति 'रामचरितमानस' का पूर्वाभास अवश्य देती है, किन्तु मात्र इस आधार पर इसे

'रामचरितमानस' की प्रेरक कृति नहीं माना जा सकता, क्योंकि तुलसी की शैली और दृष्टि 'रामायन-कथा' से भिन्न है। डॉ. भगीरथ मिश्र का यह मन्तव्य इस दृष्टि से तर्कसंगत प्रतीत होता है कि "रामायन कथा वास्तव में कथा काव्य है, जबकि तुलसी और जायसी की रचनाएँ महाकाव्य की गरिमा से मण्डित हैं। इन परवर्ती रचनाओं में जो कवित्व और वस्तु तथा चरित्र के अन्वेषण की गहरी दृष्टि है, वह 'रामायन-कथा' में नहीं। 'रामायन-कथा' का महत्त्व राम के सम्पूर्ण चरित्र का लोक-प्रिय सुगम रीति से वर्णन करना है।"[63] कवि का दृष्टिकोण मूलत: मर्यादावादी, नैतिक और व्यावहारिक है। कुम्भकर्ण की राजनीति के सम्बन्ध में निम्न उक्ति आधुनिक परिवेश पर भी अत्यन्त सटीक उतरती है :

धर्ममूल ज्यों पर उपगार। राजहिं राजनीति ब्योहार ॥
राजनीति राजनि आभरनि। राजनीति दुस्तर भय तरनि॥
राजनीति सुख जस भंडार। मूल गये निरफल ब्योहार॥[64]

भूपति कृत 'रामचरित रामायण' (रचना-काल 1225 ई९ सन) सुन्दरदास कृत 'हनुमान चरित' (रचना-काल 1559 ई. सन्) तथा कबीर के पदों में राम का ब्रह्म रूप में उल्लेख भी तुलसी से पूर्व राम-साहित्य में भक्ति भावना का संकेत देते हैं, किन्तु यह सारा पूर्ववर्ती और परवर्ती साहित्य तुलसी की महान् प्रतिभा के अप्रतिम आलोक में फीका सा दिखलायी देता है।

जायसी के पद्मावत में जो यत्र-तत्र रामकथा के संकेत उपलब्ध हैं, या सूरदास ने जिस रामकथा का गायन किया है, वह विशेष उल्लेख्य नहीं है। सूरदास के सन्दर्भ में एक तथ्य अवश्य उल्लेखनीय है और वह है मातृ-भूमि के प्रति राम की अकृत्रिम अनु-राग भावना। निश्चय ही आधुनिक युग में स्वदेशानुराग की जो भावना रामकथा के पात्रों के माध्यम से अभिव्यक्त हुई है, उसकी उसकी पूर्व पीठिका के निर्माण में इन पदों में निहित भावना का योगदान अनुपेक्षणीय है।[65] यद्यपि कालिदास कृत 'रघुवंश' में भी एतद्-विषयक बीजांकुर देखे जा सकते हैं, तथापि वहाँ इस भावना की गहन संवेदना के दर्शन नहीं होते।[66]

स्वामी रामानन्द का भक्ति आन्दोलन

तुलसीदास को अपने काव्य की प्रेरणा भक्ति आन्दोलन से प्राप्त हुई। रामावत सम्प्रदाय के प्रवर्तक स्वामी रामानन्द ने भक्ति को जन-जीवन की व्यावहारिकता में उतार कर तत्कालीन सामाजिक परिस्थितियों तथा मूलभूत समस्याओं के साथ उसका सामं-जस्य स्थापित किया। आचार्य रामचन्द्र शुक्ल ने 'रामरक्षा-स्तोत्र' तथा 'हनुमान स्तुति' सम्बन्धी को स्वामी रामानन्द की हिन्दी रचना माना है।[67] इसके अतिरिक्त 'राम-अष्टक' भी रामानन्द-कृत मानी जाती है। इस ग्रन्थ में श्रीराम को पूर्णब्रह्म निर्दिष्ट किया गया है, राम के अवतारत्व में रामानन्द की यह अवधारणा उल्लेख्य है।[68] वस्तुत: रामानन्द की यह दृष्टि रामानुजाचार्य द्वारा प्रतिष्ठापित विशिष्टाद्वैतवादी सिद्धान्त पर आधारित है जिसमें चिदचिद् विशिष्ट ब्रह्म की परिकल्पना की गयी है। तदनुसार रामा-नन्द ने भी सीता को प्रकृति, लक्ष्मण को जीव तथा श्रीराम को ईश्वर-तत्त्व का द्योतक बनाकर त्रिमूर्ति की स्थापना की[69] तथा भक्ति को मुक्ति का परम साधन बतलाकर भगवान् श्रीरामचन्द्र को श्रीरामचन्द्र को ही परम प्राप्तव्य के रूप में निर्दिष्ट किया।

तुलसीदास

मर्यादामूलक भक्ति भाव का चरम परिपाक गोस्वामी तुलसीदास के साहित्य में दृष्टिगत होता है। 'रामचरितमानस' में रामचरित के माध्यम से विभिन्न दार्शनिक, धार्मिक, सामाजिक एवं राजनैतिक अन्तर्विरोधों में समन्वय स्थापित किया गया है। तुलसी की दृष्टि में सभी नैतिक, सांसारिक सम्बन्धों का लक्ष्य राम के प्रति उन्मुखता ही है।[70] यही उनका चरम प्रतिपाद्य है और यही जीवन-मूल्यों को निर्धारित करनेवाला एकमात्र निष्कर्ष। इस प्रकार नैतिक एवं सामाजिक मूल्यों की स्वीकृति राम के सम्बन्धों की स्वीकृति पर ही आधारित है। आधुनिक सन्दर्भ में रामभक्ति से आशय संशय से मुक्ति तथा लोकमंगल

की चेतना है। जहाँ रामकथा मन को संशय से मुक्त कर निर्वि-कार एवं विशुद्ध बनाती है, वहाँ 'दशरथ अजिर बिहारी' राम को सगुण ब्रह्म के रूप में स्थापित कर लोकमंगल का स्वरूप-विधान भी करती है। अत: आज का आलोचक तुलसी के प्रतिमानों का अनुसंधान करता हुआ भक्ति तत्त्व, लोकमंगल, सामाजिक चेतना, सौन्दर्य-बोध तथा समन्वयवाद की ओर इंगित करता है। अलौकिक अतिप्राकृत तत्त्वों के ग्रहण तथा प्रतिपक्षी पात्रों के प्रति असहिष्णु प्रवृत्ति के रहते हुए भी तुलसी के मानस की आधुनिक सन्दर्भ में एक विशिष्ट प्रासंगिकता है।

तुलसीदासोत्तर रामकाव्य

तुलसी के पश्चात् रामकाव्य का विकास अनेक सरणियों में हुआ। मध्यकालीन साहित्य में दास्यभक्ति (जिसे मर्यादावादी रामभक्ति भी कह सकते हैं) तथा मधुरा-भक्ति-प्रधान रामकाव्यों में अनेक रचनाएँ सामने आती हैं, जो कथ्य एवं शिल्प की दृष्टि से विशेष महत्त्वपूर्ण न होने पर भी तत्कालीन मानसिकता को प्रतिबिम्बित करती हैं। इन दोनों भक्ति-पद्धतियों से भिन्न केशवदास की 'रामचन्द्रिका' उल्लेखनीय रचना है, जो सामान्य जन की भावाभिव्यक्ति न होकर पाण्डित्य एवं वैदग्ध्यपूर्ण उक्तियों का समाहार है। राम, केशव की दृष्टि में पूर्णब्रह्म हैं;[71] किन्तु सम्पूर्ण 'रामचन्द्रिका' का वाता-वरण एक विशिष्ट आभिजात्य एवं सामंतीय सांस्कृतिक मूल्यों से परिवेष्टित है। फलत: व्यक्ति-व्यक्ति के बीच का सम्बन्ध बहुत कुछ नागर-सांस्कृतिक मूल्यों के आधार पर निर्मित है। केशवदास के संवाद इसके प्रमाण। दास्यभक्ति अथवा मर्यादावादी राम-भक्तिधारा के अन्य प्रमुख काव्य मधुसूदन दास कृत 'रामाश्वमेध', पद्माकर-कृत 'राम-रसायन', नवलसिंह कायस्थ-कृत 'सीता स्वयंवर', रघुराज सिंह-कृत 'रामस्वयंवर', महा-राज विश्वनाथ सिंह-कृत 'आनन्द रघुनन्दन' हैं। 'आनन्द रघुनन्दन' में पात्रों के नाम-परिवर्तन के द्वारा वैचित्र्य अवश्य उत्पन्न किया गया है किन्तु शृंगार एवं माधुर्य भाव की अपेक्षा नीति एवं मर्यादा पर ही कवि की दृष्टि अधिक केन्द्रित रही है। यह नीति-प्रधान नाटक है।[72] इसके राम राक्षस-दलन में अपनी भूमिका को निमित्त मात्र मानते हैं।[73] यह स्पष्टत: परिवर्तित दृष्टि का बोध कराता है। तुलसी की मध्यकालीन भावना से, जो राम को सर्व नियन्ता मानती है, यह दृष्टि आधुनिक बोध के अधिक निकट है। तुलसी से इतर इन मर्यादावादी रामभक्त कवियों द्वारा भी यद्यपि राम के ब्रह्मत्व एवं अवतारत्व की परिकल्पना स्वीकृत है, तथापि युग-संदर्भित तत्कालीन राजनैतिक एवं सामाजिक प्रतिमान भी इनके काव्यों में यत्र-तत्र परिलक्षित होते हैं। नवीन जीवन-मूल्यों की स्थापना का प्रयास इन काव्यों में नहीं है। कथावृत्त प्राय: वाल्मीकीय रामायण पर आधारित है।

रसिक सम्प्रदाय

कृष्ण की मधुराभक्ति की परम्परा के समानान्तर रसिकोपासना की धारा विक-सित हुई। तुलसी के मर्यादावाद के आगे रसिकोपासना-सम्बन्धी यह परम्परा विशेष लोकप्रिय नहीं हो सकी, अत: वह अन्त:सलिला के रूप में प्रवाहित होती रही। मर्यादा-वादी रामभक्तिधारा के प्रतिकूल इसकी लोकप्रियता साम्प्रदायिक परिधि से आगे नहीं बढ़ सकी, किन्तु आधुनिक युग के रामकाव्य के शृंगार को इसने एक सीमा तक अवश्य प्रभावित किया, जिसका उल्लेख अन्यत्र किया जायेगा। यहाँ केवल इतना ही उल्लेख-नीय है कि शुक्ल-परवर्ती रामकाव्य-आलोचकों ने अत्यन्त सहानुभूति एवं अध्यवसाय-पूर्वक रसिकोपासक कवियों का जो अध्ययन एवं विवेचन प्रस्तुत किया है, उससे आधु-निक रामकाव्य की पृष्ठभूमि को समझने में असंदिग्ध सहायता मिलती है। इस धारा के अध्ययन से स्पष्ट है कि कृष्ण काव्य की मर्यादा बाह्य शृंगारिकता तथा रीतिकालीन विलास-भावना का प्रभाव-प्रतिप्रभाव इस धारा में आद्यन्त गतिशील है जो कहीं कहीं स्थूल दृष्टि से देखने पर अश्लीलता का स्पर्श भी कर गया है।[74] जब कि डॉ. 'माधव' इस अश्लीलता की प्रासंगिकता गुह्य साधना के दार्शनिक स्तर पर ग्राह्य मानने में संकोच नहीं करते। अन्यथा —

जल बिहार सरजू सलिल, करत सखी जुत लाल।
कब देखें झीने बसन, चिपट रहे छबि जाल।[75]

जैसे वर्णन लौकिक और अश्लील ही कहे जायेंगे। इसके विपरीत डॉ. भगवतीप्रसाद सिंह का मत है : "श्रृंगारी कवियों ने सीताराम के नख-शिख वर्णन में मर्यादा का कहीं भी उल्लंघन नहीं किया है।"[76] डॉ. भुवनेश्वरनाथ मिश्र 'माधव' ने भी इस काव्य की प्रासंगिकता इसके परम गुह्य रूप में स्वीकार की है।[77] वस्तुत: शृंगार और भक्ति दोनों मिलकर ही साधना को पूर्णता प्रदान करते हैं। इस सन्दर्भ में डॉ. रामनिरंजन पांडेय का अभिमत अधिक सन्तुलित तथा समन्वयपूर्ण है-" उपासना के क्षेत्र में मर्यादा और शृंगार दोनों प्रकार की उपासनाओं के द्वारा सन्तों ने मानव के रागात्मक अस्तित्व को परम सुन्दर बना देने का स्तुत्य प्रयास किया है। मर्यादा पुरुषोत्तम राम के उपासक गोस्वामी तुलसीदासजी ने राम के बलिदानपूर्ण जीवन को ही मुख्यत चित्रित किया है। मधुरोपासक सन्तों ने उनके जीवन के शृंगारात्मक पक्ष को अधिक गौरव प्रदान किया है, पर दोनों उपासनाएँ मनुष्य को उसके अनन्त विकास की ओर ले जाती हैं।"[78] अत: यह मत उपेक्षणीय नहीं है कि "रसिक साधना की यह धारा आज अजस्र रूप से गतिशील है और अब भी इसके अन्तर्गत उच्चकोटि के साहित्य का निर्माण हो रहा है। काल-प्रभाव से यद्यपि इस सम्प्रदाय में भी कुछ वर्गों के भीतर रूढ़िवादी प्रवृत्ति का प्रवेश हो गया है तथापि आधुनिक रामभक्ति-सम्प्रदायों में यह सर्वाधिक प्रभावशाली और उदार है।"[79] जनसामान्य में लोकप्रिय न होने पर भी इस धारा में शताधिक कवियों का योगदान है जिनमें कि 68 का विस्तृत परिचय तथा शेष 22 के नाम, काल तथा ग्रंथादि का संक्षिप्त निर्देश तो डॉ. भगवतीप्रसादसिंह ने ही अपने ग्रंथ में किया है।[80] अन्य ग्रन्थों (यथा, रामभक्ति में मधुर-उपासना, लेखक डॉ. भुवनेश्वरनाथ मिश्र 'माधव' आदि ने) भी इनके अतिरिक्त अनेक कवियों का विवेचन किया है।[81]

निष्कर्ष

(1) अपभ्रंश-काव्य के अनन्तर रामकाव्य परम्परा मध्यकालीन सामंती दृष्टि से अनुशासित रही। अत: जीवन मूल्यों में विद्रोहात्मकता के स्थान पर श्रेणी-भेद और वर्ण-भेद की प्रधानता रही। सप्रश्न दृष्टि को अवकाश ही नहीं था तथा अतिप्राकृत, अतिमानवीय और अलौकिक कृत्यों का उसमें समावेश होता रहा जो जनता के स्तर पर श्रद्धा और आस्था की आधार-भित्ति पर अपना औचित्य सिद्ध करती रही।

(2) जीवन-मूल्यों में परस्पर सम्पृक्ति के स्थान पर समानांतर धारणाओं के रूप में संयत मर्यादावादी तथा प्रणयमूलक रसवादी जीवन-मूल्यों का विकास होता रहा। वैसे प्रधानता एवं लोकप्रियता मर्यादावाद को ही मिली।

(3) वर्णन-शैली, आचार-व्यवहार एवं जीवन-पद्धति के वर्णन में मध्यकालीन दरबारी संस्कृति तथा मुगल-संस्कृति एवं कला का प्रभाव दृष्टिगत होता है। कर्मफल के स्थान पर भाग्यवाद की प्रतिष्ठा तथा ईश्वरीय सत्ता के सम्मुख व्यक्ति का एकांत समर्पण, नियति की अनिवार्यता के आगे व्यक्ति की स्वतंत्र इच्छा को दबाते-से दृष्टिगोचर होते हैं। हाँ, अवसाद के मूल में जीवन-आस्था एवं आशा की ज्योति जगमगाती अवश्य दृष्टिगोचर होती है, जो भक्ति एवं आस्था की नींव पर खड़ी है। तुलसी की दृष्टि जनहित एवं लोगमंगल पर सदैव केन्द्रित रही है, जबकि प्राय: अन्य कवि समाज-निरपेक्ष व्यक्तिबद्ध भवित-साधना को ही आलोकित करते रहे। अधिकांश काव्यों में राम के माहात्म्य का वर्णन साम्प्रदायिक शैली पर हुआ है, जिसके कारण धार्मिकता और काव्यात्मकता का एकीकरण हो गया है।

(4) प्रश्नशीलता के स्थान पर आस्था के स्थापित हो जाने से समसामयिक जीवन की अन्तविरोधी शक्तियों को मध्यकालीन रामकाव्य में अभिव्यक्ति नहीं मिल सकी, यह प्रश्नशीलता वाल्मीकीय रामायण तथा जैन रामा-यणों में बड़ी सशक्तता से उभरी थी, किन्तु मध्यकालीन रामकाव्य में बहुत-कुछ सुषुप्त स्थिति में रही। अत: आधुनिक मानसिकता प्राचीन रामकाव्य से तादात्म्य का जितना अनुभव करती है, उतना मध्यकालीन रामकाव्य से नहीं, क्योंकि काव्य के प्रतिमान जिन युगीन समस्याओं से जूझते हैं, वे अन्तत: जीवन-मूल्यों की व्यापकता से सम्बद्ध होते हैं।

(5) मर्यादा-भक्ति के समानांतर शृंगार-साधना अथवा मधुर-उपासना की जो धारा मध्ययुग में प्रवाहित हुई, वह जीवन के रागात्मक वैविध्य को व्यक्त करने में सहायक हुई है। आधुनिक दृष्टि जीवन को निवृत्ति अथवा प्रवृत्ति के दो

ध्रुवांतों में न देखकर उसे समग्र रूप में ग्रहण करती है। मधुर-उपासना की यह धारा उस समग्रता का पूर्वाभास देती है।

रामकाव्य : आधुनिक समीक्षा-दृष्टि का परिप्रेक्ष्य

आधुनिक रामकाव्य को प्रेरित करने वाले सांस्कृतिक, सामाजिक, राजनैतिक प्रतिमानों का विवेचन आगे प्रस्तुत किया जायेगा। यहाँ विवेचन-क्रम में उन साहित्यिक प्रतिमानों का संदर्भ आवश्यक है जिन्होंने आधुनिक काव्य-दृष्टि को विकसित एवं प्रेरित किया है। आधुनिक समीक्षा-दृष्टि जीवन मूल्यों से निरपेक्ष काव्य मूल्यों की प्रतिष्ठा के प्रति आग्रहशील नहीं है। आधुनिक युग की विसंगति तथा अन्तर्विरोधों की कवि उपेक्षा कर भी नहीं सकता। साथ ही यह भी द्रष्टव्य है कि आधुनिक कवि अपने अनुभव-संसार अनुभव-संसार में कृति की मूल चेतना को उद्घाटित मात्र कर देना चाहता है। इससे आगे बढ़कर अपने वैयक्तिक संस्कारों से कृति के मूल प्रभावों को कुंठित करने के पक्ष में वह नहीं है। केशव जब राम आदि को वन की ओर जाते हुए देखकर मार्गस्थ लोगों से यह कहलाते हैं कि 'किधों मुनि शाप-हत, किधों प्रह्मदोष रेत, किधों कोऊ ठग हौं।'[82] तो दरबारी संस्कृति से गृहीत उनके अनुभव-संस्कार राम की सौम्य आकृति से उबुद्ध होने वाले भावों को उनका सही परिप्रेक्ष्य नहीं दे पाते। कहने का आशय यह है कि दो अनुभव संसारों के बीच कवि को जो पार्थक्य रखना था, मध्ययुगीन कवि केशव उसमें सफल नहीं हो सके हैं। अपने राजसी संस्कारों को लेकर जब वे रामकथा के विभिन्न प्रसंगों में प्रवेश करते हैं तो निर्वैयक्तिकता और अनुभूति की प्रामाणिकता जैसे सूत्र उनके हाथ से छूट जाते हैं। ऐसा अलौकिक सौन्दर्य और सौम्य आकृति सामने पाकर सहानुभूतिपूर्ण शुद्ध सात्त्विक भावों का उदय होता है, इसका अनुभव शायद एक-दूसरे को संदेह की दृष्टि से देखनेवाले रीति कुशल कवियों के बीच रहकर केशव के लिए कठिन था।''[83]

आधुनिक रामकाव्य की समीक्षा करते समय केवल परम्परागत अथवा शास्त्रीय कोटि के आलोचना-प्रतिमानों को ही कसौटी मानकर चलना संगत प्रतीत नहीं होता, जिसके अन्तर्गत वर्णन-कुशलता अथवा रस-योजना को ही कवि-कर्म का चरम प्रतिपाद्य मान लिया जाता है। अधुनातम समीक्षा में अनुभव जगत् की प्रामाणिक और निर्वैयक्ति-कता पर अधिक बल दिया जाता है। इसमें संदेह नहीं कि इलियट आदि पाश्चात्त्य विचा-रकों ने इस दृष्टि को अधिक सुव्यवस्थित स्तर पर विकसित किया है तथापि इस तथ्य की उपेक्षा नहीं की जा सकती कि यह युगीन काव्य मूल्यों की आत्यंतिक अनिवार्यता से प्रेरित दृष्टि है। अत: आधुनिक रामकाव्य के कथानक, चरित्र-चित्रण, शिल्प एवं जीवन-मूल्यों का विश्लेषण करने से पूर्व उक्त सूत्रों पर विचार करना आवश्यक है, क्योंकि युग संदर्भों अनुरूप परिवर्तित काव्य-प्रतिमानों के प्रेरक अन्तत: ये सूत्र ही सिद्ध होते हैं।

अनुभूति की प्रामाणिकता

आधुनिक युग में वैचारिक अन्तविरोध, जीवनगत विसंगतियाँ और जटिलताएँ कवि-मानस को अधिकाधिक उद्वेलित कर रही हैं। इसका यह आशय नहीं कि प्राचीन अथवा मध्ययुग जटिलताओं और विसंगतियों से मुक्त था। वस्तुत: आधुनिक युग में। वैचारिक स्तर पर विसंगति का अनुभव अधिक किया जाने लगा है। प्राचीन युग में ईश्वर और तत्सम्बन्धी प्रेम, सत्य, सौन्दर्य, शिवत्व आदि शाश्वत मूल्यों में व्यक्ति की आस्था इतनी दृढ़ थी कि व्यक्ति अन्यत्र हताश होकर चिरंतन सत्य अथवा शाश्वत सत्ता को एकांत समर्पण कर आत्म-लाभ कर लेता था। आज इस शाश्वत आधार के विच्छिन्न हो जाने से मनुष्य स्वयं को हताश, आश्रयहीन एवं निरुपाय अनुभव करता है। उसकी दृष्टि में किसी अतीन्द्रिय अथवा पराशक्ति की खोज मात्र आत्म-पलायन है। ऐसी स्थिति में उसके व्यक्तिगत अनुभवों का मूल्य अपेक्षाकृत बढ़ जाता है। किसी शाश्वत निकष के अभाव में जीवन और जगत् के सम्पर्क तथा संघर्ष से उद्भूत उसके अनुभव-खण्ड ही उसका एकमात्र आधार रह जाते हैं। अत: आज का साहित्यकार सर्वाधिक महत्त्व अपनी अनुभूति की निश्छलता और प्रामाणिकता को देता है। भावुकता

और रोमानियत की अपेक्षा वह परिवेश के ठोस संदर्भों से टकराता है तथा किसी आदर्श की अपेक्षा यथार्थ जीवन-मूल्यों को बिना किसी लाग-लपेट के अथवा शब्द-कौशल के अभिव्यक्ति प्रदान करता है।

आधुनिक कवियों ने मध्ययुगीन भावोच्छ्वासपूर्ण संस्कार से मुक्त होने की घोषणा करते हुए अपने काव्य-सृजन के मूल में अनुभूति की प्रामाणिकता को प्रतिमान के रूप में प्रस्तुत किया है। इसका कारण वह बौद्धिक स्तर है "जिस पर आकर हमारा तर्क पूर्वाग्रह और व्यक्तिगत रुचि के उपर उठ जाता है और जिस पर आकर हमें वस्तुओं की वास्तविकता का सही अनुभव होता है।"[84] आधुनिक रामकाव्य के संदर्भ में अनु-भूति की प्रामाणिकता का प्रश्न इसलिए भी अधिक प्रासंगिक है कि मध्ययुगीन आस्था-मूलक भावात्मक प्रतिक्रिया के स्थान पर आधुनिक युग में यथार्थमूलक वस्तुनिष्ठा का विकास अधिक हुआ है।

प्रामाणिकता का आशय यह है कि आधुनिक चेतना में स्वीकृत एवं स्थापित मूल्यों की प्रतिष्ठा के आग्रह की अपेक्षा आत्मान्वेषण और आत्म-साक्षात्कार की प्रवृत्ति विशेष सक्रिय है, जो घटना और पात्र के प्रति रागात्मक सम्पृक्ति की अपेक्षा बौद्धिक विश्लेषण का आग्रह लेकर चलती है। यथार्थं जगत् की असंगति और जटिलता का बोध कराने में अनुभूति का स्वर ही आज के संदर्भ में अधिक प्रामाणिक कहा जा सकता है। यही कारण है कि मध्ययुग में जो राम शाश्वत मूल्य के प्रतिरूप, द्वन्द्वातीत, निर्वि-कार, सच्चिदानंद परब्रह्म रूप में थे, आधुनिक कवि ने उन्हें वर्तमान युग की जटिल-ताओं और विसंगतियों को व्यक्त करने का माध्यम बनाकर अन्तर्द्वन्द्व-ग्रस्त, संशयशील एवं प्रश्न-प्रतिप्रश्नों के घेरे में आबद्ध दुर्बल शक्ति-संकल्प वाले मानव के रूप में प्रस्तुत किया है। बाह्य परिवेश की जिन जटिलताओं और कुरूपताओं से आज का कवि संघर्ष-रत है, चतुर्दिक् वातावरण से जिन वैचारिक अथवा भावात्मक अनुभव-खण्डों का संग्रह कर रहा है, उनके आधार पर ही वह राम की प्रतिमा निर्मित करता है। उसके राम बँधे-बँधाये शाश्वत मूल्यों की लीक पर चलने वाले नहीं हैं। परिस्थितियों से जूझते हुए आंतरिक और बाह्य विरोधों में विभाजित द्विधाग्रस्त राम ही आज के मानव का सही प्रतिनिधित्व कर सकते हैं। 'राम की शक्तिपूजा', 'संशय की एक रात' जैसी कृतियों में चित्रित राम का चरित्र इसका प्रमाण है। 'राम की शक्तिपूजा' में संशय ही राम के चरित्र को एक नयी भूमि पर प्रतिष्ठित करता है क्योंकि संशय ही आज के मनुष्य का अनुभूत सत्य है। तुलसी जहाँ इस संशय को दबाकर संशय रहितता'[85] की भूमि से ही रामकथा को प्रारम्भ कर जन-आस्था को संकेन्द्रित करते हैं, वहाँ वे मानव के आत्म-बल को सुरक्षित रखने के लिए, राम को अलौकिक चमत्कार से परिपूर्ण सर्व-अन्तर्यामी भगवान् के रूप में भी प्रस्तुत करते हैं। राम की उद्विग्नता, विरह और विलाप सभी कुछ लीला मात्र है, पूर्व-नियोजित और प्राक्कल्पित। "निराला' राम को संशय की मन:स्थिति में पहली बार उपस्थित करते हैं, उनके चरित्र का यह संशय ही उन्हें नयी मानवीय भूमि पर लाता है। यहाँ तुलसी के राम की तरह जानते बूझते हुए उनके आँसू, उनका विलाप अथवा विरह, लोक-मन में स्वाभाविकता पैदा करने वाली एक लीला-मात्र नहीं हैं। वह संशय राम के व्यक्तित्व का एक अंग है। इसी संशय के द्वारा वे जन-साधारण के लीलामय भगवान् न बनकर एक नवीन पुरुषोत्तम की भूमिका ग्रहण करते हैं और मनुष्य मात्र की तरह राष्ट्रीय मुक्ति की चिन्ता में समर्पित होते हैं।''[86] राम के हृदय में संशय वस्तुत: निराला के आत्म-साक्षात्कार की परिणति है। राम के चरित्र के माध्यम से स्वयं कवि की ऊर्जा और प्रतिभा की कुण्ठा तथा खिन्नता व्यक्त हुई है। यह उनके 'निजत्व की समीपतम पहचान[87] का प्रतीकार्थ है।

इसी प्रकार 'संशय की एक रात' में प्रज्ञा-पुरुष राम सत्यों और संकल्पों की अनिर्णयात्मक स्थिति से पीड़ित हैं। यही नहीं, आधुनिक कवि स्वयं को आक्षेपों और प्रश्नों के लिए उन्मुक्त रखता है। हरदयालु सिंह का 'रावण महाकाव्य' और प्रीतमसिंह बगरेचा की 'शूर्पणखा' में आधुनिक संदर्भों का जो काव्यात्मक निरूपण हुआ है, वह सामयिक चिन्तन से संघर्ष-रत कवि के आत्म मंथन का ही परिणाम है। बगरेचा ने सामाजिक मान्यता को चुनौती देते हुए कहा है, "समाज की मान्यता के अनुसार राम भगवान् हैं, किन्तु शूर्पणखा और रावण तो दुष्ट हैं। विश्व शांति के लिए चाहे उन्होंने

लाख-लाख प्रयास किये हों, पर वे तो दुष्ट ही रहेंगे। कवि यदि समाज के इस मरे विश्वास को स्वीकार कर ले तो वह कवि हृदय नहीं।"[88] स्पष्ट है कि कवि युग की समस्या और परिवर्तित मूल्य-बोध की उपेक्षा नहीं करता, अपितु वैचारिक

मंथन से उद्भूत ठोस संदर्भों में उनका रूपांतरण करने के लिए प्रतिश्रुत है। आज का कवि सम-सामयिक परिवेश, स्वतंत्रता संघर्ष तथा सामाजिक आंदोलनों का साक्षी ही नहीं, अपितु सहभागिता के स्तर पर भी उनसे सम्पृक्त है। अत: रामकथा के पात्रों के माध्यम से तज्जन्य प्रभावों और भाव-बोध को वाणी देता है। 'कैकेयी' ('प्रभात' व चाँदमल अग्रवाल कृत) में राष्ट्रीय आन्दोलनों, भारत-चीन संघर्ष तथा सामाजिक एवं राष्ट्रीय जागरण के जो स्वर सुनायी देते हैं, वे बहुत कुछ कवि के अनुभूत सत्य हैं। यही कारण है कि आधुनिक रामकाव्य प्राचीन प्रसंगों, जीवन-मूल्यों को परिवर्तित रूप में प्रस्तुत करके भी अपनी सम्प्रेषणात्मकता में पूर्ण सफल है। उसमें जन-चेतना को अपना प्रतिविम्ब दृष्टि-गत होता हैं। यहाँ यह भी द्रष्टव्य है कि जो कवि जन चेतना से असंपृक्त रहकर स्वयं अपने ही राग-विराग की अभिव्यक्ति करता है, उसकी अनुभूति की प्रामाणिकता सतही तथा कुंठित होती है। "इसलिए किसी भी लेखक के आज यह कहने का कोई अर्थ नहीं है कि मैं तो अपने सुख के लिए लिखता हूँ, मुझे इससे कोई मतलब नहीं कि उसका दूसरों पर क्या प्रभाव पड़ता है। क्योंकि प्रश्न हमारी इच्छा अनिच्छा का नहीं है। आज हमारी लिखी प्रत्येक पंक्ति अनिवार्य रूप से दूसरे अनगिनत व्यक्तियों से जाकर टकराती है और उनके व्यक्तित्व को किसी-न-किसी रूप में प्रभावित करती है।"[89]

वस्तुत: अनुभूति जीवन के वास्तविक ठोस संदर्भों का रूपान्तर ही है। वास्त-विकता से हटकर अनुभूति को आत्म-केन्द्रित अनुभव में पर्यवसित करने का अर्थ होता है चारों ओर के सामाजिक परिवेश की उपेक्षा, जो निश्चय ही एक ह्रासशील मनोवृत्ति है और यहाँ अभिप्रेत नहीं है। डॉ. नामवरसिंह अनुभूति के इस सामाजिक आधार पर बल देते हुए कहते हैं, "जो लेखक अपने युग की ज्वलंत समस्याओं से तटस्थ रहकर केवल 'अनुभूति' की रट लगाया करते हैं, वे अनुभूति के सामाजिक आधार का निषेध करते हैं। इसलिए उनकी सारी सदिच्छा सपना बनकर ही रह जाती है। अनुभूति वास्तविकता नहीं वल्कि वास्तविकता सम्बन्धी भावना है, इसलिए वह वास्तविकता का एक अंश अथवा पहलू है। अनुभूति वास्तविकता की जगह नहीं ले सकती, उसकी सार्थकता इस बात में है कि वह वास्तविकता को रचनात्मक रूप दे सके।"[90] रामकाव्य के संदर्भ में जब हम अनुभूति की प्रामाणिकता का उल्लेख करते है तो हमारा आशय निश्चय ही कवि के आत्मचरितात्मक पक्ष से न होकर चतुर्दिक् वातावरण के प्रति उसकी ठोस एवं बौद्धिक भावात्मक प्रतिक्रिया से है। कृति में निहित आत्मचरित का अनुसंधान मनोविज्ञान का विषय हो सकता है, साहित्य का नहीं। कृति की रचनात्मक अनिवार्यता से जुड़कर ही आत्मानुभूति प्रासंगिक होती है, उससे भिन्न इसका कोई महत्त्व नहीं है।

अनुभूति की प्रामाणिकता, इस प्रकार निर्वैयक्तिक संवेदनाओं से ही परिपुष्ट होती है। कतिपय विद्वानों के अनुसार, आज का कवि वैयक्तिक अनुभूतियों को ही राम आदि के चरित्र में स्थापित करने के लिए प्रयत्नशील है। इसके प्रमाण में निराला-कृत 'राम की शक्तिपूजा' का संदर्भ प्रस्तुत किया जाता है। "निराला ने राम के संशय, उनकी खिन्नता, उनके संघर्ष और अन्तत: उनके द्वारा शक्ति की मौलिक कल्पना और साधना तथा अन्तिम विजय में अपने ही रचनात्मक जीवन और व्यक्तिमत्ता के संशय, अपनी रचनाओं के निरन्तर विरोध से उत्पन्न आंतरिक खिन्नता फिर अपने संघर्ष, अपनी प्रतिभा को अभ्यास, अध्ययन और कल्पना-ऊर्जा द्वारा एक नयी शक्ति के रूप में उपलब्ध और प्रदर्शित करके अन्तत: रचनात्मकता की विजय का घोष ही इस कविता में व्यक्त किया है।"[91] परन्तु ऐसी स्थिति संयोगात्मक कही जा सकती है। तथ्यत: अनु-भूति की प्रामाणिकता उसके निर्वैयक्तिक होने में ही सार्थक है। अनेक कृतिकारों की महानता का कारण उनका व्यक्तित्व नहीं, अपितु निर्वैयक्तिकता का स्पर्श ही है। कला-कार का व्यक्तित्व प्रच्छन्न रहकर कलात्मक उत्कर्ष का साधन बनता है।"[92] यहाँ अनु-भूति की प्रामाणिकता का प्रश्न निर्वैयक्तिकता का संदर्भ ग्रहण कर लेता है। निर्वैयक्तिकता शब्द आधुनिक समालोचना की भाषा में अत्यन्त महत्त्वपूर्ण हो उठा है। इसका सबसे प्रमुख कारण तो यह है कि प्राचीन रस-दर्शन की परम्परा से लेकर आधुनिक पाश्चात्य समालोचना-पद्धतियों का एकत्र समाहार इस एक शब्द में देखा जा सकता है। किन्तु प्राचीन रस-शास्त्री ने निर्वैयक्तिकता के संदर्भों को जहाँ भोक्ता के धरातल पर विश्लेषित किया, वहाँ पाश्चात्य समालोचना की दृष्टि में कवि का सृजनात्मक व्यक्तित्व केन्द्र में है। अभिनवगुप्त ने साधारणीकरण की प्रक्रिया में निर्वै-यक्तिकता का जो स्वरूप उद्घाटित किया है वह मूलत: प्रमाता की दृष्टि से ही है। आस्वाद-योग्य इत्यादि को

जब अनुभव का विषय बनाया जाता है तो ये मेरे ही हैं या शत्रु के ही हैं, या तटस्थ के ही हैं, इत्यादि सम्बन्ध विशेष का न स्वीकार होता है, न परिहार ही। प्रमाता समस्त सामाजिकों के हृदय के साथ समान रूप से व्यक्ति विशेष के सम्बन्ध से रहित साधारण भाव से रस का आस्वादन करता है।[93] यह मूलत: काव्या-स्वाद की प्रक्रिया का विश्लेषण-मात्र है। प्लेटो से लेकर इलियट तथा नव्य समीक्षकों तक पाश्चात्त्य काव्य की सुदीर्घ परम्परा भी किसी-न-किसी रूप में कवि एवं प्रमाता की निर्वैयक्तिक साधना को महत्त्व देती रही है। प्लेटो के 'अनुकरण सिद्धांत' में कवि के व्यक्तित्व का एकांत तिरोभाव लक्षित होता है, जबकि वह कवि की रचना-सृष्टि को ईश्वरीय सृष्टि के दुहरे अनुकरण के रूप में विश्लेषित करता है। अरस्तू इस अनुकरण में कवि-व्यक्तित्व के आंशिक योगदान को अवश्य स्वीकार करता है किन्तु पूरी सृजन-प्रक्रिया के विवेचन में उसका बल भी व्यक्तित्व के क्रमिक उन्मोचन पर ही है; तभी कवि की भावाभिव्यक्ति सर्वसाधारण के आस्वाद का कारण बन सकती है, क्योंकि कवि का लक्ष्य अपने जीवन में, अनुभूत घटनाओं की वास्तविक अनुकृति उत्पन्न करना नहीं, अपितु समष्टि-दृष्टि तथा कथानक की संभवनीयता के आधार पर उनका पुन:-सृजन है।[94] किन्तु निर्वैयक्तिकता को काव्य-मूल्य के रूप में स्वीकृति आधुनिक युग में ही प्राप्त हुई जब एक ओर तो व्यक्तिनिष्ठ सत्यों का समष्टि-सत्यों के रूपान्तरण पर बल दिया जाने लगा और दूसरी ओर काव्यवस्तु में कवि के व्यक्तिगत अनुभवों के हस्तक्षेप को नियंत्रित करने की अवधारणाएँ सम्मुख आयीं। यह अवधारणा प्रगतिवादी अवधारणा है जहाँ अहं के सामाजीकरण को निर्वैयक्तिकता के पर्याय के रूप में स्वी-कार किया गया। मार्क्सवादी समीक्षक काडवेल इस सिद्धान्त के पक्षधर हैं, जिसके अनु-सार कविता में जो संवेग उत्पन्न होता है, वह मानव मात्र की सम्मिलित अनुभूति अथवा संवेगात्मक अनुभव होता है। वह किसी विशिष्ट व्यक्ति से सम्बद्ध नहीं होती, अपितु मानव मात्र की सम्पत्ति होती है। कवि का अहं मूलत: मानव मात्र के सामाजिक अनु-भवों का परिणाम है।[95] आधुनिक काव्य में व्यक्ति मूल्यों की अपेक्षा सामाजिक मूल्यों को अधिक महत्त्व दिया गया है। यह एकांतत: व्यक्ति मूल्यों का निषेध नहीं है, अपितु सामाजिक स्तर पर कवि का व्यक्तित्वान्तरण ही है। रामकाव्य की सामाजिक चेतना के स्पष्टीकरण में यह भूमिका पर्याप्त उपयोगी है। किन्तु साथ ही यह तथ्य भी उपेक्ष-नहीं है कि आधुनिक रामकाव्य के रचनाकारों ने अपने व्यक्तित्व को गौण बना-कर काव्यानुभव को जो प्राथमिकता दी है, उसके मूल में आधुनिक पाश्चात्त्य चितन की प्रेरणा भी है।

जीवन और जगत् की विविध समस्याएँ रामकथा के पात्रों और संदर्भों के माध्यम से अपना समाधान खोजती रही हैं। पात्रों के व्यक्तित्व से तदाकार होकर उनकी संप्रेषणीयता अधिक बढ़ जाती है। पात्रों के व्यक्तित्व से तादात्म्य का अर्थ ही है कवि के व्यक्तित्व से छूट कर साधारणीकृत होना। इस अर्थ में तुलसी की नारी-निंदा, राम-पक्ष के पात्रों के प्रति तुलसी का पक्षपात तथा प्रतिनायक के प्रति पूर्वाग्रह-मिश्रित दृष्टिकोण आधुनिक युग में अपनी प्रासंगिकता को खो बैठता है। आधुनिक कवि प्रत्येक घटना और प्रत्येक उक्ति को समष्टि के व्यापक संदर्भ से जोड़ कर अपनी निजी प्रतिक्रिया को गौण बना देता है। यदि आधुनिक कवि प्रतिपात्रों के प्रति सहानुभूति प्रदर्शित करता है तो उसके मूल में कोई पक्षपात अथवा पूर्वाग्रह न होकर रचनात्मकता की अनिवार्य प्रेरणा रहती है। श्री शुकदेव बिहारी मिश्र ने 'रावण-महाकाव्य' की भूमिका में नायक की प्रासं-गिकता पर विचार करते हुए कहा है, "गोस्वामी तुलसीदास का जो नायक है, वही हमारे कवि का प्रतिनायक है। जिस प्रकार श्री गोस्वामीजी ने अपने नायक का उत्कर्ष दिखलाने के लिए प्रतिनायक का जी तोड़कर अपकर्ष दिखलाया है और धार्मिकता के नाते उन्हें अन्य लेखकों का इतना समर्थन मिल गया है कि उसके विरोध में कोई बात कहना कठिन है। हमारे कवि ने अपने नायक (रावण) का उत्कर्ष तो दिखलाया है (जिसका वह सर्वथा अधिकारी था), परन्तु प्रतिनायक (राम) का अपकर्ष दिखलाने की दुश्चेष्टा करके विवेक ही हत्या कभी नहीं की है।''[96]

यदि हम निर्वैयक्तिकता के इस सिद्धांत को काव्य-दर्शन की पृष्ठभूमि में देखें तो यह तथ्य सहज ही स्पष्ट हो जाता है कि जो काव्य मानव के मौलिक अस्तित्व की प्रतिष्ठा का जितना तीव्र आग्रह लेकर चलता है, वह उतना ही उत्कृष्ट एवं विशिष्ट होता है। आधुनिक कवि का यह प्रयास रहा है कि पूर्वनिर्धारित संकल्पनाओं, वैयक्तिक विकृतियों तथा रूढिगत मान्यताओं की अपेक्षा काव्य को अपने परिवेश की जटिलता तथा युग के यथार्थ में स्वत: विकसित और फलित होने दे।

इसका आशय यह नहीं कि कवि इस प्रक्रिया में पूर्णतया निष्क्रय रहे। अपितु वह काव्य-परिवेश में स्वयं कोई व्यक्ति-गत हस्तक्षेप न करे। उसे अपने अनुभवों के समाहार से क्रियाशील अवश्य बनाये, किंतु अपने काल एवं स्थानसापेक्ष व्यक्तित्व से उसे अभिभूत न होने दे। इलियट के शब्दों में, "कविता भाव को मुक्तरूप में प्रवाहित कर देना नहीं है, भाव से पलायन है। कविता व्यक्तित्व की अभिव्यक्ति नहीं, उससे मुक्ति की कामना है।"[97] भारतीय काव्यशास्त्र में निरूपित साधारणीकरण से यह व्यापार भिन्न नहीं है। कवि की अनुभूति समष्टि की अनुभूति में विलीन होकर ही सम्प्रेषणीय होती है।[98]

मध्ययुगीन कवि की कविता जहाँ अधिक आत्मनिष्ठ और आस्था केन्द्रित है वहाँ आधुनिक कवि कृतित्व को अपने व्यक्तित्व की अभिव्यक्ति की अपेक्षा व्यक्तित्व-उत्सर्ग की प्रतिक्रिया के रूप में मूल्यांकित करना चाहता है। इलियट ने साहित्य को कवि के अनवरत आत्मसमर्पण की प्रतिक्रिया कहा है।[99] स्त्रष्टा कविता के लिए परिष्कृत, पूर्ण माध्यम है इसका आशय यह है कि कविता का अर्थात् वह भावनाओं, अवधारणाओं तथा कल्पना-चित्रों को ऊपरी निजी वैयक्तिक अभिरुचि के अनुसार नियंत्रित नहीं करता, अपितु उन्हें नये संयोगों में ढलने की स्वतन्त्रता देता है। कलाकार जितना सिद्धहस्त होगा, उतना ही उसमें भोक्ता का मन और स्त्रष्टा का मन परस्पर पृथक् रहेंगे। और उतनी ही सुष्ठु नीति से मन अपनी उपादान-रूप वासनाओं को आत्मसात् और रूपांतरित करेगा।[100]

इस प्रकार अनुभूति की प्रामाणिकता और निर्वैयक्तिकता की अवधारणाएँ बाहरी तौर पर अन्तविरोधी प्रतीत होती हैं किन्तु वास्तव में वे एक-दूसरे की अनुपूरक हैं। समष्टि-सत्य में अपने व्यष्टि-सत्य का विलय करके ही कवि आत्म-लाभ प्राप्त करता है। समष्टि-सत्य अथवा सामाजिकता के संदर्भ के अभाव में कवि का व्यक्तिगत अनुभव विक-लांग एवं एकांगी रहता है। कवि अनुभूति "अनुभव की व्यक्तिगत पीड़ा से पृथक् होकर, अर्थात् उससे तटस्थ होकर, अनुभव के भीतर की ही संवेदनाओं द्वारा उत्सर्जित और प्रक्षिप्त होकर, वह एक अर्थ में वैयक्तिक होते हुए भी दूसरे अर्थ में नितांत निर्वैयक्तिक होगी।''[101]

अनुभूति की प्रामाणिकता के प्रसंग में निराला की जिस संशयग्रस्त मन स्थिति का उल्लेख किया गया है, वह वस्तुतः आधुनिक मानव की अभिशप्त नियति का ही साधारणीकृत रूप है। 'राम की शक्ति-पूजा' की रचना-प्रक्रिया के विविध स्तरों में वह जिस रूप में प्रतिफलित हुई है, वह मानव की व्यापक द्विविधा एवं संशयशीलता से जुड़ कर एक काव्यात्मक उपलब्धि बन गयी है।

वस्तु और अभिव्यंजना में एकात्मकता

काव्यवस्तु अभिव्यंजना से भिन्न नहीं है-यह तथ्य पौरस्त्य और पाश्चात्त्य समीक्षा क्षेत्र में काफी मान्यता प्राप्त कर चुका है। भारतीय काव्यशास्त्र में अलंकार, रीति, गुण, वक्रोक्ति आदि की विवेचना में अभिव्यंजना और वस्तु के तादात्म्य के अनेक सूत्र उपलब्ध होते हैं। काव्य वाणी के सौन्दर्य से भिन्न अन्य व्यापार नहीं है। कारण, अभिव्यंजना के उपकरणों में केवल विषय अथवा आश्रय का ही भेद है, अन्यथा ये अन्यो-न्याश्रित ही हैं। जैसे रस गुणों पर आश्रित है,[102] गुण वचन-विन्यास क्रम (रीति) पर।[103] अभिव्यंजना के ये उपकरण प्रकारान्तर से शब्दार्थ के धर्म ठहरते हैं। शब्दार्थ ही काव्य है।[104] धर्म-धर्मी में अभेद होता है। अतः शब्द (अभिव्यंजना) और अर्थ (वस्तु) दोनों मिलकर ही काव्य बनाते हैं, मात्र शब्द या अर्थ नहीं।

प्राचीन आचार्यों ने वाणी के सौन्दर्य-मात्र को अलंकार के अन्तर्गत ग्रहण करके अलंकार और अंलकार्य का अभेद सूचित किया है। क्रोचे ने भी अभिव्यंजना को ही काव्य मानकर अलंकार और अलंकार्य के इसी अभेद को सूचित किया है।[105] वामन[106] और कुन्तक[107] भी अलंकार और अलंकार्य को व्यावहारिक स्तर पर ही भिन्न माना है, अन्यथा वे एक ही हैं। यहाँ हमें आधुनिक संदर्भ में इस तादात्म्य पर व्यावहारिक दृष्टिकोण से विचार करना है कि किस प्रकार काव्य-वस्तु के परिवर्तन के साथ अभिव्यंजना के उपकरण स्वतः परिवर्तित हो जाते हैं और जहाँ इन दोनों के मध्य संतुलन अथवा एकात्म्य खंडित है, वहाँ काव्य-बोध भी पूर्णता को नहीं पहुँचता।

इस दृष्टि से विचार करें तो आधुनिक रामकाव्य में अभिव्यंजना के अनेक सोपान दृष्टिगत होते हैं। द्विवेदीयुगीन इतिवृत्तात्मकता से लेकर नई कविता के जटिल शिल्प की अनेक भूमियाँ इनमें लक्षित होती हैं। यह बहुत कुछ आकस्मिक या यादृच्छिक नहीं है। काव्य-वस्तु की अपेक्षाओं के अनुरूप कवि अभिव्यंजना के विविध उपकरणों के संयोजन के लिए प्रेरित हुए हैं। वस्तु और अभिव्यंजना की अभिन्नता को सैद्धान्तिक स्तर पर स्वीकार करते हुए भी ('गिरा अर्थ जल बीचि सम, कहियत भिन्न न भिन्न')[108] मध्ययुग वस्तु और अभिव्यंजना की एकात्मकता के प्रति कवि इतने आग्रहशील नहीं दिखायी देते। उनके अभिव्यंजना के उपकरण इतने वैविध्यपूर्ण नहीं हैं। आधुनिक काव्य चितकों और कवियों की दृष्टि इस ओर अधिक सजग और आग्रहपूर्ण है। आधुनिक आलोचक भाषा को बहुरंगी एवं जीवंत अनुभवों के संप्रेषण के अधिकाधिक अनुकूल बनाना चाहता है। [109]

टी. एस. इलियट ने जहाँ कवि के व्यक्तित्व से विनिर्मुक्त कविता की स्वायत्त सत्ता की पुन:प्रतिष्ठा का प्रश्न उठाकर कवि के भोक्ता एवं स्त्रष्टा-मन के सम्बन्ध एवं अंतर पर प्रकाश डाला है वहाँ वे यह भी मानते हैं कि अपनी अभीष्ट वस्तु को शब्द-अर्थ के माध्यम से प्रस्तुत करने के लिए उपयुक्त विधान ही कवि-कर्म की सही कसौटी है। वे इस तथ्य को मूर्त-विधान (आब्जेक्टिव कोरिलेटिव) अथवा वस्तुमूलक प्रतिरूपता कहते हैं। अर्थात् उनके अनुसार, काव्य की सफलता इस बात में है कि भावनाओं और उनके मूर्त-विधान में पूर्ण सामंजस्य और एकरूपता हो। कवि किसी विशिष्ट भात्र को अभि-व्यक्त करने के लिए स्थितियों और वस्तुओं की एक ऐसी श्रृंखला प्रस्तुत करे जो इस विशिष्ट भाव को ऐन्द्रियक अनुभूतियों में रूपान्तरित कर सके। कहने का तात्पर्य यह है कि आधुनिक कवि कृति के संरचनात्मक मूल्यों को कृति के केन्द्रीय कथ्य के संदर्भ में ही महत्त्व देता है। आधुनिक युग में द्विवेदीयुगीन इतिवृत्तात्मकता से लेकर छायावादी रोमानी भाव-बोध, प्रगतिवादी सामाजिक चेतना, मनोविश्लेषणपरक अन्तश्चेतना तथा अस्तित्वगत संस्थितियों तक के विविध आयाम व स्तर रामकाव्य में संश्लिष्ट हैं। शैली एवं वस्तुगत वैविध्य के अनुशीलन से यह तथ्य स्पष्ट होता है कि कवियों ने अपनी मानसिकता को आधुनिक भाव-बोध के निकट लाने के लिए विषय और अभिव्यंजना के स्तरों में अद्भुत एकात्म्य का परिचय दिया है। 'साकेत' में शैली की विदग्धता, 'विदेह' की अमूर्त प्रतीकात्मकता तथा 'कैकेयी' (प्रभात-कृत) की भावोच्छ्वासमय अभिव्यक्ति बहुत-कुछ उन कृतियों के विषय-वस्तु की अनिवार्यता से प्रेरित है। इसी प्रकार जिन कवियों ने रूढ़िबद्ध मान्यताओं के आगे प्रश्न चिह्न लगाये हैं उनकी अभिव्यक्ति सीधी और सपाट है। 'भूमिजा' और 'शूर्पणखा' जैसे काव्यों में अभिव्यक्ति की सीधी संप्रेषणीयता द्रष्टव्य है, जहाँ कवि कुछ विचार-खण्डों को संप्रेषणीय बनाने के लिए प्रतिश्रुत है। इसके विपरीत 'संशय की एक रात' में अस्तित्ववादी संस्थितियों के कारण अभिव्यक्ति में अन्तर्विरोध, गहनता और जटिलता है। अधिकांश कवियों ने क्रमबद्ध रामकथा कहने के स्थान पर पात्रों की मन:स्थिति के उद्घाटन अथवा वैचारिक अन्तर्द्वन्द्व को ही लक्ष्य बनाया है। अत: उनकी अभिव्यंजना शैली भी वैसी अमूर्त चिंतन-प्रधान एवं द्वन्द्वात्मक है। 'विदेह' में वैचारिक संघर्ष की अभिव्यक्ति जिन कतिपय दृश्यों के माध्यम से की गयी है उनमें श्रृंखला-बद्धता के स्थान पर चिन्तन के ऋजु कुटिल मार्ग के अनुरूप भाषिक संरचना भी संश्लिष्ट और द्वन्द्वपूर्ण है। जिन कृतियों में स्थितियाँ सरल और द्वन्द्व-रहित हैं, वहाँ कथा-क्रम में आवेग की अपेक्षा मंथरता और इतिवृत्तात्मकता है-यहाँ अर्थ-चमत्कार विशेष रूप से वाग्विदधता पर आधृत है। 'रामचरित-चिन्तामणि', 'वैदेही वनवास' तथा साकेत' में स्थितियाँ बाह्य अवरोधों से विश्रृंखलित नहीं होतीं। कथा अपने सीधे विस्तार में चलती है इसलिए उनमें भाषिक संरचना के विविध शिखर नहीं हैं। रचना-प्रक्रिया का वैसा उद्वेलन, जो 'राम की शक्ति-पूजा' का प्राप्य है, यहाँ अनुपलब्ध है।

मध्ययुगीन काव्यधारा के समानान्तर रखकर यदि आधुनिक रामकाव्य-परम्परा का अनुशीलन किया जाये तो अभिव्यंजनागत वैविध्य और रचना-प्रक्रिया के अन्त: संघर्ष के विभिन्न स्तरों को सहज ही उद्घाटित किया जा सकता है।

(आ) परिवेश-बोध एवं युग-बोध

आधुनिक कवि यथार्थवादी विचारधारा से विशेष अनुप्रेरित है। यथार्थवाद किसी अलौकिक अथवा सुदूरवर्ती दिक् अथवा काल की अपेक्षा अपने सामयिक परिवेश से प्रेरणा ग्रहण करता है। परिवेश से आशय है कि परिस्थिति और वातावरण की

समग्रता जिसके अंतर्गत जलवायु, भौतिक परिस्थिति, राजनैतिक संस्थाएँ और सामाजिक स्थितियाँ समाविष्ट हैं। युग का अभिप्राय है राष्ट्रीय विकास की एक विशिष्ट अवस्था।[110] इस प्रकार परिवेश मूलतः देश, काल और वातावरण की बाह्य रेखाओं का आकलन है तो युग सामयिक जन-मानस की आंतरिक चेतना की विकास प्रक्रिया का अवबोधक। किसी युग की प्रतिमा उस युग के वातावरण और परिस्थिति की उपज होती है। लेखक एक सामाजिक घटक के रूप में अपने युग के सामाजिक, राजनैतिक और नैतिक मूल्यों के दायित्व बोध से जुड़ा होता है। इसके विपरीत आत्माभिव्यक्ति को ही चरम प्रतिपाद्य मानने वाले समीक्षक कवि के अहं के विसर्जन को ही महत्व देते हैं। वे किसी युग और देश के प्रति आन्तरिक प्रतिबद्धता महसूस न करते हुए अखण्ड मानव-चेतना के प्रति ही कवि के दायित्व का स्वर मुखर करते हैं। डॉ. नगेन्द्र के अनुसार, "अभिव्यक्ति की निश्छलता ही साहित्य का पहला और अनिवार्य लक्षण है। महान् व्यक्तित्व के अभाव में कोई कृति महान् साहित्य नहीं हो सकती। व्यक्तित्व की महत्ता अर्थात् उसका विस्तार और गाम्भीर्य जीवन के महत्तर मूल्यों के साथ तादात्म्य करने से प्राप्त होते हैं और ये महत्तर मूल्य अन्त में बहुत कुछ समष्टिगत मूल्य ही होंगे, यह ठीक है। परन्तु इसका निर्णय स्थूल दृष्टि से बाह्य (सामाजिक और राजनीतिक) आन्दोलनों को सामने रखकर नहीं करना होगा, वरन् व्यापक और सूक्ष्म धरातल पर देश और काल की सीमाओं को तोड़कर बहती हुई अखण्ड मानव-चेतना के प्रकाश में ही करना होगा।"[111] इसके विपरीत प्रगतिवादी समीक्षक उन्हीं कृतियों को महान् मानते हैं जो अपने समय के ऐतिहासिक आधार से सम्बद्ध हैं तथा जिनमें अपने-अपने काल की सामाजिक विचारधाराएँ अभिव्यक्त हुई हैं। क्रिस्टोफर काडवेल का कथन है कि सीपी से मोती के उद्‌भव के समान कला भी समाज की ही उद्‌भूति है।"[112] युगचेता कवि की रचनाओं में अपने समय का समग्र जीवन, तमाम वर्गों के अन्तःसम्बन्ध प्रतिबिम्बित हुए हैं और इस प्रकार उस युग की मूल समस्याओं का उद्‌घाटन हुआ है",[113] क्योंकि महान् कलाकार अपने युग का पूर्ण प्रतिनिधि, पूर्ण व्याख्याता होता है। उसकी वाणी में युग के सारे संघर्ष, सारे राग-विराग, समस्त प्रश्न और संदेह मूर्तिमान होकर बोलते या ध्वनित होते हैं।''[114] वस्तुतः आत्माभिव्यक्ति और युगीन अभि-व्यक्ति दो ध्रु वान्त नहीं हैं, दोनों एक-दूसरे के पूरक हैं। क्योंकि महान् प्रतिभा युगीन अभिव्यक्ति से एकाकार होकर और युग महान् प्रतिभाओं के माध्यम से अभिव्यक्त होकर परस्पर एक-दूसरे को सार्थकता प्रदान करते हैं। अन्यथा युग की अभिव्यक्ति अल्पतर प्रतिभा के कलाकारों में भी देखी जाती है। मात्र युग की अभिव्यक्ति के प्रति प्रतिबद्धता को उत्कृष्टता का प्रतिमान नहीं माना जा सकता। महान् पाश्चात्य समीक्षक-हेनरी पियरे के अनुसार हीनतर कोटि के कलाकार ही अपने परिवेश और युग की उपज होते हैं।[115] इसी तथ्य का अनुमोदन करते हुए डॉ. नगेन्द्र का कथन है, "साहित्यकार जितना महान् होगा, उसका अहं उतना ही तीखा और बलिष्ठ होगा, जिसका पूर्णतः समाजीकरण असम्भव नहीं तो दुष्कर अवश्य हो जायेगा। संसार में ऐसा महान् साहित्य-कार विरला ही होगा जिसने किसी अपरागगत उद्‌देश्य से पूर्णतया तादात्म्य स्थापित कर लिया हो। गोर्की, इक़बाल, मिल्टन आदि के व्यक्तित्व का विश्लेषण असंदिग्ध रूप से सिद्ध कर देगा कि उनके भी साहित्य में जो महान् है, वह उनके दुर्दमनीय अहं का ही विस्फोट है, साम्यवाद, इस्लाम या प्युरिटन मत की अभिव्यक्ति नहीं है।[116] इस तथ्य की सत्यता को स्वीकार करते हुए यह अवश्य कहा जा सकता है कि प्रत्येक कृति का युगीन मूल्य होता है, जिसके आधार पर वह समसामयिक पाठक वर्ग को आन्दोलित करती है। यदि ऐसा न होता तो कृतियों के सृजन का अनवरत क्रम अवरुद्ध हो जाता और उनकी प्रासंगिकता समाप्त हो जाती। प्राचीन कृतियों के साथ हम नई कृतियों का आस्वादन इसी कारण कर पाते हैं कि वे युग और परिवेश की जीवंत समस्याओं के प्रति हमें जागरूक बनाती हैं। ऐसी कृतियाँ कालजयी भले ही न हों किन्तु उनकी तात्कालिक सम्प्रेषणीयता असंदिग्ध होती है। अपने चतुर्दिक् के वातावरण और परिवर्तित मूल्यों की चेतना पाठक को इन्हीं कृतियों से उपलब्ध होती है। 'साकेत' में सांस्कृतिक पुनरुत्थान तथा गांधीवादी मूल्यों की प्रतिष्ठा, 'वैदेही-वनवास' में जनतांत्रिक चेतना, 'कैकेयी' ('प्रभात'-कृत) में सांस्कृतिक संकट, 'कैकेयी' (चाँदमल अग्रवाल कृत) में बाह्य आक्रमण और राष्ट्रीय दायित्व, 'संशय की एक रात' में युद्ध और शांति की समस्या आज के परिवेश और जन-जीवन की समस्याओं से जुड़ी हुई है। यही नहीं, इन कृतियों में दलितों के प्रति सहानुभूति, उपेक्षित व्यक्तियों के प्रति संवेदना, प्रतिपात्रों के प्रति सहिष्णुता, नारी जागरण तथा स्वदेशानुराग इत्यादि के जो संदर्भ उभरे

हैं, वे चिरंतन होकर भी आज के युगीन संदर्भ में रामकाव्य को विशेष प्रासंगिक बना देते हैं। इस संदर्भ में आधुनिक बोध के स्पष्टीकरण के लिए प्राक्काली न युगबोध तथा मध्यकालीन युगबोध की व्याख्या आवश्यक है।

युगबोध : अर्थ और सीमा

अपने अतीत के दाय और वर्तमान के बोध से निरपेक्ष साहित्यकार के अस्तित्व की कल्पना नहीं की जा सकती। वह जिस काल-खण्ड में जीवित रहता एवं जीवन-संघर्ष करता है, उस काल-खण्ड की राजनैतिक, सामाजिक और सांस्कृतिक अवधारणाओं का प्रभाव उसके रचनात्मक व्यक्तित्व पर अवश्य पड़ता है।[117] किन्तु किसी काल-खण्ड में जो अवधारणाएँ मान्यता प्राप्त कर चुकी हैं वे उस युग के विशिष्ट संदर्भ में ही प्रासंगिक होती हैं। आगामी युग में नवीन वैज्ञानिक, राजनैतिक अथवा सांस्कृतिक अवधारणाओं के अनुसंधान से उनकी प्रासंगिकता क्षीण हो सकती है।[118] अत: कवि एक ओर तो अपने युग के विशिष्ट जीवंत तत्त्वों का अनुसंधान एवं रूढ़िग्रस्त जर्जर मान्यताओं का परीक्षण कर युग के अनुरूप उनका निषेध अथवा परिष्कार करता है तो दूसरी ओर आगामी युग की संभावनाओं की ओर भी दृष्टिपात करता है। किसी काल-खण्ड में अपने चतुर्दिक् परिवेश के प्रति यह बौद्धिक अथवा रागात्मक प्रतिक्रिया ही युगबोध है, जो कवि की जीवन-दृष्टि की नियामक है। इस प्रकार युगबोध एक प्रकार से काल-सापेक्ष होता है जो परवर्ती युग में स्वीकार्य, संदिग्ध अथवा अस्वीकार्य भी हो सकता है। कतिपय आलोचकों ने युगबोध के लिए युग-सत्य का प्रयोग किया है।[119] किन्तु बोध की निरंतर प्रगतिशीलता में जो भाव निहित है, वह सत्य के शाश्वत-चिंतन अर्थ से भिन्न है।[120] सत्य की प्रवहमानता इसी अर्थ में स्वीकार की जा सकती है कि वह वस्तुओं और स्थितियों के प्रति हमारी रागात्मक प्रतिक्रिया को युग चेतना के अनुरूप परिवर्तित करता है।

किसी रचना के मूल्यांकन में युगबोध का अत्यन्त महत्त्वपूर्ण स्थान है। रचना का मूल्यांकन करते समय हमें यह तथ्य स्मरण रखना आवश्यक है कि वह एक विशेष काल-खण्ड की रचना है और उस काल खण्ड की अवधारणाओं को आत्मसात् कर उसकी रचनाधर्मिता विकसित हुई है। साथ ही यह भी स्मरण रखना है कि ऐतिहासिक दृष्टि से समन्वित होकर ही हम किसी कृति का सही मूल्यांकन कर सकते हैं। भिन्न प्रकार की रचनाएँ पढ़ते हुए हमारी मूल्यांकन क्षमता ऐतिहासिक परिप्रेक्ष्य में अर्थवत्ता प्राप्त कर सकती है।[121] किन्तु इतिहास अथवा युगीन सापेक्षता केवल कृति के मूल्यांकन का आधार-मात्र है; जहाँ वह काव्य की स्वायत्तता को हानि पहुंचाकर काव्य-कृति को एक सामाजिक दस्तावेज़ मात्र बना देती है वहाँ उसका औचित्य संदिग्ध हो जाता है। वस्तुत: युग और साहित्य परस्पर सापेक्ष हैं। अत: यह सापेक्षता ही साहित्य को समष्टि-बोध का व्यापक आधार प्रदान करती है। किसी युग की कविता सामूहिक बोध की दृष्टि से कभी गलत नहीं हो सकती, क्योंकि उसकी आधार भित्ति उस युग की आंतरिक संवेदना होती है, बाहरी सभ्यता नहीं।[122]

(इस संदर्भ में यह द्रष्टव्य है कि) कवि केवल युगबोध को आत्मसात् ही नहीं करता, अपितु उराके प्रति विद्रोह भी करता है। यदि कालिदास, भवभूति, तुलसी, 'निराला' और मुक्तिबोध के काव्य में अपने युग और सामाजिकता का प्रतिबिम्ब मिलता है तो अनेक स्थलों पर युग के प्रति विद्रोह के दृष्टांत भी उपलब्ध होते हैं। शैले, कारलायल और टाल्सटाय में अपने युग के प्रति खुला विद्रोह दृष्टिगोचर होता है। अत: युग सापेक्षता को संकीर्ण अर्थ में नहीं लेना है। वस्तुत: यह यथार्थ का आभ्यन्तरीकरण है जिसकी सार्थकता कलागत सत्य की उपलब्धि में ही है। भारतीय दृष्टि भी युग के बाह्य यथार्थ की अभिव्यंजना की अपेक्षा आंतरिक यथार्थ की अभिव्यक्ति को ही अधिक महत्त्व देती है। इस ओर संकेत करते हुए नरेश मेहता ने उपयुक्त ही कहा है, "जिसे भारतीय दृष्टि के रूप में जाना जाता है उसमें जड़ीय प्रगति को कभी प्रमुखता नहीं दी गयी और संभवत: इसीलिए देशगत ऐतिहासिकता को भी कभी महत्त्व नहीं दिया गया। मानव को आधारभूत चेतनात्मक प्राणी मानने के करण ही सम्भाव्य स्थूलताओं को भारतीय मनीषा ने गौण कर दिया।[123] पंत के अनुसार यही बहिर्जगत् का रूपान्तरण है।[124] इस प्रकार युगबोध को केवल बाह्य यथार्थ तक ही सीमित नहीं रखा जा सकता। कवि के अन्तर्जगत् की भूमिका, कवि का प्रपत्तिभाव और उसकी विद्रोह-चेतना का अनुशीलन कर युगबोध या युग-सत्य को कवि की निजता के साथ संयुक्त करके ही मूल्यांकित किया जा सकता है। "युगसत्य को समझने या परखने में जल्दबाज़ी नहीं की जा सकती,

क्योंकि इस प्रकार से यदि किसी के लिए गांधीवाद युगसत्य हो जाता है, तो कुछ दिनों बाद मार्क्सवाद या अरविन्दवाद भी सहज, सुविधा के अनुसार, युग-सत्य बन जाता है। युग-सत्य का साहित्य में तब तक कोई अर्थ नहीं है जब तक वह व्यक्ति का अपना निजी सत्य नहीं हो जाता।''[125]

स्पष्टत: युगसत्य में जहाँ कवि की निजी मान्यताओं एवं आदर्शों की परिवेशगत स्वीकृति है, वहाँ युगबोध में समष्टिगत स्तर अधिक प्रमुख है। फलत: विभिन्न युगीन बोधों में एक अनवरत क्रम लक्षित किया जा सकता है।

प्राक्कालीन युगबोध

(जैसा कि पहले कहा जा चुका है) वेदों में राम कथा के प्रमुख पात्रों के नामो-ल्लेख उपलब्ध हैं, किन्तु उनके आधार पर किसी सुसम्बद्ध ऐतिहासिक कथा का निर्माण नहीं किया जा सकता। अत: वैदिक युगबोध जैसे किसी प्रत्यय की अवधारणा राम-कथा के संदर्भ में अधिक प्रासंगिक नहीं है। किन्तु यहाँ यह संकेत देना असंगत न होगा कि वैदिक युग की सांस्कृतिक अभिरुचि, आध्यात्मिक अनुभूति और जीवन-दर्शन आदि कवि वाल्मीकि के युगबोध को समझने में सबल पीठिका का कार्य करते हैं। वेद में जीवन के अकृत्रिम पार्थिव सौन्दर्य का निरावृत चित्रण हुआ है। सांस्कृतिक पुनरुत्थान से प्रेरित कतिपय विद्वान् वेद के आध्यात्मिक, पारलौकिक जीवन-दर्शन का अनुसंधान करते रहे हैं। "आध्यात्मिक अनुभूतियों का जो विकासक्रम वेद में वर्णित हुआ है, यह अन्यत्र दुर्लभ है।"[126] वस्तुत: वैदिक युग का जीवन-दर्शन पार्थिव एवं ऐहिक है। आदिकालीन आर्य प्रकृति की सत्ता के पीछे देव-शक्ति के दर्शन अवश्य करते हैं, किन्तु उनकी मूल कामना ऐहिक भोग की ही रही है। "अधिकांश में वैदिक आर्य देवताओं की स्तुति करते हैं कि बैल मोटे हों, घोड़े बलवान हों, फसल की उन्नति हो और शत्रुओं पर उन्हें विजय मिले, यही नहीं, बल्कि स्वर्ग की कामना भी वे इसी भाव से करते हैं कि स्वर्ग में भी उन्हें उसी प्रकार का उत्तम स्वर्ग मिले जिस प्रकार का उत्तम स्वर्ग पृथ्वी पर उपलब्ध है।''[127] के. दामोदरन के कथनानुसार भी, "आदिकालीन आर्य पार्थिव भौतिक जीवन से अलग जीवन बिताने वाले ऋषि और मुनि नहीं थे जो सदा 'परब्रह्म' के चिन्तन में लीन रहते थे। मृत्यु के उपरांत आने वाले जीवन की खोज में वे इतने संलग्न नहीं रहते थे जितने कि अपने रहन-सहन की परिस्थितियों को सुधारने वाले साधनों की खोज में।''[128]

रामायण काल में इस ऐहिक दृष्टि का भावात्मक स्तर पर हम अधिक सूक्ष्म विकास देखते हैं। युग की समस्याएँ अब भी वही थीं किन्तु उनका स्वरूप अधिक और सशक्त हो गया है। आर्य और अनार्य दोनों का सम्पर्क संघर्ष अधिक घनीभूत हो जाने से द्वन्द्व और विषमता की[129] वृद्धि होने लगी। प्रकृति के निसर्गसिद्ध विस्तृत व्यापक परिवेश के प्रति मानव का मोह इस युग में भी यथावत् प्रगाढ़ बना रहा। कर्म-फल और नियति-फल के अतिरिक्त सत्-असत् के प्रति भी युग की दृष्टि स्पष्ट और स्थूल रही, जिसका परिणाम यह हुआ कि पात्रों के सत्-असत् पक्ष की विभाजन-रेखाएँ प्राय: एकांगी और स्थूल हैं। ऐसा प्रतीत होता है–"नैतिक भलाई-बुराई के बारे में आदिकवि के पक्ष-पात कुछ ज्यादा सुनिर्दिष्ट या निर्द्वन्द्व हैं—कुछ पात्र और कर्म एकांत रूप में काले चित्रित किये गये हैं और कुछ वैसे ही रूप में सफेद। सूक्ष्म नैतिक द्वन्द्व कवि की अनुभव-परिधि से वे करीब-करीब बाहर पड़ते हैं।''[130]

भवभूति तक आते-आते परिवेश तथा नैतिक मान्यताओं में एक गुणात्मक परिवर्तन दृष्टिगत होता है जो परिवर्तित युगबोध का साक्षी है। परिवेश और युगबोध में यह अंतर बौद्ध प्रभाव के कारण उत्पन्न हुआ। वाल्मीकि वर्णाश्रम धर्म को स्वत: सिद्ध सत्य मानकर शम्बूक-वध जैसे कृत्य में किसी अनौचित्य का दर्शन नहीं करते। रामायण का यह कृत्य धर्मस्थापना का अंग बनकर आता है। इसके विपरीत भवभूति के राम स्वयं अपने कृत्य के प्रति संदिग्ध तथा अनुताप-दग्ध हैं।[131] स्पष्ट ही जो मूल्य वाल्मीकि के समय प्रचलित थे, वे मूल्य भवभूति के समय प्रचलित नहीं थे। काल ने झकझोर कर समाज के श्रेष्ठ चिन्तकों में एक प्रकार की उदारता और न्यायबुद्धि उत्पन्न कर दी थी। अत: भवभूति के लिए यह असंभव हो गया कि वे शम्बूक-वध और सीता-परित्याग का समर्थन कर सकें अथवा राम के इन दो कठोर कृत्यों के विरुद्ध उनके मन में जो अक्रोश था, उसे दबाकर चुप रह जायें।"[132] यह सप्रश्नता जैन 'पद्मपुराण' (रविषेग) में भी है, जो स्पष्टत: रामकाव्यों

– 'पउमचरिउ' (स्वयंभू), तत्कालीन बौद्धिक क्रांति का परिणाम है। सप्रश्नता तथा जीवन आदर्शों के प्रति स्वस्थ वर्जना-मुक्त दृष्टि प्राक्कालीन युगबोध की विशिष्टिता है।

मध्यकालीन युगबोध

हूणों के द्वारा गुप्त साम्राज्य का ध्वंस तथा हर्ष-साम्राज्य की समाप्ति के अनन्तर भारत-राष्ट्र का विखण्डीकरण और विदेशी सत्ता का अभ्युदय मध्य युग को प्रभावित करने वाली प्रमुख राजनैतिक घटनाएं हैं। मध्ययुगीन भारतीय समाज मूलतः नैराश्य, अगतिशीलता, पतन और अपकर्ष का काल रहा। इसे तत्कालीन सांस्कृतिक विघटन-प्रक्रिया से असम्बद्ध रखकर नहीं देखा जा सकता। बौद्ध धर्म के पतन तथा मंत्रयान, वज्रयान और सहज यान में उसकी परिणति ने एक छद्म विकृति को जन्म दिया जो निवृत्ति की आड़ में भोग को स्पृहणीय मानने लगी।[133] इस प्रवृत्ति के यत्किंचित् परिमार्जन एवं परिष्कार का प्रयास मध्ययुगीन वैष्णव-आन्दोलन के माध्यम से हुआ। शांकर अद्वैत वेदांत की प्रतिक्रियास्वरूप रामानुज आदि वैष्णव आचार्यों ने जिन सगुणोपासक भक्ति-सम्प्रदायों का प्रवर्तन किया, उन्होंने वेदोपनिषद्-निहित अध्यात्म-दर्शन को जन-जीवन से सम्पृक्त करते हुए परम्परागत राम कथा को एक नया आयाम प्रदान किया। परिणाम-स्वरूप पारलौकिक दिव्य जीवन की स्पृहा, नैराश्यवाद तथा ऐहिक जीवन की क्षणभंगुरता ने कर्मपक्ष की उपेक्षा तथा ईश्वर के प्रति निष्क्रिय प्रपत्तिभाव को प्रेरित किया। किन्तु उत्तर-मध्य युग तक आते-आते रामभक्ति भावना में से अध्यात्म का पक्ष विलुप्त हो गया और ऐहिक शृंगारिकता शेष रह गयी। व्यक्तिवादी जीवन-दर्शन, शृंगारिकता, वैराग्य, अवैज्ञानिक दृष्टिकोण तथा वर्जनाओं एवं निषेधों से आबद्ध दृष्टि उत्तर-मध्य युग की विशेषता है। इस प्रकार उत्तर-मध्य युग में एक ओर तो राम कथा में अलौकिकता और अतिप्राकृत तत्त्वों का समावेश हुआ और दूसरी ओर ऐहिक रूपोपासना (मधुरोपासना) एवं शृंगारिकता का स्वरूप स्फुटित हुआ। प्रथम का कारण वैज्ञानिक दृष्टि का अभाव तथा द्वितीय का तत्कालीन भोगवादी प्रवृत्ति है।[134] संक्षेपतः मध्यकाल तक आते-आते रामकाव्य में सप्रश्न दृष्टि धूमिल तथा नैतिक मूल्यवत्ता अनेक वर्जनाओं और निषेधों से बाधित होकर अंधविश्वासों, रूढ़ियों और जर्जर मान्यताओं के आवर्त में फँस गयी।

तुलसीदास के 'रामचरितमानस' में जहाँ मर्यादावादी दृष्टि का उन्मेष है, वहाँ रामभक्ति के रसिक सम्प्रदाय में ऐहिक शृंगार की अभिव्यक्ति हुई। 'मानस' में वर्णाश्रम व्यवस्था, श्रुतिधर्म की व्यवस्था, ब्राह्मणत्व की उत्कृष्टता तथा विविध आचार-विचारों में व्यवस्था और मर्यादा की अनिवार्यता मध्ययुगीन नैतिक दृष्टि का ही परिणाम है। तुलसी रामकाव्य में निहित सप्रश्नता की या तो उपेक्षा कर जाते हैं या उस पर भक्ति का आवरण डाल देते हैं। सीता वनवास, शम्बूक-वध जैसे प्रश्नों का परित्याग करके वे प्रश्नता के प्रति नकारात्मक दृष्टि अपनाते हैं। बालि-वध जैसे प्रश्न को चिन्त्य मानते हुए भी मर्यादा के कारण भक्ति के आवरण में लपेटकर उसके दंश को कम कर देते हैं। दूसरी ओर मधुरोपासक रसिक राम भक्तों ने परम्परा-प्रतिष्ठित राम कथा के मर्यादा-मय आदर्श कलेवर को मात्र रति रस से आप्लावित करके तत्सम्बन्धी समस्त जीवन-प्रतिमानों को भोग प्रवृत्ति से आविष्ट कर दिया।

आधुनिक युगबोध

पाश्चात्त्य संपर्क-संघर्ष के परिणामस्वरूप भारतीय समाज में जहाँ प्राचीन मूल्य-मानकों के प्रति अश्रद्धा और अनास्था दिखलाई पड़ी, वहाँ दूसरी ओर पाश्चात्त्य दार्शनिकों एवं विद्वानों से प्रेरणा पाकर भारतीय मनीषा भी प्राचीन संस्कृति के उद्‌घाटन और उसके पुनर्मूल्यांकन की ओर प्रवृत्त हुई। सांस्कृतिक पुनरुत्थान की इस चेतना में ऋषि दयानन्द, राजा राममोहन राय, रामकृष्ण परमहंस, स्वामी विवेकानन्द और महात्मा गांधी आदि के विचार और कर्मों का व्यापक प्रभाव पड़ा। आर्य समाज के प्रभाव के कारण आर्यसंस्कृति के प्रचार-प्रसार का जो स्वर मुखर हुआ, रामकाव्य भी उससे अछूता नहीं रहा। 'साकेत' के राम सिंधु के पार भी वेद-वाणी के उच्चरित होने की आकांक्षा रखते हैं।[135]

आधुनिक युग वैज्ञानिक चिन्तन, राजनैतिक-आर्थिक क्रांति और पारिवारिक तथा वैयक्तिक जीवन-मूल्यों के विघटन एवं पुनर्गठन का युग रहा है, अत: रामकाव्य भी अव-धारणाओं के इस परिवर्तित परिप्रेक्ष्य से अप्रभावित नहीं रह सका है। वैज्ञानिक दृष्टि आधुनिकता-बोध का अनिवार्य लक्षण है। आधुनिक कवि की दृष्टि वैज्ञानिक यन्त्रवाद, उद्योगीकरण के बढ़ते हुए प्रभाव के प्रति सशंकित भी है और ग्रहणशील भी। जहाँ विज्ञान ने मानवीय संवेदना को क्षति पहुँचायी है, वहाँ जीवन को संश्लिष्ट और परिष्कृत कर नई दिशाओं और संभावनाओं का द्वार भी उन्मुक्त किया है। आधुनिक काव्य में वैज्ञानिक यंत्रवाद की जड़ता का निषेध वैचारिक भूमि पर भी है और रागात्मक स्तर पर भी। यदि यंत्रवाद के बढ़ते प्रभाव के कारण जीवन-शक्ति की जर्जरता तथा क्रमिक दु:ख के प्रति संवेदनशीलता की वृद्धि का दोष विज्ञान के ऊपर मढ़ा गया है,[136] तो विज्ञान के अभिशप्त स्वरूप के प्रति आक्रोश भी अभिव्यक्त किया गया। विज्ञान की वही वृत्ति श्रेयस्कर है जो मानव के हृदय तारल्य को सुरक्षित रखती है।[137] वैज्ञानिकता के इस बढ़ते अभिशाप और उसके श्रेयस्कर प्रयोग के निषेध एवं स्वीकृति का यह प्रश्न आधुनिक युग का एक जीवंत प्रश्न है। प्रथम एवं द्वितीय महायुद्ध की विभीषिका में विज्ञान का महत्त्वपूर्ण योग रहा है। तत्त्व-चिंतक बण्ड रसल के अनुसार, युद्ध के विकल्प और अनिवार्यता को लेकर आज की मानव-कल्पना गहरे चिन्तन-स्तर पर संघर्ष करती है।[138] रणनाथों के गर्जन तथा युद्धभूमि के कोलाहल का अतिरंजित वर्णन करने मात्र में ही आज कवि की प्रतिभा की इतिश्री नहीं हो जाती, अपितु वह उसकी प्रेरक मानसिकता तथा उसके दुष्परिणामों के प्रति भी पूर्ण सजग है। 'वैदेही-वनवास'[139] की सीता जहाँ युद्ध की विभीषिका और दुष्परिणाम का स्मरण कर आत्म मंथन के क्षणों में व्यथित होती है, वहाँ 'संशय की एक रात[140] के राम भी युद्ध के औचित्य एवं अनौचित्य के प्रश्न के समाधान के लिए अनवरत संघर्षरत हैं।

वैज्ञानिक यन्त्रवाद का प्रभाव मानव-मानव के पारस्परिक सम्बन्धों की ऋजुता और अकृत्रिमता के विघटन के रूप में भी प्रतिफलित हुआ। मानव अपनी मानसिकता की द्विधा में तो विभक्त है ही, परिवेश के प्रति भी एक जड़ यान्त्रिक प्रतिक्रिया के लिए विवश है। अपने परिवेश से संत्रस्त अजनबी जड़ आकृतियों के व्यूह में वह जैसे दिग्भ्रान्त भटक रहा है। महानगरीय सभ्यता का दुष्परिणाम आत्म-निर्वासन और अजनबीपन की अनुभूति के साथ उभरा है। औद्योगिक यन्त्रवाद की इसमें निर्णायक भूमिका है। किंतु वैज्ञानिक यन्त्रवाद ने जहाँ मनुष्य को अपने मौलिक सन्दर्भ से तोड़कर आत्म-निर्वासित एवं विस्थापित बनाया है, वहाँ उसके चिंतन को अधिक वैज्ञानिक एवं विवेक-सम्मत बनाने में योग भी दिया है। फलत: जड़ आध्यात्मिक प्रतिमानों का आधुनिक कवि पूरी तरह से निषेध करता है— अलौकिक एवं अतिप्राकृत तत्त्व को अस्वीकार करते हुए वह प्रत्येक मानवीय एवं दैवी व्यापार को कार्य कारण की दृढ़ श्रृंखला में बँधा हुआ देखना चाहता है। अतिप्राकृत का निषेध कर वह मानवीय संवेदना की ओर उन्मुख होता है तथा चम-त्कारपूर्ण घटनाओं का या तो निषेध करता है या विवेकसम्मत बौद्धिक विश्लेषण प्रस्तुत कर समसामयिक युग में उनकी प्रासंगिकता एवं अर्थवत्ता निर्धारित करता है।

वैज्ञानिक आविष्कार के फलस्वरूप मध्ययुग की कई भ्रान्तियाँ एवं अन्धविश्वास नि:शेष हुए। ईश्वर के अवतार अथवा किसी परात्परा-शक्ति के प्रति जहाँ व्यक्ति की आस्था कुण्ठित हुई, वहाँ पशुता की निम्नतम श्रेणी से उत्तरोत्तर क्रम विकास करते हुए अतिमानव की ओर उन्मुख होने की सम्भवना व्यक्त हुई है। साथ ही उसका दैवी उद्‌भव का अभिमान भी नष्ट हुआ। डारविन ने अपने विकासवाद के सिद्धान्त के द्वारा दैवी उद्‌भव की जड़ भ्रान्तियों को निरावृत किया। मानव सात्त्विक एवं देवी भावनाओं का पुंज ही नहीं, अपितु दुर्बलाओं की क्रीड़ाभूमि भी है। मनुष्य के अन्तर्मन-अवचेतन के गह्वर में अवदमित वासनाओं का विस्फोट उसके व्यक्तित्व को किस प्रकार विकसित एवं परिवर्तित करता है, इसका उद्‌घाटन आधुनिक मनोविश्लेषणशास्त्र की अपूर्व देन है। कला, धर्म, साहित्य और संस्कृति हमारी अवदमित चेतना का ही उदात्तीकृत एवं स्थानान्तरित परिणाम है। उसके मूल में किसी अतिप्राकृत-अलौकिक दैवी प्रेरणा अथवा सात्त्विक आकांक्षा का ही संस्पर्श खोजना अप्रासंगिक है। मानव के देवत्व के नीचे छिपे हुए काम, स्वार्थ एवं अहं का उद्‌घाटन आज के कवि का अधिक महत्त्वपूर्ण दायित्व है, और साथ ही कामान्धता एवं क्रूर मानसिकता अथवा दर्प-जनित व्यक्ति-कुण्ठा से अनुप्रेरित राक्षस मानव के हृदय में भी देवत्व का ज्योत्स्ना खण्ड हो सकता है, इसका उद्‌घाटन मनोविज्ञान के प्रसंग में ही सम्भव हो सका है।

राम कथा यद्यपि एक सुनिश्चित जीवन-दर्शन तथा अभिव्यक्ति-पद्धति को लेकर चली है तथापि युगीन प्रभाव, साहित्यिक संवेदना एवं अभिव्यंजना-पक्ष के क्रमिक विकास का प्रभाव भी इस पर निर्विवाद रूप में पड़ा है। वाद-सापेक्षता साहित्य की उत्कृष्टता का विधायक गुण नहीं है किन्तु युग की चिन्तनधारा एवं अभिव्यंजना-शैली से कटकर जो साहित्य रूढ़ संवेदना और अभिव्यंजना को दोहराता है, वह प्रतिगामी साहित्य बन-कर रह जाता है। रामकाव्य का विकास आधुनिक काव्य प्रवृत्तियों के समानान्तर जिस रूप में हुआ है वह उस युग-विशेष की चिन्तनधारा और शिल्प-पक्ष की विशेषताओं से असम्पृक्त नहीं रह सका है।

भारतेन्दु-युग

भारतेन्दु-युग की राष्ट्रीय चेतना ने भक्ति भावना तथा शृंगारिकता के त्रयात्मक प्रभाव को आत्मसात् कर उसे समयानुकूल नये सन्दर्भ दिये। किन्तु भारतेन्दु-युग में रामकाव्य-सम्बन्धी कृतियाँ केवल प्राचीन परिपाटी का अनुसरण करती रहीं। खड़ी बोली का यह प्रत्यूष काल था। काव्य-क्षेत्र में अभी ब्रजभाषा ही पूर्णत: स्वीकृत थी,। जो रामकाव्य की अपेक्षा कृष्णकाव्य की अभिव्यंजना के अधिक अनुरूप थी। अत: भारतेन्दु-युग में बदरीनारायण चौधरी 'प्रेमघन' की 'प्रयाग रामगमन', लाला सीता-राम कृत 'रघुवंश' का पद्यानुवाद, जगन्नाथप्रसाद 'भानु'-कृत 'नवपंचामृत 'रामायण', राधाकृष्ण-रचित 'रामचरितमानस', बालमुकुन्द गुप्त लिखित 'श्रीरामस्तोत्र', विनायक राव-रचित 'अयोध्या-रत्न भण्डार' इत्यादि रचनाएँ ब्रजभाषा में हैं तथा इनमें शिल्प अथवा संवेदना के स्तर पर किसी गहरे युग परिवर्तन अथवा आधुनिक बोध के दर्शन नहीं होते। भारन्तेदु ने 'दशरथ-विलाप' कविता खड़ी बोली में अवश्य लिखी, किन्तु इसका महत्त्व मात्र खड़ी बोली की रामकाव्य सम्बन्धी प्रथम कविता होने के नाते से ही है। कहने का तात्पर्य यह है कि रामकाव्य की केन्द्रीय संवेदना में मौलिक युगान्तर द्विवेदी युग में ही दृष्टिगोचर होता है जबकि स्वामी दयानन्द के बौद्धिक आन्दोलन और रवीन्द्रनाथ की मानवतावादी दृष्टि ने आधुनिक पौराणिक काव्य-धारा में नवीन युगान्तर उपस्थित किया।

द्विवेदी युग

द्विवेदी युग की चिन्तनधारा का विकास स्वामी दयानन्द की धार्मिक विचार-धारा एवं सुधार-भावना के व्यापक प्रभाव के अन्तर्गत हुआ। यह हिन्दू-नवोत्थान की भूमिका थी जिसमें एक ओर तो धर्म के अव्यावहारिक, अतिप्राकृत एवं अलौकिक तत्त्व का निराकरण कर शुद्ध विवेक सम्मत बौद्धिक विश्लेषण का आग्रह बढ़ा। दूसरी ओर हिन्दू धर्म पर पड़ने वाले बाह्य प्रभावों के विरुद्ध भी एक सुसंगठित रचना हुई। पौरा-णिक संस्कारों तथा आत्महीनता से मुक्ति का यह समन्वित प्रयास था। रामधारीसिंह 'दिनकर' के अनुसार, "रूढ़ियों और गतानुगतिकता में फँसकर अपना विनाश करने के कारण उन्होंने (स्वामी दयानन्द ने) भारतवासियों की कड़ी निन्दा की और उनसे कहा कि तुम्हारा कर्म पौराणिक संस्कारों की धूल में छिप गया है। इन संस्कारों की गन्दी। परतों को तोड़ फेंको ! तुम्हारा सच्चा धर्म वैदिक धर्म है जिस पर आरूढ़ होने से तुम फिर विजयी हो सकते हो। किन्तु इससे भी बढ़कर फटकार उन्होंने ईसाइयों पर और मुसलमानों पर भेजी जो दिन-दहाड़े हिन्दुत्व की निन्दा करते न थकते थे।[141] स्वामी दया-नन्द का प्रभाव मानववाद और मानवतावादी भावना के विकास के रूप में हुआ। इस मानवतावादी विचारधारा के विकास में स्वामी दयानंद के अतिरिक्त विवेकानन्द, रवीन्द्र, अरविन्द और गांधी की चिन्तनधारा का भी विशेष योगदान है, जिसके परिणाम-स्वरूप पश्चिमी संस्कृति के विरोध में भारतीय संस्कृति का मौलिक रूप उभरा। गांधी ने अहिंसा, सत्याग्रह, अछूतोद्धार, साम्प्रदायिक एकता, धार्मिक समन्वय तथा राजनीतिक समानता इत्यादि के माध्यम से राष्ट्रीय जीवन की जागृति में बहुमुखी योग दिया। उन्होंने उद्योगीकरण तथा मशीनीकरण के परिणाम जन्य मानव-शोषण का विरोध करते हुए मानव श्रम की प्रतिष्ठा की। साथ ही अछूतों एवं कृषकों पर किये जाने वाले अत्याचारों का विरोध भी किया। इसी मानवतावादी भावना को काव्यगत संवेदना के विशिष्ट धरातल पर रवीन्द्रनाथ ठाकुर ने चित्रित किया। रवीन्द्र का विशिष्ट प्रभाव द्विवेदी युग के प्रारम्भिक चरण से लेकर छायावाद के उत्तरार्द्ध तक स्पष्ट रूप से लक्षित है।

रवीन्द्र ने ईश्वर की मानववादी परिकल्पना को बहुत हद तक प्रभावित किया। यूरोपीय चिन्तन, संस्कृति और जीवन-पद्धति ने रवीन्द्रनाथ ठाकुर के बौद्धिक और भावा-त्मक व्यक्तित्व को समृद्ध और संस्कृत किया, किन्तु विशिष्ट उपलब्धि यही है कि उन्होंने पौरस्त्य और पाश्चात्त्य चिन्तनधाराओं को आत्मसात् कर अनेकता के बीच एकता और वैषम्य के बीच सामंजस्य के सूत्र खोज निकाले हैं। फलत: धार्मिक जीवन पर भी उन्होंने इसी सामंजस्यवादी कवि-कर्मी भावना से विचार किया। रवीन्द्र कहते हैं-" संकीर्ण संप्रदाय के अभ्यस्त लोगों को ऐसा धर्म बहुत ही अनिश्चित और लचीला जान पड़ेगा। रूढ़िवादी धर्म में सब प्रश्नों का उत्तर ज़रूर रहता है, पर कवि का धर्म तरल होता है। पृथ्वी के चारों ओर के वायु मण्डल की भाँति वह किसी को चरम निष्कर्ष पर ले जाने का वादा नहीं करता। पर वह अलोक अनंत को उद्घाटित करता है।"[142] वस्तुत: रवीन्द्र ने स्वामी दयानंद की भावतारल्य-रहित बौद्धिक शुष्कता के स्थान पर सौन्दर्यमूलक अनुभूति को प्रतिष्ठित किया तथा ईश्वर के सगुण-निर्गुण, वैयक्तिक-निर्वैयक्तिक रूपों के बीच कविधर्मी अन्तर्दृष्टि से सामंजस्य का रूप खोज निकाला।[143]

द्विवेदी युग की यह बौद्धिक पृष्ठभूमि आधुनिक रामकाव्य का मौलिक स्वरूप-निर्धारण करने में अत्यन्त मूल्यवान सिद्ध हुई। स्वामी दयानंद और रवीन्द्रनाथ दोनों की समन्वित दृष्टि ने राम की आधुनिक प्रतिमा के गढ़ने में विशेष योग दिया है। यह काल जागरण का भी है और पुन:संस्कार का भी। जहाँ मध्ययुगीन अलौकिकता अथवा अति-प्राकृत भावभूमि की जड़ता से मुक्ति का प्रयास है, वहाँ श्रृंगारिकता से हटकर मर्यादित नैतिक दृष्टि का उन्मेष भी इस युग में दृष्टिगत होता है। द्विवेदीयुगीन कालावधि में रामकथा-सम्बन्धी जिन काव्यों का प्रणयन हुआ उनमें प्रमुख काव्य-ग्रंथ हैं-पंडित राम-चरित उपाध्याय-कृत 'रामचरित-चन्द्रिका' (सन् 1919 ई.) और 'रामचरित-चिन्ता-मणि' (सन् 1920 ई.); रामस्वरूप टण्डन-कृत 'सीता-परित्याग' (रचित सन् 1919 ई. के लगभग और प्रकाशित सन् 1951 ई.); श्री विष्णु-कृत 'सुलोचना सती (रचित सन् 1922 ई., प्रकाशित सन् 1931 ई.) ; मैथिलीशरण गुप्त-कृत गीतिनाट्य 'लीला' (रचित सन् 1917-18 ई., प्रकाशित सन् 1960) और 'पंचवटी' (सन् 1925 ई.) पं. बलदेवप्रसाद मिश्र-प्रणीत 'कौशल किशोर' (सन् 1934 ई.) आदि। 'साकेत' का प्रकाशन यद्यपि सन् 1931 ई. में हुआ किन्तु इसकी रचना लगभग पन्द्रह वर्ष पूर्व आरंभ हो चुकी थी। इसी प्रकार 'हरिऔध'-कृत 'वैदेही-वनवास' का प्रकाशन सन् 1938 ई. के लगभग हुआ तथापि इस रचना की मूल प्रवृत्ति द्विवेदीयुगीन है। इस संदर्भ में यह भी विचारणीय है कि किसी काव्य-कृति का मूल्यांकन एक विशिष्ट काव्य प्रवृत्ति की काला-वधि के अन्तर्गत तभी किया जा सकता है, जबकि वह कृति उस काल की मूल संवेदना से 1 अविभक्त हो। गुप्तजी तथा हरिऔधजी में काव्य-वादों के प्रभाव को आत्मसात् करने की विलक्षण प्रतिभा थी किन्तु उनकी मूल प्रवृत्ति द्विवेदीयुगीन है। आलोच्य काल की इन कृतियों के मूल्यांकन से यह तथ्य सहज स्पष्ट होता है कि इन कृतियों पर द्विवेदी युग की राजनैतिक चेतना तथा सांस्कृतिक पुनरुत्थान का गहरा प्रभाव है। पराधीनता के विरुद्ध उभरती हुई क्रांति एवं आत्मोत्सर्ग की भावना के साथ अतीत के गौरव और देश के वर्त-मान दुर्दशा का इनमें कहीं प्रत्यक्षत: तथा कहीं परोक्षत: चित्रण मिलता है। इन कृतियों की मूल संवेदना आदर्श एवं नीतिपरक है। पुरातन कथा-प्रसंगों के आधार पर अथवा कल्पनाशील उज्ज्वल कथाएँ लेकर आदर्श चरित्रों पर अनेक प्रबन्धकाव्य लिखे गये। उन सभी में सत् पर असत् की विजय, स्वार्थ त्याग, कर्तव्यपालन आदि के उच्चादर्शों की प्रेरणा दी गयी है। प्रेम के उज्ज्वल-उदात्त स्वरूप की प्रतिष्ठा के दर्शन द्विवेदी युग के उक्त काव्यों सहज ही किये जा सकते हैं।

कवि की निर्वैयक्तिकता का प्रभाव भी इन कृतियों के प्रणयन पर पड़ा है। अब सत् और असत् पात्रों के बीच ऐसी कोई विशिष्ट विभाजक रेखा नहीं रही जो खल पात्रों को एकांत कालिमा से अनुरंजित कर तथा सत्-पात्रों को सात्त्विक प्रवृत्तियों के जड़ आदर्शों की प्रतिमा मात्र बनाकर प्रस्तुत किरती थी। आधुनिक चेतना किसी पात्र को मात्र राम के परिसर से सम्बन्धित होने मात्र से निर्दोष नहीं ठहरा सकती। पात्रों के मूल्यांकन का आधार अब अपेक्षाकृत अधिक मानववादी एवं अधिक संवेदनापरक है। पं. रामदहिन मिश्र ने पं. रामचरित उपाध्याय की कृति 'रामचरित चन्द्रिका' के संदर्भ में लिखा है-" पुस्तक में चित्रित किये गये दशरथ, विभीषण, सुग्रीव आदि पात्रों के चरित्रगत वर्णन पढ़कर बहुत संभव है कि कुछ अंधभक्त

नाक-भौं सिकोड़ें और कवि को कोसने के साथ-साथ 'नास्तिक' कहने से भी बाज न आवें। उन्होंने जो कुछ लिखा है, वह निरपेक्ष-भाव से। चरित्र-चित्रण में उन्होंने अंधभक्ति का एकदम आश्रय नहीं लिया है।"[144] वस्तुत: यह पात्रों के चारित्रिक मूल्यांकन का आधुनिक भाव-बोध की भूमि पर अधिक सजग प्रयास है। विभीषण, सुग्रीव जैसे पात्र मानवतावादी दृष्टिकोण तथा आचार-शास्त्र के व्यापक नियमों के अनुसार कवि की दृष्टि में निंदनीय हैं। दूसरी ओर कैकेयी, सुलोचना, मन्दोदरी इत्यदि उपेक्षित पात्र कवि के हृदय की सहानुभूति और संवेदना के अधिक अनु-कूल पड़ते हैं। इसी प्रकार उपाध्यायजी के दूसरे प्रबन्धकाव्य, 'रामचरित-चिन्तामणि', में परम्परित रूढ़ नैतिक मर्यादा के स्थान पर नवीन आदर्शों की अभिव्यक्ति हुई है। इसमें भी नूतनता का वैसा ही आग्रह दृष्टिगत होता है। इसी युग की एक कृति 'सीता परित्याग' (रामस्वरूप टण्डन कृत) में सीता के चरित्र को संवेदना और सहानुभूति का संस्पर्श देकर नये रूप में प्रस्तुत किया गया है। परम्परागत कथा में युगीन संदर्भों का विन्यास दृष्टिगत होता है। गुप्तजी के 'लीला' काव्य की रचना भी द्विवेदीयुगीन कालावधि में हुई। इस कृति में कवि की मौलिक प्रतिभा, सांस्कृतिक पृष्ठभूमि के निर्माण तथा राष्ट्रीय चेतना की मुखरता में अभिव्यक्त हुई है। अन्तर्राष्ट्रीयता एवं विश्वबन्धुत्व की प्रतिध्वनि इस काव्य को आधुनिक संदर्भ से जोड़ती है–

क्या जन्मभूमि मेरी पुनीत-
बस लंका तक ही है समाप्त।
या भूतल में सर्वत्र व्याप्त ?[145]

जैसा कि पहले कहा जा चुका है कि द्विवेदी युग की मूल संवेदना कालावधि का अतिक्रमण कर आधुनिक रामकाव्य में भी अभी तक अभिव्याप्त है। इस धारा की अधु-नातन कृतियाँ (सन् 1976 ई. में प्रकाशित – 'भरत', राजेन्द्र शर्मा कृत और 'निषाद-राज' रत्नचन्द्र शर्मा कृत इत्यादि) द्विवेदीयुगीन संवेदना का ही पुनराख्यान करती हैं। द्विवेदीयुगीन काव्य शैली में रची हुई प्रमुख कृतियाँ 'साकेत', 'साकेत-संत', 'ऊर्मिला', 'सीता', 'कल्याणी कैकेयी', नंदिग्राम', जय हनुमान', 'अशोक-वन', 'वनस्थली', 'जानकी-जीवन', 'रावण का क्षोभ', 'रामराज्य' (हरिशंकर शर्मा, सुरेशचन्द्र शर्मा व बलदेवप्रसाद मिश्र रचित), 'अरुण रामायण' इत्यादि कृतियाँ कालावधि की दृष्टि से द्विवेदी युग के अन्तर्गत नहीं आतीं, किंतु इनकी शैली और विचारधारा मूलत: द्विवेदी युग की है। यह बात भिन्न है कि इनके कतिपय स्थलों पर छायावादी अथवा प्रगतिवादी प्रभाव भी लक्षित होता है।

छायावाद युग

छायावाद युग द्विवेदी युग की भौतिक और ऐहिक दृष्टि के स्थान पर आध्या-त्मिकता का स्वर लेकर सामने आया है, अत: आलोचकों ने इसे नैतिकता, सुधारवाद, इति-वृत्तात्मकता, विवेकपरता अथवा बौद्धिकता के विरुद्ध भावात्मकता की प्रतिक्रिया कहा है।[146] छायावाद में ऐहिक जीवन की समस्याएँ कवि के आत्मतारल्य से भीगकर आत्म-चेतना के अतीन्द्रिय एवं अपार्थिव धरातल पर अंकित हुई हैं। अत: आलोचकों ने छाया-वादी काव्य को अन्तर्मुखी प्रवृत्ति, रागात्मकता तथा अपार्थिवता का जहाँ एक स्तर पर स्तवन किया है, वहाँ भिन्न कारणों से दूसरे रतर पर इसका एकांत विरोध भी। आलोच्य काल की राम कथा की प्रमुख कृतियाँ हैं— 'निराला' का 'पंचवटी-प्रसंग' ('अनामिका' संग्रह में सन् 1923 ई. में प्रकाशित), व 'राम की शक्ति-पूजा', सन् 1936 ई. में रचित तथा 'अनामिका' संग्रह में सन् 1937 में प्रकाशित), सुमित्रानंदन पंत का लघु गीति नाट्य 'अशोक-वन' ('स्वर्ण-किरण' संग्रह में सन् 1947 ई. में प्रकाशित)। 'पंचवटी-प्रसंग' व 'अशोक-वन' में यदि स्वच्छंदतावादी भावधारा निर्व्याज रूप से अपनी समस्त विशेषताओं के साथ प्रस्तुत हुई है तो 'राम की शक्ति-पूजा' में भी छायावादी संचेतना का निस्यंद विद्यमान है। पं. बालकृष्ण शर्मा 'नवीन' कृत 'ऊर्मिला' (रचनाकाल सन् 1934 ई. के लगभग तथा प्रकाशन-काल सन् 1957 ई.) की आत्मभिव्यंजना-प्रधान शैली तथा वेदना की विकृति स्पष्टत: छायावादी संवेदना एवं शिल्प का प्रतिनिधित्व करती है। स्वयं कवि अनुसार इस ग्रंथ को उसने "विशेषकर मन:स्तर पर होने वाली क्रियाओं और प्रति-क्रियाओं का दर्पण बनाने का प्रयास किया है। फलत: प्रेम का

जो रूप इस 'ऊर्मिला' काव्य में चित्रित है, वह भी द्विवेगी-युग का नैतिक मर्यादित प्रेम नहीं है, उसमें छायावादी युग की स्वच्छन्दता की अन्त:प्रेरणा है।''[147]

छायावादोत्तर काव्य

छायावाद में जो अन्तर्मुखी वायवी दृष्टि थी, वह बहुत-कुछ प्रथम महायुद्धोत्तर अवसाद, निराशा तथा स्वतन्त्रता संघर्ष के वैफल्य के कारण थी। निराशा की परिणति विद्रोह और क्रांति में होती है। ध्वंस की प्रेरणा ही अन्त में निर्माण की भावना से सम-न्वित होकर युग परिवर्तन की सूचना देती है। कवि 'नवीन' ने जो उथल-पुथल मचाने तथा पंत ने मृतादर्श और जीर्ण रूढ़ रीतियों के विनाश की आकांक्षा व्यक्त की, वह क्रमश: ऐतिहासिक, वैज्ञानिक दृष्टिकोण से समन्वित होकर प्रगतिवाद ही के रूप में दृष्टिगत हुई।[148] प्रगतिवाद मार्क्सवाद का साहित्यिक संस्करण है। सन् 1930 में श्रमजीवी जन-आन्दोलनों ने काफी शक्ति अर्जित कर ली थी तथा राजनैतिक जागरण की छाया भी अधिक सघन होने लगी थी। इसके परिणामस्वरूप साहित्य में श्रमजीवियों के प्रति व्या-पक (बौद्धिक) सहानुभूति का संचार तथा सामाजिक भावना का विकास हुआ। प्रगतिवाद छायावाद की अध्यात्म व्यक्तिवादिता तथा परोक्ष-सत्ता की कल्पना से मुक्त था। प्रकृति के प्रति अनुराग उसकी उन्मुक्त सहजता के कारण बढ़ा। अपने कुण्ठित व्यक्तित्व की अभिव्यक्ति के लिए कवि ने प्रकृति को माध्यम बनाने का निषेध किया। स्वभावत: सामाजिक संचेतना, विद्रोह और क्रांति की अवधारणाओं ने रामकाव्य को भी प्रभावित किया। 'कैकेयी' ('प्रभात'-कृत, प्रकाशित सन् 1950 ई.), 'विदेह' (पोद्दार रामावतार शर्मा 'अरुण'-कृत, प्रकाशित सन् 1954 ई.), 'भूमिजा' (रघुवीरशरण 'मित्र' कृत, प्रका-शित सन् 1971 ई.), 'अग्निलीक' (भारतभूषण अग्रवाल-कृत, प्रकाशित सन् 1967 ई.) जैसी कृतियाँ स्पष्टत: प्रगतिवादी परिवेश के अन्तर्गत आती हैं। शोषण के प्रति आक्रोश, दलित के प्रति करुणा, आक्रामक साम्राज्य के प्रति विद्रोह एवं क्रांति का स्वर तथा जीवन के अकृत्रिम सहज रूप के प्रति अनुराग युगीन चेतना का प्रभाव है।

प्रगतिवाद की बहिर्मुखी चेतना व्यक्ति के अनुत्तरित प्रश्नों तथा अन्तर्मन की जटिलताओं का समाधान प्रस्तुत नहीं कर सकी। आज का मनुष्य अनिर्णय, अनास्था और संशय की भूमि पर शाश्वत मूल्यों का तिरस्कार करता हुआ अनिर्णय की जिस मान-सिकता को सह रहा है उसकी अभिव्यक्ति 'संशय की एक रात' (नरेश मेहता-कृत, प्रका-शित सन् 1962 ई.) में हुई है, जिसे छायावादोत्तर युग के भावबोध का स्वाभाविक विकास कहा जा सकता है। इस प्रकार प्राचीन आदर्शों एवं मूल्यों के सतत प्रवाह का निषेध कर जो अनेक राजनैतिक, दार्शनिक एवं साहित्यिक विचारधाराएँ सामने आयीं हैं, उन सभी ने छायावादोत्तर रामकाव्य को प्रभावित किया है। ये विचारधाराएँ मूलत: महायुद्धों की विभीषिकाओं के कारण बढ़ते हुए यांत्रिकीकरण का परिणाम थीं, जो परं-परागत मूल्यों के तिरस्कार के साथ ही ईश्वर, धर्म तथा पराशक्ति में आस्था का निषेध करती हैं। आध्यात्मिक और नैतिक मूल्यों के विघटन को केन्द्र में रखकर चलने वाली यह आधुनिक दृष्टि मनुष्य का अपने संदर्भ से कटना अनुभव करती है। परिणामत: रामकथा के पात्र भी आंतरिक एवं बाह्य दोनों प्रकार के निर्वासनों की यंत्रणा भोगते हैं। किन्तु, भारतीय चिंतन में आस्था का सूत्र कभी विच्छिन्न नहीं हुआ। फलत: निराशा, अवसाद और निरर्थकता के क्षणों में भी वे आस्था की ज्योति जगाये रहते हैं। परम्परा के संशोधन, नवीन विकास एवं यथार्थ-बोध को आकांक्षा उनमें है, किन्तु उसकी परिणति अगति या अवसाद में न होकर सामंजस्य की गतिशीलता में हुई है।

(ई) आधुनिक युग में रामकाव्य की प्रासंगिकता

यह आकस्मिक नहीं है कि मध्ययुगीन संस्कारों के जितने निकट कृष्णकाव्य रहा, रामकाव्य उसी धरातल पर उपेक्षित बना रहा। साथ ही यह भी विचारणीय है कि आधुनिक युग में कृष्णकाव्य की परम्परा में जो मौलिक परिवर्तन दृष्टिगत हुए हैं, वे गुणात्मक स्तर पर बहुत सूक्ष्म अथवा एकांतत: नवीन नहीं हैं। 'रत्नाकर' के कृष्ण वैसे ही भावप्रवण और गोपिकाएँ उतनी ही वाग्वैदग्ध्यपूर्ण तथा कवित्वप्राण गीति-प्रतिमाएँ हैं, जैसे कि सूर-दास एवं नंददास के काव्य में। 'हरिऔध' ने कृष्ण के जिस महापुरुष रूप की अवतारणा की कृष्ण के जीवन की जिन चमत्कारपूर्ण घटनाओं को बुद्धिवाद की दृष्टि से विश्लेषित

कर असाधारण मानव के क्रियाकलापों के रूप में चित्रित किया, वे या तो कवि की अतिरिक्त सचेष्ट और सायास आरोपित बुद्धिवादिता का परिणाम हैं या पुनरुत्थानवाद के प्रभाव में कृष्ण के महाभारतीय व्यक्तित्व की अवतारणा का अभियान। कृष्ण के जीवन के अति-प्राकृत धरातलों का सहज स्वाभाविक दिशा में विकास निश्चय ही एक पूर्व-निर्धारित जीवन-दर्शन और रचनाधर्मिता का अनिवार्य स्वर है। अस्तु, इन काव्यों की मूल चेतना अन्ततः उसी वैष्णव प्रपत्तिमूलक संस्कारिता में उजागर हुई। इनकी यदि कोई अर्थवत्ता है तो वह समसामयिक मूल्य-संक्रमण को अभिव्यक्ति देने की दिशा में नहीं है, अपितु वर्त-मान युग की अनास्था और संशयग्रस्तता से भाग कर त्राण पाने की शरणभूमि में ही उनकी प्रासंगिकता है। दूसरी ओर गुणात्मक और परिणामात्मक दोनों स्तरों पर राम-काव्य का जितना व्यापक प्रणयन आधुनिक युग में हुआ है, वह अपने वैशिष्ट्य और पुष्कलता की दृष्टि से मध्ययुगीन रामकाव्य की अपेक्षा अधिक महत्त्वपूर्ण है। यदि शलाका पुरुष तुलसी के 'रामचरितमानस' को छोड़ दिया जाये तो अन्य रामकाव्य युगान्तरकारी संवेदना अथवा अभिनव प्रतिमानों की दृष्टि से कोई विशिष्ट आयाम प्रस्तुत नहीं करते। तुलसी का 'रामचरितमानस' स्वयं में एक ऐसा वटवृक्ष है जिसके नीचे इतर पादप-वृक्षों के विकास की संभावनाएँ अधिक नहीं थीं। तुलसी ने शिल्प और संवेदना की सभी संभा-वनाओं को 'रामचरितमानस' में जैसे चरम सीमा पर पहुँचा दिया है, उसके आगे प्रतिभा के लिए नये क्षितिजों का उद्घाटन कम-से-कम लोकमंगल के उस व्यापक क्षेत्र में संभव नहीं था। शृंगार-साधना से प्रेरित कतिपय रसिकोपासना-सम्बन्धी ग्रंथों के लिए अव-काश तो रहा, किन्तु ये रचनाएँ रामकाव्य की मूल चेतना के वहन करने में असमर्थ हैं।[149] इनमें जीवन की सर्वांगीण विराट्ता का न वैसा वैविध्यमूलक चित्रण है और न भाव-व्यंजना के स्तर पर ही किसी मौलिकता का उन्मेष।[150]

मध्ययुगीन प्रत्याशाओं की जितनी सटीक, मौलिक अभिव्यक्ति तुलसी ने दी है, वह मध्ययुगीन बोध का शाश्वत प्रामाणिक स्वर बन गयी है, किन्तु तुलसी का काव्य मूलतः उन मानकों तथा प्रतिमानों की आधारभूमि पर खड़ा है, जिसमें व्यक्ति चेतना, सामूहिक चेतना के सम्मुख अस्तित्व-शून्य प्रतीत होती है, जिसमें पात्र व्यक्ति नहीं, वर्ग-विशेष के प्रतिनिधि बनकर आते हैं। नारी जिसमें किसी स्वतन्त्र अस्तित्व की अधिका-रिणी तथा परिस्थिति की नियामिका न रहकर पौरुष प्रदर्शन का अनिवार्य निकष बन-कर आती है-वह या तो भोग्या है या रक्षणीया। तुलसी का युग अपनी सम्पूर्ण सबल-ताओं और दुर्बलताओं में एक आस्थावादी युग है। ये आस्थाएँ एक सीमा तक पूर्वाग्रह, मताग्रहों या अंधविश्वास तक का रूप ले लेती हैं। परिवेश की संक्रमणशीलता तथा मूल्य-बोध के स्तर पर बदलाव और टकराव की अनुगूँज उसमें सुनाई नहीं पड़ती। तत्कालीन सामंती परिवेश की उसमें सटीक अभिव्यक्ति मिलती है, किन्तु उस परिवेश का प्रतिनि-धित्व एकांगी है। युगीन मानसिकता के स्तर पर प्रतिफलित होता हुआ वह नहीं दिख-लायी देता। अतः रचनात्मकता और अनुभूति दोनों ही क्षेत्रों में संभावनाओं की अनंत दिशाएँ विद्यमान थीं। किन्तु मध्ययुगीन दृष्टि से अवरुद्ध होकर किसी नये आयाम का उद्घाटन करने में वे असमर्थ थे। सामान्य जनता में आस्था का स्वर इतना प्रबल था कि अमानवीय यंत्रणाओं, युद्धों, अकालों, महामारियों से आतंकित भयावह परिवेश की मँड-राती परछाइयों से असंपृक्त वे या तो एकांततः भगवद्भक्ति की यथार्थ निरपेक्ष साधना में डूबे रह सकते थे, अथवा रुग्ण-विलास की अतृप्त परछाइयों में अभिव्यक्ति के द्वार खोजते रहते थे। आध्यात्मिकता आस्था की आधारभूमि पर ही खड़ी होती है। अनास्था प्रश्न-चिह्नों की आकुल मानसिकता में ही जन्म लेती है। आस्था अद्वैत और सामरस्य की साधना है। अनास्था संशय और द्विविधा की। पूर्वजन्मों के संस्कार, कर्मफल की अनिवार्यता, नियति और भाग्य के आलम्बन के सिद्धांत जहाँ आस्था को दृढ़ करते हैं, वहाँ प्रयत्नपक्ष को शिथिल और निष्क्रिय भी बना देते हैं। फलतः सृजनात्मकता की नींव पर कोई युगान्तरकारी विद्रोह अथवा आक्रोश स्वर उस युग के लिए अनजान था। 'शंकर और वाचस्पति मिश्र के दार्शनिक चिन्तनों के परिणामस्वरूप, हिन्दू यह मान चुके थे कि यह संसार माया है, हम 'कुछ नहीं' में कुछ का आभास देख रहे हैं। हमारे पाँवों के नीचे असल में रस्सी पड़ी हुई है और नितांत भ्रम के कारण ही हम उसे सर्प समझ रहे हैं। मायावाद और कर्मवाद में विश्वास करने का यह परिणाम हुआ कि हिन्दुओं में एक प्रकार की निष्क्रियता आ गई। अन्याय का विरोध करने का उनके पास कोई दार्शनिक आधार नहीं रह गया।''[151]

रीतिकाल विलास की जिस रुग्ण मानसिकता को काव्य का उपजीवी बनाकर चला उसमें स्थिति से उतर आने की नहीं, डूबने की आकांक्षा ही बलवती थी। परिस्थिति का विश्लेषण कर निर्माण के तंतुओं को खोज निकालना उन कवियों का लक्ष्य नहीं था।[152] विश्लेषण और तर्क-बुद्धि श्रृंगार की रागमयी निश्छल भूमि में दृढ़ता से स्थिर नहीं रह सकतीं। अत: शील, शक्ति और सौन्दर्य से समन्वित राम का लोकरंजक स्वरूप इन कवियों की मानसिकता में घुल-मिल न सका। मात्र राधाकृष्ण की मधुर-उपासना के समानान्तर ही रसिक-संप्रदाय के रूप में इसका विकास होता रहा।

आधुनिक युग में परिवर्तित परिवेश यथार्थ की निकटता की माँग करने लगा था। परिस्थितियों के जटिल आवर्त्त उसकी प्रतीक्षा कर रहे थे। किन्तु यह अब रीति-कालीन श्रृंगारिकता या वैष्णव प्रपत्ति की क्रमश्रृंखला में सहज जुड़नेवाला स्वर नहीं था। सामाजिक और राजनैतिक परिस्थिति में कोई युगान्तरकारी परिवर्तन, कोई आकस्मिक झटका ही इस भावभूमि के लिए मार्ग प्रशस्त कर सकता था। अंग्रेज़ों का साम्राज्य स्थापित हो चुका था, किन्तु उसके परिणामस्वरूप जो चिन्तन-धारा सम्मुख आ रही थी, वह अभी भारतीय चेतना में पूरी तरह से अन्तर्भुक्त नहीं हो सकी थी।

उस चिन्तनधारा के प्रति न तो अनुराग का आवेग था और न घृणा की तत्परता। उसके राजनैतिक प्रभुत्व के प्रति अन्दर ही अन्दर जो आक्रोश और विद्रोह की भावना पनप रही थी, वह सिर्फ राजनैतिक क्षेत्रों में ही थी, काव्य-चेतना अभी उससे अछूती थी। विद्रोह की विस्फोटात्मक अभिव्यक्ति ने काव्य की मूल चेतना को एक ज़ोरदार झटका दिया। श्रृंगार की विलास-मदिरा पीकर उन्मत्त हुए कवियों को इस घटना से एक तीखा आस्वाद तथा भावाभिव्यक्ति का नया आयाम मिला। राष्ट्रीयता की सूक्ष्म चेतना जैसे स्पष्ट होने लगी। इन रचनाओं में पराजय का दंश इतना प्रखर न था, जितनी की अंग्रेज़ी राज्य से उत्पन्न महँगाई, विपन्नता और शोषण के विरुद्ध प्रतिक्रिया का स्वर।[153] दूसरी ओर ये कवि समाज, राष्ट्र तथा स्वभाषा के प्रति अनुराग जगाने की ओर भी दत्तचित्त हुए, किन्तु काव्य के प्राचीन संस्कार जिसमें श्रृंगारिकता और भगवद्भक्ति का स्वर प्रखर था, इन्हें अपनी ओर बार-बार खींच लेते थे। अत: काव्य में श्रृंगारिकता, भक्ति तथा राष्ट्रीयता की तीनों धाराएँ प्रवाहित होने लगीं।

यह जागरण का युग था। राजनैतिक जागरण के साथ-साथ नैतिक पुनरुत्थान-वादी चेतना भी नयनोन्मीलन कर रही थी। पाश्चात्य चिंतनधारा, मध्ययुगीन संस्का-रिता को विदा देने में भारतीय चिंतनधारा की अनुगामिनी बन चुकी थीं। ब्रह्मसमाज, थियोसोफिकल सोसाइटी इत्यादि धार्मिक संस्थाओं ने वेदों और उपनिषदों के आधार पर सांस्कृतिक चेतना का जो नया रूप गढ़ा, उसमें पाश्चात्त्य चिंतन-धारा और ईसा-इयत के दृष्टिकोण का भी स्पष्ट प्रभाव था। उधर स्वामी दयानंद सरस्वती ने ईसा-इयत के बढ़ते प्रभाव को उन्हीं के अस्त्र से काटने के लिए हिन्दू-धर्म में निहित सभी चमत्कारपूर्ण घटनाओं का या तो निषेध किया या उनके विवेकसम्मत समाधान प्रस्तुत किये। बुद्धिवाद का यह प्रभाव धर्म के क्षेत्र तक ही सीमित नहीं रहा, साहित्यिक अंत-श्चेतना में भी घुलने-मिलने लगा। कृष्णकाव्य और उसकी समानान्तर प्रतिक्रिया में रामकाव्य की मूल प्रकल्पना को उसने विशेष प्रभावित किया। बुद्धिवाद का यह बढ़ता हुआ प्रभाव साहित्य को जीवन-संदर्भों के अधिक व्यापक क्षेत्र में ले गया। फलत: काव्य में उन विषयों का भी प्रवेश हुआ जो अब तक प्राय: काव्येतर विषय थे या जिनका वर्णन किसी भाव-स्थिति की व्यंजना के लिए आनुषंगिक रूप में होता था। इन विषयों की प्रेरणा निश्चय ही सामाजिक-राजनैतिक आन्दोलनों से मिली, जिसमें राष्ट्रीय पुनरुत्थान के साथ-साथ आत्म-साक्षात्कार की प्रवृत्तिका भी योग था। साहित्य में नारी जागरण, अछूतोद्धार, स्वदेशानुराग, स्वभाषा-प्रेम, ग्रामीण जीवन के प्रति अनुरक्ति तथा सामान्य जीवनानुभूतियों की ग्रहणशीलता का व्यापक अंकन हुआ।

क्रमश: साहित्य में जीवन मूल्यों की मानवतावादी व्याख्याओं तथा वैज्ञानिक संकल्पनाओं का प्रभाव बढ़ता गया जो मध्ययुगीन निवृत्तिपरक जीवन-दर्शन की तुलना में प्रवृत्तिमार्गी दर्शन की अभिव्यक्ति है। अस्तु, परम्परित संस्कारों तथा परिवर्तित मूल्यबोध के संघर्ष को अभिव्यक्ति प्रदान करने में रामकथा के आख्यान एवं पात्र उप-युक्त माध्यम सिद्ध हुए हैं। रामकथा के आख्यानों का वैविध्य कवि को एक ऐसी स्व-तन्त्रता प्रदान करता रहा है कि वह युगीन आदर्शों को परम्परित संदर्भ के अनुकूल प्रस्तुत करने में किसी कठिनाई का अनुभव नहीं करता। यही कारण है कि रामकाव्य के आधुनिक प्रणेताओं

ने पात्रों एवं संदर्भों को युग की आवश्यकता के अनुरूप जिस नवीन रूप में प्रस्तुत किया है, उसकी आधारभूमि परम्परित आख्यानों में ही खोज निकाली है, इन काव्यों के साथ रचयिताओं अथवा विद्वज्जनों द्वारा लिखित मुद्रित भूमिकाएँ इस तथ्य की पुष्टि करती हैं। इस प्रकार रामकाव्य में आधुनिक युग की वैचारिक शक्तियों, परम्परित मान्यताओं तथा कवि की निजी अनुभूतियों को वहन करने की अद्‌भुत क्षमता है और इस दृष्टि से परम्परा, युग और कवि की सनातन त्रिवेणी आधुनिक रामकाव्य की परिवृत्ति में प्रवाहित हो रही है।

सन्दर्भ सूची

1. मनोविश्लेषण और साहित्यालोचन: पुरोवाक् क. अहमद, अनुवादक देवेन्द्रनाथ शर्मा, संस्करण सन् 1969, भारती भवन, पटना, पृ. (द)।
2. Maud Bodkin : Archetypal Patterns in Poetry (Edition 1971, Published by Oxford University Press, London), page 1.
3. डॉ. कामिल बुल्के : रामकथा द्वितीय संस्करण, सन् 1962 हिन्दी परिषद्, प्रयाग विश्वविद्यालय, प्रयाग, पृ. . 25-26
4. प्रतद्द शीमे पृथवाने वेने प्र रामे वोचमसुरे मघवत्सु।
   -ऋग्वेद संहिता, 10:93:14, सम्पादक श्रीपाद दामोदर सातवलेकर, तृतीय संस्करण, सन् 1957 स्वाध्याय मण्डल, पारडी। तथा –देखिए-अथर्ववेद संहिता, सम्पादक श्रीपाद दामो-दर सातवलेकर, स्वाध्याय मण्डल, पारडी, 1 2 311 शुक्ल यजुर्वेद 29 59; 'राम भार्गवेय' — ऐनरेय ब्राह्मण (7127134) में राम औरतस्विनि'-शतपथ ब्राह्मण (4617) में; 'राम ऋतुजातेय'-जैमिनीय उपनिषद् (3171312 4 9 1 11) में उल्लेख है।
5. (अ) सीता कृषि की अधिष्ठात्री देवी है तथा 'सीता' शब्द (अर्थात् लांगल पद्धति) का वैदिक साहित्य में अनेक बार उल्लेख हुआ है।
   -ऋग्वेद सहिता (4 57 616-8)।
   (आ) वैदिक साहित्य में सीता सावित्री का उल्लेख पाया जाता है जो राजा सोम को व्याही गयी-तंत्तिरीय ब्राह्मण (23:10)।
   ऋग्वेद-सहिता (122614)
6. चत्वारिशद्दशरथस्य शोणा: सहस्रस्याग्रे श्रेणि नयन्ति। 3. रामायण' के अन्य पात्रों की अपेक्षा जनक वैदेह का वैदिक साहित्य में कहीं अधिक उल्लेख होता है।' –डॉ. कामिल बुल्के : रामकथा, पृ. 6। तथा देखिये-कृष्णयजुर्वेदीय तैत्तिरीय ब्राह्मण (311019), शतपथ ब्राह्मण (11131112-4), जैमिनि ब्राह्मण (1119), बृहदारण्यक उपनिषद् (511418) anf-anfa
7. तुलसी-पूर्व राम-साहित्य : डॉ. अमरपाल सिंह, संस्करण सन् 1968, रचना प्रकाशन, इलाहाबाद, पृ. 19।
9. वेबर : हिस्ट्री आफ इण्डियन लिट्रेचर (संस्कृत साहित्य का इतिहास-भाग 1, कन्हैयालाल पोद्दार द्वारा गृ. 12 पर उद्धृत)। संस्करण सन् 1938, श्री रामविलास पोद्दार स्मारक ग्रन्थमाला समिति, नवलगढ़।
10. एन. याकोबी : डास रामायण, संस्करण सन् 1893, रोम, पृ. 100
11. प्राचीन भारतीय साहित्य : एम विण्टरनित्ज, हिन्दी संस्करण सन् 1966, मोतीलाल बनारसीदास, दिल्ली, पृष्ठ 184
12. जनरल रायल एसियाटिक सोस इटी, सन् 1915, पृ. 320
13. कन्हैयालाल पोद्दार संस्कृत साहित्य का इतिहास, भाग 1, पृ. 13।
14. महाभारत : द्रोण पर्व 118 48, संस्करण संवत् 2014 वि., गीता प्रेस, गोरखपुर।
15. रामायण (बंगीय संस्करण) : रवीन्द्रनाथ के निबन्ध (हिन्दी अनुवाद), संस्करण सन् 1965, साहित्य अकादमी, नई दिल्ली, प358
16. वही, पृ. 358
17. कुबेरनाथ राय : विषाद योग-नारायण और प्रतिनारायण। संस्करण सन् 1973, नेशनल पब्लिशिंग हाउस, नई दिल्ली, पृ. 67।
18. महाभारत, आरण्यक पर्व, 31147 28-38
19. वही, द्रोणपर्व, 71 591 1-31
20. वही, शान्तिपर्व 12 22151-62 4. वही, वनपर्व, अध्याय 289126।
21. वही, वनपर्व अध्याय 291134
22. वाल्मीकीय रामायण, 512016-7। संस्करण संवत् 2024 वि., गीता प्रेस, गोरखपुर।

23. श्री और सौरभ : महाभारत में मानवता, उमाशंकर जोशी, संस्करण सन् 1968, भारतीय ज्ञानपीठ, नई दिल्ली, पृ. 22

24. यः समाः सर्वधर्मज्ञश्चतुर्दश वनेऽवसत्।
लक्ष्मणानुचरो रामः सर्वभूतहिते रतः ॥
—श्री हरिवंशपुराण, संस्करण संवत् 2031 वि., गीता प्रेस, गोरखपुर, पृ. 1531

25. बुद्धिप्राण मनोदेहा हंकृतिभ्यो विलक्षणः।
चिदात्माऽहं नित्यशुद्धो बुद्ध एवेति निश्चयम् ॥
—अध्यात्मरामायण, संस्करण 15, संवत् 2027 वि., गीता प्रेस, गोरखपुर, 3-4136

27. रामाभिधानो हरिरित्युवाच।"
—रघुवंशम् (कालिदास-ग्रन्थावली), सम्पादक : रामप्रताप त्रिपाठी, प्रथम संस्करण
किताब महल, प्राइवेट लि., इलाहाबाद, 13 1।

28. वही, 12 221

29. वाच्यस्त्वया मद्वचनात्स राजा वह्नो विशुद्धामपि यत्समक्षम्।
मां लोकवादश्रवणादहासीः श्रुतस्य किं तत्सदृशं कुलस्य ॥ वही, 14161

30. उत्तररामचरितम् : सं. पण्डित ब्रह्मानन्द शुक्ल संस्करण सन् 1975, साहित्य भण्डार, मेरठ 5134-35

31. अयं बाहुः कण्ठे शिशिरमस्णो मौक्तिकसरः
किमस्या न प्रेयो यदि परमसह्यस्तु विरहः ॥
प्रविश्य। प्रतिहारी-देव उपस्थितः। रामः अयि कः ?
—रघुवंश 1138 (कालिदास-ग्रन्थावली, किताब महल प्रा. लि., इलाहाबाद)।

32 राम-क्ति में शृंगारोपासना हाल की नयी उद्भावना नहीं है। अपितु इसका आरम्भ बहुत पहले हो चुका था।"
—रामभक्ति साहित्य में मधुर उपासना : डॉ. भुवनेश्वरनाथ मिश्र 'माधव', सन् 1957, बिहार राष्ट्रभाषा परिषद्, पटना, पु. 112

33. रामभक्ति में रसिक सम्प्रदाय : डॉ. भगवतीप्रसाद सिंह। संस्करण संवत् 2014 वि., अवध साहित्य मन्दिर, बलरामपुर, पु. 96-97

34. पालि साहित्य का इतिहास : भरतसिंह उपाध्याय। संस्करण संवत् 2008 त्रि., हिन्दी साहित्य सम्मेलन, प्रयाग, पृ. 104।

35. संस्कृति के चार अध्याय : दिनकर, प्रथम संस्करण सन् 1956, राजपाल एण्ड सन्स, दिल्ली, 144 1

36. मुनिसुव्वयजिणतित्थ तोसियसुररामायणु।
हरिहलहरगुणथोत्तु जं जायउ रामायणु ॥
महापुराण, 69 1 1-2, सं. पं. पन्नालाल जैन, संस्करण सन् 1951, भारतीय ज्ञानपीठ, वाराणसी।

37. पउमचरिउ : विद्याधर-काण्ड 1-10 (सं.-अनु. डॉ. देवेन्द्रकुमार जैन, संस्करण सन् 1970, भारतीय ज्ञानपीठ, वाराणसी), पृ. 16।

38. हा मायर दुण्णिद्दए मुतउ। सिज्जे मुएवि कि महियले सुत्तउ।।
कि अवहेरि करेविथिउ सीसे जडाविय अच्छमि सुट्ठम्नाहियउ हियउ फुट्ट आलिंगि चलण तुम्हारा ॥

40. रामकथा : डॉ. कामिल बुल्के, पृ. 68 भण्डारा ॥
— पउमचरिउ : 517617-9, पृ. 351

41. पद्मपुराण सं. : पन्नालाल जैन साहित्याचार्य, संस्करण सन् 1958, भारतीय ज्ञानपीठ, वाराणसी 13123

42. पद्मपुराण: 6212-213, 215 (सं. पन्नालाल जैन साहित्याचार्य संस्करण सन् 1958, भारतीय ज्ञानपीठ, वाराणसी)।

43. वही, 6 206

44. स्थूल स्वच्छेषु रत्नेषु नवान्यानि मुखानि यत्।
हारे दृष्टानि यातोऽसौ तद्दशाननसंज्ञितम् ॥ वही, 712221

45. परिहिउ णव-मुहुई समुट्ठियई। णं गह-बिम्बई सु-परिट्टिई। पेक्खेपिणु ताई दहाणणई। थिर-तारई तरलइ लोयणई।। तें दहमुह दहसिरुजणेण किउ। पंचाणणु जेम पसिद्धि गउ॥

46. पद्मपुराण, 81146 (पूर्वार्द्ध)। 6, वही, 61223 1 पउमचरिउ : 119.6. 9, पृ. 147।

47. डॉ. रमाकान्त शुक्ल : जैनाचार्य रविषेण कृत पद्मपुराण और तुलसी-कृत रामचरितमानस का तुलनात्मक अध्ययन, (संस्करण सन् 1974, वाणी परिषद् दिल्ली), पृ. 304।

48. अग्नि परीक्षा आचार्यश्री तुलसी, सम्पादकीय : मुनि महेन्द्र कुमार 'प्रथम' लिखित, (संस्करण

49. महाकवि पुष्पदन्त : रामनारायण पाण्डेय, संस्करण सन् 1968, चिन्मय प्रकाशन, जयपुर, पृ. 107-108। महापुराण 29131 11 तथा विमलसूरि के पउमचरिय' में भी वाल्मीकि को मिथ्यावादी कहा गया है। देखिये-हिस्ट्री ऑफ़ इण्डियन लिटरेचर, भाग 2 संस्करण सन् 1930, मारिस विण्टरनित्ज, कलकत्ता विश्वविद्यालय, कलकत्ता, पृ. 489

50. अभिषेक (भासनाटकचक्रम्), 5113-14, (सं. सी. आर. देवधर, संस्करण सन् 1962, ओरियंटल बुक एजेंसी, पूना) पृ. 358-59।

51. विपिन बिहारी त्रिवेदी पृथ्वीराज रासो में रामकथा, (राष्ट्रकवि मैथिलीशरण गुप्त अभिनन्दन-ग्रन्थ, संस्करण सन् 1959), सं. डॉ. वासुदेशरण अग्रवाल, कलकत्ता, पृ. 677

52. वही, पृ. 642

53. हिन्दी साहित्य कोश-भाग 1 (संस्करण संवत् 2015 वि., ज्ञानमण्डल लिमिटेड, वाराणसी), पु. 642।

54. पृथ्वीराज रासो : 2 289, सं. मोहनलाल विष्णुलाल पण्ड्या (संस्करण सन् 1912, नागरी प्रचारिणी सभा, वाराणसी), पृ. 216।

55. "रामावत मधुर उपासना अपने आपमें से प्रस्फुटित, विकसित, पल्लवित पुष्पित स्वतन्त्र साधना-शैली के रूप में ही इस उत्तराखण्ड में छा गयी थी और फिर मर्यादा की मुख्यता के कारण इसे खुलकर खेलने का अवकाश नहीं मिल सका।"

—श्री भुवनेश्वरनाथ मिश्र 'माधव' : रामभक्ति में मधुर उपासपना, पृ. 118।

56. तुलसीपूर्व राम साहित्य, पृ. 134।

57. महाकवि तुलसीदास-युगसन्दर्भ : डॉ. भगीरथ मिश्र (संस्करण सन् 1973, साहित्य भवन, प्रा. लि., इलाहाबाद), पृ. 83।

58. वही, पृ. 83।

59. विष्णुकवि : रामायन-कथा, सं. पण्डित लोकनाथ द्विवेदी मिलाकारी, (संस्करण सन् 1973, साहित्य भवन, प्रा.लि., इलाहाबाद), सुन्दरकाण्डे, कुम्भकर्न महाजोधा वध नाम खण्ड, चौराही 8-9, पृ. 162।

60. हमारी जन्मभूमि यह गाउँ।
सुनहु सखा सुग्रीव-बिभीषन, अवनि अजोध्या नाउँ ॥
देखत बन उपबन सरिता-सर, परम मनोहर ठाउँ।
अपनी प्रकृति लिए बोलत हों, सुरपुर में न रहाउँ ॥
ह्यां के बासी अवलोकत हों, आनंद उर न समाउँ।
सूरदास जों बिधि न सँकोचं, तो बैकुण्ठ न जाउं ॥

—सूरदास, सं. जगन्नाथदास 'रत्नाकर', नवम स्कन्ध, पद 165। (संस्करण सन् 1934, द इण्डियन प्रेस, प्रा. लि., इलाहाबाद)

61. रघुवंश, सर्ग 13

62 हिन्दी साहित्य का इतिहास : आचार्य रामचन्द्र शुक्ल (सत्रहवीं संस्करण, सं. 2029 वि., नागरी प्रचारिणी सभा, वाराणसी) पृ. 104।

63. दसरथ नन्दन असुर गंजन, श्रीराम जीव पुरन पुरुष हैं।। 1।।
ब्रह्मा बिस्नु महेस नारद कोटि अठासी देवता।
इन्द्रादिक सनकादि गावही श्रीराम जी पुरन ब्रह्म हैं।।7।।

—राम अष्टक : रामानन्द, आर्यभाषा पुस्तकालय, नागरी प्रचारिणी सभा, वाराणसी, हस्तलेख संख्या 951

69. पं. बलदेव उपाध्याय : भागवत सम्प्रदाय, (संस्करण संवत् 2010 वि., नागरी प्रचारिणी सभा, वाराणसी), पृ. 266

70. यह बिनती रघुबीर गोसाईं या जग में जहँ लगि या तनु की प्रीति प्रतीति सगाई।
ये सब तुलसिदास प्रभु ही सों, होहि सिमिट इक ठाई ॥

—विनयपत्रिका, पद 103 (संस्करण संवत् 2027 वि., गीता प्रेस, गोरखपुर)।

71. "सोइ पर ब्रह्म श्री राम है अवतारी अवतार मणि।"

—संक्षिप्त रामचंद्रिका : बालकाण्ड 7 (सं. लाला भगवानदीन। संस्करण संवत् 1979 वि., नागरी प्रचारिणी सभा, वाराणसी) प. 3।

72. हिन्दी नाटक-उद्भव और विकास : डॉ दशरथ ओझा (संस्करण सन् 1961, राजपाल एण्ड संज, दिल्ली) पू 43

73. "हीं तो निमित्त मात्र ही हों।"

—आनन्द रघुनन्दन (विध्यप्रदेश प्रादेशिक हिन्दी साहित्य सम्मेलन, रीवां द्वारा सम्पादित) पृ. 16।

रामकाव्य : प्रतिमान, युगबोध और प्रासंगिकता

74. हिन्दी साहित्य का इतिहास : आचार्य रामचन्द्र शुक्ल, पृ. 154
75. रामभक्ति साहित्य में मधुर उपासना : डॉ. भुवनेश्वरनाथ मिश्र 'माधव', पृ. 380।
76. रामभक्ति में रसिक सम्प्रदाय, पृ. 364।
77. रामभक्ति-साहित्य में मधुर उपासना, पृ. 118।
78. रामभक्ति शाखा : डॉ. निरंजन पांडेय, (प्रथम संस्करण सन् 1960, नवहिंद पब्लिकेशंस, हैदराबाद), पृ. 514
79. रामभक्ति में रसिक सम्प्रदाय, पृ.
80. वही, पृ. 357
81. रामभक्ति-साहित्य में मधुर उपासना, पृ. 187-421।
82. केशव सुधा सं. विजयपालसिंह (राजपाल एंड संज, दिल्ली, 1961), पृ. 129
83. हिन्दी साहित्य का इतिहास : आचार्य रामचन्द्र शुक्ल, पृ. 206
84. सीढ़ियों पर धूप में : रघुबीर सहाय (ईमानदारी, संस्करण सन् 1960; भारतीय ज्ञानपीठ, दिल्ली), पृ. 245।
85. रामकथा सुन्दर करतारी। संसय बिहग उड़ावनहारी ॥

    —रामचरितमानस, 1111311 (संस्करण संवत् 2008 वि., गीता प्रेस, गोरखपुर)।
86. निराला-आत्महंता आस्था : दूधनाथसिंह (संस्करण सन् 1972, नीलाभ प्रकाशन, इलाहाबाद)। पृ. 143-144।
87. वही, प. 147
88. शूर्पणखा : प्रीतमसिंह बगरेचा, भूमिका, (अनुपम प्रकाशन, जयपुर 1972), पृ. 19।
89. बदलते परिप्रेक्ष्य, नेमिचन्द्र जैन (अनुभूति की प्रामाणिकता, संस्क. सन् 1968, भारतीय ज्ञान पीठ, दिल्ली), पृ. 38।
90. इतिहास और आलोचना : अनुभूति की वास्तविकता (संरकरण सन् 1956, सत् साहित्य प्रकाशन, वाराणसी), पृ. 55
91. निराला-आत्महंता आस्था दूधनाथ सिंह: पृ. 147
92. Heuri Peyre : Failures of Criticism — Search for Standards, (Edition 1967, Published by Cornell University Press, Ithace, New York) p. 2.45.
93. काव्यप्रकाश : सम्पादक डॉ. नगेन्द्र, चतुर्थं उल्लास, 27-28, सू. 43 (द्वितीय संस्करण, संवत् 2018 वि., ज्ञानमण्डल लिमिटेड, वाराणसी), पृ. 108।
94. "कवि का कर्तव्य कर्म जो कुछ हो चुका है उसका वर्णन करना नहीं है, वरन् जो हो सकता है,

    जो सम्भाव्यता या आवश्यकता के नियम के अधीन सम्भव है, उसका वर्णन करना है।"

    —अरस्तू का काव्यशास्त्र : अनुवादक डॉ. नगेन्द्र (संस्करण सं 2023 वि., भारती भण्डार, इलाहाबाद), पू. 25
95. Illusion & Reality : The World & the 'I', Christopher Caudwell (Edition 1956, peoples Publishing House, Pvt. Ltd. New Delhi) P. 154.
96. 'रावण-महाकाव्य' (भूमिका) : शुकदेव बिहारी मिश्र (संस्करण सन् 1952, आत्माराम एण्ड सन्स, दिल्ली), पृ. 26
97. The Sacred wood : Essays on Poetry & Criticism by T. S. Eliot (Edition 1953, Published by Mathun & Co.), P. 58.
98. रस सिद्धान्त डॉ. नगेन्द्र (संस्करण सन् 1969, नेशनल पब्लिशिंग हाउस, दिल्ली), पु. 209
99. The Sacred wood: Essays on Poetry & Criticism by T. S. Eliot, P. 52-53.
100. Ibid, P. 54.
101. एक साहित्यिक की डायरी : मुक्तिबोध (तीसरा क्षण, संस्करण सन् 1969, भारतीय ज्ञानपीठ, दिल्ली), पृ. 17।
102. 'गुणानाश्रित्य तिष्ठन्ती माधुर्यादीन् व्यनक्ति सा रसादीन् ... '

    -ध्वन्यालोक : आनन्दवर्धन, 3/6 (टीकाकार डॉ. के. कृष्णमूर्ति, संस्करण सन्'74

    कर्नाटक यूनीवर्सिटी, धारवाड़), पृष्ठ 118
103. 'वचनविन्यासक्रमो रीतिः।'-काव्यमीमांसा, तृतीय अध्याय, पृ. 21. (व्याख्याकार पं. केदारनाथ सारस्वत। प्रथम संस्करण, बिहार राष्ट्रभाषा परिषद, पटना)।

104. 'शब्दार्थो सहितो काव्यम्' काव्यालंकार, भामह : कारिका 16, व्याख्याकार देवेन्द्रनाथ शर्मा पृ. 9। (संस्करण सन् 1962, बिहार राष्ट्रभाषा परिषद्, पटना)।

105. Aesthetic (As Science of Expression and General Linguistic)-Translated from the Italian of Benedetto Croce-by Douglas Aisils (Edition 1922, Published by Macmillan & Co., London), P. 69.

106. 'सौन्दर्य मलंकार: '-वामन : काव्यालंकार, सूत्र-112 (हिन्दी व्याख्याकार डॉ. बेचन झा, प्रथम संस्करण संवत् 2028 वि., चौखम्बा संस्कृत सीरीज आफिस, वाराणसी), पृ. 6।

107. अलंकृतिरलं कार्यं मपोद्धृत्य विवेच्यते।
तदुपायतया तत्त्वं सालंकारस्य काव्यता।।
—वक्रोक्तिजीवितम् : कुन्तक, अध्याय 1, कारिका 6 पृ. 15 (व्याख्याता : आचार्य विश्वेश्वर, सम्पादक डॉ. नगेन्द्र। संस्करण सन् 1955, सं. 2012 वि., आत्माराम एण्ड सन्स, farat)

108. रामचरितमानस, 1।18 (पूर्वार्द्ध)।

109. रीतिविज्ञान : डॉ. विद्यानिवास मिश्र (संस्करण सन् 1973, राधाकृष्ण प्रकाशन, दिल्ली, प. . पर उद्धृत फिलिप व्हील राइट-कृत, मेटाफर एण्ड रियलिटी, पृ. 46 का मत)।

110. William Henry Hudson: An Introduction to the Study of Liter-ature, (Edition 1949, Phdlished by George G. Harrap & Co., Ltd. London), P. 39.

111. आस्था के चरण : साहित्य में आत्माभिव्यक्ति, डॉ. नगेन्द्र (संस्करण सन् '68, नेशनल पब्लिशिग हाउस, नई दिल्ली), पृ. 107।

112. Illusion and Reality by Christopher Caudwell, page xiv.

113. साहित्य की समस्याएं शिवदानसिंह चौहान (संस्क. सन् 59, आत्माराम एण्ड सन्स, दिल्ली), पृ. 36।

114. डॉ. देवराज : साहित्य-चिन्ता, (संस्करण सन् 50, गौतम बुक डिपो, दिल्ली), पृ. 64

115. Failures of Criticism, by Henri Peyree, P. 235.

116. काव्य चिन्तन : डॉ. नगेन्द्र (संस्करण सन् 51, नवभारती प्रकाशन, मेरठ), पृ. 66

117. An Introduction to the Study of Literature by W. H. Hudson, Page 31.

118. "कल जो भौतिकता विकास गति की द्योतक थी। आज प्रगति अवरोधक वह-दुर्ज्ञेय काल-गति।" सुमित्रानन्दन पन्त : पुरुषोत्तम राम। राजकमल प्रकाशन प्राइवेट, लि., 1967, नई दिल्ली, पृ. 311

119. हिन्दी साहित्य कोश, भाग 1, प्रभाकर माचवे, पृ. 610।

120. सत्य यदि विवेकाश्रित कोई आस्था है तो प्रगतिमान् हो सकता है, ऊर्ध्वगामी हो सकता है, बढ़ सकता है, विकसित हो सकता है; पर पूर्णतः नष्ट होकर, केंचुल बदलकर नयी केंचुल धारण करे, ऐसा कम होता है।"-वही, पृष्ठ 610।

121. Critical Approach ro Literature : David Daiche published by Longniars Green & Co. Lo. Ltd., London, 1956, P. 225.

122. Ibid., Quoted from The Idoms of Poetry: Fedrick A. pottle, 1946, p. 278.

123. काव्य का वैष्णव व्यक्तित्व : नरेश मेहता, संस्करण सन् 1972, लोकभारती प्रकाशन, इलाहाबाद, पृ. 4।

124. 'स्वप्न वस्तु वन जाय सत्य नव,
'स्वर्ग मानसी ही भौतिक भव,
अन्तर जग ही वहिर्जगत् वन जावे,
युगवाणी : पंत। संस्करण सन् 1959, राजकमल प्रकाशन, प्रा. लिं., नई दिल्ली, पृ. 20.

125. हिन्दी साहित्य कोश, भाग 1 : प्रभाकर माचवे . 610

126. डॉ. मुंशीरान शर्मा : वैदिकी : संस्करण सन् 1972। ग्रन्थम, कानपुर, पृ. 3।

127. रामधारी सिंह दिनकर : संस्कृति के चार अध्याय : पृ. 85

128. भारतीय चिन्तन परम्परा : के. दामोदरन, संस्करण प्रथम, पीपुल्स पब्लिशिंग हाउस, प्राइवेट लिमिटेड, नई दिल्ली, पृ. 33 1

129. अत्र वस्तैरशुचिभिः सम्प्रयुज्य च तापसान्।

प्रतिघ्नन्त्यरान् क्षिप्रमानार्या: पुरत: स्थितान् ॥

—वाल्मीकीय रामायण, 21116115।

130. डॉ. देवराज, प्रतिक्रियाएँ संस्करण सन् 1966, राजकमल प्रकाशन, प्राइवेट लिमिटेड, 1966, दिल्ली, पृ. 76 1

131. तुलना कीजिये—

न मिथ्याहं वदे राम देवलोकजिगीषया।

शूद्रं मां विद्धि काकुत्स्थ शम्बूकं नाम नामत: ॥

भाषतस्तस्य शूद्रस्य खड्गं सुरुचिरप्रभम्।

निष्कृष्य कोशाद् विमलं शिरश्चिच्छेद राघव: ॥

काकुत्स्य कुल भूषण श्रीराम ! मैं झूठ नहीं बोलता। देवलोक पर विजय पाने की इच्छा से ही मैं तपस्या में लगा हूँ। आप मुझे शूद्र समझिए। मेरा नाम रहा था कि रामचन्द्र ने म्यान से चमकती हुई तलवार लिया। शम्बूक है वह इस प्रकार कह ही खींच ली और उससे उसका सिर काट-वाल्मीकीय रामायण, 716713-41

रे हस्त दक्षिण, मुहस्य शिशोद्विजस्य जीवातवे विसृज शूद्रमुनी कृपाणम्। रामस्य गातमसि निर्भर गर्भ खिन्न-सीता विवासनपटो: करुणा कुतस्ते ॥

रे दाहिने हाथ, मरे हुए ब्राह्मण को जिलाने के लिए शूद्र तपस्वी पर खड्ग चलाओ। तू तो उस राम का अंग है, जिसने निष्कलंक और गर्भवती सीता का परित्याग किया है। तुझमें करुणा कहाँ से आयी ?

132. रामधारी सिंह 'दिनकर' : आधुनिक बोध : पंजाबी, पुस्तक भण्डार, दिल्ली, पृ. 51।

133. रामधारी सिंह दिनकर : संस्कृति के चार अध्याय, पृ. 193

134. सुमित्रानन्दन पन्त युगवाणी, दृष्टिपात, पृ. 11।

135. उच्चारित होती चले वेद की वाणी,

गूंजे गिरि, गह्वर, सिन्धु-पार कल्याणी।

—'साकेत', अष्टम सर्ग, द्वादश संस्करण, संवत् 2022 वि., साहित्य सदन, चिरगाँव, झांसी, पृष्ठ 235

136. कामायनी जयशंकर 'प्रसाद', संघर्ष सर्ग, 2011 वि., भारती भण्डार, लीडर प्रेस, इलाहाबाद, पृष्ठ 207।

137. श्रेय वह विज्ञान का वरदान।

हो सुलभ सबको सहज जिसका रुचिर अवदान।।

श्रेय वह नर बुद्धि का शिव-रूप आविष्कार।

ढो सके जिससे प्रकृति सबके सुखों का भार ॥

—कुरुक्षेत्र : दिनकर, षष्ठ सर्ग, पृष्ठ 118। उदयाचल, पटना, 1966।

138. Bertrand Russell : Common Sense and Nuclear Warfare; George Allen & Unwin LTD. London.

139. समर-समय की महालोक-संहारक लीला।

रण-भू का पर्वत समान ऊँचा शव टीला।।

बहती चारों ओर रुधिर की खर तर धारा।

धरा कँपा कर बजता हाहाकार नगारा।

क्रन्दन, कोलाहल, बहु आहों की भरमारें।

आहत जन-जन की लोक-प्रकंपित करी पुकारें।

कहीं भूल पाईं वे तो हैं भूल न पातीं।

स्मृति उनकी है आज भी मुझे बहुत सताती ॥

—अयोध्यासिंह उपाध्याय 'हरिऔध' वैदेही वनवास, तृतीय संस्करण, संवत् 2005 वि.,

140. ऐसा युद्ध

ऐसी विजय

हिन्दी साहित्य कुटीर, बनारस, 2005 वि.। सगं प्रथम, पृ. 8।

ऐसी प्राप्ति—

सब मिथ्यात्व हैं—
नरसंहार के व्यामोह के प्रति—
वितृष्णा से भर उठा हूँ।
— नरेश मेहता : संशय की एक रात। हिन्दी ग्रन्थरत्नाकर, प्राइवेट लिमिटेड, बम्बई, 1962, पृ. 32-33 1

141. 'दिनकर' : संस्कृति के चार अध्याय, पृ. 463।
142. आधुनिक भारतीय चिन्तन : विश्वनाथ नरवणे (अनु. नेमिचन्द्र जैन), राजकमल प्रकाशन प्राइवेट लिमिटेड, नई दिल्ली, प. 137।
143. वही, पृ. 143
144. रामचरित चन्द्रिका, भूमिका, पृ. ३।
145. लोला : मंथिलीशरण गुप्त संस्करण, संवत् 2017 वि., साहित्य सदन, चिरगांव, पृ. 40-41।
146. "आधुनिक परिवर्तनशील समाज-व्यवस्था और विचार-जगत् में छायावाद भारतीय आध्यात्मिकता की, नवीन परिस्थिति के अनुरूप, स्थापना करता है।"
—नन्ददुलारे वाजपेयी, आधुनिक साहित्य : संस्करण संवत् 2022 वि., भारती भण्डार, लीडर प्रेस, इलाहाबाद, सं. पृ. 351।
147. ऊर्मिला : श्रीलक्ष्मणचरणार्पणमस्तु (भूमिका) वक्तव्य, संस्करण सन् 1957 अतरचन्द कपूर एण्ड सन्स, दिल्ली, पृ. 'ख'।
148. डॉ. रणजीत : हिन्दी के प्रगतिशील कवि। संस्करण सन् 1975, पीपुल्स पब्लिशिंग हाउस (प्रा.) लिमिटेड, नई दिल्ली, पृ. 3।
149. 'कृष्णभक्तों की इन साधनाओं और इन सिद्धान्तों ने सीता-राम की भक्ति साधना के रूप में नया अवतार लिया।"
—डॉ. रामलखन पाण्डेय, तुलसीदासोत्तर राम-साहित्य : संस्करण सन् 1972 ई., अभिनव भारती, इलाहाबाद, पृ. 71।
150. हिन्दी साहित्य का इतिहास : आचार्य रामचन्द्र शुक्ल, पृ. 152-154।
151. 'दिनकर' : संस्कृति के चार अध्याय, पृ. 347
152. जिस राधा और कृष्ण के प्रेम को इन भक्त कवियों ने अपनी गूढ़ातिगूढ़ चरम भक्ति का व्यंजक बनाया, उसको लेकर आगे के कवियों ने शृंगार की उन्मादकारिणी उक्तियों से हिन्दी-काव्य को भर दिया।''
—आचार्य रामचन्द्र शुक्ल हिन्दी साहित्य का इतिहास, पृ. 148
153. अंग्रेज राज शुभ साज सजे सब भारी।
पं धन विदेस चलि जात यही अति ख्वारी ॥"
—भारत दुर्दशा : भारतेन्दु हरिश्चन्द्र, संस्करण सन् 1973, शारदा प्रकाशन, नई दिल्ली, अंक 1, पृ. 61

कथानक : विकास और विन्यास

कथानक : परिभाषा और स्वरूप

रामकाव्य की सृष्टि प्रबन्धात्मक रूप में ही अधिक हुई है। अत: कथानक की दृष्टि से उसका विश्लेषण रचनात्मक अनिवार्यता से प्रेरित ही माना जायेगा। एक विशिष्ट-कालिक श्रृंखला में आबद्ध होकर घटनाएँ काव्य अथवा कथा के उस बाह्याकार का निर्माण करती हैं, जिसे कथानक कहते हैं। फार्स्टर ने कथानक की जो व्याख्या कहानी अथवा उपन्यास के संदर्भ में की है, प्रबंध काव्य के संदर्भ में भी उसकी प्रासंगिकता सुनिर्दिष्ट है। उसके अनुसार कथानक घटनाओं का एक ऐसा विवरण होता है जिसमें कार्य-कारण संबंध पर बल दिया जाता है।[1] माघ ने इसी को 'अनुज्झितार्थ सम्बन्ध' (पूर्वापर सम्बन्ध का निर्वाह) कहा है[2] जिसका आचार्य शुक्ल ने जायसी एवं 'साकेत' के प्रबन्ध-कौशल का विवे-चन करते हुए उल्लेख किया है।[3] घटनाओं की सम्बन्ध-श्रृंखला को नियोजित करनेवाला तत्त्व कवि का विशिष्ट जीवन-दर्शन ही होता है जो बाह्य कार्य-कारणवाद की अपेक्षा एक आंतरिक अन्विति के रूप में प्रतिफलित होता है। अत: कथानक को कवि के जीवन-दर्शन तथा कलात्मक अभिप्राय से विच्छिन्न कर विश्लेषित नहीं किया जा सकता।[4] यह जीवन-दर्शन पात्रों के क्रिया-कलापों और परिवेश के प्रति उनकी प्रतिक्रियाओं में व्यक्त होता है। इस प्रकार कथानक जहाँ एक ओर कवि के जीवन-दर्शन से परिचालित होता है, वहाँ दूसरी ओर वह पात्रों की प्रतिक्रिया का ही अभिव्यक्त स्वरूप होता है।[5] यही कारण है कि अरस्तू ने कथानक के कार्य-व्यापार का विश्लेषण करते हुए चारित्र्य और विचार दोनों से उसका घनिष्ठ सम्बन्ध स्वीकार किया है।[6] फिर भी उसने घटनाओं के संगठन को चरित्र से अधिक महत्त्व दिया है।[7]

भारतीय काव्यशास्त्र में कथानक के लिए प्राय: वृत्त शब्द का प्रयोग हुआ है। नाटक और प्रबन्धकाव्यों में यह तीन प्रकार का होता है-ख्यात, उत्पादित और मिश्र।[8] ख्यात-वृत्त में प्रसिद्ध प्रामाणिक इतिवृत्त का ग्रहण होता है, जबकि उत्पादित कथानक मूलत: कवि की कल्पना-दृष्टि का परिणाम होता है। प्रसिद्ध गाथाओं में कवि जब निजी कल्पनाओं का अनुबंधन कर रचना करता है तो उसका कथानक मिश्रित होता है। संस्कृत काव्यों, नाटकों और आख्यायिकाओं में कथानक के तीनों ही रूप प्राप्त होते हैं। किन्तु आचार्यों ने नाटक[9] और महाकाव्यों[10] में ख्यात-वृत्त पर ही अधिक बल दिया है। रामकथा के बीजाणु वैदिक वाङ् मय में अवश्य उपलब्ध हैं किन्तु वाल्मीकि ने ही लोक-वाङमय[11] से अपनी आधार सामग्री का ग्रहण कर प्रथम बार इसका प्रणयन किया। वाल्मीकि से पूर्व रामकथा लोक-मानस में किस रूप में व्याप्त थी, इसका कोई लिखित प्रमाण उपलब्ध न होने के कारण वाल्मीकि द्वारा उल्लिखित वृत्त को ही ख्यात-वृत्त के रूप में ग्रहण किया जाता है।[12] परवर्ती कवियों के द्वारा ग्रहीत कथानक के परिवर्तन, परिष्करण एवं परिवर्द्धन के औचित्य एवं प्रामाण्य का विवेचन 'रामायण' के निकष पर ही किया जा सकता है।

आधुनिक रामकाव्य के पूर्व रामकथा सम्बन्धी प्रबन्ध-काव्यों की एक सुदीर्घ श्रृंखला मिलती है। इन्हें वाल्मीकि द्वारा निर्दिष्ट कथा-सोपानों में समाविष्ट किया जा सकता है। पात्रों के पारस्परिक सम्बन्ध और तज्जन्य घटनाओं की सम्बन्ध-श्रृंखला के विभिन्न सूत्र इन्हीं बिन्दुओं से आकर जुड़ते हैं। अत: कथानक के पारम्परिक वृत्त और उसमें पायी जानेवाली भिन्नताओं और उद्‌भावनाओं का विवेचन आवश्यक है क्योंकि राम-काव्य की कथा-सामग्री के मूल स्वरूप तथा वर्तमान परिवेश के अनुरूप उसके परिवर्तित संदर्भों को जाने बिना चरित्र और घटनाओं की क्रिया-प्रतिक्रिया को नहीं समझा जा सकता। यहाँ हमारा ध्येय कथानक का शिल्पगत विवेचन प्रस्तुत न करके अतीत तथा वर्त-मान की कथा-सामग्री के

वैषम्य और परिवर्तन के स्वरूप का उद्घाटन करना है। इसे कवि-दृष्टि को निरूपित करनेवाले महाकाव्यगत सामग्रियों का तुलनात्मक विवेचन[13] भी कह सकते हैं।

रामकाव्य परम्परा में तीन रचना दृष्टियाँ देखी जाती हैं– (1) लौकिक, (2) आध्यात्मिक तथा (3) अद्‌भुत। लौकिक दृष्टि का विकास वाल्मीकीय रामायण में अपने चरम परिपाक पर पहुँचा हुआ है। पात्र और घटनाएँ सभी मानवीय संदर्भ लिये हुए अपनी सम्पूर्ण सबलताओं के साथ प्रस्तुत होकर कथानक को सहज-लौकिक स्तर पर गतिशील रखते हैं। 'अध्यात्मरामायण' में राम और उनके परिसर के पात्रों में मानवेतर गुणों का समावेश हो जाने से कथानक के सहज-ऋजु प्रवाह में बाधा पड़ी है। सभी पात्र और घटनाएँ विष्णु की मायालीला का प्रोद्‌भास दिखलाई देती हैं। सभी कुछ पूर्व-निर्धारित तथा ईश्वरेच्छा-प्रेरित होने के कारण पात्रों की स्वतंत्र निर्णयशक्ति तथा स्वत:प्रेरित कार्य-कलापों के ऊपर भक्ति एवं अध्यात्म का आवरण पड़ जाने से घटनाओं की सम्बन्ध-श्रृंखला में एक गुणात्मक परिवर्तन आ गया है। तुलसी का 'मानस' कथानक की स्थूल रूप-रेखा के लिए जहाँ वाल्मीकि का उपजीवी है वहाँ अपने विचार-दर्शन के आधार पर उस कथानक को नवीन रूप में संयोजित करने के लिए 'अध्यात्म रामायण' का आधार लेता है।

प्रमुख घटनाओं में आकस्मिकता और नाटकीय प्रोद्दीप्ति का चमत्कार उत्पन्न करने के लिए अनेक नाटकों और काव्यों में विभिन्न अवान्तर घटनाओं को अनुस्यूत किया गया है। ऐसी घटनाएँ कथानक की मूलधारा को प्रभावित नहीं करतीं, किन्तु राग और विस्मय का संचार करती हैं। 'अद्‌भुत रामायण', 'आश्चर्य चूड़ामणि', 'हनुमन्नाटक', 'प्रसन्न राघव' आदि में ऐसी अनेक अलौकिक घटनाओं का वर्णन मिलता है, जो बौद्धिक व्याख्या की अपेक्षा रखती हैं। कवियों ने निजी जीवन-दर्शन की अभिव्यक्ति एवं पुष्टि के लिए उन घटनाओं का उपयोग कर लिया है।

बौद्ध और जैन रामकाव्य-परम्परा ने राम कथा के मूल स्वरूप को अनेक स्थलों पर पूर्णत: परिवर्तित कर दिया है। आधुनिक युग में 'अग्नि परीक्षा' जैसे एकाध काव्य को छोड़कर उस परिवर्तन का प्राय: उपयोग नहीं किया गया है। 'अग्नि परीक्षा' में सीता निर्वासन के उपरांत वाल्मीकि के आश्रम के स्थान पर पुण्डरीकपुर के राजा वज्रजंघ के यहाँ बहिन के रूप में आश्रय ग्रहण करती है। आगे की घटनाएँ भी वाल्मीकि रामायण से भिन्न सरणी पर चलती हैं।[14]

रामकथा का विशाल वाङ् मय भारत में ही नहीं लंका, सुमात्रा, जावा, कम्बो-डिया, हिंद-एशिया आदि द्वीप समूहों के रामकाव्यों में व्याप्त है। संयोग, सहयोजन, संक्षे-पण, उपबृंहण, बलाघात आदि के द्वारा एक ही घटना अनेक रूपों में व्यक्त हुई है। कथात्मक अनिवार्यताओं, संभावनाओं, लोक-विश्वासों, युगीन तथा स्थानीय परम्पराओं और अवधारणाओं के कारण रामकथा की विविध घटनाएँ संख्यातीत रूप में प्राप्त होती हैं।

आधुनिक रामकाव्य एक विशिष्ट युग एवं युगदर्शन की अभिव्यक्ति है। अत: उन सभी भिन्नताओं का उल्लेख करना उसी सीमा तक आवश्यक एवं प्रासंगिक है, जहाँ वे उस जीवन-दर्शन के गुणात्मक परिवर्तन को संदर्भित करती हैं।

आधुनिक रामकाव्य में कथानक-गत परिवर्तन एवं उद्‌भावनाएँ प्राय: चारित्रिक एवं जीवन-दर्शन की आधारभूमि पर हुई हैं। उपेक्षित पात्रों के अस्तित्व की पुन:प्रतिष्ठा, लांछित पात्रों के प्रति सहानुभूति और उनकी कलंकमुक्ति के प्रयास, प्रतिपात्र एवं प्रति-नायक के चारित्रिक गुणों का उद्घाटन, तर्कातीत आदर्श पात्रों के नैतिक अन्तर्द्वन्द्व एवं क्षणिक दुर्बलता के लिए आधुनिक कवियों ने रामकाव्य के परम्परित इतिवृत्त का पुन:-संस्कार किया है। दूसरी ओर आधुनिक युग को जिन अवधारणाओं ने प्रेरित किया है, उनसे प्रभावित होकर कवि कथानक में परिवर्तन एवं परिवर्द्धन की ओर उन्मुख हुए हैं। विकासवाद (डार्विन), मार्क्सवाद मनोविश्लेषण, अस्तित्ववाद इत्यादि अवधारणाओं का प्रभाव आधुनिक युग-चिंतन पर बहुत गहरा पड़ा है, जिसके परिणामस्वरूप कवियों ने रामकाव्य को कृषि-संस्कृति, अर्थविषमता, अवचेतन की दमित कुण्ठा, अस्मिता का संकट इत्यादि के विश्लेषण के लिए उपकरण रूप में विवृत किया। प्राचीन एवं नवीन जीवन-मूल्यों के इस अन्त:संघर्ष के चित्रांकन के लिए नवीन कवियों को परम्परित कथानक में काफ़ी उलट-फेर करना पड़ा है, जो आस्तिक आदर्शवादी बुद्धि को ग्राह्य नहीं हो सका। बँगला के माइकेल मधुसूदन दत्त के 'मेघनाद वध' पर आक्षेप इसी नैतिक बुद्धि के कारण हुए। आचार्य शुक्ल ने भी इस उलट-फेर को बहुत काव्योपयोगी नहीं माना है।[15]

आधुनिक कवियों के सम्मुख अपनी वैचारिक अवधारणाओं के अनुरूप कथानक के संयोजन और परिवर्तन के औचित्य को सिद्ध करना आवश्यक हो गया। अपनी रचना को लोकमानस में ग्राह्य बनाने के लिए सामाजिक एवं धार्मिक अनुमति पाना आवश्यक था अत: इन कवियों ने अपने कथानक के मर्यादाविहीन और प्रतिष्ठित आदर्शविरोधी अंश के ख्यातवृत्त को प्रमाणित करने के लिए अपने काव्यों, नाटकों एवं उपन्यासों की भूमिका अथवा पीठिका में प्राचीन रामकाव्य के अनेक संदर्भ प्रस्तुत किये। हरदयालुसिंह-कृत 'रावण महाकाव्य', प्रीतमसिंह बगरेचा-कृत 'शूर्पणखा' आदि काव्यों में प्रतिपात्रों की आदर्श प्रतिष्ठा के लिए प्राचीन वाङ् मय का प्रमाण प्रस्तुत किया गया, 'राम का अंतर्द्वन्द्व'[16] नामक कविता भी इस दृष्टि से उल्लेखनीय है, जिसमें कवि ने अपने कथ्य के प्रमाणस्वरूप वाल्मीकीय रामायण से सम्बद्ध संदर्भों की दीर्घ तालिका प्रस्तुत की। यही दृष्टि उपेक्षित एवं लांछित पात्रों के अस्तित्व की प्रतिष्ठा के लिए लिखे जाने वाले काव्यों में मिलती है। 'कैकेयी' (चाँदमल अग्रवाल व केदारनाथ मिश्र 'प्रभात' कृत), 'कल्याणी कैकेयी' (राधेश्याम शर्मा कृत) आदि की भूमिका कैकेयी के आचरण के औचित्य को प्रमाणित करने के लिए ही लिखी गई हैं। सीता वनवास जैसा वृत्त नारी मुक्ति के वर्तमान युग में राम कथा के आदर्शवाद के अनुकूल नहीं है, डॉ. रामकुमार वर्मा ने 'उत्तरायण' की भूमिका में प्राचीन वाङमय के अनुशीलन के द्वारा यही तथ्य स्वीकृत किया है। अहल्या, विश्वामित्र जैसे पात्र रामकथा की केन्द्रीय धारा में विशेष महत्त्व नहीं रखते थे किन्तु आधुनिक युग की वैचा-रिक अवधारणाओं के अनुरूप उनके चरित्र को काव्य के केन्द्रीय वृत्त में रखकर विकसित किया गया तथा वर्णित घटनाओं की पुष्टि के लिए भूमिकास्वरूप प्रमाण प्रस्तुत किये गये हैं। 'पाषाणी' (शरणबिहारी गोस्वामी-कृत), 'एक पुरुष और ' (रमेशचन्द्र मिश्र-कृत), 'एक किश्वास और' (डॉ. विनय-कृत) जैसे काव्यों की भूमिकाएँ इस दृष्टि से अवलोक-नीय हैं। जिन कवियों ने रामकथा के अन्य प्रसंगों पर काव्य लिखे हैं उन्होंने भी काव्य के इतिवृत्त के प्रामाण्य को प्रस्तुत करने के लिए प्राचीन वाङ् मय का आलोड़न किया है। कहने का तात्पर्य यह है कि आधुनिक कवि और आलोचक भी नवीन उद्‌भावनाओं को तभी ग्रहण कर सके हैं जबकि परम्परा से उसका अविच्छिन्न सम्बन्ध उद्‌घाटित कर दिया गया है। ख्यात-वृत्त के साथ अपनी उद्‌भावनाओं को जोड़ने की आकांक्षा कवि और पाठक दोनों को ही परिचयभरी नवीनता का सुख देती है। विचारों का सम्प्रेषण पाठकवर्ग में साधारणीकृत हुए बिना पूर्ण नहीं कहा जा सकता। लोकमानस में कोई रचना प्रिय तभी होती है जबकि उसमें निहित बिम्ब और प्रतीक प्राचीन संस्कारों की पृष्ठभूमि में अंकित किये गये हों।[17]

आधुनिक रामकाव्य के इतिवृत्त का अनुशीलन करते समय उपर्युक्त तथ्य दृष्टि में रखना इसलिए आवश्यक है कि अधिकांश कवियों ने वाल्मीकीय रामायण को ही प्रमाण के रूप में प्रस्तुत किया है। इतर वाङ् मय का उपयोग उन्होंने अपनी स्फुट अवधारणाओं की पुष्टि के लिए ही किया है। यहाँ तक कि 'मानस' में वर्णित घटनाओं को ही वास्त-विक एवं ऐतिहासिक तथ्य माना जाता है। 'मानस' मूलत: 'अध्यात्म रामायण' से प्रभा-वित है तथा कथानक के संयोजन के लिए 'वाल्मीकीय रामायण' के अतिरिक्त 'प्रसन्न-राघव', 'हनुमन्नाटक', 'अनर्घ राघव' आदि से सूत्र ग्रहण करता है। अत: यहाँ प्रारम्भ में परम्परित कथानक की रूपरेखा स्फुट करने के लिए 'वाल्मीकीय रामायण', 'अध्यात्म-रामायण' एवं 'मानस' के कथासूत्रों का उल्लेख किया गया है। कहीं-कहीं प्रमुख घटनाओं में नवीनता एवं भिन्नता का संकेत देने के लिए अन्य ग्रंथों का भी तुलनात्मक उल्लेख किया गया है। कथानक की मूल रूपरेखा वाल्मीकीय रामायण के काण्डों के आधार पर ही विभाजित है, क्योंकि कथानक की स्थूल रूपरेखा कुछ भिन्नताओं को छोड़कर अद्या-वधि इसी रूप में चली आती है।

रामकथा में मौलिकता का परिप्रेक्ष्य

परिवर्तित परिवेश एवं युगबोध की अभिव्यक्ति के लिए आधुनिक कवि जहाँ अपने जीवनानुभवों तथा समसामयिक घटनाओं को आधार बनाते हैं, वहाँ युगीन समस्याओं के समाधान के लिए मिथकीय संदर्भों एवं पौराणिक आख्यानों का भी उपयोग करते रहे हैं। राम भारतीय मानसिकता से इतने गहन स्तर पर सम्बद्ध हैं कि एक ओर तो उनमें परि-व्याप्त जीवनदायिनी समसामयिकता का संदर्भ सहज ही दिया जा सकता है, दूसरी ओर आधुनिक जीवन-बोध को रचनात्मकता के स्तर पर

प्रतिफलित करने के लिए उनके सृज-नात्मक व्यक्तित्व का आधार ग्रहण किया जा सकता है। भारतीय उपासना-क्षेत्र में श्रीराम विष्णु अवतार के रूप में मान्य हैं। किन्तु, जन-मानस ने विष्णु की अपेक्षा राम के चरित्र का दोहन युग की समस्याओं के समाधान के लिए अधिक किया है। विष्णु अपने मौलिक स्वरूप में भारतीय सृजनात्मकता को अधिक उद्दीप्त नहीं कर सके। "एक चरित्र के रूप में राम का जितना सृजनात्मक व्यवहार हुआ, उतना दूसरे किसी चरित्र का नहीं हुआ। इसका कारण संभवत: यह था कि राम में अपौरुषेयता के स्थान पर कहीं अधिक विश्वस-नीय साधारणता भी रही है। राम के देवत्व में मानवीय सुगन्ध भी थी।''[18] मध्यकाल में उपासना के आलम्बन मात्र में ही राम के व्यक्तित्व का परिसीमन हो जाने के कारण सृजनात्मक स्तर पर उनके क्रिया-कलापों और जीवनानुभवों का उपयोग नहीं हुआ। आधुनिक युग की समस्याओं के लिए राम चरित्र का पुन: व्यापक प्रयोग किया गया। जैसा ऊपर कहा गया है कि राम चरित्र के इस रचनात्मक उपयोग में दो विभिन्न दृष्टियों–(1) राम कथा की बुद्धिसंगत व्याख्या, और (2) आधुनिक जीवन-दृष्टि की व्याख्या के लिए रामकथा का उपयोग की प्रधानता रही, अत: कथानक के पारंपरिक ढाँचे को बुद्धि-संगत एवं युगानुकूल बनाने के लिए कवियों ने उसमें पर्याप्त परिवर्तन किया है। यह परि-वर्तन निम्नलिखित दिशाओं में दृष्टिगोचर होता है :

1. रामकथा की अलौकिक एवं चमत्कारपूर्ण अतिप्राकृत घटनाओं की बुद्धिसंगत व्याख्याओं के लिए वैज्ञानिक एवं मनोवैज्ञानिक अवधारणाओं का उपयोग करके या तो उन घटनाओं का मूल स्वरूप ही बदल दिया गया है, अथवा उनका वैज्ञानिक कारण निर्दिष्ट किया गया है। 'साकेत' में 'गई गिरा मति फेर'[19] के स्थान पर 'भरत से सुत पर भी संदेह'[20] की मनोवैज्ञानिक पृष्ठभूमि, हनुमान के आकाशगामी संचरण का योग की पृष्ठ-भूमि में वर्णन[21] , 'अरुण रामायण' में रावण को अणु-विज्ञानी मानकर आणविक विस्फोट द्वारा कैलाश का कम्पन,[22] अशोक वाटिका का 'तंत्र-रश्मियों' द्वारा रक्षण[23] आदि इसी कोटि की घटनाएँ हैं। यह परिवर्तन बहुत कुछ 'प्रियप्रवास' की पद्धति पर है, जिस पर आधुनिक युग के बौद्धिक विश्लेषण का प्रभाव है।

2. पुनरुत्थानवादी चेतना से प्रभावति होकर राम कथा को अनार्य-संस्कृति पर आर्य संस्कृति की विजय के रूप में प्रस्तुत किया गया है। 'साकेत',[24] 'विदेह',[25] 'ऊर्म्मिला',[26] 'कैकेयी' (प्रभात व चाँदमल अग्रवाल),[27] 'अरुण रामायण'[28] इत्यादि काव्यों में राम के वनगमन सम्बन्धी प्रेरक सूत्रों की इसी रूप में आकलन किया गया है। अनेक पूर्ववर्ती घटनाओं को भी इसी लक्ष्य से जोड़कर उनकी सामाजिक एवं राजनैतिक दृष्टि से पुन- व्याख्या की गई है।

3. पाश्चत्य साहित्य के प्रभाव से प्रतिनायकों के प्रति मानवीय संवेदना एवं सहानुभूति के कारण एक ओर तो ऐसे काव्यों की रचना हुई, जिनमें रावण, शूर्पणखा, मेघनाद आदि प्रतिपक्षी पात्रों को कथा-केन्द्र में रखा गया; दूसरी ओर अनेक अन्य काव्यों में रावण, मेघनाद आदि पात्रों में मानवीय भाव संस्कार दिखलाने के लिए घटनाओं को परिवर्तित किया गया। 'रावण महाकाव्य' में रावण पक्ष के पारिवारिक सौहार्द, सैन्य-संगठन, आंतरिक व्यवस्था इत्यादि का मर्यादित चित्रण हुआ है। 'अरुण रामायण' में रावण को आपात खलनायक न मानकर उसे वैज्ञानिक संस्कृति अथवा भौतिक जड़वादी सभ्यता का प्रतीक मानकर मानवता के लिए आसन्न संकट के रूप में चित्रित किया गया है। 'विदेह'[29] में अधिकांश घटनाओं को इसी के परिप्रेक्ष्य में परिवर्तित किया गया है।

4. राम-कथा के अनेक गौण पात्रों के व्यक्तित्व की रेखाएँ इतनी धुंधली एवं अस्पष्ट हैं कि उनकी मनोदशा एवं प्रतिक्रियाओं का आलकन करने के लिए घटनाओं को किंचित् परिवर्तन के साथ उपस्थित करना पड़ा है। 'साकेत' में उर्मिला के तथा 'ऊर्म्मिला' महाकाव्य में उर्मिला के साथ-साथ सीता एवं अन्य भगिनियों के भी बाल्य-काल और गार्हस्थ जीवन की घटनाएँ बहुत कुछ उत्पाद्य हैं तथा कथानक की इसी अपेक्षा की पूर्ति करती हैं।

5. नारी जागरण का एक प्रभाव सीता के आत्म-समर्पणमूलक व्यक्तित्व को अधिक ठोस एवं सन्दर्भपूर्ण बनाने में दृष्टिगत होता है। वैदेही वनवास[30] में सीता राष्ट्रहित से सीधे सम्बद्ध है। वर्तमान युग की हरित क्रांति, कुटीर उद्योग (चर्खा संघ) जैसे सन्दर्भों को भी सीता के वनवास-जीवन से सम्बद्ध कर 'धरानन्दिनी सीता'[31] तथा 'वनस्थली'[32] कृतियों में आधुनिक भारत की अर्थ-व्यवस्था के समानान्तर ही कथानक को नई उद्भावनाओं अथवा सम्भावनाओं की पृष्ठभूमि में विकसित किया गया है।

पुनर्व्याख्या के अतिरिक्त आलोचना के स्तर पर भी सीता वनवास आदि कृतियों के औचित्य पर प्रश्न चिह्न लगाया गया है। 'जानकी-जीवन[33] में यदि इस कृत्य की पुनर्व्याख्या है तो 'भूमिका'[34] में राम का यह कृत्य साम्राज्यवादी चेतना से परिचालित है। 'उत्तरायण'[35] में तो कवि इस घटना के अस्तित्व पर ही प्रश्न चिह्न लगा देता है।

6. आधुनिक युग अनेक सामाजिक, राजनैतिक एवं सांस्कृतिक समस्याओं के विश्लेषण का युग है। सम-सामयिक चिन्तन को गति देने के लिए भी कवियों ने राम-कथा के किसी एक विशिष्ट सन्दर्भ को लेकर उसकी पुनर्व्याख्या की है। इन कृतियों में सम्पूर्ण कथा को न लेकर किसी एक प्रसंग पर ही कवि की दृष्टि केन्द्रित रही है। वह प्रसंग प्राय: मध्यकालीन दृष्टि से विशेष प्रासंगिक नहीं होता। अत: कवि को कथा की केन्द्रीय रेखा के अतिरिक्त शेष घटनाओं का चयन अपनी उत्पाद्य कल्पना के आधार पर करना पड़ा है। 'संशय की एक रात' में सेतुबन्ध के पश्चात् राम की मन:स्थिति तथा युद्ध के औचित्य एवं अनौचित्य की व्यंजना के लिए दशरथ की प्रेतात्मा के अवतरण इत्यादि की घटनाएँ कल्पित की गयी हैं।

7. आधुनिक दृष्टि मानव को अतिरिक्त संवेदनशील मानकर उसके अन्तर्द्वन्द्व एवं मानसिकता को विशेष महत्त्व देती है। पात्रों को घटनाओं के उपकरण मात्र न मान-कर उन्हें सहज-संवेदना से पूर्ण करती है। विभीषण जैसे पात्रों की मानसिकता राम के केन्द्रीय वृत्त से जुड़ने के कारण अपना स्वतन्त्र अस्तित्व नहीं रखती। 'संशय की एक रात' तथा 'राधेश्याम रामायण' (श्रीराम कथा) में विभीषण का अन्तर्द्वन्द्व एवं तदनुकूल प्रसंग-परिवर्तन हुआ है। यही नहीं, मध्यकाल में राम और रावण जैसे प्रमुख पात्रों की मानवीय संवेदना भी अनेक स्तरों पर प्रच्छन्न रह गई है। यहाँ रावण-जैसे विकट प्रति-पक्षी के विरुद्ध भी पराजय की आशंका के लिए राम के हृदय में स्थान नहीं है। किन्तु राम की अनास्था, आशंका, भय एवं दुविधा के चित्रण के लिए शक्तिपूजा के प्रसंग को 'निराला' ने आधुनिकता का सन्दर्भ दिया है। सीता के परित्याग के समय राम का अन्तर्द्वन्द्व आधुनिक पुरुष की मन:स्थिति को अधिक व्यंजित करता है। इसी प्रकार रावण की सहज मानवोचित संवेदना के विस्तार के लिए 'साकेत' में कुम्भकरण की मृत्यु का प्रसंग किंचित् परिवर्तित रूप में प्रस्तुत किया गया है। 'अग्निपथ' में रावण के उस मनो-मंथन का यथार्थ अंकन हुआ है जो राम-रावण युद्ध से चौबीस घण्टे पूर्व होता है।

8. मिथकीय सन्दर्भों में प्रतीकार्थों के अन्वेषण की प्रवृत्ति यद्यपि प्राचीन काल में भी रही है, तथापि आधुनिक काल में वह एक विशिष्ट अर्थवत्ता ग्रहण कर चुकी है। 'लोकायतन', 'पुरुषोत्तम राम', 'आंजनेय' तथा 'अशोक-वन' (पन्त-कृत) इत्यादि काव्यों में तो राम, सीता, हनुमान अथवा रावण का चरित्र स्पष्टत: प्रतीकात्मक है।

इस प्रकार परिवर्तित जीवन-दृष्टि तथा सामाजिक-राजनैतिक परिवेश की अभि-व्यक्ति के लिए परम्परित कथानक में आधुनिक कवियों ने युगानुकूल एवं प्रसंगानुकूल परिवर्तन किये हैं। फिर भी एकाधिक स्थल को छोड़कर ऐसे प्रमाण नहीं मिलते कि मूल कथानक को विकृत किया गया है। एक प्रकार से यह परिवर्तन रामकथा का पुन-र्मूल्यांकन ही है, जो सुनिश्चित, पूर्वनिर्धारित सीमाओं में देखने वाली दृष्टि को प्रति-बद्धता से मुक्त कर उन्मुक्त चिन्तन का अवकाश प्रदान करता है। आधुनिक युग कुछ पात्रों को केन्द्र में रखकर शेष को निस्संग, तटस्थ अथवा निष्क्रिय बनाने में विश्वास नहीं रखता। आधुनिक कवि को सीता वनवास और लक्ष्मण-मूर्च्छा जैसी घटनाओं की अभि-ज्ञता के बावजूद अयोध्यावासियों का निष्क्रिय रहना मनोवैज्ञानिक प्रतीत नहीं होता। 'साकेत' में अयोध्या की रण-सज्जा की उद्‌भावना 'पद्‌मपुराण'[36] से प्रेरित होने पर भी एक मौलिक अर्थवत्ता रखती है। आधुनिक जनमानस राम को 'कुर्त्तुमकर्तुमन्यथाकर्तुं समर्थ' मानकर निश्चिन्त नहीं बैठ सकता।

राम कथा के प्रमुख प्रसंगों में आधुनिक युगबोध के अनुरूप जो परिवर्तन दृष्टि-गत हुए हैं, उनका विश्लेषण प्रस्तुत है। परम्परित कथा के अनुसंधान के लिए मूलत: 'वाल्मीकीय रामायण' और 'रामचरितमानस' को आधार बनाया गया है। स्फुट प्रसंगों में प्राचीन तथा मध्यकाल के रामकथा-काव्यों का भी उल्लेख हुआ है, जिनमें 'अध्यात्म-रामायण तथा संस्कृत के रामकथा-सम्बन्धी प्रमुख नाटक, जैन-काव्य आदि प्रमुख हैं। आधुनिक युग में संपूर्ण रामकथा-सम्बन्धी कृतियाँ अधिक नहीं हैं। कवियों ने केवल उन्हीं प्रसंगों को विशेष लिया है जिनमें युगबोध अथवा सृजनात्मक स्तर पर सम्भावनाएँ अधिक दृष्टिगत हुई हैं। मध्यकालीन दृष्टि से परशुराम-लक्ष्मण-संवाद, रामकेवट संवाद, रावण-हनुमान संवाद, अंगद रावण संवाद

अतिरिक्त भावुकता और मुखरता के कारण लोकप्रिय रहे हैं। आधुनिक कवि मुखर चरित्रों की अपेक्षा मनोवैज्ञानिक चरित्रों को रचनात्मक दृष्टि से अधिक महत्त्वपूर्ण समझता है। इस दृष्टि से चित्रकूट-सभा जैसे प्रसंगों का अधिक विस्तार हुआ है। इसी प्रकार रामजन्म, राम-लक्ष्मण की बाल क्रीड़ाओं, धनुष-यज्ञ, खरदूषण-युद्ध, सीता हरण, सीतान्वेषण, सुग्रीव-मिलन, बालि वध आदि घटना-बहुल प्रसंगों की केवल सूचना या संक्षिप्त विवरण देकर कवि आगे बढ़ गए हैं। आधुनिक कवियों को जो प्रसंग अधिक मनोवैज्ञानिक अथवा सृजनात्मक संभावनाओं से युक्त प्रतीत हुए हैं, उनमें प्रमुख हैं— कैकेयी की अभिसन्धि, राम के वन-गमन के समय प्रिय जनों अथवा पुरजनों की प्रतिक्रिया; सूचना प्राप्ति पर भरत की मनोदशा; चित्रकूट में कैकेयी का अनुताप; अध्योया लौटने पर भरत, ऊर्मिला, माण्डवी तथा अन्य सदस्यों एवं पुरजनों की मन:स्थिति एवं कर्त्तव्य निष्ठा; राम के अयोध्या-प्रत्यावर्तन पर सीता-परित्याग एवं रामराज्य आदि। इन परम्परित प्रसंगों की प्राय: पुनर्व्याख्या की गयी है। युद्ध आज के जीवन की अनिवार्यता भी है और विडम्बना भी। मध्यकाल में वह शौर्य का निकष था। अत: तत्कालीन राम-साहित्य में युद्ध-वर्णन प्रचुर मात्रा में हुआ है। आधुनिक भाव-वोध के स्तर पर यह शौर्य की अपेक्षा चिंतन का निकष ही अधिक रहा है। यह चिंतन आधुनिक रामेतर काव्यों में भी विद्यमान है। 'कुरुक्षेत्र', 'अन्धा युग', 'एक कण्ठ विष-पायी' जैसे युद्ध-काव्यों में युद्ध के औचित्य अनौचित्य का प्रश्न ही अधिक मुखर है। औचित्य-अनौचित्य। रामकाव्यों के अन्तर्गत 'संशय की एक रात', 'राम की शक्ति-पूजा' तथा 'साकेत' में अयोध्या की रणसज्जा जैसे वर्णन भी परम्परानुमोदित युद्ध-वर्णन नहीं हैं। उनकी उद्‌भा-वना कवियों ने आधुनिक चिंतन की दिशा निर्धारित करने के लिए ही की है।

आधुनिक रामकाव्य में कथानक-सम्बन्धी नवीनताओं एवं उद्‌भावनाओं का विवेचन करते समय उपर्युक्त तथ्यों का समाकलन आवश्यक है।

बालकाण्ड

राम-जन्म

'वाल्मीकीय रामायण' के अनुसार अयोध्या नरेश दशरथ पुत्र प्राप्ति के लिए अश्वमेध यज्ञ करते हैं जिसमें पुत्रेष्टि यज्ञ के लिए कश्यप ऋषि के पौत्र विभाण्डक के पुत्र श्रृंगी ऋषि को यज्ञ के लिए बुलाया जाता है (सर्ग 1, 8 से 15 तक)। इसी संदर्भ में ब्रह्मा के वरदान से मदोन्मत्त रावण के संहार के लिए देवगण भगवान् विष्णु से दशरथ के घर जन्म लेने की प्रार्थना करते हैं (सर्ग 1, 16)। तदनुसार पुत्रेष्टि यज्ञ में अग्नि-कुण्ड से कृष्णवर्ण का पुरुष अश्वमेध यज्ञ के प्रभाव से बनायी हुई संतान की कामना को पूर्ण करनेवाली खीर लेकर उपस्थित होता है। खीर का आधा हिस्सा कौशल्या को, चतुर्थ भाग सुमित्रा को ओर आठवाँ भाग कैकेयी को और पुन: अवशिष्ट भाग सुमित्रा को ही अर्पित कर दिया जाता है (सर्ग 1, 16 /28-29)। इस प्रकार राम की जीवन-कथा मूलत: विष्णु की लीला मात्र है और भरत, लक्ष्मण तथा शत्रुघ्न विष्णु के अंशाव-तार हैं।

'अध्यात्म रामायण' में भी लगभग यही संदर्भ है जिसमें ब्रह्मा रावण के भार क्षीर सागर के तट पर भगवान् विष्णु से पीड़ित गोरूपा पृथ्वी को लेकर ब्रह्मलोक में से (1-2-7) यह आश्वासन प्राप्त करते हैं कि उन कश्यप के यहाँ पुत्र रूप में जन्म लेंगे जो इस समय पृथ्वी पर दशरथ के रूप में स्थित हैं (सर्ग 1-2, 25-26)।

'अद्‌भुत रामायण' में, अम्बरीष की कन्या को देखकर नारदमुनि उससे विवाह की इच्छा व्यक्त करते हैं तथा विष्णु से जब वे मोहक रूप की आकांक्षा करते हैं, तब विष्णु नारद के मुख को लंगूर जैसा कर देते हैं (सर्ग 1, 3 व 4)। अम्बरीष की वह रूपवती कन्या, जिसका नाम श्रीमती है, स्वयंवर में स्वर्ण के समान तेजस्वी एक युवक को वरमाला पहना देती है जो वस्तुत: भगवान् विष्णु ही हैं। नारद भगवान् विष्णु को शाप देते हैं। नारद-शाप के परिणामस्वरूप विष्णु दशरथ के घर राम-रूप में जन्म लेते हैं। उनकी पत्नी सीता का अपहरण होता है। इस तरह विष्णु ही राम थे और वह कन्या (श्रीमती) ही सीता थी।

'पद्मपुराण' के अनुसार स्वयंभू मनु लक्ष्मीपति विष्णु को अपनी तपस्या से प्रभा-वित कर, अपने यहाँ पुत्र रूप में जन्म लेने की प्रार्थना करते हैं। (उत्तर खण्ड, अध्याय 269) 'रामचरितमानस' में उक्त रामायणों के अतिरिक्त 'रघुवंश', 'उदार राधव', 'उत्तर रामचरितम्', 'उदात्त राघव', 'अनर्घ राघव', 'हनुमन्नाटक', 'आश्चर्यचूड़ामणि', 'प्रसन्न-राघव' इत्यादि नाटकों से प्रभाव ग्रहण कर राम जन्म के निम्नलिखित कारणों का उल्लेख किया गया है—

1. जलंधर दैत्य को परास्त या नष्ट करने के लिए छल से उसकी स्त्री का व्रत भंग कर विष्णु शाप ग्रहण करते हैं।

2. नारद विष्णु को शाप देते हैं जिसके कारण उन्हें दशरथ के यहाँ मनुष्य-रूप में जन्म लेना पड़ता है। इस कथा पर स्पष्टत: 'अद्भुतरामायण' की कथा का प्रभाव है।

3. स्वयंभू मनु और शतरूपा की तपस्या के फलस्वरूप विष्णु के उनके यहाँ पुत्र रूप में जन्म लेने की कथा भी तुलसीदास ने दी है जो वस्तुत: 'पद्मपुराण' के उत्तर-खण्ड के आधार पर वर्णित है।

आधुनिक युग में राम की महापुरुष के रूप में अवतारणा हुई है किन्तु आस्था-शील कवि राम के पुरुषोतम रूप की स्वीकृति के साथ उनके नारायण रूप का निषेध नहीं कर सके हैं। साकेतकार ने 'मानस' की परम्परा में प्रभु के मानव-रूप में अवतरण का कारण भू-भार का हरण ही निर्दिष्ट किया है। उनके अनुसार यह भूमि भगवान् की लीला भूमि है तथा भक्तवत्सलता के कारण भगवान् मानव-लीला करने के लिए प्रेरित होते हैं।[37] अरविन्द दर्शन से प्रभावित होकर श्री सुमित्रानंदन पंत ने प्रभु के अव-तरण को चेतना के चरम विकास की परिणति बतलाया है। जब मानव चेतना अपने विकास की ओर अग्रसर होती है तब ईश्वरीय चेतना स्वत: अवतरित होकर मानव-चेतना को ईश्वरीय चेतना में रूपान्तरित कर देती है।[38]

'अरुण रामायण' में मनु-शतरूपा के वृत्त को दशरथ एवं कौशल्या की पूर्व-स्मृति के रूप में प्रस्तुत किया गया है जिसमें कथा का संकेत भी बना रहा है तथा सादृश्य पर आधृत होने के कारण पूर्वस्मृति के मिथक का बौद्धिकीकरण भी हो जाता है।[39]

यह स्पष्टत: 'पद्मपुराण' तथा 'रामचरितमानस' के मनु-शतरूपा प्रकरण की ही आधुनिक दार्शनिक-मनोवैज्ञानिक शब्दावली में नूतन व्याख्या है। आधुनिक मनीषा भी अन्तत: यह स्वीकार करती ही है कि—

> मिट मिट कर भी प्राचीन ज्योति आ ही जाती
> उस तट की दिव्य लहर इस तट से टकराती
> है वर्तमान से जुड़ी भविष्य अतीत-लहर।[40]

किन्तु आधुनिक युग के अधिकांश राम-काव्यों में रामादि चारों भाइयों की उत्पत्ति-कथा का कोई विशद वर्णन नहीं है। 'अरुण रामायण' में पुत्र-विहीन अयोध्या-पति चक्र-वर्ती सम्राट् दशरथ की चिंता तथा पुत्रेष्टि यज्ञ का उल्लेख अवश्य किया गया है।[41]

बाल्य जीवन, शिक्षा-दीक्षा एवं विश्वामित्र-प्रसंग

'वाल्मीकीय रामायण' में राम की बाल लीलाओं का स्पष्ट उल्लेख न होकर उनके नामकारण, यज्ञपवीत आदि संस्कारों का वर्णन (1-18-36) है, जबकि 'अध्यात्म-रामायण' में बाल-क्रीड़ाओं का मनोहारी वर्णन (1-3-52-62) है। अन्य परवर्ती ग्रन्थों में राम के बाल-जीवन का वर्णन उपलब्ध नहीं है। किन्तु तुलसी ने राम की बाल-क्रीड़ाओं का स्वाभाविकता एवं मार्मिकता से पूर्ण वर्णन किया है। विविध संस्कारों एवं उत्सवों का वर्णन भी 'रामचरितमानस' में उपलब्ध है। राम की शिक्षा-दीक्षा का तुलसी संकेत-भर करके उनकी दिव्य लीलाओं की ओर मुड़ जाते हैं (मा. 1-203-4)।

'वाल्मीकीय रामायण' में राम की किशोरावस्था का मुख्य प्रसंग ऋषि विश्वा-मित्र का आगमन है। ऋषि विश्वामित्र मारीच और सुबाहु राक्षस के वध तथा यज्ञ की रक्षा के लिए राम को साथ ले जाने की आकांक्षा व्यक्त करते हैं। राजा दशरथ पर्याप्त अन्तर्द्वन्द्व तथा ऊहापोह के पश्चात् ऋषि विश्वामित्र के कोप से भयभीत होकर वरिष्ठ की सम्मति से राम को भेजने के लिए सहमत हो जाते हैं (1 सर्ग, 21)। 'अध्यात्मरामायण' में राम के इस अलौकिक स्वरूप की पुष्टि के लिए वसिष्ठ

को मध्यस्थ बनाया गया है (1-4-12)। वसिष्ठ इस रहस्य का उद्‌घाटन करते हैं कि राम स्वयं शंख-चक्रधारी विष्णु हैं (4-17-18)। पद्‌मपुराण' में राजा दशरथ स्वयं सर्वज्ञ हैं। अत: प्राणाप्रय पुत्र के सम्भावित दु:ख से वे पीड़ित नहीं होते तथा वे सहर्ष श्रीराम को मुनि को समर्पित कर देते हैं।

'रामचरितमानस' में 'अध्यात्मरामायण' और वाल्मीकीय रामायण से प्रेरणा ग्रहण कर वैयक्तिक एवं आध्यात्मिक दोनों भावनाओं का समन्वय किया गया है। दशरथ पुत्र विछोह की कल्पना से विकल हो उठते हैं और वसिष्ठ व्यंजना से राम की अलौकिकता का प्रख्यापन कर दशरथ को सांत्वना प्रदान करते हैं। 'वाल्मीकीय रामा-यण' में इसके अनन्तर विश्वामित्र राम-लक्ष्मण को विविध अस्त्रों के संचालन की विधि बतलाते हैं तथा बला और अतिबला विद्याओं का ज्ञान कराते हैं (1-22-11–20)। तदनन्तर राम मायाविनी ताड़का का वध कर देते हैं (1-25-6)। 'अध्यात्मरामायण' एवं 'रामचरितमानस' में भी यह संदर्भ उल्लिखित है।

रामादि की बाल लीला का वर्णन 'कौशल-किशोर', 'लीला'[42] इत्यादि काव्यों में संक्षिप्त रूप में हुआ है। 'अरुण रामायण' में भी राम-लक्ष्मण इत्यादि की बाल लीलाओं का वर्णन है। यहाँ राम के शैशव के क्रीड़ानंद में कैकेयी का विशेष योग उल्लिखित है, जो स्पष्टत: आधुनिक उद्‌भावना है।[43] शस्त्र एवं शास्त्र-ज्ञान का उल्लेख भी 'अरुण-रामायण'[44] में है। 'एक विश्वास और' में राम के मल्लयुद्ध में भाग लेने का वर्णन है। अन्य काव्यों में राम की शिक्षा-दीक्षा का कोई विशद चित्रण नहीं है।

रामादि की अपेक्षा आधुनिक काव्य में सीता, उर्मिला के बाल्य ज़ीवन की विस्तृत झाँकी उपलब्ध होती है। उसका कारण यह है कि आधुनिक कवि ने उपेक्षित उर्मिला को अधिक व्यापक आधार-फलक पर अंकित करने के लिए जनकपुरी के वातावरण का पृष्ठभूमि के रूप में उपयोग किया है। दूसरी ओर, सीता के भूमिजा-रूप का उद्‌घाटन करने के लिए अनेक कवियों ने सीता के भूमि के साथ अकृत्रिम सम्बन्ध का आख्यान किया है। फलत: सीता की शिक्षा-दीक्षा के वर्णन के लिए पर्याप्त अवकाश निकल आया है। सीता की उत्पत्ति का उल्लेख 'विदेह', 'अरुण रामायण' में विशेषत: तथा 'धरानंदिनी सीता', 'भूमिजा' में सामान्यत: मिलता है। 'विदेह' काव्य के अनुसार, यज्ञ के लिए भूमि जोतते हुए राजर्षि जनक भूमि में गड़े हुए एक पात्र में से भू-कन्या सीता को प्राप्त करते हैं।[45] 'धरानंदिनी सीता' में स्वयं प्रकृतिदेवी पात्र लेकर जनक के सम्मुख उपस्थित होती है।[46] अन्यत्र भी सीता को भूमिजा, पृथ्वी-कन्या इत्यादि नामों से अभिधानित किया गया है, किन्तु वहाँ उत्पत्ति कथा के विस्तार की आवश्यकता अनुभव नहीं की गयी है। श्री रघुवीरशरण 'मित्र' ने सीता को कृषि की अधिष्ठात्री देवी कहा है तथा अन्य कथाओं की ओर संकेत देते हुए लिखा है—

"सीता का अर्थ 'हल की रेखा' भी है। हो सकता है, भूमि जोतते हुए ऋषियों के रक्त से प्रकट जो कन्या राजा जनक को मिली, उसका नाम सीता रखा गया हो।"[47]

'विदेह' में सीता, उर्मिला, माण्डवी और श्रुतिकीर्ति में कला अनुराग, वन्य जीवन-प्रेम, तत्त्व-चिंतन का पूर्वाभास दिया गया है।[48] 'साकेत'[49] तथा बालकृष्ण शर्मा 'नवीन' कृत 'उर्मिला' महाकाव्य में भी राजा जनक के प्रांगण में क्रीड़ारत चारों बहिनों का चित्रण है।[50] 'नवीन' जी ने अपनी दृष्टि सीता और उर्मिला पर ही विशेष केन्द्रित रखी है। 'साकेत', 'विदेह', 'उर्मिला' आदि काव्यों में उर्मिला के कला-अनुराग का विशेष उल्लेख किया गया है, जिससे कला की वह ललित-पीठिका प्रस्तुत होती है जो आगामी कथा का पूर्वाभास देती है।

आधुनिक युग में विश्वामित्र प्रसंग को कवियों ने परम्परित रूप में ग्रहण करते हुए भी श्रीराम द्वारा दक्षिण में आर्य-संस्कृति के प्रसार की भूमिका बनाकर उसे नवीन रूप प्रदान किया है। 'अरुण रामायण' में विश्वामित्र राम जन्म के हेतु किये जाने वाले पुत्रेष्टि यज्ञ के प्रेरणा-स्रोत हैं[51] फलत: यज्ञ की रक्षा के लिए राम को माँगने में उन्हें विशेष संकोच का अनुभव नहीं होता। 'अरुण' ने विश्वामित्र के यज्ञ को समष्टि यज्ञ[52] कहा है, जिसमें आधुनिक युग की सामाजिक चेतना के लिए किये जाने वाले समारम्भ का आभास मिलता है। इस समष्टि यज्ञ में सबसे बड़ा व्याघात रावण के आणविक विस्फोट हैं।[53] रावण की वैज्ञानिक शक्ति का सामना करने के लिए दिव्यास्त्र-सम्पन्न राम ही समर्थ हो सकते हैं क्योंकि दशरथ वृद्धावस्था में

दिव्यास्त्रों से सम्पन्न नहीं हो सकते। इस प्रकार विश्वामित्र क्रांति के उन्नायक के रूप में सम्मुख आते हैं जो विध्वं-सात्मक शक्तियों से मानव समुदाय को बचाने के लिए कृतसंकल्प हैं।[54]

'एक विश्वास और' में भी विश्वामित्र राष्ट्र संकट को दूर करने के लिए ब्रह्म-वर्चस्व के साथ क्षत्रिय-माध्यम की अनिवार्यता अनुभव करते हैं। अत: वे ब्रह्मर्षि वसिष्ठ से राम के संदर्भ में पहले ही विचार मंत्रणा कर चुकते हैं। तत्पुन: दशरथ के निमंत्रण पर अयोध्या में राम का मल्लयुद्ध देखकर ही वे राम-लक्ष्मण को शस्त्रास्त्र-शिक्षा के लिए निमन्त्रित करते हैं।[55]

दशरथ की दुविधा तथा वशिष्ठ द्वारा दशरथ को समझाने का इतिवृत्त अन्यत्र इतने विस्तार से कहीं नहीं आया है। 'अरुण रामायण' में विश्वामित्र केवल राम को माँगते हैं, लक्ष्मण को भेजने के लिए दशरथ स्वयं आग्रह करते हैं।[56] इस अवसर पर कवि ने कैकेयी को अधिक व्यथित दिखला कर कैकेयी के आगामी वृत्त के लिए एक सुन्दर मनोवैज्ञानिक पृष्ठभूमि निर्मित की है।" [57] व्रतबद्ध' ('प्रभात'-कृत) में विश्वामित्र-प्रसंग को आगामी आर्य-अनार्य के पूर्वाभास एवं पूर्वाभ्यास के रूप में चित्रित किया गया है। विश्वामित्र इस संघर्ष के सूत्रधार होने के कारण राम-लक्ष्मण को सैनिक शिक्षा देने की दृष्टि से दशरथ से माँग कर ले जाते हैं। गुप्त सभा में प्रतिनिधियों ने द्वेष और हिंसा पर टिके हुए रावण के राज्य को नष्ट करने के लिए जो संकल्प किया था, विश्वामित्र उसी को चरितार्थ करते हैं।[58]

'प्रभात' जी ने उक्त घटना को महाक्रान्ति की भूमिका के रूप में प्रस्तुत करके राम को इस क्रान्ति के अग्रदूत के रूप में चित्रित किया है [59] 'साकेत' में यह प्रसंग पर-परित ही है, किन्तु माताओं द्वारा वेदना और उत्साह की अभिव्यंजना उक्त प्रसंग को पारिवारिक सन्दर्भ देकर नितान्त मानवीय रूप प्रदान करती है। चलते समय बहिन शान्ता राखी बाँधती है। पारिवारिक जीवन के प्रति गुप्त जी की महत्त्व की स्वाभा विक परिणति यहाँ दृष्टिगोचर होती है। [60]

प्रतिनायक रावण के प्रति सहानुभूति प्रवण हरदयालु सिंह इस प्रसंग में राज-नैतिक अभिसंधि का रूप देखते हैं। विश्वामित्र रावण की अनिष्ट साधना के लिए राम-लक्ष्मण को माँग लाते हैं, जो प्रांत-शासिका ताड़का को मार डालते हैं। [61]

ताड़का, सुबाहु और मारीच से राम-लक्ष्मण के युद्ध को आधुनिक कवियों ने सत् और असत् के संघर्ष के रूप में देखा है जिसमें स्त्री ताड़का के ही वध का औचित्य उपस्थित करने का आग्रह भी स्पष्ट परिलक्षित होता है। साकेतकार के अनुसार ऐसी आततायिनी, लोकभक्षिणी स्त्री का मारना अनुचित न था :

प्रभु ने वह लोक-भक्षिणी
अबला ही समझी अलक्षिणी;
पर थी वह आततायिनी
हिन्दी रामकाव्य का स्वरूप और विकास
हत होती फिर क्यों न डायनी।[62]

'अरुण' ने भी तारका को क्रूर महाराक्षसी कहा है।"[63] नागार्जुन भी उसकी वध्यता को उचित सिद्ध करने के लिए उसके आततायी रूप का निरूपण करते हैं। हाँ, उसके गर्भिणी होने का संकेत देकर उसके वध के औचित्य को संदिग्ध बना देते हैं।[64] 'अरुण' के अनुसार मारीच असुर सेना के साथ आता है, जिसे राम बाण से दूर फेंक देते हैं। सुबाहु की सेनाओं का संहार लक्ष्मण करते हैं। तद्विपरीत 'रावण महाकाव्य' में सुबाहु एवं मारीच एकाकी ही नहीं, निहत्थे भी हैं जो जिज्ञासा से प्रेरित होकर मुनि-यज्ञ देखने चले आये हैं।[65]

'लीला'[66] और 'कौशल किशोर में विश्वामित्र-प्रसंग कर्तव्य-निष्ठ और राष्ट्र-प्रेम की आधारभूमि पर विकसित हुआ है। 'कौशर किशोर' में राक्षसी सेना के विरुद्ध राम एकाकी ही युद्ध नहीं करते, अपितु देव-सेना भी राम की सहायतार्थ उपस्थित होती है।[67] इस कल्पना से राम के महत्त्व में न्यूनता अवश्य आई है, किन्तु स्वाभाविकता की रक्षा हुई है।

इस प्रकार विश्वामित्र-प्रसंग में जहाँ एक ओर ताड़का वध के अनौचित्य का परिहार, राष्ट्र-प्रेम और क्रांति जैसी वर्तमान अवधारणाओं का अध्यवहार हुआ है, वहाँ दूसरी ओर प्रतिपात्रों को मानवोचित संदर्भ में प्रस्तुत करने के आग्रह के कारण ताड़का, सुबाहु और मारीच के कृत्य एवं आचरण को उत्कृष्टता भी प्रदान की गई है।

अहल्या-उद्धार

'शतपथ ब्राह्मण' में इस कथा का प्राचीनतम रूप मिलता है। वहाँ इन्द्र को 'अहल्यायै जार:' विशेषण से सम्बोधित किया गया है। अहल्या उद्धार की कथा 'वाल्मी-कीप रामायण' में एक अन्तर्कथा के रूप में समाविष्ट है (1148-49)। धनुष यज्ञ में सम्मिलित होने के लिए मिथिला की ओर जाते समय मार्ग में एक रमणीक आश्रम की ओर राम का ध्यान आकृष्ट होता है। वे आश्रम के विषय में मुनि से प्रशन करते हैं। यह आश्रम गौतम ऋषि का था जिन्होंने अपनी पत्नी को इंद्र द्वारा उसके सतीत्व भंग होने पर यह शाप दिया था कि वह हजारों वर्षों तक अनुताप करती हुई केवल हवा पीकर या अवास करके समस्त प्राणियों से अदृश्य रहकर आश्रम में निवास करेगी। जब दुर्धर्ष दाशरथि राम इस आश्रम में पदार्पण करेंगे, उस समय वह पवित्र (1-48-31) होगी। 'वाल्मीकीय रामायण' (के उत्तर-काण्ड 7-30) में पुन: यह प्रसंग आया है। वहाँ उसे ब्रह्मा द्वारा अलौकिक सौंदर्य की प्रतिमूर्ति के रूप में निर्मित बत-लाया गया है। इन्द्र पहले से ही उस पर मोहित था। परवर्ती ग्रन्थों— 'महाभारत' (शांति पर्व, 342-23), 'विष्णुपुराण' (4-19-16), वायुपुराण' (3-99-10), 'ब्रह्म-पुराण' (अध्याय 87), 'पद्मपुराण' (सृष्टि खण्ड, अध्याय 56), 'श्रीमद्भागवत' (9-21-33-34) आदि में यही कथा प्रसंग उपलब्ध है। 'अध्यात्मरामायण' (1-6) और 'रामचरितमानस' में अहल्या की जो कथा उपलब्ध है, वह 'वाल्मीकीय रामायण' के उत्तरकाण्ड की कथा से मिलती है।

गौतम के शाप से अहल्या के पाषाण-रूप में परिवर्तित होने के अभिधार्थ को आधुनिक कवियों ने प्रतीकात्मक अभिव्यंजना का माध्यम बनाया है। अहल्या के पूर्व-वृत्त का प्रत्यक्ष सम्बन्ध राम-कथा से नहीं है। राम के माहात्म्य और गौरव की स्वीकृति की भूमिका के रूप में ही प्राय: वह आया है। एक पतिता को नारी-शिरोमणि होने का गौरव प्रदान कर राम रूढ़ नैतिक मर्यादा को चुनौती देते हुए आदर्श एवं यथार्थ का जो मार्मिक समन्वय प्रस्तुत करते हैं, वह आधुनिक भावबोध के पर्याप्त निकट है। डॉ. शरणविहारी गोस्वामी ने अपने 'पाषाणी' काव्य में उक्त प्रसंग के अतिप्राकृत तत्त्व का निषेध कर उसे मनोवैज्ञानिक, नैतिक एवं सौन्दर्यबोधात्मक परिप्रेक्ष्य में प्रस्तुत किया है। इस कृति में ब्रह्मा अहल्या की सृष्टि अपनी एक अनुपम कलाकृति के रूप में करते हैं। वह आत्मवादी गौतम ऋषि का प्राप्य है या वस्तुवादी इन्द्र का उप-भोग्य, यह सोचकर ब्रह्मा प्रारम्भ में उसे गौतम ऋषि के संरक्षण में रखते हैं। किन्तु, जब रूपराशि अहल्या के सम्पर्क से भी गौतम की मनोग्रंथि नहीं खुल पाती तो ब्रह्मा अपने परीक्षण की पूर्णता के लिए अहल्या और गौतम को प्रणय सूत्र में आबद्ध कर देते हैं। इधर इन्द्र मानसिक पीड़ा से विचलित होता है और उधर अहल्या विवाहित होकर भी वासनापूर्ति के अभाव में अतृप्त रहती है। गौतम की द्विविधा और अहल्या की अतृप्त अभिलाषा का लाभ इन्द्र उठाता है। अत: परम्परित वृत्त के अनुसार ही ताम्रचूड़ रूगी चन्द्रमा की बाँग सुनकर गौतम प्रभात समझकर गोमती के तट पर चले जाते हैं तथा इन्द्र गौतम का वेश सजाकर अहल्या के सतीत्वं का अपहरण कर लेता है। इन्द्र के छद्मवेश को पहचान कर अहल्या का क्रोध उद्दीप्त होता है तथा ऋषि इस धूर्तता का दण्ड देने के लिए दोनों को शाप देते हैं।

इस प्रकार मन के चेतन स्तर पर अहल्या इच्छापूर्वक इन्द्र को समर्पित नहीं होती। किन्तु, अवचेतन पर गौतम की अतिवादिता उसके अतृप्त हृदय को आगत दुर्घटना के लिए जैसे मनोवैज्ञानिक रूप से प्रस्तुत कर देती है। इस भीषण घटना से अहल्या का हृदय संवेदनाहीन[68] तथा अन्तर्मुखी हो जाता है। स्वयं कवि के शब्दों में, "ऐसे व्यक्तियों का असम्बद्ध विचारक या अन्तर्मुखी हो जाना स्वाभाविक है। अत: के पाषाणी का यहाँ ऐसा ही अर्थ लिया गया है।[69] 'एक विश्वास और' में अहल्या उपवास-कृश अनाकर्षक शरीर की तुलना शिला से करके कवि ने अप्रस्तुत के स्तर पर शिला का अध्याहार किया है।[70]

'पाषाणी' काव्य-नाट्य में अहल्या का अतृप्त मन स्वप्न में इन्द्र का समागम प्राप्त कर गौतम के प्रति एक विशिष्ट रागाकुलता (राजस-ऐंद्रियभाव) से आविष्ट होकर भी समर्पित नहीं हो पाता। तद्विपरीत ऋषि का अतृप्तिमूलक तृप्त-हृदय काम को धर्म-विरुद्ध मानकर भी अनासक्त नहीं है। फलत: अपनी अनावृत आत्मा लेकर भी अहल्या विफल रहती है। उसकी यह अतृप्ति एवं भावुकता गौतम द्वारा अभिधा-नित पाषाणी नाम का विडम्बनामूलक साक्ष्य प्रस्तुत करती है। इन्द्र के प्रति समर्पित होकर भी वह गौतम के प्रति असमर्पित ही रहती है। उसे देहमात्र का ही अधिकारी समझती है।[71]

'अरुण' जी ने भी अहल्या के निराश, गत-यौवन तथा अभिशप्त रूप की तुलना पाषाण से करके उसके कामना-ज्वर की परिणति को उसके अभिशाप-ग्रस्त स्वरूप में देखा है।[72] उनके अनुसार भी गौतम का तप तथा उसकी उपस्थिति का अभाव अहल्या के संयम के टूटने तथा उन्मुक्त वासना से विर जाने के लिए उत्तरदायी है। अहल्या का अतृप्त मन इन्द्र को देखकर काम-राग से पीड़ित हो उठता है।"[73] यहाँ इन्द्र के गौतम-रूप धारण करने तथा चंद्रमा के बाँग देने के प्रसंग की अवतारणा अनुचित एवं अवैज्ञा-निक समझ कर छोड़ दी गई है।

राम द्वारा अहल्या के उद्धार को भी आधुनिक कवियों ने मनोवैज्ञानिक रूप में प्रस्तुत किया है। 'पाषाणी' में राम अपने शील, शक्ति और सौन्दर्य से समन्वित व्यक्तित्व द्वारा अहल्या को उसकी पवित्रता और निष्कलंकता का विश्वास दिलाते हैं। राम के सौन्दर्य के साक्षात्कार तथा उनकी शीतल-करुण धारा से अहल्या की मन की शिला का मैल धुल जाता है।[73] यहां राम की चरण-धूलि के स्पर्श का अर्थ राम के माहात्म्य के प्रति अहल्या का सहज शरणागत भाव ही है। अहल्या के नारी रूप में पुन: परिणत होने का अर्थ है : जीवन की समग्रता तथा आत्म-चेतना से परिपूर्ण होकर अपने स्वाभाविक रूप को प्राप्त करना—

चरणों की धूलि लगी माथे अहल्या के,
कैसा था मोहक स्पर्श।
+ +
जैसे कोई आत्मिक तत्त्व,
समस्त जड़-जंगम को,
+
केवल चेतना के ही रंग में रँगता था।[74]

'अरुण रामायण' तथा 'पाषाणी' (शरणविहारी गोस्वामी-कृत) में अहल्या सहज स्वाभाविक रूप में राम के चरणों का स्पर्श कर अपने जड़मय प्राणों में आत्म-हर्ष का अनुभव करती है। राम उसके अछूत करों से भोजन स्वीकार करके उसके अभिशप्त जीवन को पुनीत बनाते हैं ! दोनों ही काव्यों में विश्वामित्र और राम गौतम को उसके पुनीत कर्तव्य का स्मरण दिलाकर पति-पत्नी के स्नेह-सम्बन्ध को दृढ़ करते हैं। इस उपदेश में नर-नारी के समानता-विषयक समसामयिक चिंतन का स्पष्ट प्रभाव है।[75]

नागार्जुन ने 'पाषाणी' कविता में अहल्या-उद्धार के प्रसंग को एक नवीन रूप प्रदान किया है। अहल्या अपने उद्धार के अनन्तर राम से एकपत्नी-व्रती बने रहने की प्रतिज्ञा कराती है। यहाँ अहल्या ही नहीं, राम भी अहल्या के चरणों का स्पर्श करते हैं और राम उसे 'अम्ब' कहकर सम्बोधित करते हैं :

छूकर अम्ब, तुम्हारे दोनों पैर
होता राघव राम प्रतिज्ञाबद्ध
जीवन-भर वह तुम्हें रखेगा याद
नारी के प्रति कभी न होगा क्रूर।
नहीं करेगा वह दूसरा विवाह
सदा रहेगा एकपत्निव्रत-शील।[76]

राम के चरित्र में सौम्यत्व का यह विधान कवि की नवीन कल्पना है।

पुष्पवाटिका तथा पूर्वानुराग

'वाल्मीकीय रामायण' में सीता राम के पूर्वराग का वर्णन नहीं है। भवभूति-कृत 'महावीर-चरित' (आठवीं शती ई. पू.) में विश्वामित्र सीता और ऊर्मिला को अपने आश्रम में बुलाते हैं (अंक 1) जहाँ राम और लक्ष्मण उनको देखकर आकर्षित हो

जाते हैं। 'हनुमन्नाटक' (1-19) और 'प्रसन्नराघव' (अंक 2) में राम-सीता के पूर्वानुराग का चित्रण है। 'रामचरितमानस' में इन्हीं नाटकों के आधार पर तुलसी ने धनुष यज्ञ से पूर्व पुष्प वाटिका प्रसंग की आयोजना की है, जो सीता-राम के पूर्वराग को श्रृंगार एवं लालित्य की पृष्ठभूमि प्रदान कर आगामी घटना के द्वन्द्व एवं तनाव की स्थिति पैदा करता है। मिश्रजी ने 'कौशल किशोर' में पूर्वराग का विधान किया है।[77] 'अरुण' ने राजकुमारों के जनकपुरी-दर्शन तथा नगर पथ पर नागरिकों द्वारा कौशल-किशोरों के रूप-दर्शन का वर्णन किया है, जिसमें नगर निवासी भी श्रीराम को जानकी के योग्य विचार कर धनुष यज्ञ के प्रण से उत्पन्न द्विविधा का अनुभव करते हैं।' शिव-मन्दिर में जानकी तथा श्रीराम के लोचनों के आदान-प्रदान का वर्णन 'अरुण रामायण' में संयम और दिव्यता लिये है—

सहसा लोचन उस ओर, जहाँ श्रीराम मुदित
आँखें आंखों को देख-देख कर हुईं चकित !
इतने सुन्दर ? इतनी सुन्दरी ?-सुप्रश्न महत्
जानी-पहचानी-सी आभा में आभा-रत
दो ही क्षण तो दुग-मिलन कि दोनों में संयम।[78]

वस्तुत: जीवन के विराट् व्यापक कार्यों से परिव्याप्त रामकथा के संघर्षपूर्ण वातावरण में यह संदर्भ अनेक नाटकीय संभावनाएँ लिये हुए है। 'निराला' ने उक्त प्रसंग की नाट-की संभावना का मनोवैज्ञानिक उपयोग किया है। रावण के साथ संघर्षरत राम संशय, निराशा तथा पराजय की मन:स्थिति में सीता की प्रथम मिलन-मूर्ति प्रेरणा एवं शक्ति का संचार करती है। युद्ध के कर्कश कातावरण को यह संदर्भ प्राण रस की धारा से अभिसिंचित कर तारल्य एवं मार्दव प्रदान करता है :

... याद आया उपवन
विदेह का-प्रथम स्नेह का लतान्तराल मिलन
नयनों का नयनों से गोपन-प्रिय सम्भाषण,-
पलकों का नव पलकों पर प्रथमोत्थान-पतन-[79]

नाटकीय संभावनाओं का ऐसा उपयोग मनोवैज्ञानिक स्तर पर प्राचीन काव्यों में उपलब्ध नहीं है।

धनुषयज्ञ-प्रसंग

'वाल्मीकीय रामायण' के अनुसार राम-परशुराम संघर्ष का कारण परशुराम द्वारा एक सुयोग्य प्रतिद्वन्द्वी क्षत्रिय से युद्ध करना (115711-24) निर्दिष्ट किया गया है। 'अध्यात्मरामायण' (117110-24) में भी यही कारण बतलाया गया है। जब मुनि राम-लक्ष्मण सहित मिथिला पहुँचते हैं तब जनक उन्हें शिव धनुष का पूर्व वृत्तान्त सुनाकर सूचना देते हैं कि वर्ष भर स्थान-स्थान के राजा एकत्र होकर अपने बल की परीक्षा कर चुके (वा. रा. 1-67-17) हैं। विश्वामित्र के कहने पर जनक वह धनुष मँगाकर राम-लक्ष्मण को दिखाते हैं और राम धनुभंग करते (1167118-20) हैं। 'रामचरितमानस' में राजा जनक धनुष यज्ञ का एक ही दिन विधिवत् आयोजन करते हैं। उपस्थित राजा अपने मनोरथ में विफल होने तथा श्रीराम के धनुष तोड़ देने पर उपद्रव करते (1/209/10) हैं। तुलसी की रावण और बाणासुर के धनुष यज्ञ में भाग लेने की कल्पना मूलत: ' प्रसन्न-राघव'[80] और 'हनुमन्नाटक' (1118) से गृहीत है। 'वाल्मीकीय रामायण', 'अध्यात्म रामायण', 'रघुवंशम्' आदि प्राचीन महाकाव्यों में राम द्वारा धनुष तोड़े जाने का प्रसंग वर्णित नहीं है। इन काव्यों में राम बहुत काल पश्चात् विश्वामित्र तथा लक्ष्मण के साथ जनक द्वारा किए गए धनुषयज्ञ में जाते हैं और वहाँ धनुष तोड़ते हैं। परवर्ती रामकाव्यों में सीता स्वयंवर तथा धनुष-भंग करने में असफल रहने पर मिथिला पर राजाओं का आक्रमण, इन दोनों घटनाओं का राम से सम्बन्ध स्थापित किया गया है। 'पउमचरिय' में राम सीता स्वयंवर में धनुष चढ़ाते हैं। 'रामचरितमानस' आदि परवर्ती रामकाव्यों में भी प्राय: इसी कथा-क्रम का अनु-सरण किया गया है।

आधुनिक मनीषा धनुष यज्ञ को सीता स्वयंवर मानने में संकोच का अनुभव करती है। वीर्यशुल्का सीता को पति-वरण

में स्वतन्त्रता प्राप्त नहीं (वा. रा. 1-67-15) थी। अत: स्वयंवर जैसे अभिधान का प्रयोग इस संदर्भ में उचित नहीं है। रामाव-तार पोद्दार 'अरुण' ने 'विदेह' एवं 'अरुण रामायण' में पारम्परिक कथा का अनुसरण करते हुए उसे धनुष यज्ञ एवं स्वयंवर दोनों नामों से अभिधानित किया है। किन्तु धनुष-भंजन के प्रश्न को उन्होंने एक राष्ट्रीय प्रश्न माना है।[81] 'विदेह' में 'अरुण' ने मंदिर के आँगन को गोबर-मिट्टी से लीपते समय सीता द्वारा शिवधनु उठाने की लोककथा का आधार लिया है। जिस धनुष को शक्तिमती सीता सरलता से उठा सकती है, उसका पाणिग्रहण निश्चय ही किसी अधिक शक्तिशाली पुरुष से होना चाहिए-यह धारणा आधुनिक बुद्धि को भी स्वीकार्य प्रतीत होती है।[82]

'कौशल किशोर',[83] ,लीला'[84] एवं 'साकेत' में भी धनुष यज्ञ का वर्णन है। 'साकेत' के दशम सर्ग में धनुष यज्ञ के वर्णन की एक विशेष प्रासंगिकता है। जिस प्रकार सीता राम के प्रति हृदय से समर्पित है, उसी प्रकार ऊर्मिला भी लक्ष्मण की दर्पोद्धत सिंह-गर्जना में आत्मप्रवणता का अनुभव करती है-

गरजे प्रिय जो 'नहीं-नहीं।'
सरयू, ये हत नेत्र थे वहीं।
शिखरस्थित सिंह गर्जना-
वह मंचोपरि कान्त-तर्जना 1[85]

स्पष्टत: यह प्रसंग तुलसी की वर्णन पद्धति का उपजीव्य होकर भी ऊर्मिला-लक्ष्मण के पूर्व रांग को उद्घाटित करने के कारण एक नवीन भंगिमा से दीप्त हो उठा है।

'नवीन' जी ने धनुष यज्ञ का वर्णन नहीं किया। 'ऊर्मिला' में जनक एक यज्ञ के माध्यम से आर्य-पुरुषों में अपनी कन्याओं के लिए उपयुक्त वरों को खोजने की कामना करते हैं।[86] यहाँ 'एक यज्ञ' का प्रयोग विशेष उल्लेख्य है। जनक सीधे-सादे यज्ञ में राज-पुत्रों के बल-पौरुष का प्रदर्शन देखकर सीतादि के लिए उपयुक्त वर चुन लेते हैं। किसी प्रण-प्रतिज्ञा की बाधा यहाँ नहीं है। आधुनिक दृष्टि से जनक का यह आयोजन विशेष बुद्धि-ग्राह्य एवं औचित्यपूर्ण लगता है।

परशुराम-प्रसंग

'वाल्मीकीय रामायण' में परशुराम राम को मार्ग में उस समय मिलते हैं, जब वे सीता से पाणिग्रहण कर अयोध्या लौट रहे हैं (1-4-17)। परशुराम राम के सामर्थ्य की परीक्षा के लिए उन्हें वैष्णव धनुष देकर प्रत्यंचा चढ़ाने का आग्रह करते हैं (1-75-13) तथा बार-बार है वंशी क्षत्रियों के समूल उन्मूलन करने की अपनी ख्याति का विशद उल्लेख करते (1-75-24) हैं। राम विष्णु के धनुष की प्रत्यंचा पर बाण रखकर परशुराम से कहते हैं कि विश्वामित्र के साथ आपके सम्बन्ध के कारण मैं इस प्राणसंहारक बाण को आपके शरीर पर नहीं छोड़ूंगा (1-76-6)। हाँ, वे परशुराम द्वारा अपने तपोबल से प्राप्त पुण्य लोकों को नष्ट कर देते हैं। 'वाल्मीकीय रामायण' में लक्ष्मण और परशुराम का वाग्वैदग्ध्यपूर्ण संवाद नहीं है।

परवर्ती ग्रन्थों में यह प्रसंग कुछ बदल गया है। यहाँ परशुराम स्वयंवर-स्थल में ही पहुँच जाते हैं और वहीं लक्ष्मण से वाद-विवाद करते हैं। तुलसी ने प्रसन्नराघव[87] , हनुमन्नाटक [88] आदि नाटकों के प्रभाव से परशुराम के तेजोभंग का वर्णन विवाह से पूर्व धनुभंग होते ही उन्हें मिथिला में प्रकट कराकर किया है। साथ ही लक्ष्मण परशुराम-संवाद द्वारा नाटकीय वक्तृता का समावेश किया है।

अपनी मुखर नाटकीय दीप्ति के कारण लक्ष्मण परशुराम संवाद 'रामचरित-मानस' अथवा 'रामचंद्रिका' जैसे मध्यकालीन काव्यों में जैसा लोकप्रिय हुआ, वैसा बौद्धिक चिंतन-प्रधान आधुनिक रामकाव्यों में नहीं। सम्पूर्ण रामकथा वृत्त को लेकर चलने वाले प्रबन्धकाव्य जैसे 'राधेश्याम रामायण', 'अरुण रामायण' में यह वर्णन बहुत-कुछ परम्पराबद्ध रूप में है। 'राधेश्याम रामायण' में यदि लक्ष्मण अतिरिक्त वाचाल और उदग्र हैं [89] तो 'अरुण रामायण' में लक्ष्मण धनुष यज्ञ के प्रयोजन में राष्ट्रीय दायित्व और भारत के एकत्व-बोध का संदर्भ उठाकर परशुराम को समाश्वस्त करना चाहते हैं, जिसमें राष्ट्र की भावात्मक एकता के वर्तमान सभारम्भ की प्रतिध्वनि सुनाई देती है।'[90] 'एक विश्वास और काव्य में भी परशुराम-वृत्त आया है। यहाँ

परशुराम के संदेह के निवारण के लिए राम द्वारा किए हुए शरसंधान को राष्ट्र-निर्माण की भूमिका के रूप में निरूपित किया गया है। इस परीक्षा के द्वारा परशुराम राम के व्यक्तित्व में प्रच्छन्न उस अन्त:शक्ति का प्रमाण पाते हैं जो राष्ट्र के भविष्यत् स्वप्न को सार्थक करने का आश्वासन देती है।[91] 'परशुराम की प्रतीक्षा' में 'दिनकर' ने परम्परित वृत्त का उपयोग तो नहीं किया है, किन्तु परशुराम के अवतरण के मिथक को नये भारत के भाग्य-पुरुष के रूप में देखा है जिसमें वे सत्ता के विरुद्ध संघर्षशील युग-संस्कृति की रक्षा करने वाले एक राजनैतिक प्रतीक मात्र हैं।[92]

'परशुराम की प्रतीक्षा' में कवि ने युद्ध से सम्बद्ध वैचारिक उद्वेलन की सामयिक उत्तेजन का स्वर मात्र बना दिया है, जो युद्ध समस्या के विश्लेषण में कोई गहरी संवेदना नहीं प्रदान करता। इस कृति में परशुराम रामकाव्य के किसी केन्द्रीय अस्तित्व के रूप में नहीं उभरे हैं,[93] अपितु मिथक दृष्टि के सामयिक उपचार मात्र हैं। फिर भी प्रसंग-वश कुछ संदर्भ इसमें अवश्य आते हैं जिनके कारण प्रस्तुत कृति के विचार-पक्ष को रामकाव्य के युद्ध-चिंतन के साथ जोड़कर देखना अप्रासंगिक न होगा।

वनवास-पूर्व का गार्हस्थ जीवन

'वाल्मीकीय रामायण' तथा परवर्ती संस्कृत काव्यों में राम-सीता के वनवास-पूर्व गार्हस्थिक जीवन का मधुचर्या के स्तर पर अतिरिक्त विस्तार नहीं हुआ है। 'वाल्मीकीय रामायण' में दम्पती की प्रेमसक्ति का उल्लेख भर है। इस प्रसंग का 'हनुमन्नाटक' इत्यादि में अपेक्षाकृत अधिक विस्तार है। मध्यकालीन मधुरोपासना एवं रसिक सम्प्रदाय के अन्तर्गत इसे भक्ति भावना के परिप्रेक्ष्य में अंकित किया गया है। आधुनिक रामकाव्य में भक्ति अथवा गुह्य साधना की परम्परा तो स्वीकृत नहीं हुई, किन्तु प्रवृत्तिमूलक स्वस्थ क्षणों के उपभोग के प्रति आग्रहशीज वर्तमान मनीषा इन प्रसंगों की उपेक्षा नहीं कर सकी।

आधुनिक कवि जीवन को यथार्थ संदर्भों की व्यापकता में ग्रहण करता है। मर्यादावाद अथवा भक्ति के आग्रह के कारण वह जीवन के रसमय प्रवृत्तिमूलक संदर्भों की उपेक्षा नहीं करता। आधुनिक रामकाव्य में वनवास पूर्व राम एवं सीता की मधु-चर्या का उल्लेख तो कवियों ने किया ही है, ऊर्मिला-लक्ष्मण तथा भारत-माण्डवी के प्रणय-चित्रों का अंकन कर उन्होंने उपेक्षित पात्रों के अस्तित्व को अधिक गहनता एवं व्यापकता प्रदान की है। गार्हस्थ जीवन के इस चित्रण के माध्यम से कवियों ने पारि-वारिक जीवन की संलिष्टता, स्त्री-पुरुष सम्बन्धों की अनुकूलता तथा आगामी घटनाओं के पूर्वाभास की संभावना के रूप में उपयोग किया है। इस दृष्टि से 'साकेत', 'ऊर्मिला', 'वैदेही-वनवास', 'लक्ष्मण-काव्य' तथा 'साकेत-संत' विशेष उल्लेखनीय हैं। ऐसे प्रणय-चित्र भोक्ता की अंतस्संज्ञा में निबद्ध रहकर स्मृति-चित्रों के रूप में पुन: पुन: उद्‌बुद्ध होते रहते हैं। वियोग के क्षणों में उनकी स्मृति कभी-कभी परितोष प्रदान करती है तो कभी वैषम्य के आधार पर अन्तर्दाह का संचार भी करती है। गुप्तजी ने 'साकेत' के नवम सर्ग में ऊर्मिला-लक्ष्मण की प्रणय-लीलाओं का स्मृति-चित्रों के रूप में अंकन कर ऊर्मिला के अनेक आयामों का उद्‌घाटित करने में भरपूर उपयोग किया है।

'नवीन' जी ने 'ऊर्मिला' काव्य में ऊर्मिला को प्रधानता, महत्ता एवं गरिमा प्रदान करने के लिए ऐसे प्रसंगों की उद्‌भावना की है, जिनके द्वारा वे अपनी काव्य-नायिका के वैवाहिक जीवन की पूर्ण झाँकी दिखा सकें। द्वितीय सर्ग में 'नवीन' जी ने ऊर्मिला की कलाप्रियता, सरस वार्तालाप तथा देवर शत्रुघ्न और ननद शान्ता के साथ वाग्विनोद से सम्पन्न जीवन का चित्रण कल्पना की मौलिकता के साथ किया है।[94] शान्ता और ऊर्मिला के हास-परिहास का यह चित्रण प्राचीन काव्य में अलभ्य है। कवि ने लक्ष्मण-ऊर्मिला के प्रेमालाप का भी कल्पनाजनित वर्णन किया है जो 'साकेत' के गार्हस्थ प्रेमालाप की अपेक्षा वैयक्तिक अधिक है।[95]

भारत-माण्डवी के गार्हस्थ जीवन की कल्पनाजन्य उद्‌भावना बलदेवप्रसाद मिश्र के 'साकेत-संत' में हुई है। 'साकेत संत' का प्रारम्भ ही नवविवाहित भरत और माण्डवी के प्रेमालाप से होता है :

नया परिणय था नई उमंग, माण्डवी का था नूतन संग।
नित्य नव रंग, नित्य नव तान, नित्य उत्सव के नये विधान[96]

यहाँ कवि ने 'साकेत' के प्रथम सर्गस्थ ऊर्मिला-लक्ष्मण की प्रणय-चर्या की शैली पर भरत-माण्डवी के वाग्विनोद, संगीत-कला-प्रेम, तत्त्वज्ञान चर्चा इत्यादि का विधान कर पति-पत्नी के सम्बन्धों को मात्र दैहिक सम्बन्धों तक सीमित न रखकर जीवन और जगत् की व्यापक समस्याओं से सम्बद्ध कर दिया है। 'ऊर्मिला' ('नवीन'-कृत) में लक्ष्मण-ऊर्मिला के विंध्याचल पर्यटन का वर्णन है तो 'साकेत संत' में भरत माण्डवी के हिमालय-पर्यटन के द्वारा आगामी कथा-विकास की संभावनाएँ निर्दिष्ट की गई हैं। यहीं हिमा-लय की उपत्यकाओं में युधाजित् के साथ भरत के मृगयार्थ जाने तथा मृग के बाण-विद्ध होकर करुणापूरित होने का वर्णन है। इस संदर्भ का कथानक के विकास में कवि ने। युधाजित् भरत को अधिक निर्मम एबं साहसी बनने के लिए भरत के उत्तराधिकारी घोषित किये जाने का भी उल्लेख कर देते हैं, जिससे भरत को राजमहल में घटित होने वाले संकेत का आभास मिल जाता है :

हो गये भरत मर्माहत, सुनकर अद्भुत ये बातें।
दिखने-सी लगी उन्हें कुछ, षड्यन्त्र-सरीखी घातें ॥ [97]

इस प्रकार वनवासपूर्व ऊर्मिला-लक्ष्मण तथा भरत-माण्डवी के गार्हस्थ जीवन के वर्णन में आधुनिक कवि ने कथा के आगामी विकास की अनेक संभावनाएँ व्यंजित की हैं। यह वर्णन परम्परित कथा का उपजीवी न होकर प्राय: कवियों की मौलिक कल्पना है। 'नवीन' जी ने तो इसे स्पष्ट स्वीकार भी किया है। ऊर्मिला-लक्ष्मण की प्रणय-चर्या के वर्णन में वे सर्वत्र अपनी कल्पना को ही सम्बोधित करते हैं। [98]

अयोध्या काण्ड

वनवास की भूमिका : कैकेयी-प्रसंग

विवाह के उपरान्त सबसे महत्त्वपूर्ण घटना राम के राज्याभिषेक की है। यौवराज्याभिषेक के अवसर पर भरत और शत्रुघ्न आमंत्रित नहीं किये (2-4-25) 'जाते। वे दोनों बाल्यावस्था से ही ननिहाल में रह रहे थे। कैकेयी की दासी मन्थरा महोत्सव की सज्जा देखकर कैकेयी को उसके स्वार्थ का स्मरण दिलाते हुए राजा से दो वर माँगने के लिए भड़काती है— राम को चौदह वर्ष का वनवास तथा भरत का राज्याभिषेक (वा. रा. 219115-17)। लक्ष्मण इस अन्याय का विरोध करते हैं तथा भरत को मारने की बात कहते हैं। वे अपने पिता को स्त्रीवश तथा चंचल चित्त-वाला कहते हैं और उनका भी वध करने तक को उद्यत हैं (2-20-36, 2-21-19)। सीता किसी प्रकार अयोध्या में रहना स्वीकार नहीं करतीं। वह पति की अनुगामिनी बनने का आग्रह करती (2-29-8) हैं। 'वाल्मीकीय रामायण' के इस कथा प्रसंग में ऐतिहासिकता और मानवीय संवेदनाओं का सफल निर्वाह है।

'अध्यात्म रामायण' में नारद राम को देवताओं का संदेश देते हैं कि आप रावण वध के लिए अवतरित हुए हैं, तो राज्याभिषेक हो जाने पर आप रावण का वध (211132-34) कैसे करेंगे। इस प्रकार 'अध्यात्मरामायण' में वन-गमन के मूल में कर्तव्य-भावना की प्रेरणा है।

'रामचरितमानस' में 'गई गिरा मति फेर'[99] का आधार लिया गया है। यहाँ सरस्वती पृथ्वी के भावी कल्याण की भावना से मन्थरा की बुद्धि भ्रष्ट कर देती है। यह प्रसंग 'अध्यात्मरामायण' का उपजीवी (212144-46) है।

'वाल्मीकीय रामायण' के अनुसार कैकेयी ने केवल दो वर प्राप्त किये थे[101] किन्तु किसी-किसी रामायण में वरों की संख्या तथा वर प्राप्ति की पद्धति में वैभिन्न्य दृष्टिगोचर सोता है। 'दशरथ जातक' तथा 'दशरथकथानकम्' में भरत की माता के केवल एक वर का उल्लेख है, जिसके बल पर वह भरत के लिए राज्य माँग लेती है। बाद में भरत की माता के षड्यंत्रों के भय से दशरथ अपने दो पुत्रों (राम और लक्ष्मण) को वन भेज देते हैं।[102] 'महाभारत' में (3-261-21) भी कैकेयी के

एक वर का ही उल्लेख हुआ है। ' अनर्घ राघव' में (अंक 4) मिथिला में कुपित परशुराम का संशय दूर हो जाने पर वे राम को आशीर्वाद देकर तपस्या करने चले जाते हैं। उनके जाने के बाद सीता विवाहोत्सव के साथ परशुराम-विजयोत्सव भी मनाया जा रहा था कि कैकेयी दासी के द्वारा पत्र भेजकर अपने दो वरदान मांग लेती है।

'वाल्मीकीय रामायण' की परम्परित कथा के अनुसार, देव-दानव युद्ध में सारथी का कार्य करती हुई कैकेयी ने अपने पति को रण भूमि से दूर हटाकर उनकी रक्षा की। इससे सन्तुष्ट होकर महाराज ने वरदान देने को कहा।[103]

'ब्रह्मपुराण',[104] 'पद्मपुराण'[105] 'अध्यात्म रामायण'[106], और 'आनन्दरामायण'[107] के अनुसार कैकेयी ने देवासुर संग्राम में दशरथ के रथ का अक्ष टूटा हुआ देखकर अपना हाथ उसमें लगा दिया था। 'पउमचरिय' के अनुसार भी कैकेयी ने दशरथ की सहायता की थी और एक वर प्राप्त किया (पर्व 24) था। इससे भिन्न श्री चाँदमल अग्रवाल के अनुसार "अवश्य ही दशरथ कैकेयी परिणय में शान्तनु-सत्यवती जैसी बात होनी चाहिए।"[108] इस संदर्भ की पुष्टि में वे 'सत्योपाख्यान' (8, 13, 14, 19, 20) का उल्लेख करते हैं। "कैकेयी के पुत्र को राज्याधिकार देने की शर्त पर ही कैकेयी का दशरथ के साथ विवाह हुआ था। "[109]

विमल सूरि के अनुसार, कैकेयी ने भरत को वैराग्य-मुक्त करने के उद्देश्य से राज्य माँगा (सर्ग 32) था। 'जानकी-हरण' में कैकेयी की प्रशंसा इसलिए की गई है कि उनके दोष के कारण राक्षसों का नाश हुआ।[110]

राम वनगमनोपरान्त दशरथ के विलाप का विस्तृत वर्णन 'वाल्मीकीय रामा-यण' में (2-59) है। तुलसी भी दशरथ को अत्यन्त विह्वल दिखलाते हैं। जब राजा की आज्ञा से सुमंत्र राम, लक्ष्मण और सीता को पहुँचाने जाते हैं, तब वे अत्यन्त मर्म-स्पर्शी स्वर में करुण प्रार्थना करते हैं :

'सुठि सुकुमार कुमार दोउ, जनकसुता सुकुमारि।
रथ बढ़ाइ देखराइ बनु, फिरहु गएँ दिन चारि ॥[111]

राम, लक्ष्मण और सीता के वन गमन के पश्चात् राजा दशरथ दारुण मानसिक यंत्रणा के बीच प्राण त्यागते हैं। 'वाल्मीकीय रामायण' में, मृत्यु के साक्षात्कार के क्षण में दशरथ को एक दुःखद घटना का स्मरण आता है, जब भ्रांति से उन्होंने निरपराध श्रवण-कुमार पर बाण-प्रहार किया था। श्रवणकुमार के माता-पिता ने उन्हें शाप दिया था कि तू भी हमारी भाँति पुत्र-शोक में प्राण छोड़ेगा (2-64-55)। 'वाल्मीकीय रामा-यण' में मुनि-पुत्र का नाम नहीं आया है। 'आनंदरामायण' में (1-1-88) उसका नाम 'श्रवण' तथा 'ब्रह्मपुराण' में (अध्याय 123) उसका नाम 'श्रवणकुमार' बतलाया गया है।

कैकेयी-प्रसंग राम-कथा में नाटकीय मोड़ उपस्थित करने वाला निर्णायक बिन्दु है। आगामी घटना-प्रसार की सम्पूर्ण भूमिका राम वनगमन से निर्मित होती है, जिसका प्रेरणा-सूत्र कैकेयी के वरदान-प्रसंग में निहित है। आधुनिक युग क्रांति, मानववाद, राष्ट्रप्रेम तथा सांस्कृतिक चेतना को जिन मानव मूल्यों के रूप में स्वीकार करता है, उन सभी का समावेश कैकेयी के चरित्र के इस निर्णायक क्षण में करके कवियों ने इस घटना की अनेक व्याख्याएँ प्रस्तुत की हैं। आधुनिक कवि के सम्मुख एक ओर तो यह लक्ष्य रहा कि वह ' गई गिरा मति फेर' जैसे अतिप्राकृत-तत्त्व का निषेध कर उक्त संदर्भ को अधिक मनोवैज्ञानिक भूमि में प्रस्तुत करे; दूसरी ओर, उसके सामने यह भी समस्या थी कि वह कैकेयी के चरित्र को स्वतंत्र निर्णायक क्षमता से युक्त कर राष्ट्र के प्रति उसके कर्तव्य की सक्रिय भूमिका को प्रस्तुत करे। 'साकेत', 'साकेत-संत' में उक्त घटना का मनोवैज्ञानिक संदर्भ प्रस्तुत हुआ है तो 'कैकेयी' ('प्रभात-कृत'), 'कैकेयी' (चाँदमल अग्रवाल कृत), 'कल्याणी कैकेयी', 'कैकेयी' (शेषमणि शर्मा कृत), 'ऊर्मिला' ('नवीन' कृत) इत्यादि में यह प्रसंग अनार्यों के विरुद्ध आर्य संस्कृति की रक्षा की भूमिका के रूप में चित्रित हुआ है। साथ ही कैकेयी-वरदान-प्रसंग से सम्बद्ध प्रश्नों के समाधान का प्रयास भी आधुनिक कवियों ने किया है।

'साकेत-संत' में मिश्र जी ने इसे युधाजित के षड्यन्त्र के रूप में प्रस्तुत किया है। युधाजित् भरत से इस रहस्य का उद्घाटन करते हुए कहते हैं कि कैकेयी का विवाह इस शर्त पर हुआ था कि तुम राजा होगे तथा मंथरा उसी की पूर्ति के लिए अयोध्या भेजी गई है।[112]

'साकेत', 'कैकेयी' ('प्रभात', चाँदमल अग्रवाल तथा शेषमणिशर्मा कृत), 'कल्याणी कैकेयी' में भी उक्त वरदानों का उल्लेख हुआ है। 'साकेत' में दशरथ कैकेयी को स्वयं वरदानों का स्मरण दिलाते हैं।

'कैकेयी' (चाँदमल अग्रवाल कृत) में कैकेयी की विवाह शर्त को प्राथमिकता दी गई है किन्तु युधाजित् वाले प्रकरण का उल्लेख इसमें नहीं है।[113] यहाँ भी मंथरा कैकेयी को वरदानों का स्मरण दिलाती है।[114] परम्परित कथा के अनुरूप भरत-भविष्य की चिन्ता ही कैकेयी को वरदान प्राप्त करने के लिए प्रेरित करती है।[115] आधुनिक कवियों ने भरत के भविष्य की चिन्ता को वात्सल्य भाव से अनुप्रेरित दिखलाकर एक मनोवैज्ञानिक अन्त:सूत्र का विधान किया है।[116]

"कैकेयी नाम्नी कृतियों में भरत की भविष्य-चिन्ता के साथ लोकहित एवं राष्ट्र-हित की कामना को अन्वित करके एक सबल कारण प्रस्तुत किया गया है। 'कैकेयी' (चाँदमल अग्रवाल-कृत) में भरत-भविष्य एवं राष्ट्र भविष्य दोनों दो कारण अन्वित हुए हैं। राष्ट्रीयता का यह स्वर अपेक्षाकृत अप्रासंगिक एवं अवान्तर प्रतीत होता है। कैकेयी को चिन्ता है कि यदि राम राज्य-वैभव भोगने में सीमा पर शक्ति बढ़ाता रहेगा और दीन-दुर्बल जन आतंकित होंगे।[117] भेजकर वह उस कार्य को पूर्ण करना चाहती है :

"किन्तु क्यों ?
मैं ही न क्यों इस कार्य को पूरा करू अब ?
राम को वन भेज कर,
वरदान के मिस !! ..." [118]
अत: राम को वन

'कल्याणी कैकेयी' में भरत की भविष्य-चिंता की अपेक्षा राष्ट्र हित की चिन्ता ही प्रमुख है। राम स्वयं कैकेयी से कहते हैं :

वीर माता है तुम्हीं से एक मेरी आस-
आज जनहित पूर्ण करने दान दो वनवास।[119]

'कैकेयी' (प्रभात कृत) में कैकेयी मानवता की रक्षा-हित राजा दशरथ से राम को वन भेजने के लिए आग्रह करती है। इस संदर्भ में कैकेयी का यह आग्रह उसका व्यक्तिगत आग्रह न रहकर युग की सजग चेतना का आग्रह बन जाता है।[120] इस प्रकार जनमंगल की पृष्ठभूमि पर राम का वन गमन व्यक्तिगत गोपनीय तत्त्व न रहकर एक ऐसा राष्ट्रव्यापी उत्सव बन जाता है, जिसका ज्ञान केवल कैकेयी अथवा राम को ही नहीं, अपितु भरत एवं लक्ष्मण को भी है।' व्रतबद्ध' में भरत माण्डवी से उक्त घटना का संकेत करते हैं कि योजना के अन्तर्गत न केवल राम और कैकेयी, अपितु ज्ञानी वशिष्ठ भी सम्मिलित थे।[121] 'ऊर्मिला' ('नवीन' कृत) में लक्ष्मण ऊर्मिला को जिस प्रकार अपने वन-गमन के समग्र ध्येय-आर्य-संस्कृति के प्रसार तथा उत्तर-दक्षिण के गठबंधन-इत्यादि का विश्लेषण करते हैं, उससे ज्ञात होता है कि लक्ष्मण भी इस महान् लक्ष्य तथा उत्तरदायित्व के प्रति कैकेयी की इस अभिसंधि से परिचित थे।[122]

वाल्मीकि-तुलसी की परम्परा में 'साकेत', 'कल्याणी कैकेयी', 'कैकेयी' (चाँद-मल अग्रवाल कृत) तथा 'लक्ष्मण-काव्य' में लक्ष्मण को राम के वनवास के समाचार का पूर्वाभास नहीं है। अत: वे राम के वनवास का समाचार सुनते ही क्रोध से उबल पड़ते हैं तथा वृद्ध, स्त्रैण, कामुक और मोहान्ध राजा का वध करने के लिए उद्यत हो जाते हैं।[123] लक्ष्मण के परम्परागत उग्र स्वभाव को दृष्टि में रखकर भी कथानक में कुछ नवीन उभावनाएँ की गई हैं। शेषमणि शर्मा के अनुसार सीता राम से लक्ष्मण को वन में साथ ले चलने के लिए इस कारण आग्रह करती है कि उसे भय है कि उग्रकर्मा आक्रोशी लक्ष्मण राम की अनुपस्थिति में भरत के साथ संयत व्यवहार न कर सकेंगे और जिस गृह कलह को बचाने के लिए राम इतने प्रयत्नशील हैं, उसका अवसर स्वत: उपस्थित हो जायेगा।[124]

आधुनिक रामकाव्य में राम, लक्ष्मण एवं सीता का स्वजनों, परिजनों एवं पुर-जनों से विदा लेने का प्रसंग कई दृष्टियों से अर्थपूर्ण है। परम्परित कथा में क्रमश: सीता एवं लक्ष्मण राम के साथ वन जाने का आग्रह करते हैं, किन्तु उर्मिला, माण्डवी इत्यादि की मानसिक दशा का कोई उल्लेख वहाँ नहीं मिलता। दूसरा तथ्य जो इस संदर्भ में कम महत्त्वपूर्ण नहीं है, वह है

परिजनों तथा पुरजनों की राम के प्रति अनन्य अनुराग की अभिव्यंजना। आधुनिक रामकाव्य में यह प्रसंग सविनय अवज्ञा आन्दोलन एवं जनतांत्रिक चेतना की पृष्ठभूमि पर विकसित होने के कारण एक नूतन अर्थवत्ता रखता है।

'साकेत' के विदा प्रसंग में ऊर्मिला की भूमिका मूक किन्तु अधिक मनोवैज्ञानिक है। ऊर्मिला लक्ष्मण के साथ जाने की इच्छा रखकर भी विवश भाव से अयोध्या में रहने का मन-ही-मन संकल्प लेती है।[125] उसकी आन्तरिक विकलता केवल 'हाय !!' के माध्यम से व्यक्त होती है।[126] शेष उसकी अभिव्यक्ति एकांत मूक है। 'ऊर्मिला' ('नवीन' कृत) में लक्ष्मण ऊर्मिला को एकांत में राम के वन-गमन के समग्र ध्येय तथा आर्य-संस्कृति प्रसार के महान् उद्देश्य से परिचित कराते हैं। इस प्रसंग में 'नवीन' की ऊर्मिला अधिक सजग है, वह भारतीय संस्कृति के बाह्य प्रचार की अपेक्षा अपने गृह में अन्याय से संघर्ष करने को अधिक महत्त्व देती है। इस प्रकार लक्ष्मण ऊर्मिला-संवाद नवीन जी मौलिक उद्भावना है। डॉ. लक्ष्मीनारायण दुबे ने इस तथ्य की ओर संकेत करते हुए कहा है, कवि ने वन-गमन की इटना के प्रति प्रमुख पात्रों की प्रतिक्रियाओं का विशद विवेचन किया है। इससे कई प्रयोजन सिद्ध होते हैं। एक ओर जहाँ सभी पात्रों ने ऊर्मिला के प्रति सहानुभूति प्रकट की है और उसके महान् बलिदान की मुक्त-कण्ठ से स्तुति गायी है, वहाँ वन-गमन के नूतन कारण भी आलोक में आये हैं और कथा को मनोवैज्ञानिक रूप भी प्राप्त हो गया गया है। आर्य-संस्कृति के प्रसार के नूतन तत्त्व ने वन-गमन की दाहकता को न्यून कर दिया है और वातावरण भावना की अपेक्षा कर्तव्य रूपी सूत्रधार के हाथों आता दृष्टिगोचर होता है।"[127]

गुप्तजी ने कौशल्या, सुमित्रा इत्यादि से विदा लेने के 'साकेत' में सीता के वर्णन को भी अत्यन्त मन में वन्य जीवन के प्रसंगानुकूल एवं मार्मिक बना दिया है। प्रति सहज उत्सुकता एवं आकर्षण है, अत: वह बिना किसी भी आशंका अथवा संकोच के राम के साथ वन जाने के लिए कृतसंकल्प हो उठती है। कौशल्या की मृदु देही जहाँ यह समाचार सुनते ही काँप उठती है तथा वह कैकेयी के पाँव तक पड़ने के लिए प्रेरित हो उठती है, वहाँ सुमित्रा "नहीं, नहीं, यह कभी नहीं, दैन्य विषय बस रहे यहीं'"[128] कहती हुई अपने क्षत्रियाणी-सुलभ आत्मगौरव से युक्त व्यक्तित्व के साथ उपस्थित होती है। वह लक्ष्मण को सहर्ष अग्रज के साथ वन गमन के लिए अनुमति प्रदान करती है। यहाँ सीता 'वाल्मीक की सीता के समान राम के साथ ही वन जाने के लिए स्पष्ट आग्रह नहीं करती, अपितु सुमंत्र के द्वारा वल्कल वस्त्र लाये जाने पर उनकी ओर सबसे पहले हाथ बढ़ा कर एक मनोवैज्ञानिक नाटकीय प्रसंग उपस्थित कर देती है। स्वभावत: राम के निषेध की गम्भीरता यहाँ क्षीण पड़ जाती है।

'ऊर्मिला' में लक्ष्मण-ऊर्मिला वार्तालाप के समय सीता अचानक उपस्थित होती हैं। उसी समय श्रीराम तथा सुमित्रा भी आकर सम्मिलित हो जाते हैं। सुमित्रा के प्रति अपनी श्रद्धा समर्पित कर राम, सीता और लक्ष्मण अपने लक्ष्य की ओर उन्मुख होते हैं। कर्तव्यं, त्याग, निष्ठा और सांस्कृतिक भावना इत्यादि की अभिव्यक्ति की दृष्टि से इस प्रसंग की योजना की गई है।

'साकेत' में राम के वन गमन के समय पौरजन लोकमत की दुहाई देकर पथ में लेट जाते हैं। राम उनके इस आचरण को 'विनत विद्रोह' का नाम देते हैं, जो गांधीवादी दृष्टि का परिचायक है।[129]

इस प्रकार राम वन गमन का प्रसंग आधुनिक रामकाव्य में लोकतांत्रिक, मनो-वैज्ञानिक एवं सांस्कृतिक दृष्टि से समन्वित होकर आधुनिक भाव-बोध के धरातल को स्पर्श करता है।

भरत का अयोध्या आगमन और चित्रकूट प्रसंग

दशरथ की मृत्यु के उपरान्त मंत्रिगण भरत को ननिहाल से बुलाने का निश्चय करते हैं। तब तक दशरथ का शव तेल के कड़ाह में सुरक्षित रखा जाता है। केकेय देश से लौटते हुए भरत को अपशकुन होते हैं। 'वाल्मीकीय रामायण' में भरत के दो अशुभ स्वप्नों का वर्णन भी है जिनमें से एक स्वप्न में वे पिता को अंजलि से तेल पीते हुए और हँसते हुए देखते हैं। दूसरे स्वप्न में वे चन्द्रमा को पृथ्वी पर गिरते हुए, पर्वतों को चूर-चूर होते हुए तथा दशरथ को रक्त चंदन लगाये, रक्त-पुष्पों की माला पहने, गधे के रथ पर दक्षिण दिशा में जाता हुआ देखते हैं। 'रामचरितमानस' में भी अशुभ स्वप्नों का संकेत है। अयोध्या लौटने पर भरत और शत्रुघ्न मंथरा को ताड़ना देते हैं। भरत माता को कटु वचन कहते हुए राज्य को अस्वीकार

करते हैं। वशिष्ठ भरत को समझाने का प्रयत्न करते हैं। भरत नहीं मानते। 'वाल्मीकीय रामायण' में कौशल्या भरत को अनेक वचन कहती हुई दूषित ठहराती हैं। उन पर राज्य की आकांक्षा का दोषारोपण (2-75-11) करती हैं, जबकि भरत के आदर्श भ्रातृप्रेम की पूर्व कल्पना के कारण 'मानस' की कौशल्या उस कठोर परिस्थिति में भी अपने आदर्श का निर्वाह करती हैं।[130] 'वाल्मीकीय रामायण' में भरत अपने को निरपराध घोषित करते हुए अनेक ऐसे पापों का उल्लेख करते हैं जिन्हें वे अपने लिए राम वन गमन में सहभागी होने पर आरोप्य मानते हैं।

राजा की मृत्यु के तेरहवें दिन वशिष्ठ भरत से अस्थि-संचयन के विषय में कहते हैं और दूसरे दिन सभी मुख्य व्यक्ति एकत्र होकर भरत से राज्य ग्रहण करने और अपना अभिषेक कराने की प्रार्थना करते हैं। किन्तु भरत राज्य के वास्तविक अधिकारी राम को लौटा लाने का निश्चय व्यक्त करते हैं। भरत शत्रुघ्न राजनैतिक धर्म की स्थिति तथा पारिवारिक धर्म की मर्यादा की रक्षा के लिए असंख्य प्रजाजनों, मंत्रियों, पारिवारिक सदस्यों एवं माताओं के साथ चित्रकूट की जोर प्रस्थान करते हैं। श्रृंगवेरपुर में भरत का गुह से साक्षात्कार होता है, जिसके हृदय में भरत की साज-सज्जा को देखकर संदेह उत्पन्न होता है। वह इसे रण-यात्रा का प्रतीक मानता है किन्तु अन्त में वास्तविकता ज्ञात होने पर वह भरत के सम्मुख भेंट लेकर उपस्थित होता। प्रयाग में भरत सेना सहित भरद्वाज आश्रम में पहुँचते हैं तो ऋषि भरद्वाज का हृदय भी सशंकित होता है। किन्तु 'मानस' का ऋषि सर्वज्ञ है। भरत पर सन्देह कर्ना तो दूर, वे उन्हें भाग्यवाद का उपदेश भी देते हुए उनके हृदय को सांत्वना प्रदान करते हैं [131] 'वाल्मीकीय रामायण' में भरद्वाज भरत की सेना को परिवार सहित दावत देते (2-89-41-82) हैं।

'वाल्मीकीय रामायण' में चित्रकूट में भरत मिलाप का जो दृश्य वर्णित है, वह प्राय: सभी रामायणों में एक ही सा है। 'वाल्मीकीय रामायण' तथा 'अध्यात्म रामा-यण' में किसी विशिष्ट व्यवस्थित सभा का उल्लेख नहीं है, जैसा कि 'मानस' (2-253) में है। जाबालि मुनि का वृत्त भी 'वाल्मीकीय रामायण' में है। वे नास्तिकों के मत का आधार लेकर श्रीराम को राज्य ग्रहण के लिए (2-108) समझाते हैं। श्रीराम जाबालि के नास्तिक मत का खण्डन कर अपने आस्तिक मत का स्थापन (2-109-1 – 36) करते हैं।

इसके अनन्तर भरत अत्यन्त हृदयस्पर्शी उद्‌गारों की अभिव्यक्ति के साथ श्रीराम से अयोध्या में चलकर राज्य ग्रहण करने की प्रार्थना करते हैं। यहाँ तक कि वशिष्ठ भी इक्ष्वाकु कुल की परम्परा के अनुसार ज्येष्ठ के राज्याभिषेक का ही औचित्य सिद्ध (2-110-36) करते हैं। किन्तु श्रीराम पिता की आज्ञा-पालन से विरत नहीं होते। पुन: भरत श्रीराम की आज्ञा से उनकी चरण पादुकाएँ लेकर विदा होते हैं तथा नन्दि-ग्राम में जाकर श्रीराम की चरण पादुकाओं को राज्य सिंहासन पर अभिषिक्त कर राज्य का कार्य करते (2-115-25) हैं।

इस प्रसंग का वर्णन 'वाल्मीकीय रामायण' तथा 'मानस' में अत्यन्त हृदय-स्पर्शी है। दोनों कवियों ने अपने गहरी अनुभूति से इस चित्र क्रो चित्रित किया है। 'अध्यात्म रामायण' में यह वर्णन इतनी काव्यमयी अनुभूति द्वारा व्यक्त नहीं हुआ है।

भरत के अयोध्या-आगमन के प्रसंग से सम्पूर्ण कथा के नाटकीय विकास की सम्भावनाएँ इसी बिन्दु से गतिशील होती हैं। अत: आधुनिक कवियों ने भरत के त्याग, राम के प्रति अनुराग, कैकेयी की भर्त्सना के परम्परित कथा-तत्त्व को एक नवीन कलेवर में प्रस्तुत करने का प्रयास किया है। 'साकेत-सन्त' में परम्परित कथा से भिन्न भरत युधाजित् की वक्तृता में षड्यन्त्र का स्वयं आभास पाते हैं।[132] कवि ने भरत के द्वारा दु:स्वप्न देखे जाने का भी उल्लेख किया है।[133]

'अरुणरामायण' में भरत के सम्मुख दूत के उपस्थित होने पर भरत का पहला प्रश्न यही होता है कि भाई कैसे हैं ?[134] राम के प्रति भरत के अनन्य अनुराग की यह मनोवैज्ञानिक कल्पना है। 'जय भरत' में भरत सहसा बुलाये जाने पर चकित होते हैं तथा प्रजा पालन-रत पिता, त्याग एवं ममता की सजीव प्रतिमा सुमित्रा एवं कौशल्या तथा दृढ़ता एवं साहस की प्रतिमूर्ति कैकेयी, रघुकुल के आदर्श राम तथा क्षात्रधर्म के प्रतीक लक्ष्मण एवं प्रजाजन आदि के विषय में कुशल-समाचार पूछते हैं।[135]

परम्परित कथानुसार, भरत अयोध्या-मार्ग में अनेक अपशकुन देखते हैं। 'जय भरत' में, उक्त अपशकुनों का वर्णन कुछ अधिक विस्तार से हुआ है। 'साकेत' में भरत के अयोध्या लौटने पर श्रीहीन नगरी के दर्शन से उत्पन्न भरत की मन:स्थिति का वर्णन अपेक्षाकृत अधिक मनोवैज्ञानिक है :

नागरिक-गण गोष्ठियों से हीन,
आज उपवन हैं विजन में लीन।
वृक्ष मानो व्यर्थ बाट निहार,
झप उठे हैं झीम, झक, थक, हार !
कर रही सरयू जिसे कुछ रुद्ध,
कर रही है वायु-धारा शुद्ध [136]

'साकेत-सन्त' में भरत के अयोध्या पहुँचने पर भरत के प्रति पुरवासियों की अवज्ञा, भय तथा प्रच्छन्न घृणा का वर्णन प्रस्तुत सन्दर्भ में अधिक स्वाभाविक एवं मनो-वैज्ञानिक प्रतीत होता है।[137]

कैकेयी के प्रति भरत के आक्रोश, क्षोभ, आत्मग्लानि तथा अनुताप एवं आत्म-भर्त्सना का वर्णन 'साकेत', 'साकेत-सन्त', 'अरुण रामायण', 'कैकेयी' (चाँदमल अग्रवाल कृत', 'व्रतबद्ध' आदि में हुआ है। 'साकेत' तथा 'अरुण रामायण' में आक्रोश का स्वर अधिक प्रखर है जबकि 'साकेत सन्त' में आक्रोश के साथ आत्मभर्त्सना का स्वर भी प्रखर है। आधुनिक कवियों ने कैकेयी की भर्त्सना जिन निर्मम शब्दों में करायी है, दे परम्परा से बहुत भिन्न नहीं। 'कल्याणी कैकेयी' एवं 'कैकेयी' ('प्रभात' कृत) में भरत का स्वर अपेक्षाकृत अधिक संयत है। उसमें आक्रोश तो है किन्तु वैसी विस्फोटक अभि-व्यक्ति नहीं है।[138] अन्यत्र जहाँ कैकेयी को भरत द्वारा मूर्तिमन्त अभिशाप,[139] भूखी बाघिन'[140], सुत हत्यारी[141], कुमारी, पिशाचिनी, संघातिनी[142], पति-देह को भून कर खाने वाली[143] इत्यादि विशेषणों से अभिधानित किया गया है, वहाँ राधेश्याम द्विवेदी के भरत उसे केवल 'कुमाता"[144] कहते हैं तथा 'प्रभात' के भरत जिस स्वर में कैकेयी की भर्त्सना करते हैं, उसमें आत्मदैन्य एवं आक्रोश की मिली-जुली व्यंजना है।[145]

चित्रकूट प्रसंग में वैसे तो आधुनिक कवियों ने अनेक नूतन सन्दर्भों की उद्-भावनाएँ की हैं, किन्तु इस सन्दर्भ में सबसे महत्त्वपूर्ण उपलब्धि कैकेयी के व्यक्तित्व के पुनर्मूल्यांकन की है। 'साकेत सन्त' में कैकेयी न केवल वशिष्ठ से दशरथ के पुनर्जिवन की प्रार्थना करती है अपितु सती होने के लिए भी तत्परता दिखाती है। अन्यत्र ऐसा उल्लेख नहीं है। भरत के ससैन्य चित्रकूट के लिए प्रयाण करते समय प्रजावासियों में आशंका की जागृति का संकेत भी 'साकेत सन्त' में उपलब्ध है। आधुनिक जनतांत्रिक सचेतना का प्रभाव इस उद्भावना पर पड़ा है :

"गृह कलह क्यों राजकुल तक: ही न हो,
क्यों जगाते हो प्रजा विद्रोह को ?''[146]

आगे भरत को ससैन्य आते देखकर श्रृंगवेरपुर के निषादों की शंका एवं भ्रांति का वर्णन आधुनिक रामकाव्य में भी परम्परित शैली में ही हुआ है। 'साकेत-सन्त' में निषादों की रण-सज्जा का वर्णन अपेक्षाकृत अधिक विस्तृत और उनके निजी परि-वेश की पूरी गतिमयता के साथ हुआ है।[147]

'व्रतबद्ध' में गुह निषाद की व्यूह रचना का समाचार सुनकर शत्रुघ्न रोषाकुल हो उठते हैं। शत्रुघ्न इसे कौशल की सेना को नदी न पार करने का प्रतिरोध मानते हैं। अत: जब भरत और शत्रुघ्न के हाव-भाव में जैसे ही निषाद पति को राम के प्रति उनके अनुराग का प्रमाण मिलता है तो उनके निष्कपट आचरण से वे सब स्नेहार्द्र हो उठते हैं।[148]

भरत को सेना-सहित आते देखकर लक्ष्मण के शंकित होने तथा पुन: संकुचित होने का वर्णन 'प्रसाद' जी की आख्यानक कविता 'चित्रकूट' में मानस की शैली पर है। भरत को ससैन्य आते हुए देखकर लक्ष्मण क्रुद्ध होकर राम से अस्त्र माँगते हैं। लक्ष्मण की कल्पना है कि भरत सम्भवत: अकंटक राज्य की कामना से उन्मत्त होकर हम पर आक्रमण करने आ रहे हैं।[149] लक्ष्मण का यह क्षात्रोद्दीप्त उग्र तेज 'साकेत' में भी वर्णित है। यहाँ लक्ष्मण केवल उग्र-परुष वचनों से ही नहीं, अपितु तर्क के माध्यम से भी भरत के प्रति शंका व्यक्त करते हैं।[150] "कैकेयी' (चाँदमल अग्रवाल कृत) में भरत के प्रति लक्ष्मण का आक्रोश, घृणा एवं प्रतिशोध कुछ अधिक प्रखर है। लक्ष्मण भरत को 'कुटिल कैकेयी जातक नीच'[151] "कहकर सम्बोधित करते हैं। 'साकेत सन्त' के इस प्रसंग में लक्ष्मण केवल शंकित और संकुचित होते हैं।' व्रतबद्ध' में भरत को ससैन्य आते

देखकर राजा जनक भी शंकित होते हैं-"चर पठाए भाँपने को किधर कौन हिलोर।[152]

राम भरत के आचरण के प्रति पूर्ण आश्वस्त हैं और प्राय: सभी काव्यों में भरत के प्रति उनके इस अकृत्रिम विश्वासपूर्ण स्नेह का उल्लेख हुआ है। राम नि:शंक, नि:संकोच भरत को हृदय से लगा लेते हैं। 'साकेत सन्त' में कोलों-भीलों से सूचना पाकर करुणाकर राम स्वत: आतुर होकर बन्धु भरत से मिलने के लिए चल पड़ते हैं।

चित्रकूट-सभा में कैकेयी द्वारा अनुताप की अभिव्यक्ति आधुनिक रामकाव्य की एक महत्त्वपूर्ण उपलब्धि है। प्राचीन रामकाव्य में कैकेयी को अपने कृत्य के औचित्य के स्पष्टीकरण का ऐसा अवसर कहीं प्रदान नहीं किया गया। 'साकेत' में आधुनिक जनतांत्रिक परिषद् पद्धति के अनुकूल वशिष्ठ, वामदेव, जाबालि आदि ऋषि अपना मत अत्यन्त तर्क-वितर्क के साथ उपस्थित करते है। आधुनिक युग की संसद् प्रणाली का यह निदर्शन है। 'साकेत-सन्त' में कैकेयी विस्तार से अपनी भावना व्यक्त नहीं करती। केवल राम से अयोध्या लौट चलने का आग्रह-भर करती है। 'कैकेयी' (चाँद-मल अग्रवाल कृत) में भी सभा का वर्णन 'साकेत' की पद्धति पर है। शब्दावली भी लगभग वहीं है। किन्तु 'साकेत' में कैकेयी जहाँ वात्सल्य की दुहाई देती है, वहाँ वह इस काव्य में अपने कृत्य के समर्थन में वात्सल्य के अतिरिक्त राष्ट्र हित की भी चर्चा करती हैं :

"सोचा जिसमें जग कल्याण, राष्ट्र-कर्म माँ का कर्त्तव्य।
सिद्ध हुआ मेरा अज्ञान, सर्वनाश-हित, हा ! भक्तिव्य !![153]

'प्रभात' की कैकेयी चित्रकूट जाने से पूर्व ही भरत को राम के निर्वासन के मूल में आर्य सभ्यता के विस्तार के रहस्य का उद्घाटन करती है।[154] अत: चित्रकूट-सभा में कैकेयी अपने औचित्य के स्पष्टीकरण की आवश्यकता अनुभव नहीं करती। 'व्रतबद्ध' में भी कैकेयी के स्पष्टीकरण का कोई प्रसंग नहीं है। 'कल्याणी कैकेयी' में राम और कैकेयी ने मिलकर पहले ही वन-गमन की योजना बना ली थी। अत: वह चित्रकूट में राम से एकान्त में मिलकर भरत द्वारा अपने मातृत्व के तिरस्कृत किये जाने की सूचना देती है। फलत: राम एकान्त में भरत से राक्षसों के संहार करने तथा साधुजनों का त्राण करने की अपनी योजना स्पष्ट कर देते हैं। 'कल्याणी कैकेयी' में संसद, सभा या परिषद् जैसे किसी आयोजन का उल्लेख नहीं है, जबकि 'विदेह' में संसद् का वर्णन एकदम आधुनिक प्रणाली के अनुसार किया गया है। जहाँ न्यायासन पर स्वयं महर्षि वशिष्ठ विराजमान हैं तथा ऋषि इत्यादि खड़े होकर प्रस्ताव प्रस्तुत करते और बैठ जाते हैं। इस संसद् में विदेह राम के वनवास का समर्थन दक्षिण में मनुजता के प्रसार की आवश्यकता के रूप में करते हैं :

"हे राम, यहाँ से इतनी दूर चले जाओ-
जिस जगह न ममता घेर सके
विन्ध्याचल के उस पार, घोर जंगल के भी उस पार
जहाँ द्राविड़ की शिव-सभ्यता मनुजता ढूँढ़ रही
सुन्दर वन-उपवन की शोभा है नदी-निर्झरों से शोभित।" [155]

'अरुण'रामायण' में भी जनक ही योग-दृष्टि से राम के पुरुषोत्तम-स्वरूप का उद्घाटन कर मानवता के विकास के लिए उनका निर्वासन आवश्यक मानते हैं।[156]

'साकेत-सन्त" में निर्णय का दायित्व भरत ने निभाया है। यहाँ कवि ने स्थिति की अत्यन्त मनोवैज्ञानिक योजना की है। राम की कृपा से वन्य जातियों की मानसिकता और परिस्थिति में वे जिस परिवर्तन का अनुभव करते हैं, उसका प्रभाव अलक्षित रूप से भरत की निर्णय-चेतना पर भी पड़ता है। इस मनोवैज्ञानिक पृष्ठभूमि के निर्माण के अनन्तर जब राम भरत को ही निर्णय देने का दायित्व सौंप देते हैं, तब भरत आर्य-सभ्यता के विस्तार के लिए उनका वनवास स्वीकार-सा कर लेते हैं।[157]

इस प्रकार वनवास अथवा अयोध्या वापस लौटने के निर्णय का दायित्व आधु: निक कवियों ने भिन्न-भिन्न मनोवैज्ञानिक तथा सांस्कृतिक परिस्थितियों के परिप्रेक्ष्य में, वशिष्ठ, राम, जनक, भरत, कैकेयी आदि की ओर संक्रमित कर दक्षिण में आर्य-सभ्यता के विस्तार की पृष्ठभूमि निर्मित की है। प्राचीन कथा के अनुसार केवल पितृ-वचन के पालन को ही केन्द्र में न रखकर उक्त प्रसग को इन कवियों ने संस्कृति-प्रसार के बृहत्तर सन्दर्भ से जोड़ दिया है। गुप्तजी ने 'साकेत'[158] और

'प्रभात' ने 'व्रतबद्ध'[159] में राम के वनवास-निर्णय के सन्दर्भ में देवताओं की उत्सुकता का भी उल्लेख किया है, किन्तु कथा के मनोवैज्ञानिक एवं बुद्धिसम्मत विकास पर कोई व्यापक प्रभाव नहीं

पड़ता।

ऊर्मिला, माण्डवी के उपेक्षित चरित्रों की पुन:प्रतिष्ठा के लिए भी कवियों ने इस प्रसंग में कतिपय उद्भावनाएँ की हैं। यथा-'साकेत' में सीता पर्णकुटी में ऊर्मिला से लक्ष्मण के मिलन की योजना बनाती है। भरत द्वारा राम की पादुका लेकर लौट आने का वर्णन लगभग परम्परित रूप में ही है।

राम की अनुपस्थिति में अयोध्या के चौदह वर्ष

प्राचीन रामकाव्यों में फलागम के रूप में रावण वध को ही महत्कार्य स्वीकार किया है। अत: कथा-विकास की दृष्टि से राम की अनुपस्थिति में अयोध्या के चौदह वर्षों का वृत्त प्राचीन राम-काव्य में अप्रासंगिक एवं उपेक्षित रहा। आधुनिक रामकाव्य जन-चेतना के विकास के साथ उपेक्षित पात्रों की पुन:प्रतिष्ठा का लक्ष्य रखकर विकसित हुआ है। अत: जहाँ एक ओर भरत, माण्डवी, ऊर्मिला, श्रुतिकीर्ति, कौसल्या, सुमित्रा, कैकेयी इत्यादि पात्रों की मानसिकता एवं जीवन-पद्धति के विवेचन की दृष्टि से राम की अनुपस्थिति में अयोध्या की अवस्था का काव्यात्मक निरूपण आवश्यक माना गया, वहाँ विविध प्रसंगों में जनचेतना की जागृति एवं प्रतिक्रिया के उल्लेख के लिए भी कतिपय प्रसंगों की उद्भावना की गई है।

'साकेत' एवं 'ऊर्म्मिला' में उपेक्षिता ऊर्मिला के चरित्र को अधिक व्यापक तथा केन्द्रीय वस्तु बनाने के कारण गुप्तजी और 'नवीनजी' ने उसकी विरह-दशा का विशद चित्रण किया है। परम्परित रामकथा की मूक पात्री ऊर्मिला की वाणी विरह के क्षणों में अत्यन्त मुखर है। सीता, माण्डवी एवं श्रुतिकीर्ति जहाँ अपने पतियों के दु:ख-सुख में सम्मिलित हैं, वहाँ ऊर्मिला असह्य वेदना में तड़पती है। 'नवीन'-कृत 'ऊर्म्मिला' में सुमित्रा, भरत इत्यादि की शोकाभिभूत दशा का उल्लेख किया है :

मातु सुमित्रा देवि को, धीर हृदय हहरात।
भरतबन्धु को नयन-जल, नैकु नाहि ठहरात।।[160]

'साकेत-सन्त' में माताओं के दुलार, ऊर्मिला के वियोग-भार तथा माण्डवी के दायित्व-निर्वाह का प्रसंग उपस्थित किया गया है। प्रिय के सान्निध्य में भी वियोग-व्रत सहन करती हुई माण्डवी किस प्रकार चौदह वर्षों तक तपश्चर्या करती है, 'साकेत-सन्त' का यह उल्लेखनीय प्रसंग है।[161] 'विदेह' में विरहिणी ऊर्मिला तथा काषाय-मण्डिता माण्डवी के कला-प्रेम द्वारा समय-यापन का उल्लेख है। ऊर्मिला एवं माण्डवी चित्रकला एवं संगीत-कला तत्त्व-चिन्तन में चौदह वर्षों को बिताने का उपक्रम करती हैं।[162] 'साकेत सन्त' में ही भारत के नन्दिग्राम निवास तथा अष्टयाम चर्या का विशद वर्णन है। ग्राम-सुधार तथा सामूहिक उत्थान के दिग्दर्शन की दृष्टि से इस प्रसंग का अपना महत्त्व है।[163]

'साकेत' में शत्रुघ्न द्वारा पुरवासियों के समाचार इत्यादि के उल्लेख से राम की अनुपस्थिति में सामान्य जनता की मन:स्थिति तथा परिस्थिति का वर्णन भी हुआ है।[164]

'कैकेयी' (चांदमल अग्रवाल कृत) में राम की अनुपस्थिति में कैकेयी के सूने मन-भवन की पीड़ा एवं पश्चात्ताप का विस्तृत चित्रण हुआ है। षड्ऋतुओं के क्रमिक आव-र्त्तन-प्रत्यावर्त्तन के समानान्तर कैकेयी की मानसिक दशा का चित्रण एक नवीन उद्-भावना है।[165] शीतऋतु में अपनी कल्पना के सहारे कैकेयी राम-लक्ष्मण के शीत-भीत एवं कम्पित तन की कल्पना कर करुणा से विह्वल हो उठती है :

"यहाँ खिचे जब खाल, हाल क्या वन में ?
फिरते वल्कल-चीर लपेटे तन में,
मेरे बच्चे अर्द्ध-नग्न निर्जन में,
लता तुहिन हत-सदृश जानकी पावन।
कण-कण, जन-जन शीत-भीत कम्पित तन।।[166]

अरण्य काण्ड

शूर्पणखा-वृत्त

चित्रकूट त्यागने से पूर्व राम अत्रि के आश्रम में जाते हैं जहाँ अनसूया सीता को दिव्याभूषण प्रदान करके पातिव्रत धर्म का उपदेश देती हैं। यह वर्णन 'शिवपुराण' (3154), 'वाल्मीकीय रामायण' (21119111-15), 'अध्यात्मरामायण' (219187-90) तथा 'रामचरितमानस' (315) में आंशिक भिन्नता के साथ वर्णित है। मार्ग में विराध सीता का अपहरण करता है, जिसके परिणामस्वरूप उसका वध होता (31213-4) है। तदनन्तर राम की शरभंग ऋषि से भेंट होती हैं जो उनके समक्ष ही योगाग्नि में अपने शरीर को भस्म कर देते (वा. रा. 315) हैं। राम के दण्डकारण्य-प्रवेश पर ऋषियों में नवीन आशा तथा हर्षोल्लास का संचार होता है। यहीं वन के आश्रमों में पड़ी हुई अस्थियों को देखकर राम राक्षसों के उत्पात के परिज्ञान से क्षुब्ध होते हैं और राक्षसों से पृथ्वी को मुक्त कराने के लिए संकल्प लेते हैं। तदनन्तर अगस्त्य ऋषि से भेंट करते (वा. रा. 3112130) हैं। तत्पश्चात् राम द्वारा निवास करने योग्य उत्तम स्थान का पता पूछने पर अगस्त्य मुनि उन्हें पंचवटी का पता बता देते हैं। राम और लक्ष्मण मुनि का भली भाँति पूजन कर पंचवटी की ओर प्रस्थान (वा. रा. 3112113) करते हैं।

पंचवटी में पर्णकुटी के निर्माण के उपरान्त कथा-विन्यास की दृष्टि से सर्वाधिक प्रमुख घटना शूर्पणखा का विरूपीकरण है। शूर्पणखा-वृत्त 'वाल्मीकीय रामायण' में अरण्य और उत्तरकाण्ड दोनों में मिलता है। श्रीराम के आश्रम में शूर्पणखा राम का परिचय ज्ञात कर अपना परिचय देती है और उनसे स्वयं को भार्या-रूप में ग्रहण करने का आग्रह करती है और विफल होने पर सीता की ओर झपटती है। राम की आज्ञा पाकर लक्ष्मण उसके नाक-कान काट (3118121) लेते हैं। 'आनन्द रामायण' के अनुसार तो लक्ष्मण ने शूर्पणखा के स्तन भी काट लिये (117155) थे। 'वाल्मीकीय रामायण' में शूर्पणखा को दानवेन्द्र विद्युतज्जिह्व की पत्नी बताया गया है। रावण अश्वनगर में विद्युज्जिह्व की सेना को हराकर अपने बहनोई का भी वध करता है। तदनन्तर रावण शूर्पणखा को दण्डकारण्य में भेज देता है जहाँ खर और दूषण मौसेरे भाई रहते हैं। दाक्षिणात्य पाठ में राम के को विशेष महत्त्व दिया गया हैं। (311817-11) मिलता है कि राम के पास जाने के पूर्व शूर्पणखा ने मोहक रूप धारण कर लिया था।[167] 'रघुवंश' के अनुसार भी शूर्पणखा मोहक रूप धारण करके (12132-41) राम के पास गयी। 'भागवत पुराण' (9, 10, 9), 'गरुड़ पुराण' (अध्याय 143), 'पद्मपुराण' (पाताल खण्ड, अध्याय 36; उत्तर खण्ड, अध्याय 269), 'देवीभागवत पुराण' (3,28) आदि रचनाओं मे भी राम द्वारा शूर्पणखा के विरूपण का उल्लेख मिलता है। 'अध्यात्म-रामायण' में भी शूर्पणखा राम के पास आती है। कामातुर शूर्पणखा राम से किसी गुफा में चलने का प्रस्ताव (315111) करती है। 'नृसिंहपुराण' (अध्याय 49) में पहले-पहल राम के एक पत्र की चर्चा है। शूर्पणखा राम को प्रलोभन देती हुई कहती है कि वह (शूर्पणखा) रति-धर्म में अति निपुण है। राम द्वारा ठुकराये जाने तथा लक्ष्मण के पास भेजे जाने पर वह लक्ष्मण के नाम पत्र माँगती है। राम उस पत्र में उसकी नासिका काटने का आदेश देते हैं।"[168] जैनी रामायणों में शूर्पणखा के विरूपित किये जाने की कथा नहीं मिलती। हाँ, 'पउमचरिय' (पर्व 44) में इस विरूपण की प्रति-ध्वनि अवश्य विद्यमान है। 'वाल्मीकीय रामायण' के अनुसार विरूपित हो जाने पर शूर्पणखा जनस्थान में खर को अपनी दुर्दशा का वृत्तान्त सुनाकर श्रीराम के वध के किए प्रेरित करती है (3114)। चौदह हजार राक्षसों की सेना के साथ खर-दूषण जनस्थान से पंच-वटी की ओर प्रस्थान करते हैं। इधर राक्षसों के आक्रमण की सम्भावना देखकर राम सीता-सहित लक्ष्मण को पर्वत की गुफा में भेजकर (3121-24) अकेले ही युद्ध करते हैं और तब क्रमशः दूषण, त्रिशिरा तथा खर का वध करते हैं (3125-32)। खर और दूषण का प्रसंग 'अध्यात्म रामायण' (315119-38) तथा 'रघुवंश' (12-42-50) में भी प्राप्त होता है।

'मानस' में 'वाल्मीकीय रामायण' के समान युद्ध के आरोह-अवरोह का विशद एवं जीवन्त चित्रण नहीं है। आधुनिक दृष्टि राम के द्वारा असंख्य राक्षसों की सेना के विध्वंस को यथावत् ग्रहण करने में स्वयं को असमर्थ पाती है। डॉ. रांगेय राघव उक्त चमत्कारिक घटना की मानवीय धरातल पर व्याख्या करते हुए कहते हैं : "हो सकता हैं राम के साथ राक्षसों के

विरुद्ध आर्य या उनके सहयोगी उस स्थान पर लड़े हों क्योंकि मुनियों ने इधर-उधर घूमकर अवश्य इसकी पृष्ठभूमि तैयार कर ली होगी और फिर राक्षसों से तंग आयी आस-पास की जनता राम के साथ युद्ध में लड़ी होगी। तभी बह इतने अधिक राक्षसों को परास्त कर पाये होंगे।"[169] इसी सन्दर्भ में विद्यानन्द विदेह ('रामचरित', पृष्ठ 38) तथा श्री पाराशर (' रामायण का ऐतिहासिक रूप, पृष्ठ 63) के आधार पर डॉ. रामप्रकाश अग्रवाल का अनुमान है कि चौदह हजार सेना सहित खर-दूषण के विनाश में राम को अगस्त्य के आश्रम से अवश्य सहायता मिली थी जो कि सैनिक शिक्षा का एक महान केन्द्र रहा होगा।[170] अस्तु, राम के द्वारा खर-दूषण तथा त्रिशिरा का वध प्राय: रामकाव्यों में अतिप्राकृत धरातल पर ही चित्रित है।

'राधेश्याम रामायण', 'साकेत', 'अरुण रामायण', 'लक्ष्मण-काव्य" जैसे प्रबन्ध-काव्यों में दण्डकारण्य प्रवेश पर ऋषियों के हर्षोल्लास, राम का स्वागत, विराध द्वारा सीता का अपहरण, राम द्वारा ऋषियों को राक्षसों के विरुद्ध अभयदान इत्यादि प्रसंग परम्परित कथा के अनुरूप ही वर्णित हैं। समसामयिक सन्दर्भ देने के लिए कवियों ने विराध को वनचारी[171] अथवा भ्रष्टाचारी के रूप में चित्रित करने के अतिरिक्त किसी नये प्रसंग की उद्‌भावना नहीं की है। 'रावण-महाकाव्य' में ऋषिगण जनस्थान की दमन-नीति के विरोध में सभा करते हैं जिसमें शरभंग मुनि आत्माहुति देते हैं।[172]

आधुनिक रामकाव्य में शूर्पणखा प्रसंग को नवीन भूमिका प्राप्त हुई। परम्परा प्राप्त रूप में जनस्थान में भ्रमण करती हुई शूर्पणखा राम एवं लक्ष्मण के सौन्दर्य से विमुग्ध होकर प्रणय-याचना करती है और अपनी लक्ष्यपूर्ति में विफल होने के कारण सीता को अपने मार्ग में बाधक समझकर उसे अपने प्रतिशोध का लक्ष्य बनाती है। फलत: राम के संकेत पर लक्ष्मण उसके नाक-कान काटकर उसे विरूप कर देते हैं। 'साकेत' में कवि ने इसी परम्परित कथा का अनुसरण किया है।" [173]

'पंचवटी' में उक्त परम्परित प्रसंग का अपेक्षाकृत अधिक मनोवैज्ञानिक विस्तार किया गया है। किन्तु यहाँ शूर्पणखा प्रथम बार राम से नहीं, अपितु लक्ष्मण से प्रणय का प्रस्ताव करती है। पंचवटी के रमणीय स्थान में प्राकृतिक छटा के मध्य दुग्ध-धवल ज्योत्स्ना के शांत वातावरण में वीर लक्ष्मण प्रहरी के रूप में कुटिया के बाहर स्वच्छ शिला पर बैठे मधुर-तरल भावनाओं से आन्दोलित हो रहे हैं। तभी वे रात्रि के अन्तिम प्रहर में अप्रत्याशित रूप से आयी एक अलौकिक वेशधारिणी रत्नाभरण युक्ता रमणी को अपने सम्मुख देखकर विस्मित रह जाते हैं। शूर्पणखा लक्ष्मण को विस्मित देखकर पुरुषों की निर्ममता पर व्यंग्य करती है, किन्तु लक्ष्मण पर नारी से संभाषण प्रारम्भ करना अनुचित समझते हैं। वाग्विदग्धतापूर्ण वार्तालाप गतिशील होते-होते एक ऐसी स्थिति पर पहुँचता है कि शूर्पणखा सलज्ज लक्ष्मण में अपना पति अन्वेषित कर लेती हैं, जो अधिक मनोवैज्ञानिक है। लक्ष्मण अपने विवाहित होने की दुहाई देते हैं, जबकि शूर्पणखा इसमें भी कोई अनौचित्य नहीं समझती। इसी समय प्रभात होता है और सीता कुटी का द्वार खोलकर बाहर झाँकती है। लक्ष्मण पर व्यंग्य करते हुए सीता कहती है कि आश्रय की याचना लेकर आयी सुकुमारी को आत्मदान देने में कृपणता नहीं करनी चाहिए। देवर-भाभी का यह हास्य-विनोदपूर्ण वार्तालाप शूर्पणखा के सन्दर्भ में सहज ही एक गम्भीर रूप धारण कर लेता है, क्योंकि राघव को देखकर लक्ष्मण की विमुखता से आहत शूर्पणखा उन्हीं से प्रणय प्रस्ताव कर बैठती है-" प्रथम देवरानी फिर सौत। "[174] सीता ने इस प्रस्ताव को भी विनोदपूर्वक लिया। शीघ्र ही विद्रूप एवं परिहास का लक्ष्य बन अपनी इस दोलायित मन:स्थिति में शूर्पणखा वास्तविक रूप ग्रहण लेती है :

जहाँ लाल साड़ी थी तनु में, बना चर्म का चीर वहाँ,
हुए अस्थियों के आभूषण, थे मणिमुक्ता-हीर जहाँ।[175]

किन्तु लक्ष्मण के लिए यह भय और विस्मय का वातावरण क्रोध का उद्‌दीपन बन जाता है। शूर्पणखा का प्रकृत-परिचय उसके विकृत रूप में ही प्रत्यक्ष हो सके, यह सोचकर लक्ष्मण उसे विकलांगी करने का निश्चय कर लेते हैं तथा तीक्ष्ण कृपाण लेकर उसके नाक-कान काट डालते हैं। सीता के मन में आतंक की अस्पष्ट छाया घनीभूत होने लगती है, किन्तु लक्ष्मण के साहस और पुरुषार्थपूर्ण वाक्य सीता के हृदय में साहस का ही नहीं, विनोद का भी पुन:संचार कर देते हैं। स्पष्टत: 'पंचवटी' का कथावृत्त अपेक्षा-कृत स्वाभाविक है।

रामावतार पोद्दार 'अरुण' ने शूर्पणखा को परम्परा के अनुसार राम से प्रणय-याचना करने वाली उन्मुक्त सुन्दरी के रूप में प्रस्तुत किया है, जो राम को अपने भाई रावण की वैज्ञानिक समृद्धि का स्मरण दिलाकर उन्हें दण्डकारण्य का अधिपति

बनाने का प्रलोभन देती है। किन्तु, राम धर्मानुसार मर्यादित आचरण से प्रतिबद्ध होने के कारण उसकी प्रणय-याचना को ठुकरा देते हैं। राम और लक्ष्मण के मध्य दोलायित शूर्पणखा के आचरण का चित्रण 'अरुण' ने परम्परित रूप में ही किया है। यहाँ भी शूर्पणखा वैदेही के प्रति मत्सरता से ग्रस्त है। किन्तु सीता को वह हानि नहीं पहुँचाती, केवल अपने उग्र व्यवहार से ऐसा आभास मात्र देती है।[176] सीता शूर्पणखा के आचरण से विक्षुब्ध होकर पर्णकुटी में चली जाती है। निश्चय ही यह वर्णन अपने परम्परित रूप में होने पर अधिक लौकिक, मानवीय एवं बुद्धिगम्य है। यहाँ शूर्पणखा की नाक काटने का कारण कुछ अधिक प्रसंगानुकूल है। एक ओर वह लक्ष्मण को अपने असह्य आचरच से विक्षुब्ध करती है तो दूसरी ओर वह लक्ष्मण का बलपूर्वक आलिंगन करना चाहती है।[177]

'निराला' ने 'पंचवटी-प्रसंग' में परम्परित कथा का आश्रय लेते हुए भी शूर्पणखा के रूप श्रृंगार का चित्रण विशेष मनोयोग से किया है। शूर्पणखा परम्परित कथा के अनु-सार अपनी काम भावना की अभिव्यंजना करती हुई राम को अपनी उपेक्षा करने के कारण व्यंग्यपूर्ण उपालंभ देती है। काम भावना की यह उन्मुक्त अभिव्यंजना तत्कालीन परिवेश और आधुनिक युगबोध को एक ही सन्दर्भ में जोड़ देती है।[178]

श्री बलदेवप्रसाद मिश्र, हरदयालु सिंह तथा प्रीतमसिंह बगरेचा ने शूर्पणखा-प्रसंन को विभिन्न स्तरों पर देखा है। श्री बलदेवप्रसाद मिश्र ने 'रामराज्य' काव्य में जनस्थान को उपनिवेशवादी संस्कृति का केन्द्र कहा है जहाँ राक्षसराज रावण के अनुचर उसके संकेतों पर अपने उद्धत कार्य-कलाप से दक्षिण के लिए अभिशाप सिद्ध हो रहे थे। खर-दूषण उस अनार्य सेना के प्रमुख थे जिनकी बहिन शूर्पणखा कुरूप, उच्छृंखल एवं कामुक थी। वह अपने स्वैरिणी-सुलभ आचरण से राम और लक्ष्मण को विक्षुब्ध करती है। स्पष्टतः यह प्रसंग परम्परित रामकथा का उपजीवी है किन्तु राम को जन-शासक अभिधानित कर मिश्रजी उन्हें आततायी नरभक्षिणी को दण्ड देने का अधिकार प्रदान कर देते हैं :

राम न अब जनसेवक ही थे, वे जनशासक भी थे आप। उनके लेखे थी समाजवपु-व्रण पर शल्य क्रिया निष्पाप। ...
...मूर्ख क्षम्य है, किन्तु आततायी के दो विषदन्त उखाड़। लोक-व्यवस्था चली सदा है इसी नीति की लेकर आड़।।
राजा ऐसी अधम बहिन का पक्ष सदा यदि लेता हो।
है समुचित, पड़ौस का राजा असका दण्ड-प्रणेता हो।[179]

राम के संकेतानुसार लक्ष्मण उसे नाक-कान से विहीन कर देते हैं। मिश्र जी के अनुसार आततायी नारी अदण्ड्य नहीं है।

'रावण-महाकाव्य' में उत्तारपथ के मुनिगण अभिचार मन्त्र जपते हैं। वे यज्ञ के माध्यम से राक्षसों का अनिष्ट साधन लरते हैं। शूर्पणखा की अध्यक्षता में खर-दूषण को जनस्थान की रक्षा के लिए नियुक्त किया जाता है। शूर्पणखा द्वारा सैनिक शासन की घोषणा कर दी जाती है। एक विशाल सभा में मुनिगण शूर्पणखा के वध की प्रतिज्ञा करते हैं।[180]

इसी सन्दर्भ में राम और लक्ष्मण भी राक्षसों के संहार करने की प्रतिज्ञा करते हैं। उधर शूर्पणखा इस धमकी की तनिक भी परवाह न करके अपने अंग-रक्षकों को छोड़कर राम-लक्ष्मण की कुटी के पास आ निकलती है। लक्ष्मण पूर्व प्रतिज्ञा का स्मरण कर शूर्पणखा के वध के लिए अग्रसर होते हैं, किन्तु सीता के हस्तक्षेप से, केवल नाक-कान काटकर उसे विरूप कर देते हैं। स्पष्टतः हरदयालु सिंह ने उक्त घटना को आधु-निक सत्याग्रह आन्दोलन, दमन और हिंसा की पृष्ठभूमि प्रदान है। शूर्पणखा का विरू-पीकरण राजनैतिक षड्यन्त्र का परिणम है, उसकी दुश्शीलता का प्रतिफल नहीं।

प्रीतमसिंह बगरेचा के 'शूर्पणखा' काव्य में शूर्पणखा रावण को राज्य-वृद्धि और संस्कृति-प्रसार से विरत करके प्रेम-भाव की मधुर रागिनी की ओर प्रेरित करती है। शूर्पणखा के राम केवल आर्य-संस्कृति के रक्षक ही नहीं, अपितु दण्डकारण्य एवं नैमि-षयारण्य में उपनिवेश स्थापित कर आर्यावर्त-विजय की महत्त्वाकांक्षा से प्रेरित साम्राज्य-वादी शक्ति के प्रतिनिधि हैं। फलतः शूर्पणखा दोनों संस्कृतियों में रक्त का सम्बन्ध स्थापित कर सांस्कृतिक समन्वय-सेतु के माध्यम से इस प्रतिद्वन्द्विता को समाप्त कर सद्भाव फैलाने वाली करुणापूरित नारी है। वह हिंसा से साम्राज्य-वृद्धि की लिप्सा को त्यागने में ही राष्ट्र का कल्याण देखती है। उसकी इस सद्भावना का स्पर्श पाकर रावण भी राज्य-प्रसार से विरत होने, मांस-बलि को बन्द करने की ओर अग्रसर होता है। इस प्रकार कवि ने रक्ष-संस्कृति की ओर से सास्कृतिक समन्वय का यह प्रयास उद्घोषित

कराकर आधुनिक रामकाव्य को एक नयी दिशा दी है। डॉ. देवराज उपाध्याय के अनुसार, "दो विरोधी संस्कृतियों के समन्वय का काम 'शूर्पणखा' का कवि अपने ढंग से कर रहा है। वह दो हृदयों के काठिन्य को गलाकर उन्हें रागात्मक सम्बन्ध में आबद्ध हो जाने लायक बना रहा है।''[181]

कवि सांस्कृतिक समन्वय की क्रान्तिकारी योजना की जो भूमिका प्रस्तुत करता है, उसके सम्भावित खतरों के प्रति भी वह सचेत है। जहाँ रावण जैसा साम्राज्य-पिपासु शूर्पणखा के इस प्रस्ताव को सहर्ष स्वीकार कर लेता है तथा शान्ति-व्यवस्था की स्थापना के लिए उसे प्रगति का एक महत्त्वपूर्ण आयाम घोषित करता है, वहाँ राम और लक्ष्मण उसके निष्कपट हृदय के मूल्यांकन में सर्वथा अक्षम हैं। एक में जहाँ श्रद्धा का आत्म-समर्पण है, वहाँ दूसरे पक्ष में संशय, अनास्था और विद्वेष का विषाक्त वातावरण। शूर्पणखा के उज्ज्वल निष्कलुष हृदय में जहाँ यह स्थिति है कि-

> वह मन का संकल्प मधुर था अन्तर का विश्वास अटल,
> वह मन की थी मधुर कल्पना, स्वप्न सुखद था सरल तरल।"[182]

वहाँ, दूसरी ओर राम में संशय और आशंकाग्रस्त मनोवृत्ति की स्थिति है। वे शूर्पणखा के इस पुनीत संकल्प में भी एक दुरभिसन्धि का आभास पाते हैं.

> "यह लंकापति खल रावण की दुष्ट बहिन,
> कोई जाल रचाने आई बन-ठन, सुन्दर वेश पहिन।
> रावण-कुल का ध्वंस करूंगा मुझे मिलेगा तब सन्तोष,
> इसे बनाकर हम विकलांगिनि फैलावें रक्षों में रोष।''[183]

यह प्रतिक्रियावादी दृष्टि राष्ट्र के सांस्कृतिक समन्वय में बाधक है।

इस प्रकार शूर्पणखा-प्रसंग के स्पष्टत: तीन स्तर हैं। प्रथम स्तर पर परम्परित कथा-अनुसरण है। द्वितीय स्तर पर उसे आधुनिक राजनैतिक एवं सांस्कृतिक सन्दर्भ में प्रस्तुत किया गया है। आततायिनी के वध को उचित ठहराते हुए आधुनिक परिप्रेक्ष्य में राम के कृत्य के औचित्य का समाधान खोजा गया है। तृतीय स्तर पर शूर्पणखा के प्रतिसहानुभूतिपूर्ण रुख अपनाया गया है, जिसमें वह राम-लक्ष्मण की दुरभिसन्धि के कारण राजनैतिक ऐक्य के अपने सत्संकल्प में सफल नहीं हो पाती। यह दृष्टि राम अथवा लक्ष्मण के कर्म को अनुचित एवं घृणास्पद घोषित करने का साहस लेकर उभसे है।

सीता हरण : कनक-मृग प्रसंग से पम्पा सरोवर तक पहुँचने का वृत्तान्त

'वाल्मीकीय रामायण' के अनुसार जनस्थान में खर-दूषण और त्रिशिरा के वध के समाचार लेकर अकम्पन नामक राक्षस लंका में रावण के सम्मुख उपस्थित होता (3131) है। रावण उसकी सलाह से सीता के अपहरण के लिए तत्पर होता है। किंतु मारीच के कहने से वह अपने कृत्य से विरत हो (3131150) जाता है। तदनन्तर विरूपित शूर्पणखा लंका में रावण के पास जाकर उसे फटकारती हुई राम, लक्ष्मण और सीता का परिचय देकर अनिंद्य सुन्दरी सीता को भार्या बनाने के लिए प्रेरित करती (3132,34) है। रावण पुन: मारीच से राम को अपराधी बताकर सीता हरण के कार्य में सहायता करने का अनुरोध करता (3136) है। मारीच श्री रामचन्द्र जी के गुण और प्रभाव बताकर रावण को इस कृत्य से विरत करना चाहता (3137) है। वह राम के पराक्रम के कारण भयभीत होकर रावण को स्पष्ट शब्दों में चेतावनी देता है कि यदि वह अपने संकल्प पर दृढ़ रहा तो लंका का सर्वनाश (3138-39) होगा। रावण उसका सत्परामर्श ठुकरा देता है। अत: वह मृत्यु के भय से वीरोचित मरण चुनकर स्वर्ण मृग का रूप धर श्रीराम के आश्रम पर जाता तथा सीता को प्रलुब्ध करता है। लक्ष्मण के सन्देह के बावजूद सीता उस मृग को जीवित या मृत अवस्था में लाने के लिए श्रीराम को प्रेरित (3143) करती है। अन्त में लक्ष्मण को सीता की रक्षा का भार सौंपकर श्रीराम कनक-मृग का शिकार करने को तत्पर होते (3144) हैं। मृत्यु के समय मारीच के करुण चीत्कार तथा पूर्व-निश्चित योजना के अनुसार राम की वाणी का अनुकरण कर 'हा सीते ! हा लक्ष्मण' पुकारने का स्वर सुनकर सीता लक्ष्मण को श्रीराम केपास जाने के लिए प्रेरित करती (3145) है।

अन्य रामकथाओं में अकम्पन का वृत्त नहीं है। 'मानस' में शूर्पणखा ही आकर सारा वृत्तान्त कहती है। रावण और मारीच का लम्बा संवाद भी 'मानस' में नहीं है। 'अध्यात्म रामायण' और उससे प्रेरित 'मानस' में रावण खर-दूषण की मृत्यु से भगवान् विष्णु के राम-रूप में अवतार ग्रहण करने का बोध प्राप्त करता (315159) है।

'वाल्मीकीय रामायण' में सीता के द्वारा लक्ष्मण के लिए प्रयुक्त कटु वचन तत्कालीन मानसिकता तथा मानव की परिस्थितिजन्य दुर्बलता का सजीव चित्र अंकित करते हैं। वह स्पष्ट रूप से लक्ष्मण पर तथा प्रच्छन्न रूप से भरत पर अभियोग लगाती हैं कि वे षड्यंत्र कर उसे नीलकमल लोचन रामचन्द्र से वियुक्त करना (311:17) चाहते हैं। तद्विपरीत 'मानस' में मर्यादा उल्लंघन के भय से उक्त कटु वचनों का कोई उल्लेख नहीं है। यही नहीं, 'मानस' और 'अध्यात्म रामायण' में राम, सीता हरण की घटना को मायिक घटना के रूप में विश्लेषित करते हैं। वास्तविक सीता तो पहले ही अग्नि में समा जाती है तथा छाया-सीता ही उस समस्त लीला-कर्म की सहचरी रहती है।

निर्जन स्थान देखकर रावण यति-वेश में सीता के समीप पहुँचता है। 'वाल्मी-कीय रामायण' में सीता-रावण संवाद का भी पर्याप्त विशद वर्णन (3146) है। परि-व्राजक वेश में रावण सीता के रूप की प्रशंसा करता है, जिससे प्रसन्न होकर सीता रावण से आतिथ्य ग्रहण करने का आग्रह करती है तथा ब्राह्मण समझ सम्पूर्ण जीवन-वृत्तांत बताती है। 'वाल्मीकीय रामायण' में रावण द्वारा वर्णित सीता का सौन्दर्य मर्यादा का अतिक्रमण कर गया है (3146119-20), जबकि मानस' की मर्यादा केन्द्रित दृष्टि उससे पर्याप्त भिन्न है।

तुलसी ने इस प्रसंग का निर्देश नहीं किया है। 'वाल्मीकीय रामायण' में सीता द्वारा पूछे जाने पर रावण आत्मश्लाघा सहित अपना विस्तृत परिचय देता है और उसके सामने लंका की महारानी बनाने का प्रस्ताव रखता है। सीता का कटु उत्तर सुनकर रावण अपना राक्षस रूप प्रकट कर देता है और सीता को अपने रथ रथ पर चढ़ाकर आकाशमार्ग से लंका की ओर चल देता है। 'मानस' में इस विशद प्रसंग के लिए अव-काश नहीं है। गोस्वामी जी जगज्जननी सीता की मर्यादा रक्षा के लिए अत्यन्त जाग-रूक हैं। इसके अतिरिक्त 'मानस' का रावण सीता के प्रति पूज्य बुद्धि (312718) रखता है।

सीता के अपहरण के पश्चात् जटायु-प्रसंग 'वाल्मीकीय रामायण', 'अध्यात्म रामायण' और 'मानस' में लगभग एक ही रूप में वर्णित होते हैं। 'वाल्मीकीय रामा-यण' में सीता करुण स्वर में विलाप करती है। कहीं वह श्रीराम को व्याकुल स्वर में पुकारती है, रावण की भर्त्सना करती है, पशु-पक्षी आदि से अपनी व्यथा का निवेदन करती है। यहाँ तक कि गोदावरी नदी को भी प्रणाम करती हुई कहती है-"माँ, श्रीराम से शीघ्र ही कहना कि सीता को रावण हर ले जा रहा है।"[184] मार्ग में जटायु को देखकर वह दु:खभरी वाणी में करुण रुदन करती (3149140) है। जटायु रावण को सीता हरण के दुष्कर्म से निवृत्त होने के लिए अनेक प्रकार से समझाता है। अन्त में रावण से घोर युद्ध करता (3150128) है।

रावण और जटायु के द्वन्द्व का विवरण 'वाल्मीकीय रामायण' में पर्याप्त विस्तृत (3-50-52) है। 'मानस' में उस दिगन्त-व्यापिनी करुणा का विशद अंकन नहीं हुआ है, जिसमें समस्त प्रकृति सीता के आर्त-क्रन्दन से अभिभूत हो उठती है। मानसकार ने सूत्र-शैली का आश्रय लेकर उक्त सब सन्दर्भों का समाहार किया (3128112) है।

'वाल्मीकीय रामायण' (315411-3), 'अध्यात्म रामायण' (317162-64) तथा 'मानस' (3128113) में सीता जी के पर्वत शिखर पर बैठे वानरों को देखकर आभू-षण उतारने तथा उन्हें अपने दुपट्टे के टुकड़े में बाँध कर पर्वत पर फेंक देने का वर्णन समान है। 'वाल्मीकीय रामायण' में रावण सीता को अन्त:पुर में ले जाता है तथा अपनी भार्या बनने के लिए विविध प्रकार से अनुरोध करता है। अपने पराक्रम का श्लाघा-परक वर्णन करता है तथा राज्य से भ्रष्ट दीन-तपस्वी राम को अतेज वाला घोषित करता है। यही नहीं, वह सीता को राक्षस विवाह के लिए अनुप्रेरित भी करता है तथा उसके प्रति अनन्य अनुराग और कामासक्ति दिखा कर उसके कोमल चिकने चरणों पर दसों मस्तक तक रख देने के लिए तत्पर (3155134-35) है।

'मानस' में इस विस्तृत वर्णन की अपेक्षा प्रसंग का निर्देश मात्र उपलब्ध है। वहाँ रावण सीता को अन्त:पुर में नहीं, सीधा अशोक वाटिका में ले जाता है। 'वाल्मी-कीय रामायण' में रावण के आत्मश्लाघापरक वैभव और ऐश्वर्य की व्याख्या करने वाले कामान्ध वचनों की अवहेलना करती हुई सीता राम के प्रति अनन्यानुराग का प्रदर्शन करती है। वह दृढ़तापूर्वक

पातिव्रत धर्म पालन में अपनी आस्था व्यक्त करती है। तदनन्तर रावण निशाचरियों को सीता को वाटिका में ले जाकर गूढ़ भाव से रक्षा करने का आदेश देता है।

'वाल्मीकीय रामायण' में स्वर्णमृग वध के पश्चात् राम लौटकर मार्ग में अप-शकुन देखते एवं आशंका व्यक्त करते हैं। सीता को कुटिया में न पाकर वे व्यथित होकर विलाप करते हैं (315712-4)। वे असहाय होकर प्रत्येक लता, वृक्ष, पशु, पक्षी से सीता का पता पूछते फिरते (सर्ग 3160-63) हैं। सीता-वियोग में उनके सारे अंग विह्वल हो गये हैं, बुद्धि काम नहीं करती और चेतना लुप्त हो गयी है (3162128)। 'वाल्मीकीय रामायण' में वर्णित राम का विलाप वेदना का उफनता हुआ सागर है, मानसिक एवं आत्मिक व्यथा की चरम सीमा है। मानवीय वेदना की ऐसी निस्सीम अभि-व्यक्ति अन्य रामकाव्यों में दृष्टिगत नहीं होती। 'अध्यात्म रामायण' में तो सीता के वियोग में राम का विलाप एक मायिक सृष्टि तथा नाटकीय घटना (31813) प्रतीत होती है। 'मानस' में राम द्वारा उन्मत्त होकर यद्यपि वृक्षों तथा पक्षियों को सम्बोधित करते सीता का समाचार पूछने का विशद वर्णन है (मा. 3129 ख। 7-17), तथापि आध्यात्मिक आग्रह वहाँ भी प्रधान है।

सीता की खोज में राम की पक्षिराज जटायु से भेंट होती है। जटायु राम को समाचार देता है कि उसके द्वारा प्रतिरोध करने पर भी महाबली रावण देवी सीता को हर कर ले गया है। वाल्मीकि ने राम-जटायु-संवाद को मौलिक स्तर पर प्रस्तुत किया है। राम जटायु को सीता का भक्षण कर जाने वाला राक्षस समझ कर उसके वध का सहज ही निश्चय कर लेते हैं, जबकि 'मानस' में राम जटायु को राम-चरणों का स्मरण करते हुए (3129118) पाते हैं। जटायु को जलांजलि दान देकर राम अयो-मुखी नामक विशालकाय राक्षसी का वध करते हैं (वा. रा. 316911-19)। 'मानस' में अयोमुखी नामक बीभत्स एवं भयानक रूप वाली राक्षसी के लक्ष्मण से कामेच्छा प्रकट करने वाले प्रसंग का अभाव है। तदनन्तर मार्ग में कबंध नाम के राक्षस से. उनकी भेंट होती है। उसके पेट में ही उसका मुख बना हुआ था। छाती में ही ललाट था। श्रीराम कबंध की दोनों भुजाओं को काट डालते हैं। शाप मुक्त कबंध अपने पूर्व-जन्म की कथा सुनाने के बाद श्रीराम को ऋष्यमूक पर्वत और पम्पा सरोवर का मार्ग बताकर सुग्रीव की मंत्री के लिए (वा. रा. 3172117) अनुप्रेरित करता है। कबंध की घटना 'वाल्मीकीय रामायण' तथा 'मानस' दोनों में ही उल्लिखित है। कबंध को 'अध्यात्म रामायण' में अष्टावक्र (अध्या. 319127) तथा 'मानस' में दुर्वासा ऋषि द्वारा शाप दिये जाने का वर्णन है। 'मानस' में कबंध-प्रसंग का कोई विशेष विस्तार नहीं है। कबंध मतंग ऋषि के आश्रम इत्यादि का कोई संकेत 'मानस' में नहीं देता। वह सहज भाव से अपनी गंधर्व-गति प्राप्त कर आकाश मार्ग में (मा. 313314) चला जाता है। तदुपरांत राम पम्पा सरोवर के तट पर मतंगाश्रम में जाकर शबरी का सत्कार (वा. रा. 3173-74) ग्रहण करते हैं। राम शबरी के आश्रम में पूर्वजनित प्रीति के कारण प्रवेश करते हैं। 'वाल्मीकीय रामायण' में शबरी-प्रसंग विस्तार से है, किन्तु 'अध्यात्म रामायण' में दैन्य भाव तथा नवधा भक्ति (अध्याय 3110) का प्रसंग विशेष है। 'रामायण' में शबरी श्रमशीला, परिचारिणी तपस्विनी के रूप में चित्रित हुई है (वा. रा. 317517-10), जबकि 'मानस' में वह भक्ति का साकार रूप (3129118) है। नवधा भक्ति का उपदेश 'अध्यात्म रामायण' तथा 'मानस' में समान रूप से है। 'वाल्मीकीय रामायण' (3174132) तथा 'अध्यात्म रामायण' (31101 1-44) दोनों में राम से संभाषण के अनन्तर शबरी अग्नि में प्रवेश कर जाती है। 'मानस' में शबरी योगाग्नि में अपना शरीर समर्पित (3135) करती है। मतंगाश्रम के निरीक्षण के पश्चात् राम शबरी के परामर्श से सुग्रीव के मिलने हेतु पम्पा सरोवर के निकट पहुँचते हैं। 'वाल्मीकीय रामायण' (3175) में पम्पा सर का कवित्वमय विशद वर्णन है। मानस में भी उस पम्पा सरोवर की शोभा देखकर राम को समस्त वन में काम-सेना परिलक्षित होने लगती (3137 (ख) 111) है।

आधुनिक रामकाव्य में सीता हरण के मूल में जिन कारणों का उल्लेख हुआ है, उनमें कोई नवीनता नहीं है। किन्तु, शूर्पणखा के प्रति लक्ष्मण के कृत्य की आलोचना अधिक स्पष्ट रूप में की गई है। परिणामस्वरूप रावण की प्रतिशोध-भावना को अधिक सबल आधार मिल जाने के कारण सीता हरण के दुष्कृत्य की गम्भीरता कुछ कम हो जाती है। अधिकांश कवियों ने रावण के हृदय में प्रज्वलित प्रतिशोध का स्पष्ट उल्लेख किया है :

रोषपूर्ण दुष्ट आर्य ने
रावण की भगिनी की नाक काट ली सहर्ष
निर्दोषा नारी पर आर्यपुत्र का प्रहार
क्या है अन्याय नहीं ?[185]

रावण सीता से अपने कृत्य के औचित्य का समर्थन करते हुए शूर्पणखा के अंग-भंग को सामरिक चुनौती के रूप में स्वीकार करता है-

सामरिक चुनौती नर ने दानव को दी है
लंका में उसने ज्वलित अग्नि ही फेंकी है
सीते ! तेरा यह हरण चुनौती की स्वीकृति
मेरे रण-मन की यही प्रथम मेरी झंकृति।[186]

श्री हरदयालु सिंह ने भी सीता हरण को विशुद्ध प्रतिकार-भावना का प्रति-फलन माना है। "वह देश, जाति एवं राष्ट्र के नाम पर मर मिटने वाला व्यक्ति था और शूर्पणखा के अपमान को समस्त राक्षस जाति का अपमान समझता था।[187] 'रावण-महाकाव्य' में शूर्पणखा अपने विरूपीकरण का चित्र खींचकर पत्र के साथ समग्र घटना-वृत्त को रावण के पास प्रेषित करती है और स्वयं आत्मदाह कर लेती है। ऐसी स्थिति में रावण भी राम को अपमानित कर उनके यश को दूषित करने का निश्चय करता है।[188] स्पष्टत: वैर-शोधन की भावना सीता हरण के मूल में एक प्रबल प्रेरक हेतु है। आधुनिक कवि राम के औदात्त्य के प्रति प्रणत होकर भी इस कृत्य को अनुचित[189] ही मानता है तथा सहज मानवीय धरातल पर उचित भी।[190] मारीच को स्वर्ण-मृग बनने के लिए प्रेरित करने तथा उसके मृगचर्म को देख कर सीता के प्रलुब्ध होने, राम का धनुष-बाण लेकर उसका अनुसरण करने और राम की अनुपस्थिति में रावण द्वारा सीता के अपहरण करने की घटनाओं का या तो आधुनिक कवियों ने संकेत मात्र कर दिया है अथवा परम्परित कथा का प्रत्यक्ष अनुसरण मात्र किया है। 'अरुण रामायण' में मारीच रावण को उसके दुष्कृत्य से विरत करने के लिए अनेक नीतिपूर्ण युक्तियाँ प्रस्तुत करता है,[191] जबकि 'रावण-महाकाव्य' में मारीच बिना किसी तर्क-वितर्क के इस कार्य में योग देता है। 'साकेत' में भी मारीच के तर्क-वितर्कों का कोई उल्लेख नहीं है।[192] इस प्रकार मारीच प्रसंग में किसी नवीन भावभूमि के अनुसंधान का अवकाश न पाकर कवियों ने गतानुगतिक रूप में ही इसका उल्लेख मात्र कर दिया है।"[193]

सीता हरण का प्रसंग कतिपय आधुनिक कवियों ने प्रतीकात्मक रूप में भी चित्रित किया है। श्री सुमित्रानंदन पंत ने सीता को उपचेतन मन की चैतन्य ज्योति के रूप में अंकित किया है, जो स्वर्ण मृग (पार्थिव वैभव) से प्रलुब्ध होकर भू (जड़) संस्कारों की ओर लौट आती है। रावण के द्वारा सीता का अपहृत होना मूल चेतना का जड़ संस्कारों में बद्ध होना ही है-

भू-संस्कार पुराने घेरे, उपचेतन मन को थे मेरे,
भू के गत जीवन की छाया, मन में थी प्रच्छन्न समायी !
विषय मोह मिस चेतन में जग, होना था मन से उसे बिलग,
माया मृग बन वह मरीचिका, ज्यों सोने का तन धर लायी।[194]

जयशंकर त्रिपाठी ने सीता को पृथ्वी की भाषा और राक्षसराज रावण को मानव समाज की स्वार्थान्धता का प्रतीक माना है। स्वयं कवि के शब्दों में, "किसी जाति की भाषा का नष्ट होना, उस जाति की मृत्यु का लक्षण है। राक्षसराज ने उस अनाम कवि की भाषा का जो अपहरण किया, उससे उसका क्रोध उबल पड़ा और प्रतिज्ञा अधिक सबल हो गयी।''[195] अन्यत्र कवि ने सीता को धरती का प्रतीक बतलाया है। सीता का अपहरण धरती की दुरवस्था का प्रतीक है। आधुनिक युग में जो वैभव-मद से उन्मत्त समृद्ध समाज, धरती और धरा पुत्रों का अपमान कर रहा है, वह निश्चय ही आने वाली क्रांति का बीज-वपन कर रहा है। नारी का अपमान युगान्तर की सूचना है। सत् और असत् के द्वन्द्व के अनन्तर पुन: प्रकाश विकीर्ण होगा :

खुला है एक नया युग द्वार, हुआ जो नारी का अपहार,
जगा है कोई उन्मद पाप, जगेगा पुण्य, युगों का भार।
जगेगा भैरवनाद अमन्द, धरा पर उतरेंगे रवि-चन्द;
ज्योति औ' अन्धकार का द्वन्द्व, करेगा जगती को निर्द्वन्द्व।[196]

'अरुण रामायण' के सुंदरकाण्ड में रावण को तंत्र-विशारद तथा सीता को ज्योति-शक्ति का प्रतीक बतलाया है।[197] सीता द्वारा स्वर्ण मृग के प्रति अत्यन्त आसक्ति, मारीच के क्रन्दन तथा 'हे लक्ष्मण !' कहने पर सीता की उद्विग्नता एवं लक्ष्मण को बुरा-भला कहने इत्यादि संदर्भों के विस्तार में पर्याप्त मनोवैज्ञानिक संभावनाएँ थीं किन्तु सीता की मानसिकता में दुरा-ग्रह, चांचल्य इत्यादि नारी-सुलभ दुर्बलताओं का प्रवेश आधुनिक कवि को भी विशेष प्रासंगिक प्रतीत नहीं हुआ।[198] अत: ये संदर्भ प्राय: उपेक्षित ही रहे। 'अरुण रामायण' में प्रसंगत: इन संदर्भों का परम्परा प्राप्त रूप में विकास हुआ है।"[199]

सीता हरण के समय रावण की मायावी भूमिका, सीता रावण का वार्तालाप तथा रावण द्वारा अपहृत किये जाने पर सीता का आक्रोश; आर्त-विलाप एवं करुण-क्रन्दन इत्यादि संदर्भों का भी कोई विशेष उपयोग आधुनिक रामकाव्यों में नहीं हुआ है। जहाँ कहीं उनका उल्लेख हुआ है, वहाँ किसी नवीनता अथवा मनोवैज्ञानिकता का प्राय: अभाव ही है। लक्ष्मण रेखा का संदर्भ तुलसी के 'रामचरितमानस' में प्राप्त नहीं होता। 'साकेत' और 'अरुण रामायण' में इसका उल्लेख हुआ है। 'साकेत' में लक्ष्मण-रेखा के किसी अतिप्राकृतिक प्रभाव या वैज्ञानिक अथवा चमत्कारपूर्ण होने का उल्लेख नहीं है। वह केवल मर्यादा-रेखा है, जो रावण के मार्ग में बाधक नहीं होती।[200] 'अरुण-रामायण' में लक्ष्मण-रेखा साधना-तड़ित है,[201] जिसका छूना असम्भव है। यह आधुनिक की रेडियो-सक्रिय किरण का स्मरण दिलाती है। रावण स्वयं वैज्ञानिक एवं तांत्रिक होने के कारण उस रेखा को पार नहीं करता, क्योंकि उनकी मंत्र-सफलता इससे आगे नहीं जा सकी।[202] वैज्ञानिकता के साथ मनोवैज्ञानिकता का आधार लेकर कवि ने उक्त घटना को अधिक विवेकसम्मत बना दिया है। जब सीता लक्ष्मण रेखा पार नहीं करती तो रावण सीता की उत्सुकता को जाग्रत करने के लिए अचानक कह उठता है— "राम-लक्ष्मण हँसते आ रहे इधर।"[203] बस, सीता उत्कण्ठा के कारण रेखा पार कर जाती है। रावण द्वारा सीता हरण रामायण की कथा का नाटकीय मोड़ है। सीता के करुण विलाप में महाकाव्योचित संभावनाएँ तो हैं किन्तु नवीन दृष्टि के विकास के लिए अवकाश नगण्य है। 'साकेत' में इस करुण-विलाप का प्रसंग नहीं है। 'अरुण रामायण' में सीता रावण को बुरा-भला कहती है तथा लक्ष्मण की आज्ञा न मानने पर अनुताप करती है। वह रावण की नैतिक चेतना को प्रेरित करती है।[204] इस सम्पूर्ण प्रसंग में कोई नवीनता दृष्टिगोचर नहीं होती है। हाँ, वैसी 'तार-खबर' यहाँ अवश्य नहीं है जिसकी शिकायत केशव में संदर्भ में डॉ. पीतम्बरदास बड़थ्वाल ने की है।[205] स्पष्टत: सीता हरण प्रसंग में कथानक के स्तर पर किसी मौलिकता के प्रदर्शन का अवकाश न रहने पर भी, संवेदना एवं विचारधारा के नवीन स्तरों का आभास देखकर आधुनिक कवियों ने अपनी नवीन उद्भावनाओं का परिचय दिया है। जटायु-प्रसंग तथा सीता-हरण के अनन्तर राम के विलाप आदि का इतिवृत्त आधुनिक रामकाव्यों में किसी मौलिक उद्भावना के स्तर पर विशेष विस्तार नहीं पा सका है। राधेश्याम कथावाचक की 'श्रीरामकथा'[206] तथा 'अरुण रामायण' में यह प्रसंग कथा-क्रम के निर्वाह मात्र के लिए समाविष्ट किए गए हैं :

"मधुकर हे ! मधु बरसाने वाली कहाँ गयी ?
हे सुमन ! सुगंध लुटाने वाली कहाँ गयी?"[207]

जैसी पंक्तियाँ मानस का अनुवाद-मात्र हैं। हाँ, जटायु-राम के मिलन के अवसर पर कवि ने राम के द्वारा जाति-भेद की आलोचना कराते हुए जटायु के प्रति जो भावना व्यंजित की है, उसमें आधुनिक विचारधारा की प्रतिध्वनि लक्षित होती है :

मत कह कि नीच है तू-तेरी है नीच जाति
कृत्रिम है, कृत्रिम; मनुज-जगत् की जाति-पाति
कर्मानुकूल ही वर्ण-चेतना मंगलमय
सत-शिव-सुन्दर से श्रेष्ठ न कोई जीवन जय।[208]

'साकेत' में भी जटायु-प्रसंग केवल इतिवृत्त-मात्र के निर्वाह के लिए आया है।[209] यही स्थिति कबंध-प्रसंग की है। परम्परित कथाक्रम में जहाँ वह राम को सुग्रीव से मित्रता का परामर्श देता है वहाँ 'साकेत' में वह सीतान्वेषण में तत्पर राम-लक्ष्मण के मार्ग में अवरोध-मात्र उपस्थित करता है। कथाक्रम के विकास में उसकी कोई भूमिका नहीं है। 'अरुण रामायण' तथा 'लक्ष्मण-काव्य' में भी शीशहीन दुर्दम्य दानव कबंध मृत्यु-क्षण में सीता के अनुसंधान के लिए वानरपति सुग्रीव से मिलने का परामर्श देता है। तदनन्तर लक्ष्मण उसका दाह संस्कार करते हैं।[210]

आधुनिक रामकाव्य में कथा के इतिवृत्त-निर्वाह के लिए शबरी-प्रसंग को भी विशेष महत्त्व नहीं दिया गया है। अस्पृश्यता निवारण की आधुनिक मनोभूमिका के लिए शबरी-प्रसंग में जो अवकाश रहा, उसका उपयोग करने के लिए स्वतंत्र ('शबरी' मायादेवी शर्मा, वचनेश एवं नरेश मेहता-कृत) काव्य अवश्य रचे गये हैं जिनका महत्त्व इतिवृत्त की अपेक्षा वैचारिक और चारित्रिक संदर्भों की अभिनव परिकल्पना के कारण है (देखें, अध्याय 3 में शबरी का चरित्र)।

किष्किन्धाकाण्ड

राम-सुग्रीव-भेंट

'वाल्मीकीय रामायण' के अनुसार पम्पा सरोवर से चलकर श्रीराम ऋष्यमूक पर्वत की ओर अग्रसर होते हैं। सुग्रीव राम-लक्ष्मण को देखकर भारी भय से चिन्ता-क्रान्त हैं। सुग्रीव की आज्ञा से हनुमान श्रीराम और लक्ष्मण से वन में आने का कारण पूछते हैं। हनुमान अपने संभाषण में दौत्य कर्म की उत्कृष्टता का परिचय देकर एक दक्ष राजनीतिज्ञ की प्रतिभा का उन्मेष व्यक्त करते हैं। तदनन्तर हनुमान के वैदुष्य का स्तवन कर राम अपनी व्यथा-कथा बताते हैं। उनका परिचय प्राप्त कर हनुमान उन्हें सुग्रीव के पास लाकर तथा अग्नि को साक्षी बनाकर उनकी मित्रता करा देते हैं। सुग्रीव सीता द्वारा फेंके गए आभूषण एवं वस्त्र राम को दिखाते हैं तथा सीतान्वेषण के कार्य में सहयोग की इच्छा व्यक्त करते हैं। राम सुग्रीव का व्रत सुनकर बालि-वध की प्रतिज्ञा करते हैं। 'अध्यात्म रामायण' और 'मानस' में हनुमान सुसंस्कृत ब्राह्मण ब्रह्मचारी का वेश धर कर राम से मिलने आते हैं तथा राम का परिचय प्राप्त करते हैं। 'अध्यात्म रामायण' में 'वाल्मीकीय रामायण' के समान राम को देखकर सुग्रीव के हृदय में शंका उत्पन्न नहीं होती। वह (सुग्रीव) तो उन्हें त्रिगुणातीत साक्षात् नारायण के रूप में ही मानता है।[211] 'अद्भुतरामायण' में सुग्रीव राम को बालि का व्यक्ति समझ कर भयभीत होता है। हनुमान भिक्षुक का रूप धारण कर जब राम के पास जाते हैं तो राम चतुर्बाहु, शंख, चक्र, किरीटधारी विष्णु के रूप में हनुमान के सामने स्वयं को प्रदर्शित करते हैं। उक्त रामायण में हनुमान किसी वेदज्ञ पंडित के रूप में सम्मुख नहीं आते, बल्कि उन्हें एक भक्त बताया गया (सर्ग 10) है। 'मानस' में भी हनुमान अपनी अज्ञानता प्रकट हुए कहते हैं :

" तव माया बस फिर हुँ भुलाना। तातें मैं नहिं प्रभु पहचाना।''[212] 'मानस' और 'अध्यात्म रामायण' में हनुमान की विद्वत्ता की संकल्पना का अभाव है। उनमें हनुमान केवल एक भक्त वानर के रूप में ही गृहीत हैं। 'मानस' में दैन्य भावा-पन्न, भक्ति रसार्द्र, भाव-विभोर शरणागति का जो चित्र है, वह हनुमान के भक्त स्वरूप को अधिक दृढ़ रूप में प्रस्तुत करता है। कुछ भाव क्षणों के आनन्द के पश्चात् हनुमान की कर्तव्य-बुद्धि जाग्रत हो उठती है और वे स्वामी सुग्रीव को भी आत्मानुभूत आनन्द का अनुभव कराने के लिए तुरन्त दोनों को पीठ पर चढ़ाकर सुग्रीव के पास ले चलते हैं। सुग्रीव का बालि-वध के विषय में राम के पराक्रम पर संदेह 'वाल्मीकीय रामायण' (411113) तथा 'मानस' (416111) दोनों में वर्णित है। 'वाल्मीकीय रामा-यण' में बालि का दुन्दुभि दैत्य को मारने तथा उसकी लाश के मतंग-वन में फेंकने और मतंग मुनि के बालि को शाप देने की घटना का पूर्ण विवरण (411117) है जिसका 'मानस' में केवल संकेत मात्र किया गया है। वहाँ राम दुन्दुभि के अस्थि-कंकाल फेंक कर सात ताल-वृक्षों का भेदन कर सुग्रीव को आश्वासन देते हैं। 'मानस' में मित्र: दुख से संतप्त उद्वेलित राम का अपेक्षाकृत अधिक उद्दीप्त चित्रण है (41611-2)। अधर्म के उन्मूलन तथा धर्म के

संस्थापन के लिए वे तत्क्षण ही दृढ़ प्रतिज्ञा कर उठते हैं :

"सुन सुग्रीव मारिहौं बालि एक ही बान।"[213]

दुन्दुभि दैत्य के अस्थि-पिंजर (वा. रा. 4111185) और ताल-वृक्षों (वा. रा. 41 1213) के भेदन से सुग्रीव को बालि वध का विश्वास हो जाता है। श्रीराम की आज्ञा से सुग्रीव बालि को ललकारता है तथा उससे पराजित होकर मतंग-वन में भाग जाता है। श्रीराम उसे बताते हैं कि स्वर, कान्ति, दृष्टि, पराक्रम और बोलचाल के द्वारा तुम दोनों में कोई अन्तर दिखाई नहीं देता, अत: उन्होंने प्राणान्तकारी बाण (वा. रा. 4112130-33) छोड़ने का विचार स्थगित कर दिया था। पुन: सुग्रीव गजपुष्प-लता गले में डाल कर और आश्वासन पाकर (4112140-42) श्री रघुनाथ जी के साथ किष्किन्धा पुरी में पहुँच जाता है। सुग्रीव की गर्जना सुनकर बालि की पत्नी तारा सशंकित होकर बालि को रोकती है (वा. रा. 4115) तथा सुग्रीव और श्रीराम से मैत्री करने का आग्रह करती है। किन्तु बालि तारा के परामर्श पर ध्यान नहीं देता (4-1611-10)। यह घटना 'मानस' और 'वाल्मीकीय रामायण' दोनों में एक ही रूप में वर्णित है किन्तु 'वाल्मीकीय रामायण' में जहाँ बालि अपनी निर्भीकता का परिचय देता है, वहाँ 'मानस' में वह राम को समदर्शी मानकर अपनी परमगति विचार कर सुग्रीव से लड़ने के लिए जाता है-

कह बाली सनु भीरु प्रिय, समदरसी रघुनाथ।
जो कदाचि मोहि मारहिं तो पुनि होउँ सनाथ ॥[214]

यह वर्णन 'अध्यात्म रामायण' द्वारा प्रेरित है (अध्या. 412135-37)। सुग्रीव से द्वन्द्व युद्ध करते समय बालि राम के बाण द्वारा आहत होकर पृथ्वी पर गिर पड़ता है। इस प्रच्छन्न आघात के लिए वह राम की कठोर स्वर में भर्त्सना करता है। वह कहता. हैं, "मैं आपसे युद्ध करने नहीं आया था। मुझ पराङ्मुख का वध करके आपने कौन-सा यश प्राप्त किया ? आप जैसे धर्म ध्वजी साधु-वेशधारी के लिए यह छल उचित नहीं (वा. रा. 5117116) था।" 'वाल्मीकीय रामायण' में बालि के व्यक्तित्व का यह स्वर लौकिक है — "सब लोग तुम्हें कुलीन व्रतधारी दयाशील कहते हैं। तुम राघव कुल में जन्म लेकर कैसे इस पाप कर्म में प्रवृत्त हुए ?" (4117128)। 'अध्यात्म रामा-यण' और 'मानस' (412148) में बालि के इन कटु वचनों को स्थान नहीं मिला है। 'मानस' में बालि के हृदय में प्रीति और मुख पर कठोर वचन (मा. 41814-5) हैं।

'वाल्मीकीय रामायण' में राम अपनी सफाई में दो तर्क प्रस्तुत करते हैं--(1) राजा भरत का प्रतिनिधि होकर अनुज की भार्या के अपहरण का समुचित दण्ड देने का उन्हें अधिकार है (4118118), तथा (2) धर्म पंडित। राजर्षि मृगया खेलते हैं, तुम वानर मात्र हो। अत: तुम्हारे वध करने का हमारा जन्म सिद्ध अधिकार (41 18140) है। स्पष्टत: इसमें बालि का वर्णन एक वनचारी पशु के रूप में है। प्रारम्भ में बालि को जिस प्रवीण प्रतापी राजा के रूप में चित्रित किया गया है, उसका ऐसा स्वरूपान्तरण निश्चय ही परवर्ती क्षेपक प्रतीत होता है।[215] 'अध्यात्म रामायण' में अनुज-वधू के अपहरण का दोष ही (412160-61) बालि के सिर पर है। वहाँ बालि कहता है कि अब मैं समझ गया कि आप साक्षात् परमेश्वर हैं, जिनका दर्शन योगियों को भी दुर्लभ है (412175 67)। 'मानस' में भी लगभग यही दृष्टिकोण है :

जन्म जन्म मुनि जतन कराहीं। अन्त राम कहि आवत नाहीं।।[216]

इस प्रकार बालि जन्म-जन्मान्तर के लिए प्रभु से ग्रन्थि-बंधन कर लेता है। भौतिक क्षेत्र में अपने एकमात्र उत्तराधिकारी पुत्र अंगद को वह प्रभु की गोद में समर्पण कर निर्वाण-पद को प्राप्त होता है। राम तारा को विलाप करती देखकर तत्त्व-ज्ञान प्रदान कर उसे भी भक्ति की अधिकारिणी बना देते हैं (अध्या. 413118)।

'वाल्मीकीय रामायण' में बालि-वध के अनन्तर अंगद बार-बार सुग्रीव की कठोरता तथा राम के विश्वासघात का उल्लेख करता है। 'हनुमन्नाटक' में अंगद ने दूत-कार्य के लिए जाते समय राम के प्रति वैर और उनके वध की (813) अभिलाषा भी की थी। लव-कुश के माध्यम से भवभूति ने भी राम के इस कृत्य की स्पष्ट भर्त्सना-कराई है।[217] 'कम्बरामायण' में राम को उक्त दोष से मुक्त कराने का प्रयास द्रष्टव्य है। लक्ष्मण यहाँ यह तर्क देते हैं कि मेरे भाई का व्रत है कि वह शरणार्थियों

को अभय दान देंगे। अत: सुग्रीव को दिए गए वचन की रक्षा के लिए वे छिप कर नीति-भ्रष्ट बालि पर तीर चलाने को विवश हुए।[218] 'वाल्मीकीय रामायण' के अनुसार, बालि जब तक एक विशिष्ट माला को पहनता रहा, मर नहीं सकता था। 'कम्ब रामायण' के अनुसार बालि को अपने प्रतिद्वन्द्वी के प्राप्त बल का अर्धांश मिला करता था।[219] 'महा-वीर-चरितम्' में माल्यवान के उभारने पर बालि राम-लक्ष्मण का मार्ग रोक लेता है और द्वन्द्व में बालि मारा जाता है। इससे स्पष्ट है कि परवर्ती साहित्य में संदर्भों की पुन: उद्भावना के द्वारा तार्किक स्तर पर राम को बालि-वध के दोष से मुक्त कराने तथा उक्त कार्य को न्यायसंगत सिद्ध करने का पर्याप्त प्रयत्न किया गया है।

सुग्रीव-मैत्री के उपरान्त राम लक्ष्मण के साथ प्रवर्षण गिरि की गुफा में वर्षा, बिताते हैं। 'देवीभागवत' (3130) में राम के नवरात्रोपवास तथा विजयपूजा ऋतु सम्पन्न करने का संकेत है। 'शिवपुराण' में राम की शिवपूजा (3153-55) का विस्तृत वर्णन है। 'मानस' में प्रवर्षण पर्वत पर देवनिर्मित गिरि-गुहा में रहने के उल्लेख के साथ (4111-10) वर्षाजन्य विरहोद्दीप्त भावना का मार्मिक वर्णन है (4-12-17)। 'रामचरितमानस' में सुग्रीव को सीता-अन्वेषण में तत्पर न देखकर राम शीघ्र ही उद्विग्न और उत्तेजित हो उठते (411415) हैं। यह 'अध्यात्म रामायण' का प्रभाव है। वहाँ राम का स्वर विरह-जनित संताप के कारण कुछ अधिक प्रखर एवं तेजोद्दीप्त (41518-0) है। कर्तव्यविमुख सुग्रीव के प्रति राम का यह आक्रोश प्राय: सभी राम-काव्यों में वर्णित है। लक्ष्मण भी राम के उस उद्दीप्त रूप को देखकर द्विगुणित क्रोध से आविष्ट हो उठते हैं। लक्ष्मण के क्रोध के प्रति राम की प्रतिक्रिया लगभग सभी रामा-यणों में अधिक करुणामयी एवं वत्सलता से परिपूर्ण है। 'वाल्मीकीय रामायण' में, यह सोचकर कि कहीं प्रीति और सख्य का अपमान न हो, राम तुरन्त कह उठते हैं— "लक्ष्मण, उसकी प्रीति और सख्य का स्मरण करते हुए तुम्हें सुग्रीव का अनिष्ट नहीं करना चाहिए।"[220] 'अध्यात्म रामायण' में भी राम का स्वर सुग्रीव के प्रति उतना ही करुणायुक्त है— "वत्स ! सुग्रीव मेरा प्यारा मित्र है। उसे मारना मत, उसे डराना और शीघ्र ही उसका उत्तर लेकर आ जाना।"[221]

'वाल्मीकीय रामायण' में सुग्रीव के कार्य की उदासीनता की पर्याप्त कटु आलो-चना है (413417-19), परन्तु तारा का विवेकसम्मत एवं तर्कपूर्ण वार्तालाप लक्ष्मण के क्रोध को शांत करता है (413512-30)। सुग्रीव अपनी कृतज्ञता व्यक्त करने के लिए वानर सेना के संगठन का आदेश (4137) देते हैं। असंख्य वानर सेना को लेकर सुग्रीव लक्ष्मण के साथ पालकी में बैठकर राम से मिलने जाते हैं (4138)। सुग्रीव द्वारा अपनी कामान्धता पर ग्लानि का प्रदर्शन 'मानस' में भी इसी प्रकार (411917-8) वर्णित है।

आधुनिक रामकाव्य में राम-सुग्रीव-मैत्री जैसे वर्णनों को कथा क्रम के निर्वाह-मात्र के प्रयोजक होने के कारण विशेष महत्त्व नहीं मिला है। 'साकेत' में केवल इतिवृत्त मात्र के निर्वाह के लिए हनुमान द्वारा परम्परित कथा का उल्लेख कराया गया है। मूल कथा में निहित सुग्रीव के हृदयस्थ संशय, दुविधा तथा बालि के उपा-लम्भ, अनुताप इत्यादि मानसिक भूमियों का विस्तार यहाँ नहीं हुआ है।"[222] यहाँ बालि को कामी अग्रज तथा बर्बर पशु परम्परित मिथ के अनुसार ही कहा गया है।[223] राम, सुग्रीव तथा हनुमान पर सहज सहानुभूतिवश अपनी प्रीति दिखलाते हैं। वानर जाति के विषय में हनुमान का कथन है कि वे आकृति में नर के समान थे। प्रकृति उनकी अवश्य विषम थी।[224] सात तालवृक्षों के भेदन की कथा का भी उल्लेख साकेतकार ने किया है, किन्तु उसके मूल में किसी तीव्र अंतर्विरोध अथवा द्वन्द्व की वह स्थिति नहीं है[225], जो 'वाल्मीकीय रामायण' के सुग्रीव को राम के बल-पौरुष की परीक्षा के लिए विवश करती है।

'अरुण रामायण' में 'अध्यात्म रामायण' से प्रेरणा प्राप्त कर राम सुग्रीव-मंत्री की पृष्ठभूमि निश्चित की गयी है। पम्पासर में रुके हुए राम को प्रभुदर्शी ऋषि सत्संग के समय पवनसुत की कथा का स्मरण कराते हैं।[226] उनके अनुसार पर्वताकार कपि-तन में अमित शक्तियाँ केन्द्रित हैं तथा अपने दुस्तर तप, आत्मिक तेज एवं साधना से उसने महान् सिद्धि अर्जित की है। वे ज्योतिर्मयी सीता को आसुरी शक्ति से मदोन्मत्त रावण के चंगुल से मुक्त कराकर लाने में सफल हो जाते हैं।[227] हनुमान से मिलने की उत्कण्ठा से राम जब ऋष्यमूक पर्वत की ओर जाते हैं, तब उनके हृदय में पवनपुत्र की कल्पित छवि पूर्णत: विद्यमान होती है।[228] ऋष्यमूक पर्वत पर राम को देख कर सुग्रीव के भय और आशंका का वर्णन वाल्मीकि अथवा तुलसी

की ही पद्धति पर है। भेंट होने पर शंकालु हनुमान भी प्रारंभ में राम से वैसे ही प्रश्न पूछते हैं, जैसे 'मानस' के हनुमान पूछते हैं। तदनन्तर वे राम से वास्तविकता का ज्ञान होने पर वानराधिपति सुग्रीव से मैत्री के लिए प्रार्थना करते हैं। सुग्रीव द्वारा राम के साथ अग्नि साक्षी मंत्री के अनन्तर सीता अपहरण का वृत्तान्त तथा राम को वस्त्र खण्ड दिखलाने इत्यादि की कथा में कोई नूतनता नहीं है।[229] पुनः सुग्रीव राम से अपने वन-वास का कारण बतलाता है। एक मायावी क्रूर असुर का पीछा करते हुए बालि का गुफा में उससे युद्ध करने, एक पक्ष तक सुग्रीव से प्रतीक्षा करने की कहकर मास भर तक युद्ध करते रहने, गुफा के द्वार पर रक्त बहता देखकर सुग्रीव के गुफा द्वार पर शिला लगाकर लौट आने, विश्वासघात के आरोप में बालि द्वारा सुग्रीव को निष्कासित करने इत्यादि की व्यथा-कथा का ऐसा विस्तृत वर्णन आधुनिक रामकाव्यों में 'अरुण-रामायण' में ही मिलता है।[230] 'अरुण रामायण' की इस प्रसंग सम्बन्धी अनेक उक्तियों पर 'मानस' की छाप स्पष्ट है।[231] तदनन्तर मैत्री-धर्म के निर्वाहार्थ बालि-वध के लिए राम का निर्णय तथा सुग्रीव के द्वारा उनकी शक्ति पर शंका व्यक्त करने एवं ताल-भेदन आदि का इतिवृत्त भी 'वाल्मीकीय रामायण' अथवा 'मानस' का अनुसरण करता है। राम द्वारा प्रेरित होकर सुग्रीव का बालि से युद्ध करने तथा प्रथम बार मार खाकर लौट आने का उल्लेख भी परम्परानुसार ही है। यहाँ 'अरुण' ने बालि की उस शक्ति का भी वर्णन किया है जो प्रतिद्वन्द्वी के सम्मुख आने पर उसकी अतिरिक्त शक्ति को अपने में समाहित कर लेती थी।[232] दूसरे युद्ध में वृक्ष की आड़ से राम का छिप कर बालि को मारने तथा बालि द्वारा उनकी निंदा-उपालम्भ तथा स्तुति के वृत्त पर भी 'अध्यात्म रामायण' का यत्किंचित् प्रभाव है :

> हे प्राण हरण करने वाले, हे विश्व-प्राण !
> तुम मृत्युलोक के सभी प्राणियों से महान्
> जीवात्मा में परमात्मा की लीला-तरंग
> कामना तुम्हीं, भावना तुम्हीं, तुम हर उमंग ...[233]

श्री जयशंकर त्रिपाठी ने 'आंजनेय' नामक काव्य में सुग्रीव को अधिक सक्रिय एवं कर्मरत दिखलाया है। राक्षसों की अपावन संस्कृति के विस्तार से चिंतित सुग्रीव एक ओर तो अपने बल से उन्मत्त बालि से अपनी दारा अपहरण के कारण क्षुब्ध है तो दूसरी ओर राक्षसी संस्कृति की पशुता के आतंक एवं अत्याचार से पीड़ित है :

> सोचता था सुग्रीव-"अनर्थ, विभव से भरा लोक यह मर्त्य,
> शीलता है मुमूर्षु, मृत त्याग हो रहा जो अनित्य का नर्त्य।
> हाय ! भाई का वह पाखण्ड, आह ! उसका वह दर्प प्रचण्ड,
> हन्त ! मेरे अभाग्य श्लथ-प्राण ! शोक ! बल न्यून भुजा के दण्ड।[234]

इस प्रकार से सुग्रीव की मानसिक पृष्ठभूमि इस रूप में निर्मित की है कि राक्षसी उद्दण्डता से चिंतित सुग्रीव स्वयं ही एक ऐसे सहायक की खोज में है जो युग का आराध्य हो तथा उस पीड़ा से उसे मुक्ति प्रदान कर सके :

> कौन हो उसे सहायक आज ? व्यक्ति का विक्रम युग-आराध्य,
> महाबल राक्षस लंकानाथ कक्ष में दबने से था बाध्य।[235]

'युग-आराध्य' शब्द के प्रयोग से कवि ने सुग्रीव की वैयक्तिक चिता को सामाजिक दायित्व से जोड़ दिया है। सुग्रीव की यह चिंता एक राष्ट्रव्यापी चिन्ता का परिणत रूप है।

'आंजनेय' काव्य में राम सुग्रीव-भेंट के वृत्त की प्रतीकात्मक स्तर पर भी विवृति हुई है। डॉ. बलदेवप्रसाद मिश्र इस काव्य के कथानक के प्रतीकात्मक धरातल का उल्लेख करते हुए लिखते हैं कि "इसके राम को अनादि कवि माना गया है। सीता को उनकी भाषा और लक्ष्मण को उनका स्वर। आंजनेय हैं विश्व काव्य के पाठक....समाज का दानव-कल्प स्वार्थं कवि की भाषा का अपहरण कर उसे चुनौती देता है"[236]

" साथ में प्रभु की रचना-शक्ति, जनक-तनया निमिकुल की कीर्ति,
बनी थीं वनवासी व्रतधार ब्रह्म की माया-सी संगति।
किन्तु वह स्वयं हुईं रचनार्थ राक्षसों ने उसको अपहार,
दिया है प्रभु के प्रण के हेतु खोल-सा श्रीगणेश का द्वार...[237]

राम द्वारा सुग्रीव से मैत्री की आकांक्षा अथवा सुग्रीव द्वारा राम से बालि को दण्ड देने की प्रार्थना केवल वैयक्तिक स्वार्थ के लिए अनुबंधित दो व्यक्तियों की अभिसंधि नहीं है, अपितु सामाजिक उत्पीड़न से पीड़ित धरती को मुक्त करने की कामना ही इस अन्त:प्रेरणा के मूल में सक्रिय है ! आंजनेय स्वयं अनुभव करते हैं कि सीता का अप-मान मूलत: नारी जाति का अपमान है :

"खुला है एक नया युग द्वार, हुआ जो नारी का अपहार,
जगा है कोई उन्मद पाप, जगेगा पुण्य युगों का भार।
जगेगा भैरव नाद अमन्द, धरा पर उतरेंगे रवि-चंद,
ज्योति और अंधकार का द्वन्द्व, करेगा धरती को निर्द्वन्द्व।[238]

निष्कर्षत: आधुनिक रामकाव्यों में राम सुग्रीव-मंत्री का इतिवृत्त हनुमान को केन्द्र में रखकर गतिशील हुआ है। यहीं आगामी संघर्ष के लिए हनुमान की भूमिका निर्मित होती है।[239] प्रकारांतर से यह वृत्त राम हनुमान मंत्री का ही इतिवृत्त बन गया है, जबकि 'मानस' इत्यादि मध्ययुगीन अथवा प्राचीन काव्यों में इस प्रसंग में हनुमान की भूमिका इतनी सक्रिय नहीं है।

सीतान्वेषण

'वाल्मीकीय रामायण' में श्रीराम की आज्ञा से सुग्रीव द्वारा सीतान्वेषण के लिए वानरों के प्रेषण (4140) का विशद विवरण है। राम हनुमान को अभिज्ञान के रूप में स्वनाम-अंकित अँगूठी देते हैं।[240] डॉ. कामिल बुल्के के अनुसार-" अधिक संभव यही प्रतीत होता है कि ' आदि रामायण' में इस अभिज्ञान का उल्लेख नहीं मिलता था; सीता द्वारा दिखा दिए अभिज्ञानों के अनुकरण पर राम द्वारा भी अभिज्ञान दिये जाने की कल्पना स्वाभाविक है। 'महाभारत' के रामोपाख्यान में राम द्वारा कोई निशानी दिये जाने की चर्चा नहीं मिलती।[241]

कतिपय रामायणों में राम द्वारा सीता के अन्तरंग-वृत्त को आलोकित करने वाले अभिज्ञानों का भी संकेत है। उदाहरण के लिए अभिनन्दन-कृत 'रामचरित' (सर्ग 8) में राम स्तनोत्तरीय देते हैं।[242] 'भावार्थ रामायण' (5, 12) में हनुमान अभिज्ञान के रूप में सीता से कहते हैं कि जब आप वल्कल पहनने में असमर्थ थीं, तो राम ने आपकी सहायता की थी।[243] 'कम्ब रामायण' में भी राम ने हनुमान को पूर्वानुराग का वर्णन सुनाया था तथा सीता का नखशिख वर्णन किया था।[244] 'मानस' में उक्त अभिज्ञानों का अभाव है। केवल सांकेतिक वृत्त है। 'वाल्मीकीय रामायण' (4147-59), 'अध्यात्म रामायण' (418) तथा 'मानस' (412511-2) तीनों में पर्याप्त समय तक सीता के संधान की संभावना न देखकर सभी वानर सुग्रीव द्वारा पूर्व निर्णीत दण्ड की आशंका से उद्विग्न हो उठते हैं। यहाँ जटायु के भाई सम्पाति से वानरों का साक्षात्कार होता है, उसकी प्रेरणा से वानर दक्षिण दिशा की ओर प्रस्थान करते हैं (4156-63)। समुद्र-तट पर पहुँचकर वानर वीर अपनी-अपनी समुद्र-लंघन की शक्ति का वर्णन करते (4164-65) हैं। अंगद को प्रतिनिवर्तन का संदेह रहा। अत: हनुमान को जाम्बवान उनके पूर्व वृत्तान्त का स्मरण दिलाकर समुद्र-लंघन की आज्ञा देते हैं (4165-66)। 'मानस' में हनुमान का आत्मप्रबोध तीव्रतम रूप में अभिव्यंजित है :

रामकाज लगि तव अवतारा। सुनतहि भयउ पर्वताकारा।[245]

हनुमान की गर्वोक्तियाँ 'मानस' में विशेष नहीं हैं, जबकि 'वाल्मीकीय रामायण' (41 6719-30) तथा 'अध्यात्म रामायण' (419122-24 पूर्वाद्ध) में उनका विशद उल्लेख है।

रामकथा की व्यापार-श्रृंखला में सीतान्वेषण प्रयत्नपक्ष के समारम्भ की निर्णा-यक स्थिति है किन्तु इस प्रसंग में वैचारिकता के उन्मेष का अवसर न होने के कारण आधुनिक कवियों ने मात्र इतिवृत्त के विकास के लिए उक्त घटना का उल्लेख किया है। 'साकेत' में हनुमान बिना किसी अन्तर्द्वन्द्व अथवा साथियों के निर्णय के सहज ही समुद्र-लंघन करते हैं। मार्ग में आनेवाली बाधाओं का कवि ने केवल संकेत मात्र दिया है।[246] लंका की भौतिक समृद्धि का उल्लेख भी किया गया है किन्तु किसी भावात्मक आन्दोलन अथवा स्थिति के द्वन्द्व से प्रेरित वैचारिक चिन्तन 'साकेत' में अनुपलब्ध है। अन्य कृतियों– 'रामचरित चिन्ताणि', 'जय हनुमान', 'अरुण रामायण', 'लक्ष्मण-काव्य' आदि में यह वृत्त परम्परित रूप में ही आया है। इस वृत्त को केन्द्र में रख-कर 'सीतान्वेषण' काव्य भी लिखा गया है किन्तु किसी नवीन प्रसंग की उद्‌भावना के प्रति कवि वहाँ भी आग्रहशील नहीं है। हनुमान द्वारा समुद्र-लंघन के मौलिक वृत्त में अतिप्राकृत तत्त्व का योग है जो आधुनिक काव्य में उस रूप में ग्राह्य नहीं हो सकता, किन्तु आधुनिक कवियों ने इस दिशा में भी कोई सुस्पष्ट समाधान प्रस्तुत नहीं किया है। 'रामचरित-चिन्तामणि' में यह वृत्त अलौकिक रूप में ही प्रस्तुत किया गया है।[247] 'जय हनुमान' में भी हनुमान आकाश मार्ग से ही समुद्र पार करते हैं।[248] मुद्रिका के अभिज्ञान-प्रदान में भी किसी नवीन इतिवृत्त या वैकल्पिक समाधान का प्रयत्न नहीं है। 'साकेत' में राम हनुमान को मुद्रिका देते हैं जिससे स्पष्ट होता है कि दौत्य कर्म का निर्वाह हनुमान के द्वारा ही अभीष्ट था। अत: यहाँ 'रामचरितमानस' की समुद्र-लंघन से पूर्व की गोष्ठी को अप्रासंगिक मानकर छोड़ दिया गया है।

सुन्दर काण्ड

अशोक वाटिका प्रसंग

सुन्दरकाण्ड वाल्मीकि एवं तुलसी की अप्रतिम कला एवं कवित्व शक्ति की पराकाष्ठा का निदर्शक है। इसमें जहाँ हनुमान की कर्तव्य निष्ठा तथा गौरव गाथा का आलोक चित्रांकित है, वहाँ जानकी की करुण दशा तथा धैर्य एवं चारित्रिक निष्ठा का अद्वितीय आख्यान भी है। वस्तुत: हनुमान का चरित्र जितना भास्वर एवं उज्ज्वल इस काण्ड में अंकित हुआ है, वैसा अन्यत्र अलभ्य है। 'वाल्मीकीय रामायण' में जहाँ सौन्दर्य का बाह्य विस्तार है, वहाँ 'रामचरितमानस' में साधना की विशिष्ट भूमि का गौरव-प्रसार।

सीतान्वेषण के लिए दक्षिण दिशा की ओर अतुल बल से गमन करते हुए हनु-मान के अद्वितीय पराक्रम का चित्रण वाल्मीकि ने अत्यन्त कवित्वपूर्ण दृष्टि से किया है। हनुमान की मैनाक, सुरसा, सिंहिका आदि के द्वारा परीक्षा तथा वृत्त 'वाल्मीकीय रामायण' तथा 'मानस' दोनों में उल्लिखित है। दृष्टि अपेक्षाकृत अलौकिक एवं अतिप्राकृत तत्त्वों को ग्रहण करने के प्रति विशेष आग्रह-शील नहीं है।[249] महावेगशाली हनुमान पर्वत के समान ऊँची तरंगमालाओं को अपनी छाती से चूर-चूर करते हुए आगे बढ़ रहे थे। उनके शरीर के आघात एवं वेग से सागर में उत्ताल तरंगें उठ रही थीं। वे कपिकेसरी अपने प्रचण्ड वेग से सागर की उत्तुंग तरंगों को आकर्षित तथा पृथ्वी-आकाश दोनों को विक्षुब्ध करते हुए आगे बढ़ रहे थे।"[250]

'वाल्मीकीय रामायण' में वर्णित हनुमान का समुद्र-लंघन अलौकिक शक्ति की अपेक्षा मानव-सामर्थ्य का आख्यान है। 'मानस' में हनुमान के समुद्र-लंघन के व्यापार में अतिप्राकृत तत्त्व का स्पष्ट संकेत है जो किसी वैज्ञानिक तर्क की अपेक्षा भक्ति भाव को विशेष आन्दोलित करता है।[251] 'महाभारत' के रामोपाख्यान में भी हनुमान तैर कर ही समुद्र को पार करते हैं।[252] मार्ग में हनुमान को जिन विभिन्न बाधाओं का सामना करना पड़ा, उनके मूल में ऐतिहासिक सत्य यही दृष्टिगत होता है कि "इस छोटे से समुद्री हिस्से पर भी नाग, किन्नर, राक्षस आदि अनेक जातियाँ अपना अधिकार रखती थीं और उस समय अन्य जाति के द्वारा समुद्र पार करते समय इनका विरोध सहना पड़ता था।[253] हनुमान मार्ग में नागमति सुरसा (511141) तथा बूढ़ी कामरूपिणी सिंहिका राक्षसी (5111182-195) द्वारा डाले गए विघ्नों पर विजय पाकर लंका में पहुँचते हैं।

लंका में प्रवेश करते ही हनुमान को लंकिनी राक्षसी मिलती है। विरोध करने पर हनुमान उसका वध कर देते हैं। 'मानस' में लंकिनी राक्षसी लका के द्वार की प्रतिहारी है। वह हनुमान की मुष्टिका से विचलित हो कर ब्रह्मा के वरदान के रूप में राक्षसों के समस्त कुल के विनाश की भविष्यवाणी करती है। (51316-8) 'वाल्मीकीय रामायण' में लंका की रमणीक पुरी में प्रवेश करने के उपरान्त हनुमान राक्षसों की वैभवपूर्ण समृद्धि (515110) के दर्शन करते हैं। इस वर्णन से स्पष्ट है कि राक्षसों का जीवन पर्याप्त आदर्शमय था। परवर्ती राम-कथाओं में राक्षसों के इन आदर्शों का विकृत रूप ही उपलब्ध है। 'रामचरितमानस' में उपर्युक्त वर्णन का अभाव है। 'अध्यात्म रामायण' में लंकिनी के निर्देशानुसार हनुमान अशोक वाटिका में पहुँच जाते हैं (51213)।

'मानस' में हनुमान विभीषण के घर को रामायुध-अंकित तथा तुलसिका-वृन्द से समन्वित देखते हैं, जो निश्चय ही परवर्ती कल्पना है। तुलसी के इस अनौचित्य का संकेत आचार्य शुक्ल ने भी ऐतिहासिक दृष्टि की न्यूनता के रूप में किया है-"राम वैदिक समय में थे। उनके समय में न तो रामानन्दी तिलक की महिमा लोगों को मालूम हुई थी, न तुलसी की।"[254] डॉ. रांगेय राघव के अनुसार-" विभीषण को त्रेता युग में राम भक्त दिखाना ऐतिहासिक यथार्थ को अस्वीकार करना है क्योंकि अपने भाई रावण की निरंकुशता से खिन्न होकर विभीषण राम से आ मिला था।[255] अशोक-वाटिका में, 'वाल्मीकीय रामायण' के अनुसार, हनुमान एक मेघाकार अपूर्व पर्वत से निकली नदी के तट राक्षसियों से घिरी दु:ख-संतप्ता देवी सीता को देखकर उसे पह-चानने का यत्न (5115147-52) करते हैं। 'वाल्मीकीय रामायण' में निश्चय ही सीता का वर्णन अधिक करुणापूर्ण एवं जीवन्त है। सीता की भाव-दशा के विश्लेषण में कवि ने सूक्ष्म अन्तर्दृष्टि का परिचय दिया है। 'मानस' में हनुमान के शोकजन्य उद्‌गार तथा करुण प्रतिक्रिया का सांकेतिक उल्लेख मात्र ही है।[256]

रात्रि में कामोन्मत्त रावण सीता के पास (वा. रा. 5120116-36) आता है। रावण के साक्षात्कार से सीता की करुणायुक्त दशा का 'वाल्मीकीय रामायण' में मार्मिक चित्रण है। रावण के वचनों में उसकी वासनोन्मत्त भावना (5-20) का निरा-वृत्त आख्यान है। 'अध्यात्म रामायण' में रावण भक्ति भावना से प्रेरित हो सीता के माध्यम से राम के द्वारा अपनी मृत्यु को आमंत्रित करता है (512115-16)-'वाल्मीकीय रामायण' में कथा के अन्तर्गत जहाँ नाटकीयता का स्वच्छन्द विकास है, वहाँ 'अध्यात्म रामायण' में उसकी घुटन है। 'वाल्मीकीय रामायण' में किसी प्रकार की नैतिकता अथवा आध्यात्मिकता की छाप कथाकार ने नहीं लगाई है। उसमें मर्यादा की घुटन नहीं, बल्कि कवि की सूक्ष्म अभिव्यक्ति है।[257] वस्तुत: राम के दिव्य रूप की दार्शनिक परिकल्पना 'अध्यात्मरामायण' तथा 'मानस' की विशिष्ट उपलब्धि है। राक्षसियों द्वारा सीता को रावण के प्रति उन्मुख करने अथवा उसे प्रताड़ित करने का प्रसंग 'वाल्मीकीय रामायण' में विस्तृत किन्तु 'मानस' में संक्षिप्त ही है। त्रिजटा का स्वप्न 'वाल्मीकीय रामायण' में अधिक विस्तृत रूप में वर्णित है, जबकि 'मानस' में त्रिजटा को जगज्जननी सीता की भक्त दिखाया गया है,[258] जो शोक संतप्ता सीता को चिता बनाकर आत्महत्या करने के विचार से विरत करती है। 'वाल्मीकीय रामायण' में सीता आत्महत्या के विचार से अपनी लम्बी वेणी से स्वयं को फाँसी लगाने का प्रयत्न (5127117) करती हैं।

निशाचरियों के स्थान को त्याग कर चले जाने के पश्चात् हनुमान वृक्ष-शाखाओं के अन्तराल मे छिप कर राम चरित का वर्णन करते हैं किन्तु 'वाल्मीकीय रामायण' में परस्पर वार्तालाप में सीता कुछ आश्वस्त और परन्तु उन्हें वानर-रूपधारी रावण अथवा राक्षस समझने की शंका उनके हृदय से निर्मूल नहीं (513418-9) होती। 'मानस' में 'प्रसन्नराघव' से प्रेरणा ग्रहण कर उक्त घटना को एक नाटकीय स्वरूप प्रदान किया गया है। सीता अशोक वृक्ष से अग्निकण की याचना करती हैं तथा मुद्रिका को याचित अग्नि-कण समझ कर ग्रहण करती हैं। 'पउमचरियं' के अनुसार हनुमान सीता की गोद में मुद्रिका फेंक (पर्व 53) देते हैं, जिसे-देखकर सीता को आनंद मिलता है। मुद्रिका के प्रति सीता का उत्सुक भाव भी महत्त्व-हो उठा है जिससे सीता-मुद्रिका-संवाद के रूप में 'रामचन्द्रिका', 'गीतावली', 'हनु-मन्नाटक', 'प्रसन्नराघव' में उक्ति चमत्कार के स्थल रचे गये हैं। 'मानस' में राम-संदेश-कथन की शैली 'प्रसन्नराघव' और 'हनुमन्नाटक' के आधार पर है। 'प्रसन्न-राघव' में सीता जहाँ 'तदुपनय अंगारखण्डकम्[259] कहकर त्रिजटा से अग्नि की याचना करती हैं, वहाँ 'रामचरितमानस' में

वह अशोक वृक्ष से अग्नि प्रदान करने की प्रार्थना करती (5111110) हैं। 'वाल्मीकीय रामायण' में हनुमान मानुषी संस्कृत बोलकर रामचरित्र का वर्णन कर राम की कुशल क्षेम (5130117-18, 513111-16) कहते हैं। सीता पूर्ण आश्वस्त होकर हनुमान को यह समाचार देती हैं कि अविध्य नाम के एक श्रेष्ठ राक्षस ने रावण को राक्षसों के भावी विनाश की सूचना देकर मुझे लौटा देने का आग्रह किया, किन्तु वह दुष्टात्मा उसके वचनों को (5137112-13) नहीं सुनता। इस पर हनुमान सीता को अपनी पीठ पर बैठा कर राम के पास ले जाने का प्रस्ताव रखते हैं (5137126) जिसका सीता विविध कारणों से निषेध करती हैं। यथा, "वानर-शिरो-मणि, तुम इस लघु शरीर से श्रीराम के पास ले जाने की कैसे आकांक्षा कर (51371 32) सकते हो ?" इस पर हनुमान मेरु पर्वत के समान शरीर धारण कर अपनी शक्ति का प्रमाण (5137137) देते हैं। तदनन्तर सीता तर्क करती हैं : "कपिश्रेष्ठ, तुम्हारी वायु-वेग के समान तीव्र गति के कारण मैं मूच्छित हो (5137145) सकती हूँ।" इस प्रकार के विभिन्न तर्कों में सबसे सुपुष्ट तर्क यह है कि यदि श्री रघुनाथ जी यहाँ राक्षसों-सहित दशग्रीव रावण का वध करके मुझे यहाँ से ले जाएँगे, तभी यह उनके योग्य (51 37164) कार्य होगा। 'मानस' में हनुमान केवल स्वयं को राम का आज्ञानुवर्ती प्रमा-णित कर स्वयं अपनी ओर से कहते हैं :

अबहि मातु मैं जाउँ लिबाई। प्रभु आयुष नहिं राम दोहाई।[260]

'वाल्मीकीय रामायण' में हनुमान अपना प्रस्ताव अस्वीकृत होने पर सीता से अभिज्ञान की याचना करते हैं। सीता उनको काक-वृत्तान्त सुनाकर चूड़ामणि देकर विदा करती (5138112-36) हैं। 'वाल्मीकीय रामायण' में जयन्त प्रसंग का विस्तृत वर्णन है। 'मानस' की प्रबन्ध-धारा में इस प्रसंग का केवल संकेत मात्र है।

अभिज्ञान-ग्रहण के उपरान्त अशोकवाटिका-विध्वंस का प्रसंग प्राय: सभी रामा-यणों में उल्लिखित है। किन्तु 'वाल्मीकीय रामायण' में जहाँ हनुमान का उद्देश्य शत्रु के बल की परीक्षा तथा रावण का क्रोध उत्पादन है (514111-9), वहाँ 'मानस' में यह वानर-सुलभ फल की बुभुक्षा से भिन्न (मा. 511617) नहीं है। 'वाल्मीकीय रामायण' में हनुमान के कूटनीतिज्ञ दृष्टिकोण का (514117) स्पष्ट उल्लेख है। अपने और शत्रु के बलाबल का ठीक भेद लेकर चलने में ही स्वामी के कार्य की सम्पन्नता की उसे विशेष आशा है।

'अध्यात्मरामायण' में भी हनुमान सीता से आज्ञा लेकर अपनी बुभुक्षा की तृप्ति के लिए ही अशोकवाटिका का विध्वंस (513167) करते हैं। हनुमान के कूट-नीतिज्ञ स्वरूप का क्षीण संकेत (513169) वहाँ अवश्य मिलता है।

डॉ. कामिल बुल्के के अनुसार, "वाल्मीकीय रामायण के अशोक वन-विध्वंस तथा लंका दहन प्रक्षिप्त अंश हैं।"[261] रावण के भेजे हुए 80 हजार योद्धाओं, जम्बुमाली, पाँच सेनापतियों तथा रावण-पुत्र अक्ष का वध होने के उपरान्त अन्त में मेघनाद हनुमान को ब्रह्मास्त्र में बाँध लेता है। ब्रह्मा के मंत्रों से अभिमंत्रित होने के कारण हनुमान ब्रह्मपाश की अवमानना नहीं (5143-49 सर्ग) करते। वस्तुत: यह सम्पूर्ण वर्णन आधु-निक वैज्ञानिक तर्क से भिन्न चमत्कारमयी कल्पना तथा अलौकिक मान्यताओं की सृष्टि है। ऐतिहासिक सत्य इतना ही प्रतीत होता है कि मेघनाद के ब्रह्मास्त्र से मूच्छित हनु-मान रावण के दरबार में राक्षसों द्वारा ले जाए गए। हनुमान स्वयं को सुग्रीव द्वारा भेजा हुआ दूत बताकर रावण से सीता को लौटाने का अनुरोध करते हैं। रावण क्रुद्ध होकर हनुमान के वध की आज्ञा देना चाहता है किन्तु विभीषण के अनुरोध पर दण्ड-स्वरूप केवल पूँछ जलाने का आदेश देता (5। सर्ग 52) है। रावण के दरबार में हनु-मान कूट राजनीतिज्ञ होने के साथ राम के अलौकिक रूप से मुग्ध वैष्णव साम्प्रदायिक दृष्टिकोण के प्रतिनिधि (5-51140-41) प्रतीत होते हैं। 'मानस' में वैष्णव रूप मात्र उपमित ही नहीं, स्पष्ट स्वीकृत है। 'अध्यात्मरामायण' में राम के ब्रह्मस्वरूप की व्यंजना अधिक गहन एवं विशद है। उसमें स्पष्टत: राम को विष्णु का अवतार (5141 23) बताया गया है। विभीषण के नीतियुक्त वचनों का उल्लेख 'वाल्मीकीय रामायण' में राजनीतिज्ञ दृष्टिकोणों का स्पष्ट आख्यान है। विभीषण स्पष्टत: कूटनीतिक रहस्य का आश्रय लेता है। वह कहता है—"युद्धप्रिय महाराज, इसके विनष्ट हो जाने पर मैं किसी अन्य प्राणी को ऐसा नहीं देखता जो उन दुर्विनीत राजकुमारों को युद्ध के लिए सन्नद्ध कर सके। मेरा विचार तो यह है कि उन विरह संतप्त राजकुमारों को बन्दी बनाने के लिए तथा आपका प्रभाव स्थापित करने के लिए आपके आदेश से कुछ सैनिक वहाँ (5152124-27) की

यात्रा करें।" किन्तु, मानस में विभीषण स्पष्ट रूप में रामभक्त चित्रित किये गये हैं। वहाँ विभीषण-रावण संवाद संक्षिप्त है। रामचन्द्र के प्रति विभीषण से किसी भी प्रकार के अपशब्दों का प्रयोग कवि ने नहीं कराया (512317) है। लंका दहन के वर्णन में 'वाल्मीकीय रामायण' तथा 'मानस' दोनों में ही चमत्कारमयी कल्पना का आश्रय लिया गया है। वानर की पूंछ पर ममता होती है। अत: इसकी पूंछ पर वस्त्र लपेट कर आग लगाकर उसे छोड़ देने का वर्णन 'वाल्मीकीय रामायण'[262], 'अध्यात्म रामायण'[263] और 'मानस' में एक ही प्रकार से वर्णित है। 'वाल्मीकीय रामायण'[264] में पूंछ में वस्त्र लपेटे जाने, आग लगाये जाने का वर्णन अवश्य है किन्तु मानसोक्त ऐसी चमत्कारमयी कल्पना का अभाव है (515317-8) जिसमें हनुमान जी की पूंछ पर कपड़ा लपेटने में इतने परिमाण में वस्त्र लगा कि नगर में वस्त्र, घृत, तेल का अभाव हो गया। 'वाल्मीकीय रामायण' में हनुमान अपनी विवेक शक्ति तथा राजनीतिक कौशल को कुंठित नहीं होने देते, "मुझ जैसे पुरुष का इन अधम राक्षसों द्वारा बाँधा जाना अनुचित है, अत: बल के रहते हुए मुझे इसका प्रति-कार (5153113) करना चाहिए।" 'वाल्मीकीय रामायण' तथा 'अध्यात्म रामायण' में एक चमत्कारमयी कल्पना के रूप में सीता हनुमान की दुर्दशा का समाचार सुनकर अग्निदेव से प्रार्थना करती हैं कि वह हनुमान के लिए शीतल हो जाएं। तदनन्तर हनु-मान अपना आकार बढ़ाकर विभीषण के महल के अतिरिक्त समस्त लंका को भस्म-सात् (वा. रा. 5154116) कर डालते हैं। लंका दहन के समय राक्षसों के विप्लव, उनकी दुर्दशा का वर्णन 'वाल्मीकीय रामायण' तथा 'मानस' में लगभग एक-सा है। कथा-प्रसंग में एक अन्तर यह है कि 'मानस' में हनुमान को नगर में घुमाकर फिर पूंछ में आग लगायी जाती है। फलत: इस कौतूहलपूर्ण क्रीड़ा के वर्णन के लिए अवकाश निकल आया है। 'मानस' में लंका दहन के अनन्तर सीता के पास लौटकर हनुमान अभिज्ञान की याचना करते हैं, जबकि 'वाल्मीकीय रामायण' में वे विदा तो पूर्व ही ले चुके हैं और उनके पास पुन: केवल उन्हें सकुशल देखने की इच्छा से (15611) आते हैं। सीता हनुमान से एक दिन और ठहरने का आग्रह (515613) करती हैं। किन्तु, 'मानस' में सीता केवल 'कहो कपि केहि बिधि राखे प्राना' (मा. 512617) कहकर अपनी मात्र व्याकुलता प्रकट करती हैं। इस प्रकार सीता को सान्त्वना देकर अनेक झरनों के कल-कल नाद से युक्त अरिष्ट पर्वत पर शत्रु-मर्दन कपिश्रेष्ठ हनुमान चढ़ जाते हैं। उनका मेघ गर्जन सुन जाम्बवान तथा और वानर हनुमान को कृतकार्य समझ कर स्नेहपूर्वक (5157123) मिलते हैं।

'रामचरितमानस' में रघुनाथ के समीप जाते हुए मार्ग में कृतकार्यता की चर्चा होती है। इसके अनन्तर मधुवन में जाकर मधु एवं फलों का यथेच्छ उपभोग करना और वन रक्षक को घसीटना आदि वानरों की उन्मुक्त लीलाओं का वर्णन 'वाल्मीकीय रामायण' तथा 'मानस' में लगभग समान है। मधुवन का रक्षक दधिमुख पराजित होकर सुग्रीव के पास जाकर वन में वानरों के उत्पात का वर्णन करता है तथा सुग्रीव उक्त समाचार सुनकर वानरों की सफलता के विषय में अनुमान कर लेते हैं। 'वाल्मीकीय रामायण' में दधिमुख आदि मधुवन के रक्षक वानरों से क्षमा-याचना करते हैं किन्तु 'रामचरितमानस' में इसका वृत्तान्त नहीं है।

अशोक वाटिका प्रसंग दो दृष्टियों से महत्त्वपूर्ण है। प्रथम, सीता के शील और सदाचार की रक्षा करता हुआ रावण जिस प्रकार उन्हें निरन्तर अपने प्रति अनुरक्त करने का प्रयत्न करता है, उससे प्रतिनायक की गरिमा व्यंजित होती है। द्वितीय, हनु-मान शत्रु नगरी में प्रवेश कर सीतान्वेषण, संदेश-प्रेषण तथा रावण की सभा में अपने जिस बल, बुद्धि, प्रतिभा तथा दौत्यकर्म में निपुणता का परिचय देते हैं, उससे उनके व्यक्तित्व का उत्कृष्ट अंश उद्घाटित होता है।

अन्य काव्यों के अतिरिक्त श्री गोकुलचन्द्र शर्मा का 'अशोक-वन', श्यामनारायण पाण्डेय का 'जय हनुमान', 'सुमित्रानन्दन पंत' कृत 'अशोक-वन' काव्य मूलत: इसी प्रसंग को केन्द्र में रखकर निर्मित हुए हैं। इनके अतिरिक्त 'साकेत', 'अरुण रामायण', 'विदेह' इत्यादि में भी इस वृत्त को लेकर अनेक उद्भावनाएँ की गयी हैं।

'अशोक वन' (गोकुलचन्द्र शर्मा कृत) में वर्षा ऋतु के बीतने पर सीता सोचती —

धरती हुई अपंकिल, पथ में नहीं रेणु की भी बाधा।
तो भी क्या प्रभु ने प्रयाण का नहीं मुहूर्त्त अभी साधा ?[265]

इस प्रकार षड्ऋतुओं की परिक्रमा के साथ सीता की मनोदशा का वर्णन इस प्रसंग को एक मनोवैज्ञानिक पृष्ठभूमि प्रदान करता हैं। सीता की मानसिकता को व्यक्त करने वाली यही भूमि पंत-कृत 'अशोक-वन' में भी है—

कँपती वन पर छन तरु छाया उर का द्वन्द्ध उमड़ ही आया, सूने लगते गृह-आँगन-वन, राम बिना, जो त्रिभुवन गेही। राम जानकी को बिलगा कर उमड़ रहा दुख से भव सागर, लहराती कण-कण में आशा धर्म-सेतु प्रभु बाँधेंगे ही !![266]

तुलसी ने केवल 'निज पद नयन दिये मन राम पद कमल लीन'[267] कहकर सीता की स्थिति का संकेत मात्र दिया। किन्तु उसकी स्थिति का मनोवैज्ञानिक विश्लेषण आधु-निक युग की ही उपलब्धि है।

इस प्रसंग में कवियों को रावण के चरित्र का उत्कर्ष प्रतिपादित करने का भी अवसर मिला है। 'अशोक-वन' में मन्दोदरी को आश्वस्त करते हुए रावण सीता के अपहरण को किसी कामासक्ति की प्रेरणा की अपेक्षा भगिनी के अपमान का प्रतिशोध ही निर्दिष्ट करता है—

भगिनी को अपमानित करने में थी क्या मानवता ?
उसे सहन क्षण भर को भी क्या कर सकती दानवता ? [268]

'जय हनुमान' काव्य में भी सीतान्वेषण करते हुए हनुमान लंकापुरी में शास्त्र-चिंतन, शिव वंदन, वेद पठन इत्यादि का अवलोकन करले हैं, जिससे लंका की शासन व्यवस्था का उज्ज्वल पक्ष सामने आता है।[269] स्पष्टत: इस प्रसंग के माध्यम से कवियों को लंका के सांस्कृतिक परिवेश एवं राज्य-व्यवस्था, रावण के विलास-भवन आदि के वर्णन का अवसर मिला है, जिससे प्रतिनायक के चरित्र की गरिमा व्यक्त होती है।

रावण द्वारा सीता से प्रणय-निवेदन तथा सीता के प्रत्युत्तर का विधान प्राय: कवियों ने परम्परित रूप में एक-सा ही किया है। यहाँ कवियों ने आधुनिक भावबोध के अनुकूल रावण की प्रणय-याचना के मूल में उसके अन्त:करण की तरलता का भी उल्लेख किया है। रावण सीता के रूप का नहीं, हृदय का आकांक्षी है-

"रूप नहीं, मैं हृदय चाहता, जिसे न पहले देखा,
बहुत खोजने पर भी मुझको मिला न जिसका लेखा[270]
+ +
मुझे चाहिए, देवि, यह हृदय
निखिल सृष्टि का जिसमें आशय। [271]

'जय हनुमान' में रावण की प्रणय-याचना मूलत: शारीरिक पक्ष पर बल देकर हृदय-पक्ष को प्राय: अछूता छोड़ देती है।[272] रावण के प्रति सीता के प्रत्युत्तरों में कोई नवीनता नहीं है। 'साकेत' में उसका स्वर तेजोदृप्त एवं विदग्ध है[273] तो 'जय हनुमान' में तिरस्कारयुक्त[274] तथा 'अशोक वन [275] (गोकुलचन्द्र शर्मा कृत) में तिरस्कार के साथ आत्मतेज से परिपूर्ण है। 'अशोक-वन' (पंत-कृत) में सीता राम के प्रति अपनी अनुरक्ति का ही उल्लेख करती हैं, रावण को अपमानित एवं तिरस्कृत नहीं करतीं—

क्या दूं तुम्हें, रक्षपति, उत्तर ?
इस जगह में केवल वैदेही—
हृदय, राम केवल हृदयेश्वर। [276]

रावण के सीता को डरा-धमका कर चले जाने के उपरान्त त्रिजटा द्वारा स्वप्न-वर्णन का वृत्तान्त भी इन काव्यों में आया है, जो वाल्मीकि अथवा तुलसी की पद्धति पर है।[277] त्रिजटा-वृत्त में नूतनता न होने पर भी आधुनिक दृष्टि से इसमें एक विशेषता है। त्रिजटा नारी होने के कारण नारी की जिस विवशता का अनुभव करती है, वह आधुनिक नारी की विपन्नता को ही एक सीमा तक रेखांकित करती है :

नारी का अपमान सह रहीं नारी हम विवशा हैं,
लज्जित भी निर्लज्ज निरखती लंका में कुदशा हैं।[278]

\+ +

और इधर सीता समझे थी, लंका यह रावण का राज्य
पत्नी क्या ? किसी समय भी किसी बहाने भर से त्याज्य [279]

'अशोक-वन' (गोकुलचन्द्र शर्मा कृत) में सीता के स्वप्न का उल्लेख भी है, जिसमें जनक सीता को विश्व के हित साधन के लिए पीड़ा सहन करने को प्रोत्साहित करते हैं :

लंका का कालुष्य मिटाने तेरा तप था वांछित,
मत समझे तू होगी जग मैं इस प्रवास से लांछित।
पृथ्वी की आकांक्षा ही तू पीड़ा सहने आई,
महत्कार्य में महाशक्ति ही होती सदा सहाई [280]

'अशोक-वन' (पंत-कृत) में सीता को विदेह के उपवन में राम से मिलने की स्मृति उद्दीप्त करती है :

जगा मनोलोचन में तत्क्षण
विश्व श्याम तन आभा का घन।[281]

हनुमान-सीता-भेंट के प्रसंग में भी आधुनिक कवियों ने प्राय: वाल्मीकि अथवा तुलसी का ही अनुसरण किया है। रावण द्वारा सीता से प्रणयामंत्रण एवं उत्पीड़न को हनुमान वृक्ष पर छिपकर देखते हैं और अवसर पाकर उपस्थित हो जाते हैं 'रामचरित-चिन्तमणि' में 'वाल्मीकीय रामायण' के अनुसरण पर हनुमान जब सीता के पास पहुँचते हैं तो सीता उन्हें छद्मवेषी रावण समझकर भयभीत हो उठती हैं। वह हनुमान को द्दण्डक वन वाला छद्मवेशी नीच निशाचर-राज समझकर प्रताड़ित करती हैं।[282] 'अशोक-वन' (गोकुलचन्द्र शर्मा-कृत) में कवि ने एक नाटकीय दृश्य उपस्थित किया है। अशोक-वन की परिचारिकाओं को सहसा एक मरकट-शिशु तरुओं पर कुदक-कुदककर फिरता दिखलाई पड़ता है। सेविकाओं के लिए वह भय का नहीं, अपितु उत्सुकता एवं क्रीड़ा का पात्र है। यहाँ तक कि एक राक्षसी उस कीश-पुत्र को सीता के सम्मुख ले आती है। सीता उनके आचरण में क्रूरता और हिंसा देखकर उस पर करुणा प्रदर्शित करने के लिए कहती हैं। रात्रि के एकांत में वह वानर पुन: प्रकट होता है। किन्तु इस समय वह सीता को कामरूपी ऐंद्रजालिक प्रतीत होता है। सीता का संदेह निवारण कर वह मुद्रिका प्रदान कर राम कथा का जिस प्रकार वर्णन करता है, वह परम्परित राम-कथा की सरणि पर ही है।[283] 'जय हनुमान' में त्रिजटा स्वप्न-वृत्त के अनन्तर हनुमान वृक्ष की शाखा से उतर कर राम कथा का गायन करने लगते हैं। यहाँ उनके प्रति सीता के संदेह का उल्लेख नहीं है।[284] संदेश-प्रेपण के अनन्तर हनुमान अपनी बुभुक्षा की तृप्ति संदेश-प्रेपण के लिए फल खाने की आज्ञा चाहते हैं। 'जय हनुमान' में भूख के साथ दशमुख से मिलने की प्रेरणा भी इस आज्ञा-प्राप्ति के मूल में है। [285] 'अशोक-वन' (गोकुलचन्द्र शर्मा कृत) में सीता पहले ही हनुमान के 'स्वर्ण देह, वज्रांग रूप[286] के धारण करने से उनके बल-पौरुष के प्रति आश्वस्त हैं। अत: वे स्वयं हनुमान से क्षुधा-निवृत्ति के लिए फल खाने का आग्रह करती हैं, जो आधुनिक शिष्टाचार के भी अनुकूल है :

हो निवृत्त, भूखा होगा तू, सुत ! कुछ खा ले, पी ले,
अंग पड़े होंगे कुटिलताओं की क्रीड़ा से ढीले।[287]

'जय हनुमान', 'अरुणरामायण' तथा 'अशोक-वन' (गोकुलचन्द्र शर्मा कृत) में हनुमान एवं अशोक वाटिका के रक्षकों के मध्य युद्ध, अक्ष-वध तथा मेघनाद द्वारा हनुमान का बाँधा जाना इत्यादि का वर्णन परम्परित सरणि पर है, जबकि 'अशोक-वन' (पंत, में हनुमान के अशोक वाटिका-विध्वंस एवं दौत्य-कर्म का उल्लेख नहीं है। रावण एवं हनुमान के संवाद में वाग्विदग्धता एवं अतिरिक्त मुखरता का आकर्षण होने के कारण प्राचीन एवं मध्ययुगीन काव्यों में जो विस्तार दृष्टिगोचर होता है, वह आधुनिक काव्यों में नहीं है। 'अरुण रामायण' में रावण हनुमान के प्रतिवचनों से उत्तेजित होकर उसे मृत्यु दण्ड

की आज्ञा न देकर केवल पूँछ काटने का आदेश देता है। विभीषण इसका भी विरोध कर उसे लंका से निकाल देने मात्र का सुझाव देता है। किन्तु रावण विभीषण के सुझाव की अवमानना कर देता है। इससे रावण एवं विभीषण दोनों के तत्सम्बन्धित आचरण में भिन्नता आ गयी है। रावण कहता है :

लगवा दूँ उसमें आज, अभी ही कनक-अनल।
देखेंगे लंकावासी कपि की क्रीड़ा को
समझेगा तू आसुरी दण्ड की पीड़ा को
तू बिना पूंछ के, राम-निकट अब जायेगा,
निश्चय ही झुंझला कर वह लड़ने आयेगा।[288]

'अरुण रामायण' के अनुसार हनुमान यौगिक बल से अपनी पूंछ अतिशय लम्बी कर लेते हैं।[289] लंका दहन का दृश्य भी बहुत कुछ तुलसी-कृत 'कवितावली' के लंका-दहन के समान ही वर्णित है।[290] अन्तर केवल यह है कि कवि ने अनेक स्थलों पर तंत्र एवं योग आदि का उल्लेख कर इस अतिप्राकृत वृत्त का किंचित् बौद्धिकीकरण कर दिया है।[291] पंत ने लंका दहन को रूढ़ियों के ध्वंस तथा रक्षपति के भौतिक कीर्ति स्तूप के भस्मीकरण के रूप में प्रस्तुत कर कथानक के इस अंश को सांस्कृतिक प्रतीकात्मक स्तर पर व्याख्यायित किया है—

घर दैन्य-दुरित ही स्वर्ण-रूप हैं, बने रक्षपति-कीर्ति स्तूप,
तुम भूमि-कम्प से ज्वाल-पंख, शापों की गढ़ लंका जघन्य।

X X X

युग-युग का कर्दम-कलुष जला, गत रीति नीति के श्रृंग गला,
तुम रक्ष प्रजा के लिए बने, जीवन चेतना शिखा वरेण्य।[292]

इस प्रकार अशोकवाटिका और लंका दहन के प्रसंगों को आधुनिक कवियों ने सम-सामयिक बोध के स्तर पर भी विकसित करने का प्रयास किया है।

युद्ध (लंका) कांड

विभीषण-शरणागति

सुन्दरकाण्ड जहाँ हनुमत्-चरित्र की विशिष्टता के कारण महत्त्वपूर्ण है, वहाँ लंकाकाण्ड घटनाओं के संघर्षपूर्ण विकास, पात्रों के वीरत्व एवं तेजस्विता युक्त आच-रण तथा नायक एवं प्रतिनायक के दुर्दम्य आक्रमणों और प्रत्याक्रमणों के वैविध्यपूर्ण वर्णनों के कारण संघर्षोन्मुख पाश्चात्य काव्य-परम्परा के अधिक निकट प्रतीत होता है। हनुमान से सीता का वृत्त प्राप्त कर तथा उनके प्रति कृतज्ञता अर्पण करने के उपरांत समुद्र-लंघन की चिन्ता से राम व्यग्र हो उठते हैं। सुग्रीव एवं हनुमान राम गुण-गौरव का स्मरण दिलाते हुए लंका की वास्तविक स्थिति, सैन्य बलादि के विषय में विविध प्रश्न (वाल्मीकीय रामायण, 61 सर्ग 3) करते हैं। 'मानस' में उक्त प्रसंगों के विस्तार का अवकाश नहीं है। राम की अलौकिकता और सर्वज्ञता की मर्यादा उक्त प्रश्नों का अवसर भी नहीं देती। 'वाल्मीकीय रामायण' में लंकाकाण्ड की संज्ञा युद्ध-काण्ड है जिसकी प्रमुख घटनाओं में सेना अभियान, विभीषण की शरणागति तथा सेतु-बंध उल्लेखनीय हैं। विभीषण की शरणागति युद्धकाण्ड की प्रारम्भिक महत्त्वपूर्ण घटना है। सीता को लौटा देने की मन्त्रणा और चेतावनी के बावजूद इन्द्रजीत तथा रावण द्वारा निन्दित होकर विभीषण रावण को छोड़कर राम की शरण में चला आता है। 'वाल्मीकीय रामायण' में विभीषण को राक्षस कुल का कलंक बताया गया है। 'वाल्मीकीय रामायण' में विभीषण की मन्त्रणा का स्वरूप पर्याप्त मनोवैज्ञानिक है। विभीषण की मन्त्रणा प्रथम बार रावण मौन होकर सुनता है। दूसरे दिन उसके परामर्श को शांत चित्त से सुनकर उसके भय को

आत्मपराक्रम के कथन से दूर करने की चेष्टा करता है; किन्तु तीसरी बार जब रावण के प्रलाप एवं आत्मबल के अतिरंजित आख्यान को सुनकर विभीषण सीता को लौटाने का परामर्श देता है तो रावण कटूक्तियों की वर्षा (611612-15) कर देता है। 'अध्यात्म रामायण' में विभीषण रावण को राम के पराक्रमी और आध्यात्मिक रूप का परिचय देता है (612123-26), किन्तु रावण द्वारा उपेक्षा किये जाने पर भक्ति की प्रेरणा से राम के पास चल (612146) देता है। 'मानस' में विभीषण प्रसंग आध्यात्मिक रूप में अंकित हुआ है। फलत: राम के अलौकिक रूप की उद्‌भावना वहाँ प्रमुख है।[293] रावण विभीषण के श्रुतिसम्मत नीति-उपदेशों की भर्त्सना ही नहीं करता, अपितु उस पर चरण का प्रहार भी करता है।[294] गोस्वामी जी ने विभीषण को शरणागत भक्त का रूप प्रदान किया है। उसके राज-नीतिज्ञ व्यक्तित्व का वहाँ एकान्त अभाव है। 'वाल्मीकीय रामायण' में विभीषण के शरणागति-भाव की प्रामाणिकता भिन्न-भिन्न दृष्टियों से संदिग्ध ठहरायी जाती है। उसे रावण के गुप्तचर होने, मायावी तथा राम-सेना में भेद पैदा करने वाले राक्षस के रूप में दण्डनीय (6117139) माना जाता है। 'मानस' में विभीषण को आता हुआ देखकर सुग्रीव सन्देह अवश्य करते हैं किन्तु राम अपनी शरणागत-भयहारी नीति के द्वारा उनके सन्देह का खण्डन कर विभीषण का सादर स्वागत करते हैं। विभीषण भी प्रभु के सजीव-सरस-मनोहारी रूप के साक्षात्कार मात्र से गद्‌गद हो (मा. 514313) उठते हैं। 'वाल्मीकीय रामायण' में राम शरणागत विभीषण का ग्रहण स्पष्टत: राज-नैतिक दूरदर्शिता से प्रेरित होकर करते हैं,[295] जबकि 'मानस' में राम की नीति भक्तवत्सलता से प्रेरित है।[296]

विभीषण की शरणागति का उल्लेख 'साकेत' में प्रचलित कथा के अनुकूल है।[297] राम के हृदय की शंका, दुविधा, कूटनीतिज्ञता का जैसा विशद विवरण 'वाल्मीकीय रामायण' में उपलब्ध है (6117-18), वैसा अन्यत्र अलभ्य है। 'अरुण रामायण' में यह प्रसंग सेतुबंध से पूर्व आया है। यहाँ विभीषण रावण को स्वदेश-गौरव तथा शासक-कर्म की महत्ता की रक्षा के लिए सीता को लौटाने का परामर्श देता है। मंत्रिवर माल्यवान् भी लंका के राजतन्त्र को अयोध्या के लोकतन्त्र से सुरक्षित रखने के लिए विभीषण के परामर्श को स्वीकार करने के लिए रावण से अनुनय करता है। किन्तु रावण देशद्रोही कहकर विभीषण पर पद-प्रहार करता है।[298] 'अरुण रामायण' में रावण की वैज्ञानिक प्रगति का पद-पद पर उल्लेख हुआ है। रावण वैज्ञानिक दर्पण में विभी-षण-हनुमान मंत्री को देखकर पहले ही रुष्ट है, विभीषण का यह परामर्श उसके क्रोधा-नल को और उद्‌दीप्त करता है—

रे मूर्ख ! तुम्हारी गतिविधि से परिचित हूँ मैं,
भाई-भाई के भेदभाव से अब लज्जित हूँ मैं।
वैज्ञानिक दर्पण में मैंने सब कुछ देखा,
चमकी थी मेरे दृग-समक्ष चित्रित रेखा।
हनुमान् तुम्हारे परामर्श से गया वहाँ,
मेरे अशोकवन में सीता उन्मुक्त जहाँ।
तुमने ही बतलाया था मेरा तन्त्र-भेद,
मैं पोंछ रहा था उस क्षण ऊष्ण ललाट-स्वेद।
देशद्रोही ! तुम अपने राम-निकट जाओ,
कुछ और भेद बतलाकर जी को बहलाओ।
जाते हो अब तुम नहीं कि स्वयं निकालूं मैं ?
कैसे इस समय क्रोध को स्वयं सम्हालूँ मैं ?[299]

'रावण-महाकाव्य' में रावण का विभीषण के प्रति आचरण अधिक गम्भीर, कुशल राजनीतिज्ञता से परिपूर्ण एवं मानवोचित है। हनुमान-विभीषण की अभिसंधि को रावण गुप्तचर के माध्यम से जान चुका था। अत: रावण दूत को विभीषण के स्थान पर भेजकर उसे बुलाता है, किन्तु उसे ज्ञात होता है कि विभीषण भय और प्रलोभन से रात्रि में ही राम सेना में जा पहुँचा है। वहाँ हनुमान की मध्यस्थता से राम ने उसे स्वीकार कर लिया।[300] यहाँ भी यह प्रसंग सेतु-बंध से पूर्व वर्णित है।

सेतुबंध

वाल्मीकीय रामायण में समुद्र पर सेतु-बंधन एकान्ततः लौकिक धरातल पर वर्णित है। डॉ. कामिल बुल्के सेतुबंध विषयक अलौकिक तत्त्वों के अंश को प्रक्षिप्त मानते हैं।[301] 'मानस' में इस प्रसंग को अलौकिक स्वरूप में प्रस्तुत किया गया है।[302] यही नहीं, राम की मानसिक पृष्ठभूमि जिसमें राग, करुणा और उत्साह की मिश्रित प्रतिक्रिया है, 'वाल्मीकीय रामायण' में ही उपलब्ध है। राम समुद्र-तट पर आकर सीता की स्मृति से विह्वल (6-21-5) हो उठते हैं, जो राम के मानवीय रूप के सर्वथा अनुकूल है। 'वाल्मीकीय रामायण' तथा 'मानस' में सेतुबन्धन के समय राम का समुद्र पर कोप करने का उल्लेख है, किन्तु 'रामायण' में जहाँ लक्ष्मण गम्भीर एवं धैर्यवान हैं, राम को क्रोध से विरत होने का आग्रह (6121134) करते हैं, वहाँ 'मानस' में लक्ष्मण अति उग्र एवं क्रोधी (मा. 515013-4) हैं। राम के बाणों के भय से त्रस्त समुद्र 'छमहु नाथ' कहता हुआ राम की शरण में आ गिरता (515811) है। वाल्मीकीय रामायण में समुद्र का व्यवहार किसी तत्कालीन आदिवासी राजा जैसा है जो पर्याप्त मानवोचित है। वह राम को राजकुमार कहकर सम्बोधित करता है।[303] वह शिल्प-कला में विपुण नल-नील को पुल निर्माण के लिए सक्षम बताकर अदृश्य हो जाता है। वाल्मीकीय रामायण में वानर वृक्षों को तोड़ कर समुद्र तक खींच लाते हैं। तिनकों और काष्ठों द्वारा भिन्न-भिन्न स्थानों पर पुल बाँधते हैं तथा पर्वतों के विशाल शिला-खण्ड समुद्र पर लाकर बिछा देते हैं। यह एन बड़ा ही विशाल, सुन्दरता से बना हुआ, समतल और सुसम्बद्ध था। [304] स्पष्टतः 'वाल्मीकीय रामायण' में नल और नील दो कुशल स्थपतियों के रूप में वर्णित (6122145) हैं, जबकि 'मानस' में पुल का निर्माण राम के अलौकिक प्रभाव का सहज (515917-8) परिणाम है। सेतुबन्ध रामेश्वर पर शिव-लिंग की स्थापना की कथा तुलसीदास की निजी मौलिक कल्पना है। राम शिव के वेदसम्मत स्वरूप की पुनः प्रतिष्ठा का आग्रह लेकर चलते हैं, जो एक ओर तो तत्का-लीन नाथ-सिद्धों पर जमती हुई जनता की श्रद्धा और आस्था के लिए ज़बर्दस्त चुनौती हैं तो दूसरी ओर शिव के वेदसम्मत स्वरूप की प्रतिष्ठा का व्यापक प्रयास भी।

अन्यत्र भी सेतुबन्ध के निर्माण के विषय में राम-कथाओं में पर्याप्त वैभिन्न्य है। 'अभिषेक' नाटक में राम बाण चलाने के लिए तैयार होते हैं। उस समय वरुण दिखाई देते हैं और उनकी आज्ञा से जल दो भागों में विभक्त हो जाता है।[305] 'पद्मपुराण' के उत्तरखण्ड के अनुसार राम अपने बाणों से समुद्र को सोख लेते हैं तथा सागर के विनय करने पर वरुणास्त्र द्वारा पुनः उसमें जल भर देते है।[306] 'पद्मपुराण' के पातालखण्ड (अध्याय 112) के अनुसार राम समुद्र तट पर त्रिशूली शिव से सहायता के लिए प्रार्थना करते हैं। शिव प्रसन्न होकर राम को अजगव धनुष प्रदान करते हैं। राम उस धनुष को समुद्र में फेंक देते हैं और उसी पर से समस्त सेना सागर पार कर लेती है ! 'कृत्ति-वास रामायण' में यह उल्लेख है कि नल के स्पर्श से पत्थर भी जल पर तैरते हैं।[307] कतिपय रामायणों में इसका नल के शाप के रूप में उल्लेख है।[308] 'सेतुबन्ध' (7-8) तथा 'बाल रामायण' (8-52) में जलचरों के आक्रमण का उल्लेख है, किन्तु 'मानस' में जलचरों को राम का भक्त (मा. (13-4) बना दिया गया है। शिव प्रतिष्ठा का निर्देश 'वाल्मीकीय रामायण' के दाक्षिणात्य पाठ में अवश्य है। राम वापसी यात्रा में सीता को सेतु दिखाकर कहते हैं-" महादेव ने यहाँ मुझ पर अनुग्रह किया था।"[309] डॉ. बुल्के के अनुसार, "विविध पुराणों में केवल युद्ध के पश्चात् ही राम द्वारा शिव-लिंग का उल्लेख किया गया है।"[310] 'कृत्तिवास रामायण' में सेतुबन्ध के समय तथा युद्ध के बाद दोनों बार शिवलिंग की स्थापना का वर्णन है। रावण वध का प्रायश्चित्त राम सैकत लिंग की स्थापना के द्वारा करते हैं।[311]

रावण द्वारा प्रेषित शुक और सारण लिए (वा. रा. 61 सर्ग 20) आते बानर सेना के समुद्र पार करने के बाद राम-पक्ष की सेना की शक्ति का पता लगाने के हैं। 'वाल्मीकीय रामायण' में एक अन्य घटना का उल्लेख भी है कि राम की विशाल सेना का पता पाकर मायावी रावण सीता को भयभीत करने के लिए राम का कटा हुआ सिर और धनुष लाकर सीता के सम्मुख रखता (61 सर्ग 31) है। 'बाल रामायण' में सेतु-निर्माण के अनन्तर रावण विमान पर चढ़कर राम के शिविर में पहुँचता है तथा एक यंत्र-जानकी का वध करके उनके शिविर में फेंक (7171-79) आता है। इससे केवल यही ज्ञात होता है कि राक्षसों में मायिक घटनाओं के प्रस्तुतीकरण की विद्या अवश्य प्रचलित रही होगी।

'मानस' में राम स्वयं 'धर्मसेतु' (21248) और 'भवसागर सेतु' (3110116) हैं, किन्तु आधुनिक युग में इन प्रतीकार्थों के गौण पड़ जाने से राम की कृपा का आध्यात्मिक संदर्भ अप्रासंगिक हो गया है। अत: सेतु-बंध, लिंग-स्थापन जैसे प्रसंग आधुनिक रामकाव्य में किसी नवीन रूप में प्रस्तुत नहीं किये गये हैं। आधुनिक बुद्धि-वादी युग स्वभावत: सेतु-निर्माण के मूल में लोकोत्तर, अतिप्राकृत राम-प्रभाव की अपेक्षा नल-नील के स्थापत्य कौशल को ही प्राथमिकता दे सकता था, औद इसी रूप में 'अरुण रामायण' में इसका उल्लेख हुआ है।

आरम्भ सेतु रचना संकल्पित सागर पर
लाखों वानर इस कठिन कार्य में अति तत्पर
नल और नील का सक्रिय रचना-निर्देशन
देखकर सफलता, आनन्दित हनुमान् नयन
स्थिर जल पर तरु-पाषाणों से नव पथ निर्मित
कर सेतु-निरीक्षण, राम और लक्ष्मण पुलकित।[312]

वैसे आधुनिक कवियों ने इस प्रसंग के प्रति कोई विशेष अभिनिवेश प्रदर्शित नहीं किया हैं। यत्र-तत्र कथाक्रम के निर्वाह के लिए स्फुट उल्लेख भर कर दिया है।[313] यहाँ तक कि अनेक कवियों ने प्राय: नल-नील का नामोल्लेख भी नहीं किया। 'विदेह' में सेतु-रचना को द्राविड़ी-मेधा की सृष्टि कहा गया है।[314]

सेतु-बन्धन के उपरांत महादेव की प्रतिमा-पूजन का उल्लेख भी आधुनिक काव्यों में किसी विशेष वैचारिक भूमि के उद्घाटन के लिए नहीं, अपितु परम्परा-पालन मात्र के लिए एकाधिक काव्यों में हुआ है। तुलसी ने जहाँ राम द्वारा महादेव के लिंग-स्था-पन को शैव एवं वैष्णव सम्प्रदायों में समन्वय की चेष्टा की है, वहाँ मिश्र जी ने इसे आर्य-अनार्य (मनुज-दनुज) संस्कृतियों के समन्वय के रूप में देखा है।[315] किन्तु आधुनिक वैचारिक दृष्टि ने इस संदर्भ को अधिक महत्त्व नहीं दिया है। इस संदर्भ में 'भूमिजा' में रावण के पौरोहित्य का उल्लेख भी है जो कवि की दृष्टि में प्रतिनायक के चरित्र का औदात्त्य प्रकट करता है।[316]

अंगद का दौत्य कर्म

लंकावरोध के अनन्तर राम विभीषण के परामर्श के अनुसार अंगद के द्वारा रावण को सीता लौटाने का आदेश (6123181) देते हैं। 'वाल्मीकीय रामायण' में रावण अत्यन्त क्रुद्ध होकर कहता है कि "इस दुर्बुद्धि वानर को पकड़ लो, इसे जीवित न जाने दो।"[317] जब राक्षस ने अंगद को पकड़ना चाहा तो अंगद वेग से भवन पर कूद पड़ा और राम के पास लौट आया। परवर्ती रामकाव्यों में अंगद रावण संवाद को काफी महत्त्व दिया गया है। 'हनुमन्नाटक'[318] से मूल प्रेरणा ग्रहण कर 'मानस',[319] 'राम-चन्द्रिका'[320] तथा 'कृत्तिवास रामायण'[321] में अंगद रावण संवाद का विस्तार से उल्लेख किया गया है। अंगद द्वारा वल-प्रदर्शन और भी परवर्ती कल्पना है। 'महानाटक' में अंगद-रावण के सिंहासन पर चढ़कर रावण का अपमान करता है। 'मानस' में अंगद रावण को राम की आलौकिक गरिमा का भान कराकर उसे अपमानित करता है तथा अनेक चमत्कारपूर्ण ढंग से राम के अलौकिक माहात्म्य का संकेत भी देता है। यहाँ अंगद प्रण करके भूमि पर पैर रोप देता है जिसके उठाने में करोड़ों योद्धा भी असमर्थ (मा. 6133।ख 18) रहते हैं।

युद्ध की पृष्ठभूमि में राम द्वारा प्रेषित अंगद का दौत्य कर्म भी मध्ययुगीन काव्यों में अत्यन्त विस्तार एवं रोचकता से वर्णित हुआ है, किन्तु निर्णायक प्रभाव न डाल सकने के कारण आधुनिक कवियों ने इसका कोई विशेष विस्तार नहीं किया है। प्राचीन पद्धति का अनुसरण करने वाले 'राधेश्याम रामायण'[322], 'रामचरित-चिन्तमणि'[323] इत्यादि काव्यों में वाग्वैदग्ध्य का कुछ चमत्कार अवश्य लक्षित होता है। 'रावण-महाकाव्य' में अंगद और रावण के संवाद में अपेक्षित संयम और सहजता है जिसमें प्राचीन काव्यों के समान अंगद के अपशब्द, दुर्वाद, पद-रोपण तथा रावण के उपहासास्पद आचरण की अपेक्षा एक सहज, संयत पौरुषोद्दीप्त स्वर मुखर रहा है :

आयौ अबध्य भयो
मग सामूह ते यहि देहु हटाई।
सो निज नाथ सौं जाय कहै
नहि हौ सिय बिनु कीन्है लराई ॥
ओ रनखेत मैं होत प्रभात
दिखावहु आपनौ पौरुस आई।।[324]

'साकेत में इस घटना का उल्लेख मात्र है,[325] किन्तु 'अरुण रामायण'[326] में प्राचीन पद्धति पर अंगद रावण के वाग्वैदग्ध्यपूर्ण संवाद का पर्याप्त विस्तार है। रावण यहाँ सुखवर्द्धन में जहाँ विज्ञान को सहायक बतलाकार भौतिक सुख-साधना को चरम लक्ष्य निर्दिष्ट कर सीता हरण के कृत्य का औचित्य प्रतिपादित करता है,[327] वहाँ अंगद उस असुर-विज्ञान का बार-बार प्रत्याख्यान करता है।[328] यहाँ भी अंगद के पाँव पटकने से रावण की राजसभा के डोलने[329] तथा सभा भवन में पद-रोपण का विस्तृत चित्रण हुआ।[330] 'अरुण रामायण' के इस संदर्भ में नूतनता केवल तांत्रिक एवं वैज्ञानिक शक्तियों के विरुद्ध सात्त्विक वृत्तियों के संघर्ष की प्रतीकात्मकता में ही निहित है।

मन्दोदरी-रावण संवाद

सेतु-निर्माण के अनन्तर मन्दोदरी रावण के सम्मुख राम के अलौकिक परिवेश का वर्णन करती है।[332] 'वाल्मीकीय रामायण' में माल्यवान् आदि रावण को समझाते हैं। 'वाल्मीकीय रामायण की मंत्रणाओं में राजनीति-कौशल, कूटनीति, निपुणता तथा परस्पर जासूसी पद्धतियों का स्वाभाविक प्रयोग (सर्ग 6135) हुआ है, जबकि 'मानस' में रावण को परामर्श देने वाले सभी पात्र या तो राम के अलौकिक रूप की प्रतिष्ठा कर भक्ति भावना का परिचय देते हैं, अथवा हरि-विमुख रावण की भर्त्सना करते हैं।

'रामचरित-चिन्तामणि', 'राधेश्याम रामायण', 'अरुण रामायण' जैसे प्रबन्ध-काव्यों में मन्दोदरी के समझाने पर रावण अपने पौरुष की अभिव्यंजना अनेक पंक्तियों के माध्यम से करता है, जिनसे उसका अहंकार तो व्यंजित होता है, किन्तु प्रतिनायक के चरित्र की अपेक्षित गरिमा को क्षति पहुँचती है। आधुनिक कवि प्रतिनायक की पत्नी के मुँह से ऐसे कथन कहलाकर प्रतिनायक की प्रतिष्ठा कम नहीं करना चाहता। अत: अन्य आधुनिक रामकाव्यों में यह वृत्त प्राय: अनुपस्थित है।

युद्ध-वर्णन

हनुमान-अंगद इत्यादि के द्वारा रावण के कलशयुक्त भवन के धराशायी करने का तथा द्वन्द्व-युद्ध में वानरों द्वारा राक्षसों की पराजय का विस्तृत वर्णन 'वाल्मीकीय रामायण' में (6। सर्ग 41 से सर्ग 44 तक) है। इस युद्ध के घोर संघर्ष के कोलाहलपूर्ण वातावरण में श्रीराम का व्यथित चित्त से मन-ही-मन सीता का स्मरण करना संघर्ष को एक राग-तरल दीप्ति प्रदान (614218) करता है। वस्तुत: 'वाल्मीकीय रामायण' के युद्ध-वर्णनों की भूमिका कवि की गहन मनोवैज्ञानिक अन्तर्दृष्टि पर आधृत है।[333] राम का मानवोचित करुणार्द्र एवं पौरुषदीप्त व्यक्तित्व बिम्ब प्रतिबिम्ब भाव से कवि ने अधिक व्यापक एवं गहन अन्तर्दृष्टि से अंकित किया है। दूसरी ओर, 'मानस' के युद्धों की भूमिका राम प्रताप और राम भक्ति पर ही निर्मित है, क्योंकि युद्ध का अलौकिक परिणाम भी राम के ही अधीन है। वस्तुत: मानसकार का भक्त-हृदय उस युद्ध के भीषण संघर्ष, कोलाहलपूर्ण वातावरण में भी प्रभु प्रताप का कभी विस्मरण नहीं करता। इसका परिणाम यह हुआ कि 'मानस' में युद्ध की भीषणता एवं संघर्ष का विस्तृत ब्यौरेवार विवरण करने की अपेक्षा तुलसी केवल विष्णु की नर-लीला को ही रेखांकित कर सके हैं। 'वाल्मीकीय रामायण' के अनेक वर्णन, जिसमें भगवान् राम मूच्छित होकर रणभूमि में गिरते हैं (61 सर्ग 46), 'रामचरितमानस' में अनुपस्थित हैं। 'वाल्मीकीय रामायण' में यह भी उल्लेख है कि रावण ने लक्ष्मण पर अमोघ शक्ति चला दी जिससे लक्ष्मण मूच्छित (61 सर्ग 59) हो गये। इसी प्रकार 'रामायण' में कई स्थलों पर लक्ष्मण

के मूच्छित होने तथा राम के विलाप का उल्लेख है।[334] युद्ध में राम असाधारण योद्धा अवश्य हैं, किन्तु रावण भी कम वीर नहीं है। 'मानस' में कुम्भकर्ण रावण की परमेश्वर राम से शत्रुता करने की भर्त्सना करता है।''[335] 'रामायण' में वह कुशल राजनीतिज्ञ है।[336] युद्धभूमि में विभीषण से मिलकर उसे 'धन्य ! धन्य !!' कहने की कल्पना भी मानसकार की निजी है।[337] 'रामायण' में कुम्भकर्ण के ऐसे भक्ति-भाव का क्षणिक दर्शन नहीं होता। कुम्भकर्ण की मृत्यु के अनन्तर इन्द्रजीत के साथ युद्ध का वर्णन सामान्यत: रामकथाओं में एक-सा ही है। धूम्राक्ष, वज्रदंश, अकम्पन आदि अनेक राक्षस सेनापतियों के वध का जैसा विस्तृत वर्णन 'वाल्मीकीय रामायण' में है,[338] अन्यत्र अलभ्य है।

युद्धकाण्ड का सर्वाधिक महत्त्वपूर्ण प्रसंग राम-रावण का युद्ध है। किन्तु 'वाल्मी-कीय रामायण' के विविध प्रसंगों को मानसकार ने समास-शैली में समाहित किया है तथा उन प्रसंगों को त्याग दिया है, जिनसे राम के गौरव अथवा प्रतिष्ठा के प्रति अवि-नय व्यक्त होती है। 'रामायण' में राम-रावण के लोमहर्षक युद्ध का वर्णन है।[338] किन्तु, तुलसी में राम-पक्ष के प्रति एकान्त पक्षपात तथा राम के एकांगी शौर्य के चित्रण के प्रति अभिनिवेश दृष्टिगत होता है। 'रामायण' में राम अनेक स्थलों पर अशांत और चिन्ताक्रांत हैं।[339] अगस्त ऋषि उन्हें 'आदित्यहृदय स्तोत्र' के जप का महत्त्व बताकर उनकी मन:शक्ति को दृढ़ (616110514) करते हैं। तुलसी इसकी आवश्यकता नहीं समझते। 'रामायण' में राम द्वारा रावण के सिर काटने पर जब वे बढ़ने लगते हैं तब मातलि राम को ब्रह्मास्त्र द्वारा उसके वध करने (61108120-22) का निर्देश देते हैं, जिसके प्रहार से भयानक तेजशाली राक्षसराज प्राणहीन हो इन्द्र के वज्र से मारे हुए वृत्रासुर की भाँति पृथ्वी पर गिर पड़ता है।

'मानस' में विभीषण रावण के सिर के बार-बार बढ़ने के रहस्य का उद्घाटन करते हैं?[340] तथा रावण-वध का परामर्श देते हैं। 'हनुमन्नाटक' (14126), 'आनन्द रामा-यण' (1।11।278) तथा 'अध्यात्म रामायण[341] में रावण के शिर-वृद्धि के दो कारणों का संकेत किया है-रावण द्वारा सीता के ध्यान का एवं उसके नाभि-कुंड में पीयूष केन्द्र होने का। रावण की मृत्यु का प्रसंग भी 'मानस' में भक्ति भावना से असंपृक्त (मा. 6110211) नहीं है। राम रावण को सायुज्य भक्ति का अधिकारी बना देते हैं। 'वाल्मीकीय रामायण' में रावण की पत्नियों का विलाप भी मार्मिक एवं करुणार्द्र (61 सर्ग 110) है, जबकि 'मानस' में वह राम के अलौकिक स्वरूप का विवेचन मात्र है।[342] 'वाल्मीकीय रामायण' में विभीषण राम के अनुरोध से अपने भाई रावण का दाह संस्कार विधिवत् सम्पन्न (611111108-121) करते हैं।

घटनात्मक बाहुल्य की अपेक्षा चरित्रों के अनुद्घाटित कोण तथा वैचारिक दृष्टि के प्रति आग्रहशील आधुनिक कवियों ने राम-रावण युद्ध के केवल उन प्रसंगों को लिया है, जहाँ या तो प्रतिपात्रों के परम्परागत क्रूर, दारुण व्यक्तित्व को मानवीय धरातल पर व्यंजित करने एवं उनके अन्तर्द्वन्द्व को व्यक्त करने की मनोवैज्ञानिक पीठिका प्राप्त हो सकती थी अथवा युद्ध-सम्बन्धी विभिन्न मन:स्थितियों के आलेखन के द्वारा युद्ध और शांति की चिरंतन समस्याओं के वैचारिक आयामों को उद्घाटित करने का अव-सर मिल सकता था। 'राधेश्याम रामायण', 'रामचरित-चिंतामणि', 'अरुणरामायण' आदि सम्पूर्ण राम कथा को लेकर चलने वाले काव्यों के अतिरिक्त अन्य काव्यों में युद्ध-सम्बन्धी प्रसंगों की उद्भावना किसी विशिष्ट प्रयोजन की पूर्ति अथवा वैचारिक दृष्टि के उन्मेष के लिए ही की गयी है।

राम-रावण युद्ध राम कथा का अत्यन्त महत्त्वपूर्ण प्रसंग है, किन्तु वर्णनात्मकता की अपेक्षा स्थिति संदर्भों के अन्तर्विरोध और संघर्ष से उभरती हुई पात्रों की मान-सिकता तथा वैचारिकता को ही आधुनिक कवियों ने अधिक रेखांकित किया है। आधु-निक रामकाव्य की उपलब्धि भी यही है। 'राम की शक्तिपूजा', 'संशय की एक रात', जैसे काव्य राम-रावण युद्ध के संघर्षपूर्ण चित्रण के लिए महत्त्वपूर्ण नहीं हैं। परिस्थिति के भँवर में फँसे हुए केन्द्रीय पात्रों की मानसिकता और उससे जुड़े हुए सामयिक एवं सनातन प्रश्नों के विश्लेषण एवं समाधान की दृष्टि से ही उनका महत्त्व है। फिर भी युद्ध के संघर्ष-कोलाहलपूर्ण चित्र आधुनिक रामकाव्य में भी अलभ्य नहीं हैं। 'राम की शक्तिपूजा' का प्रारंभिक अंश दोनों पक्षों के पराक्रम, युद्ध-कौशलं तथा नूतन व्यूह-रचना के घात-प्रतिघात से युक्त चित्रण के अतिरिक्त प्रतिनायक के अद्वितीय रण-कौशल को प्रदर्शित कर 'मानस' की भूमि से भिन्न आधुनिक बोध का संकेत देते हैं। रावण के अद्भुत शौर्य एवं रणकौशल से विस्मय-मुग्ध राम अपने दिव्य बाणों को निष्फल तथा वानर सेना को व्याकुल देखकर युद्ध क्षेत्र से हटने के लिए विवश हो जाते हैं।

प्रतिनायक का यह उत्कर्ष कथानक को एक नवीन मोड़ देता है, जिसमें राम रावण पर विजय प्राप्त करने के लिए अतिरिक्त चेष्टा और आयास करते हैं। सभी कुछ उनके इंगित पर घटित नहीं होता। युद्धका चित्रण 'साकेत', 'अरुण रामायण' तथा 'रावण-महाकाव्य' में भी हुआ है, किन्तु कथा-क्रम में कोई निर्णायक मोड़ वहाँ उपस्थित नहीं होता। 'रावण महाकाव्य' में राम की सेना के बार-बार परास्त एवं संत्रस्त होकर भागने का उल्लेख है। राम, लक्ष्मण एवं हनुमान मेघनाद तथा रावण के प्रहारों से अनेक बार मूच्छित तथा युद्ध से विरत होते हैं। 'वाल्मीकीय रामायण' में राम-पक्ष के नायकों के मूच्छित होने का अनेकश: उल्लेख है, किन्तु 'मानस' में राम-पक्ष की गरिमा के लिए ऐसे प्रसंगों की संख्या सीमित कर दी गई है। 'रावण-महाकाव्य' में रावण-पक्ष की गरिमा को ज्योतित करने के लिए इन प्रसंगों का पुन: विस्तार किया गया है। यथा,

(क) तब संकेत कपिपति को पाई। भाग्यो भमरि कीस समुदाई।[343]

(ख) सैनिक कछुक द्वार तैं आगें। कायर सरिस छाँड़ि रन भाग ॥
राकसगन तिनको पछुवै हैं। हव हैं जहाँ तहाँ त धे हैं ॥[344]

(ग) मुरछित भये पवन सुत जबहीं। पूर्वौ संख बीरबर तबहीं।।[345]

(घ) या बिधि बान बुद्ध झरि लायौ। बानर भालु मारि बिचलायो ॥[346]

(ङ) काट्यौ अब अरि के बिसिख, अरु कीन्ह, यौ सरजाल।
हन्यौ कोपि लछिमन हिये, केतिक बान कराल।।[347]

(च) इतै राम मुरछा तजि जागे। अरु लछिमन कहँ पूछन लागे।।[348]

युद्ध-प्रसंग में नवीन उद्भावनाएँ

राम-रावण-युद्ध के परम्परागत इतिवृत्त में आधुनिक कवियों ने अनेक नूतन प्रसंगोद्भावनाएं की हैं। ये उद्भावनाएँ राम और रावण दोनों पक्षों को केन्द्र में रख-कर की गई हैं। राम की युद्ध-विषयक मानसिकता तथा दुविधाग्रस्त पराजित मन:-स्थिति के द्योतन के लिए जहाँ 'राम की शक्तिपूजा' और 'संशय की एक रात' जैसे काव्यों का प्रणयन किया गया, वहाँ रावण-पक्ष के इतिवृत्त का विस्तार करने के लिए 'अग्निपथ', 'रावण का विक्षोभ', 'रावण-महाकाव्य', 'अन्तर्मन्थन' (अन्तर्दर्शन), 'दशानन' जैसे काव्य उल्लेखनीय हैं। राम-रावण युद्ध का समाचार पा कर अयोध्यावासियों को रण-सज्जा के लिए तत्पर होना अथवा जनक का तद्विषयक घटना को लेकर चिंतन के स्तर पर सक्रिय होना 'साकेत' एवं 'विदेह' में वर्णित है, अन्य कवियों के काव्यों में भी कुछ नवीनताओं के दर्शन होते हैं, जिन सब का उल्लेख करना यहाँ आवश्यक है।

'राम की शक्तिपूजा' में राम के हृदय में यह संशय उठता है कि वे रावण को जीत सकेंगे या नहीं। राम की शंका है कि रावण से आमंत्रण पाकर महाशक्ति स्वयं रावण में अवतीर्ण हो चुकी है, अत: इस समर में विजय संदिग्ध है। महाशक्ति रावण को अंक में लिये थी। अत: राम के दिव्य शररण में श्रीहत तथा खण्डित हो गए। इस विषम स्थिति में जाम्बवान् राम को शक्ति के आराधन का परामर्श देते हैं, जिससे शक्ति के आराधन का प्रत्युत्तर शक्ति के दृढ़तर आराधन से दिया जा सके-

'हे सिंहपुरुष, तुम भी यह शक्ति करो धारण,
आराधन का दृढ़ आराधन से दो उत्तर,
तुम करो विजय संयत प्राणों से प्राणों पर;

रावण अशुद्ध होकर भी यदि कर सका त्रस्त
तो निश्चय तुम हो सिद्ध करोगे उसे ध्वस्त;
शक्ति की करो मौलिक कल्पना, करो पूजन,
छोड़ दो समर जब तक न सिद्धि हो, रघुनंदन॥''[349]

शक्ति-साधना के लिए राम हनुमान को 108 इंदीवर लाने का आदेश देते हैं। साधना के अन्तिम दिवस दुर्गा राम की परीक्षार्थं एक कमल उठाकर ले जाती है। राम कमल के अभाव को नेत्र देकर पूरा करना चाहते हैं, जिससे प्रसन्न होकर दुर्गा वरदान देती है।

इस कथानक की सृष्टि के लिए कवि ने 'देवी भागवत' (3-30141-58), 'शिव महिम्न स्तोत्र' (श्लोक 19) तथा इन दोनों से प्रभावित मूलतः 'कृत्तिवास रामा-यण' (5148) को आधार बनाया है। आधुनिक युग प्रतिनायक में जिन नायकोचित महद्गुणों की संस्थापना तथा नायक में जिस संशय, अनास्था और द्विविधा का संस्पर्श दिखाई देने लगा है, 'राम की शक्तिपूजा' का कथानक नवयुग की इसी पृष्ठभूमि में विकसित हुआ है। राम परिस्थिति के एकान्त नियंता नहीं, अपितु आज के मनुष्य की भाँति दुर्बल क्षणों के भोक्ता भी हैं। यह स्वच्छन्दतावादी दृष्टि आधुनिक युग की सहज परिणति है। युद्ध से लौटती हुई हताश वानर सेना, राम की खिन्न मनोदशा में तैरते हुए विविध स्मृति-चित्र, जिनके स्मरण से राम को अपनी निस्सहायता का बोध होता है, कथानक के आधुनिक भाव-बोध के अनुरूप विकास की संभावनाओं को सूचित करते हैं।

'संशय की रात' काव्य राम की मानसिकता के एक विशिष्ट कोण को उजागर करने की दृष्टि से मूल कथानक को एक नई पृष्ठभूमि में उद्घाटित करता है। परं-परित कथा में राम युद्ध की विभीषिका तथा उसके सामाजिक एवं वैयक्तिक प्रश्नों को लेकर उद्विग्न नहीं दिखाई पड़ते। युद्ध का संकट मूल्यों, बोधों और मान्यताओं का संकट है। श्री नरेश मेहता ने रामेश्वरम् के सिंधु तट पर सेतुबंध के स्वरूप को अन्तिम रूप प्रदान करते हुए राम के हृदय में युद्ध के औचित्य एवं अनौचित्य के प्रश्न को उठाया है। इस काव्य में भी राम अवसादग्रस्त मनोदशा में हैं। 'हैमलेट' नाटक से प्रेरणा ग्रहण कर कवि ने दशरथ एवं जटायु की प्रेतात्माओं से राम का वार्तालाप कराया है। प्रसंग की यह नूतन उद्भावना वैचारिक भावभूमि के निर्माण में सहायता देती है। युद्ध से पूर्व युद्ध परिषद् का आयोजन 'मानस' में वर्णित है। जहाँ 'रामचरितमानस' में परिषद् के सदस्य–लक्ष्मण, हनुमान, सुग्रीव, विभीषण, जाम्बवान् — राम के माहात्म्य का स्तवन करते हैं, वहाँ 'संशय की एक रात' में वे युद्ध के उत्तरदायित्व, निर्णय एवं विकल्प पर विचार व्यक्त करते हैं। अन्त में राम युद्ध के सामूहिक निर्णय के सम्मुख झुकते हैं। मानसिक संशय एवं संकट का यह क्षण निश्चय ही प्राचीन रामकाव्य में उपलब्ध नहीं है।

आधुनिक कवियों ने कतिपय अन्य प्रसंगों की भी मार्मिक उद्भावना की है। 'साकेत' में लक्ष्मण के शक्ति लगने पर राम केवल करुणार्द्र नहीं होते, अपितु वह क्रुद्ध होकर राक्षसों से प्रतिशोध लेने के लिए अग्रसर हो उठते हैं और इसी आवेग में 'भाई का बदला भाई ही'[350] कहकर कुम्भकर्ण का युद्ध में वध कर देते हैं और इस स्थिति में रावण के शोकाकुल होने पर धनुष-शर त्याग कर कहते हैं :

"आ भाई, वह वैर भूल कर हम दोनों समदुःखी मित्र,
आ जा, क्षण-भर भेंट परस्पर, कर लें अपने नेत्र पवित्र।"[351]

एक सामान्य व्यक्ति की भाँति शोकाकुल होकर रुदन करने की अपेक्षा क्षत्रि-योचित रोष से उद्दीप्त हो उठना राम के संदर्भ में अधिक स्वाभाविक एवं मनोवैज्ञा-निक है। अतः लक्ष्मण के मूर्छा त्यागने से पूर्व ही राम द्वारा कुम्भकर्ण का वध करा-कर कवि ने कथानक में जो परिवर्तन किया है, वह अधिक प्रसंगानुकूल है।

लक्ष्मण मूर्छा के समय राम द्वारा लक्ष्मण को ऊर्मिला की प्रतीक्षा तथा क्षत्रि-यत्व का स्मरण दिलाना 'मानस' के परम्परागत कथानक से भिन्न है। 'साकेत' में वैद्य का नाम नहीं दिया गया है।[352] स्वभावतः यह प्रश्न उठता है कि सुषेण वैद्य राक्षसराज रावण का अधीनस्थ सेवक होकर भी किस भय अथवा प्रलोभन से राम की सहायता करने के लिए तत्पर हुआ होगा। 'मानस' में हनुमान द्वारा सुषेण वैद्य के बलात् उठा-कर लाये जाने का प्रसंग प्रतिनायक के गौरव को तो कम

करता ही है, उसके अनुचरों पर भी स्वामिभक्ति की न्यूनता का आरोप लगाता है। श्री हरदयालु सिंह के 'रावण-महाकाव्य' में हनुमान् जब लंका से सुषेण वैद्य को लेने जाते हैं, तब वैद्य स्वयं रावण के पास जाकर सूचना देता है। इस पर रावण अपने उदात्त चरित्र का परिचय देते हुए सुषेण को तुरन्त जाने का आदेश देता है।[353] इस काव्य में हनुमान संजीवनी लेने नहीं जाते। संजीवनी बूटी स्वयं वैद्यराज सुषेण के पास है।[354]

'रावण-महाकाव्य' में देव-सेना राम की सहायतार्थ उपस्थित होती है, जिसके सेनापति कार्तिकेय रावण द्वारा परास्त होते हैं।[355] इस प्रसंगोद्‌भावना से प्रतिनायक के पराक्रम को उत्कर्ष प्रदान किया गया है।

इसी प्रकार अनूप शर्मा के 'अग्निपथ' काव्य में की पति-प्राणा वीरांगना महिषी सिंहिका राम सेना को सुसज्जित होती है।[356] यह प्रसंगोद्‌भावना तथा सिंहिका मेघनाद वध के उपरांत रावण परास्त के करने लिए ससैन्य की चरित्र-परिकल्पना सर्वथा मौलिक है। 'अग्निपथ' काव्य रावण के अन्तिम चौबीस घण्टों का घटनापूर्ण भाव-चित्र प्रस्तुत करता है। न केवल रावण अपितु उसका सम्पूर्ण परिवार युद्ध में अपनी-अपनी सामर्थ्य, मानसिकता एवं भाव-भूमि के अनुरूप योग देता है। रावण की धाय-माता निकषा शंकर के मंदिर में रावण की कल्याण-कामना से शिवाराधन करती है।[357] तथा विभीषण की भ्रातृ-द्रोहिता को धिक्कारती है।[358] तो दूसरी ओर रावण के रण-प्रयाण का चित्र उपस्थित करते समय भी कवि ने अनेक नवीन प्रसंग उद्‌भावित किये हैं। रावण की सेना का दृश्य दिखलाने के लिए सरमा सीता को अशोकवाटिका के एक कृत्रिम पर्वत शिखर पर ले जाती है जहाँ से वे दोनों रावण के सेना-प्रस्थान को देखती हैं। सीता भगवान्[359] भास्कर से अपने वंश की रक्षा के लिए प्रार्थना करती हैं।[360] सीता सम्मुख सरमा द्वारा राम-रावण युद्ध का वर्णन कराकर कवि ने एक नवीन कल्पना प्रस्तुत की है।[361] इस काव्य में भी विभीषण राम को रावण के वध का उपाय सुझाता है।[362] रावण की मृत्यु पर विभीषण के विलाप का वर्णन भी इस काव्य में है :

"हाय ! जिसकी शक्ति से थी नित्य धरती डोलती,
अग्नि-चन्द्र-दिनेश निष्प्रभ, 'त्राहि' जगती बोलती,
कर नहीं सकते वहन थे भार जिसका शेष भी,
आज मिटता है जगत् से आह ! उसका लेश भी।
यों रुदन करता विभीषण गिर पड़ा भू-अंक में,
वृत्त सुनकर यातु नगरी रो उठी आतंक में।[363]

राधेश्याम कथावाचक ने इस प्रसंग में एक नवीन प्रकल्पना की है। विभीषण जानता है कि रावण अपनी नाभि में स्थित अमृतकुण्ड के वह इस रहस्य का उद्‌घाटन राम से कर दे तो राम रावण कारण ही अजेय है। यदि का वध करने में सफल हो सकते हैं। किन्तु इसी क्षण उसके हृदय में भ्रातृ-प्रेम जाग उठता है और वह यह निश्चय करता है कि मैं इस रहस्य का उद्‌घाटन नहीं करूंगा।[364] तभी रावण विभीषण को ही इस रहस्य का ज्ञाता तथा अपने मार्ग का कण्टक समझ कर उस पर आक्रमण कर देता है। विभीषण का निश्चय एकदम परिवर्तित हो जाता है और वह इस रहस्य को राम पर प्रकट कर देता है। 'मानस' इत्यदि में विभषण के हृदय में कभी भी ऐसा अन्तर्द्वन्द्व उत्पन्न नहीं होता। कथास्थिति में यह परिवर्तन आधुनिक युग की मनोवैज्ञानिकता की देन है।

अयोध्या की रण-सज्जा

परम्परित रामकथा के अनुसार भरत हनुमान् को संजीवनी बूटी के साथ उड़ते हुए देखकर राक्षस की भ्रांति में बाण मार कर गिरा देते हैं। 'मानस' में इस प्रसंग का उपयोग रामभक्ति की महिमा तथा भरत की शक्ति स्तवन के लिए किया गया है। 'साकेत', 'साकेत-संत' एवं 'अरुण रामायण' में भी उक्त प्रसंग आया है, जिसकी प्रेरण मूलतः 'मानस' से ही ग्रहण की गयी है 'मानस' में भरत के यह कहने पर यह वानर पीड़ा से मुक्त हो जाये,[365] कपिराज हनुमान् कौशलपति श्रीरामचन्द्र जी का जयजयकार करते हुए उठ बैठते हैं। इसके विपरीत 'साकेत' में माण्डवी भरत से स्वयं कपि पर संजीवनी महौषधि की परीक्षा करने के लिए कहती है।[366] स्पष्टतः 'साकेत' का यह वर्णन आधुनिक दृष्टि से अधिक विवेकगम्य है और लक्ष्मण

के पुनरुज्जीवित होने की घटना का पूर्वाभास भी इस प्रसंग से ज्ञात होता है। इसी प्रकार 'साकेत-संत' में भी हनुमान् संजीवनी के स्पर्श से ही स्वस्थ होते हैं।[367]

हनुमान् संक्षेप में भरत को राम के चित्रकूट के हैं। 'साकेत' और 'साकेत-संत' दोनों में उक्त कथा का के लिए किया गया है। मानस में भी हनुमान् द्वारा कथा जिसे सुनकर भरत आत्मग्लानि से अनुतप्त होकर कहते हैं कि मेरा जन्म जगत् में व्यर्थ हुआ जो प्रभु के काम न आ सका। किन्तु किसी सक्रिय संघर्ष की प्रेरणा उनके मन में जाग्रत नहीं होती। वे केवल हनुमान् से अविलम्ब प्रस्थान करने के लिए आग्रह मात्र करके रह जाते हैं। तद्विपरीत 'गीतावली' में इसी प्रसंग में सुमित्रा शत्रुघ्न को लंका-प्रयाण का आदेश देती है।[368] किन्तु आदेश का पालन कहीं दृष्टिगोचर नहीं होता। 'साकेत' में भरत हनुमान से लक्ष्मण शक्ति का समाचार सुनकर प्रतिकार से विरक्त-विवश होकर बैठे नहीं रहते। माण्डवी के द्वारा प्रबुद्ध किये जाने पर भरत को अपने साधु-वेश पर ग्लानि तथा निष्क्रियता पर रोष उत्पन्न होता है। वस्तुत: लक्ष्मण-जैसे प्रिय बंधु के शक्ति लगने पर भरत का विक्षुब्ध एवं उद्विग्न न होना अमनोवैज्ञानिक एवं अस्वाभाविक प्रतीत होता है। अत: शत्रुघ्न यह समाचार सुनते ही रण-सज्जा के लिए प्रेरित करते हैं। उधर भरत भी नंदिग्राम में शंख बजाकर सेना को रण प्रयाण के लिए प्रेरित करते हैं। उक्त प्रसंग की आलोचकों द्वारा पर्याप्त प्रशंसा की गयी है। डॉ. कमलाकान्त पाठक के अनुसार यह एक नवीन प्रसंगोद्भावना है।[369] इसी प्रकार उमा-कांत गोयल एवं डॉ. द्वारकाप्रसाद सक्सेना ने भी 'साकेत' के उक्त प्रसंग को नवीन उद्भावना कहा है। किन्तु जैन कवि रविषेण के 'पद्मपुराण'[370] में उक्त प्रसंग के मूल स्रोत उपलब्ध हो जाते हैं। डॉ. नगेन्द्र ने अपने मत में संशोधन करते हुए उक्त तथ्य की ओर संकेत हुए लिखा है-"लगभग तीस वर्ष पूर्व 'साकेत' का अध्ययन एवं विवे-चन करते समय मैंने साकेतवासियों की रण-सज्जा के प्रसंग को गुप्त जी की मौलिक उद्भावना के रूप में रेखांकित प्रिया था। परवर्ती लेखकों ने इसी मत की पुष्टि की। किन्तु 'पद्मपुराण' का अध्ययन प्रस्तुत हो जाने के उपरांत मुझे इस विषय पर नये सिरे से सोचने का अवसर मिला। गुप्तजी ने उपजीव्य सामग्री के रूप में उसका प्रयोग किया है।"[371] फिर भी गुप्तजी की उक्त प्रसंग में निहित कतिपय उद्भावनाओं की उपेक्षा नहीं की जा सकती। साकेतवासियों की इस रण-सज्जा को कवि ने आर्य-संस्कृति के उद्धार के लिये किए जाने वाले संघर्ष के रूप में देखा है, जो आधुनिक पुनरुत्थान-वादी चेतना का स्वर रहा है। कैकेयी, माण्डवी, उर्मिला के गौरव की प्रतिष्ठा तथा मातृभूमि के प्रति अनन्य निष्ठा की अभिव्यंजना के स्तर पर यह वर्णन नवीन एवं मनो-वैज्ञानिक संभावनाओं से युक्त है। कैकेयी स्वयं अपने पुत्र को युद्ध में भेजने के लिए। ही उद्यत नहीं होती, अपितु 'पुत्र संग अरि संगर में [372] जाने का निश्चय व्यक्त करती है। यही नहीं, ऊर्मिला के उद्घाटन भी इसी प्रसंग में विरह-विदग्ध व्यक्तित्व को दबा कर वीरांगना-चरित्र का होता है। वह स्वर्ण की लंका के लूटने का निषेध करती है, क्योंकि स्वयं हमारी मातृभूमि के खेत अन्न से परिपूर्ण हैं तथा घर मणिकोषों से भरे हुए हैं :

> गरज उठी वह-"नहीं, नहीं, पापी का सोना,
> यहाँ न लाना, भले सिंधु में वहीं डुबोना।
> सावधान ! वह अधम धान्य-सा धन मत छूना,
> तुम्हें तुम्हारी मातृभूमि ही देगी दूना।
> किस धन से हैं रिक्त कहो, सुनिकेत हमारे ?
> उपवन फल-सम्पन्न, अन्नमय खेत हमारे।
> अगणित आकर सदा स्वर्ण-मणि-कोष हमारे...।"[373]

'साकेत-संत' में भी भरत लंका जाने का निश्चय करते हैं, किन्तु उनकी दृष्टि में रण के लिए सज्जित होना राम की शक्ति में अनास्था व्यक्त करना है। यह शंका एवं दुविधा उन्हें व्यथित करती है। 'साकेत' के समान 'साकेत-संत' में भी वशिष्ठ योग-दृष्टि से आसन्न भविष्य का चित्र दिखलाकर उन्हें युद्ध से विरत करते हैं। किन्तु 'साकेत' के विपरीत 'साकेत-संत' में भरत अपनी व्यग्रता पर लज्जित होते हैं तथा आत्मशुद्धि का दृढ़ संकल्प ग्रहण करते हैं :

एक ताप ने चौदह वर्षों इन तनु को तप आप तपाया,
अपर ताप को आज उठ पड़ा, उसने अब संकल्प कराया-
"आजीवन दृढ़ सेवा व्रत से चित्त न डोले, मति न डुलाये।"[374]

अब यह प्रश्न उठता है कि सीता हरण का समाचार सुनकर जब भरत अकर्मण्य नहीं रहे, तो क्या मिथिलेश्वर जनक मौन बैठे रहे होंगे ? 'अरुण' ने 'विदेह' काव्य में उक्त प्रसंग की उद्‌भावना के लिए ऋषि भारद्वाज द्वारा जनक के प्रबोधन का प्रसंग प्रस्तुत किया है। ऋषि भारद्वाज ने वैज्ञानिक अनुसंधानपूर्ण जो शास्त्र निर्मित किया था, उसके आधार पर वे जनक के लिए विमान निर्माण की योजना निर्मित करते हैं ताकि साकेत-सैन्यदल सुविधापूर्वक सागर-पार जा सकें।[375] किन्तु जनक आत्मयोग के द्वारा ही रावण के वैज्ञानिक आविष्कारों का सामना करने का संकल्प व्यक्त करते हैं।[376] जनक को विश्वास है कि रावण को इस आत्मिक क्रांति के आगे झुकना पड़ेगा, जो लंका में स्वयं उबुद्ध हो रही है।[377] इस प्रकार अनासक्त जनक उक्त योजना का आत्मयोग के आधार पर समाधान प्रस्तुत कर देते हैं। वे लंका पर आक्रमण की आवश्यकता नहीं समझते। स्पष्टत: सीता हरण का समाचार सुनकर राम-पक्ष के पात्रों की कर्मण्यता कथा में मनोवैज्ञानिक विकास की संभावनाओं को पूर्ण करती है

अग्नि परीक्षा

रामायण में अग्नि परीक्षा की कथा राम के मनोवैज्ञानिक अन्तर्द्वन्द्व तथा सामान्य युगीन पौरुष की सहज परिणति है (सर्ग 61114 116)। विभीषण के अभि-षेक के पश्चात् राम हनुमान् को सन्देश देकर सीता के पास भेजते हैं--"तुम वैदेही को यह प्रिय समाचार सुना दो कि रावण युद्ध में मारा गया है।" यह संदेश पाकर आनं-दाश्रु बहाती हुई सीता हनुमान् से बोलीं, "मैं अपने भक्त वत्सल स्वामी का दर्शन करना चाहती (1114111) हूँ।" श्रीराम विभीषण को आज्ञा देते हैं कि तुम विदेह-नन्दिनी सीता को स्नान कराकर दिव्य आभूषणों से विभूषित करके शीघ्र मेरे पास (6111417) ले आओ।" तभी, राम की मन:स्थिति में परिवर्तन होता है। उनकी आज्ञा होती है, "जानकी पालकी छोड़ कर पैदल ही मेरे (1114130) पास आयें।" राम की ऐसी चेष्टाएँ स्पष्टत: यह सूचित कर रही थीं कि राम पत्नी की ओर से निरपेक्ष (61114133) हो गए हैं। राम द्वारा सीता के चरित्र पर सन्देह जहाँ वाल्मीकि की मानवीय यथार्थ को ग्रहण करने वाली अन्तर्दृष्टि परिचय देता है, वहाँ तत्कालीन सामन्ती या अभिजात वर्ग की मानसिकता का भी उद्‌घाटन होता है। राम कहते हैं कि "मैंने तो अपने शत्रु के अपमान का प्रतिकार किया है। अब मेरे अमर्ष का अन्त हो गया है। मुझ पर जो कलंक लगा था, उसका मैंने मार्जन कर दिया। सब ने मेरा पराक्रम देख लिया। किन्तु तुम्हारे चरित्र पर सन्देह का अवसर अब भी उपस्थित है। फिर भी तुम मेरे सामने खड़ी हो। जैसे आँख के रोगी को दीप की ज्योति नहीं सुहाती, उसी प्रकार आज तुम मुझे अप्रिय लगती हो। सीता ! तुम जैसी दिव्य रूप-सौन्दर्य से सुशोभित एवं मनोरम नारी को अपने घर में स्थित देखकर रावण तक तुम्हारा विरह सहन नहीं (6111512-23) कर सका होगा।" राम के इन कठोर शब्दों से आहत सीता अपने सतीत्व को प्रमाणित करने के लिए अग्नि में प्रवेश करती हैं और अदग्ध सुरक्षित रह जाती (61116125) हैं। डॉ. बुल्के के अनुसार, 'वाल्मीकीय रामायण' का यह अंश प्रक्षिप्त है।[378] 'महाभारत' के रामोपाख्यान में अग्निपरीक्षा का निर्देश नहीं है। 'पउमचरियं' में अग्नि परीक्षा का संकेत अवश्य है। सीता के प्रवेश करते ही अग्नि कुण्ड स्वच्छ जल से भर जाता है और तब सभी वानर सहस्त्र कमल-दल पर आसीन सीता को देखते हैं।[379]

'वाल्मीकीय रामायण' में सीता की अग्नि परीक्षा वास्तविक सीता की अग्नि-परीक्षा है, जो राम के हृदय में सीता के प्रति उठनेवाली शंका के प्रतिकार के लिए की जाती है, जबकि 'अध्यात्म रामायण' (6113119-20) तथा 'रामचरितमानस' (611081 छंद 1) में अग्नि परीक्षा वास्तविक सीता को अग्नि से पुनर्ग्रहण करने का माध्यम मात्र है। नर-लीला के लिए प्रतिबिम्बरूपिणी माया-सीता वास्तविक सीता को प्रत्यक्ष बनाकर स्वयं अदृश्य हो जाती है।[380] आधुनिक काव्य में यह संदर्भ केवल 'राधेश्याम रामायण' में उल्लिखित हुआ है।[381]

आधुनिक कवियों ने प्रस्तुत प्रसंग को यथार्थ भूमि में ही ग्रहण किया है। सीता की अग्नि परीक्षा राम के हृदय की शंका, दुविधा और सन्देह की सूचक है जो आधुनिक दृष्टि से पर्याप्त मनोवैज्ञानिक संभावनाएँ लिये हुए है। 'रामचरित-चिन्तामणि' में राम की शंका और सन्देह की अभिव्यक्ति का प्रसंग उपस्थित हुआ है जो मूलत: वाल्मीकि का ही उपजीवी है। किन्तु प्रसंग के अतिरंजित हो जाने के कारण आधुनिक समालोचक को इसमें राम की उदात्त भावना में दुर्बलता का आभास दिखाई पड़ता है।[382] 'वैदेही-वनवास' में अग्नि परीक्षा की प्रेरक परिस्थिति का कोई स्पष्ट चित्र नहीं है। दुर्मुख नामक चर के मुख से सीता सम्बन्धी लोकापवाद की चर्चा के अनन्तर राम क्षुब्ध मन:स्थिति में चित्रशाला में सीता की अग्नि परीक्षा का दृश्य देखते हैं। यहाँ राम के कथन से यह संकेत अवश्य मिलता है कि यह परीक्षा राम के सन्देह और अविश्वास के लिए न होकर लोक का विश्वास प्राप्त करने के लिए की गई थी।[383]

अग्नि परीक्षा के प्रसंग में राम की विक्षुब्ध मन:स्थिति का चित्रण 'विदेह'[384] तथा 'अरुण रामायण'[385] में भी हुआ है। इन दोनों कृतियों में राम की शंका और अविश्वास से क्षुब्ध होकर सीता स्वयं लक्ष्मण से चिता रचने का आग्रह करती हैं जिससे वह जीवन-भर के अपयश और कलंक से मुक्ति पा सकें।

उत्तर काण्ड

उत्तरकाण्ड : अवान्तर कथाओं का लम्बा क्रम

'वाल्मीकीय रामायण' के उत्तरकांड में अवान्तर कथाओं का एक लम्बा क्रम है। उत्तरकाण्ड के 111 सर्गों में से 56 सर्ग अवान्तर कथाओं से सम्बन्धित हैं। अवान्तर कथाओं की इस दीर्घ श्रृंखला से कथा के सहज-ऋजु प्रवाह में बाधा पड़ी है। आधि-कारिक कथावस्तु के क्रम विकास की दृष्टि से कतिपय प्रसंग ही विवेच्य हैं। इन प्रसंगों में रामराज्य, सीता-परित्याग, शम्बूक-वध, लवकुश-प्रसंग, राम का अश्वमेध यज्ञ तथा सीता का पृथ्वी-प्रवेश आदि ऐसे स्थल हैं जो आधिकारिक कथा की गति को अकुण्ठित रखते हैं। इनके माध्यम से रामकथा के पात्रों के उत्तर चरित्र का विकास हुआ है। मध्यकालीन तथा आधुनिक मानसिकता का विशेष तादात्म्य भी इन्हीं प्रसंगों में लक्षित होता है।

रामराज्य

राज्याभिषेक के अनन्तर राम का उत्तरचरित उन्हें एक सुयोग्य शासक के रूप में प्रतिष्ठित करता है। राजा और प्रजा के आदर्श सम्बन्धों की उदात्त झाँकी प्रस्तुत करने के लिए वाल्मीकि और तुलसी दोनों ने रामराज्य की परिकल्पना प्रस्तुत की है। वाल्मीकि के इस अन्तर्दर्शन में एक ओर परम्परागत यज्ञानुष्ठान और धर्मपरायणता का चित्रण है तो दूसरी ओर अभाव और पीड़ाओं से मुक्त सुख-समृद्धि से परिपूर्ण एक ऐसी अवस्था का आदर्श रूप भी अंकित है जो आधुनिक दृष्टि को विशेष स्पृहणीय प्रतीत होता है। राम के राज्य शासनकाल में कहीं भी विधवाओं का विलाप नहीं सुनाई पड़ता था। दुष्ट जन्तुओं की आशंका नहीं थी। समाज असामाजिक तत्त्वों और अनर्थकारी कार्यों से मुक्त था। प्रजा वर्ग के भीतर दीर्घायुष्य, नीरोगता थी तथा जरा-वस्था में ही मृत्यु होती थी।[386] पृथ्वी शस्ययुक्ता और प्रकृति अनुकूल फल प्रदान करने वाली थी। 'मानस' में प्रसंग का विस्तार एक मनोराज्य (युटोपिया) के रूप में हुआ है, जिसमें वर्णाश्रम धर्म की प्रतिष्ठा और मर्यादावादी नैतिकता का आग्रह अधिक है।[387] इस वर्णन में जनतन्त्र की आदर्श परिकल्पना की भी व्यंजना निहित हैं जो गांधी जी के स्वप्नों के भारत में मुखर हुई है। यही कारण है कि आधुनिक कवियों को सम-सामयिक व्यवस्था और समस्याओं के समाधान के लिए यह प्रसंग एक उपयुक्त माध्यम प्रतीत हुआ है।

आधुनिक रामकाव्य-परम्परा में 'रामराज्य' (बलदेवप्रसाद मिश्र, हरिशंकर शर्मा, सुरेशचन्द्र शर्मा कृत) नाम कृतियों में रामराज्य की कल्पना प्राचीन विचारधारा के साथ गांधीजी की विचारधारा से प्रेरित है। रामराज्य की परिकल्पना भारतीय धर्म

और संस्कृति के आदर्श स्वरूप के समर्थन के लिए भी की गई हैं। श्री हरिशंकर शर्मा के शब्दों में, "भारतीय भावना और भारतीय संस्कृति में जो कुछ सुन्दर और सुरुचि सम्पन्न प्रतीत हुआ है, उसी की झाँकी या झलक मैंने अपने रामराज्य' में देखी-दिखाई है।"[388] स्पष्ट है कि इस प्रसंग का महत्त्व इसकी संदर्भगत विशिष्टता की अपेक्षा आधुनिक युग की उस आदर्श व्यवस्था के समाकलन की दृष्टि से है, जिसमें व्यापारी, कृषक, ग्राम-पंचायत, व्यायामशाला[389] जैसे सामान्य उल्लेख के द्वारा कवियों ने सरल ग्राम्य जीवन की अतीतकालीन अथवा शोषणमुक्त श्रमिक समाज की कल्पना को वर्तमान सन्दर्भ में मूर्त किया है।[390] दूसरी ओर इन कवियों ने सत्य, न्यायनिष्ठा, लोको-पकार और लोकमंगल पर आधृत नैतिकता से परिपूर्ण तथा छल-छद्म से मुक्त कर्तव्यपरायण जीवन की झाँकी भी प्रस्तुत की है।[391] कहने की आवश्यकता नहीं कि इस प्रसंग में नैतिकता का उन्मेष तो है किन्तु कथावृत्त की किसी नवीन उद्‌भावना का संकेत नहीं है।

सीता-परित्याग : प्रामाणिकता का सन्दर्भ

'वाल्मीकीय रामायण' में सीता-परित्याग की घटना का विस्तृत वर्णन (7142-49) हुआ है। गर्भिणी सीता विगत स्मृतियों को पुनरुज्जीवित करने के लिए तपोवन देखने की आकांक्षा को व्यक्त करती हैं, तभी संयोग से गुप्तचर भद्र पुरवासियों के मुख से सीता के विषय में सुनी हुई कलंक चर्चा से श्रीराम को परिचित कराता है। लोकापवाद से व्यथित राम लक्ष्मण को सीता को वन में छोड़ आने के लिए आदेश देते हैं। परित्यक्ता सीता के विलाप का समाचार पाकर महर्षि वाल्मीकि उन्हें सांत्वना देकर आश्रम में लिवा ले जाते हैं। इसी इतिवृत्त का निर्वाह परवर्ती काव्यों-यथा 'रघुवंश', 'उत्तररामचरित', 'कुन्दमाला' (दिङ नाथ) इत्यादि में हुआ है, जिनमें श्रीराम को दिए जाने वाले सीता के सन्देश में विभिन्न मानसिक दशाओं की अभि-व्यक्ति में किंचित् अन्तर पाया जाता है, शेष इतिवृत्त प्राय: समान ही है।

वस्तुत: सीता परित्याग रामकाव्य का ऐसा मार्मिक प्रसंग है जो अपने औचित्य का बौद्धिक एवं रागात्मक स्तर पर समाधान प्राप्त करने के लिए कवियों और आलोचकों दोनों को ही प्रेरित एवं आमन्त्रित करता रहा है। इस प्रसंग को लेकर कवियों ने प्राय: तीन प्रकार की प्रतिक्रियाएँ व्यक्त की हैं : (1) राम के मर्यादावादी व्यक्तित्व का आख्यान करने वाले कवि प्राय: इस प्रसंग की उपेक्षा कर गये हैं। तुलसी ने 'रामचरितमानस' में उक्त प्रसंग का समावेश नहीं किया है। हाँ, 'गीतावली' के एक पद में इसका संकेत अवश्य उपलब्ध है। 'साकेत' में भी इस प्रसंग को स्थान नहीं मिला है। (2) नारी की स्वतन्त्र प्रतिष्ठा के प्रति आग्रहशील आधुनिक प्रगतिचेता कवियों को राम का यह कृत्य अनुचित प्रतीत हुआ है और इसी रूप में इसे उपस्थित किया गया है। (3) राम के इस कृत्य के पक्ष में अनेक तर्क उपस्थित करते हुए लोकाराधन के प्रतीक के रूप में इस घटना का पुनराख्यान किया गया है। साथ ही यहाँ यह भी उल्लेखनीय है कि सीता परित्याग के कारण और स्वरूप के सम्बन्ध में भी कवियों ने भिन्न-भिन्न अभिमत प्रस्तुत किये हैं, जो प्राचीन आभिजात्य काव्यों के अतिरिक्त लोकगीतों की रूढ़ियों से भी अनुप्रेरित हैं।

तुलसी ने राम के मर्यादावादी स्वरूप को जन-मानस में अवतार के रूप में प्रतिष्ठित किया है। अत: राम के चरित्र में निहित अन्तर्द्वन्द्व और उनके जीवन के संदिग्ध कृत्यों के प्रति तुलसी की दृष्टि नकारात्मक रही है। अर्थात् उन्होंने ऐसे प्रसंगों के पक्ष अथवा विपक्ष, औचित्य अथवा अनौचित्य पर विचार न करते हुए कथा-प्रसंग में उनका समावेश नहीं किया है। 'गीतावली' में इस प्रसंग का संकेत अवश्य मिलता है किन्तु गीति-काव्य की सहज परिसीमा के कारण राम के प्रति प्रमाता का क्षोभ संयत रहता है। तुलसी के अनुसार उस समय राम पिता की आयु का उपभोग कर रहे थे।

अत: सीता के परित्याग के अतिरिक्त उनके लिए कोई विकल्प नहीं था।[392] तुलसी यहाँ अपनी स्वाभाविक शैली में भगवान् की दुर्गम अदृश्य गति बतलाकर उक्त घटना को एक लीला मात्र में पर्यवसित कर देते हैं, जिसके कारण चरों से गुप्त समाचार का ज्ञान तथा लक्ष्मण के द्वारा सीता को वाल्मीकि के आश्रम में भेज देने के वृत्त में निहित नियति का व्यंग्य और मानवीय करुणा का संदर्भ अपेक्षाकृत गौण पड़ जाता है। आधुनिक युग में 'उत्तरायण' के कवि सीता परित्याग की इस विगर्हित घटना को अनैति-हासिक मानते हैं तथा उनका विचार है कि "बौद्ध और जैन लेखकों तथा कवियों ने अपने धर्मों की श्रेष्ठता प्रतिपादित करने के लिए वैदिक धर्म के महान् चरितनायक राम और उनकी पत्नी सीता को गर्हित करने की

चेष्टा की है। महर्षि वाल्मीकि-रचित मूल रामायण में सीता-त्याग का प्रसंग नहीं है। इसके अतिरिक्त 'महाभारत', 'हरिवंश-पुराण', 'वायु-पुराण', 'विष्णुपुराण' और 'नृसिंहपुराण' में भी इस प्रसंग का उल्लेख नहीं किया गया है :''[393] इसी प्रकार डॉ. रामकुमार वर्मा भी सीता-परित्याग के प्रक्षेप का निराकरण करते हैं![394] तुलसी के मन में द्वन्द्व उठता है कि यदि पिता की आयु का भोग ही एकमात्र कारण था तो राम ब्रह्मचर्य व्रत धारण करके भी रह सकते थे, क्योंकि जिस सत्य व्रत के कारण पिता ने प्राण दिए, सीता के परित्याग में क्या वे उस सत्य की रक्षा कर सके?[395] और यदि उनके मन में सीता के चरित्र पर अविश्वास था तो वे उन्हें हिंस्र-जन्तुओं से आकीर्ण वन में न भेजकर पिता विदेह के घर भेज सकते थे।[396] और जिस समय सीता को निर्वासित किया गया, तब राम ने परिषद् की सम्मति क्यों नहीं ली ?[397] यहाँ तक कि माता से भी अनुमति नहीं ली गयी।[398] राम राजा थे और राजा का कर्तव्य न्याय-अन्याय, सत्य-असत्य का निर्णय करना है अत: राम ने लोकाप-वाद में छिपी वास्तविकता का अनुसंधान क्यों नहीं किया ?[399] क्यों नहीं सीता के अटल सतीत्व पर विश्वास रखते हुए राज-सम्पदा को ठोकर मार दी ?[400] 'वाल्मीकीय रामा-यण' का यह सम्पूर्ण प्रसंग प्रक्षेप मात्र है। सीता-निर्वासन असत्य है। फलतः तुलसी ने भी रामराज्य में लव-कुश की उत्पत्ति के प्रसंग का उल्लेख करके सीता-निर्वासन के प्रक्षिप्त अंश का परित्याग किया है :

अब मैं भी अपने 'मानस' में त्यागूंगा यह प्रक्षिप्त अंग,
मैं राम-राज्य कह, लिख दूंगा, लव-कुश के होने का प्रसंग।[401]

डॉ. वर्मा ने अपनी विद्वत्तापूर्ण भूमिका में तुलसी के अन्तर्मन्थन-प्रसूत उक्त तर्कों को ऐतिहासिक संदर्भों में प्रस्तुत किया है। किन्तु 'गीतावली' में भी उक्त प्रसंग आया है, इस तथ्य की ओर उन्होंने कोई स्पष्ट संकेत नहीं किया। इसके अतिरिक्त बौद्ध एवं जैन प्रभावों से मुक्त संस्कृत-साहित्य में सीता-परित्याग से सम्बन्धित काव्यों एवं नाटकों की लम्बी-परम्परा दृष्टिगोचर होती है।[402] अत: उक्त प्रसंग की ऐतिहासिकता को सहसा अस्वीकार नहीं किया जा सकता।

सीता-परित्याग : आधुनिक संदर्भ में

आधुनिक कवियों ने सीता-परित्याग के प्रसंग को विभिन्न वैचारिक कारणों से उचित अथवा अनुचित ठहराया है। रघुवीरशरण 'मित्र' की 'भूमिका' में राम का यह कृत्य राज्य तथा राजतंत्र के प्रति उनके अतिरिक्त मोह को सूचित करता है :

उसका आज प्रमाण, त्याग दी सीता, राज्य न छोड़ा।
उत्तर दो, क्यों राज्य न छोड़ा, सीता से मुँह मोड़ा ?[403]

डॉ. भारतभूषण अग्रवाल-कृत 'अग्निलीक' में भी सीता को वनवास देने के मूल में राम की राज्यलिप्सा तथा अतिरिक्त महत्त्वाकांक्षा की प्रेरणा ही क्रियाशील है।[404]

कालिदास तथा भवभूति ने भी सीता[405] एवं वासंती[406] के मुख से उक्त कृत्य को अन्यायपूर्ण कहलाया है, किन्तु आधुनिक कवि इस विषय में अधिक स्पष्ट एवं मुखर हैं।[407] फिर भी भारतीय दृष्टि मूलतः संतुलित एवं मर्यादा प्रधान रही है। अत: राम के इस कृत्य को आधुनिक भावभूमि पर लोकतांत्रिक ठहराने का प्रयास भी अनेक कवियों ने किया है।

'वैदेही-वनवास' में दुर्मुख नामक चर जब राम को रजक द्वारा व्यक्त किये गये लोकापवाद की सूचना देता है तो राम लोकाराधन के निमित्त लोकापवाद के सम्बन्ध में न केवल अपने भाइयों से मंत्रणा करते हैं, अपितु वशिष्ठ मुनि के आश्रम में जाकर विचार-विनिमय भी करते हैं। यही नहीं, जब वे अपनी प्रिया सीता को अपने निर्णय की सूचना देते हैं[408] तो सीता उनकी लोकाराधन नीति की चरितार्थता के लिए सहर्ष अपनी सहमति प्रदान करती है।[409] 'अयोध्या की एक शाम' में भी जब सीता को वन-वासिनी बनाने का प्रस्ताव सामने आता है तो राम परिवार का प्रत्येक सदस्य उसका विरोध करता है।[410] 'प्रवाद पर्व' में भी राम राष्ट्र की आकांक्षा को ही सर्वोपरि मान कर सीता का परित्याग करते हैं।[411] स्पष्टतः कथा प्रसंग की यह नवीनता पूर्व प्रसंग में निहित लोकतांत्रिक चेतना के अभाव को पूर्ण करती है।

आधुनिक कवि ने सीता-निर्वासन के प्रसंग को अपेक्षाकृत अधिक मजा के साथ अंकित किया है। इस प्रसंग को कवि ने न केवल नारी की आधुनिक मुक्ति चेतना के परिप्रेक्ष्य में देखा है, अपितु राजनीति, समाजशास्त्र, मनोविज्ञान के विविध संदर्भों में भी राम के इस कृत्य का मूल्यांकन किया गया है।

सीता-निर्वासन के कारण

सीता-निर्वासन का मूल कारण तो लोकापवाद ही बतलाया गया है, किन्तु परोक्ष कारण भी उल्लिखित हैं : 'वाल्मीकीय रामायण' के अनुसार सीता-त्याग का एक कारण है विष्णु द्वारा भृगु-पत्नी की हत्या, जिसके फलस्वरूप भृगु ने विष्णु को शाप दिया कि तुमको भी मनुष्य बनकर पत्नी वियोग का दु:ख सहना पड़ेगा। डॉ. कामिल बुल्के चे अनुसार इस शाप का उल्लेख रामायण के गौड़ीय तथा पश्चिमोत्तरीय पाठों में नहीं मिलता। इसके अतिरिक्त तारा द्वारा राम को शाप तथा उपरिलिखित. प्रसंग (राम द्वारा पिता के आयुष्य का भोग) का उल्लेख किया जा सकता है।[412]

आधुनिक कवि इन प्रसंगांतरों में नहीं गये हैं। आचार्य श्री तुलसी ने अवश्य एक भिन्न कारण की प्रकल्पना की है। 'अग्नि परीक्षा' के अनुसार राम बहुपत्नीक थे। सीता की पत्नियों ने छल का आश्रय लेकर सीता से रावण के पैरों का चित्र[413] बनवा लिया तथा राम के मन में सीता के पातिव्रत्य के प्रति संदेह उत्पन्न कर दिया। किंतु राम इस घटना से विचलित नहीं होते।[414] इसके अतिरिक्त ये रानियाँ अपनी-अपनी दासियों के द्वारा घर-घर में सीता के ऊपर थोपे गये कलंकों का प्रचार करवाती हैं।[415] संभवत: इस घटना की प्रेरणा कवि को लोकगीतों से मिली होगी। अवधी भाषा में सीता वनवास के एक गीत में, जो बिहार छोटा नागपुर और बुन्देलखण्ड तक में प्रचलित है, सीता की ननद सीता से भाई राम का चित्र बनाकर दिखलाने का आग्रह करती है[416] और फिर राम से चुगली खाकर सीता के निर्वासन का कारण बनती है।[417] स्पष्टत: नारी की सहज ईर्ष्या एवं करुणा का स्वाभाविक परिपाक ऐसे ही संदर्भों में दिखाई देता है। आचार्य श्री तुलसी राम के मन में निहित इस शंका के बीज को अंकुरित करने में समसामयिक चेतना को आधार बनाते हैं। केवल रजक के कहने पर पत्नी को निर्वासित कर देना अधिक औचित्यपूर्ण प्रतीत नहीं होता। अत: आचार्य श्री तुलसी ने इस अपवाद की छाया को अधिक व्यापक एवं घनीभूत करके अंकित किया है। राम एक दिन नगर-यात्रा को निकलते हैं तथा महिलाओं, वृद्ध जनों एवं युवकों में इस अपवाद को लेकर सुलगते हुए विद्रोह का आभास पाते हैं।[418] 'वनस्थली' में भी कवि ने प्रजा-विद्रोह का उल्लेख किया है। इसके उपरांत धोबी-धोबिन के वाद-विवाद का गहरा प्रभाव सबकी मानसिक चेतना पर पड़ता है।[419] निश्चय ही कथा का यह रूपान्तरण आधुनिक जन-विप्लव और सामाजिक चेतना को भी रेखांकित करता है तथा प्रसंगानुकूल मनोवैज्ञानिक पीठिका के निर्माण में सहायक होता है।

मनोवैज्ञानिक दृष्टि से सीता-परित्याग राम के हृदय में निहित शंका का ही घनीभूत परिणाम प्रतीत होता है।[420] शायद अग्नि परीक्षा के उपरांत भी राम सीता को अपने सम्पूर्ण मन से स्वीकार न कर सके। अरविन्द कुमार ने 'राम का अन्तर्द्वन्द्व' नामक कविता में राम की शंकाजन्य मन:स्थिति का चित्रण किया है।[421] कवि की दृष्टि में सीता-निर्वासन राम के षड्यन्त्र का परिणाम था। प्रजातांत्रिक दृष्टि से भी आधु-निव कवि राग के इरा कृत्य के औचित्य का प्रतिपादन करता है। इसके लिए परं-परित कथा में पर्याप्त अवकाश है। वाल्मीकि[422], कालिदास[423], भवभूति[424] ने राम की लोका-राधन की नीति का संदर्भ देकर राम के इस कृत्य के औचित्य को प्रतिपादित किया है। 'हरिऔध' जी ने भी जनकनंदिनी के निर्वासन को लोकाराधन के उद्देश्य से अनु-प्राणित माना है।[425] आधुनिक कवि भी इन्हीं परम्परा प्राप्त तर्कों का समसामयिक जन-चेतना से उनका सामंजस्य स्थापित करता रहा है।

श्री राजाराम शुक्ल के 'जानकी जीवन' काव्य में राम प्रजा की याचना पर प्राण और जानकी दोनों को त्यागने के लिए तत्पर हैं।[426] यहाँ यह द्रष्टव्य है कि यह जनमत के सम्मुख निष्क्रिय आत्मसमर्पण की मनोदशा है। यह जानते हुए भी कि जन-चेतना प्रबुद्ध नहीं है, राम उसके आगे नतमस्तक हो जाते हैं। आधुनिक कवि जनमत के इस अविवेक के प्रति सजग है। डाक्टर बलदेवप्रसाद मिश्र के अनुसार, "जनचेतना में परिष्कार के लिए ही राम सीता को वाल्मीकि के आश्रम में भेजते हैं, क्योंकि कवि की वाणी ही जनचेतना को विकसित करने में समर्थ हो सकती है।"[427]

'वनस्थली' के राम भी अपनी इच्छा को प्रजामात्र की दासी बताकर भी प्रजामत को प्राय: अविवेक पर आधृत ही मानते हैं। वस्तुत: छिद्रान्वेषण प्रजा का सहज स्वभाव होता है।[428]

'अरुण रामायण' में भी जन-चेतना के अन्दर व्याप्त होते हुए लोकापवाद को बड़े व्यापक रूप से चित्रित किया गया

है।[429] राम का निर्णय यहाँ व्यक्तिगत न होकर परिषद् की मन्त्रणा की परिणति है। 'अरुण' की कल्पना है कि लंका में हुई सीता की अग्नि परीक्षा अयोध्यावालियों के मन में सीता के आचरण के प्रति शंकालु दृष्टि को और अधिक शंकित बनाने में सहायक हुई है।[430] यह उद्‌भावना मनोविज्ञान सम्मत। 'सीता-परित्याग' आदि परम्परित काव्यों में रजक द्वारा रजकी के गृह-निष्कासन के संदर्भ में जानकी पर मिथ्या कलंकारोप का दूतों से संवाद सुनकर राम जिस रूप में जानकी-त्याग करते हैं, वह लोकप्रसिद्ध कथा का ही उपजीवी है।[431]

वनवास का जीवन

आधुनिक युग में प्रकृति-प्रेम, श्रम-गरिमा तथा कृषि-प्राण भारतभूमि के प्रति जो निश्छल अनुराग व्यंजित हुआ है, उसका कृषि की अधिष्ठात्री देवी भूमिजा सीता के वनवास-जीवन के सन्दर्भ में अत्यन्त मार्मिक चित्रण हुआ है। जबकि 'सीता-परित्याग' काव्य में ऋषि पत्नियाँ विविध शृंगारिक क्रीड़ाओं से जानकी का मन बहलाती हैं तथा सीता राम-विरह में व्यग्र, दुःखी एवं निष्क्रिय चित्रित की गयी हैं।[432] 'वनस्थली', 'भूमिजा' तथा 'सिय-विजन-वास' कृतियाँ सीता के जीवन के कर्म-पक्ष को उद्‌घाटित करती हैं। 'भूमिजा' में सीता वनभूमि को कृषि की समृद्धि से पूर्ण करती हैं[433] तथा वन के निवासियों को कुटीर उद्योगों के विकास की प्रेरणा देती हैं।[434] स्वयं सीता ऊन कातती तथा सूत और रेशम के कुर्ते सींती हैं।[435] इस प्रकार सीता आत्म-निर्भर श्रम की प्रतिमा संगठित करती हैं। 'वनस्थली' में भी जब शत्रुघ्न वाल्मीकि के आश्रम में पहुंचते हैं, तो सीता को मुनि के आश्रम में धान कूटते हुए देखते हैं।[436] 'सिय-विजन-वास' में भी वनवासिनी सीता एकान्त निष्क्रिय वेदना की अपेक्षा प्रकृति के प्रति सक्रिय अनुराग प्रदर्शित कर अपने कर्मशील व्यक्तित्व का परिचय देती हैं।[437] 'साकेत' की चित्रकूट-वासिनी सीता की प्रेरणा सम्भवतः इसके मूल में निहित रही है।[438] इस प्रकार आधुनिक कवि ने 'भूमिजा' नाम की अन्वर्थता सिद्ध की है। सीता की चेतना के माध्यम से निर्मित चेतना की अभिव्यक्ति वस्तुतः आधुनिक गतिविधि की अभिव्यक्ति ही है।

शम्बूक-वध

वाल्मीकि ने रामराज्य की परिकल्पना को ही तत्कालीन दृष्टि से अधिक विशद बनाने के लिए ब्राह्मण-पुत्र की अकाल मृत्यु तथा उसके मूलभूत कारण तपस्वी शूद्र के राम द्वारा वध किये जाने का प्रसंग (7173-82) उपस्थित किया है। शम्बूक वध की कथा 'महाभारत' (शान्तिपर्व, अध्याय 149), ('रघुवंश') 15वाँ सर्ग), 'उत्तरराम-चरितम्' (द्वितीय अंक), 'आनन्द रामायण' (7,10, 50-122) आदि में भी आयी है। मर्यादावादी तुलसी ने 'मानस' में यह प्रसंग प्रस्तुत नहीं किया, किन्तु 'गीतावली' में इसका उल्लेख अवश्य किया है।[439]

'रामचरित-चिन्तामणि' में शम्बूक की कथा परम्परित ढंग से वर्णित है[440] किंतु परवर्ती कृतियों में उक्त प्रसंग को समसामयिक संदर्भ से जोड़ने का उपक्रम किया गया है। परवर्ती आधुनिक काव्यों में यह प्रसंग रामराज्य की परिकल्पना को स्फुट करने की अपेक्षा वर्ण-व्यवस्था की दुरभिसन्धि को ही व्यंजित करता है। इस प्रसंग को प्रायः दो भिन्न दृष्टियों से प्रस्तुत किया गया है। 'जानकी जीवन' तथा 'वनस्थली' में शम्बूक राष्ट्र तथा विश्व का विद्वेष्टा है।[441] उसका वधं उस विश्व व्यापी घृणा के प्रचार को समाप्त करने के लिए किया जाता है जबकि उदयशंकर भट्ट-कृत 'अन्तर्दर्शन : तीन चित्र'[442] और 'शम्बूक' (जगदीश गुप्त कृत) में शम्बूक तपस्वी का वध निश्चय ही राम के अविवेक का परिणाम है। भट्ट जी के अनुसार जहाँ राम का यह कृत्य व्यक्ति की स्वतंत्रता के प्रति दारुण आघात है, वहाँ जगदीश गुप्त के अनुसार शम्बूक की तपस्या और कर्मशीलता राम के ब्रह्मत्व और विराट्ता की अर्थवत्ता को भी चुनौती देती है। कथावृत्त के विस्तार की दृष्टि से जगदीश गुप्त के 'शम्बूक' काव्य में वाल्मीकि के ही इतिवृत्त का अनुसरण है किन्तु कुछ प्रसंगोद्‌भावनाएँ लेखक की अपनी भी हैं।[443] इन उद्‌भावनाओं में सबसे सार्थक उद्‌भावना सर्प दंश की है जो ब्राह्मण-पुत्र की मृत्यु और शूद्र तपस्वी की तपस्या के कार्य-कारण सम्बन्ध की परम्परित और अवैज्ञानिक रूढ़ि की बुद्धि सम्मत व्याख्या है। 'जानकी जीवन' में कवि ने राम के पवित्र हाथों को शम्बूक की हत्या के आरोप से मुक्त रखा है। शम्बूक राम के पुष्पक विमान की ध्वनि से ही आतंकित होकर प्राण छोड़ देता है।[444]

अश्वमेध यज्ञ और लवकुश-प्रसंग

रावण-विजय से प्रारम्भ की हुई राम की दिग्विजय की श्रृंखला राज्याभिषेक के अनन्तर अश्वमेध यज्ञ के द्वारा ही पूर्णता की ओर अग्रसर होती है। इस दृष्टि से यह कार्य सम्पूर्ण राम-काव्य का मुख्य कार्य कहा जा सकता है। क्योंकि आर्यत्व के प्रसार अथवा राष्ट्र के एकत्व-विधान का लक्ष्य इसी महत्कार्य में निहित है और राम-कथा की सम्पूर्ण घटनाएँ इसी कार्यसिद्धि के लिए नियोजित हैं।

अश्वमेध यज्ञ का प्रसंग 'वाल्मीकीय रामायण' (7183-99) में वर्णित है। इसके अतिरिक्त 'रघुवंश' (14187, 'अध्यात्म रामायण' (714127), 'आनन्द रामायण' (जन्मकाण्ड, सर्ग 6-8), पद्मपुराण' (अध्याय 44), 'उत्तररामचरितम् (अंक, 5-6) आदि में यह वृत्त किंचित् परिवर्तन के साथ आया है। 'रामचन्द्रिका' (प्रकाश 35) के अनुसार राम ने सीतात्याग के पाप के प्रायश्चित्त के लिए अश्वमेध का अनुष्ठान किया था। 'वाल्मीकीय रामायण' में लक्ष्मण अश्वमेध यज्ञ का प्रस्ताव रखते हैं। श्री राम के अश्वमेध यज्ञ में ही महर्षि वाल्मीकि का आगमन होता है और उनके आदेश से लव-कुश द्वारा श्रीराम की भरी सभा में 'रामायण' काव्य का गान (7194) किया जाता है। वाल्मीकि ने अश्वमेध यज्ञ के अश्व की विजय यात्रा अथवा लव-कुश के युद्ध का प्रसंग को अपने काव्य में स्थान नहीं दिया है।

'वैदेही-वनवास' में भी लव-कुश के पराक्रम का वृत्त नहीं है। अश्वमेध का उल्लेख भी बाल्मीकि की पद्धति पर है। संगीत-निपुण लव-कुश प्रतिदिन वीणा पर रामचरित का गौरवमय गान करते हैं और वहीं आश्रम में एक दिन शत्रुघ्न सीता को अवधपुरी में आयोजित अश्वमेध यज्ञ की सूचना देते हैं।[445] वाल्मीकि के सान्निध्य में ही लव-कुश के साथ सीता अश्वमेध यज्ञ के अनन्तर राम के समक्ष उपस्थित होती हैं। 'वैदेही-वनवास' में लव-कुश शस्त्र शास्त्र में निपुण होकर[446] भी सीता द्वारा निरन्तर अहिंसात्मक आचरण के लिए ही प्रेरित किये जाते हैं।[447] स्पष्ट है कि कवि की दृष्टि यज्ञ के दिग्विजयी अश्व के लवकुश द्वारा अवरोध और उनके युद्ध की अपेक्षा राम के पारिवारिक जीवन को अखण्डित रखने में ही केन्द्रित रही है।

लव-कुश की उत्पत्ति तथा राम की सेना के साथ उनका संघर्ष सीता के वनवास-जीवन का स्मरणीय प्रसंग है। आधुनिक भाव-बोध के धरातल पर जहाँ एक दृष्टि से अश्वमेध यज्ञ राम की साम्राज्य-प्रसार की नीति का प्रतीक है तो दूसरी दृष्टि से वह विघटनकारी तत्त्वों से राष्ट्र की मुक्ति तथा उसे एक सूत्र में बाँधने का उपक्रम भी है। 'भूमिजा' में अश्वमेध यज्ञ राम के साम्राज्य विस्तार की ही भूमिका है :

> धनुष-बाण ले गर्व अश्व पर चढ़े राम हुंकारे।
> राजतन्त्र के फण धरती के फूलों पर फुंकारे॥ [448]

'सिय-विजन-वास' में लव यज्ञ रचना को अन्याय और पाप के ऊपर आवरण डालने का माध्यम मात्र कहता है।[449] इसके विपरीत 'जानकी-जीवन में अश्वमेध यज्ञ आर्यत्व के प्रचार तथा अन्याय एवं नृशंसता के विरुद्ध अभियान है। सैनिकों के प्रयाण-गीत की पंक्तियाँ इसका प्रमाण हैं :

> आओ चलें, अशांति के विनाश के लिए,
> आओ चलें, प्रकाश के विकास के लिए।
> आओ चलें, किसी दुखी उदास के लिए,
> आओ चलें, समष्टि के सुहास के लिए। [450]

'जानकी-जीवन' में लव-कुश द्वारा यज्ञ के अश्व के अवरोध और राम की सेना से युद्ध का प्रसंग भी है। इस काव्य में चन्द्रकेतु, शत्रुघ्न, लक्ष्मण और राम को इन दोनों राजकुमारों से पराजित दिखाया गया है। 'उत्तररामचरितम्' में राम के साथ लव-कुश का संग्राम नहीं होता किन्तु यहाँ पुत्र के द्वारा पराजय में भी पिता के उत्कर्ष की व्यंजना दिखलाना कवि को अभीष्ट रहा है।[451]

'रामराज्य' (सुरेशचन्द्र शर्मा कृत) में जब दूत चन्द्रकेतु के सेना सहित परास्त होने का समाचार लेकर यज्ञानुष्ठान

में व्यस्त राम के पास पहुँचता है तो वहाँ यज्ञ में उपस्थित वाल्मीकि राम से इस रहस्य का उद्‌घाटन करते हैं कि लव और कुश आपके ही पुत्र हैं।[452] अत: युद्ध की संभावना स्वत: समाप्त हो जाती है। वाल्मीकि द्वारा आम-न्त्रित लव और कुश सभा में ही रामायण का गान करते हैं।

'वनस्थली' में अश्वमेध की सभा में लव-कुछ रामायण का गान करते हैं किन्तु वहाँ अपने माता-पिता के विषय में राम द्वारा पूछे जाने पर वे अस्पष्ट उत्तर देते हैं जिससे दिग्विजय के अश्व के भविष्यत् अवरोध की सम्भावना बनी रहती है। परम्प-रित ढंग से यहाँ भी विविध तर्क-वितर्क के बीच चन्द्रकेतु, शत्रुघ्न, भरत और लक्ष्मण सभी की पराजय होती है। अन्त में युद्ध करने के लिए आये हुए राम को महर्षि वाल्मीकि उनके दोनों सुपुत्रों का परिचय देते हैं।[453]

'अग्निलीक' में यज्ञ का पवित्र अश्व लेकर दिग्विजय के लिए निकली राम-चन्द्र की सैन्य यात्रा के तुमुल नाद से उत्पन्न सीता की मन:स्थिति का ही अंकन है। उस तुमुल नाद के नीचे सीता को प्रजा का हाहाकार तथा अश्वमेध में राज्य, राजनीति, संग्राम और विजय की ही अन्तर्ध्वनि सुनाई देती है। इस काव्य-नाटक में अश्व के अवरोध का वृत नहीं है।

सीता का भू-प्रवेश

'वाल्मीकीय रामायण' में अश्वमेध के अवसर पर श्रीराम भरी सभा में लव-कुश द्वारा रामायण-काव्य का गान (7149) सुनते हैं। इस कथा से उन्हें ज्ञात होता है कि कुश और लव दोनों कुमार सीता के सुपुत्र हैं। अत: वे दूतों को आदेश देते हैं कि सीता वाल्मीकि की अनुमति लेकर जन-समुदाय के सम्मुख अपनी चरित्र-शुद्धता प्रमा-णित (7195 करें। दूसरे दिन सभी सभासदों की उपस्थिति में महर्षि वाल्मीकि सीता की शुद्धता का साक्ष्य (7-96124) प्रस्तुत करते हैं। वाल्मीकि के समर्थन के अनन्तर भी राम पुन: सीता से जन-समुदाय के सम्मुख अपनी शुद्धता प्रमाणित करने के लिए (7 19719-10) आग्रह करते हैं। उसपर सीता उपस्थित समुदाय के सम्मुख शपथ ग्रहण करते हुए कहती है कि यदि मैंने श्रीराम के सिवाय किसी अन्य पुरुष का मन में चिन्तन भी नहीं किया है तो भगवती पृथ्वी देवी मुझे अपनी गोद में स्थान (7-97114) दें। इस शपथ के लेते ही भूतल से एक दिव्य सिंहासन प्रकट होता है, जिस पर बैठ-कर सीतादेवी रसातल में प्रवेश कर जाती (7197120) हैं। शोक और क्रोध-विह्वल राम पृथ्वी से सीता को लौटा देने का (719816-8) अनुरोध करते हैं। तब ब्रह्मा जी पुन: साकेतधाम में सीता से पुनर्मिलन का आश्वासन देते हैं।

राम कथा के इस कारुणिक अन्त को सुखांत बनाने के लिए भवभूति ने 'उत्तर-रातचरितम्' (अंक 7) में उक्त घटना को गर्भ नाटक के रूप में प्रस्तुत करके सीता का पृथ्वी तल से पुनरुद्धार कराया है।

आधुनिक काव्य में भी विभिन्न वैचारिक दृष्टियों के कारण दु:खान्त और सुखान्त दोनों प्रकार के प्रसंग उपस्थित किये गये हैं ! 'वैदेही-वनवास' में अश्वमेध-अनु-ष्ठान में उपस्थित होने के लिए सीता जैसे ही रथ से उतर कर पति के चरणकमलों का स्पर्श करती हैं, वैसे ही उल्लास के अतिरेक से निर्जीव मूर्ति बन जाती हैं और उनकी परम अलौकिक आभा दिव्य ज्योति में परिणत हो जाती है।[454] 'विदेह', 'वन-स्थली', 'प्रवासिनी', 'रामराज्य' (सुरेशचन्द्र शर्मा-कृत) इत्यादि काव्यों में भी सीता का भू-प्रवेश निरन्तर शुद्धता प्रमाणित करने के लिए बाध्य किये जाने की ग्लानि और क्षोभ का ही परिणाम है 'अन्तर्दर्शन : तीन चित्र' में राम यद्यपि ऋषि-मुनियों और नगर वासियों के आग्रह पर सीता को स्वीकार करने के लिए उत्सुक हैं, किन्तु सीता मार्ग में सोचती हैं कि वे राम की स्नेहमूर्ति को पुन: अनायास ही प्राप्त नहीं कर सकेंगी। अत: अवसादग्रस्त होकर राम की मिलन-कामना को लिये हुए ही धरा के अंक में समा जाती हैं। सीता के द्वारा पुन: शपथग्रहण का प्रसंग यहाँ नहीं है।[455]

'वनस्थली' में सीता के भू-प्रवेश के अनन्तर कैकेयी का विगत घटना चक्र की सूत्रधारिणी मानकर अनुताप करना भी एक नूतन कल्पना है किन्तु प्राय: प्रसंग-विस्तार में आधुनिक कवियों ने परम्परा का ही पालन किया है। 'जानकी जीवन' में सीता के भू-प्रवेश के प्रसंग को अवश्य बचाया गया है। यहाँ कौशल्या अरुन्धती आदि को लेकर साकेत से पुष्पक विमान वाल्मीकि के आश्रम में आता है और सीता को लेकर पुन: अयोध्या लौट जाता है।[456] तदनन्तर अश्वमेध के लिए निर्मित यज्ञशाला में सीता राम के वाम भाग में बैठकर यज्ञ में भाग लेती हैं।

सन्दर्भ सूची

1. Writers on Writing, Edited by Walter Allen Quoted from the essay 'Shape & Structure of the Novel', Published by Phoenix House, London, edition p. 151. 1965.
2. शिशुपालवध, संस्क. सन् 1960 रामनारायणलाल बेनीप्रसाद, इलाहाबाद, 1960, प . 204
3. चिन्तामणि (भाग 2), संस्करण संवत् 2019 वि., सरस्वती मन्दिर, वाराणसी, पृ. 216।
4. The Epic-Lascelles Abercrombie, p. 57. Martin Secker, Lon-don, 1922.
5. Literary Criticism: William K. Wims att, J. R & Cleanth Books; Oxford and IBH Publishing Co., New Delhi, 1967. p. 37.
6. अरस्तू का काव्यशास्त्र (अनु. डॉ. नगेन्द्र), पृ. 20। भारती भण्डार, इलाहाबाद, सं. 2023
7. "अत: कथानक त्रासदी का प्रमुख अंग है-वह मानो त्रासदी की आत्मा है। चारित्र का स्थान दूसरा है।" वहीं, पृ. 21।
8. धनंजय-रचित दशरूपक : टीका डॉ. भोलाशंकर व्यास, सन् 1967। चौब्रम्बा विद्याभवन, वाराणसी। प्रथम प्रकाश:, श्लोक 15, पृ. 11
9. साहित्यदर्पण (टीकाकार डॉ. मत्यव्रतसिंह), चौखम्भा विद्याभवन, वाराणसी, सन् 1959 परिच्छेद, 6, श्लोक 7, पृ. 362
10. वही, श्लोक 318, पृ. 550
11. "इक्ष्वाकुवंशप्रभवो रामो नाम जन: श्रुत:।"
12. डॉ. कामिल बुल्के : रामकथा : पृ. 140-वाल्मीकीय रामायण, 1।18।
13. "All this gives us what is conveniently called 'epic material', the material out of which epic poetry might be made." The Epic Lascelles A bercrombie, p. 17
14. अग्नि परीक्षा (अनुताप) : आ तुलसी, पु. 81।
15. 'काव्य में लोकमंगल की साधनावस्था' : चिन्तामणि, भाग 1, पु. 220। संस्करण सन् 1953, इण्डियन प्रेस लि., प्रयाग।
16. सरिता (जुलाई 1977 का अंक)।
17. पाश्चात्य काव्यशास्त्र की परम्परा-सम्पा. : डॉ. सावित्री सिन्हा, हिन्दी विभाग, दिल्ली-विश्वविद्यालय, दिल्ली। पृ. 282।
18. महाप्रस्थान : नरेश मेहता। लोकभारती प्रकाशन, इलाहाबाद, 1975 प्रस्थान-पूर्व, पृष्ठ 16
19. रामचरितमानस, 21 12 (उत्तरार्द्ध)।
20. साकेत, सगं 2 पृ. 49।
21. वही, सगं 11 पु. 449।
22. अरुण रामायण : बाल कांड, पोद्‌दार रामावतार शर्मा 'अरुण'। किरण कुञ्ज प्रकाशन, समस्तीपुर। पृ. 20।
23. मेरा अशोक वन तन्त्र-रश्मि से रक्षित है...।" वही, सुन्दरकाण्ड पु. 451।
24. साकेत, सर्ग 8 पृ. 235
25. विदेह : पोद्‌दार रामावतार शर्मा 'अरुण'। प्रथम संस्करण : सन् 1954, किरण कुंज प्रकाशन, समस्तीपुर। सर्ग, 11, पृ. 191।
26. उर्मिला; सगं 3, पृ. 191-92।
27. (अ) कैकेयी : केदारनाथ मिश्र 'प्रभात'। सन् 1972। नवभारत प्रकाशन, खजांची रोड, पटना। सर्ग 3, पृ. 9।
    कैकेयी : चांदमल अग्रवाल 'चन्द्र'। सन् 1969। राजकमल प्रकाशन, दिल्ली। सगं 9, पृ० 77 1
28. अरुणरामायण : अरण्यकाण्ड, पृ. 330-31
29. विदेह, सगँ 11, पु. 196।
30, वैदेही वनवास, सर्ग ३ 63
31 'सीता थी बस गई सभी कृषकों के मानस-घट में।'
    —धरानन्दिनी सीता : रमेशचन्द्र शास्त्री। प्रथम संस्करण, 1968, राजस्थान प्रकाशन जयपुर। पृ. 36।
32. "विपिन के आस-पास प्रतिग्राम, खुले थे चर्खा संघ ललाम।''
    —वनस्थली, नाथूलाल अग्निहोत्री 'नम्र'। साहित्य-निकेतन, बरेली, सगँ 13, पृ. 258

33. जानकी जीवन राजाराम शुक्ल 'राष्ट्रीय आत्मा'। सन् 1971, ग्रन्थम, कानपुर। सर्ग 17; पृ. 327-329।

34. भूमिजा (आक्रमण) : रघुवीरशरण 'मित्र', भारतीय साहित्य प्रकाशन, मेरठ, सन् 1967 पृ. 86।

35. उत्तरायण : डॉ. रामकुमार वर्मा, राजपाल एंड संस, दिल्ली, सर्ग 9, पृ. 122।

36. पद्मपुराण, 6517121

37. साकेत, सर्ग 1, पृ. 18।

38. (क) Aurbindo : The Life Divine : Shri Aurbindo Ashram, Pondichery, 1960, p. 121-22.
(ख) ज्यों-ज्यों हुई चेतना जाग्रत,
प्रभु भी जग में हुए अवतरित; अन्तर्मन में परिणत होकर
हुआ प्रतिष्ठित सत्य चिरन्तन।
अशोकवन : स्वर्ण-किरण, पृ. 154

39. लगता है कि सुदूर अतीत काल का मैं ही मनु,
तप करते-करते सूख गया है मेरा तनु;
शतरूपा है मेरी रानी कौसल्या ही
कर चुके विष्णु-वरदान प्राप्त हम मनचाही। —अरुण रामायण (बालकाण्ड), पृ. 6।

40. वही, बालकाण्ड, पृ. 6।

41. वही, पृ. 8।

42. लीला, अंक 2, पृ. 11-18।

43. अरुण रामायण : बालकाण्ड,

44. वही, पृ. 18

45. विदेह, सर्ग 6, 9096 1

46. धरानन्दिनी सीता, सर्ग 1, पृ. 11।

47. भूमिका भूमिजा, पृ. 3।

48. विदेह, सगं 7. पृ. 115-123।

49. सात, सर्ग 10, पृ. 351।

50. ऊर्मिला, सर्ग 1, पृ. 24

51. अरुणरामायण : बालकाण्ड, पृ. 8 1

52. वही, प. 18।

53. 'वह करता है विस्फोट सलिल-स्थल पर जब-तब।"

54. गणतंत्र-प्रणेता वही, वही समता-गायक
—वही, बालकाण्ड, पु. 20
सचमुच ही विश्वामित्र क्रांति के उन्नायक ...कौशिक भारत की आत्मा के जाग्रत स्वरूप वही, बालकाण्ड, पृ. 23-24।

55. एक विश्वास और : वीरोत्सव, पृ. 59

56. अरुणरामायण : बालकाण्ड, पृ. 22

57. वही, बालकाण्ड, पृ. 23 1

58. व्रतबन्न, केदारनाथ मिश्र 'प्रभात', संस्करण सन् 1971, नवभारत प्रकाशन, पटना। सर्ग 1, पृ. 16

59. वही, सर्ग 1, पृ. 18

60. साकेत : सर्ग 10, पृ. 362।

61. रावण-महाकाव्य, हरदयालुसिंह। संस्करण सन् 1952, आत्माराम एण्ड संस, दिल्ली। सर्ग 10, 144।

62. साकेत : सर्ग 10, पृ. 362

63. अरुण रामायण : बालकाण्ड, पृ. 30

64. बाल, वृद्ध, रोगी अथवा विकलांग।
नहीं किसी को वह सकती है छोड़।
गर्भ-भार से मंथर यद्यपि चाल,
पुलकित यद्यपि नव शिशु के प्रति रोम,
फिर भी स्त्रियां न पातीं उससे ताण।-रामकथा' (प्रवन्ध-काव्य) का एक अंग (रचना-काल सन् 1949), 'सरस्वती' हीरक जयन्ती अंक, सन् 1961, पृ. 131।
65. हम बिनु आयुध गये हुते मुनि मख अवरेखन।
बालक अनुपम हुते लगे तिनकी दिसि देखन ॥
—रावण-महाकाव्य : सर्ग 10, पद 22, पृ. 144
66. लीला, अंक 3, प . 28।
67. कौशल किशोर, डॉ. बलदेवप्रसाद मिश्र। संस्क. संवत् 1991 वि., साहित्य भवन (प्रा.) लि., इलाहाबाद। सर्ग 6।
68. पाषाणी, स्पर्श 6, पृ. 84
69. वही, आमुख, पृ. 6
70. एक विश्वास और : नारी अहल्या, डॉ. रमेशचन्द्र मिश्र, पृ. १५।
71. मैं मरूं, तो देह पर अधिकार हो।
मृतक मन को उचित — शव पर प्यार हो। पृ. 98
नारी हूँ, यह है बात प्रथम,
हारी हूँ. स्वीकृति घात चरम,
अन्तद्वद्वों में जले बुझे,
जीवन की तृषित कहानी हूँ
कैसे कहते-पाषाणी हूँ !! पु. 101
पाषाणी, आचार्य जानकीवल्लभ शास्त्री। द्वितीय संस्करण 1967, लोकभारती प्रकाशन, इलाहाबाद।
72. अरु गरामायण : बालकाण्ड, पृ. 32।
73. अवतरित इन्द्र को देख, हुई हर्षित नारी
खिल उठी उपेक्षित काम-कुसुम की मृदु क्यारी ॥
—वही, बालकाण्ड, पृ. 33।
73. पाषाणी, शरणविहारी गोस्वामी, स्पर्श 8, पृ. 119।
74. वही, स्पर्शं 8, पृ. 119।
75. (अ) अरुण रामायण : बालकाण्ड, पृ. 34
(आ) पाषाणी, शरणविहारी गोस्वामी, स्पर्श 7, पृ. 114।
76. युगधारा : पाषाणी, डॉ. प्रकाशचन्द्र भट्ट-कृत नागार्जुन : जीवन और साहित्य'। संस्करण सन् 1974, सेवासदन प्रकाशन, रामपुरा। पृ. 94 पर उद्धृत।
77. कौशल किशोर, सर्गं 8।
78. अरुण रामायण, बालकाण्ड, पू. 45
79. राम की शक्ति पूजा (अपरा)। भारती भण्डार, इलाहावाद, संस्क. सं. 2024 वि., पृ. 45
80. प्रसन्न राघव, सम्पादक डॉ. रमाशंकर त्रिपाठी। संस्करण सन् 1970, मोतीलाल बनारसीदास, 11381471
81. अरुण रामायण, बालकांड, पृ. 53।
82. विदेह, सर्गं 8, पु. 130
83. कौशल किशोर, सर्ग 13
84. लीला, अंक 9, पृ. 101-107

85. साकेत, सर्ग 10, पृ. 376
86. कमिला, सगं 1, पु. 68
87. प्रसन्न राघव, अंक 4
88. हनुमन्नाटक, संपादक पण्डित जगदीश मिश्र संस्करण (सन्) 1967, चौखम्बा संस्कृत सीरीज आफ़िस वाराणसी। अंक-1।
89. 'दुख अगर टूट जाने का हो मिस्त्री बुलबाकर जुड़वा लो।'
—राधेश्याम कथावाचक : श्री रामकथा (बालकाण्ड), धनुष यज्ञ। संस्करण सन् श्री राधेश्याम पुस्तकालय, बरेली। पृ. 27।
90. अरुणरामायण : बालकाण्ड, पृ. 77।
91. एक विश्वास और धनुष भंग : मोह भंग, पृ. 133 1964,
92. परशुराम की प्रतीक्षा : दिनकर। चतुर्थ संस्करण, सन् 1968, उदयाचल, पटना। पृ. 15।
93. दिनकर कुछ पुनर्विचार, डॉ. शम्भुनाथ। संस्करण सन् 1976, जनचेतना प्रकाशन, हावड़ा।
94. कम्मिला, द्वितीय सगं पु. 106 107।
95. ऊम्मिला सगं 2. पृ. 164
96. साकेत सन्त, सगं 1, पृ. 20
97. साकेत-सन्त, सगं 2, प. 42।
98. कम्मिला, सर्ग 2, पृ. 109
99. रामचरितमानस, 2112 (उत्तरार्द्ध)।
100. वाल्मीकीय रामायण, 219115-18।
102. रामकथा का विकास, पृ. 393।
103. वाल्मीकीय रामायण, 219117
104. ब्रह्मपुराण, संपादक मनसुखराय मोर। संस्करण सं. 2010 वि., कलकत्ता। अध्याय 123।
105. पद्मपुराण, जनरल एशियाटिक सोसाइटी, कलकत्ता। संस्करण सन् 1842, पृ. 1122
106. अध्यात्मरामायण, 211166।
107. आनन्दरामायण, टीकाकार पण्डित रामतेज त्रिपाठी। संस्करण सन् 1972, पण्डित पुस्तकालय, वाराणसी, 111183 1
108. कैकेयी, चांदमल अग्रवाल, पार्श्वभूमि।
109. वही, पार्श्वभूमि (च)।
110. 'यस्या दोषादपि भुवनत्रयस्य रक्षोभयनाशाय हेतुर्बभूव। जानकी-हरण : महाकवि कुमारदास। सन् 1967। मित्र प्रकाशन प्राइवेट लि., इलाहाबाद। 142।
111. रामचरितमानस, 2181।
112. साकेत सन्त, सर्ग 2, 1 0 42।
113. कैकेयी (चांदमल अग्रवाल कृत), सर्ग 7, पृ. 60।
114. वही, सर्ग 7, पृ. 62
115. वही, सर्ग 7, पृ. 61।
116. साकेत, सर्ग 8, पृ. 249
117. कैकेया (चांदमल अग्रवाल कृत), सगं 9, पू. 79
118. वही, सर्ग 9, पृ. 81।
119. कल्याणी कैकेयी, डॉ. राधेश्याम द्विवेदी संस्करण सन् 1974, कैलाश पुस्तक सदन, ग्वालियर। सर्ग 5, पृ. 36।
120. कैकेयी (प्रभात), सर्ग 8, केकयी 86।
121. व्रतबद्ध, सर्ग 1, पृ. 18
122. (अ) ऊम्मिला, सर्ग 3 प. 191-92
(आ) रह-रह कर कैकेयी को यह दक्षिण पथ लचाता है,

बहुत दिनों से विषय-विजय का सपना उन्हें सताता है।
इसीलिए रानी, उनने यह ऐसी युक्ति मिलाई है,
निज सपना सच्चा करने की घटिका वे ले आई हैं। वही, सगं 3, पृ. 262।

123. लक्ष्मण-काव्य, शिवसिंह 'सरोज', संस्करण 1। रवीन्द्र प्रकाशन, लखनऊ। सर्ग 4, पृ. 34-35
124. कैकेयी। संस्करण सन् 1952 रामनारायण, लाल, इलाहाबाद , सर्ग 2 पृ-77
125. कहा ऊर्मिला ने-हे मन ! तू 4. ' कहकर हाय ! धड़ाम गिरी। प्रिय पथ का विघ्न न बन।" वही, सर्ग
126. पृ. 120 – साकेत, सर्ग 4,
—साकेत, सर्ग 4, पृ. 110
127. बालकृष्ण शर्मा 'नवीन' : व्यक्ति एवं काव्य-डॉ. लक्ष्मीनारायण दुबे। संस्करण 1964, हिन्दु-स्तानी एकाडेमी, इलाहाबाद, पृ. 237।
128. साकेत, सगं 4 पु. 100 1
129. (क) साकेत सगं 5, प. 129 1
(ख) "यह और कुछ नहीं, सविनय अवज्ञा की प्रतिध्वनि है।"
—प्रसाद पन्त और मंथिलीशरण : रामधारीसिंह 'दिनकर', पृ. 18 1
130. रामचरितमानस, 2 1641 व 5
131. वही, 2120519
132. साकेत सन्त: डॉ. बलदेवप्रसाद मिश्र। संस्करण सन् 1946, विद्या मन्दिर लिमिटेड, नई दिल्ली। सर्ग 2, पृ. 42।
133. वही, सर्ग 2, पृ. 43
134. भाई का पहला प्रश्न कि कैसे हैं भाई ?
नयनों में प्रेम-सुधा तत्काल छलक आई।
—अरुण रामायण, अयोध्याकाण्ड, पू. 237।
135. जय भरत : डॉ. लक्ष्मीशंकर मिश्र 'नि:शंक'। प्रथम संस्करण सन् 1970। आलोक मिश्र, लखनऊ, पु.8।
136. साकेत, सगं 7, पृ. 184।
137. साकेत-सन्त, सर्ग 3, पृ. 45
138. चाहती मुझको बनाना अवध का युवराज।
राम को वन भेजने में आई होती लाज ? — कल्याणी कैकेयी, सगं 7, पृ. 51।
139. साकेत-संत, सगं 3, पृ. 49।
140. अरुण रामायण, अयोध्याकांड, पृ. 243
141. वही, अयोध्याकाण्ड, पृ. 243।
142. कैकेयी (चांदमल अग्रवाल कृत), सगं 14, पु. 147
143. सांकेत, सर्ग 7, पृ. 197।
144. कल्याणी कैकेयी, सर्ग 7, पृ. 51
145. कैकेयी ('प्रभात'), सर्ग 12, पृ. 127।
146. साकेत सन्त, सगं 7, पृ. 87
147. वही, सगं 8, पृ. 96-97।
148. व्रतबद्ध, सर्ग 5, पृ. 864
149. चित्रकूट : कानन कुसुम, जयशंकर 'प्रसाद' संस्करण संवत् 2007 वि., भारती भण्डार, इलाहाबाद, पृ. 96।
150. "आशा अन्त:पुर-मध्यवासिनी कुलटा,
सीधे हैं आप, परन्तु जगत है उलटा।
जब आप पिता के वचन पाल सकते हैं,
तब माँ की आज्ञा भरत टाल सकते हैं ?"

151. कैकेयी (चांदमल अग्रवाल), सर्ग 15, पृ. 157
152. व्रतबद्ध, सर्ग 5, पृ. 88।-साकेत, सर्ग 8, पृ. 238
153. कैकेयी (चांदमल अग्रवाल), सगं 15 पु. 163
154. वन की ओर राम का जाना मानवता की जय है,
आर्य सभ्यता की, चिर मानब-स्वतन्त्रता की जय है।
कैकेयी (प्रभात-कृत), सगं 12, 132
155. विदेह सर्ग 9, पृ. 159।
156. हे भरत, राम ही पुरुषोत्तम, यह स्मरण रखो,
उनके निर्वासन से तुम कभी अधीर न हो।
करने दो लीला उन्हें
हैं सर्व शक्ति से पूर्ण
विपिन रण में अनेक
मात्र राम ही एक।-अरुणरामायण, अयोध्याकांड, पृ. 317।
157. साकेत सन्त, सर्ग, 13 पु. 176।
158. टकटकी लगाये नयन सुरों के थे वे, परिणामोत्सुक उन भयातुरों के थे वे।
—साकेत, सगं 8, पृ. 246।
159. देवता बहुत थे विकल-व्यग्र-यदि राम अवध को लौट चले। तो किस प्रकार योजना पूर्ण होगी उनकी ?
—व्रतबद्ध, सर्ग 5, पृ. 90।
160. ऊम्मिला, सगं 5, दोहा 518, पृ. 485
161. साकेत-संन्त, सर्ग 14, पृ. 191।
162. विदेह, सर्ग 10, पृ. 171 1.
163. साकेत-सन्त, सगं 14, पृ. 178-88।
164. साकेत, सगं 9, पृ. 306
165. कैकेयी (चांदमल अग्रवाल), सगं 16, पु. 172।
166. वही, सर्ग 16, पु. 172
167. (क) साऽभिगम्य महाबाहुं भूत्वा वै कामरूपिणी।
स्वीस्वभावं पुरस्कृत्य सस्मितं वाक्यमब्रवीत् ॥
—वाल्मीकीय रामायण 3123125, डॉ. एल. पी. टेसीटरी कृत रामचरितमानस और वाल्मीकीय रामायण, अनुवादक डॉ. राधिकाप्रसाद त्रिपाठी, संस्करण सन् 1974, आनन्द प्रकाशन, फैजाबाद। पृ. 69।
(ख) रामचरितमानस, 311617।
168. रामकथा का विकास : डॉ. कामिल बुल्के, पृ. 414।
169. तुलसीदास का कथा शिल्प, मध्यप्रदेश साहित्य प्रकाशन, विलासपुर, सन् 1959, पृ. 99।
170. वाल्मीकीय और तुलसी रामायण : साहित्यिक मूल्यांकन, प्रथम संस्करण, मेरठ, पृ. 243.
171. लक्ष्मण काव्य, सगं 14, पृ. 93।
172. अरुणरामायण : अरण्यकाण्ड, पृ. 338
173. रावण महाकाव्य, संर्ग 11, पृ. 150
174. पंचवटी, मैथिलीशरण गुप्त, पंचम संस्करण, सं. 2021 वि., साहित्य सदन, चिरगांव (झांसी)। पु. 53
175. पंचवटी : मैथिलीशरण गुप्त, पृ. 61।
176. अरुणरामायण : अरण्यकाण्ड, पृ. 364
177. वही, अरण्यकाड, पृ. 365।

178. "निश्चल मनोहर श्याम काय कमनीय देख
सोचा था मैंने
तू कामकला-कोविद
जनरसिक अवश्य होगा।
मैं क्या जानती थी
यह राम की नहीं है
किन्तु विष की है श्यामता ? कूट-कूट कर इसमें
भरा है हलाहल घोर ?"
— पंचकटी प्रसंग (परिमल), द्वितीय संस्करण, गंगा-ग्रन्थागार, लखनऊ। पृ. 159।

179. रामराज्य, सर्ग 6, डॉ. बलदेवप्रसाद मिश्र। द्वितीय संस्करण, सन् 1972, हिन्दी साहित्य भण्डार, लखनऊ। पृ. 58।

180. रावण महाकाव्य, सर्ग 11, पृ. 152

181. शूर्पणखा, प्राक्कथन, प्रीतमसिंह बगरेचा, प्रथम संस्करण सन् 1972, अनुपम प्रकाशन, जयपुर, पृ. 7।

182. शूर्पणखा, पृ. 51

183. वही, पृ. 81।

184. वाल्मीकीय रामायण, 3149131।

185. विदेह सर्ग 12, पृ. 209

186. अरुण रामायण : अरण्यकाड, पृ. 389

187. रावण महाकाव्य : लेखक का निवेदन, पृ. 2 1

188. रावण, सर्ग 12, पृ. 156।

189. यथा-' वैर-शुद्धि के मिथ उस खल ने सीता हरने की ठानी।'
-साकेत, सर्ग 11, पृ. 420

190. यथा — खौल उठा रावण का शोणित देख बहिन का यह अपमान
लूंगा मैं प्रतिशोध सुनिश्चित करके मर्दित उनका मान। —शूर्पणखा, पृ. 26

191. यथा—
"हे हे पुलस्त्य-दोहित, महाब्राह्मण दानव।
आपकी प्रेरणा से परिवर्तित अब मानव ॥
शिक्षित वसिष्ठ जिनसे उनके दौहित्र आप !
जानकी-हरण कर करें नहीं आसुरी पाप –
— अरुण रामायण : अरण्यकाण्ड, पृ. 380

192. यथा—
'तब मारीच निशाचर से वह उसे साथ ले दण्डक वन में
पहले कपट-मन्त्र करके, आया
साधु-वेश धर के।
—साकेत, सर्ग 11, पृ. 420

193. (अ) यथा – छद्मवेष कंचन मृग से था साधा सीता हरण कुयोग।
— कल्याणी कैकेयी, सर्ग 8, पृ. 61।'
(आ) "लोचन-लोभन माया-मृग का रूप बना मारीच चला,
राघव को था असुराधम ने इसी युक्ति से वहाँ छला।" .
—अशोकवन : गोकुलचन्द्र शर्मा। संस्करण सन् 1953। हिन्दी प्रकाशन मन्दिर, इलाहावाद, सर्ग 10, पृ. 113।.

194. अशोक वन (स्वर्ण किरण), पृ. 164

195. आंजनेय : जयशंकर त्रिपाठी। प्रथम संस्करण। संवत् 2013 वि., साहित्यकार संघ, प्रयाग। गुम्फन, पृ. 16।

196. वही, दक्षिण सर्ग, पृ. 56।

197. अरुणरामायण: सुन्दरकाण्ड, पृ. 450

198. द्रष्टव्य : साकेत, सर्ग 11, पृ. 423।

199. अरुणरामायण : सुन्दरकांड, पृ. 383-388

200. साकेत, सर्ग 11, पृ. 424

201. लक्ष्मणरेखा के भीतर जाना दुर्लभ है,
साधना तडित् को छूना अभी असम्भव है।

202. फिर तन्त्र-मन्त्र से एक चरण आगे आया,
रावण भीतर ही भीतर क्षण-भर मुसकाया।
पर, मन्त्र-सफलता की अन्तिम सीमा थी यह,
इससे आगे जाना इस क्षण दुस्सह-दुस्सह।
—अरुण रामायण : अरण्यकाण्ड, पृ. 386

203. वही, पृ. 387

204. हे सूर्पनखा-भ्राता ! मत बन तू सूर्पनखा,
सज्जनता को ही मान आज से प्राण-सखा।
भोग ही नहीं जीवन, जीवन ही योग एक,
है बुद्धि नहीं सब कुछ, सर्वोपरि है विवेक।

—अरुण रामायण, अरण्यकाण्ड, पृ. 387

205. "यदि केशव मनोवृत्तियों से परिचित होते तो इस अवसर पर इसी अपील में उनकी सीता अपना वही, अरण्यकांड, प. 388। हृदय खोलकर रख देतीं, अपनी निस्सहाय अवस्था का जिक्र करतीं, लक्ष्मण को बुरा-भला कहने तथा उनका आदेश न मानने के लिए अपने आपको धिक्कारतीं, अपने पर व्यंग छोड़तीं। पर इस तार-खबर में क्या है ? और कहाँ तक आत्मीयता झलकती है ?"
—महाकवि केशव (सुकवि-समीक्षा) : डॉ. पीताम्बरदत्त बड़थ्वाल, (सं.) डॉ. नगेन्द्र। संस्करण सन् 1951,
मेहरचन्द्र लक्ष्मणदास, दिल्ली, पु. 136

206. देखो-श्रीराम कथा : (सीता हरण), अरण्यकाण्ड।

207. अरुण रामायण, अरण्यकाण्ड, पृ. 3961

208. वही, अरण्यकांड, पृ. 397

209. साकेत, सर्ग 11, पृ. 425

210. लक्ष्मण-काव्य, सगं 19, पु. 137।

211. अध्यात्म रामायण, 411113 (पूर्वार्द्ध)।

212. रामचरितमानस, 411110।

213. रामचरितमानस, 416 (पूर्वार्द्ध)।

214. वही, 417।

215. रामकथा : डॉ. कामिल बुल्के, पृ. 419।

216. रामचरितमानस, 41913।

217. उत्तररामचरित, 5134-35।

218. कम्ब रामायण, भाग 1 (हिन्दी अनुवाद) : किष्किन्धा काण्ड (बालि-वध पटल), अध्याय-7, अनुवादक न. वी. राजगोपालन, संस्करण 1953, बिहार राष्ट्रभाषा परिषद् पटना, पृ. 453

219. वही, सख्य पटल, अध्याय 3, पृ. 453।

220. वाल्मीकीय रामायण, 413117।

221. अध्यात्म रामायण, 415111-13
222. साकेत, सर्ग 11, पृ. 428।
223. वही, पृ. 428-29।
224. साकेत, सगं 11, पु. 428।
225. इसके पहले ही त्रिभु-बल का था हमको मिल चुका प्रमाण,
फोड़ गया था सात ताल-तरु वहाँ एक ही उनका बाण।
226. अरुण रामायण : किष्किन्धाकांड, पृ. 400
227. वही, किष्किंधा कांड, पृ. 401
228 हनुमान-मिलन हित उत्कण्ठित अब आकुल मन।
लगता कि खींचते लिये जा रहा उन्हें पवन।
थक कर भी थकते नहीं कभी भी राम चरण।
229. अरुण रामायण : किष्किंधा काण्ड, पृ. 403
230. वही : किष्किंधाकाण्ड, पृ. 406-407
वही, किष्किन्धाकांड, पृ. 402
231. (अ) अरुण रामायण, किष्किंधाकाण्ड, 408 पर रामचरितमानस, 414-7।
(आ) अरुण रामायण, किष्किंधाकांड, पृ. 409 और रामचरितमानस, 41611।
232. अरुणरामायण : किष्किंधाकांड, पृ. 412
233. वही, किष्किंधा कांड, पृ. 414।
234. अजिनेय, पूर्व सर्ग, पृ. 44 1
235. वही, पृ. 45।
236. आजनेय, भूमिका, पृ. 4।
237. वही, उत्तर सर्ग, पृ. 101।
238. वही, दक्षिण सर्ग, पु. 56।
239. "सेव्य-सेवक की गुरुता व्यर्थ, मित्र ही रख सकता कुछ अर्थ,
दे सकेगा कुछ पावन शक्ति, यहाँ पर आंजनेय संघर्ष।"
240. वाल्मीकीय रामायण, 4144112-13
241. रामकथा : डॉ. कामिल बुल्के, पृ. 487।
—वहां, उत्तर सर्ग, प. 112
242. रामकथा : डॉ. कामिल बुल्के, पृ. 488
243. वही, पृ. 488।
244. (अ) "यह वर्णन अत्यधिक कामोत्तेजक एवं राम के शील के प्रतिकूल है। विशेषत: हनुमान के सामने तो इस प्रकार का वर्णन और भी अनुचित है।
"कम्बरामायण और रामचरित-मानस, डॉ. रामेश्वरदयालु अग्रवाल। प्रथम संस्करण, 1973। कल्पना प्रकाशन, मेरठ, पृ. 229।
(आ) वर्णन के लिए देखिए, कम्ब रामायण (हिन्दी अनुवाद), किष्किंधाकांड, आभरण-दर्शन पटल, अध्याय 6, पृ. 453-456।
245. रामरितमानस, 412913 1
246. साकेत, सर्ग 11, पृ. 430-31।
247. रामचरित-चिन्तामणि, सर्ग 14, पृ. 204
248. जय हनुमान, प्रथम सर्ग, पृ. 12।
249 वाल्मीकीय रामायण, 511169।
250. वाल्मीकि रामायण, 511171।
251. रामचरितमानस, 517।

252 देखिए महाभारत, वनपर्व (रामोपाख्यान पर्व), 283159, पृ. 744
253. तुलसीदास का कथाशिल्प, पृ. 180
254. तुलसी ग्रन्थवाली (तृतीय खण्ड), सम्पादक आचार्य रामचन्द्र शुक्ल, पृ. 239।
255. तुलसीदास का कथाशिल्प, पृ. 285।
256. रामचरितमानस, 5।11।12।
257. तुलसीदास का कथाशिल्प : रांगेय राघव, पृ. 358।
258. वही, 411011
259. प्रसन्नराघव, 6135, पृ. 316।
260. रामचरितमानस, 511513।
261. राम-कथा, डॉ. कामिल बुल्के, पृ. 517
262. वाल्मीकीय रामायण, 515313 (पूर्वार्द्ध)।
263. अध्यात्म रामायण, 514134-45
264. रामचरितमानस, 512415 1
265. अशोक वन, सर्ग 2, पृ. 23।
266. अशोक-वन (स्वर्णिम रथचक्र)-उपक्रम, लोकभारती प्रकाशन, प्रथम संस्करण सन् 1968, पृ. 119।
267. रामचरितमानस, ५। दोहा 8 (पूर्वार्द्ध)।
268. अशोक-वन : गोकुलचन्द्र शर्मा, सर्ग 4, पृ. 40
269. था कहीं शास्त्र-चिन्तन तो कोई था शिव-वन्दन में,
थी कहीं प्रार्थना होती तो कोई लीन हवन में।
—जय हनुमान : श्यामनारायण पाण्डेय, संस्करण सन् 1972, रामनारायणलाल बेनी-माधव, इलाहाबाद, सर्ग 2, पृ0 25 1
270. अशोक वन : गोकुलचन्द्र शर्मा, सर्ग 4, पृ. 39।
271. अशोक वन सुमित्रानन्दन पन्त, स्वणि रथचक्र, पृ. 124।
272. यह यौवन-सरिता जल सम कुछ दिन में बह जायेगा।
यह रूप सरस आकर्षण निष्फल ही रह जायेगा।।-जय हनुमान; सर्ग 2, पृ. 32
273. जीत न सका एक अबला का मन, तू विश्वजयी कैसा ?
जिन्हें तुच्छ कहता है, उनसे भागा क्यों तस्कर-ऐसा ?
मैं वह सीता हूँ, सुन रावण, जिसका खुला स्वयंवर था,
वर लाया क्यों मुझे न पामर, यदि यथार्थ हो तू नर था ?
274. जय हनुमान, सर्ग 2, पृ. 34-35।
275. अशोक वन, सर्ग 4, पृ. 40
276. अशोक वन, स्वर्णिम रथचक्र (पन्त), पृ. 124
277. (क) जय हनुमान, सगं 2, पृ. 38.39।
(ख) अशोक-वन वासिनी : दन मानव-महाकाव्य (द्वितीय खण्ड : गणेशचन्द्र जोशी 'मन्वन्तर', संस्करण सन् 1970, मन्वन्तर प्रकाशन जयपुर), 234।
(ग) अशोक वन, सर्ग 5, पृ. 54
278. अशोक-वन, सर्ग 5, पृ. 54
279. अशोक-वन वासिनी : वन मानव महाकाव्य (द्वितीय खण्ड), पृ. 232।
280. अशोक वन, सर्ग 4, पृ. 44
281. अशोक वन (स्वर्णिम रथचक्र), पृ. 120
282 रामचरित-चिन्तामणि, पं. रामचरित उपाध्याय, संस्करण सन् 1920 ग्रन्थमाला कार्यालय, बांकीपुर, सर्ग 5, पृ. 59

283. (क) अशोक वन : गोकुलचन्द्र शर्मा, सर्ग 5, पृ. 50-57।
(ख) अशोक वन (स्वर्णिम रथचक्र) : पन्त, पृ. 127।
284 जय हनुमान, सर्ग 3, पृ. 43-45।
285. किन्तु एक आज्ञा दें मुझको भूखा हूँ, फल खाऊँगा।
इसी बहाने दशमुख से मिल प्रभु का काम बनाऊँगा।-वही, सर्ग 3, पृ. . 51
286. अशोक वन, सर्ग 5, प. 59।
287. वही, पृ. 59।
288. अरुणरामायण: सुन्दरकाण्ड, पृ. 472
289. वही, सुन्दरकांड, पृ. 473
290. अरुणरामायण: सुन्दरकांड, पृ. 473.474
291. 'योगाग्नि वेग झुक सका नहीं झुक सका नहीं।। —वही, सुन्दरकांड, पृ. 474।
292. अशोक-वन (स्वर्णिम रथचक्र), पृ. 129
293. तात राम नहि नर भूपाला। भुवनेस्वर कालहु कर काला।।
ब्रह्म अनामय अज भगवंता। ब्यापक अजित अनादि अनंता। —रामचरितमानस, 513811-2।
294. वही, 514016।
295. वाल्मीकीय रामायण, 6118 13 1
296. रामचरितमानस, 514312।
297. साकेत, सर्ग 11, पृ. 438।
298. अरुण रामायण: सुन्दरकाण्ड, पृ. 484
299. अरुणरामायण: सुन्दरकाण्ड, पृ. 485
300. रावण-महाकाव्य, सगं 12, पृ. 160
301. राम कथा, पृ. 546
302. रामचरितमानस, 5131
303. वाल्मीकीय रामायण, 6122128 1
304. वही, 6122 29 तथा 6122160। (उत्तरार्द्ध)।
305. अभिषेक नाटक (भास), अंक 4 1
306. रामकथा : डॉ. कामिल डुल्के, पृ. 547
307. कृत्तिवास रामायण (हिन्दी अनुवाद) अनुवादक एव लिप्यन्तरणकार नन्दकुमार अवस्थी,
संस्करण सन् 1975, भुवन वाणी ट्रस्ट, लखनऊ, 5196।1-9।
308. राम-कथा : डॉ. कामिल बुल्के, पृ. 547
309. वाल्मीकीय रामायण, 61123 20
310. राम-कथा : डॉ. कामिल बुल्के, पृ. 549
311. कृत्तिवास रामायण, 5148 और 6112।
312. अरुणरामायण : लकाकाण्ड, पृ. 498
313. यथा-(अ) भंग-भित्तियां उठा-उठाकर सिन्धु रोकने चला प्रवाह,
बांधा गया किन्तु उल्टा वह, सेतु रूप ही है उत्साह।-साकेत, सर्ग 11, पृ. 436
(ब) भारत-लंका बीच सन्धि सी सिधु-सेतु की छवि लहराई।
साकेत सन्त, सर्ग 14, पृ. 201
(स) अरु बँधायो सिन्धु पं इक सेतु राम उदार।
कियो सेना सहित या विधि अम्बुनिधि को पार ॥-रावण महाकाव्य, सर्ग 12, पृ. 161

314. द्राविड़ की बुद्धि से अगाध सिन्धु वक्ष पर अटूट सेतु बन गया।
विदेह, सगं 12, पृ. 211

315. मनुज-दनुज आराध्य एक है।
संस्कृतियों का साध्य एक है।
यही दिखाने सागर तट पर महादेव की मूर्ति बनाई।-साकेत संत, सगँ 14. पू. 201

316. बना पुरोहित रामचन्द्र का, जय का वर दे आया।
अपनी मृत्यु, विजय रघुवर की, रावण शिव ले आया।-भूमिका : अरण्य रोदन, पू. 22

317. वाल्मीकीय रामायण, 6,23183 1

318. हनुमन्नाटक, अंक 8।

319. रामचरितमानस, 6119-33

320. रामचन्द्रिका, सं लाला भगवानदीन, संस्करण संवत् 1976 वि., नागरी प्रचारिणी सभा, वाराणसी, पृ. 127-134 1

321. कृत्तिवास रामायण, 6115।

322. राधेश्याम रामायण (श्री रामकथा), संख्या 16, पृ. 21-22

323. रामचरित-चिन्तामणि, सर्ग 19, पृ. 270

324. रावण-महाकाव्य, सर्ग 12, पृ. 161।

326. प्रभु ने दूत भेज रावण को दिया और भी अवसर एक, हित में अहित, अहित ही में हित, किन्तु मानता है अविवेक-साकेत, सर्ग 11, पृ. 429

327. अरुण रामायण : लंकाकाण्ड, 1 - 510-511 1

328. वही, लंकाकांड, पृ. 510-511।

329. वही, लंकाकाण्डपृ. 513

330. वही, लंकाकाण्ड पृ. 520।

331. 'ओ महाबली रावण ! सुन मेरा इस क्षण प्रण
इस सभा भवन में रोप रहा मैं अभी चरण...।'

332. रामचरितमानस, 61517-8

333. निपीड्यमानां धर्मात्मा वैदेहीमनुचिन्तयन्।
क्षिप्रमाज्ञापयद् रामो वानरान् द्विषतां वधे।।

334. वही, 61 सगं 46, 49, 59, व 73।

335. रामचरितमानस, 616215
—वाल्गीकीय रामायण, 614219

336. रावण के प्रति कुम्भकर्ण के उपालम्भ में उसकी कूटनीतिज्ञता स्पष्ट अभिव्यक्त होती है।
यथा-यो हि शत्रुमवज्ञाय आत्मानं नाभिरक्षति।
अवाप्नोति हि सोऽनर्थान् स्थानंच व्यवरोप्यते ॥

337. रामचरितमानस, 616318।

338. वाल्मीकीय रामायण, 61 सगं 51-59 तथा 76 आदि। 7. वही, 61 99 100 तथा सर्ग 103-108 तक।
—वाल्मीकीय रामायण, 616312।

339. यथा-ततो युद्धपरिश्रान्तं समरे चिन्तया स्थितम्।
रावणं चाग्रतो दृष्ट्वा युद्धाय समुपस्थितम्।।

340. रामचरितमानस, 61101 (ख)

341. 'नाभिदेशोऽमृतं तस्य कुण्डलाकाकारसंस्थितम्।'
—माल्मी. रामायण, 6110511।
—अध्यात्मरामायण, 6111153

342. राम बिमुख अस हाल तुम्हारा। रहा न कोउ कुल रोवनिहारा ॥
—रामचरितमानस, 61103 10

343. रावण-महाकाव्य, सर्ग 13, पु. 165।

344. वही, सगं 13, पृ. 164

345. वही, सर्ग 13, पृ. 166 1

346. वही, सर्ग 13, पृ. 168।

347. वही, सर्ग 13, पृ. 169।

348. वही, सर्ग, 13, पृ.170 1

349. राम की शक्ति पूजा (अपरा), पृ. 51

350. साकेत, सर्गँ 11, प. 445।

351. साकेत, सर्ग 11, पृ. 446।

352. 'वैद्य हाथ में लिये नीरव, निश्चल हैं।' -वही, सर्ग 11, पृ. 478।

353. आये बैद्य लंकपति पासा। कियो बचन यहि भाँति प्रकासा।
भेज्य दूत राम मोहि ल्यावन, 'तुरतहि जाहु तहाँ' कह रावन ॥
--रावण महाकाव्य, सर्ग 13, पृ. 171।

354. वही, सर्ग 13, पृ. 171।

355. वही, सर्ग 13, पृ. . 178

356. दुंदुभी के वाद्य से रण-मत्त वामा बल हुआ,
शीघ्र ढाल-कृपाण से सन्नद्ध भामा-दल हुआ,
निकल जाम्बूनद भवन से सिंहिका बाहर हुई,
हेम-कंचुक जगमगाये, घोर ध्वनि 'हर-हर' हुई।
-अग्नि पथ', अनूप शर्मा, (हिन्दुस्तानी बुक डिपो, लखनऊ), सर्ग 2, पृ. 36 1

357. अग्नि पथ, सर्ग 5, पृ. 97।

358. "काला नाग बना विभीषण दुष्ट है, दुर्दान्त है,
पात्र से मिलकर डुबो दी स्वर्ण लंका नीच ने,
क्यों चला न गया कहीं वह दुष्ट आंखें मींचने,
हाय ! कुक्षण में पिलाया दुग्ध ऐसे क्रूर को,
हो रहा भ्राता कलंक समान तुझ से क्रूर को ॥

359. वही, सर्ग 6, पृ. 115-118।

360. वही, सर्ग 6, पृ. 114।

361. वही, सर्ग 6, पृ. 128

362. 'नाथ ! अरि की नाभि में पीयूष जब तक शेष है,
यह न मारा जायेगा, मिटता न तब तक क्लेश है।'

363. वही, सगं 7, पृ. 141 142
वही, पृ. 96।
—वही, सर्ग 7, पृ. 138।

364. श्रीरामकथा, संख्या 20, पृ. 18।

365. जों मोरें मन बच अरु काया। प्रीति राम पद कमल अमाया ॥
तो कपि होउ विगत स्रम सूला, जो मो पर रघुपति अनुकूला। —रामचरितमानस, 5-59-3-4।

366. साकेत, सर्ग 11, पृ. 417।

367. सुन, संजीवन रख दी तन पर परिचय दिया, दुखित अति मन है।
जिसकी वस्तु उसे देकर भी भरत हो गये जीवन घन हैं। वही, सर्ग 14, पृ. 200

368. गीतावली : लंकाकाण्ड, 2य संस्करण, (गीता प्रेस, गोरखपुर), पद 1317-8।

369. 'मैथिलीशरण गुप्त : व्यक्ति और काव्य' – डॉ. कमलाकान्त पाठक, संस्करण 1960 (रणजीत प्रिंटर्स एण्ड पब्लिशर्स), दिल्ली, पृ. 442।

370. पद्मपुराण, 6517-21।

371. दो शब्द : डॉ. नगेन्द्र, जैनाचार्य रविषेण कृत 'पद्मपुराण' और तुलसी कृत 'रामचरितमानस' का तुलनात्मक अध्ययन, लेखक डॉ. रमाकान्त शुक्ल।

372. साकेत, सर्ग 12, पृ. 459।

373. साकेत, सगं 12, पृ. 459।

374. साकेत-संत, सर्ग 14, 203।

375. विदेह, सर्ग 11, पृ. 191।

376. वही, सर्ग 11, पृ. 194।

377. रावण की लंका रावण के दैहिक भय से,
है काँप रही युग-युग से, मैं भी देख रहा।
जन का जीवन-विद्रोह आत्म को उठा रहा,
इसलिए वहाँ की मिट्टी पर हँस रही क्रान्ति। —वही, सर्ग 11, पृ. 197।

378. श्रीरामकथा, पु. 528

379. पउमचरिय, 518319।

380. अध्यात्मरामायण, 6113-21।

381. राधेश्याम रामायण : रावण वध, संख्या 20, पृ. 29।

382. बीसवीं शताब्दी (पूर्वाद्ध) के महाकाव्य : डॉ. प्रीतपाल सिंह (ओरिएण्टल बुक डिपो, दिल्ली), पु. 299।

383. वैदेही-वनवास, सर्ग 3, पृ. 27 1

384. विदेह, सर्ग 13, पृ. 239 1

385. अरुणरामायण : लंकाकाण्ड, पृ. 586-587

386. वाल्मीकीय रामायण, 61128 98-105।

387. रामचरितमानस, 7120-23 1

388. रामराज्य : हरिशंकर शर्मा, (संस्करण सन् 1953, राजपाल प्रकाशन, आगरा), पृ. 2।

389. रामराज्य : सुरेशचन्द्र शर्मा, (संस्करण सन् 1968, नवज्योति प्रकाशन, आगरा), सर्ग 3, पृ. 48।

390. रामराज्य : हरिशंकर शर्मा, पृ. 242

391. वही, पृ. 172।

392. भोग पुनि पितु आयु को, सोउ किए बने बनाउ।
परिहरे बिनु जानकी नहि और अनघ उपाउ।।
गीतावली, 71 पद 25 की पंक्तियाँ 3-4

393. उत्तरायण : रामकुमार वर्मा, आमुख, पृ. 14।

394. कालान्तर में मेरी रचना में जोड़े कुछ प्रक्षेप भ्रष्ट !
जिससे सीता-निर्वासन हो, हो राम चरित का रूप नष्ट।
अपनी संस्कृति का ले स्वरूप, मैंने रचना की साभिमान
में क्या जानू ? विषम स्वर मर कर, कु कवि करेंगे विकृत गान।

395. वही, सगं 8, पृ. 951

396. वही, सर्ग 8, पृ. 96।

397. पर निर्वासित जानकी हुई जिस बेला,
कर सके राम क्यों परिषद् की अवहेला ?-वही, सर्ग 9 पृ. 115।

398. वही, सर्ग 8, पृ. 98 1

399. वही, सर्ग 8, पृ. 97 1

400. कहते हो यदि लोकापवाद है भारी,
तो छोड़ूंगा यह राज-सम्पदा सारी।
\+ + +
अब अवधि-रहित वनवास करूंगा लोगो !
तुम रजक सहित ऐश्वर्य भूमि का भोगो ॥
—वही, सर्ग 8, पृ. 102।

401. उत्तरायण, सर्ग 9, पृ. 122

402. रामकथा : डॉ. कामिल बुल्के, पृ. 691-703।

403. भूमिका : अरण्य रोदन, पृ. 23।

404. "दिन-रात आठों पहर बस इन्हें एक ही धुन थी :
राज्य, राजनीति, संग्राम, विजय।
सोते-जागते हर पल ये राजा ही बने रहे।
कभी प्रेम नहीं बन पाये।"
—अग्निलीक, संस्करण 1976, राजकमल प्रकाशन, नई दिल्ली, पृ. 46

405. रघुवंश, 14 61।

406. उत्तररामचरित 3127।

407. सिय-विजन-वास, अन्याय एक।
कहता कवि का निश्छल विवेक ॥
जन-हित बैठा बन अमिट त्रास।
यह विजन-वास, सिय-विजन-वास।
—सिय-विजन-वास ; रामकिशोर अग्रवाल 'मनोज', संस्करण सन् 1965, श्यामलाल
अग्रवाल, पुस्तक विक्रेता, जबलपुर, त्वदीयम् वस्तु-3।

408. वैदेही-वनवास, सर्ग 5, पृ. 58।

409. 'सुख-वासना स्वार्थ की चिन्ता दोनों से मुँह मोड़गी।
लोकाराधन या प्रभु-आराधन निमित्त सब छोड़ूंगी ॥
—वही, सर्ग 5, पृ. 59

410. अयोध्या की एक शाम : गोविन्द अनिल, संस्करण सन् 1976, चन्द्रमौलि प्रकाशन गाडरवारा, पृ. 22-25 1

411. प्रबाद-पर्व : नरेश मेहता (संस्करण, सन् 1977, लोकभारती प्रकाशन, इलाहाबाद), पृ. 52।

412. रामकथा : डॉ. कामिल बुल्के, पृ. 700-701।

413. अग्नि परीक्षा : आचार्य श्री तुलसी, सर्ग 2, षड्यन्त्र, पृ. 28

414. वही, सर्ग 2, पृ. 29

415. अग्नि परीक्षा : आचार्य श्री तुलसी, सगं 2, पृ. 29

416. ननद भोजाई दूनों पानी गई अरे, पानी गई।
भउजी जवन रवन तुम्हें हरि लेइ ग उरेहि देखा वहु।।1।।
—लोकगीतों में रामकथा, श्री रामनरेश त्रिपाठी, रा. क. मैथिलीशरण गुप्त अभिनन्दन ग्रन्थ, पृ. 661।

417. वही, पृ. 662

418. वही, सामने, युवकों का विद्रोह।

\+ + +

वह शासक क्या जिसके घर में हो ऊँचा आचार नहीं,
वह न्यायी क्या जिसके घर में अन्यायों का प्रतिकार नहीं ?
—अग्निपरीक्षा : षड्यन्त्र, आचार्य श्री तुलसी, सर्ग 2, पृ. 40।

419. वही, सर्ग 3, पृ. 41।

420. राम के समक्ष एक शंका की भूमि पर,
धधक रही चिता एक लाल-लाल लपटों से,
शेष हुई सीता की प्राण-प्रिय-प्रदक्षिणा,
एक बार राम ने निहार लिया वनिता को।

421. और जानता हूँ मैं यह भी : सीता के।
बिन रह न सकूँगा, सीता मेरी है।
एक दूसरे के अभाव में दोनों का
निर्वाह कहाँ है ? उसको देखे बिन चैन कहाँ है ?
पर यों सन्देहों की भट्ठी में जलना,
रहना उसके साथ नरक भारी है।
कैसे उससे बच पाऊँ मैं कैसे, कैसे ?

422. वाल्मीकीय रामायण, 745114।

423. रघुवंश 1440

424. उत्तररामचरितम्, 1112।

425. वैदेही-वनवास, सर्ग 4, पृ. 52
—विदेह, सर्ग 14. पृ. 239।
—सरिता, जुलाई 1957 का अंक।

426. याचना प्यारी प्रजा की याचना, जानकी की या कि मेरी जान की।
राम निस्संकोच सौंपेगा सभी प्राप्त होगा हा ! न जाने क्या उन्हें ॥
-जानकी-जीवन, सगं 12, पू. 219।
तुलना कीजिए – जनहित के हेतु समर्पित निज प्रत्येक श्वास-
अरुण रामायण, उत्तरकाण्ड, पृ. 519।

427. वाल्मीकि आश्रम में होगी, गर्भवती सीता संरक्षा।
जन-मत के सुधार में होगी, कविवाणी प्रभाव-प्रत्यक्षा-रामराज्य, सर्ग 12, पृ. 114।

428. प्रजा-रूप में मैं भी होता,
कहाँ किसी की सुनता ?
छिद्रान्वेषण में धोबी क्यों
निष्फल माथा धुनता ?-वनस्थली, सगं 4, पृ. 62 1

429. सीता की पावनता पर शंका के बादल,
सुनकर संशय की बात अवध में कोलाहल।
जाने किस कोने से चमकी चंचल बिजली,
गूंजने लगी उस घृणित बात से गली-गली।-अरुण रामायण, उत्तरकांड, पृ. 615।

430. वही, पृ. 618।

431. सीता-परित्याग, श्री रामस्वरूप टंडन, संस्करण सन् 1951, राम ज्ञान मन्दिर, कानपुर, सर्ग 3।

432. ऋषि पत्नियाँ कुतूहल-क्रीड़ा करके नहीं अघाती थीं,
व्याकुल क्षुब्ध हृदय सीता का रह-रह मन बहलाती थीं।
दिवस-निशा कट रहे, किन्तु कुछ धैर्य हृदय कब पाता है,
राम-विरह में व्यग्र दु:खी हैं, उनको कुछ न सुहाता है ॥
वही, सर्ग 8, पृष्ठ 166

433. खेत-खेत में खिली उजाली, रेती में रस आया,
वन में नयी बहार आ गयी, सीता का यश छाया।
— भूमिजा : हाथ बढ़े फूल खिले, पृ. 49

434. वन के सरकण्डों से तट पर कुटिया बनी निराली,
सीता ने गृह उद्योगों की फैलाई उजियाली।-वही, पुष्पांजलि, पृ. 60।

435. वही, हाथ बढ़े फूल खिले, पृ. 51।

436. वनस्थली, सर्ग 10, पृ. 195।

437. सदा तीसरे पहर, वाटिका में जाती थी,
क्यारी-क्यारी नीर, सींचती सिचवाती थी।
शुक, मयूर, हंसादि, खगों से घिर जाती थी,
हरष फेरती हाथ, सुखी कर सुख पाती थी ॥
— सिय-विजन-वास, सर्ग 8, पृ. 29।

438. साकेत, सगं 8।

439 गीतावली, 7124

440. रामचरितचन्द्रिका, सर्ग 25 पद संख्या 25-52।

441. (अ) जानकी-जीवन, सर्ग 16, पृ. 30
(आ) वनस्थली, सर्ग 14, पृ. 271 !

442. राम : अन्तर्दर्शन, चित्र 3, पृ. 79।

443. शम्बूल : कवि कथन, जगदीश गुप्त, संस्करण सन् 1977, लोकभारती प्रकाशन, इलाहाबाद, पृ. 12।

444. जानकी जीवन, सर्ग 16, पृ. 301-302

445. वैदेही वनवास, सर्ग 16, पृ. 224।

446. वही, सर्ग, पृ. 206

447. वही, सर्ग 6, पं. 224

448. भूमिजा : आक्रमण, पृ. 89।

449. "क्यों यह राजा वही, तजा भार्या को जिसने,
यदि सच है यह बात समझ में आई सारी।
पाप क्षम्य के हेतु, यज्ञ रचना की भारी।
राजा हो या रंक, पाप जब कर जाता है,
छुटकारे के हेतु, कर्म सत् करवाता है।-सिय-विजन-वास, सगं 2, पृ. 44

450. जानकी-जीवन, सगं 19, पृ. 358।

451. जानकी-जीवन, सगं 20, पृ. 393।

452. रामराज्य, सगं 7, पृ. 128

453. वनस्थली, एकोनविंश सगं 9, पृ. 387

454. वैदेही वनवास, सगं 18 प. 250।

455. वैदेही : अन्तर्दर्शन, चित्र 3, पृ. 61।

456. जानकी-जीवन, सर्ग 21, पृ. 398-399।

पात्र एवं चरित्र-चित्रण : मूल स्वरूप एवं विकास

चरित्र-चित्रण के बदलते प्रतिमान एवं उनका क्रम विकास

आधुनिक युग के निर्माण में जिन वैज्ञानिक एवं बुद्धिवादी धारणाओं का योग है, उनका स्वाभाविक प्रतिफलन रामकाव्य की पात्र-संकल्पना और चरित्र-चित्रण के शिल्प-विधान पर पड़ा है। इन वैज्ञानिक विवेचनपरक अवधारणाओं का रामकथा के परम्परागत चरित्रों के पुनर्मूल्यांकन में पर्याप्त योग है। रामकथा के पात्रों को विविध वर्गों में रखा जा सकता है। परम्परित वर्ग में राम-पक्ष और राम के विपक्ष के पात्रों में स्पष्ट सीमा-रेखा दृष्टिगोचर होती है। मूल्यांकन का यहाँ स्पष्ट आधार राम के साथ उनके सम्बन्धों का स्वरूप है—

" नाते नेह राम के मनियत सुहृद सुसेव्य जहाँ लौं।"[1]

राम-पक्ष के पात्रों में जीवन की सर्वोत्तम साधनाओं की चरम उपलब्धियाँ सन्निहित हैं। त्याग, उदारता, सहिष्णुता, धैर्य तथा इत्तर सात्त्विक गुणों का आविर्भाव उनके चरित्रों में सहज स्वाभाविक रूप में दृष्टिगत होता है। इसके विपरीत रावण-पक्ष के पात्र आसुरी वृत्ति के पुंजीभूत रूप हैं। दैवी और आसुरी वृत्तियों की ऐसी एकान्त अव-धारणा आधुनिक दृष्टि के प्रतिकूल है। देवदत्त के मन में भी सहज मानवीय दुर्बलताएँ हो सकती हैं तथा दानव वृत्ति के पात्रों में भी देवत्व का ज्योत्स्ना-खण्ड विरल नहीं है।[2] फलतः परिवर्तित युगबोध के अनुरूप रामकथा के पात्रों को यथार्थ की सजीवता तथा सृजनात्मक विकास की अनेक संभावनाओं से युक्त किया गया है। अब विह्नण के समान कवि यह कहकर मुक्ति नहीं पा सकता कि "लंकापति के यश को संकुचित करने तथा राम के प्रभाव को अतिशयित करने में मात्र आदिकवि की स्वेच्छा का योग है, किसी जीवन्त प्रतिमान का नहीं।"[3] अब कवि युग की राजनैतिक, सामाजिक, आर्थिक तथा सांस्कृतिक परिस्थितियों से पराङ मुख नहीं रह सकता। वर्तमान युग की रामकथा सम्बन्धी काव्य-कृतियों के अनुशीलन से यह तथ्य सहज स्पष्ट हो सकता है कि परम्परित पात्रों की नवीन सृष्टि में तथा नये पात्रों की उद्‌भावना में कवि अपने युग-बोध से पूर्णतया अनुशासित रहे हैं।[4] अतः यह आशंका निराधार है कि "अपने समय में उठी हुई किसी ख़ास हवा की झोंक में प्राचीन आर्ष-काव्यों के पूर्णतया निर्दिष्ट स्व-रूप वाले आदर्श पात्रों को एकदम कोई नया मनमाना रूप देना भारती के मन्दिर में व्यर्थ गड़बड़ मचाना है।''[5] वस्तुतः पात्रों के चरित्र में कवि-भावना और सामाजिक चेतना के मध्य सामंजस्य सदैव रहा है। तदनुसार, आनुनिक कवि पात्रों के नये कोण उजागर करने में परम्परा और युगबोध दोनों पर दृष्टि केन्द्रित किए हुए हैं। 'साकेत-संत' में कवि ने भरत के चरित्र को विशेष आलोकित किया है। मैथिलीशरण गुप्त भरत के चरित्र की गरिमा को परम्परा से जोड़ते हुए उनकी नई अर्थवत्ता को इन शब्दों में रेखांकित करते हैं-"आदिकवि ने जिन्हें आकाश के समान निष्पंक अथवा निष्कलंक कहा, उन भरत का चरित्र विभिन्न समय के कवि अपनी भावना के अनुसार वर्णन करके अपने को ही नहीं, अपने समाज को भी कृतकृत्य करें तो स्वाभाविक ही है।''[6] इसी प्रकार सुमित्रानन्दन पंत 'उत्तरायण' की भूमिका में लिखते हैं-"स्वयं वाल्मीकि के मुख से तुलसी के अन्तर्मन के सीता-निर्वासन सम्बन्धी विकट द्वन्द्व का समाधान कराकर उन्होंने केवल राम भक्तों का नहीं, समस्त मानवता का-जो कि मानवीय मूल्यों की प्रतिनिधि है-बड़ा उपकार किया है।"[7] इन उदाहरणों से यह तथ्य स्पष्ट है कि जिन पात्रों का पुनःसंस्कार, आधुनिक युग में हुआ, वे कवि की यादृच्छिक भावना की अपेक्षा युगानुरूप मानवीय मूल्यों की अनिवार्य परिणति हैं और उनका मूल्यांकन इसी धरातल पर किया जाना चाहिए। पात्रों की मूल प्रकृति को सुरक्षित रखते हुए उनके चरित्र का पुनः संस्कार करने का प्रयत्न इन कवियों ने किया है।

रामकथा के पात्रों के पुन: संस्कार में बदलते प्रतिमानों पर आधारित जिन अवधारणाओं का योग है, उनमें से निम्नलिखित प्रमुख हैं :

1. उपेक्षित पात्रों के प्रति कवियों की सहानुभूति।
2. चरित्रों में अतिप्राकृतिक तत्त्वों का निषेध।
3. पात्रों में आधुनिक आदर्शों की प्रेरणा।
4. सामाजिक-राजनैतिक आन्दोलनों के अध्वर्यु (नेता) के रूप में प्रमुख पात्रों का विकास।
5. प्रतिपात्रों में चारित्रिक गरिमा तथा मानवीय संवेदनाओं की अवतारणा। 6. नारी के प्रति परिवर्तित दृष्टिकोण तथा उसके चारित्रिक उत्कर्ष के प्रति आस्था।
7. नवीन चरित्रों की अवतारणा।
8. नायक के व्यक्तित्व में यथार्थ और आदर्श का सामंजस्य।
9. मनोवैज्ञानिक अन्तर्द्वन्द्व के माध्यम से मानवीय दुर्बलताओं का उद्घाटन।

इन नूतननोद्भावित परिकल्पनाओं का यत्किंचित् विशद विवेचन अपेक्षित है।

1. उपेक्षित पात्रों के प्रति कवियों की सहानुभूति

रामकथा का मध्ययुगीन विकास वैयक्तिक अन्तर्भूमि की अपेक्षा जाति-चेतना की सामान्य भूमिका पर अधिक हुआ है।[8] इसका परिणाम यह हुआ कि कवियों की दृष्टि केवल उन पात्रों पर केन्द्रित रही, जो लोक-केतना के माध्यम हैं और लोकव्यापी प्रभाव को एक सुनिश्चित वृत्त बिन्दु तक (महत्कार्य तक पहुँचाने में सहायक हैं। राम, सीता, लक्ष्मण और भरत राम-परिसर के ऐसे पात्र हैं जो महत्कार्य की लक्ष्य-पूर्ति में अपना सुनिश्चित योग देते हैं। उनका सामाजिक व्यक्तित्व सुस्पष्ट है किन्तु उनकी अन्तश्चेतना के बिखराव तथा तनाव के लिए कथा में अवकाश नहीं है। उनके अन्त-द्वन्द्व, उनकी विभाजित मानसिकता, कर्त्तव्य-अकर्त्तव्य के बीच द्विविधाग्रस्त मन:स्थिति तथा जीवन के ललित-कोमल शृंगारिक पक्ष उनके काव्य में अवकाश नहीं पा सके। फिर ऐसे पात्रों की मानसिकता में प्रवेश कर उनकी आशा-आकांक्षा, हर्ष-विषाद, प्रणय-रोमान तथा परिस्थितिगत अन्तर्द्वन्द्व का चित्रण करना तो उनकी परिधि में आ ही कैसे सकता था, जो प्रमुख पात्रों को महत्कार्यों की प्रेरणा देकर विलुप्त हो गये। वे नींव के शिलाखण्ड मात्र ही बने रहे, मन्दिर के चमकते हुए कलश नहीं।[9] आधुनिक युग लघु-मानव की प्रतिष्ठा का है। मानव के अन्तर में छिपे जीवन के विराट् स्वप्न तथा भावनापरक मूल्य भी उतने ही महत्त्वपूर्ण हैं जितनी कि परिवेश की घटनाएँ, युद्ध, राजनैतिक आंदोलन तथा राज्य क्रान्ति। रवीन्द्रनाथ ठाकुर जैसे सजग आत्म-द्रष्टा आत्म-द्रष्टा मनीषी इस तथ्य की उपेक्षा न कर सके। 'काव्येर उपेक्षिता'[10] नामक निबन्ध में उन्होंने उपेक्षित नारी पात्रों की ओर कवि और समालोचकों का ध्यान आकर्षित किया। युग-प्रवर्तक आचार्य महावीरप्रसाद द्विवेदी ने भी 'श्री भुजंगभूषण भट्टाचार्य' के नाम से 'सरस्वती' में कवियों की ऊर्मिला-विषयक उदासीनता पर एक लेख लिखकर अत्यन्त भाव-प्रवण शैली में चिर-उपेक्षिता ऊर्मिला की ओर इंगित किया।

आचार्य द्विवेदी का यह युग प्रवर्तक स्वर उपेक्षित न रहा। गुप्तजी ने 'साकेत' में ऊर्मिला के चरित्र को उत्कर्ष प्रदान किया। यही नहीं, अयोध्यासिंह उपाध्याय 'हरिऔध' ने इसी से प्रेरणा प्राप्त कर 'ऊर्मिला' शीर्षक लघु-काव्य (सन् 1914 में)[11] लिखा और बालकृष्ण शर्मा 'नवीन' ने 'विस्मृता ऊर्मिला'[12] शीर्षक लघु-काव्य का प्रारंभ किया जो कालान्तर में 'ऊर्मिला' नाम से प्रकाशित हुआ। इस प्रकार विस्मृत-उपेक्षित पात्रों में ऊर्मिला शीर्ष स्थानीय है जो कई काव्यों के प्रणयन की प्रेरणा-बिंदु रही है।[13] इसी परम्परा में माण्डवी[14] और श्रुतिकीर्ति[15] पात्रों की ओर कवियों की दृष्टि गई तथा विभिन्न काव्यों में इनके चरित्र की रेखाएँ अधिक समग्रता से उत्कीर्ण की गयीं।

2. चरित्रों में अतिप्राकृतिक तत्त्वों का निषेध

आधुनिक युग मानव की प्रतिष्ठा का युग है। 'मनुष्य से श्रेष्ठ कुछ भी नहीं है[16] यह मूल प्रेरणा मानववाद के रूप में प्रतिफलित हुई है। फलतः राम और कृष्ण जैसे अवतारों को युग-मानव की संज्ञा से विभूषित किया गया। एक ओर वैज्ञानिक आविष्कारों तथा मान्यताओं के विकास में बुद्धिवाद को मानव चरित्र के विश्लेषण का एकमान निकष स्थिर किया गया तो दूसरी ओर दार्शनिक धार्मिक आन्दोलनों के बुद्धि-वादी चिन्तन को बढ़ावा दिया गया। अवतारों के चरित्र की अलौकिक-अतिप्राकृत विकताओं का या तो निराकरण किया गया अथवा उन्हें बुद्धिवाद के नवीन आलोक में वेकसम्मत दृष्टि से व्याख्यायित किया गया। फलतः 'श्रीमद्भागवत' के कृष्ण की अपेक्षा महाभारत के कृष्ण को मान्यता मिली, जो गीता के कर्मोपदेष्टा और राजनैतिक तिविधि के सूत्रधार हैं। बंगाल में बंकिमचन्द्र चटर्जी ने कृष्ण चरित्र-विषयक ग्रंथ में कृष्ण की प्रतिप्राकृत अलौकिक घटनाओं का निषेध करते हुए उनका मूल स्वरूप अन्वे-पिन किया।[17] 'प्रियप्रवास' में वे स्फूर्ति और सुदक्षता से महावृष्टि के समय गोवर्द्धन की गुफाओं में गा, गोप तथा ब्रज वासियों का नेतृत्व करते हैं,[18] यमुना के भीषण भुजंग का भी करते हैं।[19] इस प्रकार वे सहज मानवीय पृष्ठभूमि में अवतरित होते हैं। इस परम्परा में आधुनिक युग में लिखित अनेक रामकाव्यों में भी अतिप्राकृत अलौकिक बों का निषेध र नाम के सहज नानवीय रूप की अवतारणा की गई है। वे आदर्शों के मूर्त रूप हैं, महामानव हैं। साकेतकार आधुनिक बुद्धिवाद के प्रभाव में संशय का एक क्षीण स्वर इस प्रकार व्यक्त करता है :

> ' राम तुम मानव हो, ईश्वर नहीं हो क्या ?
> विश्व में रमे हुए सभी कहीं नहीं हो क्या ?"[20]

कवि के तन का यह प संशय इस वर्तमान युग के अनास्थावाद की प्रतिध्वनि है जिसमें राम ब्रह्मन रहर एक ऐतिहासिक व्यक्तित्व मात्र में परिणत हो गये हैं।

3. पात्रों में आधुनिक आदर्शों की प्रेरणा

वर्तमान युग वैज्ञनिक एवं दार्शनिक उपलब्धियों के नये मूल्यांकन का युग है। प्राचीन मुल्य विघटित हो रहे हैं तथा नये मूल्य नवजीवन का प्रकाश देख रहे हैं। फलतः रामकथा के पात्रों में भी आधुनिक आदर्शों का सहज प्रतिविम्ब दिखाई देता है। इन पात्रों में सामाजिक एवं राजनैतिक आदर्शों, मानवतावादी जीवन-मूल्यों, पारि-वारिक जीवन के आदर्श एवं सामाजिक मूल्यों का विकास हुआ है।[21] आधुनिक लोक-तन्त्र[22], समाजवाद, साम्यवाद[23] की विविध संकल्पनाएँ उनके चरित्र में समाहित हैं। उनमें भौतिक एवं आध्यात्मिक दृष्टियों का समन्वय[24] है तथा वे लोकहित, विश्वबन्धुत्व की भावना से परिचालित है।[25] राष्ट्र अभिमान की महत्ता उनके चरित्र का मूल स्वर है।[26] नारी के प्रति उनमें एक भावनाशील उच्चाशयी दृष्टि है।[27] पारिवारिक जीवन-आदर्शों में मर्यादा तथा त्याग को वे महत्त्व देते हैं।[28] सामाजिक मूल्यों में प्राचीन वर्णा-श्रम व्यवस्था के साथ रूढ़िवादिता के निषेध का स्वर भी मुखर हुआ।[29] राजनैतिक मूल्यों को प्रभावित करने वाले युगपुरुष गांधी ने रामकाव्य के पात्रों की मूल संकल्पना को दूर तक प्रभावित किया है। इनके नारी पात्र भी राष्ट्रोद्धार के लिए कृतसंकल्प हैं। उनमें देशोत्थान की प्रेरणा बलवती है। राजतन्त्र की दुर्बलताओं के बावजूद उसकी प्रतिष्ठा को बहुत सीमा तक चुनौती नहीं दी गई है किन्तु राजा के कार्य में प्रजा का प्रतिनिधित्व तथा राजा का जनता के प्रति सेवाभाव राजतंत्रीय व्यवस्था को मर्यादित करते हैं। और इस प्रकार प्रजातंत्र के महत्त्व के प्रति रामकाव्य के कवि पूर्ण आश्वस्त हैं। लोकतन्त्र के साथ समाजवाद एवं साम्यवादी विचारधारा का स्पष्ट आभास भी इन कृतियों में मिलता है।[30] हाँ, वर्ग संघर्ष एवं रक्त क्रांति का तीव्र कोलाहल इनमें नहीं है। इस प्रकार राम कथा के पात्र वर्तमान युग के जीवन मूल्यों के प्रति आस्था-शील हैं।

4. सामाजिक-राजनीतिक आन्दोलनों के अध्वर्यु (नेता) के रूप में प्रमुख पात्रों का विकास

वर्तमान युग नवीन राजनैतिक एवं सामाजिक स्पन्दनों से आन्दोलित रहा है। यूरोपीय विचारधारा के सम्पर्क से भारत में नवीन वैचारिक आन्दोलनों का सूत्रपात हुआ। धार्मिक आन्दलनों को राजा राममोहन राय, महर्षि दयानन्द सरस्वती और

केशवचन्द्र सेन ने गति दी। ऋषि दयानन्द ने मूर्ति पूजा का विरोध किया तथा उस हिन्दुत्व की प्रतिष्ठा की जिसमें अवतारवाद, स्वर्ग-नरक, तीर्थ, व्रत, अनुष्ठान इत्यादि का निषेध है, किन्तु ईश्वर के प्रति आस्था की ज्योति को क्षीण नहीं होने दिया।[31] विभिन्न सामाजिक और राजनैतिक भूमिकाओं को ईश्वरीय आस्था से सम्बद्ध करते हुए रामकाव्य के कुछ पात्रों को भी उसका माध्यम बनाया गया। रामकथा के प्रमुख पात्र इन आन्दोलनों को प्रेरित करने वाले आदर्शों के प्रतिनिधि के रूप में अंकित किए जाते रहे।[32]

5. प्रतिपात्रों में चारित्रिक गरिमा तथा मानवीय संवेदनाओं की अवतारणा

प्राचीन और मध्यकालीन रामकाव्य में 'परित्राणाय साधूनां विनाशाय च दुष्कृताम्[33] का जो स्वर मुखरित हुआ, उसके कारण प्रतिपात्रों को स्पष्ट रूप में कल्मष एवं आसुरी वृत्तियों के पुंजीभूत रूप में चित्रित किया गया है। खल, असुर, दुष्ट जैसे विशेषणों से भिन्न उनका कोई अस्तित्व हो सकता है, यह दृष्टि की परिधि से बाहर था। किन्तु वर्तमान युग में मानववाद के प्रभाव में रावण, मेघनाद आदि असुर पात्रों में भी मानवीय संवेदना के सूत्र खोजे गए और उनको मानवीय धरातल पर प्रतिष्ठित किया गया। इस प्रकार परम्परागत रामकाव्य के विभिन्न प्रतिपात्रों के चरित्र-विकास का प्रयत्न आधुनिक युग के अनेक कवियों ने किया है। यथा रावण, शूर्पणखा, कैकेयी आदि प्रतिपात्रों का पुन: संस्कार हुआ।[34]

6. नारी के प्रति परिवर्तित दृष्टिकोण तथा उसके चारित्रिक उत्कर्ष के प्रति आस्था

आधुनिक युग में व्यक्ति की सत्ता पुन: प्रतिष्ठित हुई है। फलत: नारी अब पुरुष के पौरुष-प्रदर्शन का निकष या उसकी तरल भावाभिव्यक्ति का माध्यम मात्र न रहकर अपने व्यक्तित्व की निजता के साथ सामने आई है। मध्ययुगीन बोध 'वीर-भोग्या वसुंधरा' को दृष्टि में रखकर चलता है। जहाँ भक्ति युग के निवृत्तिमूलक जीवन-दर्शन के कारण नारी तिरस्कृत हुई,[35] वहाँ रीति-युग में प्रवृत्तिमूलक जीवन-दर्शन के कारण भी उसका स्वतंत्र व्यक्तित्व अपमानित हुआ। मध्ययुग की नारी पुरुष के विलास का उपकरण-मात्र रही। अधिक-से-अधिक वह जीवन से पराजित उसके जर्जर व्यक्तित्व को आश्रय प्रदान कर सकती थी।

किन्तु, देह के अतिरिक्त भी नारी का एक और अस्तित्व हो सकता है। जीवन और जगत् के विविध व्यापार उसकी मानसिकता और प्रतिभा के आलोक में जगमगा सकते हैं। जटिल परिस्थितियों के अरण्य में भी वह अपनी बौद्धिक शक्ति की कुदाली से मार्ग बना सकती है। उसमें भी निर्णय लेने की शक्ति है। वह मध्ययुगीन कवि की दृष्टि में अछूता ही रह गया है।[36] नारी को साधना-मार्ग की बाधा मानने की प्रवृत्ति मध्ययुग में इतनी अधिक बढ़ी कि उनके प्रति अवज्ञा और तिरस्कार एक युगसत्य प्रतीत होता है। "उस विवशता भरी वेदना की तनिक कल्पना कीजिए जो उन पत्नियों के हृदयों को दग्ध करती होगी, जिनके पति जीवन के सर्वोच्च ध्येय की खोज में उनका त्याग कर रहे थे। वे अपनी पतियों की निन्दा नहीं करती थीं, क्योंकि पति तो बहुत बड़े उद्देश्य के लिए संन्यास ले रहे थे। दूसरी ओर, वे पतियों के साथ संन्यासिनी भी नहीं हो सकती थीं क्योंकि वह संन्यास संन्यास नहीं होता, जिसमें माया भी संन्यासी के साथ चल सकती है।''[37] 'पंचवटी' में गुप्तजी ने पुरुष के इस विशेष अधिकार के विरुद्ध स्वर मुखर किया :

नर-कृत शास्त्रों के सब बन्धन हैं नारी को ही लेकर।
अपने लिए सभी सुविधाएँ पहले ही कर बैठे नर ॥[38]

सांस्कृतिक पुनरुत्थान के साथ नारी के प्रति अवज्ञा के दृष्टिकोण में परिवर्तन आया तथा नारी पुरुष के साधना-मार्ग की बाधिका शक्ति नहीं, अपितु चैतन्य की जीवन्त शक्ति के रूप में प्रतिष्ठित हुई। गार्हस्थिक गरिमा के साथ नारी के सम्मान में वृद्धि हुई। अब रीतिकालीन कवियों की भाँति नारी केवल श्रृंगार-चेतना का माध्यम मात्र नहीं रही और न उसके साधन-मार्ग की बाधा ही। नारी नर के समकक्ष हैं,[39] ' प्रेरणा देने वाली शक्ति है तथा संसार की रमणीयता की वृद्धि करने में उसका चिरन्तन योग है। पुनरुत्थान की यह प्रेरणा अनेक रूपों में मुखर हुई। नारी के अशिक्षित एवं पंगु व्यक्तित्व के प्रति करुणा

व्यक्त की गई, उसके त्याग में बलिदान का स्तवन किया गया[40] तथा उसकी दुर्व्यवस्था का दायित्व जिस पुरुष समाज पर है उसकी न्यायशीलता को चुनौती दी गई।[41]

वस्तुत: आधुनिक युग नारी जागरण का युग है और आधुनिक रामकाव्य के मूल में नारी के किसी-न-किसी रूप को रेखांकित और परिभाषित करने का उपक्रम है। आधुनिक युग की नैतिक एवं सामाजिक अनिवार्यताएँ इन नारी पात्रों के माध्यम से अपना प्रतिनिधित्व खोजती हैं। मध्ययुग के व्यक्तित्व-विहीन नारी पात्र इन्हीं पात्रों के माध्यम से अपनी अस्मिता तथा व्यक्तित्व का पुन:संस्कार कर सके हैं।

आधुनिक युग में ऊर्मिला, कैकेयी, मांडवी और श्रुतिकीर्ति जैसे पात्रों को नया आयाम मिला। आधुनिक कवियों ने इनको न केवल अपनी करुणा एवं सहानुभूति ही अर्पित की, अपितु उनके व्यक्तित्व में निहित सौन्दर्य, प्रेम, स्वाभिमान,[42] क्षत्रियत्व,[43] आत्मोत्सर्ग[44] तथा राष्ट्र-भावना[45] को भी विभिन्न कोणों से उजागर किया। नारी के परम्परित माता[46] एवं पत्नी[47] रूप का तो स्तवन हुआ ही, उसे शक्ति तथा विद्रोह की तेजस्विनी प्रतिमूर्ति[48] के रूप में भी देखा गया। अहल्या, मन्थरा, शबरी, शूर्पणखा, सुमित्रा और कौशल्या सभी के व्यक्तित्व को परिवर्तित युग-संदर्भ के अनुरूप नया संस्कार भी प्राप्त हुआ। अहल्या का 'पाषाणी' (शरणविहारी गोस्वामी व जानकी-वल्लभ शास्त्री कृत), मंथरा का एक विश्वास और', शबरी का 'शबरी' (मायादेवी शर्मा, वचनेश तथा नरेश मेहता कृत) तथा शूर्पणखा का 'शूर्पणखा' जैसे काव्यों में नवीन मूल्यांकन किया गया !

7. नवीन चरित्रों की अवतारणा

रामकथा के पात्रों के प्रति आधुनिक युग के कवियों का दृष्टिकोण तीन प्रकार का रहा है। एक ओर तो परम्परागत पात्रों को नवीन भावों और संस्कार से समन्वित कर उनके चरित्रको अधिक मानवीय, अधिक विवेकपूर्ण तथा अधिक मनोवैज्ञानिक रूप में चित्रित किया गया। यथा राम, लक्ष्मण, रावण इत्यादि ख्यात चरित्रों की मूल विशेषताओं को सुरक्षित रखते हुए आधुनिक संदर्भ में उनका मानवीय रूप प्रस्तुत किया गया। दूसरी ओर, जिन पात्रों के केवल नाम ही प्राचीन रामकाव्य में उल्लि-खित थे तथा जिनके आकार और व्यक्तित्व की सुस्पष्ट रूपरेखा सामने नहीं थी, उनको युगबोध के अनुरूप अपनी कल्पना और प्रतिभा से सुस्पष्ट व्यक्तित्व प्रदान किया गया। ऊर्मिला, माण्डवी तथा श्रुतिकीर्ति ऐसे ही नारी पात्र हैं। तीसरे, अनेक नवीन पात्रों की सर्जना की गई जिनके द्वारा नवीन प्रसंगोद्भावना तथा परम्परित पात्रों के व्यक्तित्व को नया संस्कार देने में अपूर्व योग मिला। यथा-मैथिलीशरण गुप्त ने 'लीला' काव्य में अराल, कराल, धीर, गंभीर, सुलक्षण, सुदक्षिणा आदि कितने ही नये पात्रों की सृष्टि की। 'अग्निपथ' में सिंहिका का वीरांगना रूप में अवतरण एवं निकषा की धाय माता के रूप में सृष्टि, 'साकेत' में सुलक्षणा का ऊर्मिला की सखी के रूप में चित्रण तथा 'एक विश्वास और' में गजसेन मल्ल जैसे पात्रों की प्रकल्पना नायक और प्रतिनायक के गरिमावृत्त को ही भास्वर बनाने के लिए की गई है।

8. नायक के व्यक्तित्व में आदर्श और यथार्थ का समन्वय

आधुनिक रामकाव्य की प्रधान विशेषता नायक को अपने अलौकिक एवं अति-प्राकृत धरातल से उतारकर शुद्ध मानवीय भूमि में प्रतिष्ठित करने में निहित है जो जो वस्तुत: आधुनिक साहित्य की एक सामान्य प्रवृत्ति ही है।[49] राम और लक्ष्मण जैसे नायक अब दैवी आदर्शों के पुंजीभूत चित्राकृति मात्र नहीं हैं, उनमें मानवता का जीवन-स्पन्दन दिखाई देता है, उनमें मानवोचित दुर्बलताएँ हैं।[50] परिस्थितियों के वात्याचक में फँसे हुए उनके व्यक्तित्व के अनेक नये आयाम इनमें स्वत: उद्घाटित होते चले गये हैं। जीवन-निर्णायक क्षणों पर परस्पर विरोधी आदर्शों से उद्वेलित एवं विक्षुब्ध उनकी मानसिकता को इन काव्यों में मनोवैज्ञानिक धरातल प्राप्त हुआ है।[51] कठोर नैतिकता और आदर्श जीवन की प्रवृत्तिमूलक अवधारणाओं से संघर्ष इनके चरित्र की प्रधान विशेषता है। उनकी सहज दुर्बलता उनके व्यक्तित्व को कुंठित नहीं करती, अपितु अधिक भास्वर एवं मानवोचित बनाती है। दूसरी बात इस संदर्भ में यह द्रष्टव्य है कि अब सर्वत्र रामकाव्य के नायक केवल राम नहीं हैं। यदि नायक का आशय उस व्यक्ति से लिया जाता है जिसको केन्द्र में रखकर कथा की सृष्टि की गई है तो नायक

की अवधारणा में परिवर्तन करना होगा। अब राम ही नहीं, लक्ष्मण, भरत, रावण एवं मेघनाद जैसे पात्र भी रामकथा के केन्द्र-बिन्दु के रूप में प्रस्तुत किये गए हैं।

9. मनोवैज्ञानिक अन्तर्द्वन्द्व के माध्यम से मानवीय दुर्बलताओं का उद्‌घाटन

आधुनिक युग में अलौकिक और अतिप्राकृत संदर्भों की अपेक्षा मानसिक द्वन्द्वों में मानवीय चरित्र की सफलताओं एवं दुर्बलताओं का विश्लेषण किया गया है। मानव-व्यक्तित्व कितनी ग्रंथियों, विकृतियों तथा अवदमित वासनाओं का पुंज है, यह मनोविज्ञान-शास्त्र में स्पष्ट हो चुका है। अवचेतन मानस की कुण्ठाओं का अभिव्यक्ती-करण व्यक्ति के बाह्य आचरण को प्रभावित करता है और जीवन तथा जगत् की अनेक निर्णायक घटनाओं का साक्षी बनता हैं। अलौकिक संदर्भों का स्थान अब मनो-वैज्ञानिक अन्तर्द्वन्द्व ने ले लिया है।[52] चेतन और अवचेतन का यह अन्तर्द्वन्द्व कैकेयी के आन्तरिक विस्फोट की भूमिका बन कर आता है तो कहीं राम के संशय[53] और लक्ष्मण के सजग आकोशी व्यक्तित्व का आख्यान बनता है। अपनी मनोवैज्ञानिक दुर्बलताओं से पीड़ित पात्र हमारे आक्रोश और घृणा के नहीं, दया और सहानुभूति के आलम्बन हैं। फलत: अनुताप, पश्चात्ताप, आंतरिक मनोव्यथा तथा बाह्य संघर्ष की पृष्ठभूमि में मनोवैज्ञानिकता का संस्पर्श उन्हें अधिक संवेद्य, अधिक संप्रेषणीय और मानवीय संवेदना के अधिक निकट ले आता है।[54]

उपर्युक्त परिप्रेक्ष्य में यहाँ रामकथा के प्रमुख एवं गौण पात्रों की चारित्रिक विशेषताओं का अध्ययन प्रस्तुत है। पात्रों की मौलिक विशेषताओं को स्पष्ट करने के लिए 'वाल्मीकीय रामायण', 'अध्यात्म रामायण' एवं 'रामचरितमानस' आदि प्राचीन वाङ्मय में निहित उनके चरित्र की परम्परागत अवधारणाओं को उद्‌घाटित किया गया है तथा परिवर्तित युगबोध एवं परिवेश के प्रतिकूल उनके चरित्रांकन में दृष्टि-गोचर होने वाले विविध परिवर्तनों का उल्लेख कर उनके चरित्र की विविध दिशाओं, अपेक्षाओं एवं संभावनाओं का रेखांकन किया गया है।

आधुनिक रामकाव्य में प्रमुख पुरुष पात्रों का चरित्र-चित्रण

राम

रामायण के नायक राम का चरित्र अनेक संभावनाओं, अन्तर्द्वन्द्वों तथा अर्थ-गर्भित प्रसंगों के कारण आधुनिक युग में न केवल अपनी प्रासंगिकता को सुरक्षित रख सका है, अपितु नवीन युग की विभिन्न सांस्कृतिक एवं वैचारिक समस्याओं का माध्यम भी बना है। आधुनिक कवि जीवन के चिरन्तन सनातन प्रश्नों के समाधान के लिए बार-बार राम की ओर ही दृक्पात करता है। "जिस प्रकार कुछ प्रश्न सनातन होते हैं, उसी प्रकार कुछ प्रज्ञा-पुरुष भी सनातन प्रतीक होते हैं। राम ऐसे ही प्रज्ञा प्रतीक हैं।"[55]

राम का चरित्र मर्यादा तथा मर्यादा के अतिक्रमण का एक विचित्र विरोधाभास उपस्थित करता है। अत: प्राचीन काव्य में जहाँ वाल्मीकि द्वारा निरूपित मर्यादा-पुरुष राम का चरित्र ही अनेक आदर्श बिन्दुओं के गरिमावृत्त में आलोकित होता रहा, वहाँ अनेक स्थलों पर (पूर्व पक्ष के रूप में ही सही) राम के चरित्र के अन्तविरोधी तत्त्वों की ओर कवियों ने स्पष्ट संकेत किया। उदाहरणार्थ, भवभूति ने लव के मुख से राम के चरित्र की जो आलोचना प्रस्तुत की है, वह आधुनिक भावबोध की प्रश्न-मूलक दृष्टि के पर्याप्त निकट है।[56] किन्तु राम के चरित्र पर यह आक्षेप मध्यकालीन भावबोध की सीमा में गौण ही रहे। मूल दृष्टि वाल्मीकि द्वारा निरूपित चरित्र से ही अनुप्रेरित रही। वाल्मीकि ने राम के चरित्र की परिकल्पना एक ऐसे ऐतिहासिक पुरुष के रूप में की है जो जीवन के चरम आदर्शों का पुंजीभूत स्वरूप है। वह सर्वगुण संपन्न, सर्वश्रेष्ठ आदर्श पुरुष है, जिसका चरित्र अन्य पुरुषों के लिए अनुकरणीय है।[57] वाल्मीकि नारद से एक ऐसे पुरुष के विषय में जिज्ञासा व्यक्त करते हैं जो गुणवान्, वीर्यवान्, धर्मज्ञ, कृतज्ञ, सत्यवक्ता और दृढ़प्रतिज्ञ हो। नारद इसके उत्तर में इक्ष्वाकु वंश में उत्पन्न राम को शलाकापुरुष के रूप में उपस्थित करते हैं।[58] किन्तु अन्यत्र वे राम के चरित्र में निहित मानवोचित दुर्बलताओं की उपेक्षा

नहीं करते, अपितु घटना-क्रम में उनका स्पष्ट संकेत करते चलते हैं। यह राम के चरित्र की विकसनशीलता का प्रमाण है जो उन्हें मानवीय संदर्भों के बीच अधिक संप्रेषणीय और स्पृहणीय बनाता है। वे अपने हृदयस्थ क्षोभ, शोक, शंका अथवा भय को निरावृत करते दृष्टिगोचर होते हैं। एक स्थल पर कैकेयी के दुष्कर्म के प्रति क्षोभ व्यक्त करते हुए यह आशंका व्यक्त करते हैं कि कहीं दुष्टहृदया कैकेयी महाराज दशरथ या कौशल्या का प्राण हरण न कर ले,[59] किन्तु जब राम की विष्णु के अवतार के रूप में परिकल्पना का आग्रह बढ़ा तो उनके इन मनोविकारों का भी परिहार किया जाने लगा और उन्हें आदर्श स्थितप्रज्ञ रूप में चित्रित किया जाने लगा, जो सुख-दुःख, हानि-लाभ, जय-पराजय में एकान्त, अनासक्त निर्विकार रूप से आचरण करते हैं।[60]

यहाँ यह तथ्य द्रष्टव्य है कि राम की विष्णु के अवतार के रूप में प्रतिष्ठा अपेक्षाकृत परवर्ती कल्पना है।[61] 'वाल्मीकीय रामायण' में कुछ स्थानों पर अवतारवाद का उल्लेख अवश्य है किन्तु वे अंश प्रक्षिप्त माने गए हैं।[62] संभवत: 'विष्णुना सदृशो वीर्ये' जैसी उक्तियों से इस अवतारवादी कल्पना को बल मिला है। यों, कालिदास ने राम के महापुरुषत्व के साथ-साथ उनके वैष्णव रूप की ओर भी संकेत किया है।[63] राम के अवतारत्व की परिकल्पना 'अध्यात्म रामायण' में अपने चरम रूप में प्रतिष्ठित हुई है। यहाँ राम साक्षात् विष्णुस्वरूप हैं।[64] वे भक्तों पर अनुग्रह करने की कामना तथा देवताओं की कार्यसिद्धि के लिए रावण वध करने हेतु राम-रूप में अवतरित हुए हैं। वे सच्चिदानन्द-स्वरूप परब्रह्म हैं, जो अपनी माया से इस सृष्टि की रचना करते हैं।[65]

'आध्यात्म रामायण' के राम के समान 'रामचरितमानस' के राम भी ब्रह्म एवं सच्चिदानन्द-स्वरूप हैं। वे नारायण एवं विष्णु के अवतार हैं किन्तु उनकी लोका-दर्शमूलक दृष्टि अधिक व्यापक है। तुलसी ने राम में जिस शील, शक्ति एवं सौन्दर्य की प्रतिष्ठा की है, उसका मूल्यांकन लोकमंगल की भावभूमि पर ही किया जा सकता है। अत: 'धर्म हेतु अवतरेहु गोसाईं [66] तथा 'राम ब्रह्म नर रूपा [67]कहकर भी तुलसी राम के जननायक रूप की प्रतिष्ठा करने के प्रति ही विशेष प्रतिश्रुत हैं।

आधुनिक युग में पहला प्रश्न राम के इसी अवतारत्व की मान्यता को लेकर उपस्थित होता है। गुप्त जी ने राम के अवतार और जननायक युगपुरुष की समता को अधिक घनिष्ठ किया है। अत: राम के अवतारत्व का निषेध न करते हुए भी वे उन्हें सांस्कृतिक पुनरुत्थान के प्रज्ञा-पुरुष के रूप में प्रतिष्ठित करते हैं :

मैं आया उनके हेतु कि जो तापित हैं,
जो विवश, विकल, बलहीन, दीन शापित हैं।
भव में नव वैभव व्याप्त कराने आया,
नर को ईश्वरता प्राप्त कराने आया।
संदेश यहाँ मैं नहीं स्वर्ग का लाया,
इस भूतल को ही स्वर्ग बनाने आया।[68]

इस प्रकार राम की परब्रह्मता के विषय में गुप्त जी की धारणा तुलसी से भिन्न नहीं है, किन्तु अवतार के कर्तव्य कर्म के विषय में उनकी मान्यता नवयुग की विचारधारा से प्रेरणा ग्रहण करती है। अत: राम के अवतारत्व की भूमिका के मूल में मध्ययुगीन अलौकिकता अथवा पारलौकिकता की धारणा गौण पड़ जाती है तथा सांस्कृतिक पुनरुत्थान की प्रवृत्तिमूलक धारणा से प्रेरित जनसेवा, देशभक्ति का स्वर प्रमुख हो जाता है। राम के अवतारत्व के मूल में देश-प्रेम की अवधारणा निश्चय ही

आधुनिक युग का प्रभाव कही जा सकती है :
अथवा आकर्षण पुण्यभूमि का ऐसा,
अवतरित हुआ मैं आप उच्च फल-जैसा।[69]

धीरे-धीरे अवतारत्व का यह द्वन्द्व आधुनिक युग में क्षीण होता गया किन्तु मूल संकल्पना बनी रही। डॉ. बलदेवप्रसाद मिश्र ने 'साकेत संत' एवं 'रामराज्य' में राम के व्यक्तित्व का निरूपण लोकनायक के रूप में किया है। उनकी दृष्टि में

मानव एवं अतिमानव में कोई विरोध नहीं है। भावना-भेद के अनुसार हम राम में अपनी मान-वत्व अथवा अतिमानवत्व की धारणा का अवलोकन करते हैं। वस्तुतः राम तो युग-युग के प्रेरणाधाम, युगद्रष्टा एवं युगस्रष्टा हैं :

त्रेतायुग के नहीं, राम तो युग-युग के प्रेरणा धाम हैं,
पूर्ण पुरातन, चिर नवीन वे, भाव-स्रोत हृदयाभिराम हैं।
राम सत्य, रामत्व और भी सत्य, कि जिसकी चाह हमें है,
नई परिस्थिति के बीहड़ में सजग देखनी राह हमें है।[70]

मिश्रजी की आस्तिकता राम के विष्णु रूप का एकांत निषेध करके नहीं चलती किन्तु उनके 'युगद्रष्टा', रूप के विषय में वे निर्भ्रान्त हैं :

राम ब्रह्म हों, राम विष्णु हों, किन्तु राम नर तो हैं निश्चय,
युगद्रष्टा ही नहीं, आप ही युगकर्ता भी जो निःसंशय॥ [71]

आधुनिक युग की अनास्था, संशयग्रस्तता तथा संत्रस्त मनःस्थिति का प्रभाब भी राम के चरित्र को एक नई दिशा प्रदान करने में सहायक हुआ है। राम के चरित्र के ये कोण प्राचीन रामकाव्य विशेषतः 'वाल्मीकीय रामायण' में अनुपलब्ध नहीं हैं,[72] किन्तु उनके चरित्र की गरिमा तथा विराट्ता के आगे व्यक्तित्व की लघुता के ये संदर्भ गौण और अप्रासंगिक हैं। वर्तमान काव्य में इन प्रसंगों को समसामयिक संदर्भों की पीठिका पर कथ्य के केन्द्र में रखकर विशेष आग्रह के साथ प्रस्तुत किया गया है। 'राम की शक्तिपूजा' के राम सुख-दुःख, हानि-लाभ, जय-पराजय से द्वन्द्वातीत प्रज्ञा-पुरुष नहीं हैं, अपितु पराजय की आशंका से ग्रस्त, शंकाओं और प्रश्नों के भँवर में फँसे हुए हैं और आधुनिक अस्तित्ववादी स्थितियों से जूझते हुए मानव का प्रतिनिधित्व करते हैं :

जो नहीं हुआ आज तक हृदय रिपुदम्य श्रान्त,
एक भी, अयुत-लक्ष में रहा जो दुराक्रान्त,
कल लड़ने को हो रहा विकल वह बार-बार
असमर्थ मानता मन उद्यत हो हार-हार।[73]

पराजय की आशंकित मनःस्थिति के इस चित्रण के मूल में आपेक्षाकृत आधुनिक दृष्टि है। प्राचीन काव्यों में सीता हरण अथवा लक्ष्मण के शक्ति लगने पर राम के शोका-कुल मन की स्थिति का चित्रण तो मिलता है किन्तु अन्तर्द्वन्द्व, संशय तथा आत्म-विभाजन जैसे मनस्तात्त्विक संदर्भ वहाँ नगण्य ही हैं। श्री नरेश मेहता ने युद्ध के पूर्व की संध्या में युद्ध के औचित्य एवं अनौचित्य पर विचार करते हुए राम की मनःस्थिति का जो व्यापक अंकन प्रस्तुत किया है,[74] प्राचीन काव्य में उसकी संभावना के मार्ग अव-रुद्ध ही रहे हैं। यहाँ राम के प्राचीन गरिमावृत्त को जिस नवीन गरिमा से संयुक्त किया गया है, वह एकदम विपरीत मूल्यों से प्रेरित है। नरेश मेहता ने अन्तविरोधी व्यक्तित्व की इस अवतारणा को काफी साहस के साथ प्रस्तुत किया है। स्वयं कवि के शब्दों में-"विभिन्न मूल्यों, बोधों वाले समाज से कोई चरित्र लेकर एकदम विपरीत मूल्यों, बोधों, मान्यताओं में विभिन्न उद्‌देश्यों में प्रस्तुत करना काफी संकटपूर्ण होता है।"[75] स्पष्टतः राम के माध्यम से कवि आधुनिक मूल्यों से जूझते हुए मनुष्य का विम्ब प्रस्तुत करता है। यहाँ राम अतीत की रोमानी अनुभूतियों से आविष्ट अतीतजीवी पात्र हैं जो रामेश्वर के बालुका तट पर सीता का मुख निर्मित करते हैं।[76] वे एक विचित्र अव-सादमय मानसिक दशा में प्रश्नों से घिरे हुए हैं। परिताप तथा अनिर्णय उनके चरित्र के खंडित संदर्भों को रेखांकित करते हैं।[77] आधुनिक कविता में मानव की लघुता और असार्थकता का जो बिम्ब उभरा है, राम उसी के प्रतिरूप हैं। स्वयं को साधनमात्र मानने की अभिशप्त नियति के विरुद्ध विद्रोह करते हुए भी वे अन्त में जीवन की असार्थकता, अंधकार एवं अनिर्णय में ही स्वयं को विलुप्त कर देना चाहते हैं :

इतिहास के हाथों
बाण बनने से अधिक अच्छा है
स्वयं हम
अँधेरों में यात्रा करते हुए
खो जाएँ।[78]

अन्तर्विरोध और अस्वीकृति के बावजूद राम को अन्ततः सामूहिक निर्णय के सम्मुख अपने अन्तर्मन को विवशता से समर्पित करना पड़ता है। अधूरे व्यक्तित्व, अधूरी शंकाओं और प्रश्नों के स्वामी राम का यह चरित्र आज के आत्म-विभाजित खण्डित व्यक्तित्व का प्रोद्भास है। वे ऐतिहासिक गति के साक्षी मात्र हैं। किसी निर्णायक हस्तक्षेप के द्वारा इतिहास की गति को परिवर्तित करने में वे असमर्थ हैं,[79] 'सबहिं नचावत राम गोसाईं' (रामचरितमानस, 411017) जैसी स्थिति यहाँ नहीं है।

राम के मानसिक अन्तर्द्वन्द्व का चित्रण भी आधुनिक युग के मनोवैज्ञानिक प्रभावों का परिणाम है। यहाँ राम तर्कातीत मात्र अथवा सर्वसमर्थ नहीं रह गये। सीता के चरित्र को लेकर आत्मयंत्रणा से दग्ध होने वाला उनका व्यक्तित्व संशय और संदेह के आधुनिक कगार पर खड़ा है। अरविंदकुमार की कविता 'राम का अन्तर्द्वन्द्व'[80] राम की इसी मानसिक यातना का बिम्ब प्रस्तुत करती है। इसमें संदेह नहीं कि वाल्मीकि के राम भी सीता के चरित्र को लेकर विशेष आश्वस्त नहीं हैं,[81] किन्तु आत्म-पीड़ा की यह विशिष्ट अभिव्यक्ति आधुनिकता की देन है। अन्तविवाद के ये क्षण 'अन्तर्मन्थन' काव्य में भी हैं। बालि-वध एवं शम्बूक वध के कारण उद्विग्न राम संशय-शील हैं। तर्क उनकी आस्था को संतोष नहीं दे पाता :

सत्य ही यह ढोंग मेरा, मैं कहाँ न्यायी,
इसी मिथ्या ज्ञान में अभिमान के शर से
तपस्वी शंबूक का वध हो गया मुझ से
और बाली-वध न थी क्या व्याख्या छल की ?[82]

अन्तर्मन्थन का एक क्षण 'शम्बूक' (जगदीश गुप्त) के काव्य में भी मूर्त हुआ है जहाँ शम्बूक के वध से पूर्व वे शम्बूक से मानसिक संवाद के स्तर पर जुड़ते हैं। व्यवस्था और लोक-स्वीकृत मर्यादा के प्रति आग्रहशील होते हुए भी वे एक सहज उद्विग्नता से परिचालित हैं, जो अपने कृत्यों के औचित्य-स्थापन की प्रक्रिया में बार-बार मुखर हो उठता है।[83]

आधुनिक कवि ने राम के इस अन्तविरोधी व्यक्तित्व को काफी सशक्तता से उभारा है। उसने खुलकर उनके चरित्र पर आक्षेप लगाये हैं, उनके महिमामय व्यक्तित्व की स्पष्ट आलोचना की है। रघुवीशरण 'मित्र', 'भूमिजा' में राम से सीधे प्रश्न करते हैं। राम के द्वारा सीता के परित्याग,[84] शूर्पणखा के विरूपीकरण[85] जैसे प्रश्नों को उठाकर वह राम के चरित्र को काफी विवादास्पद वना देते हैं। उनकी दृष्टि में राम राजतंत्र के स्पष्ट प्रतीक हैं।[86] यही नहीं, 'मित्र' जी भरत को ननिहाल भेजे जाने में भी राम के राजनैतिक षड्यंत्र की गंध पाते हैं क्योंकि यदि राम को राज्य से मोह न होता तो वे सीता को त्यागने की अपेक्षा राज्य त्यागना अधिक वरेण्य समझते :

राजनीति का भेद, अनुज को नाना के घर भेजा,
दहक उठे आँखों के दीपक, चिर-चिर गया कलेजा।
उसका आज प्रमाण, त्याग दी सीता, राज्य न छोड़ा,
उत्तर दो, क्यों राज्य न छोड़ा, सीता से मुँह मोड़ा ?[87]

रावण-पक्षीय काव्यों में राम के चरित्र की आलोचना का स्वर और भी मुखर है। 'रावण-महाकाव्य' के राम जन स्थान में मुनियों को भड़काते हैं।[88] 'शूर्पणखा' काव्य में राम कूटनीतिज्ञ ही नहीं, अपितु साम्राज्यवाद के प्रसारक भी हैं। प्रीतमसिंह बगरेचा राम के प्रति भक्ति भावना के सम्मोहन से विमुक्त होकर लिखते हैं-"राम को तो साम्राज्य-वृद्धि के लिए युद्धका कारण ढूंढ़ना था जो उन्हें अनायास ही मिल गया। उन्होंने एक रक्ष-बाला का अपमान करके एक प्रकार से समस्त

रक्ष-जाति को ललकारा था। क्या यही कृत्य मानव को भगवान बनाते हैं ?''[89] बगरेचा के अनुसार, रक्ष और आर्यकुलों में सांस्कृतिक समन्वय के लिए प्रयत्नशील शूर्पणखा को विकलांगिनी बनाने का निश्चय अत्यन्त प्रवंचनापूर्ण एवं घृणित था।[90]

राम के चरित्र का मूल्यांकन केवल आक्षेपों के धरातल पर ही नहीं, अपितु मानववादी परिप्रेक्ष्य में भी हुआ है। परम्पराप्राप्त रूप में राम त्यागी, भ्रातृ-स्नेही, स्थितप्रज्ञ (सम सुख-दु:खात्मक) हैं। वे आदर्श पुत्र, आदर्श पति, आदर्श भ्राता, आदर्श मित्र तथा आदर्श राजा हैं। इस प्रकार वे आदर्श के मूर्तिमान स्वरूप हैं। वर्तमान युग में उनका यह रूप भी सुरक्षित रहा है। साथ ही सांस्कृतिक पुनरुत्थान, जनतांत्रिक चेतना तथा मनोवैज्ञानिक अवधारणाओं की प्रेरणा से उनके चरित्र के अनेक नूतन कोणों की उद्‌भावना हुई है। 'साकेत' के राम आदर्श प्रजा-वत्सल[91] हैं तो 'वैदेही-वनवास' के राम लोकनायक हैं।[92] इस प्रकार राजतंत्र के अधिनायक होकर भी वे जनतांत्रिक चेतना से जुड़े हुए हैं।[93] वे विवश, बलहीन, शापित एवं संतप्त प्राणियों के संरक्षक हैं तथा समष्टि के लिए अपने व्यक्तिगत सुख का बलिदान करने के लिए सदैव तत्पर हैं।[94] वे अत्यन्त सहृदय हैं। शत्रु के प्रति भी उनकी सहृदयता एवं उदारता असंदिग्ध है। कुम्भकर्ण के वध पर रावण को शोकमग्न देख कर राम कहते हैं :

आ भाई, वह वैर भूलकर हम दोनों समदु:खी मित्र,
आ जा, क्षण भर भेंट परस्पर, कर लें अपने नेत्र पवित्र।[95]

देशभक्ति, क्रांति, सांस्कृतिक उत्थान तथा दलितोद्धार के प्रमुख पुरुष के रूप में राम का स्तवन भी अनेक आधुनिक कवियों ने किया है। मातृभूमि के प्रति उनके मन में सहज अनुराग एवं श्रद्धा है।[96] सांस्कृतिक पुनरुत्थान की भावना से परिचालित होकर वे दक्षिण में आर्य संस्कृति के प्रचार के लिए समुद्यत होते हैं। 'ऊर्म्मिला' ('नवीन' कृत) में उनके जीवन का मुख्य लक्ष्य आर्य-संस्कृति का प्रसार ही निर्दिष्ट किया गया है। इसी उद्‌देश्य से कैकेयी उन्हें दक्षिणापथ भिजवाने की योजना बनाती है।[97] वे क्रांति के अध्वर्यु तथा राष्ट्र-चेतना के महनीय प्रतीक हैं।

राम के चरित्र का विकास प्रतीक की भूमि पर भी हुआ है। पंत जी ने 'पुरु-षोत्तम राम' में राम को मानव-मन के उदात्तीकृत रूप के स्तर पर चित्रित किया है। कृष्ण, बुद्ध, ईसा, पैगम्बर, सभी राम के प्रतिरूप हैं। यही नहीं, नवयुग-चेतना के प्रति-रूप गांधी के रूप में भी राम ही अवतरित हुए :

" मैं ही था गांधी,-भारत का संविधान भी,
काल-रूप निज दिखा चुका तुमको गीता में ![98]

इस प्रकार राम के चरित्र को केन्द्र में रखकर आधुनिक कवि न केवल सना-तन प्रश्नों का समाधान ही उनके माध्यम से प्रस्तुत करता है, अपितु वर्तमान युग की जीवन-समस्याओं, नूतन अवधारणाओं एवं आन्दोलनों का व्यापक प्रतीकत्व भी उसने राम को समर्पित किया है। आधुनिक युग की मनोवैज्ञानिक, राजनैतिक एवं सांस्कृतिक विचारधाराओं के परिप्रेक्ष्य में राम के चरित्र का जैसा व्यापक एवं अन्तर्विरोधी मूल्यां-कन हुआ है, वैसा किसी अन्य पौराणिक सांस्कृतिक चरित्र का नहीं।

लक्ष्मण

उद्धत, उग्र, भ्रातृ-स्नेही, शूर एवं पराक्रमी लक्ष्मण का परम्परागत रूप आधु-निक रामकाव्य में भी सुरक्षित रहा है। परम्परित दृष्टि लक्ष्मण के चरित्र में विचार-पक्ष की अपेक्षा कर्म-पक्ष की प्रबलता को रेखांकित करती रही है। वे अपने भाई के एकांत अनुचर हैं तथा बिना कर्त्तव्य-अकर्त्तव्य, उचित-अनुचित का विचार किए उनकी आज्ञा-पालन करने के लिए सदैव तत्पर रहते हैं। चिन्तन-अनुचिन्तन उन्हें प्रिय नहीं है, कर्म ही उनका अभीष्ट है। अत: अनेक बार राम उनके अत्यन्त कर्म-सक्रिय व्यक्ति को अनुशासित करते हुए दृष्टिगोचर होते हैं। आधुनिक युग में कर्म-पक्ष की सक्रियता के साथ लक्ष्मण के चरित्र में बौद्धिक सतेजता, कलाप्रियता, भावार्द्रता तथा प्रणय का भी अनुप्रवेश हुआ है।

वाल्मीकि तथा तुलसी के लक्ष्मण राम के साथ अभिन्न होकर ही नहीं रहते, अपितु वे राम के व्यक्तित्व के पूरक भी हैं।[99] मैथिलीशरण गुप्त ने भी लक्ष्मण को राम का सुहृद्, सहचर, सचिव और सेवक कहा है :

अनुज ! मुझसे न तुम न्यारे कभी हो,
सुहृद्-सहचर सचिव-सेवक तुम सभी हो।[100]

निश्चय ही यह दृष्टि परम्परा-प्रेरित है, जो लक्ष्मण के स्वतन्त्र व्यक्तित्व का निषेध करती है। आधुनिक कवि व्यक्तित्व का एकान्त निषेध करके नहीं चल सकता। आधु-निक रामकाव्य का लक्ष्मण व्यक्तित्व विसर्जन का उदाहरण नहीं है। उसका अपना जीवन, अपनी गरिमा, अपनी वैचारिक भूमि तथा अपनी जीवनगत स्थितियाँ हैं। अत: आधुनिक रामकाव्य में लक्ष्मण का चरित्र जहाँ भी आया है, वहाँ उसमें उसके व्यक्तित्व की निजता तिरोहित नहीं हुई है।

'साकेत', 'साकेत-संत', 'कैकेयी' (चांदमल अग्रवाल कृत) के लक्ष्मण 'रामचरित-मानस' के लक्ष्मण की भांति ही उग्र, प्रचण्डकर्मा तथा मुखर हैं, किन्तु उनकी उग्रता में उनके व्यक्तित्व की विशिष्टता भी प्रत्यक्ष है। यहाँ उनके रोष के मूल में राजनैतिक, जागरूक चिन्तन और परिस्थिति की तीव्र चेतना निहित है। परम्परित कथा में लक्ष्मण का बाल्य-जीवन अथवा विश्वामित्र के साथ उनकी यात्रा का प्रसंग महत्त्वपूर्ण नहीं है। वहाँ उनके उग्र व्यक्तित्व की प्रथम झाँकी लक्ष्मण परशुराम-प्रसंग में मिलती है। पुष्प वाटिका-प्रसंग में तो वे एक निष्क्रिय श्रोता मात्र हैं, जिन्हें राम आयु-क्रम में जैसे अपने से बहुत छोटा समझ कर सीता-विषयक अपनी प्रणय-भावना को संगोपित रखने के लिए सरल युक्तियाँ देते हैं।[101] आधुनिक राम-काव्य में लक्ष्मण की भूमिका इतनी गौण एवं निष्क्रिय नहीं है।

रामकाव्य में लक्ष्मण के चरित्र का मूल विकास कतिपय विशिष्ट स्थलों में हुआ है। ये स्थल हैं— कैकेयी द्वारा वर प्राप्ति तथा राम का निर्वासन, चित्रकूट में भरत का ससैन्य आगमन, सीता हरण तथा मेघनाथ वध। उक्त सभी प्रसंगों में प्राय: लक्ष्मण की उग्रता एवं शौर्य से युक्त तेजस्विनी मूर्ति नेत्रों के सम्मुख अंकित हो जाती है। आधुनिक रामकाव्य में भी ये सभी स्थल लक्ष्मण की उग्रता के साक्षी हैं। यह बात भिन्न है कि आधुनिक युगीन राष्ट्रीय जनतांत्रिक भावनाओं की स्पष्ट छाप उनके उग्र व्यक्तित्व की विस्फोटात्मक अभिव्यक्ति को युगीन अर्थवत्ता प्रदान करती है। 'साकेत' में लक्ष्मण क्रोधोद्दीप्त स्वर में कैकेयी को उसके दुष्कृत्य के लिए फटकारते हैं। उनके आवेग में संयम एवं अनुशासन अपनी सीमा तोड़ कर बहने लगता है,[102] किन्तु उस आवेग में केवल उग्र व्यक्ति का प्रलाप ही नहीं, विचारवान् प्रजा के प्रतिनिधि का आक्रोश भी है—

भला वे कौन हैं जो राज्य लेवें ?
पिता भी कौन हैं जो राज्य देवें ?
प्रजा के अर्थ है साम्राज्य सारा ![103]

'कैकेयी' (चाँदमल अग्रवाल कृत) में लक्ष्मण का यह आक्रोश मर्यादातीत है। वे स्त्रैण राजा को कैद कर राम को शासन-सूत्र संभालने का परामर्श देते हैं। उनकी दृष्टि में दशरथ केवल पिता नहीं, अपितु विलासी, कामी, अन्यायी एवं दण्डनीय राजा हैं।[104] अन्यायी से शासन छीन लेने में कोई अनौचित्य नहीं है। यहाँ लक्ष्मण की दृष्टि में राम जनता के निर्वाचित प्रतिनिधि हैं :

राजनीति जागीर न कुछ, जनता-रक्षण को शासन।
भला करे नृप कुछ भी प्रण, तुम जनता के निर्वाचन ॥[105]

लक्ष्मण के उस स्वर में राष्ट्र चेतना तथा अन्याय के प्रतिशोध की भावना अत्यन्त मुखर है। यह सत्य है कि उनकी मुखरता में उचित-अनुचित का विवेक उतना नहीं है, जितना कि राम के प्रति अनन्य निष्ठा। यही कारण है कि राम के वन प्रयाण के समय उनकी उग्रता आत्म-निवेदन में बदल जाती है। वे अत्यन्त विनीत स्वर में राम से स्वयं को साथ ले चलने का अनुरोध करते हैं-

तुम्हीं हो एक अन्तर्बाह्य मेरे,
नहीं क्या फूल-फल भी हैं ग्राह्य मेरे !
न रक्खो आज ही यदि साथ मुझको,
चले जाओ हटाकर नाथ ! मुझको ![106]

लगभग यही दृष्टि 'कैकेयी' (चांदमल अग्रवाल कृत) तथा 'कल्याणी कैकेयी' में उपलब्ध है किन्तु श्री बालकृष्ण शर्मा 'नवीन' ने अपने 'ऊम्मिला' काव्य में उक्त प्रसंग का आकलन सांस्कृतिक धरातल पर किया है। लक्ष्मण वन-गमन के समग्र ध्येय तथा तत्त्वों का विश्लेष दक्षिण में आर्य-संस्कृति के प्रचार के परिप्रेक्ष्य में करते हैं। लक्ष्मण यहाँ कैकेयी के प्रति आक्षेप नहीं करते। वे विवेकशीला कैकेयी के वनवास के प्रस्ताव में निहित सांस्कृतिक उद्देश्य को स्वीकार करते हैं तथा ऊम्मिला के समक्ष युग के प्रति अपने दायित्व का समर्थन अनेक तर्कों द्वारा करते हैं। लक्ष्मण यहाँ कैकेयी के प्रति अत्यन्त सहानुभूतिपूर्ण ही नहीं, अपितु आर्यों के वैभव-विस्तार की उसकी आकांक्षा का स्तवन भी करते हैं—

आर्य राम त्रैलोक्य-जयी हैं, यह कैकेयी जानें हैं,
लक्ष्मण की कर्मठ निष्ठा को, सुन्दरि, वे पहिचानें हैं।[107]

स्पष्टतः लक्ष्मण के चरित्र में जनतांत्रिक एवं सांस्कृतिक दृष्टि का विकास उसके व्यक्तित्व-विसर्जन की मध्ययुगीन पृष्ठभूमि से विशिष्ट तथा आधुनिक युग की व्यक्ति-चेतना का स्वाभाविक परिणाम है।

आधुनिक युग में लक्ष्मण के चरित्र का विकास कुछ अन्य दिशाओं में भी हुआ है जिनमें उनके चरित्र का शिष्ट, सांस्कृतिक, सहज-सरल मानवीय रूप उभर कर आया है। यह उनके मध्यकालीन उद्धत, असंस्कृत, रूक्ष व्यक्तित्व से भिन्न आधुनिक युग की विशिष्ट उपलब्धि के रूप में है। 'साकेत' में लक्ष्मण, सुरुचि, विशेषतः कलात्मक रुचि से सम्पन्न व्यक्तित्व के अधिकारी हैं। "'साकेत' के प्रथम सर्ग में लक्ष्मण एक विलासप्रिय, विनोदी, ललित नायक हैं। वे अपनी प्रियतमा ऊर्मिला के साथ विनोद-वार्ता द्वारा हास-परिहास करते हुए अन्य काव्यों के लक्ष्मण से सर्वथा भिन्न दिखाई देते हैं। यहाँ उनमें हास्य, विनोद एवं विलास की भावना का आधिक्य है और परंपरा-गत रोष, उग्रता एवं चंचलता किचिन्त् मात्र भी दिखलाई नहीं देती।"[108] निश्चय ही लक्ष्मण के चरित्र के इस उपेक्षित पक्ष के विस्तार का कारण उपेक्षिता ऊर्मिला के चरित्र की पुनः प्रतिष्ठा का प्रत्यक्ष आग्रह है। साथ ही, आधुनिक युग की रोमांसवादी और स्वच्छंदतावादी पाश्चात्त्य जीवन-पद्धति प्रेरित दृष्टि का भी प्रभाव पड़ा है। उनके चरित्र में सौंदर्यप्रियता, प्रणय की तरलता का अन्तः प्रवेश इसका प्रमाण है। 'ऊम्मिला' ('नवीन' कृत) के द्वितीय सर्ग में तथा 'साकेत' के प्रथम सर्ग में पति-पत्नी के हृदय-स्पर्शी विनोद एवं ललित क्रीड़ाओं का जो स्वरूप सामने आता है, उनसे लक्ष्मण की रसज्ञता का पूरा परिचय मिलता है। लक्ष्मण की यह रसज्ञता तत्यकालीन भावभूमि में पोषित मर्यादावादी दृष्टि को अखर भी सकती है :

रखा लक्ष्मण ने मस्तक आन-ऊम्मिला की जंघा पर। और—

मूँद कर नेत्र बढ़ा दी भुजा, प्रियतमा की ग्रीवा की ओर;
डोर अरुझी क्रीड़ा की रम्य रमण के सुरझ गए सब तार,
थकित क्रीड़ा ऐसे झुक रही-मेघ ज्यों झुक आयें दो-चार।[109]

मध्यकालीन निवृत्तिमूलक जीवन-दर्शन की तुलना में यह प्रवृत्तिमूलक जीवन-दृष्टि के स्वाभाविक विकास का परिणाम है। 'ऊम्मिला' एवं 'साकेत' में लक्ष्मण एक कला-मर्मज्ञ, दार्शनिक, तत्त्व-चिंतक के रूप में भी उभरे हैं। उनका यह स्वरूप पूर्ववर्ती काव्यों में अनुपलब्ध है। 'साकेत' में लक्ष्मण ऊर्मिला द्वारा निर्मित चित्र की कला-मर्मज्ञ के रूप में समीक्षा करते हैं।[110] 'ऊम्मिला' काव्य में विंध्यवन-यात्रा के विलासमय वातावरण में भी वे प्रेम, आध्यात्मिकता तथा आत्म-विसर्जन की चर्चा करते हैं। आत्म-विसर्जन को वे प्रेम का चरम-विकास मानते हैं। लक्ष्मण कहते हैं-

ऊम्मिला का विभिन्न अस्तित्व, अरे हाँ, भूतल से मिट जाय;
और लक्ष्मण का विरहित अहं, स्वप्न की चादर सा सिमिटाय;[111]

आत्म-विसर्जन ही दाम्पत्य का मूल मंत्र है। लक्ष्मण के आगामी चरित्र-विकास की दृष्टि से उपर्युक्त उक्ति अत्यन्त महत्त्वपूर्ण है। अपने अहं का विसर्जन कर लक्ष्मण जो मर्यादित जीवन व्यतीत करते हैं, दाम्पत्य रस का अन्तःस्रोत उसमें निरंतर मधुरता का संचार करता रहता है। यही कारण है कि उनका व्यक्तित्व रूक्ष अथवा कर्कश नहीं,-ललित एवं मधुर है।

देवर-भाभी के वाग्विनोद से उनके व्यक्तित्व में निहित इस मधुरता का आभास मिलता है। शूर्पणखा से साक्षात्कार के समय भी उनका यह वाग्विनोद,[112] प्रत्युत्पन्नमतित्व[113] तथा सहज-सरल-मधुर स्वभाव बना रहता है। इस प्रसंग में यह विनोद एवं माधुर्य उनके व्यक्तित्व की निजता का अंश बनकर आता है। 'पंचवटी' काव्य में उनका प्रत्युत्पन्नमतित्व अभिव्यक्त हुआ है। शूर्पणखा जब लक्ष्मण पर यह व्यंग करती है कि उनके व्यवहार से पुरुषों की निर्ममता व्यंजित होती है, तब लक्ष्मण का कथन है—

पर मैं ही यदि पर नारी से पहले सम्भाषण करता,
तो छिन जाती आज कदाचित् पुरुषों की स्वधर्मपरता।[114]

लक्ष्मण के चरित्र का परम्पराप्राप्त स्वरूप उनके वीरत्व, पराक्रम तथा निर्भीकता के उपादानों से संगठित हुआ है। आधुनिक युग में भी उनका यह स्वरूप यथावत् चित्रित होता आया है। किन्तु, इंद्रजित् मेघनाद को अपने सम्मुख देखकर वे जिस प्रकार अत्यन्त हर्ष का अनुभव कर उसके बल एवं तेज को प्रशंसा करते हैं, वह एकांततः आधुनिक दृष्टि है। प्रतिनायक को अत्यन्त घृणास्पद एवं उपहास्य मानने की परम्परा काफी पीछे छूट गई है :

जाग उठे सौमित्र सिंह यह कहते कहते—

"धन्य इन्द्रजित्! किन्तु सँभल, बारी अब मेरी।"[115]

लक्ष्मण की यह गुणज्ञता एवं मर्मज्ञता 'तुमुल' काव्य में भी चित्रित हुई है। लक्ष्मण मेघनाद की शरीर-कांति, वीरत्व एवं पराक्रम की मुक्त कण्ठ से प्रशंसा करते हैं--

पाता होगा मोद माँ का कलेजा,
तेरे जैसे पुत्र की देख शोभा।
पाता होगा सर्वदा हर्ष जी में,
तेरा नामी विक्रमी जन्मदाता ॥[116]

लक्ष्मण वीरत्व की साकार प्रतिमा हैं, किन्तु वीरत्व एकांत निरवद्य नहीं है।

शूर्पणखा के विरूपीकरण के मूल में उनके क्षत्रियोचित पौरुष अथवा सुचिंतित आदर्श का अभाव दिखलायी देता है। 'शूर्पणखा' काव्य में लक्ष्मण राम के हाथ में एक यंत्र मात्र हैं, वह राम का इंगित पाते ही यह निंदित कर्म कर डालते हैं। शूर्पणखा की इस उक्ति में लक्ष्मण के चरित्र के प्रति जन-मानस की प्रच्छन्न ध्वनि सुनाई देती है :

निरपराधिनी नारी छलकर अपने को कह रहे पुरुष;
तुम कितने हो क्रूर कुकर्मी, कितने तुममें भरे कलुष।[117]

वे 'साकेत' में सांकेतिक रूप से तथा 'तुमुल' में प्रत्यक्ष रूप में निःशस्त्र मेघनाद पर आक्रमण करते हैं। 'साकेत' में मेघनाद अन्ततः आयुध लेकर खड़ा हो जाता है किन्तु 'तुमुल' में वह निःशस्त्र ही मारा जाता है :

सौमित्र फिर कोदण्ड से अंगार बरसाने लगे।
उस मूक होता पर सकल सामर्थ्य दरसाने लगे।[118]

इस प्रकार इन एक-दो त्रुटियों के बावजूद लक्ष्मण का चरित्र आधुनिक राम-काव्य में आदर्श रूप में ही चित्रित हुआ है।

भरत

अपनी उदात्त चारित्र्य निष्ठा, स्वार्थ त्याग, कुलोचित गौरव तथा अग्रज राम के प्रति अनन्य अनुराग भरत के चरित्र के ऐसे मौलिक गुण हैं जो 'वाल्मीकीय रामायण' से लेकर आधुनिक रामकाव्यों की दीर्घ परम्परा में लगभग समान रूप में उत्कीर्ण किये गये हैं। ऊर्मिला के चरित्र की रेखाओं को अधिक स्पष्ट रूप में उत्कीर्ण करने के लिए कवियों ने जिस प्रकार लक्ष्मण के मौलिक कठोर व्यक्तित्व को आधुनिक भाव-भूमि के स्तर पर किंचित् विनोदशील रागसिक्त और प्रणयार्द्र रूप में प्रस्तुत किया है, उसी प्रकार कैकेयी के चरित्र को अधिक भास्वर और गौरवपूर्ण बनाने के लिए आधुनिक कवियों ने भरत के चरित्र

की अवान्तर रेखाओं को अधिक स्फुटता प्रदान करके उन्हें अधिक कर्त्तव्यनिष्ठ, वाग्मी, विद्रोही तथा स्वतंत्र निर्णय-चेता एवं कर्मठ व्यक्ति के रूप में चित्रित किया है। उनके परम्परित साधु, निस्पृह तथा भ्रातृनिष्ठ स्वरूप की मौलिकता भी इन कवियों ने सुरक्षित रखी है।

'वाल्मीकीय रामायण' में भरत के चरित्र का महत्त्व इस कारण ही है कि कैकेयी द्वारा उनके पक्ष में राज्य प्राप्ति के अनन्तर भी उन्होंने अपनी निस्पृहता एवं सहज भ्रातृस्नेह के कारण राज्य स्वीकार नहीं किया। परवर्ती रामकथा में भरत का चरित्र इसी केन्द्रबिन्दु से आलोकित होता और विस्तार पाता है। उनमें क्षत्रियोचित शौर्य, विक्रम तथा नृप-गरिमा का अभाव नहीं है, किन्तु उनके व्रत पालन की गरिमा के समक्ष यह पक्ष गौण पड़ गया है।

वाल्मीकि ने भरत को सत्यशील, पराक्रमी, सदा प्रसन्नचित्त और निर्मलबुद्धि कहा है।[119] वे माता-पिता के समान ही राम को भी गौरव देते हैं। युधाजित के साथ केकय देश को प्रस्थान करके समय वे राम से भी आज्ञा ग्रहण करते हैं।[120] राम के प्रति यह श्रद्धा एवं प्रीति ही भरत के चरित्र की कुंजी है, जो कैकेयी को उनसे अपशब्द कहलाती है।[121] कौशल्या के सम्मुख पश्चात्ताप विगलित हृदय को निरावृत कराती है[122] तथा चतुर्दश वर्ष तक व्रतबद्ध होकर उन्हें संन्यासी का जीवन बिताने के लिए प्रेरित करती है।

तुलसी ने भी भरत के यश का वर्णन करते समय उन्हें श्री रघुनाथ जी का भक्त तथा स्नेही कहा है।[123] राम के प्रति इसी अनन्य अनुराग को केन्द्र में रखकर तुलसी ने भी सर्वत्र भरत की निस्पृहता, त्याग इत्यादि का उल्लेख किया है। विभिन्न पात्रों के मुख से भरत का स्तवन कराते समय उनके इन गुणों को अधिकाधिक आलो-कित किया है।[124] राम के प्रति अनुरक्ति और संसार के प्रति विरक्ति उनके चरित्र का मेरुदण्ड है। कैकेयी के प्रति भरत के आचरण का मूल्यांकन कवियों ने इसी भूमि पर किया है। यदि तुलसी के भरत कैकेयी की भर्त्सना कटु वचनों के द्वारा करते हैं?[125] तो आधुनिक कवि भी इस संदर्भ में राम के प्रति भरत के अनन्यानुराग को विस्मृत नहीं करते।[126] किन्तु आधुनिक बोध के स्तर पर भरत के चरित्र के इस मूल स्वर को राष्ट्रीय अथवा प्रजातांत्रिक चेतना से जोड़ कर उसे वे अधिक प्राणवान और व्यक्तित्व-सम्पन्न बना देते हैं। 'साकेत' के भरत राज्य के मूल में लोभ, अधिकार-लोलुपता की विगर्हणा करते हुए कैकेयी के आचरण का दायित्व अंशतः राजतंत्र के तत्कालीन कुटिल चक्र पर डालकर अपनी स्वतन्त्र राजनैतिक चिंतन-क्षमता का परिचय देते हैं—

> राज्य को यदि हम बना लें भोग, तो बनेगा वह प्रजा का रोग।
> फिर कहूँ मैं क्यों न उठकर ओह ! आज मेरा धर्म राजद्रोह।[127]

'साकेत-संत' में भी भरत का यह आचरण एकमात्र अंधानुराग से प्रेरित नहीं है। भरत की दृष्टि में राम दो कारण से राज्य के अधिकारी हैं। प्रथम, वे प्रजा के अनुराग और श्रद्धा के केन्द्र हैं; दूसरे, अग्रज होने के नाते राज्य पर उनका स्वतः सिद्ध अधिकार है।[128] तत्कालीन राजनीति में जबकि राज्य के लिए रक्तपात और विद्रोह एक सामान्य बात थी, भरत का यह आचरण श्रद्धा अर्जित करता है। वशिष्ठ स्पष्ट कहते हैं—

> "किसे न प्यारी शक्ति, भोग हैं किसे न प्यारे,
> यश के साधन छत्र-चँवर किसके न दुलारे ?
> आयी लक्ष्मी विपुल सामने पा ठुकरायी,
> आखिर तुम हो भरत, राम ही के लघु भाई।"[129]

भरत के स्वतंत्र चिंतनमूलक नवीन पक्ष का अधिक व्यापक उद्घाटन 'प्रभात'-कृत 'व्रतबद्ध' नामक काव्य में हुआ है। कवि का कथन है-"उन्हें राम का प्रगाढ़ स्नेह प्राप्त था। लेकिन यह स्नेह उनके स्वतन्त्र चिंतन अथवा व्यक्तित्व के विकास में बाधक नहीं हुआ। जहाँ तक राष्ट्र-रक्षा और लोकमंगल का प्रश्न है, भरत के मन में वही व्यथा थी, वही बेचैनी थी जिसने राम को वनवास स्वीकारने के लिए तैयार किया था। वे राम के समवयस्क थे, नीति-नय-निष्णात थे, युग की धड़कन को पढ़ते-समझते थे, युग ने किसको अपना नेता चुना है, यह भी जानते थे। किसका क्या अधिकार है, इससे अनभिज्ञ नहीं थे।

मौन रहकर उन्होंने अपना अलग रास्ता बनाया और उस पर बड़ी दृढ़ता से चलते रहे।''[130] स्पष्टत: 'प्रभात' के भरत राम की केवल परछाई मात्र बड़ी नहीं हैं, अपितु समय और परिस्थिति के अनुरूप अपनी स्वतन्त्र भूमिका निरूपित करते हैं। उनकी दृष्टि में राम महाक्रांति के अग्रदूत हैं। अत: माता कैकेयी ने इसी आधार पर राम को वन जाने के लिए प्रेरित किया था। भरत को इसका अग्रबोध है।[131] फलत: कैकेयी के आचरण को दूषित ठहरा कर कठोर भर्त्सना के द्वारा कलंकित करने का प्रयत्न भरत नहीं करते। कारण, वे माण्डवी के माध्यम से कैकेयी की उस पीड़ा को समझते हैं, जिसका मूल्य कैकेथी ने वैधव्य लेकर चुकाया है। माण्डवी की इस उक्ति

को भरत का प्रत्यक्ष समर्थन प्राप्त है—
बड़ी निठुर भूमिका निबाही माता कैकेयी ने
यह कलंक जो लगा, उसे पीढ़ियाँ समझ सकतीं क्या ?
मानवता के लिए त्याग ऐसी नारी ही करती
देश, राष्ट्र के हित में यह उत्सर्ग अवर्ण्य, अनोखा।[132]

इस प्रकार आधुनिक कवियों ने राज्य के प्रति भरत की विरक्त को राम के प्रति उनके अनुरागमात्र की परिणति न मानकर उनके स्वतन्तन्त्र राजनैतिक चिंतन की भूमि पर भी विश्लेषित किया है। 'जय भरत' काव्य के भरत ज्येष्ठ पुत्र को शासन का अधिकारी मानने की रूढ़ि में इसलिए परिवर्तन नहीं करना चाहते कि अपने पक्ष में इस परिवर्तन की स्वीकृति क्षणिक स्वार्थ-प्रेरित होगी। यदि परिवर्तन अपेक्षित होगा तो प्रजा स्वयं वह परिवर्तन लायेगी। शासनाधिकारी यदि अपने पक्ष में संविधान को परिवर्तित करता है, तो उसमें उसका निहित स्वार्थ प्रत्यक्ष है।[133] अत: भरत राज्य एवं प्रजा-रंजन के लिए सत्ता का वरण आवश्यक नहीं समझते। वे सेवा-भाव में कर्त्तव्य-पथ का वरण करते हैं :

राजासन मेरा स्वत्व नहीं
यह तो अग्रज को प्राप्य,
प्राप्त भी;
मैं केवल इसका सेवक
सेवक हूँ
साकेतपुरी की जनता का[134]

भरत के चरित्र का एक विशिष्ट कोण चित्रकूट की सभा में उद्घाटित होता है। भरत के मन का अन्तर्द्वन्द्व इस कारण तो है ही कि राम को वन भेजने के अभि-प्रेरक के रूप में जनता की दृष्टि में वह लांछित हैं,[135] किन्तु इससे बढ़कर उनके मन का यह अनुताप है कि वह अग्रज के प्राप्य के अपहर्त्ता हैं।[136] वे स्वयं राम के प्रतिनिधि बनकर वन जाने के लिए तत्पर हैं।[137] 'साकेत' में भरत का व्यक्तित्व चिंतन की अपेक्षा भावना के धरातल पर विकसित हुआ है। जबकि 'व्रतबद्ध' के भरत में भावुकता के अतिरिक्त कर्त्तव्य-प्रेरित चिंतन का स्वर भी मुखर है। वे राम के वन गमन के उद्देश्य में जिस महत् संकल्प के दर्शन करते हैं, उसके प्रति उनमें सहज प्रणति है।[138] क्योंकि व्यक्तिगत भावना की अपेक्षा मानवता का महत्तर प्रश्न सदैव उनके सम्मुख रहा है—

'साकेत-संत' में भी वे
हिन्दी रामकाव्य का स्वरूप और विकास
मेरे सम्मुख है सबसे पहले मानवता,
फिर देश,
धर्म फिर...[139]

राम को जगत्-रक्षा के लिए सौंप कर स्वयं को जनता जनार्दन की सेवा के लिए समर्पित कर देते हैं।[140]

भरत के व्यक्तित्व का तीसरा पक्ष राम की अनुपस्थिति में अयोध्या की शासन-व्यवस्था के संचालन में विकसित होता है। 'नंदिग्राम' में राम की चरण पादुकाओं को सिंहासन पर अधिष्ठित करके परम्परित रूप में जहाँ वे एक विरागी साधु का जीवन बिताते हैं,[141] वहाँ आधुनिक चिंतन के समानान्तर उनका स्वतंत्रचेता, संघर्षशील, उत्कृष्ट शासक का रूप भी सामने आता है। 'साकेत' के भरत प्रभु पादुका पर राज्य रक्षण का भार छोड़कर, दु:ख से उदास, भवन में निवास करते हैं तथा शत्रुघ्न ही पर सम्पूर्ण राज्य रक्षा का भार है।[142] तो 'नंद्रिग्राम' काव्य में भरत के संघर्षरत जीवन का व्यापक चित्रण हुआ है। वहाँ वे निष्क्रिय रहकर नहीं, अपितु सक्रिय स्तर पर सेवाधर्म का निर्वाह करते हैं। विशेष रूप से ग्राम्य-जीवन के विकास में वे महत्त्वपूर्ण भूमिका निभाते हैं।[143] शासन को समाज विरोधी तत्त्वों से मुक्त रखने में पूर्ण सचेत हैं। इसी संदर्भ में कवि ने परम्परित कथा से हट कर, भरत की लवणासुर पर विजय यात्रा का वर्णन करते हुए उसके शौर्य-प्रधान व्यक्तित्व का उद्घाटन किया है।[144] 'साकेत' के द्वादश सर्ग में भी भरत को इसी प्रकार सक्रिय शूर के रूप में प्रस्तुत किया गया है जहाँ वे हनुमान से लंका-युद्ध का समाचार सुनकर रावण के विरुद्ध रण-सज्जा के अभियान का शंक फूंकते हैं। यही दृष्टिकोण 'साकेत संत' में भी व्यक्त हुआ है।[145] यहाँ मिश्रजी ने भरत की अष्टयाम दिनचर्या के संदर्भ में उनकी कर्मठता तथा राज्य की प्रगति के लिए किये जाने वाले उनके प्रयत्नों का विशद विवरण प्रस्तुत किया है। जिसमें भरत एक सत्त्वगुण-लीन, प्रजावत्सल, लोक के हितैषी एवं संयमी के रूप में चित्रित किये गये हैं।[146] यहाँ तक कि 'नंदिग्राम' काव्य में तो माण्डवी से उनके पृथक् रहने का उल्लेख है। इस प्रकार आधुनिक कवियों ने भरत के वीतराग, निस्पृह व्यक्तित्व के समानांतर उनके स्वतंत्रचेता, राजनीतिज्ञ, कर्मठ तथा जागरूप स्वरूप का विकास किया है, जो राष्ट्र ही नहीं, मानव मात्र की समस्याओं के समाधान के प्रति न केवल चिंतन के अपितु कर्म के स्तर पर भी संघर्षरत है। 'साकेत', 'साकेत-संत', 'नंदिग्राम', 'जय भरत', 'व्रतबद्ध' काव्यों में उनके चरित्र के इन्हीं कोणों का उद्घाटन हुआ है। 'कैकेयी' (प्रभात, चांदमल अग्रवाल, शेषमणि शर्मा कृत', 'कल्याणी कैकेयी', 'विदेह', 'अरुण रामायण' इत्यादि में भी अवान्तर रूप से उनका उल्लेख हुआ है किन्तु वहाँ उनके चरित्र के किसी नवीन कोण के उद्घाटन की संभावना व्यक्त नहीं हुई है। सद्य:-प्रकाशित 'भरत' काव्य में भी भरत परम्परित भावनाशील नीतिपुरुष ही हैं, जो अपनी निस्पृहता, अलौकिक भ्रातृप्रेम, त्याग, सत्य और प्रण-रक्षा में दृढ़ता आदि चारित्रिक गुणों के ही पुंजीभूत रूप हैं।[147] वे किसी राजनैतिक अथवा सामाजिक मूल्य के पक्षधर नहीं हैं। कवि की दृष्टि में उनके ये गुण ऐसे हैं, जो "सदा-सदा के लिए मानव-मात्र को सत्य पथ पर प्रेरित करनेवाले आदर्श दीपस्तम्भ सिद्ध हुए हैं और होते रहेंगे।''[148] परम्परित मूल्यों की जैसी स्थापना भरत के चरित्र में हुई है, उससे यह निष्कर्ष सहज ही निकाला जा सकता है कि आज का पाठक भी भरत-जैसे चरित्रों को निस्पृहता और भ्रातृप्रेम के निकष पर खरे उतरते देखकर ही आत्मतोष लाभ करता है।

जनक

राम कथा की मूल धारा से समग्रत: सम्बद्ध न होने पर भी अपने बौद्धिक एवं आत्मिक व्यक्तित्व के करण जनक रामकथा की प्रमुख विचारधारा को प्रभावित करते हैं। वेद और विशेषत: उपनिषद्-काल में जनक का चरित्र एक तत्त्वदर्शी स्थित प्रज्ञ सम्राट् के रूप में अपना मौलिक अस्तित्व ग्रहण कर चुका था। डॉ. कामिल बुल्के के अनुसार, "जनक का पहला परिचय हमें कृष्ण यजुर्वेदीय तैत्तिरीय ब्राह्मण में प्राप्त होता है।"[149] 'शतपथब्राह्मण' में जनक तत्त्वज्ञ के रूप में सामने आते हैं। वे याज्ञवल्क्य को भी शिक्षा देते हैं। उपनिषदों में वर्णित आध्यात्मिक परिषदें अनिवार्यत: उन्हीं की अध्यक्षता में सम्पन्न हुई हैं। याज्ञवल्क्य आदि ऋषि जनक की अध्यात्म-परिषद् में उपस्थित होकर ब्रह्म एवं आत्मा के विषय में प्रश्न-परिचर्चा करते हैं। 'बृहदारण्यक उपनिषद्' में ब्रह्म-विज्ञान विषयक उनकी चर्चा का स्पष्ट एवं विशद उल्लेख हुआ है।[150] 'श्रीमद्भगवद्गीता' में जनक के ज्ञान-योग प्राप्ति का उल्लेख है।[151] इसी प्रकार 'योग-वासिष्ठ' में भी शुकदेव को जनक से तत्व ज्ञान की प्राप्ति का उल्लेख है।"[152] 'वाल्मीकीय रामायण' में जनक के चरित्र की रेखाएँ बहुत स्थूल हैं। उनके चरित्र के विस्तार के लिए व्यापक क्षेत्र आदिकाव्य में नहीं मिल सका है। एक आलोचक के अनुसार तो "प्रक्षिप्त माने जाने वाले बालकाण्ड को यदि छोड़ दें तो वाल्मीकीय में जनक बचता ही नहीं है।"[153]

'वाल्मीकीय रामायण' में जनक के अध्यात्म-ज्ञान का तो कोई विशेष उल्लेख नहीं है। हाँ, उनकी शूरवीरता और सत्यवादिता का उल्लेख वशिष्ठ द्वारा अवश्य किया गया है। उन्हें यज्ञ के लिए आमंत्रित करते हुए वशिष्ठ सुमंत्र से कहते हैं—

समानयस्व सुकृत्य सर्वदेशेषु मानवान्।
मिथिलाधिपति शूरं जनकं सत्यवादिनम् ॥ [154]

मध्ययुग में जनक के चरित्र का स्नेह-सौहार्दपूर्ण पारिवारक पक्ष उभरता है, जिसकी अब तक प्रायः उपेक्षा की गई थी। धनुष यज्ञ के प्रसंग पर वे पुत्री के विवाह के लिए उद्विग्न एवं चिन्तित वत्सल पिता, कृतसंकल्प वीर राजा के रूप में सामने आते हैं तो चित्रकूट-प्रसंग में वे राम और भरत के संवाद में एक निर्णायक भूमिका प्रस्तुत करते हैं। राम उनके अभिमत के प्रति पूरा सम्मान प्रस्तुत करते हैं :

विद्यमान आपुनि मिथिलेसू। मोर कहब सब भाँति भदेसू ॥
राउर राय रजायसु होई। राउरि सपथ सही सिर सोई ॥ [155]

इसी प्रकार केशव-कृत 'रामचंद्रिका' में भी जनक के बौद्धिक एवं आध्यात्मिक व्यक्तित्व का वर्णन हुआ है। किन्तु है वह केवल वर्णन ही। अनुकूल प्रसंग-शृंखला के विधान के द्वारा चारित्रिक स्तर पर उसके विकास का चित्रण कवि ने नहीं किया है। राम-लक्ष्मण को जनक का परिचय देते हुए विश्वामित्र जनक की दानवीरता, शौर्य, शासन-पद्धति, शास्त्रज्ञता इत्यादि का अत्यन्त वैदग्ध्यपूर्ण उल्लेख करते हैं।[156] पुनः लक्ष्मण के इस प्रश्न पर — कि जो राजवंत हैं, वे योगवंत किस प्रकार हो सकते हैं— उत्तर में राम का कथन है :

सब छत्रिन आदि के काहु छुई न छुए बिजनादिक बात डगं।
न घटै न बढ़े निशि बासर केशव लोकन को तमतेज भगं ॥
भवभूषण भूषित होत नहीं मदमत्त गजादि मसी न लगे।
हूँ हूँ परिपूरण श्री निमि के कुल अद्भुत ज्योति जगे।।[157]

स्पष्ट है कि उपनिषद्-काल में जोगवंत विदेह की प्रतिष्ठा हुई तो मध्य युग में उसका क्षत्रियोचित राजस रूप ही संकेतित हुआ। आधुनिक युग में विदेह के चरित्र में निहित इन दोनों अन्तर्धाराओं का सामंजस्य किया गया है। जीवन के रागमय सम्बन्धों की पुनःप्रतिष्ठा के कारण जनक के मानव रूप का चित्रण 'ऊर्म्मिला', 'जानकी-जीवन', 'धरा-नंदिनी सीता' इत्यादि में किया गया तो उनके दार्शनिक तत्त्वचेत्ता व्यक्तित्व का आख्यान कवि श्री रामावतार शर्मा पोद्दार 'अरुण' के 'विदेह' काव्य में अंकित हुआ है। एक प्रकार से यह चरित्र सृष्टि उपनिषद् के जनक की ही युगानुकूल पुनःसृष्टि है। स्वयं कवि के अनुसार, "नवीनता ने युग के आदेश से प्राचीनता के दुर्ग द्वार को खोल दिया है।"[158]

'साकेत' में जनक की प्रशस्ति करते हुए गुप्तजी ने उनके त्यागी, अनासक्त एवं राजयोगी रूप की प्रशस्ति की है किन्तु चरित्र का व्यापक चित्रण इस काव्य में प्रायः नहीं हुआ है :

त्यागी भी हैं शरण जिनके, जो अनासक्त गेही,
राजा-योगी जय जनक वे पुण्यदेही, विदेही। [159]

'ऊर्म्मिला' काव्य में जनक गौण पात्र हैं। कवि ने उनको परम्परा प्राप्त रूप में ही प्रतिष्ठित किया है। वे अपने दाम्पत्य-जीवन में रस लेते हैं तथा पुत्रियों के प्रति वात्सल्य भाव से अनुप्राणित हैं। सीता जब माता से पूछती हैं कि विवाह किसे कहते हैं, तो उत्तर में रानी जनक के गले में माला डाल देती हैं :

मिथिला-पति धीरे से बोले– "मोह-पाश क्यों डाला-
तुमने मुझे बाँध रखने को, इस कच्चे धागे में ?
कर्म-युक्त हूँ बँधा तुम्हारे भावों के आगे मैं।'' ... [160]

किन्तु अपने गार्हस्थ जीवन के मोह-पाश से बँधे जनक पत्नी और परिवार के प्रति एकान्त आसक्त नहीं हैं, वे उन्हें तत्त्वज्ञान का उपदेश भी देते हैं। विवाह के लक्ष्य एवं रहस्य का स्पष्टीकरण वे वेदान्त की भाषा में करते हैं :

स्वयं ईश से उनकी मुग्धा माया लिपटानी है,
उसने जग के इस मस्तक पर यह चद्दर तानी है;
इसी न्याय से नर समाज में आन मिली है नारी,
इसी न्याय से माँ से बेटी छिन जाती है प्यारी।[161]

जनक जहाँ तत्त्ववेत्ता योगी एवं अनासक्त-देही हैं, वहाँ वे राष्ट्र के प्रति अपने दायित्व को भी समझते हैं। धनुष यज्ञ का आयोजन वे किसी आत्म-प्रदर्शन, हठवादिता या सनक के कारण नहीं, अपितु राष्ट्र के युवा वर्ग में छिपे पौरुष की उद्‌भावना के लिए करते हैं।[162]

राष्ट्र और पारिवारिक दायित्व के प्रति जनक की सजगता का चित्रण 'धरा-नंदिनी सीता' में हुआ है। मिथिलापति धरित्री से उत्पन्न सीता की मंगल कामना के लिए न केवल समस्त शुभकृत्यों का अनुष्ठान करते हैं, अपितु वे वैदिक मर्यादा के अनु-सार सीता का उपनयन संस्कार कराकर वेद-वेदांगों का अध्ययन भी कराते हैं तथा सीता के कल्याणार्थं उसके भावी जीवन की रूपरेखा निश्चित करने के लिए ऋषि-महर्षियों की सभा भी आमंत्रित करते हैं।[163] काव्य की दृष्टि से विशेष महत्त्वपूर्ण न होने पर भी जनक के चरित्र का आधुनिक युगानुकूल रेखांकन इस काव्य में हुआ है। राजा जनक जनहित में ही अपने कोष का व्यय करते हैं।[164] वे कृषक वर्ग का सम्मान करते हैं तथा देश में शिल्प और उद्योग की समृद्धि के लिए प्रयत्न करते हैं। स्वयं बैल और हल लेकर कृषि-प्रधान राष्ट्र की भूमि के प्रति अपनी श्रद्धा निवेदित करते हैं।[165] सभा में आमंत्रित ऋषि जनक के प्रति अपनी मंगल कामना प्रस्तुत करते हुए उनके भव्य चरित्र की प्रशंसा करते हैं।''[166]

जनक के चरित्र का सबसे व्यापक स्वरूप 'विदेह' काव्य में अभिव्यक्त हुआ है। यहाँ घटना-संघर्ष और वस्तु-विधान की सघनता की अपेक्षा चरित्र-सृष्टि पर ही कवि-दृष्टि केन्द्रित रही है। स्वयं कवि के अनुसार "'विदेह' की सृष्टि व्यापक चरित्र की दृष्टि से हुई है।''[167] 'विदेह' काव्य के जनक तत्त्वज्ञ, दार्शनिक और विचारक हैं। उनके विचार-दर्शन में भारतीय वेदांत और माक्र्सीय द्वन्द्वात्मक भौतिकवाद पर आधृत साम्यवादी विचारधारा की प्रत्यक्ष छाया है। वे कला, जीवन, युद्ध, विज्ञान, प्रेम, सौंदर्य, ईश्वर इत्यादि विषयों पर मानववादी प्रगतिशील चिन्तन के आलोक में विचार करते हैं। किन्तु उनके चिन्तन में विद्रोह एवं क्रांति की ज्वलनशीलता का अभाव है। एक सहज अहिंसात्मक संयम उन्हें कर्म-संघर्ष की सक्रिय भूमि पर उतरने से रोकता है। अत: उनके जीवन का अधिकांश भाग चिंतन के तत्त्वालोक में ही व्यतीत होता है। कर्म की ठोस भूमि का स्पर्श उसे कभी-कभी ही मिल पाता है :

मरने वाले मर गये भूख की छाया में
पत्ते भी खाने पड़े परिस्थिति में आकर
पर प्रिय विदेह गम्भीर शान्त
योगानुरक्त, ध्यानावस्थित
है बाह्य रूप किंचित विचलित
पर अन्तरतर अति आलोकित।[167]

मिथिला में अकाल पड़ा। सहस्रों मानव दुर्भिक्ष में काल-कवलित हो गए। अत: जनक अपने अध्यात्मोत्सव को किंचित् विराम देकर भू को हल से जोतते हैं, किन्तु धरती का यह संस्पर्श उनकी मूल प्रकृति नहीं है।[168] प्रत्येक घटना पर वे अपनी भावा-त्मक एवं बौद्धिक प्रतिक्रिया प्रकट करते हैं। सांकाश्य नामक नृपति सुविशाल सैन्य दल लेकर मिथिला को घेर लेता है-

लेकिन विदेह विश्रांत, मोन
सोचते-"युद्ध है गर्व-अग्नि
जो जल उठती प्रभुता समक्ष...[169]

इसी प्रकार रावण द्वारा सीता अपहरण का समाचार सुनकर भी वे केवल बौद्धिक प्रतिक्रिया व्यक्त करके ही रह जाते हैं। कारण, उनकी दृष्टि में रात्रण की भौतिक-वादिता स्वयं एक दिन उसके विनाश का कारण बनेगी।[170]

राम कथा की प्रबन्ध-धारा में जनक का महत्त्व चिंतन-पक्ष की विशिष्टता के कारण ही है। कथा के घटना संकुल वातावरण को वे कहीं भी गति प्रदान करते दृष्टि-गोचर नहीं होते। कथा के तीन-चार स्थल ऐसे हैं जहाँ वे निर्णायक हस्तक्षेप कर सकते थे, किन्तु कवियों ने प्राय: उनकी बौद्धिक प्रतिक्रिया का उल्लेख मात्र किया है। चित्र-कूट-सभा, पुन: भरत द्वारा अयोध्या के राज्य संचालन इत्यादि प्रसंगों में उनकी भूमिका नगण्य है।'व्रतबद्ध' में वे अवश्य सक्रिय हैं। भरत जब सेना सजाकर राम से मिलने जाते हैं तो 'मानस' के जनक की भाँति वे गुप्तचर भेजकर उनकी मन:स्थिति को भांपते हैं।[171] राम-रावण युद्ध का समाचार सुनकर भी वे किसी सक्रिय सघर्ष के लिए तत्पर नहीं होते। उनकी मानसिकता की यही स्थिति सीता वनवास के समय देखी जा सकती है। यहाँ भी उनका चित्र एक ध्यानस्थ योगी का ही है। 'जानकी-जीवन' में वाल्मीकि के आश्रम में राजर्षि जनक जब राम कथा सुनते हैं, तब वे महर्षि वाल्मीकि से एक करुण जिज्ञासा मात्र करके रह जाते हैं।[172] इस जिज्ञासा में उनके हृदय की वेदना की अन्तर्ध्वनि अवश्य है किन्तु राम के इस कृत्य के प्रति किसी प्रकार का विद्रोह या क्षोभ का भाव उनमें नहीं है :

हो रहा सन्ताप से सन्तप्त मैं,
"आत्मजा ने दी परीक्षा अग्नि की।"
कौन क्यों मेरी परीक्षा ले रहा ?
"विश्व विश्वात्मा परीक्षा क्षेत्र-सा।"
शान्त सीता-तात बैठे मौन हो।[173]

निष्कर्षत: आधुनिक कवियों ने जनक के चरित्र को परम्परागत रूप में प्रस्तुत किया है, यद्यपि कथानक के विकास में उनकी सक्रिय भूमिका नहीं, तथापि काव्य के सांस्कृतिक तथा वैचारिक धरातल को प्रभावित करने की दृष्टि से उनकी चरित्र-सृष्टि महत्त्वपूर्ण है। अन्य काव्यों की अपेक्षा 'विदेह' तथा 'ऊम्मिला' काव्यों में जनक के बौद्धिक व्यक्तित्व तथा उनके पारिवारिक परिवेश का चित्रण अधिक व्यापक धरातल पर हुआ है, जो निश्चय ही आधुनिक रामकाव्य की महत्त्वपूर्ण उपलब्धि है।

हनुमान

हनुमान के चरित्र की मूल संकल्पना आधुनिक रामकाव्य में भी सुरक्षित रही है। वे परम्पराप्राप्त रूप में रामभक्त, अतुलनीय पराक्रमी, तेजस्वी तथा बुद्धिमान् हैं।[174] लक्ष्मण के समान उनका व्यक्तित्व भी राममय है। आधुनिक युग में भी उनके चरित्र को उसी रूप में प्रस्तुत किया गया है। वाल्मीकीय रामायण में श्रीराम अगस्त्य मुनि से हमुमान के चारित्रिक गुणों का वर्णन करते हुए कहते हैं कि शूरता, दक्षता, बुद्धिमत्ता, नीति, पराक्रम और प्रभाव-इन सभी सद्गुणों ने हनुमान के भीतर स्थान बनाया हुआ है।[175]

आधुनिक रामकाव्य में हनुमान का चरित्र रामभक्ति और वीरत्व के कारण तो महत्त्वपूर्ण है ही, चरित्र के अतिप्राकृतिक तत्त्वों की बुद्धिवादी व्याख्या के कारण वह कई अंशों में और भी अधिक महत्वपूर्ण बन गया है। प्राचीन काव्यों में हनुमान की जो वीरता समुद्रोल्लंघन, सीतान्वेषण, लंकादहन, लंका के वीरों के विनाश, राम-रावण युद्ध तथा लक्ष्मण शक्ति आदि प्रसंगों में अभिव्यक्त हुई है, वह बहुत-कुछ अतिमानवीय तथा अतिप्राकृत तत्वों से युक्त है जबकि आधुनिक रामकाव्य में व्यक्त दृष्टिकोण 'वाल्मीकीय रामायण' से एकांतत: भिन्न न होते हुए भी युगीन चेतना से संचलित है। यहाँ यह भी द्रष्टव्य है कि हनुमान वानर जाति के थे और 'वानर' शब्द को लेकर हनुमान को बन्दर मानने की जो मध्ययुगीन प्रकल्पना रही है, आधुनिक युग में बुद्धिग्राह्य न होने के कारण वह पुनराख्यायित हुई है। वस्तुत: ऋक्ष और वानर किष्किंधा क्षेत्र में रहनेवाली दो जनजातियाँ थीं। किन्तु वे असम्पन्न थीं, जैसी कि परवर्ती काव्यों में वर्णित हुई हैं। 'साकेत' में इन जन-जातियों को

ऋक्ष-वानर के सकतुल्य कहा गया है।[176] ' अशोक-वन' (पंत-कृत) में हनुमान वानर जाति को मानवत्व की ओर अग्रसर उप-नर की संज्ञा देते हैं।[177] जबकि ऋक्ष या वानर उनका गण-चिह्न रहा होगा। इस परिप्रेक्ष्य में यदि हनुमान के चरित्र का मूल्यांकन किया जाये तो अनेक विसंगतियाँ दृष्टिगत होती हैं। हनुमान न तो किसी असभ्य जाति के प्रतिनिधि प्रतीत होते हैं, जिनका आर्य-संस्कृति के द्वारा पुन: संस्कार अपेक्षित था और न वे शरीर से ही काली, या दुबली देहों वाले मटमैले बौने ही हैं जैसा कि 'संशय की एक रात' में वर्णित है।[178]

अन्यत्र हनुमान अधीत, विद्वान्, ज्ञानी पुरुष हैं, जो प्राकृत भाषाओं के अति-रिक्त संस्कृत भाषा में भी निपुण हैं। अशोक वाटिका प्रसंग में वाल्मीकि ने उनके संस्कृतज्ञ होने का स्पष्ट उल्लेख किया है। हनुमान कहते हैं, यदि मैं सीता से द्विजाति के समान संस्कृत भाषा में संलाप करूंगा, तो वह मुझे रावण समझ कर भयभीत होंगी।[179]

'जय हनुमान' काव्य में जामवंत हनुमान को उनके आंतरिक गुणों का स्मरण कराते हुए अन्य गुणों के साथ उनकी संस्कृतज्ञता तथा शास्त्र-ज्ञान का भी स्तवन करते हैं :

तुम तो संस्कृत के अधिकारी, प्रभु रहस्य के ज्ञाता हो,
सर्व-शास्त्र-निष्णात, साथ ही मंत्रों के निर्माता हो।
वेद-विहित व्याकरण शुद्ध रस-भरी तुम्हारी वाणी है,
ह्रस्व-दीर्घ झंकृत उच्चारण, कथन-शक्ति कल्याणी है।[180]

इस प्रकार हनुमान एक ओर तो असभ्य वानर जाति से अधिक उत्कृष्ट भावा-त्मक एवं वैचारिक सम्पत्ति के स्वामी हैं, तो दूसरी ओर वे चमत्कारिक तत्त्वों से रहित महामानव हैं। प्रथम स्तर पर आधुनिक रामकाव्य में उनके चरित्र को उत्कर्षता प्रदान की गई है तथा द्वितीय पर यद्यपि एकाधिक प्रसंगों में उनके अलौकिक दिव्य स्वरूप को सुरक्षित रखा गया है, अधिकांश स्थलों पर उन्हें मानव के रूप में ही चित्रित किया गया है।! राम की शक्तिपूजा' में वे विषण्ण राम के अश्रुओं के साक्षात्कार से उद्वेलित होकर अपने जिस अलौकिक स्वरूप का विस्तार करते हैं, वह मध्यकालीन संकल्पना के बहुत निकट है :

वज्रांग तेजघन बना पवन को, महाकाश,
पहुँचा, एकादश रुद्र क्षुब्ध कर अट्टहास।[181]

हनुमान आकाश में ऊर्ध्वगमन कर महाकाश को समेट लेने के लिए उद्यत होते हैं। उनके रवि के निगलने इत्यादि प्रसंग भी यहाँ उल्लिखित हैं।[182]

अन्य आधुनिक रामकाव्यों में हनुमान के अलौकिक रूप की मानवीय व्याख्या की गई है। साकेतकार के अनुसार आकाश-गमन की उनकी शक्ति यौगिक शक्ति है। भरत द्वारा आहत हनुमान भरत को सम्पूर्ण वृत्त सुनाकर योग क्रिया की सहायता से सहज ही अपने गंतव्य पर पहुँच जाते हैं :

खींचकर श्वासे आस-पास से प्रयास बिना
सीधा उठ शूर हुआ तिरछा गगन में,
अग्नि-शिखा ऊँची भी नहीं है निराधार कहीं,
वैसा सार-वेग कब पाया सान्ध्य घन में ?[183]

'वाल्मीकीय रामायण' में हनुमान समुद्र को तैर कर पार करते हैं। साथ ही उनके आकाश-मार्ग से संचरण का वृत्त भी वहाँ आया है।[184] 'जय हनुमान' काव्य में भी हनुमान सागर को तैर कर नहीं, आकाश मार्ग से उड़कर पार करते हैं।[185]

आधुनिक रामकाव्य में भी रामायण में वर्णित हनुमान के सीतान्वेषण, दौत्य-कर्म, लंकादहन आदि प्रसंगों का उल्लेख हुआ है किन्तु वह अधिकांश परम्पराप्राप्त रूप हुआ है। अत: हनुमान के चरित्र के किसी नवीन पक्ष को आलोकित करने की संभावनाएँ नगण्य ही रही हैं। हाँ, जहाँ उक्त प्रसंगों की प्रतीकात्मक व्याख्या की गई है, वहाँ हनुमान के चरित्र पर भी नवीन प्रकाश पड़ा है। ' अशोक-वन' (पंत-कृत) शीर्षक कविता में हनुमान वैसे ही प्रभुपद-अनुचर रामदूत हैं, जो राम की विरह व्यथा का वर्णन सीता से करते हैं। किन्तु यहाँ वे राम की शक्ति को एकान्त राम में सीमित न बतलाकर उसे जन-

मन के बृहत्तर संदर्भ से संयुक्त कर देते हैं। वस्तुत: राम जन-चेतना के केन्द्रीभूत तत्त्व हैं जो भौतिक जड़ग्रंथि में बद्ध पड़ी भू-ईप्सा सीता को मुक्त करने के लिए भव तृष्णा के सागर पर सेतु बाँधते हैं। हनुमान का स्वर्ण-लंकादहन अंधरूढ़ियों से पोषित मानव चेतना की पतनशील स्थितियों के ध्वंस का प्रतीक है। इस प्रकार हनुमान राक्षस जाति का विध्वंस नहीं करते, अपितु उनकी आंतरिक जीवन-चेतना (अग्नि-शिखा) को ही प्रज्वलित करते हैं :

युग-युग का कर्दम-कलुष जला,
गत रीति-नीति के श्रृंग गला,
तुम रक्ष प्रजा के लिए बने,
जीवन चेतना शिखा-वरेण्य।[186]

'शंखध्वनि' में श्री सुमित्रनंदन पंत ने मानवीय मूल्यों के विकास के लिए ऊर्ध्व-दृष्टि तथा ऊर्ध्व-संचरण को आवश्यक माना है। भू-चेतना को मुक्त कर ऊर्ध्व-मूल्यों की ओर अग्रसर करने से ही मानव चेतना का विकास संभव है। 'ऊर्ध्व-प्राण-मन' हनुमान इस चिर्दश्वर्य को जीवन के स्तर पर उतारने वाले आत्मिक प्रतीक हैं। वे वस्तुत: ऊर्ध्वमुख चेतस् के अतीन्द्रिय सौन्दर्य के प्रतीक हैं :

प्राणों से मन, मन से कर आत्मिक आरोहण
जन भू जीव-स्तर पर करते पूर्ण अवतरण !
हे मारुति, चैतस गति, हे चैतन्य परात्पर,
परम, सच्चिदानंद, तुम्हीं में सृष्टि चराचर ![187]

'आंजनेय' काव्य में श्री जयशंकर त्रिपाठी ने हनुमान के चरित्र की अनेक प्रती-कात्मक व्याख्याएँ प्रस्तुत की हैं। वे आधुनिक युग के जन-शोषण एवं सांस्कृतिक विघ-टन के विरुद्ध विद्रोहात्मक अभिव्यक्ति के प्रतीक हैं। परम्परा के अनुसार अंजनीपुत्र हनुमान ने आदिकवि की प्रसन्नता के लिए रामकाव्य समुद्र में डाल दिया था।[188] इस कथा से प्रेरणा प्राप्त कर त्रिपाठी जी ने अंजनीकुमार को सांस्कृतिक चेतना का जो मूलत: भाषिक चेतना का ही रूपान्तर है, के पुनरुद्धारक के रूप में प्रस्तुत किया है। सीता उस अनाम आदिकवि (राम) की भाषा है, जिसका राक्षसराज रावण हरण करता। हनुमान भाषा चुराने वाले (अर्थात् सांस्कृतिक विनाश करने वाले) राक्षस के विरोधी राम के अनुचर हैं। स्वयं कवि के शब्दों में— "जगत्-प्रेरक सविता के शिष्य अंजनी-कुमार गुरु के प्रभाव से विश्व-काव्य के प्रबुद्ध पाठक" हैं।[189] धरती-बाला सीता का करुण विलाप सुनकर विक्षुब्ध होने वाले हनुमान सीता के करुण क्रंदन में शोषित जन-चेतना की प्रतिध्वनि सुनते हैं—

"हुआ आश्वस्त हुआ आश्वस्त, न रोओ, हे अबला के प्राण।
शीघ्र ही युग की यह अन्धेर करेगी प्राप्त उचित निर्वाण।
नहीं, यदि इंगित कर दे व्योम, पुलक भर लें तारों के रोम-
स्वयं यह हनूमान आज्ञप्त करेगा भंजन पाप-स्तोम।''[190]

किन्तु शोषण के विरुद्ध उभरती हुई जन-चेतना अथवा विद्रोह की ओर अग्रसर प्रबुद्ध पाठकीय संवेदना एक दिशा-निर्देश की आवश्यकता रखती है। दूसरी ओर स्वयं विद्रोही कवि भी प्रबुद्ध पाठक की संचेतना के अभाव में अपूर्ण है। अत: राम हनुमान से मैत्री एवं सहयोग की आकांक्षा करते हैं। हनुमान के सहयोग का मूल्यांकन करते हुए राम का यह कथन इस बात का प्रमाण है—

"हमारे ये लम्बे धनु-तीर नापते रहे वेणु-वानीर,
दिखे तुम कौन ज्योति के दूत शैल पर अतल सिन्धु गंभीर ?
अरे मारुति ! तुम वह पाथोधि, घिरे जिससे भू-सिन्धु अबाध,
तुम्हारे चरण, हमारे हाथ, भरेंगे इस पृथ्वी की साध।''[191]

डॉ. बलदेवप्रसाद मिश्र ने "राम और हनुमान के इस प्रसंग को कवि और पाठक का, ज्ञान और क्रिया का सिद्धान्त और भावना का सम्मेलन"[192] कहा है।

आधुनिक रामककाव्य में हनुमान का वीरत्व, पौरुष से संयुक्त रूप भी सुरक्षित रहा है तथा उनके आध्यात्मिक एवं अलौकिक स्वरूप की सांस्कृतिक व्याख्या भी हुई है। राम और हनुमान के अभिन्न सम्बन्ध की सांस्कृतिक एवं प्रतीकात्मक व्याख्या आधुनिक रामकाव्य के वैचारिक धरातल को एक नया आयाम देती है। उनके परंपरित सम्बन्ध को आस्था-केन्द्रित भूमिका से हटाकर आधुनिक कवि ने उन्हें शंका-प्रतिशंका के धरातल पर भी प्रस्तुत किया है। हनुराम राम के भक्त ही नहीं, अपने निजी मान-सिक स्तर पर उनके कटु आलोचक भी हैं, किन्तु वे इस आलोचना को मुखर अभि-व्यक्ति कहीं नहीं देते। वे उन घटनाओं के मूक साक्षी मात्र हैं, जो राम के चरित्र में निहित अन्तर्विरोधों की व्यंजना करती हैं। जैसे राम ने शूद्र शम्बूक का वध तो किया किन्तु दस्यु वाल्मीकि का नहीं।[193] रावण की सभा में तो दूत भेजे किन्तु बालि के पास एक बार भी नहीं।[194] वे प्रभु की अनीति का समर्थन करने में स्वयं को असमर्थ पाते हैं क्योंकि राम ने मर्यादा की रक्षा अवश्य की किन्तु मर्यादा के अतिक्रमण से।[195] भार-तीय वाङमय के कुछ अन्य पात्रों की भाँति हनुमान को भी चिर अमरता का वरदान मिला है। इस तथ्य को दृष्टि में रखकर उमाकांत मालवीय ने 'सामर्थ्य की असमर्थता' नामक हनुमान के आत्मकथ्य में उन्हें राम के अमर्यादित आचरण का द्रष्टा ही नहीं, द्वापर और कलियुग के अनाचार और अन्याय के अनेक प्रकरणों का तटस्थ दर्शक भी अंकित किया है जो सामर्थ्य रहते हुए भी अन्याय-अनय का साक्ष्य भर बना रहा।[196] आधुनिक युग में नैतिक मूल्यों के विघटन के मूक साक्षी की यंत्रणा का प्रतीक हनुमान का चरित्र आधुनिक व्यक्तित्व की असमर्थता को रेखांकित करता है।

रावण

आधुनिक युग में जहाँ उपेक्षित पात्रों के व्यक्तित्व को पुन:प्रतिष्ठा हुई है, वहाँ प्रतिनायक के व्यक्तित्व को नवीन सांस्कृतिक भूमि में पुनर्मूल्यांकित कर, उसमें नाय-कीय गुणों की महद्प्रतिष्ठा भी की गई है। रावण का चरित्र वाल्मीकि ने जिस रूप में अंकित किया है, मध्ययुग में आकर वह विकृत, असंगत तथा कुरूप होता गया। तद्विपरीत आधुनिक युग के वैज्ञानिक, मनोवैज्ञानिक, राजनैतिक, सामाजिक एवं सांस्कृतिक मूल्यों के परिप्रेक्ष्य में रावण के चरित्र का जो पुनर्मूल्यांकन हुआ है, वह वाल्मीकि द्वारा निरूपित चरित्र के पर्याप्त निकट है। वाल्मीकि का चित्रण अधिक तटस्थ है तथा प्रतिनायक के महत्व को सुरक्षित रखता है। वाल्मीकि का रावण राक्षसी माता तथा ऋषि पिता का पुत्र है। 'वाल्मीकीय रामायण' के अनुसार राक्षसों का नेता सुमाली अपनी पुत्री कैकसी को श्रेष्ठ गुण सम्पन्न पुलस्त्यनंदन वैश्रवण से विवाह की प्रेरणा देता है। वैश्रवण अपने अन्तर्तम से इस विवाह के विरुद्ध होते हुए भी प्रतिकूल मन:-स्थिति में कैकसी को स्वीकार लेता है। किन्तु कैकसी को अपनाते हुए उसे स्पष्ट बतला देते हैं कि तुम्हारे पुत्र क्रूरकर्मा राक्षस होंगे।[197] आधुनिक युग में रावण की इस उत्पत्ति-कथा को हरदयालुसिंह ने 'रावण-महाकाव्य' में अपेक्षाकृत अधिक उदात्त भूमि में ग्रहण किया है। यहाँ विश्रवा कैकसी के आचरण में ऐसी कोई अभिसंधि नहीं देखते। कैकसी तप करके विश्रवा से पुत्र-लाभ का मनोवांछित वर प्राप्त करती है। इस प्रकार रावण विश्रवा का मानस पुत्र है।[198] यहाँ द्रष्टव्य यह है कि जहाँ वाल्मीकि रावण के लिए क्रूरकर्मा, दुरात्मा, दारुणकार जैसे विशेषणों का प्रयोग करते हैं,[199] वहाँ हरदयालुसिंह ने केवल उग्र-स्वभाव शब्द का प्रयोग किया है। मौलिक स्वरूप में विशिष्ट भेद न होने पर भी यह दृष्टि-भेद आधुनिक युग के मूल्य संक्रमण का प्रतिनिधित्व करता है। उग्र स्वभाव चरित्र के किसी दुर्बल पक्ष का व्यंजक नहीं है, मात्र वैयक्तिक भिन्नता को प्रदर्शित करता है। अत: विश्रवा द्वारा दिया गया यह वरदान रावण के महत्व को न्यून नहीं करता और न वाल्मीकि के समान उसकी पैतृक पार्श्वभूमि को अन्तविरोधी एवं विसंगत बनाता है।

तद्विपरीत तुलसी ने रावण को हिरण्याक्ष[200] जलंधर[201] राजा प्रतापभानु और जय-विजय[202] का पुनर्जन्म प्राप्त व्यक्तित्व ही माना है। रावण के चरित्र के मूल्यांकन में यह दृष्टि पूर्वाग्रह से युक्त होने के कारण बाधा डालती है। रावण का मौलिक रूप शापों की पृष्ठभूमि के कारण धूमिल पड़ जाता है। नारद अपनी मोहग्रस्त असंतुलित मन:स्थिति में जय-विजय को जो शाप देते हैं[203] अथवा निर्दोष प्रतापभानु को ब्राह्मणों के मुख से जो शाप मिलता है,[204] उनकी पृष्ठभूमि में रावण का जन्म एक निर्दोष जीवन की अभिशप्त गाथा प्रतीत होता है। अत: "तुलसी ने आगे जाकर रावण पर चाहे जितना राक्षसत्व लादा

हो, रावण के उदय की कारण-कथाएँ उसे निर्दोष सिद्ध करती हैं। रावण का राक्षसत्व कभी ब्राह्मण-दर्प तथा कभी परिस्थिति पर एक दारुण व्यंग बनकर अट्टहास करने लगता है।''[205]

तुलसी की यह पूर्वाग्रह-निर्मित दृष्टि रावण के रूप-सौन्दर्य एवं बाह्याकार के विरूपीकरण में विशेष प्रेरक रही है। 'मानस' का अंगद रावण को जहाँ एक कुरूप 'कज्जल गिरि' के रूप में देखता है[206] वहाँ 'वाल्मीकीय रामायण' के हनुमान को वही रावण एक अद्‌भुत रूप, धैर्य, सत्व एवं द्यु ति-सम्पन्न[207] व्यक्ति प्रतीत होता है।

'वाल्मीकीय रामायण' के कतिपय स्थलों में यद्यपि रावण के दस शिर, बीस भुजाएँ, चमकीले केश तथा भयंकर रूपाकृति का उल्लेख मिलता है, तथापि वहाँ इसे रावण का माया-रूप कहा गया है। अन्यत्र एक ओर रावण के अत्याचारी, पर-पीड़क, निरंकुश और स्वच्छंद स्वरूप का चित्रण है तो दूसरी ओर उसके शील, शक्ति, सौन्दर्य, पाण्डित्य, बुद्धि तथा महिमा का स्तवन भी जैनाचार्य रविषेण कृत 'पद्मपुराण' में भी रावण अत्यन्त उदात्त कोटि का पात्र है। श्रेणिक एवं गौतम गणधर स्पष्ट रूप से उसकी राक्षसता का खण्डन करते हैं।[208] इस प्रकार प्राचीन काव्यों में रावण का व्यक्तित्व अनेक अन्तर्विरोधों से परिपूर्ण है। .

आधुनिक युग में भी रावण के इसी अन्तविरोधी व्यक्तित्व को विभिन्न परि पावों में अंकित किया गया है। एक ओर जहाँ हरदयालुसिंह (रावण-महाकाव्य) प्रीतमसिंह बगरेचा (शूर्पणखा), कैलाश तिवाड़ी 'विद्रोह' (दशानन) इत्यादि काव्यों में स्पष्टत: रावण को महान् शासक, अपूर्व नीतिज्ञ, सहिष्णु एवं उदार चित्रित करते हैं तो दूसरी ओर 'साकेत', 'रामराज्य', 'कैकेयी' (प्रभात-कृत), 'कैकेयी' (चाँदमल अग्रवाल कृंत), 'कल्याणी कैकेयी' इत्यादि काव्यों में रावण के पर पीड़क, कामुक रूप का चित्रण हुआ है। एक तथ्य लगभग सभी आधुनिक काव्यों में नवयुग की वैज्ञानिक चेतना

अनुसार प्रस्तुत हुआ है और वह है रावण के अतिप्राकृत अमानवीय स्वरूप का मान-वीकरण तथा बौद्धिकीकरण। आधुनिक कवियों ने रावण के दशमुख-दशानन इत्यादि विशेषणों की आध्यात्मिक, वैज्ञानिक एवं काव्यशास्त्रीय व्याख्या की है। 'साकेत'[209] में रावण दस इन्द्रियों का प्रतीक है। 'संशय की एक रात' में उसको दसों दिशाओं का नियामक माना माना गया है'[210] तथा 'रावण महाकाव्य' में एक साथ दसों दिशाओं में धनुष चलाने की उसकी क्षमता का उल्लेख किया गया है।[211] 'वैदेही-वनवास' में रावण का दश वदन होना वस्तुत: उसकी शक्ति की असीमता का व्यंजक एक आलंकारिक प्रयोग है।[212] 'विदेह' और 'अरुण रामायण' में रावण को वैज्ञानिक सभ्यता का प्रतीक मानकर वैज्ञानिक और औद्योगिक शक्ति को आसुरी शक्ति के रूप में ग्रहण किया गया है। 'विदेह' में जनक कहते हैं :

रावण भी है वरदान-बोझ से दबा हुआ
वैज्ञानिक आविष्कारों से है लदा हुआ
छू रहा शक्ति का अहंकार सर्वोच्च शिखर।[213]

'अरुण'रामायण' में रावण को वैज्ञानिक तमस् का प्रतीक मानकर हिमालय उठाने की परिकल्पना को एक नया रूप प्रदान किया गया है। हिमालय रावण द्वारा किये हुए परमाणु विस्फोटों से कांप उठता है :

आसुरी देह में स्वयं तमस्-विज्ञान भरा,
भूतल पर महा असुर रावण का बल उभरा।
उसके तम का पड़ रहा इधर भी अणु-प्रभाव,
ऋषियों से भी वह राक्षसपति करता दुराव।
आता है वह असुरेन्द्र हिमालय पर भी अब;
वह करता है विस्फोट सलिल-स्थल पर जब-तब।[214]

रावण वैज्ञानिक आविष्कारों का उपयोग करने में किसी भी नवीनतम यांत्रिक अथवा तांत्रिक वैज्ञानिक से स्पर्द्धा करता है। उसका अशोक वन तंत्र-रश्मियों से रक्षित है,[215] जिसमें किसी अन्य प्राणी का प्रवेश संभव नहीं है। किन्तु रावण इस वैज्ञानिक

प्रदाय का उपयोग मानव के दैहिक एवं भौतिक कल्याण के लिए न करके उसको आत्मिक एवं मानसिक रूप में जर्जर बना रहा है। उसका शासन भौतिकता का शासन है, जिसमें आत्मिक अनुशासन की कमी क्रांति के बीज बोया करती है :

रावण की लंका रावण के दैहिक भय से
है काँप रही, युग-युग से मैं भी देख रहा।
जन का जीवन-विद्रोह आत्म को उठा रहा,
रावण की जनता रावण का परतंत्र दास।[216]

यह स्पष्ट है कि आधुनिक युग में भी रावण को शोषक, उत्पीड़क के रूप में चित्रित अवश्य किया गया है किन्तु उसकी पार्श्वभूमि परिवर्तित कर दी गई है। जहाँ वह भौतिक विकास के द्वारा जन-चेतना के आध्यात्मिक विकास का शोषण करता है, वहाँ जन-जातियों को परतंत्रता के पाश में आबद्ध कर वह उपनिवेशवादी संस्कृति एवं साम्राज्यवाद का विस्तार भी करता है। इन दोनों ही स्तरों पर वह विद्रोह एवं क्रांति को जन्म देता है जिन्हें निर्ममतापूर्वक दबाने का साधन उसके पास है

जब उपनिवेशों ने किया
विद्रोह;
उनके लोग, संस्कृतियों और इतिहास तक को
भस्म कर डाला।
जब मैंने कहा,
मुझे निष्कासित किया।[217]

नरेश मेहता ने इस उपनिवेशवादी दमन, संघर्ष एवं संहार का कारुणिक चित्र उपस्थित कर रावण के साम्राज्यवादी स्वरूप की सटीक अभिव्यक्ति की है। हनुमान कहते हैं—

साम्राज्यवृत्ति के द्वारा
हम साधारण जन
अर्धसम्भव कर दिये गये।[218]

आधुनिक कवि की दृष्टि में केवल सीता हरण ही नहीं, अपितु रावण-कृत साम्राज्यवादी दमन शोषण भी उसके विनाश की भूमिका निर्मित करता है। आधुनिक कवि ने रावण के अत्याचार को आधुनिक राज्यतंत्र की विभीषिका के रूप में देखा है, जिस पर आज की उभरती हुई जनतांत्रिक चेतना का प्रत्यक्ष प्रभाव दृष्टिगत होता है। यही उसकी दनुजता है :

नहीं उस नीच को तो नीति का बंधन।
न मर्यादा, न लज्जा हो, न मानवता ॥
पिघलता उर न उसका सुन करुण क्रंदन।
मनुजता-दनुजता में और क्या अन्तर।।[219]

राधेश्याम द्विवेदी के अनुसार रावण भूमण्डल में आतंक मचाने वाला निरंकुश शासक है जो किसी सी लोक-कल्याणकारी कार्य में बाधा डालता है तथा पृथ्वी तल को अपनी संहारकारिणी शक्तियों से अभिभूत करना चाहता है-

लगा करने वन में मख-ध्वंस, दशानन का फैला वह वंश,
उसी ने रचे बहुत षड्यंत्र, रोप कर अपना रक्षित तंत्र।
जिसे थी स्वर्णिम लंका प्राप्त, लोक आतंक रहा था व्याप्त,
बनाने भूमण्डल आधीन, हुआ वह स्वयं योजना लीन।[220]

डॉ. बलदेवप्रसाद मिश्र ने भी 'रामराज्य' में रावण को साम्राज्यवाद एवं उपनिवेशवाद का अवतार कहा है,[221] जो दण्डक वन के भारतीय संस्कृति के स्थलों को नष्ट करने के लिए दण्डक वन को अपना उपनिवेश बनाता है। रावण का विचार है कि भारतीय संस्कृति के स्थलों को नष्ट कर वह अनायास ही भारत को विजित कर सकेगा।

इसी प्रकार 'नवीन' ने रावण को उद्भट सेनापति और महाप्रतापी[222] स्वीकार करते हुए भी उसके आक्रांता और हिंसक व्यक्तित्व को उभारा है।[223] रावण का आदर्श भू-अर्जन तथा साम्राज्यवाद के संघर्ष का प्रतिनिधित्व करता है :

आत्मवाद, साम्राज्यवाद का वह था अनमिल भेद बड़ा।
भू-अर्जन पर शासन मारण, रण, धन, सुख उपभोग, विलास
इतने ही तक, हन्त, रह गया सीमित उसका मनोविकास।[224]

इसी प्रकार 'वैदेही वनवास' में रावण तामसिक क्रियाओं का प्रचारक[225] तथा भौतिकवादी[226] विचारधारा का अनुयायी है। वह पाशविक इन्द्रिय-लोलुप तथा विलासी है। यही कारण था कि आध्यात्मिक दैवी विभूति से दानवी भौतिकता परास्त हुई।

विशुद्ध प्रतीकात्मक भूमि पर भी रावण का चित्रण हुआ है। 'लोकायतन' में रावण को अहं-वृत्ति का प्रतीक माना गया है तथा लंका को दुर्मति-गढ़ कहा गया है। यह प्रतीकात्मकता भी रावण के मौलिक चरित्र के अनुरूप है :

अहं वृत्ति रावण, लंका दुर्मति-गढ़।[227]

'अशोक-वन' (पंत-कृत) में रावण को जन-मन का शत्रु तथा युग आकांक्षा की प्रतिकूल प्रतिक्रिया का प्रतीक माना गया है। उसकी अमित प्रताप-बुद्धि भी जन-मन के विरोध ओ अपने अनुकूल नहीं कर सकी। फलतः जन-आकांक्षा की पूर्ति के लिए प्रभु मनुज-रूप में अवतरित हुए :

रावण था युग वैभव प्रतिमा,
अमित प्रताप बुद्धि बल गरिमा,
युग-आकांक्षा से अविद्ध वह,
जन मन शत्रु, मही थी भीता।[228]

आधुनिक युग में रावण के परम्परा प्राप्त चरित्र में युगानुकूल अनेक परिवर्तन दृष्टिगोचर होते हैं। राम-रावण युद्ध को अधिकांश कवियों ने आर्य एवं अनार्य संस्कृति के संघर्ष के रूप में चित्रित किया है। रावण का राम से युद्ध का प्रेरक हेतु सांस्कृतिक एवं राजनैतिक अधिक है। यह संघर्ष साम्राज्यवाद और प्रजातंत्र, भौतिकवाद एवं अध्यात्मवाद तथा सात्विक एवं तामसी विचारधाराओं का है, जिसके मूल में भारतीय एवं पाश्चात्य जीवन-पद्धति के सम्पर्क-संघर्ष की प्रतिध्वनि भी स्पष्ट सुनायी देती है।

आधुनिक कवियों ने रावण को दोषों के एकांत पुंजीभूत रूप में ही चित्रित नहीं किया है, अपितु उसके व्यक्तित्व के उदात्त अंशों को भी रेखांकित किया है। रावण के व्यक्तित्व का सर्वाधिक परिष्कार रावण-पक्षीय काव्यों में हुआ है। 'रावण-महाकाव्य' में रावण तपस्वी, याज्ञिक एवं भक्त है। वह अतुलित वीर, शक्तिशाली एवं पराक्रमी योद्धा है। यही नहीं, परिवार के प्रति उसमें अगाध स्नेह है। पत्नी-पुत्रों के अतिरिक्त सौतेले भाई कुबेर से भी उसे प्रेम है। धैर्य उसके चरित्र का विशिष्ट गुण है। मेघनाद के वध पर वह परिवार की स्त्रियों के मनोबल को उन्नत रखने के लिए आंतरिक क्षोभ को व्यक्त नहीं करता :

सुत-बध सुन्यौ दसानन जबहीं।
कीन्ह्यो अमित सोक हिय तबहीं ॥
पै नहि नैनन वारि बहायौ।[229]

सीता हरण उसकी कायरता अथवा कामपरता का परिचायक न होकर उसकी नीतिकुशलता एवं प्रतिशोध-भावना की अपूर्वता का प्रमाण है। वह जानता है कि जिस प्रकार भगिनी शूर्पणखा के विरूपीकरण से उसे अपमानित होना पड़ा है, उसी प्रकार स्त्रीविहीन राम भी अपने नगर में जाकर अपयश के भागी होंगे—

जाइहैं जब अवधपुर में पूंछहैं कुसलात,
फैलि जैहैं जगत में तिय अपहरन की बात।
होगयो अपमान, निन्दा करें सकल समाज,
छत्रियन में बैठिहैं तो अवसि ऐहै लाज।[230]

रावण में अपने राष्ट्र के प्रति प्रेम है। वह शत्रु के प्रति एकांत निर्मम नहीं है। उसमें गुणज्ञता तथा सहिष्णुता है। युद्ध काल में शत्रु भ्राता लक्ष्मण के मूर्च्छित होने पर वह सुषेण वैद्य को उसके उपचार के लिए सहर्ष अनुमति प्रदान करता है।[231] परम्परित कथा के अनुरूप वह सीता का अपमान नहीं करता और न उससे प्रणय-याचना ही करता है, अपितु सीता के सुख की व्यवस्था करता तथा कुशल-क्षेम पूछता रहता है—

तासु सुख की सब व्यवस्था करी लंक-नरेस,
तथा पूछत रह्यौ वाको कुसल-वृत्त हमेस।[232]

इस प्रकार रावण द्वारा सीता हरण विशुद्ध प्रतिशोध-भावना पर आधृत है जिससे यह स्पष्ट हो जाता है कि, "'रावण महाकाव्य' में रावण के चरित्र का उज्ज्वल और प्रभावशाली रूप हमारे सामने आता है। रावण के चरित्र में उसके अपरिमेय-पराक्रम, अदम्य उत्साह, लोकोत्तर शौर्य, आत्मगौरव और पाण्डित्य की सुन्दर अभि-व्यक्ति हुई है।''[233]

रावण-पक्षीय काव्यों में 'दशानन' में रावण का चरित्र परम्परा से भिन्न रूप में चित्रित हुआ है। इस काव्य में रावण ज्ञानी, कर्मनिष्ठ, त्यागी, पण्डित[234], प्रणपालक[235] तथा नारी-अपमान के प्रति असहिष्णु[236] है। 'शूर्पणखा' काव्य में रावण रक्ष-संस्कृति का प्रतिनिधि है[237] तथा शूर्पणखा द्वारा प्रेरित किए जाने पर आर्य और द्रविड़ सभ्यताओं के संघर्ष और पारस्परिक प्रतिद्वन्द्विता को भावात्मक ऐक्य में परिणत कर रागात्मक सम्बन्ध में आबद्ध करने के लिए प्रेरित होता है। प्रारम्भ में रावण अपने साम्राज्य के विस्तार में लगा हुआ था, किन्तु शूर्पणखा से प्रेरित होकर वह दोनों संस्कृतियों के समन्वय की कामना से शूर्पणखा को राम अथवा लक्ष्मण से वैवाहिक सम्बन्ध स्थापित करने की अनुमति दे देता है—

बन्द मांस-बलि समझो, यदि वे सचमुच समझौता चाहें,
यदि वे मानें बात तुम्हारी, फैलायें हम भी बाँहें।
करें नहीं साम्राज्य-वृद्धि वे, मैत्री यदि वे करें वरण,
मान्य तुम्हारी बात मुझे भी, उनकी लेंगे पर न शरण।[238]

'भूमिजा' में भी उसके भक्त, वीर और उदात्त रूप का चित्रण हुआ है। वह शिव धनुष अपने आराध्य उपास्य की अवमानना न करने के कारण ही नहीं उठाता। वह सीता का अनन्य प्रेमी है, किन्तु उसका स्पर्श तक नहीं करता :

धतुष तोड़ कर विजय प्राप्त कर सीता ला सकता था।
तोड़ राम का तीर राम के यश पर छा सकता था ॥
किन्तु धनुष शिव का था, गुरु का गौरव कैसे ढाता।
शिव का आराधक उपास्य की कैसे बात गिराता।[239]

मानवीय मूल्यों की प्रतिष्ठा का परिणाम रावण के व्यक्तित्व में सांस्कृतिक, कलात्मक, दार्शनिक एवं साहित्यिक संदर्भों के विन्यास में अभिव्यक्त हुआ है। 'रावण-महाकाव्य' में रावण स्थापत्य कला का मर्मज्ञ है, 'अन्तर्दर्शन' में उसकी साहित्यिक एवं कलात्मक अभिरुचियों की ओर संकेत किया गया है। वह वेदज्ञ होने के साथ ही आयुर्वेद का भी ज्ञाता है।[240] 'दशानन' काव्य में दार्शनिक एवं तत्वचिन्तक के रूप में वह हमारे सामने आता है।[241] किन्तु आधुनिक काव्य में रावण के चरित्र में युगान्तकारी परिवर्तन उसके चरित्र की मानवोचित सहृदयता एवं आत्मद्रवणता के संदर्भ में दृष्टिगोचर होता है। 'साकेत' में उसकी अहन्ता और वीरत्व की भूमिका गौण नहीं है। किन्तु उसकी कोमलहृदयता उसके व्यक्तित्व के एक नये आयाम को उद्घाटित करती है। मेघनाद और कुम्भकर्ण की मृत्यु पर वह मूर्च्छित हो जाता है। स्वयं राम भी उसकी सहृदयता का स्तवन करते हैं :

'हाय ! किन्तु इसके पहले ही मूर्च्छित हुआ निशाचर-राज,
प्रभु भी यह कह गिरे-"राम से रावण ही सहृदय है आज।[242]

इस प्रकार आधुनिक युग में रावण का व्यक्तित्व अनेक अन्तविरोधी सूत्रों से निर्मित हुआ है। एक ओर परम्परित रूप में उसकी अहंवादिता, आत्माभिमान, क्रूर-कर्म तथा दारुण आचरण का चित्रण किया गया है तो दूसरी ओर उसके व्यक्तित्व

में परम्परा से भिन्न उदात्त गुणों का अन्त:प्रवेश कराया गया है। प्रथम स्तर पर उसे साम्राज्यवादी, अतिभौतिकवादी एवं अतिवैज्ञानिक संस्कृति का प्रतीक बनाकर उसके चरित्र की युगानुकूल संकल्पना की गई है तो दूसरे स्तर पर उसके व्यक्तित्व में अनेक मानवोचित सद्‌गुणों की संकल्पना करके नवयुग के अनुसार उसके आचरणों की मानव-वादी व्याख्या की गई है। उस स्तर पर उसके व्यक्तित्व का एक प्रकार से पुनर्निर्माण हो किया गया है जिसमें विचार-स्वातंत्र्य का पर्याप्त अवकाश रहा है। श्री हरदयालुसिंह के अनुसार, "वह देश, जाति एवं राष्ट्र के नाम पर मर मिटने वाला व्यक्ति था।''[243] प्रीतमसिंह बगरेचा के ये शब्द भी रावण के प्रति आज के कवि के परिवर्तित दृष्टिकोण का प्रतिनिधित्व करते हैं, "शूर्पणखा और रावण के प्रति समाज के मानस में कुछ ऐसा घृणास्पद विश्वास जम चुका है कि वह सहज निकलना कठिन है, लेकिन हमारा विवेक, हमारी न्यायबुद्धि और हमारा संवेदनशीन हृदय उस सड़े-गले विश्वास को निकाल फेंकेगा। ऐसे शान्ति-विधायक एवं करुण हृदय वाले पात्र भी यदि उपेक्षित रहें तो हमारे समाज का दुर्भाग्य है, और तब किसी भी नये विश्वास को ग्रहण करना हमारे लिए एक जटिल कार्य होगा।" [244]

विभीषण

विभीषण के मूल्यांकन में आधुनिक कवियों का दृष्टिकोण दो विपरीत प्रेरणाओं से परिचालित रहा है। एक दृष्टि राम के स्नेह सम्बन्ध को ही निकष मानकर विभी-षण को रामभक्त के रूप में देखती रही है; यह परम्परानुकूल दृष्टि है जो मूलत: तुलसी के 'मानस' से प्रभावित है। 'मानस' में स्पष्ट रूप से तुलसी विभीषण का पक्ष लेते दृष्टिगोचर होते हैं। 'मानस' में लंका-प्रवेश के समय विभीषण के जिस मानसिक एवं भौतिक परिवेश का हनुमान अवलोकन करते हैं, वह निश्चय ही पूर्वाग्रह-प्रेरित चित्रां कन है। ऐसा प्रतीत होता है जैसे विभीषण पहले ही मानसिक स्तर पर राम के प्रति अनन्य भक्तिभाव रखते हैं। उनका रामायुध-अंकित गृह, प्रात: काल में राम-स्मरण आदि इसका प्रमाण है।[245]

आधुनिक दृष्टि से 'मानस' के विभीषण के चरित्र का यदि मूल्यांकन किया जाये तो राम के प्रति उनकी भक्ति-निष्ठा, निरन्तर उनके अनुग्रह की आकांक्षा तथा अशोक वाटिका के अज्ञात मार्ग का शत्रु पक्ष के व्यक्ति को पता बतला देने की चेष्टा केवल अतिप्राकृत भक्ति-तत्व के आधार पर ही युक्ति-संगत ठहरती है, अन्यथा राष्ट्रीय चरित्र का यह अभाव उनके व्यक्तित्व को किसी उदात्त भूमि पर प्रतिष्ठित करने में बाधक सिद्ध होता है। अत: आधुनिक कवियों ने जहाँ विभीषण के चरित्र को निर्दुष्ट सिद्ध किया है, वहाँ राम-स्नेह-सम्बन्ध ही उनका एकांत सम्बल रहा है। मैथिलीशरण गुप्त ने विभीषण को राम का पूर्ण पक्षपाती तो नहीं बतलाया है किन्तु साधु-स्वभाव होने के नाते उनके प्रभु-पक्ष-ग्रहण करने का संकेत अवश्य किया है। इस प्रसंग में प्रभु-पक्षका लाक्षणिक अर्थ ही ग्रहण करना चाहिए। अर्थात् शुद्ध बुद्धि सदैव न्याय का ही पक्ष लिया करती है :

> लंका में भी साधु विभीषण था रावण का ही भाई,
> लेता रहा पक्ष प्रभु का, पर सुनता है कब अन्यायी ?[246]

आगे अन्याय का विरोध तथा पर-नारी-अपहरण की भर्त्सना करने के कारण विभीषण रावण का कोप भाजन बनकर निष्कासित होता है। यह दृष्टि मानस-प्रेरित है, किन्तु गुप्त जी ने साम्राज्यवाद के प्रसार के आलोचक के रूप में उसके चरित्र का पुनर्मूल्यांकन कर आधुनिक युगीन संदर्भ से अन्वित कर दिया है :

> पर वह मेरा देश नहीं जो करे दूसरों पर अन्याय।
> किसी एक सीमा में बँध कर रह सकते हैं क्या ये प्राण ?
> एक देश क्या, अखिल विश्व का तात, चाहता हूँ मैं त्राण।[247]

'साकेत-संत' में भी विभीषण न्यायोचित पक्ष के समर्थन के लिए प्रभु की शरण में आता है।[248]

किन्तु जन-मानस विभीषण के इस कृत्य को कभी क्षमा न कर सका। राष्ट्र-द्रोही तथा घर के भेदी के रूप में ही जन-चेतना ने उसका मूल्यांकन किया है। आधुनिक दृष्टि राम की भक्ति गरिमा के वृत्त से मुक्त होकर विकसित हुई है।

अत: विभीषण की चरित्र-मूर्ति इस स्तर पर सर्वत्र राष्ट्रद्रोही, विश्वासघाती की ही रही है, जो राम की कूटनीतिक अभिसंधि का साधन यंत्र मात्र बनकर अपने निहित स्वार्थ के लिए भ्रातृ-द्रोह और देश-द्रोह के लिए प्रेरित होता है। पण्डित रामचरित उपाध्याय के इन शब्दों में विभीषण के निन्दनीय कृत्य की जो आलोचना की गई है, वह जन-मानस में निहित उक्त अवधारणा की ही प्रतिध्वनि है :

जन्म जिस कुल में हुआ तेरा, उसी के संग में
द्रोह कर क्यों रँग गया तू शत्रुओं के रंग में ?
बान्धवों का वध कराना आत्मवध से कम नहीं;
क्यों विभीषण, चित्त में तेरे हुआ कुछ गम नहीं ?[249]

'वाल्मीकीय रामायण' तथा अन्य संस्कृत-हिन्दी काव्य-ग्रंथों में विभीषण के चरित्र का पक्ष उभरा अवश्य है किन्तु वह प्राय: प्रतिपक्ष के व्यक्तियों के द्वारा मूल्यांकन के रूप में अधिक है। अत: उसे विभीषण के चरित्र का स्पष्ट मूल्यांकन नहीं कहा जा उकता। उदाहरणार्थ, इन्द्रजित् अपने पितृव्य विभीषण की भर्त्सना करते हुए कहता है कि उसमें परिजनों एवं आत्मीय जनों के प्रति स्नेह का तो एकांत अभाव है ही, जातित्व का अभि-मान भी नहीं है।[250]

'रामचन्द्रिका' में लव विभीषण की अत्यन्त व्यंगपूर्ण शब्दावली में भर्त्सना करता है। यदि सीता हरण विभीषण को अनुचित प्रतीत हुआ था तो वह उसी समय रावण को त्याग कर अन्यत्र क्यों नहीं चला गया ? राज्य की आकांक्षा से उसने गुप्त भेद उद्घाटित किये तथा माता समान मन्दोदरी को पत्नी बनाया।[251]

हरदयालुसिंह का 'रावण-महाकाव्य' विभीषण के चरित्र का सबसे कटु आलो-चक है। इसमें घर के भेदी, कूटनीतिज्ञ एवं स्वार्थी पक्ष पर ही कवि की दृष्टि मूलत: केन्द्रित रही है। कवि का कथन है, "विभीषण के व्यवहार से हम सर्वथा असंतुष्ट हैं। भगवान् रामचन्द्र जी का आपद्बंध होने के नाते श्री गोस्वामीजी इनकी तथा सुग्रीव की चाहे जितनी प्रशंसा करें, परन्तु ये उनके विश्वासघात, बंधु-विद्रोह इत्यादि दुराग्रहों पर कभी पर्दा नहीं डाल सकते। आजकल का इतिहास एवं साहित्य का विद्यार्थी इन्हें जयचंद की नीति का पथ-प्रदर्शक कहकर ही स्मरण करेगा।''[252]

'रावण-महाकाव्य' में रावण कूटनीतिज्ञ एवं सहृदय भाई है, अत: पद-प्रहार से विभीषण को अपमानित नहीं करता। रावण जानता है कि बंधु शत्रु बनकर रहस्यज्ञाता होने के कारण घातक सिद्ध हो सकता है। अत: वह विभीषण को मनाने के लिए दूत को प्रात ही उसके भवन पर भेजता है, जहाँ उसे ज्ञात होता है कि वह रात्रि में ही भाग गया है। इस घटना से विभीषण की मनोभूमि का एक नवीन स्तर उद्घाटित होता है तथा लंकापति बनने की उसकी कामना का स्पष्ट संकेत मिल जाता है।[253]

हरदयालुसिंह ने विभीषण के चरित्र के अपकर्ष-प्रदर्शन के लिए 'रावण-महा-काव्य' का उत्तरार्द्ध अपनी कल्पना से निर्मित किया है। विभीषण ने मंदोदरी को पट-रानी बनाने के लिए अनेक प्रलोभन दिए हैं, किन्तु धान्यमालिनी ने उन पर पानी फे दिया। उसी के गर्भ से उत्पन्न अरिमर्दन परशुराम से विद्या प्राप्त कर स्वतन्त्र दल के सैनिकों के सहयोग से विभीषण के कुप्रबंध को समाप्त करता है। विभीषण प्रारम्भ में प्रत्यक्षत: संधि कर लेता है किन्तु अयोध्या से अन्दर ही अन्दर लव-कुश की सहायता प्राप्त कर अरिमर्दन से पुन: संग्राम छेड़ देता है। किन्तु प्रजा के अनुरोध पर कुश लंका की स्वाधीनता की घोषणा कर देते हैं तथा अरिमर्दन को प्रधान बनाकर अयोध्या लौट जाते हैं। इससे विभीषण अपमानित होकर तप करने के लिए वन चले जाते हैं :

राजा बिभीषण मानि निज, अपमान मर्माहत भये।
अरु छाँड़िके जग-जाल को तप करन हित बन को गये।[254]

आधुनिक युग की मनोवैज्ञानिक अवधारणाओं ने भी विभीषण के चारित्रिक द्वन्द्व को उभारने में योग दिया है। अपने राष्ट्र को राम की सेना से आक्रांत एवं पद-दलित होते देखकर कुछ क्षण के लिए विभीषण का हृदय संशय, द्विविधा एवं आत्म-ग्लानि से आत्म-विभाजित अवश्य हुआ होगा। नरेश मेहता ने विभीषण के चारित्रिक द्वन्द्व को अत्यन्त सटीक अभिव्यक्ति प्रदान की है—

द्वन्द्व
मुझमें भी कहीं पर है,
मुझे भी सालता है
स्वयं का संघर्ष
मैं भी विभाजित हूँ
मैं भी ऐतिहासिक भग्न हूँ
तभी तो आपकी ही भांति ... राम !
मुझमें भी अनिर्णय।[255]

विभीषण का हृदय इस कल्पना से अत्यन्त उद्विग्न है कि उसका राष्ट्र पदाक्रांत होगा, जिसका पूर्ण उत्तरदायित्व उस पर होगा। विभीषण बार-बार 'मेरे राष्ट्र' शब्द का प्रयोग करता है, जो आधुनिक चिन्तन के बहुत अधिक निकट है। 'साकेत'[256] अथवा 'रामराज्य'[257] के समान विभीषण बार-बार स्वयं को अन्तर्राष्ट्रीय व्यक्ति नहीं कहता। अपने राष्ट्र से उसका सम्बन्ध कहीं अधिक गहरा है। उसकी ग्लानि एवं कचोट इस संदर्भ में अधिक मनोवैज्ञानिक एवं मानवीय प्रतीत होती है—

मेरे राष्ट्र
मेरे देश की जय-भेरियाँ
गूंगी हो गयी हैं।
बहरे लोग हैं
हिचकियों के साथ मदिरा गा रहे हैं।
मेरा राष्ट्र
इस युद्ध
में
रौंद डाला जाएगा कल राम ![258]

द्वन्द्व 'विदेह' के विभीषण के मन में भी है[259] किन्तु राम यहाँ पुन: विश्व न्याय को राष्ट्र-नीति से अधिक मूल्यवान् तथा पूर्ण मनुजता एवं विश्वबंधुत्व को जीवन का लक्ष्य बता-कर विभीषण के द्वन्द्व का समाधान कर देते हैं :

राष्ट्र नीति से विश्व-न्याय का मूल्य अधिक होता है,
विश्व-बंधु वह मानव है जो सत्य-बीज बोता है।[260]

द्वन्द्व की एक स्थूल स्थिति का उल्लेख राधेश्याम कथावाचक ने भी किया है जहाँ विभीषण के मन में रावण के नाभिस्थ अमृतकुण्ड का पता बतलाने के पूर्व एक क्षण के लिए भ्रातृ-प्रेम उमड़ आता है।[261]

विभीषण के चारित्रिक द्वन्द्व एवं आत्म-विभाजित व्यक्तित्व की यह परिकल्पना आधुनिक भाव-बोध का परिणाम है। 'मानस' में इस द्वन्द्व का एकांत अभाव है।

इस प्रकार विभीषण को एक स्तर पर न्यायप्रिय, सत्यनिष्ठ, धर्मात्मा चित्रित करके भी आधुनिक कवि साधु विभीषण के चरित्र को किसी उज्ज्वल उदात्त भूमि पर प्रतिष्ठित नहीं कर सके हैं। अगर लक्ष्मण रावण से मिल जाते, तो उनकी जो स्थिति होती, विभीषण की स्थिति उससे किसी भी रूप में कम निन्दनीय नहीं है। पं. राम-चरित उपाध्याय ने इस विडम्बना का स्पष्ट उल्लेख किया है :

राक्षसों से मिल गये होते कहीं लक्ष्मण वहाँ-
घोर निन्दा आज उनकी क्या न हम करते यहाँ ?
स्तवन तेरा हो रहा है नित्य जैसे हिंद में,
क्यों न वे होते प्रशंसित राक्षसों के वृन्द में[262]

उमाकांत मालवीय के 'आत्मीयहन्ता' (अभिशप्त अमरबेलि) नामक प्रती-कात्मक एकालाप में विभीषण के इसी द्वन्द्व का अधिक विस्तृत चित्रण है, जिसमें वह स्वयं को आत्मीय स्वजनों के लिए एक विभीषिका तथा भयानक संकट के लिए अवतीर्ण हुआ है। वह स्वयं को बंधु-द्रोह, देशद्रोह तथा शत्रु-भक्ति की परम्परा का आदिपुरुष कहता है। परात्पर प्रभु, वाल्मीकि, तुलसी आदि के प्रमाण के बावजूद लोक ने सदैव 'घर के भेदी' के रूप में ही उसका मुल्यांकन किया और पुरस्कार में मिली लोक की तीव्र घृणा, भर्त्सना, लांछना तथा कलंक। कुम्भकर्ण और अहिरावण ने रावण के कृत्य की भर्त्सना अवश्य की, किन्तु आत्मीयता की वेदी पर वे जूझ गए। संकट में छोड़कर उसे भागे नहीं। इन एकालाप में वह राम की अनेक नीतियों की कटु आलोचना करता है। शूर्पणखा को नासिका-विहीन करने में मर्यादा पुरुषोत्तम की क्या मर्यादा थी ? किन्तु विभीषण की धमनियों के रक्त में उबाल नहीं आया "वहाँ तो पानी था, पानी सरल तरल ऋजु, ढाल की ओर पतनोन्मुखी प्रकृति प्रवृत्ति।''[263] यहाँ वह दसकंधर की प्रतिक्रिया को सहज ही नहीं अपितु अपेक्षित एवं वांछित भी स्वीकार करता है-" मैं केवल जन्मा हूँ, शत्रु के समक्ष प्रणति के लिए शत्रु के अनुग्रह, उसकी कृपा, दया, अनुकम्पा से भिक्षा में पाया हुआ राज्य, स्वजनों के लहू में तैरता सिंहासन, यही था मेरा पुरस्कार।" [264] नैतिकता के मूल्यों का विभाजन आत्मव्यंग्य के स्तर पर अब उसे कहीं अधिक कचोटता है। राम जन्म भूमि को 'स्वर्गादपि गरीयसी' कहते हैं, किन्तु यह मूल्यांकन साकेत के संदर्भ में ही प्रासंगिक है, सिंहल के संदर्भ में नहीं-"मेरी जन्म-भूमि, मेरा स्वदेश सिंहल ! धू धू कर धधकने के लिए है? [265] यह विडम्बना विभीषण के चरित्र में अनेक स्तरों पर मूर्त है। लक्ष्मण की दृष्टि में सीता मातृवत् पूजनीया है किन्तु जिस मंदोदरी को माँ का सम्बोधन देकर चरण छुए "शत्रु से बंधु-वध करा कर मातृवत् मंदोदरी को पत्नी स्वीकारा।''[266]

परम्परागत रामकथा में विभीषण राम का अत्यन्त प्रबुद्ध मंत्रदाता एवं ईमान-दार मित्र है, जो राम को रावण के योद्धाओं, गुप्तचरों इत्यादि का रहस्य बतलाता है तथा मेघनाद एवं रावण के द्वारा अनुष्ठित यज्ञों को पूरा नहीं होने देता[267] जिसके कारण वे राक्षस अपराजेय बन जाते। यही नहीं, विभीषण स्वयं राम की ओर से युद्ध करता है तथा उन्हें रावण वध का उपाय भी बतलाता है। राम भी विभीषण की मित्रता, नीतिमत्ता, सत्यनिष्ठा एवं बौद्धिक जागरूकता का आदर करते हैं।

आधुनिक रामकाव्य में विभीषण के उक्त गुणों का परिचय कुछ कृतियों में उपलब्ध होता है किन्तु विभीषण की भाव-भूमि एवं उसका वैचारिक स्तर आधुनिक संदर्भों से जुड़कर मध्यकालीन भाव-बोध की कुछ विशिष्टता ग्रहण कर लेता है। 'राम की शक्तिपूजा' में विभीषण युद्ध के ज्वलित क्षणों में राम का विषण्णानन देखकर असमय ही पराङ्मुखता के भावोदय की भर्त्सना करते हैं :

रघुकुल-गौरव ! लघु हुए जा रहे तुम इस क्षण,
तुम फेर रहे हो पीठ, हो रहा जब जय रण।
कितना श्रम हुआ व्यर्थ, आया जब मिलन समय,
तुम खींच रहे हो हस्त जानकी से निर्दय।[268]

उद्बोधन एवं भर्त्सना का यह स्वर विभीषण को मनोविज्ञान वेत्ता का स्वरूप प्रदान करता है। विभीषण राम के मन में सीता के प्रति करुणा का भाव जगाकर तथा रावण द्वारा सीता को दिए जाने वाले संभावित कष्ट की कथा सुनाकर राम के सुप्त पौरुष तथा करुणार्द्र व्यक्तित्व को प्रोत्साहित करता है। राम की पराजय पर रावण की आत्मश्लाघा की परिकल्पना का विभीषण अत्यन्त चतुरतापूर्वक मनोवैज्ञानिक उपयोग करता है

बैठा उपवन में देगा दुख सीता को फिर,
कहता रण की जय-कथा पारिषद दल से घिर।
सुनता वसन्त में उपवन में कल-कूजित पिक,
मैं बना किन्तु लंकापति, धिक्, राघव, धिक्, धिक्[269]

अपनी समग्र बौद्धिक, आध्यात्मिक एवं राजनैतिक संभावनाओं के परिप्रेक्ष्य में विभीषण एक अत्यन्त विवादस्पद चरित्र बन गया है। उसका चारित्रिक द्वन्द्व आधुनिक रामकाव्य की एक विशिष्ट उपलब्धि है।

आधुनिक राम-काव्य में प्रमुख नारी पात्रों का चरित्र-चित्रण

सीता

सीता रामकथा का केन्द्रबिन्दु है। उसी के व्यक्तित्व के परमाणु-कणों में राम-कथा की सर्जनात्मक संभावनाएँ निहित रही हैं। एक ओर तो उसका व्यक्तित्व इतना अलोकिक और अतिप्राकृत है कि उसका जन्म किसी मानवी के गर्भ से नहीं, अलौकिक रूप से पृथ्वी से हुआ, उसका अयोनिजा रूप उसके अद्वितीयता की साक्षी है, दूसरी ओर वह साक्षात् आदिशक्ति है।[270] लौकिक रूप में वह पतिपरायणा आदर्श पत्नी, आदर्श पुत्रवधू तथा आदर्श कन्या है। मानसकार की सीता की अतिशय विनयशीलता, उसकी शालीनता और पूर्ण समर्पण भावना कवि की आध्यात्मिक कल्पना अर्थात् परब्रह्म की आद्याशक्ति की भावना के अनुरूप ही है। अत: उसके चारित्रिक विकास में अपेक्षित गतिमयता और वक्रता लाने का अवकाश कवि को नहीं था। वाल्मीकि की सीता में अपना पृथक् आकर्षण और निजी वैशिष्ट्य है। सीता के रूप-सौन्दर्य के चरमोत्कर्ष का चित्रण वाल्मीकि और तुलसी दोनों ने समान भाव से किया है किन्तु तुलसी में एक सम्भाव्यमूलक आदर्श की प्रतिष्ठा सर्वत्र रही है, जिसके कारण उसका प्रकृत नारीत्व आच्छादित हो गया है और उसकी अलौकिकता के नये आयाम उद्घाटित हुए हैं।[271]

आधुनिक कवियों ने सीता के सौन्दर्योत्कर्ष को यही मर्यादित अलौकिक पृष्ठ-भूमि दी है। साकेतकार सीता के रूप-सौन्दर्य का चित्रण वधू-वेष[272] तथा वनवासिनी[273] दोनों रूपों में करते हैं और दोनों ही स्थलों पर उसके पातिव्रत्य, मातृत्व और जगत्-जननीत्व रूप की मर्यादा को अक्षुण्ण रखते हैं। सीता के उरोजों के वर्णन में पातिव्रत्य और मातृत्व के मर्यादित स्वरूप का सुन्दर विधान साकेतकार ने इस रूप में किया है :

भाग सुहाग पक्ष में थे, अंचल बद्ध कक्ष में थे।[274]
और अन्यत्र-
अंकुर-हितकर के कलश-पयोधर पावन,
जन-मातृ गर्वमय, कुशल वदन भव भावन।[275]

किन्तु आधुनिकता का भाव-बोध सीता के संदर्भ में मूलत: उन स्थलों पर उजागर हुआ है जहाँ सीता या तो आधुनिक जीवन की चैतन्यमयी शक्ति का प्रतिरूप बनकर आती है या युग की निर्वासित अस्मिता का प्रतिरूप।

प्राचीन काव्यों में सीता रावणात्मजा, अग्निजा, भूमिजा, दशरथात्मजा, रक्तजा इत्यादि अनेक रूपों में चित्रित की गई है, जिसकी प्रासंगिकता आधुनिक युग में प्रती-कात्मक स्तर पर ही स्वीकार की गई है। फलत: रावण की पुत्री अथवा दशरथ की पुत्री के रूप में उसके स्वरूप की उद्‌भावना आधुनिक युग की नैतिक मर्यादा की सापेक्षता में अप्रासंगिक होने के कारण अग्राह्य रही है। सीता के व्युत्पत्तिगत अर्थ[276] तथा जन्म-सम्बन्धी आख्यान को लेकर उसे कृषि की अधिष्ठात्री देवी के रूप में प्रतिष्ठित करना आधुनिक दृष्टि से पर्याप्त युगानुकूल प्रतीत हुआ है। फलत: 'धरा-नंदिनी सीता'[277], 'भूमिजा[278], 'विदेह'[279] आदि काव्यों में उसे कृषि संस्कृति के विकास में योग देते हुए चित्रित किया गया है।

सीता के जन्म, शिक्षा-दीक्षा के वर्णन पर स्पष्टत: कृषि-संस्कृति को केन्द्र में रखकर चलने वाले सांस्कृतिक-सामाजिक आन्दोलनों का व्यापक प्रभाव पड़ा है। 'धरानंदिनी सीता' में सीता की शिक्षा का वर्णन कवि ने आर्यसमाजी प्रभाव के अंतर्गत किया है। सीता के उपनयन संस्कार, गायत्री मंत्रोच्चारण, शिक्षाकल्प व्याकरण के अध्ययन, तर्कशास्त्र और इतिहास के गम्भीर पारायण एवं सामवेद-गायन का ही नहीं, अपितु सीता के अस्त्र-शस्त्र संचालन, अश्वारोहण, वाद्य और संगीतकला की शिक्षा का विस्तृत उल्लेख इस काव्य में हुआ है। इस काव्य में सीता आधुनिक युग की जागरूक सुशिक्षता वैदिक युगीन नारी के रूप में विकास पाती है।[280] अन्य काव्यों में सीता के बाल्यकालीन संस्कारों तथा शिक्षा-दीक्षा का कोई विस्तृत वर्णन उपलब्ध नहीं है। 'विदेह' काव्य में सीता की चित्रकला में अनुरक्ति[281] तथा 'ऊम्मिला' काव्य में कथा-वार्त्ता इत्यादि में सीता की निपुणता का संकेत है।[282] 'विदेह' में वह जनक की दार्शनिक संवेदनशीलता को व्यक्त करती है।[283] वह न केवल

ललित कलाओं तथा बौद्धिक जिज्ञासाओं में रुचि लेती है अपितु मानवीय श्रम को प्रतिष्ठा प्रदान करने वाली सुसंस्कृत बालिका भी है :

देखा विदेह ने सीता को, सीता ने देखा नहीं उन्हें
वह कर्म-लीन गोबर-मिट्टी से लीप रही है वसुधा को।[284]

पुनरुत्थानवादी चेतना के अन्तर्गत श्रम की प्रतिष्ठा का यह आग्रह राम-वन-गमनोत्तर तथा सीता वनवासोत्तर जीवन का अंकन करते समय सीता के व्यक्तित्व की पुन: सर्जना के रूप में भी हुआ है। 'साकेत' में चित्रकूट-निवास के प्रसंग में सीता के इसी श्रमशील व्यक्तित्व की प्रतिष्ठा हुई है।[285] 'भूमिजा'[286] ' तथा 'वनस्थली[287] काव्यों में अपने निर्वासन के अनन्तर सीता मानवीय श्रम के प्रति अपनी अपूर्व निष्ठा का परि-चय देती है।

स्पष्टत: आधुनिक युग में सीता एक आदर्श मानवी के रूप में चित्रित की गई है। युगीन अवधारणाओं का प्रभाव उसके चरित्र को लोक-कल्याण एवं समाज सेवा में तत्पर आदर्श नारी के रूप में उत्कीर्ण करने में सहायक हुआ है। श्रम-निष्ठा के अतिरिक्त जीवन के सुखों के प्रति अनासक्ति, बंधु-बांधवों के प्रति एक सहज अनौप-चारिक अनुराग-भाव तथा सास-ससुर एवं गुरुजनों के समक्ष सहज-संकोच तथा लज्जा और आज्ञाकारिता उसे परिवार की आदर्श वधू के रूप में प्रस्तुत करते हैं।[288] 'साकेत' में देवत्व की कोटि का स्पर्श करने वाले उसके इसी आदर्श मानवी रूप के दर्शन होते हैं। उसकी मूल प्रकृति के अनुरूप वन्य जीवन के स्वच्छंद अकृत्रिम परिवेश के प्रति उसके सहज अनुराग का चित्रण भी अनेक स्थलों पर हुआ है।[289] मध्यकालीन संकोच-मूलक प्रवृत्ति से भिन्न सहज मनोविनोद, हास-परिहास की अन्तर्धारा उसके चरित्र को अधिक आत्मीय एवं पारिवारिक बनाते हैं।[290] सहृदयता एवं करुणा से प्रेरित होकर वह आधुनिक युग की विभीषिकाओं, शोषण एवं युद्ध के विरुद्ध अपना सहज सात्त्विक आक्रोश भी व्यक्त करती है।[291] 'वैदेही-वनवास' में प्रकृति के प्रति जहाँ उसका सहज अनुराग जीवन की चिरंतन समस्याओं पर उसे विचार-मंथन के लिए प्रेरित करता है, वहीं लंका युद्ध के परिणामजन्य हाहाकार और क्रंदन उसे युद्ध जैसी जीवन-समस्याओं पर सोचने के लिए विवश भी करते हैं।[292] इस प्रकार उसके व्यक्तित्व में बौद्धिक चितन का अनिवार्य गुण समाविष्ट हो गया है :

सीता के चरित्र का जो एक सर्वाधिक चर्चित और विवादास्पद अंश रहा है, वह है परित्यागमूलक अपवाद और निर्वासनोत्तर उसकी मन:स्थिति। युग-युग से सीता का चरित्र आदर्श पतिव्रता नारी के निकष के रूप में स्वीकारा किया जाता रहा है।

अत: रावण के भवन में बंदिनी-दशा में उसकी उपस्थिति मध्ययुगीन दृष्टि से कभी शंकास्पद नहीं रही। किन्तु आधुनिक मनोवैज्ञानिक युग ने लोकापवाद के मूल में राम। के शंकित हृदय को रखकर निर्वासन को राम की मनौवैज्ञानिक ग्रंथि की प्रतिक्रिया के रूप में व्याख्यायित करने में योग दिया है। जिन कवियों को यह मनोवैज्ञानिक कारण ग्राह्य नहीं हुआ, उन्होंने लोकाराधन के संदर्भ में सीता के चरित्र का उत्कर्ष दिख-लाया। 'वैदेही-वनवास' में सीता जनता का विश्वास प्राप्त करने के लिए निर्वासन को कर्त्तव्य-भावना से स्वीकार करती है।[293] जबकि 'भूमिजा' मे स्पष्ट रूप से वह एक राजनैतिक शोषण की शिकार है।[294] 'जानकी जीवन'[295], 'वनस्थली[296] तथा 'प्रवासिनी'[297] में भी उसकी विवशताजन्य कातरता एवं धैर्य ही व्यक्त हुआ है। 'सीता' काव्य में उसकी निस्संग कातरता आत्म-व्यंग्य और विडम्बना का ऐसा प्रभाव जगाती है, जो आधुनिक आत्म-निर्वासित मानसिकता की भूमि पर पल्लवित हुआ है।[298]

डॉ. देवराज ने 'क्लिओपेट्रा का पत्र : सीता के नाम' कविता में सीता के समर्पणमूलक प्रेम को राष्ट्रों की नियति को अनुशासित करने वाली क्लिओपेट्रा की गर्वीली मानसिकता तथा उससे प्रेरित उन्मुक्त उद्दाम प्रेम-पिपासा के समानान्तर रख कर देखा है। सीता का प्रेम आन्तरिक शक्ति से परिचालित न होकर पल-पल शंका, संकट और दुर्भाग्य से पीड़ित रहा। राम जैसे राष्ट्र नायक की अर्धांगिनी होते हुए भी सीता के प्रेम में वह गर्वित क्षण कभी नहीं आया जो राष्ट्र के व्यापक परिदृश्य को संचालित करने के लिए गौरव से युक्त होता। उसकी शांत सरल जीवन-चर्या ही उसका एकमात्र सम्बल रही। राम और राष्ट्र के आन्तरिक जीवन, दोनों के बाहर ही जैसे उसका जीवन-चक्र पूरा होता रहा :

तुम स्वतंत्र कब चलीं-धर्य संतोष से धनी
जग के उद्यानों में प्रतिमा त्याग-कष्ट की
बनी सदा तुम थीं प्रवासिनी।[299]

किन्तु सीता का चरित्र एकांततः आत्मसमर्पणमूलक निर्विकार निःसंग भूमि पर ही प्रतिफलित नहीं होता, अपितु आधुनिक स्वतंत्रचेता नारी के व्यक्तित्व की भी यत्कि-चित् झलक उसकी उक्तियों में दिखलाई देती है। 'वनस्थली' की सीता की उद्दीप्त वाणी में उसकी आत्माभिमानजनित वेदना मुखर हो उठी है।

हो चुकी अग्नि में मैं विशुद्ध, फिर क्यों सोचा मेरे विरुद्ध ?
विश्रुत वंशज का कुलाचार, क्या यह ही है धर्मावतार ?[300]

आधुनिक नारी की नियति की विडम्बना यह है कि वह अनेकानेक परीक्षाओं से गुजरने के बाद भी अपने कर्तृत्व की स्वतंत्रता प्राप्त नहीं कर सकी। वस्तुतः वह दारुण अन्तर्पीड़ा एवं अपमान सहन करके भी पति के जीवन से भिन्न अपने स्वतंत्र जीवन की कल्पना नहीं कर सकती। 'अग्नि परीक्षा' की सीता के वेदनापूर्ण स्वर में नारी की यह विवशता अत्यन्त मुखर है :

हाय राम ! क्या नारी का कोई भी मूल्य नहीं है,
क्या उसका औदार्य शौर्य पुरुषों के तुल्य नहीं है ?[301]

सीता में एक ओर विरहजन्य आकुलता एवं पति मिलन की तीव्र उत्कण्ठा है वहाँ दूसरी ओर अपवादों में ग्रस्त अहं तथा कष्टपूर्ण अनुभूतियों की स्मृति है। स्वीकृति एवं अस्वीकृति के दो विरोधी भावों के बीच वह दोलायित हो रही है :

"प्रणय अहम् दोनों में द्वन्द्व अखण्ड था,
सुदृढ़ भूमि पर दोनों ओर विचार दो-
तर्कों के परिधान पहन सन्नद्ध थे।"[302]

स्पष्टतः आधुनिक कवि ने सीता-निर्वासन सम्बन्धी अपवाद को कहीं अन्तर्द्वन्द्व के स्तर पर, कहीं मानव मूल्यों के परिवर्तित धरातल पर व्याख्यायित करने का प्रयास किया है। सीता के चरित्र को उत्कर्ष प्रदान करने के लिए आधुनिक कवि एक ओर सीता के मासिक द्वन्द्व और अन्तः संघर्ष को उभार कर उसे अधिक मानवीय एवं विवेक-सम्मत बनाने का प्रयत्न करता है तो दूसरी ओर साध्वी सीता के इस क्रूर कलंक की रेखा को अस्वीकार करते हुए कहता है

मिथ्या, मिथ्या, मिथ्या, न सत्य-सम्मत है,
साध्वी सीता का व्रत अखण्ड अक्षत है।[303]

सीता के चरित्र की प्रतीकात्मक व्याख्या भी आधुनिक युग की एक विशिष्ट उपलब्धि है। द्रष्टव्य यहाँ यह है कि जहाँ प्राचीन एवं मध्ययुगीन काव्य में सीता को अतिप्राकृत एवं अलौकिक तत्त्वों से आवृत कर आद्याशक्ति के रूप में प्रतीकायित किया गया वहाँ आधुनिक युग में वह भौतिकता का आवरण भेदकर उभरती हुई भू-चेतना के रूप में अंकित की गई है। 'लोकायतन' में पंतजी ने सीता को पृथ्वी की मूर्तिमती करुणा[304], श्रमरत भू-मन की अभीप्सा[305] तथा युग की नवीन मानवीय चेतना के रूप में चित्रित किया है, जो संतप्त होकर धरा के गर्भ में विलीन हो गई। जड़ता-जन्य अज्ञान दूर करने वाली सीता वस्तुतः भू-मानस के अंधस्तरों को प्रकाशित करने वाली,[306] लोक-कल्याण में तत्पर शक्ति है। 'लोकायतन' की सीता अमूर्त हैं, वे विश्व-मंगल-विधायिनी चित् शक्ति हैं, जो आज के वर्तमान मानव का कल्याण चाहती हैं, करुणा का विस्तार करती हुई मानवता की सुरक्षा के लिए सचेष्ट हैं। वे अपने अचेतन जड़ में चेतनता का संचार करती हैं, प्राणों में हँसी, मन में दीप्ति और हृदय-कमल में चैतन्य-ज्योति का दिव्य प्रकाश फैलाती हैं।"[307]

इसी प्रकार 'अशोक वन' में भी पंत जी ने सीता को जग हित में तत्पर भू-ईप्सा का ही रूपक दिया है :

भू-ईप्सा को स्वर्ग-दया से होना था जग हित परिणीता[308]

श्री इलाचन्द्र जोशी के शब्दों में, "निश्चेतन में बद्ध पड़ी मूल चेतना या भू-ईप्सा ही सीता थी। उसके जगते ही मानव ने सीमा के बंधनों को तोड़कर असीम के छोर छू लिये।[309] इस प्रकार आधुनिक युग में सीता के ऐतिहासिक व्यक्तित्व के

साथ जुड़े हुए आध्यात्मिक पक्ष पर कवियों की दृष्टि गई है, जो निश्चय ही राम कथा के पात्रों की तुलसी द्वारा निर्दिष्ट आध्यात्मिक व्याख्या की परम्परा का आधुनिकीकरण है, जिसमें सीता के आध्यात्मिक रूप को युग-जीवन के अनुरूप नवीनता प्रदान की गई है।[310] वस्तुत: भौतिकता के कर्दम में लिप्त आधुनिक युग को जिस आध्यात्मिक शक्ति की अपेक्षा है, सीता के चरित्र में उसके उन्मेष की संभावनाएँ अधिक व्यापक स्तर पर अनुभव की गई हैं। अत: सीता के चरित्र के साथ आध्यात्मिकता की संपृक्ति का चित्रण आधुनिक कवियों ने उत्कट आग्रह के साथ किया है।[311]

निष्कर्षत: आधुनिक युग की आदर्शवादी नारी से जिस स्वतंत्र-चिंतन, आत्मा-भिमान, आत्म-त्याग, सात्त्विक आक्रोश, निर्णय क्षमता की आशा की जाती है, उसका प्रतिफलन तो सीता के चरित्र में हुआ ही है, नारी की अभिशप्त विडम्बनापूर्ण क्रूर नियति की भी उसके चरित्र के माध्यम से यथार्थ अभिव्यंजना हुई है। आधुनिक नारी की आदर्श एवं यथार्थ दोनों स्थितियों के चित्रण के लिए आधुनिक कवि को सीता के रूप में एक व्यापक माध्यम एवं आधारफलक प्राप्त हुआ है। एक ओर सीता की स्थिति यह है कि उसे सैद्धान्तिक स्तर पर सदैव श्रद्धा, स्तुति एवं गुणानुवाद[312] की अमूर्त भाव श्रृंखला अर्पित की जाती है, दूसरी ओर उसके व्यक्तित्व की सबलता एवं चरित्र की विशुद्धता पर प्रत्येक पग पर प्रश्नचिह्न लगाकर उसे तिरस्कृत एवं लांछित भी किया जाता है।

कैकेयी

मनोविज्ञान के आलोक में रामकथा के पात्रों की नूतन सर्जना का जो क्रम चला उन पात्रों में सबसे विशिष्ट स्थान कैकेयी का है। राम के वनवास और उसके पश्चात् दक्षिणाभियान की सम्पूर्ण व्यापार-श्रृंखला के मूल में कैकेयी का दुराग्रह ही माना गया है। राम-वनगमन की प्रेरिका शक्ति के रूप में कैकेयी ने रामकथा की व्यापार-श्रृंखला में जो निर्णायक हस्तक्षेप किया, वह रामकथा के संचालन का मूल केन्द्र-बिन्दु है। उसकी वरदान-याचना की पृष्ठभूमि में जिन वैयक्तिक, मनोवैज्ञानिक एवं राजनैतिक अन्त:शक्तियों का हाथ है, उनके औचित्य-अनौचित्य के विश्लेषण पर ही उसके चारि-त्रिक उत्कर्ष और अपकर्ष का भवन टिका है। परम्परागत दृष्टि कैकेयी को नारी-सुलभ दुर्बलताओं से युक्त, सपत्नी-विद्वेष से पीड़ित, महत्त्वाकांक्षा से उत्तेजित तथा त्रिया-हठ से अनुप्रेरित नारी के रूप में प्रस्तुत करती है। मध्ययुगीन दृष्टि से कैकेयी का आचरण स्वार्थ की संकीर्ण मनोवृत्ति की अनिवार्य परिणति है, जिसकी प्रेरणा निश्चय ही किसी राजनैतिक दूरदर्शिता अथवा राष्ट्र-संरक्षण की कर्त्तव्य-भावना में निहित नहीं है। हाँ, उसकी मूल प्रवृत्ति जहाँ नारी-सुलभ करुणा और प्रसादपूर्ण रागात्मकता को छूती है, वहाँ वह निश्चय ही उज्ज्वल और वरेण्य है। वाल्मीकि की कैकेयी राम के राज्याभिषेक का समाचार सुनकर हर्ष से उत्फुल्ल होकर मन्थरा से कहती है—"मैं राम और भरत में कोई भेद नहीं समझती। अत: यह जानकर कि श्री राम का अभिषेक होने वाला है, मुझे अति प्रसन्नता हुई है। मेरे लिए श्रीराम-अभिषेक के समान दूसरा कोई मधुर वचन नहीं कहा जा सकता।"[313] तुलसीदास की कैकेयी भी राम के राज्याभिषेक का समाचार सुनकर अत्यन्त हर्षित होती है।[314] जब मन्थरा दशरथ और श्रीराम की निन्दा करती है तो कैकेयी कुपित होकर मंथरा से कहती है कि तुमने यदि पुन: ऐसा कहा तो तुम्हारी जीभ काट दी जायेगी।[315] इन पंक्तियों से स्पष्ट है कि श्रीराम के राज्याभिषेक के समय कैकेयी के हृदय में असीम प्रसन्नता है। साथ ही सपत्नी कौशल्या के प्रति द्वेष की नहीं, अपितु अनुराग की भावना है। अत: कैकेयी के द्वारा जो यह अनर्थकारी कार्य हुआ, उसकी कालिमा को क्षीण करने के लिए मध्ययुगीन दृष्टि से निम्नलिखित हेतु प्रस्तुत किए गए।

इसमें सर्वप्रमुख हेतु तो यह है कि कैकेयी का जन्म राम की अवतार-लीला के साधन रूप में हुआ। उसकी सहायता के बिना रावण वध, साधु-परित्राण एवं दुष्ट विनाश जैसे कार्य सम्पन्न नहीं हो सकते थे। 'अध्यात्मरामायण' और उसी से प्रेरणा ग्रहण कर तुलसी ने श्रीराम के राज्याभिषेक को सम्पन्न न होने देने के लिए एक अलौकिक वृत्त की उद्भावना की। सरस्वती सुरों से प्रेरित होकर तथा मंथरा में प्रवेश कर कैकेयी की बुद्धि को परिवर्तित कर देती है।[316]

आधुनिक दृष्टि मनोविज्ञान से विशेष अनुप्रेरित है। अपने पुत्र के यौवराज्या-भिषेक के मूल में माँ का सहज वात्सल्य तो था ही, एक ऐतिहासिक क्षण में निर्णय लेने की क्षमता भी थी। अत: उसकी महत्त्वाकांक्षा के वात्सल्यजन्य होने से उसके

कुटिल कर्म और षड्यन्त्र की प्रखरता काफी क्षीण हो जाती है। आधुनिक कवि उसके मातृ-हृदय को कुछ अधिक गहन स्तर पर आन्दोलित करता है। भरत को राम के राज्या-भिषेक के समय अयोध्या में न बुलाने के मूल में किसी अभिसंधि या कूटनीति का अनुमान कर लेना पुत्र वत्सला नारी के लिए असम्भव नहीं है :

"भरत को करके घर से त्याज्य,
राम को देते हैं नृप राज्य।
भरत-से सुत पर भी सन्देह,
बुलाया तक न उसे जो गेह !''[317]

यह मनोवैज्ञानिक भूमिका आधुनिक युग की देन है। सरल हृदया कैकेयी के सम्मुख मंथरा भरत को राज्याधिकार से वंचित करने के षड्यन्त्र को जिस रूप में उपस्थित करती है, उसमें भरत की अनुपस्थिति एक मनोवैज्ञानिक बिन्दु है। व्यक्ति जब यह अनुभव करता है कि उसकी निश्छलता और सरलता का अनुचित लाभ उठाया जा रहा है, उसके विश्वास को छला जा रहा है तो उसका उद्भ्रान्त हो उठना स्वाभाविक है।[318] कैकेयी के भाव-परिवर्तन में इस मनोरहस्य का अन्त:सूत्र विद्यमान है। जहाँ तव मन्थरा की इस कुमन्त्रणा की प्रतिक्रिया का प्रश्न है, आधुनिक रामकाव्य की प्रतिनिधि कृतियाँ इसी रहस्य को लेकर चली हैं। हाँ, मध्ययुगीन धारणा के अनुसार वरदान वाली अन्तर्कथा का प्रयोग आधुनिक युग में भी हुआ है। 'वाल्मीकीय रामायण' के चित्रकूट-प्रसंग में राम द्वारा इस वरदान का रहस्योद्घाटन किया गया है।[319]

वर्तमान युग में कैकेयी के चरित्र के उत्कर्ष-अपकर्ष के मूल्यांकन की दिशा में वरदान वाली संकल्पना का प्रयोग आधुनिक कवियों ने भी किया है। 'साकेत' में इस ओर स्पष्ट संकेत है—

"तुम्हें पहले ही दो वरदान,
प्राप्य हैं, फिर भी क्यों यह मान ?
याद है वह संवर-रण-रंग,
विजय जब मिली व्रणों के संग ?
किया था किसने मेरा त्राण?''[320]

किन्तु, यह संकेत वाल्मीकि द्वारा निर्दिष्ट उक्त कथा क्रम से भिन्न है। 'साकेत-संत' में वाल्मीकि से प्रेरणा ग्रहण कर यह स्पष्ट इंगित किया गया है कि "कैकेयी दशरथ को इसी शर्त पर विवाह में दी गई थी कि कैकेयी का जो औरस पुत्र हो वही गद्दी का उत्तराधिकारी घोषित किया जाए।"[321] युधाजित् भरत को 'राज्य-मुकुट का अधिकारी' कहकर सम्बोधन करता है :

"तुम राजवंश के नरवर, तुम राजमुकुट-अधिकारी।
तुम अपना रूप सँभालो, हो सिद्ध शक्ति-अवतारी।''[322]

भरत इसका निषेध नहीं करते। यद्यपि मृगया के समय करुणाप्लुत हो जाने पर युधा-जित् के हिंसा एवं शक्ति के समर्थक तर्कों का तो खण्डन वे अवश्य करते हैं तथापि स्वयं को 'राज्यमुकुट का अधिकारी' कहा जाना उनको अनुचित प्रतीत नहीं होता।

डॉ. बलदेवप्रसाद मिश्र ने 'वाल्मीकीय रामायण' की वरदान सम्बन्धी अन्त-कथा में उक्त नवीन सन्दर्भ जोड़कर कैकेयी के चरित्र की पृष्ठभूमि को अधिक मनो-वैज्ञानिक एवं कूटनीतिक जटिलता से संयुक्त कर दिया है। युधाजित कैकेयी के हितों की रक्षा में पूर्ण जागरूक और सक्रिय है। राम के युवराजत्व की घोषणा न हो, इसीलिए वह मन्थरा दासी को अवध में छोड़ जाता है—

"है धन्य मन्थरा की वह, यद्यपि दासों की दारा।
जो समझ गयी सब बातें, पाकर बस एक इशारा।।[323]

यह संदर्भ जहाँ कैकेयी के चरित्र की कलुषता को क्षीण और उसकी स्वार्थी वृत्ति को संयत करता है, वहाँ कैकेयी

के चरित्र के उस कूटनीतिक निर्णायक क्षमता का भी बहिष्कार कर देता है जो अनेक कूटनीतिज्ञ नारी पात्रों में राजतंत्र की नियामिका बनती है। वह कूटनीति बद्ध दाँवपेंचों में स्वयं सक्रिय नहीं, अपितु स्वयं एक अभिसंधि का शिकार है। शेषमणि शर्मा 'मणि' रायपुरी ने 'सर्वनाश की सूत्रधारिणी' कह कर कैकेयी के स्वतंत्र राजनैतिक अस्तित्व को स्वीकृति दी है।[324] वह सत्याग्रहियों का दमन करने के लिए तत्पर ब्रिटिश साम्राज्य शक्ति का प्रतीक प्रतीत होती है।[325] 'साकेत-संत' में युधाजित् उसका सूत्रधार है। चाँदमल अग्रवाल 'चन्द्र' ने कैकेयी के पाषाणी रूप के नीचे विमल सुधा की अन्तर्धारा का अन्वेषण करते हुए इसी सूत्र को उठाया है-"कैकेयी के पुत्र को राज्याधिकार देने की शर्त पर ही कैकेयी का दशरथ के साथ परि-णय हुआ था।"[326]

"पर तुम्हारे तात ने यह शर्त रखी—
राज्य पर अधिकार होगा कैकेयी के पुत्र का ही !"[327]

कैकेयी के वरदान माँगने के मूल में केवल शर्त की यही पुन:स्मृति रही हो, इतने मात्र से उसका स्वार्थान्ध कलंकित रूप पूर्णतया उज्ज्वल नहीं हो जाता है। फलत: कवियों ने एक ओर तो वरदान की प्रेरणा को राष्ट्रव्यापी उच्चादर्श से जोड़ कर उसके मूल स्वरूप को गौरवान्वित किया है तो दूसरी ओर एक मनोवैज्ञानिक अन्तर्द्वन्द्व की सृष्टि करके उसके चरित्र को अधिक मानवोचित एवं संवेद्य भी बनाया है। चाँदमल अग्रवाल 'चन्द्र' ने 'कैकेयी' महाकाव्य में कैकेयी के चरित्र की परम्परागत नारी-विषयक दुर्बलता को सुरक्षित रखते हुए भी उसके उज्ज्वल पक्ष को रेखांकित करने के लिए राम-वन-गमन प्रसंग को उदात्त रूप में प्रस्तुत किया है। उन्होंने राम वनगमन से सम्बद्ध वरदान को कैकेयी के क्षुद्रस्वार्थ का परिणाम न बताकर उसे राक्षस वध अथवा राष्ट्र-संरक्षण-विषयक कैकेयी की दूरदर्शिता से सम्पृक्त कर दिया है। उसका शुद्ध स्वार्थ भी केवल भरत के विषय में कर्त्तव्य-प्रेरित है :

"करूँ तब क्यों न अभिजित राम को प्रेरित ?
दवाने इन उभरते राक्षसों को फिर।
अपरिमित शक्ति बल उसमें निहित निश्चित।
कुचल सकता असुर-खल शक्तियों को वह॥"[328]

साथ ही कैकेयी को यह भी दंश है कि "क्यों गया इस कृत्य को मुझसे छिपाया?"[329] राज्य कार्य में व्यस्त होने पर भी राम जनती कौशल्या के समान उसे भी सहधर्मिणी क्यों न माना गया ? उसके मातृत्व पर यह भारी आघात है। उसके हृदय हृदय में यह नहीं कि राम का राज्यभिषेक क्यों किया जा रहा है, देश उसको यह है :

"आर्य कुल की नारियाँ इहलोक की हम,
संगिनी, अनुगामिनी परलोक में भी।
फिर करे संदेह कोई इस तरह तो,
तन सुलगता, लोट उस पर साँप जाता।"[330]

कैकेयी को विश्वास है कि जिस अभिषेक की नींव में ही छल-कपट और अविश्वास है, क्या उसी अभिषेक के पूर्ण होने पर, राज्य पाकर राम अपने मार्ग-कंटक भरत के जीवन से नहीं खेल जायेंगे?[331]

इस प्रकार एक ओर तो कैकेयी का आहत अभिमान और दूसरी ओर भरत-रक्षा की दूरदर्शिता दोनों की एकत्र प्रेरणा राम वनगमन में निमित्त बनती है। पृथक्-पृथक् दोनों सबल कारण हैं किन्तु परस्पर संश्लिष्ट होकर एक-दूसरे के प्रभाव को क्षीण कर देते हैं। स्वार्थ-प्रेरित व्यक्तित्व जब अपनी आकांक्षा की पूर्ति में परमार्थ भी देखने लगता है तो उसके परमार्थ-चिंतन की उदात्तता संदिग्ध हो जाती है।[332]

कैकेयी निश्चय करती है कि दुष्ट असुरों का संहार करने के लिए बिना सैन्य के एकाकी सशस्त्र राम को नरभक्षक असुरों के बीच में भेजकर वह जग में व्याय की प्रतिष्ठा और शांति की स्थापना कर सकती है।[333] उसे यह पूर्णतया ज्ञात है कि राज्य-लोलुप, स्वार्थिनी, निष्ठुरा जैसी उपाधियों से उसे युग-युगों तक विभूषित किया जाएगा, किन्तु मानव मात्र के

कल्याण के लिए वह किसी भी अपवाद को सहन करने के लिए तत्पर है।[334] केदारनाथ मिश्र 'प्रभात' अपने 'कैकेयी' नामक महाकाव्य में राम के राज्याभिषेक के समय आर्यों के विरुद्ध अनार्यों के आक्रमण का संदर्भ गढ़ते हैं। आर्य-संस्कृति को अनार्यों के आक्रमण के खतरे से मुक्त करने के लिए राम को वन भेजने में कैकेयी का वैयक्तिक स्वार्थ नहीं, अपितु राष्ट्रीय हित चिन्तन था। प्रभात जी मंथरा के द्वारा कैकेयी के मन और मस्तिष्क को दूषित करने की कथा में आस्था नहीं रखते। फलत: उनकी कैकेयी अधिक सबल निर्णायक क्षमता से सम्पन्न तथा अधिक वेगवती है। यहाँ तक कि दशरथ भी कैकेयी के इस निर्णय के मूल में निहित राष्ट्रीय रक्षा की सशक्त योजना से प्रभावित होते हैं :

युग के राम रहे मिल युग को, आज तोड़ नाता दशरथ से
किन्तु न दशरथ विचलित होता है कर्त्तव्य ! तुम्हारे पथ से।[335]

इस प्रकार 'प्रभात' की कैकेयी नारीसुलभ दुर्बलता से पीड़ित ऐसी भावुक नारी नहीं है जिसमें भावनाओं का अंधड़ बहता है। उसकी भावुकता उसके चिंतन को प्रदीप्त करती है। वह युगधर्म के अनुसार अपनी भावुकता को संयत करती है। उसका हृदय बुद्धि से अनुशासित है—

"मैं न राम को माँग रही हूँ, माँग रही है जिसकी वाणी,
वह है युग की सजग चेतना, महाशक्ति युग की कल्याणी।
वह है युग की प्रबल प्रेरणा, युग के अरुणोदय की लाली,
वह है युग की क्रांति तपस्या, आग न जिसकी मिटनेवाली।"[336]

कैकेयी के चरित्र में युग-चेतना की ग्रहणशीलता निश्चय ही आधुनिक युगबोध का परि-णाम है। कैकेयी का आक्रोश युग की निष्क्रियता के प्रति है। [337] नवीन युग के चरणों की सुस्पष्ट चाप के प्रति जागरूक कैकेयी आधुनिक बुद्धिवादी युगचेता नारी की प्रतीक है।[338] उसमें कर्त्तव्य-चेतना है; धर्म, संस्कृति और सभ्यता सभी मूल आदर्शों के प्रति एक प्राणवान् जागरूकता है। उसमें राष्ट्रीयता की गौरवास्पद सम्पृक्ति है जो पुरातन मान्यताओं के प्रतिकूल भले ही हो, आधुनिक युग चेतना से पूर्णतया जुड़ी हुई है। उसका क्रांति-चेता व्यक्तित्व आधुनिक युग की विशिष्ट उपलब्धि है।[339]

श्री उमेश के 'कैकेयी का अन्तर्द्वन्द्व' नामक नाट्य-काव्य में भी कैकेयी के उदात्त चरित्र की ओर राष्ट्रीय पुनर्जागरण की भूमिका पर अत्यन्त सशक्त संकेत किया गया है : "इस असामान्य नारी में लोक-कल्याण की भावना कूट-कूट कर भरी हुई थी और राम पर उसका भरताधिक प्यार इतिहास में स्पष्ट है। इस राम ने लोक-कल्याण का रक्ष: सम्प्रदाय से राष्ट्र के उद्धार का आदर्श उपस्थित कर उसे सब कुछ करने-सहने को तैयार कर दिया। कैकेयी ही एक ऐसी प्रबुद्ध-समर्थ नारी थी जिसमें बड़े-से-बड़े जोखिम उठाने की असीम क्षमता थी।[340] उमेश ने 'वाल्मीकीय रामायण' से उद्धरण देकर स्पष्ट किया है कि राम वनगमन राम की इच्छा से ही हुआ था, कैकेयी तो माध्यम मात्र थी। इसी कारण वे कैकेयी के लिए विशेष चिंतित थे। उन्होंने इसीलिए बार-बार कैकेयी की पूर्ण सुरक्षा के लिए सबसे प्रार्थना की (वा. रा. 21112127-28)। उमेश की कैकेयी बड़े-से-बड़े कलंक की कल्पना को सहकर भी लोक-कल्याण के लिए आत्माहुति देती है। वह अपने चरित्र को लोक-गर्हित बना डालने से भी पीछे नहीं हटती :

हाँ-हाँ रे, बचाऊँगी मैं पृथ्वी को, हो जाय चाहे—
मेरा नाश, मिले चाहे जीवित ही नरक भी
सह लूंगी चाहे वज्र गिरे शीश पर मेरे,
किन्तु मेरा राम अमरत्व पा सकेगा तो ![341]

इस प्रकार वर्तमान युग के रामकाव्य के अनुशीलन से यह सहज स्पष्ट हो जाता है कि आधुनिक युग में कैकेयी का अस्तित्व अधिकाधिक भास्वर होता गया है। तुलसी की कैकेयी सौतिया डाह तथा स्वर्थान्ध प्रवृत्ति से प्रेरित होकर भी कथा के केंद्र में कोई सप्राण अस्तित्व नहीं रखती। वह जैसे निमित्तमात्र है—एक माध्यम-अति-प्राकृत अलौकिक तत्वों से संचालित यन्त्र मात्र। आधुनिक युग में कैकेयी के व्यक्तित्व की स्वतन्त्र प्रतिष्ठा की गई है। उसका अन्तर्द्वन्द्व इसका साक्षी

है कि कर्त्तव्य और स्वार्थ की दो विरोधी भावनाओं के अन्त: संघर्ष में वह कितनी सहज मानवीय है, कितनी भावनामयी और कितनी बुद्धिवादी !

चित्रकूट के प्रसंग में कैकेयी को अपनी अन्त:प्रकृति के विश्लेषण का अवसर मिलता है। प्रभात जी की कैकेयी ममता से ऊपर कर्त्तव्य को प्रमुखता देती है।[342] वह जानती है कि भरत जैसे भाई के हृदय में राम के प्रति कितना आवेग, तरल और उन्मादक प्रेम है; किन्तु कर्त्तव्य उससे भी कठिन है, जिसके लिए वह अपना सिंदूर लुटा सकती है, अपने वात्सल्य में आग लगा सकती है।[343] वह भरत से इस रहस्य का उद्घाटन करती है कि राम के लिए उसके अंचल में कितना अनुराग, वाणी में कितनी विह्वलता है।[344] राम-वनमगन निर्वासन नहीं है, कर्तव्य क्षेत्र के दुर्गम पथ का आरंभ है :

"वन की ओर राम का जाना मानवता की जय है;
आर्य सभ्यता की, चिर मानव स्वतंत्रता की जय है।''[345]

फलत: चित्रकूट में भी कैकेयी के हृदय का दुर्बल पश्चात्ताप व्यक्त नहीं होता, भावुकता के स्थान पर वहाँ भी उसमें विवेक का उद्दीप्त तेज मुखरित है। वहाँ राम भी दिव्य अभियान के प्रतीक हैं तथा कैकेयी उस साधना की सूत्रधार।[346] इस नये बोध के साथ कर्त्तव्य के अनल से प्रदीप्त कैकेयी का राष्ट्रीय कर्मनिष्ठ स्वरूप ही इसमें अधिक उभरा है। प्रभात जी के अतिरिक्त अन्य कवियों ने चित्रकूट-वृत्त को कैकेयी के चरित्र के मेरु-दण्ड के रूप में अंकित करने का विशेष आग्रह दिखाया है। 'साकेतकार' इस संदर्भ में कैकेयी को विशेष अनुताप से विह्वल दिखाते हैं। वहाँ राम वनगमन के मूल में कोई कर्त्तव्य-भावना न होकर वात्सल्य की तरलता ही है। विवेक वहाँ भी प्रखर है किन्तु है. वह मूलत: भावना का अनुगामी ही। कैकेयी का मूल स्वर यही है कि भरत के प्रति जिस वात्सल्य से प्रेरित होकर उसने यह दारुण-कर्म किया, वह भरत ही आज उसे कलंकिता और अपराधिनी घोषित कर रहा है। माता का स्नेह छीने जाने पर जो दारुण यंत्रणा होती है, कैकेयी उसी यंत्रणा की संभागी है :

"पर था केवल क्या ज्वलित भाव ही मन में ?
क्या शेष बचा था कुछ न और इस जन में ?
कुछ मूल्य नहीं वात्सल्य-मात्र, क्या तेरा ?
पर आज अन्य-सा हुआ वत्स भी मेरा।''[347]

राम के प्रति उसका प्रेम कम नहीं है, किन्तु है वह भरत के प्रेम का माध्यम ही :

"मुझको यह प्यारा और इसे तुम प्यारे,
मेरे दुगने प्रिय रहो न मुझसे न्यारे।''[348]

चित्रकूट के संदर्भ ने अन्य आधुनिक कवियों को भी प्रभावित किया है। चाँदमल अग्रवाल 'चन्द्र' ने अपने 'कैकेयी' महाकाव्य में कैकेयी के मातृ-हृदय का ही संदर्भ अंकित किया है। उसने जो कुछ किया भरत की रक्षा के लिए ही किया, किन्तु राष्ट्र-कर्म की प्रेरणा भी उसके मूल में कहीं-न-कहीं अवश्य थी। भाग्य ने अपयश का टीका लगाया और भरत जैसा लाल उससे विमुख हो गया :

"जलती वह्नि अमित अनुताप समझे कोई पर वात्सल्य।''[349]

अन्यत्र राष्ट्र-कर्म-प्रेरणां भी दुर्भाग्य का परिचायक बने गयी, वह अनुताप मेरे स्वरों में कहती है :

"सोचा जिसमें जग-कल्याण, राष्ट्र-कर्म, माँ का कर्त्तव्य !
सिद्ध हुआ मेरा अज्ञान; सर्वनाश-हित हा ! भवितव्य !''[350]

शेषमणि शर्मा की केयी भी चित्रकूट में स्वयं को पतिघातिनी तथा सर्वनाश कां मूल कारण समझ कर लज्जा और ग्लानि से गलने लगती है। किन्तु यहाँ उसका अनुताप इतना वाणी-मुखर नहीं है। वह अनुताप दग्ध, अश्रु-विगलित राम भक्त की भूमिका पर ही अधिक अवतीर्ण हुई है :

"जगन्नियता हो तुम सब के, घट-घट के अन्तर्यामी;
प्रथम पुरुष हो आदिसृष्टि के प्रकृति-प्रेयसी के स्वामी।
तुम्हें कठिन क्या है चाहो तो मेरा भी उद्धार करो;
माँ ही अपनी समझ प्रार्थना तुम मेरी स्वीकार करो ![351]

इस प्रकार कैकेयी की कुटिलता उसकी महत्त्वाकांक्षिणी स्वार्थान्ध प्रवृत्ति, प्रति-शोध भावना स्वयं कैकेयी के अनुताप और उसकी आत्मभर्त्सना के आँमुओं में धुल कर बह जाती है। उसके मन का कल्मष धुल जाता है और हृदय की उज्ज्वलता साफ दृष्टिगत होने लगती है। आधुनिक युग मनोविज्ञान का युग है। मानसिक वृत्तियों का चित्रण तथा मनोभावों का पारस्परिक संघर्ष चरित्र को उत्कर्ष प्रदान करता है। किंतु मनोवैज्ञानिक अन्तर्द्वन्द्व आत्मपराजय की स्वीकृति का भी परिचायक होता है। अपने दोष के प्रति जागरूक मानसिकता भी पश्चात्ताप के माध्यम से वस्तुत: किसी कृत्य की युक्तियुक्तता ही सिद्ध करती है।[352] कैकेयी की अपराध स्वीकृति भी वस्तुत: यौक्तिकीकरण (Rationalization) ही है,[353] जिसमें उसका विवेक अधिक सतेज और हृदय भावावेश से परिपूर्ण हो उठता है। आत्मानुताप की यह पंक्ति भावनापूर्ण होते हुए भी विवेक का आधार ग्रहण किये हुए है :

"पटके मैंने पद-पाणि मोह के नद में-
जन क्या-क्या करते नहीं स्वप्न में, मद में ?...[354]

स्पष्टत: आधुनिक युग में एक ओर तो कैकेयी के मूल व्यक्तित्त्व के मनोवैज्ञा-निक क्षेत्र प्रकाशित हुए हैं, दूसरी ओर वह निष्क्रिय यांत्रिक चरित्र की अपेक्षा राज-नीति एवं समाज में विशिष्ट उत्तरदायित्वपूर्ण स्वर वहन करती हुई अंकित की गई है। इस दृष्टि से आधुनिक रामकाव्य की प्रमुख कृतियों को दो वर्गों में रखा जा सकता है : प्रथम वर्ग में वे कृतियाँ आती हैं जिन्होंने या तो कैकेयी के परम्परागत स्वरूप को मनोवैज्ञानिक कथा का स्पर्श देकर उसकी कुटिलता एवं कठोरता को मानवता की सहज गरिमा प्रदान की है अथवा कैकेयी के चरित्र को ही केन्द्र में रखकर उसे तत्का-लीन सामाजिक-राजनीतिक गतिविधियों की प्रेरिका शक्ति के रूप में अंकित किया है। 'साकेत', 'साकेत-संत', कैकेयी' (प्रभात-कृत), 'कैकेयी' (चांदमल अग्रवाल-कृत), 'कल्याणी कैकेयी', 'कैकेयी' (शेषमणि शर्मा-कृत) आदि इसी प्रकार की कृतियाँ हैं। दूसरे वर्ग में वे कृतियाँ आती हैं, जिसमें कैकेयी का वृत्त कथा के केन्द्र में तो नहीं है, किन्तु उसके व्यक्तित्व की संवेगात्मकता, प्रवृत्यात्मकता एवं पारिवेशिकता का कोई-न-कोई नूतन केन्द्र उद्घाटित हुआ है। शेष अधिकांश कृतियाँ इसी कोटि में आती हैं।

'रामचरित-चिन्तामणि' आधुनिक रामकाव्य की वह प्रथम कृति है, जिसमें कवि की जीवन-दृष्टि का उन्मेष हुआ है। इसका कथानक मूलत: 'वाल्मीकीय रामा-यण' से प्रभावित है। इसमें कैकेयी राम के राज्याभिषेक का समाचार सुनकर प्रसन्न होती है तथा मंथरा से कहती हैं कि मैं राम और भरत में कोई भेद नहीं मानती। तू हर्ष मना और यह माला उपहारस्वरूप ले। 'रामचरित-चंद्रिका' में कैकेयी के नारी-सुलभ मनोविज्ञान पर प्रकाश डाला गया है। राम को राज्य मिलने पर कैकेयी को अपनी दुर्दशा होने की आशंका होती है। अभिषेक महोत्सव पर भरत का न बुलाया जाना या तो राजकीय षड्यंत्र की गंध देता है अथवा मनोवैज्ञानिक त्रुटि का एक ऐसा प्रतीक है जो राजा दशरथ और उनके मंत्रदाताओं के बौद्धिक दौर्बल्य का स्पष्ट उदाह-रण जाना जा सकता है। श्री राधेश्याम द्विवेदी ने 'कल्याणी कैकेयी' में रामकथा के इस महत्वपूर्ण बिन्दु की ओर सशक्त संकेत किया है। कवि की दृष्टि में यह एकतंत्र में लोकतंत्र के नाटक की भूमिका का प्रहसन मात्र है। "भरत को ननिहाल बचपन से ही टाल दिया और दशरथ की मृत्यु तक भरत नहीं आ पाता। थोड़ी-सी कथा सत्य-नारायण की परिवार में होने पर सबको बुलाया जाता है, लेकिन महोत्सव का, जिसमें केशर-दही की गलियों में कीच हो रही थी, भरत या कैकेयी को पता नहीं। भरत की अनुपस्थिति में कैकेयी विमाता ने राम को ही पुत्र मानकर लालन-पालन किया। मंथरा सरस्वती थी, घर-फोड़नी नहीं और वफादार चाकर ! उससे अन्याय नहीं देखा गया और उसने यही बात कह दी जो कि भविष्य के अनुकूल थी, जिसमें जनगण का मंगल था।"[355]

कैकेयी के चरित्र में प्रथम युगांतर 'साकेत' में दृष्टिगत होता है। 'साकेत' की कैकेयी अन्तर्द्वन्द्व से पीड़ित, पुत्र-वत्सला, सहज-दुर्बल मानवी है। अपने दुष्कृत्य के औचित्य का प्रतिपादन भी वह वात्सल्य की भूमि पर ही करती है। "कैकेयी के व्यक्तित्व का संघटन प्रमुख मनोवैज्ञानिक तत्त्व उसका संवेग-वात्सल्य है।''[356]

'रामकथा-कल्पलता' में भी कैकेयी के व्यक्तित्व को अधिक मानवीय एवं संवेद्य बनाने में उसकी आत्म-ग्लानि, अनुताप-भावना तथा नैतिक संचेतना का ही मार्मिक योग है :

मैं दुष्ट हूँ, कर्कश हूँ, कराला, हरा-भरा बाग उजाड़ डाला।
मैं पाप से हा कब मुक्त हूँगी, माता कहाने कब युक्त हूँगी ?[357]

वस्तुत: 'रामकथा-कल्पलता' की कैकेयी की मूल प्रेरणा 'साकेत' की कैकेयी है। 'साकेत' में कैकेयी को चित्रकूट की सभा में उपस्थित होने का अवसर प्रदान करके गुप्तजी ने उसे मातृत्व की मंगलमयी महिमा से अलंकृत किया है। डॉ. लालताप्रसाद सक्सेना के अनुसार— "साकेतकार की विशेषता एवं मौलिकता यदि एक ओर कैकेयी की निच्छलता, सपत्नी-प्रेम तथा सपत्नी-पुत्र राम के प्रति अगाध वात्सल्य के प्रदर्शन में है तो दूसरी ओर उसके पश्चात्ताप एवं आत्म-ग्लानि के साथ राम को अयोध्या लौटाने के प्रयत्न में भी।[358]

कहने की आवश्यकता नहीं कि साकेतकार ने कैकेयी के चरित्र का यह आख्यान परम्परा के ही किंचित् उदात्त एवं परिष्कृत रूप का प्रतिफलन है। फिर भी 'साकेत' में कैकेयी की ग्लानि का अत्यन्त पावन चित्र पहली बार अंकित किया गया है। "कैकेयी के चरित्र का अभिनव सृजन मात्र इस काव्य को अमर बनाने को पर्याप्त है।"[359]

वस्तुत: 'साकेत' में कैकेयी की पुन: संस्करण अवश्य हुआ, किन्तु उसका महत्त्व अपने चरित्र के मनोवैज्ञानिक वैशिष्ट्य के कारण ही है तथा कथा के केन्द्र में उसकी स्थिति इतनी महत्त्वपूर्ण नहीं है। यही स्थिति 'साकेत संत' की भी है। 'साकेत-संत' के केन्द्र में भरत और माण्डवी हैं, किन्तु भरत के संदर्भ में कैकेयी के चरित्र के अनेक पार्श्व-बिन्दु इसमें भी उद्घाटित हुए हैं। कैकेयी दशरथ को इस शर्त पर विवाह में दी गई थी कि कि उसका औरस पुत्र ही गद्दी का उत्तराधिकारी घोषित होगा।[360]

'साकेत-संत' की कैकेयी भी राम से भरत के लिए अयोध्या लौटने का आग्रह करती है किन्तु राम और कैकेयी का संवाद सभा में नहीं, अपितु वैयक्ति आग्रह के रूप में होता है। कैकेयी में अनुताप एवं आत्मग्लानि की वैसी उत्कट अभिव्यंजना यहाँ नहीं है। वह द्वार पर धरना देने, वन में प्रायश्चित्त करने तथा भरत को अवलम्ब प्रदान करने का जो आग्रह करती है, उससे उसके चरित्र को कोई विशेष उत्कर्ष प्राप्त नहीं होता-

"साथ सबों के यदि न चलोगे, आज द्वार पर धरना दूंगी।
इन पापी प्राणों को धारण कर घर में क्यों और मरूँगी ?'[361]

हाँ, कैकेयी चित्रकूट पर अश्रुधार बहाकर तथा अवरुद्ध कण्ठ से सिसकियाँ भर कर अपनी दयनीय दशा का प्रदर्शन खूब करती है। किन्तु यह वर्णन भी विशेष संवेद्य नहीं बन पाया है। मनोवैज्ञानिक द्वन्द्व के स्थान पर भावुकता का अतिरेक उसके व्यक्तित्व को कोई अर्थवत्ता प्रदान नहीं करता :

घर-घर आँसू की धार बहाई सिर पर,
अवरुद्ध हो उठा कण्ठ सिसकियाँ लेकर।
अपनी ऊष्मा में आप जली जाती थी,
स्थिर थी पर फिर भी बही चली जाती थी।[362]

'साकेत-संत' में ही जब राम राष्ट्र की अखण्डता की रक्षा पर विचार-विमर्श करते हैं तो कैकेयी अयोध्या-राज्य का पश्चिमी नाका साधने का भार ग्रहण करना स्वीकार करती है। एक आलोचक के मत से "साकेत-संत की कैकेयी अयोध्या के पश्चिमी नाके को साधने की जो बात कहती है, वह नितान्त नवीन है। क्योंकि, मानस और साकेत की कैकेयी की भाँति उसमें केवल मानसिक संताप या पश्चात्ताप ही नहीं है। मिश्रजी की कैकेयी क्रियात्मक पश्चात्ताप द्वारा अपने कलंक को

धोकर चरित्र का परिष्कार करती है।"[363] किन्तु यह भी उसके चरित्र की अतिरिक्त भावुकता और मुखरता का परिपाक है जो वस्तुस्थिति के क्रियात्मक सामंजस्य के अनुकूल दृष्टिगत नहीं होता। निष्कर्षत: 'साकेत' एवं 'साकेत-संत' में कैकेयी का चरित्र भरत के चरित्र को उत्कर्ष प्रदान करने की दृष्टि से अंकित किया गया है। उसके अस्तित्व की स्वतंत्र प्रतिष्ठा केदारनाथ मिश्र 'प्रभात' के 'कैकेयी' और राधेश्याम द्विवेदी-कृत 'कल्याणी कैकेयी', चाँदमल अग्रवाल-रचित 'कैकेयी', शेषमणि शर्मा रायपुरी की 'कैकेयी' इत्यादि काव्यों में हुई है।

ऊर्मिला

आधुनिक रामकाव्य में मानवीय संवेदना की पुन: प्रतिष्ठा हुई है। व्यक्ति की अस्मिता, उसकी मानसिकता और उसके जीवन के व्यापक संदर्भ यहाँ स्वयं में एक विशिष्ट अस्तित्व रखते हैं। मध्य युग में व्यक्ति साध्य नहीं, स्वयं में एक साधन था, 'एक माध्यम मात्र जो सामूहिक व्यक्तित्व से जुड़कर अपनी अन्त: सत्ता की विशिष्टता से मुक्त हो जाता था। रामकथा के प्रमुख पात्रों का अस्तित्व भी उस महत् कार्य के संदर्भ में ही उत्कीर्ण किया गया जिसे राम की दक्षिण-विजय या लंका विजय कहा गया है। अत: ऐसे पात्र जो न तो उस कथाकथित महत् कार्य के सम्पादन में योग देते हैं और न राम के अवतार पक्ष के गुणों को अभिव्यक्त करते हैं, रामकाव्य की सीमा से बहिष्कृत ही रहे। उनके व्यक्तित्व की रेखाएँ नितान्त धूमिल और अस्पष्ट हैं। राम की सेवार्थ लक्ष्मण के चौदह वर्ष के लिए वन चले जाने पर पतिप्राणा ऊर्मिला पर क्या बीती होगी ? शारीरिक और मानसिक यंत्रणा की किन अनवरत प्रक्रियाओं से वह गुजरी होगी ? राम के राज्याभिषेक और उसके अनन्तर घटित होने वाली घटनाओं में अपनी एकान्त उपेक्षा देखकर उसे कैसी मर्मान्तक वेदना हुई होगी ?-एक ऐतिहासिक वीर-काव्य के वीर-काव्य संदर्भ में ये तथ्य पूर्णतया विस्मृत कर दिये गए। 'वाल्मीकीय रामायण' में केवल इतना उल्लेख मिलता है कि ऊर्मिला सीता की यशस्विनी बहिन थी तथा ऊर्मिला का लक्ष्मण से विवाह हुआ।[364] विवाहोपरान्त सीता के साथ ऊर्मिला भी सासों द्वारा डोली से उतारी जाती है तथा देवताओं के पूजन अर्चन के उपरान्त ऊर्मिला को भी पति के साथ एकान्त के सुख भोग का अवसर प्राप्त होता है।[365]

उक्त उद्धरणों से यह तो स्पष्ट है कि ऊर्मिला शील-सौन्दर्य में निश्चय ही यशस्विनी थी तथा विवाहोपरान्त उसे पति का एकान्त प्रेम तथा दैहिक एवं मानसिक सुख प्राप्त हुआ था। इसी का पल्लवन आगे चलकर 'साकेत' में हुआ। तुलसीदास ने भी मात्र इतना संकेत किया है कि ऊर्मिला सकल सुन्दर शिरोमणि तथा जानकी की छोटी बहिन थी और लक्ष्मण से उसका विवाह हुआ। [366]

वाल्मीकि और तुलसी ने ऊर्मिला के रूपशील की एक क्षीण झाँकी भले ही प्रस्तुत की, किन्तु राम कथा के विकास में उसका योग तथा उसकी मानसिक अन्तर्यात्रा की गाथा उपेक्षित ही रही। आ. महावीरप्रसाद द्विवेदी के शब्दों में – "कविशिरोमणि (वाल्मीकि) ने 'विपत्ति-विधुरा होने पर उसके साथ अल्पादल्पतरा संवेदना तक कहीं प्रकट नहीं की, उसकी खबर न ली। तुलसीदास ने भी ऊर्मिला पर अन्याय किया-आपने भी चलते वक्त ऊर्मिला से नहीं मिलने दिया। माता से मिलने के पश्चात् कह दिया-'गये लखन जहँ जानकि नाथा। ऊर्मिला को जनकपुर से साकेत पहुँचा कर भूल जाना अच्छा नहीं हुआ।" भवभूति को बेचारी ऊर्मिला एक बार याद आ गई है। चित्रफलक पर ऊर्मिला को अंकित देखकर सीता ने लक्ष्मण से पूछा-'इयमप्यपरा का ?' अर्थात् – लक्ष्मण, यह कौन है ? लक्ष्मण इस बात को समझ गये और वे कुछ लज्जित होकर मन-ही-मन कहने लगे कि ऊर्मिला को सीतादेवी पूछ रही हैं।[367]

आचार्य द्विवेदी ने अत्यन्त भावपूर्ण शब्दों में लिखा है-"खेद की बात है कि ऊर्मिला का उज्ज्वल चरित्र-चित्र कवियों से उसी प्रकार आज तक ढकता आया है [368] आचार्य द्विवेदी का यह आह्वान व्यर्थ नहीं गया। गुप्तजी ने ऊर्मिला के चरित्र में, उसके उपेक्षित व्यक्तित्व में प्राण प्रतिष्ठित किये। पं. रामचरित उपाध्याय और 'हरिऔध' ने कारुण्य और आदर्श समन्वित उसके चरित्र की रेखाएँ उत्कीर्ण कीं तथा नवीन जी ने ऊर्मिला के अन्त: और बहिर्जगत् की झांकी अंकित की। ऊर्मिला और लक्ष्मण के स्वच्छन्द प्रेम के माध्यम से उन्होंने जीवात्मा एवं परमात्मा के प्रति अलौकिक प्रेम की उत्कटता अभिव्यक्त की।

वस्तुत: ऊर्मिला के नारीत्व की जंसी पूर्ण अभिव्यक्ति 'साकेत' में हुई है, वैसी अन्यत्र अलभ्य है। ऊर्मिला का व्यक्तित्वहीन व्यक्तित्व गुप्तजी के काव्य में अपेक्षाकृत सम्पूर्णता को प्राप्त करता है। दिनकर के शब्दों में, "पुनरुत्थान की प्रेरणा से चालित होकर कवि ने ऊर्मिला को अपनी सहानुभूति दी तथा उसके व्यक्तित्व को जगाने एवं सँवारने का प्रयास किया।''[369] इसमें सन्देह नहीं कि गुप्तजी की ऊर्मिला विरहिणियों की शिरोमणि के रूप में ही 'साकेत' में विशेष अंकित हुई है। उसके विरहजनित क्लेश का सम्भाव्य की भूमि में जितना विस्तार कवि ने किया है, उतना ऊर्मिला के त्याग, तपोनिष्ठ और उत्सर्गपरक स्वरूप का नहीं। उसकी वेदना का मार्मिक अंश यह है कि जब राम के साथ सीता वन चली गईं तो लक्ष्मण ने ऊर्मिला को अपने साथ क्यों नहीं लिया ? वस्तुत: प्रश्न साथ लेने का नहीं है, मान्य की मान-रक्षा का है। सीता भी ऊर्मिला को सम्बोधन करते हुए उसकी आन्तरिक वेदना को इन शब्दों में अभिव्यक्ति प्रदान करती है-

"आज भाग्य जो है मेरा-वह भी हुआ नं हा ! तेरा।''[370]

इसी प्रकार लंका से विजयोपरान्त लौटकर रामं भी ऊर्मिला के इसी व्यक्तित्व को गरिमा प्रदान करते हैं

"तूने तो सहधर्मचारिणी के भी ऊपर-धर्मस्थापन किया भाग्यशालिनि, इस भू पर !"[371]

कवि दिनकर के शब्दों में "ऊर्मिला ने पति से वियुक्त होकर किस धर्म को बल दिया ? उत्तर स्पष्ट है कि लक्ष्मण के सेवा-धर्म को। और पति के सेवाधर्म को अक्षुण्ण रखने के उद्देश्य से उसने अपने यौवन के चौदह वर्ष विरहाग्नि में दग्ध कर दिये, यही उसके व्यक्तित्व की विशेषता है।"[372] वस्तुत: आलोचक 'साकेत' की ऊर्मिला की विरहाभि-व्यक्तियों को विशेष गौरव देने के पक्ष में नहीं हैं, परन्तु उसके त्याग और तपोनिष्ठ रूप के प्रति उनमें सहज श्रद्धा है। उसके हृदय से उठते हुए घात-प्रतिघात, भावनाओं के अन्धड़ में उसका व्यक्तित्व इतना नहीं निखरता जितना कि उसकी उन सूक्तियों, में जिनमें पति के प्रति उसका त्याग, निष्ठा, एकान्त समर्पण भाव तथा उसका राष्ट्र के प्रति ममत्व व्यंजित है। गुप्तजी ने ऊर्मिला की विरहाभिव्यक्तियों को गौरव दिया हैं किन्तु उसके व्यक्तित्व की अन्य रेखाएँ भी उतनी ही भास्वर और दृढ़ हैं। उसमें कलात्मक गुणों की समन्विति है, ललित कलाओं के प्रति अनुराग है[373] तथा कला के स्वरूप और उद्देश्य के प्रति सजगता है।[374] उसमें शिष्टाचार है, नारी-सुलभ स्वाभि-मान एवं कर्त्तव्य-भावना है,[375] तथा सांस्कृतिक अभिरुचि है। उसके व्यक्तित्व में प्रत्युत्पन्न-मतित्व का सहज संस्पर्श है जो कहीं-कहीं उसे अधिक मुखर भी बना देता है।[376] कतिपय आलोचकों को ऊर्मिला की इस प्रखरता के प्रति विशेष श्रद्धा नहीं है। आचार्य नन्द-दुलारे वाजपेयी का कथन है-"ऊर्मिला की चरित्र सृष्टि में भी भावनात्मक आदर्श-वादिता का स्वरूप ही स्पष्ट हो सका है, जो समस्त अवस्थाओं में नायिका के महत्त्व के अनुरूप नहीं कहा जा सकता। विशेषत: नवम सर्ग की ऊर्मिला के गीतों में भावना की जो उन्मुक्त गति है, उसके साथ ऊर्मिला की उदात्त और संयमपूर्ण चारित्रिक विशेषताओं का मेल नहीं बैठता।"[377] वाजपेयीजी की दृष्टि भी मूलतया आदर्श-प्रधान है। गानवोचित दुर्बलताओं का अंकन पात्रों को मानवीयता का सहज संस्पर्श तो देता है किन्तु उनके उदात्त पक्ष को क्षति भी पहुँचाता है। अत: ऊर्मिला के चरित्र में विषय-वासना का स्पर्श उन्हें ऊर्मिला के चारित्रिक उत्कर्ष के विशेष निकट प्रतीत नहीं होता। वस्तुतः साकेत की चरित्र-सृष्टि पात्रों की अतिरिक्त गरिमा और उत्कर्ष की साधना के लिए नहीं है। उसका ध्येय ईश्वर की ईश्वरता का निरूपण नहीं, अपितु मानव की उत्कृष्टता का आख्यान है और मन की रागात्मक वृत्तियों की परितृप्ति उसका अनिवार्य अंग है। [378] मात्र नैतिक मर्यादा और प्रतिबंधों की सीमा रेखाएँ उसे संकुचित नहीं बनातीं। संदर्भों की विविधता उस आदर्श को जीवन की सामान्यता से जोड़ती है जो आलोचकों के मतानुसार प्राचीन परिपाटी में भले ही गृहीत न हो,[379] आधुनिक युग की सूक्ष्मता और मनोवैज्ञानिकता लिये हुए है, तथा जिसकी शृंगारिक स्थितियाँ मानव को दुर्बल नहीं, सबलता का परिप्रेक्ष्य देती हैं।

वस्तुत: पात्रों के औदात्त्य और उत्कर्षता की सिद्धि में शृंगारिकता को बाधा मानना उपयुक्त नहीं। स्वयं वाल्मीकि ने भी सीता और राम के पारस्परिक स्नेह और सम्भोग श्रृंगार का विस्तृत विवरण दिया है। सुन्दरकाण्ड में हनुमान को सीता श्रीराम से कहने के लिए जो संदेश देती हैं, उनमें उन एकान्त संदर्भों का स्पष्ट संकेत है।[380]

नवीन जी ने ऊर्मिला-लक्ष्मण के सम्भोग श्रृंगार का मांसल ऐन्द्रिक चित्रण किया है जो मूलत: एक आध्यात्मिक प्रतीक में पर्यवसित हो जाता है।[381] ऐन्द्रिक स्तर की यह कामानुभूति मृण्मय से चिन्मय की ओर जाती हुई अंकित की गई है।[382]

प्रेम की पार्थिवता की परिधि अपार्थिव केन्द्र-बिन्दु बन गई[383] इसी प्रकार ऊर्मिला के त्याग के स्वरूप का अंकन भी नवीन जी और गुप्त जी दोनों ने ही किया है। ऊर्मिला प्रिय के पथ का विघ्न नहीं बनना चाहती है :

"कहा ऊर्मिला ने हे मन !
तू प्रिय पथ का विघ्न न बन।
आज स्वार्थ है त्याग भरा,
हो अनुराग विराग-भरा [384]

इस प्रकार जीवन की विविध अवस्थाओं में वह प्रियतम से अद्वैतानुभूति करते हुए आत्मप्रबोधन करती है, कहीं अपने रागनिष्ठ मन को कर्त्तव्य-भावना से युक्त करती है और कहीं समर्पण-भाव से परमार्थ सिद्धि का सूत्र खोजती है। प्रियतम के प्रति उसमें अद्वैतानुभूति इतनी प्रखर है कि सर्वत्र प्रकृति में उसे प्रियतम की छवि ही दृष्टिगोचर होती है :

"निरख सखी, ये खंजन आये !
फेरे उन मेरे रंजन ने नयन इधर मन भाये।"[385]

गुप्त जी के समान नवीन जी ने भी विरह पीड़ा की संयत अभिव्यक्ति के लिए लोक-मंगल की साधना की पृष्ठभूमि निर्मित की है। वियोग की विह्वलता को वह मानव-कल्याण के लिए सहन करने को तत्पर है-

"मानवता की पाद-पीठ पर तुमको न्यौछावर करके,
रो लेगी विरहिनी ऊर्मिला चुपके-चुपके जी भरके।''[386]

ऊर्मिला का चरित्र जिस पारिवारिक पृष्ठभूमि में अंकित किया गया है, उसमें उसकी धर्मनिष्ठता तथा प्रेमपूर्ण व्यक्तित्व की समन्वित साधना के लिए पर्याप्त अवकाश है। चौदह वर्ष की वियोगाग्नि में तपती हुई वह विरह-विह्वला सदैव की करुणा और अश्रु की अविरलता के बीच भी अपने आदर्श को जाग्रत रखती है। उसमें आकांक्षा और आदर्श का अन्तर्द्वन्द्व है, लेकिन विजय आदर्श की ही होती हैं। नवीन जी ने मानवता, मानवीय संवेदना तथा राष्ट्र प्रेम की अनिवार्यता को सुरक्षित रखते हुए ऊर्मिला के प्रेम को अतीन्द्रियता और आध्यात्मिकता का संस्पर्श दिया है। फलत: ऊर्मिला का विरह प्राचीन रहस्योन्मुख आध्यात्मिक विरह-सा प्रतीत होता है। नवीन जी की ऊर्मिला एकांतिक प्रेम की साधिका के रूप में हमारे समक्ष आती है, जबकि गुप्त जी की ऊर्मिला में एक कुल-वधू की मृदुता और वीरांगना के आदर्श समाहित हो गए हैं। विरह की एकांतिक अभिव्यक्तियों के बीच भी वह पारिवारिक आदर्शों को विस्मृत नहीं करती। आठ पहर चौंसठ घड़ी स्वामी का ही ध्यान करने वाली[387] ऊर्मिला अपनी दीन सासों, बहिनों और देवर के प्रति अपने कर्त्तव्य से पराङमुख नहीं है।[388] यही नहीं, हनुमान द्वारा लक्ष्मण मूर्च्छा का समाचार पाकर भी वह अपने आत्मविश्वास और वीरत्व की दीप्ति को क्षीण नहीं होने देती।[389] लंका के विरुद्ध अयोध्या की सैन्य-सज्जा का समा-चार सुनकर वह स्वदेशाभिमान के सात्विक क्रोध से प्रज्वलित हो उठती है।[390]

स्पष्टत: ऊर्मिला के विरहिणी-स्वरूप को साध्य बनाकर भी कवियों ने उसके व्यक्तित्व के बौद्धिक तथा आध्यात्मिक आयामों को असंपृक्त नहीं छोड़ा है। 'विदेह' में वह जीवन और जगत् की दार्शनिक समस्याओं के विषय में प्रश्न-प्रतिप्रश्न करती[391] तथा 'ऊम्मिला' में दार्शनिक, राजनैतिक एवं सामाजिक समस्याओं पर अपना तार्किक निर्णय एवं अभिमत व्यक्त करती है।[392] प्रियदर्शी की 'ऊर्मिला' में भी वह अपनी कर्त्तव्य-भावना और बौद्धिक निर्णय को संतुलित बनाये हुए है।[393] इस प्रकार ऊर्मिला के चरित्र की प्रमुख रेखा विरहिणी की अवश्य है, किन्तु अपने बौद्धिक व्यक्तित्व के कारण वह कहीं-कहीं कथा के केन्द्रीय अस्तित्व में आकार ग्रहण करके घटनाक्रम को अपनी निर्णा-यक क्षमता से प्रभावित भी करती है।

शूर्पणखा

आधुनिक युग की सांस्कृतिक एवं मनोवैज्ञानिक अवधारणाओं का प्रतिफलन शूर्पणखा के चरित्र चित्रण में भी दिखलाई देता है। परम्परित दृष्टि से शूर्पणखा के चरित्र का मूल्यांकन कुरूपा, घृणामयी तथा कामुक नारी के रूप में किया गया है, जो अपनी उच्छृंखलता एवं अविवेक के कारण स्वयं के लिए ही नहीं, अपितु सम्पूर्ण जाति के लिए ऐतिहासिक संकट उपस्थित

कर देती है। वर्तमान युग में भी अनेक काव्यों में शूर्पणखा का यह परम्परा प्राप्त रूप दृष्टिगत होता है। डॉ. बलदेवप्रसाद मिश्र ने शूर्पणखा का चरित्रांकन जन-मानस में स्थापित उसके इसी व्यक्तित्व की पार्श्वभूमि में किया है। यथा,

उसके एक बहन थी बुढ़िया शूर्पणखा नामिका कुरूप,
जितनी वह कुरूप थी उतनी उच्छृंखल कामिनी अनूप।
काम वासना की आहुति में कई नरों का कर बलिदान,
डोला करती थी वह भू पर भीषण झंझावात-समान ॥[394]

आधुनिक युग में शूर्पणखा के इस कामुक रूप के परिष्कार का प्रयास नर-नारी के सहज आकर्षण की भावभूमि पर किया गया है जिसमें शूर्पणखा के चरित्र की मौलिक विशेषता सुरक्षित रही है। आधुनिक संदर्भ में उसका प्रणय निवेदन तथा लक्ष्मण एवं राम के प्रति उसका वासना-प्रेरित आकर्षण मनोवैज्ञानिक एवं मानवीय प्रतीत होता है। भारतीय संस्कृति ने नारी के शील एवं व्यवहार की कसौटी लज्जा एवं मर्यादा निश्चित की है, जो सार्वकालिक एवं सार्वभौम नहीं कही जा सकती। विविध सांस्कृतिक परिवेशों में उसका रूप भिन्न हो सकता है। अत: आधुनिक कवि को शूर्पणखा की यह प्रणय-याचना इतनी अनुचित प्रतीन नहीं होती है। हाँ, सीता को अपने मार्ग का विघ्न समझ कर हटाने की उसकी चेष्टा अवश्य गर्हित एवं आपत्ति-जनक है। अत: आधुनिक कवि ने शूर्पणखा के चरित्र की इसी दुर्बलता को विशेष रेखांकित किया है। 'निराला' ने 'पंचवटी-प्रसंग' तथा श्री मैथिलीशरण गुप्त ने 'पंच-वटी' में शूर्पणखा के सौन्दर्य तथा आश्रय-निष्ठ प्रभाव का मार्मिक चित्रण किया है :

योजन-गंध-पुष्प जैसा प्यारा वह मुखमण्डल
फैलते पराग दिङमंडल आमोदित कर,
खिच आते भौंरे प्यारे।
देख यह कपोत-कण्ठ
बाहु-वल्ली, कर-सरोज
उन्नत उरोज पीन-क्षीण कटि-
नितम्ब भार-चरण सुकुमार-
गति मंद-मंद,
छूट जाता धैर्य ऋषि-मुनियों का;
देवों-भोगियों की तो बात ही निराली है।[395]

इसी प्रकार 'पंचवटी' (गुप्तजी) में भी लक्ष्मण शूर्पणखा के रूप-सौन्दर्य को देखकर भावमुग्ध एवं विस्मित हो उठते हैं :

फिर आँखें खोलें तो यह क्या अनुपम रूप, अलौकिक वेश।
चकाचौंध-सी लगी देखकर प्रखर ज्योति की वह ज्वाला,
निस्संकोच खड़ी थी सम्मुख, एक हास्यवदनी बाला।[396]

उक्त पृष्ठभूमि में यदि विचार करें तो शूर्पणखा का लक्ष्मण के प्रति प्रणय-घात-प्रतिघात के परिप्रेक्ष्य में विशेष निवेदन परिस्थितियों और मनोभावनाओं के अनुचित नहीं है। शूर्पणखा की कामातुरता अथवा अतृप्त वासना यहाँ प्रधान नहीं है। एक प्रणय-विमुग्धा नारी का निस्संकोच प्रणय निवेदन ही यहाँ पाठकीय संवेदना को विशेष प्रभावित करता है, जिसके संदर्भ में लक्ष्मण के द्वारा उसका विरूपीकरण मान-वीय सहृदयता एवं मर्यादा का नग्न अतिक्रमण करता-सा प्रतीत होता है। अत: कवि ने शूर्पणखा के मनोज्ञ रूप को 'राक्षसी माया' कहकर उसके प्रति पाठकीय सहानुभूति को क्षीण करने का प्रयत्न किया है, जो आरोपित अधिक लगता है, स्वाभाविक कम।[397]

शूर्पणखा के चरित्र का नवीन विकास 'रावण-महाकाव्य' तथा 'शूर्पणखा' काव्यों हुआ है। रावण महाकाव्य' में शूर्पणखा जन-स्थान की प्रांतीय शासिका है। उसके कठोर शासन को समाप्त करने के तथा उसे मार डालने के लिए मुनियों

ने जो योजना बनायी, उससे प्रेरित होकर लक्ष्मण शूर्पणखा का वध करने के लिए पहले ही कृतसंकल्प हो चुके हैं। किन्तु, शूर्पणखा अंग रक्षकों को छोड़कर निर्भीक राम की कुटिया में चली जाती है और लक्ष्मण बिना किसी तात्कालिक उत्तेजना के उसको मारने के लिए तत्पर होते हैं। सीता जब नारी-वध के कारण लक्ष्मण को अपकीर्ति के फैलने की आशंका

व्यक्त करती है, तब वह केवल नाक-कान काट लेते हैं।[398] निश्चय ही इस संदर्भ में लक्ष्मण का यह कृत्य अधिक गर्हित एवं अमानवीय है। और लगभग इसी दृष्टि से प्रेरित होकर प्रीतमसिंह बगरेचा ने भी शूर्पणखा के चरित्र को इस विश्वास के साथ प्रस्तुत किया है कि "हमारा विवेक, हमारी न्याय बुद्धि और हमारा संवेदनशील हृदय शूर्पणखा के सति समाज के घृणास्पद विश्वास को निकाल फेंकेगा।''[399] 'शूर्पणखा' काव्य में शूर्पणखा रक्ष एवं आर्य जाति में सांस्कृतिक समन्वय स्थापित करने के लिए कृत-संकल्प है। अत: स्वयं रक्षकुल में उत्पन्न होकर भी दोनों जातियों की मैत्री और एकता को दृढ़ता प्रदान करने के लिए आर्य जाति के प्रतिनिधि राम अथवा लक्ष्मण से वैवा-हिक सम्बन्ध स्थापित करना चाहती है, क्योंकि उसका विश्वास है कि आर्यों से प्रणय-सम्बन्ध होने से दोनों संस्कृतियाँ भी प्रेम के बंधन में आबद्ध हो जायेंगी।[400] इसके लिए वह रावण से अनुमति प्राप्त करती है। किन्तु शूर्पणखा का यह सत्संकल्प पूरा नहीं हो पाता। राम लंकापति रावण के कुलध्वंस करने का पूर्व निश्चय कर चुके हैं। अत: उसे विकलांगिनी बनाकर राक्षसों में रोष उत्पन्न करने का यह स्वर्ण अवसर वे हाथ से नहीं जाने देते।[401] "प्रणय निवेदन करना भी क्या कोई अपराध है, किन्तु वह सुकुमारी व अनन्य सुन्दरी उन आर्य-बंधुओं द्वारा विकलांगिनी बना दी जाती है।"[402]

शूर्पणखा के चरित्र का यह पुन: संस्कार आधुनिक युग की सांस्कृतिक विचार-धारा का स्वाभाविक परिणाम है। श्रद्धा, भक्ति के आधार पर राम एवं लक्ष्मण के द्वारा शूर्पणखा के विरूपीकरण का औचित्य अब तक सिद्ध किया जाता रहा है। आधु-निक कवि भक्ति भावना के आवेश से मुक्त होकर राम के शील-सौजन्य के आगे जहाँ प्रश्न-चिह्न लगाता है, वहाँ उसका संवेदनशील हृदय उस निर्दोष रक्ष-राजकुमारी कं प्रति सहानुभूति और संवेदना भी व्यक्त करता है।

गौण पात्र : वर्गीकरण का आधार

आधुनिक रामकाव्य के संदर्भ में गौण और प्रमुख पात्रों की विभाजक रेखा युगीन परिवेश में उनकी प्रसंगिकता के आधार पर निर्दिष्ट की जा सकती है। ऊर्मिला, कैकेयी, अहल्या, शूर्पणखा आदि स्त्री-पात्र तथा लक्ष्मण, भरत, विभीषण आदि पुरुष-पात्र अपने परम्परा प्राप्त रूप में गौण पात्र ही हैं, क्योंकि काव्य की आधिकारिक कथा को वे बहुत दूर तक प्रभावित नहीं करते, केवल प्रासंगिक वृत्त में ही उनका योगदान दिखाई देता है। किन्तु आधुनिक युग की मौलिक समस्याओं ने कथा के प्राचीन इति-वृत्त को जिस नवीन परिप्रेक्ष्य में प्रस्तुत किया है, उसमें अनेक पात्रों के महत्त्व के विषय

में धारणाएँ पर्याप्त बदली हैं। उपेक्षित पात्रों की पुन: प्रतिष्ठा से ऊर्मिला कथा के केन्द्र में प्रतिष्ठित हुई तो राक्षस-पक्षीय पात्रों को मानवीय संवेदना से समन्वित करने के प्रयत्न 'शूर्पणखा' जैसे काव्य की सृष्टि में सार्थक हुए। इसी प्रकार मनोवैज्ञानिक कारणों से अहल्या के चरित्र का पुनर्मूल्यांकन हुआ तथा आत्म-निर्वासन की यातना भोगते हुए विभीषण जैसे पात्रों के मनोलोक में भी कवि ने प्रवेश किया। कैकेयी-जैसे गौण पात्र अपनी मनोवैज्ञानिक राष्ट्रीय भूमिका के कारण कथा के केन्द्रीय वृत्त को गति प्रदान करने लगे तो लक्ष्मण भी राम के अनुचर मात्र न रहकर प्रणय-राग की सरस

भूमिका में अवतरित होकर अपनी स्वतन्त्र भूमिका ग्रहण करने लगे। अत: इन सब पात्रों को मात्र गौण-पात्र न मानकर उनकी युगीन भूमिका के अनुरूप प्रमुख पात्रों की श्रेणी में रखना ही उचित है। युगीन सन्दर्भ में वे महत्त्वपूर्ण हैं। साथ ही प्राचीन इतिवृत्त की अनेक कड़ियों का आधुनिक कवियों ने कोई विशेष उपयोग नहीं किया है। अत: एक ओर परशुराम, अंगद जैसे पात्र प्राय: अस्तित्व-शून्य हैं तो दूसरी ओर मानस के मिथकीय संदर्भ में अन्तर्भुक्त होने वाले अनेक पात्र जैसे एकदम लुप्त हो गये हैं। शरभंग, सुतीक्ष्ण, भरद्वाज, विराध, कबंध, मारीच, खर-दूषण, अनसूया, तारा, त्रिजटा इत्यादि पात्रों का कोई विशेष उल्लेख एकाध काव्यों को छोड़कर आधुनिक रामकाव्य में नहीं मिलता।

अत: आलोचकों ने रामकाव्य का अध्ययन करते समय प्रमुख और गौण पात्रों का जो वर्गीकरण किया है, उसे युगीन सन्दर्भ के अनुकूल किंचित् परिवर्तित रूप में ही यहाँ स्वीकार किया गया है। डॉ. लालताप्रसाद सक्सेना ने मानस के राम,

लक्ष्मण, भरत, दशरथ, हनुमान एवं रावण को प्रधान पुरुष पात्र; शत्रुघ्न, अंगद, परशुराम को गौण पुरुष-पात्र तथा सुग्रीव, बालि, जाम्बवान्, जटायु, शरभंग, सुतीक्ष्ण मुनि, नारद, शिव तथा अन्य ऋषियों को अन्य गौण पुरुष पात्रों की संज्ञा दी है। इसी प्रकार सीता, कौशल्या एवं कैकेयी को प्रमुख नारी पात्र तथा सुमित्रा, अनुसूया, मंदोदरी, शूर्पणखा को गौण नारी पात्र माना है। 'साकेत' में उन्होंने ऊर्मिला और लक्ष्मण को भी प्रमुख पात्रों के अन्तर्गत रखा है।[403] डॉ. लक्ष्मीनारायण दुबे ने 'ऊम्मिला' ('नवीन'-कृत) की विवेचना करते समय ऊर्मिला, सुमित्रा, सीता एवं सुनयना को प्रमुख नारी पात्र माना है। कैकेयी, कौशल्या, माण्डवी श्रुतिकीर्ति, शूर्पणखा, मन्दोदरी आदि को अन्य पात्रों की संज्ञा दी है।[404] पुरुष पात्रों में लक्ष्मण, राम एवं जनक प्रमुख पात्र हैं, जबकि विभी-षण, सुग्रीव, दशरथ, भरत, शत्रुघ्न, हनुमान, सुमंत्र आदि अन्य पात्र हैं।[405]

इन वर्गीकरणों पर दृष्टि डालने से यह स्पष्ट हो जाता है कि मुख्य एवं गौण पात्रों का विभाजन मूलत: कथा-संदर्भ की प्रासंगिकता पर निर्भर है। अत: राम, सीता आदि एक-दो प्रमुख पात्रों के अतिरिक्त अन्य पात्रों की प्रमुखता एवं गौणता को लेकर आधुनिक रामकाव्य-सम्बन्धी आलोचना एवं शोध-ग्रन्थों में एकमत का न होना स्वा-भाविक है। यहां हमने पुरुष पात्रों में राम, लक्ष्मण, भरत, हनुमान, जनक, रावण तथा विभीषण का विवेचन प्रमुख पात्रों के अन्तर्गत किया है। इसका कारण स्पष्टत: परिवर्तित युगबोध एवं परिवेश के स्तर पर उनके चरित्र के प्रति कवियों की बढ़ती हुई रुचि तथा अन्तर्दृष्टि है। जहाँ प्राचीन काव्य में राम को ही केन्द्रीय वृत्त में रख-कर कथा का विस्तार किया गया है, वहाँ आधुनिक युग में लक्ष्मण, हनुमान, भरत, जनक, रावण आदि को भी केन्द्रीय महत्त्व प्रदान कर स्वतन्त्र काव्य की सृष्टि की गयी है।

इसी प्रकार सीता के अतिरिक्त ऊर्मिला, कैकेयी, शूर्पणखा, अहल्या इत्यादि स्त्री-पात्रों को केन्द्र में रखकर भी स्वतन्त्र काव्यों की सृष्टि की गयी है। अकेली कैकेयी के नाम पर चार प्रबन्ध-काव्य हैं। यही स्थिति ऊर्मिला की है। छोटे-बड़े कई प्रबन्धों में उसे नायिका-पद प्रदान किया गया है।

गौण पुरुष पात्र

राम-कथा के गौण पुरुष पात्रों में कुछ पात्र ऐसे भी हैं जो कथा की केन्द्रीय धारा से परम्परा प्राप्त रूप में जुड़े रहकर केवल कथा के इतिवृत्त मात्र में अपना योग देते हैं। उनके व्यक्तित्व में किसी नये कोण की उद्‌भावना की ओर प्राय: आधुनिक कवि प्रवृत्त नहीं हुए हैं। ये पात्र हैं-दशरथ, शत्रुघ्न, परशुराम, जटायु, बालि, सुग्रीव, अंगद, जाम्बवान्, शरभंग, सुतीक्ष्ण मुनि, नारद, शिव, सुमंत्र, वशिष्ठ, विश्वामित्र, वाल्मीकि तथा अन्य ऋषि, निषाद, राजगुरु, मारीच, शम्बूक, खर, दूषण, त्रिशिरा आदि। प्रसंग प्राप्त होने पर इन पात्रों में परम्परित रूप की अपेक्षा कहीं-कहीं नवीनता के दर्शन भी होते हैं। विवेचन की दृष्टि से इन्हें राम एवं रावण-पक्षीय पात्रों में वर्गीकृत किया जा सकता है।

राम-परिवार तथा परिजन

दशरथ

राम-परिसर के गौण-पात्रों में दशरथ का स्थान सर्वप्रमुख है। परम्परित रूप में दशरथ दृढ़-प्रतिज्ञ एवं सत्यसंध हैं, किन्तु अपनी कामसाक्ति, दुर्बल संकल्प-शक्ति, मोह तथा रागद्वेष जन्य दुर्बलताओं के कारण उनका चरित्र आदर्श नहीं कहा जा सकता। एक किंकर्तव्यविमूढ़ता की स्थिति उनके चरित्र को अनेक असंगतियों एवं अन्तर्विरोधों से युक्त करती है।

वाल्मीकि ने दशरथ को दूरदर्शी, तेजस्वी, बलवान्, दिव्य गुण सम्पन्न, संयमी, सत्यप्रतिज्ञ कहा है,[406] ' तो तुलसी ने भी दशरथ को 'धर्म-धुरंधर गुण-निधि ज्ञानी'[407] कहकर वाल्मीकि के ही मत की पुष्टि की है। अत्यंत सहिष्णु हैं। दशरथ

वृद्धावस्था में उत्पन्न शिशुओं के प्रति मोह-मुग्ध हैं, किन्तु पत्नी-प्रेम तथा पुत्र-प्रेम की अतिशयता के कारण वे स्वयं अपने लिए विपत्ति का अर्जन करते हैं। वृद्ध राजा के हृदय में तरुण पत्नी के प्रति आसक्ति का होना स्वाभाविक है।[408] उन पर विषय-लम्पटता एवं कामुकता का आरोप लगाया गया है, किन्तु है वह प्रसंग प्राप्त हो। यही दुर्बलता अनेक बार उनकी भावातिशयता में परिणत हो गयी है। राम के प्रति दशरथ की आसक्ति का वर्णन तुलसी ने भी भावातिशयता के इसी स्तर पर किया है।[409]

आधुनिक रामकाव्य में दशरथ के चरित्र का विस्तार से अंकन नहीं हुआ है। 'अरुण रामायण' के अतिरिक्त पुत्र प्राप्ति के लिए दशरथ की व्यग्रता की ओर अन्य किसी कवि ने संकेत भी नहीं किया है। गुप्तजी ने दशरथ के चरित्र चित्रण में वाल्मीकि की परम्परा का अनुसरण करते हुए दशरथ को वीरव्रती कहा है,[410] किन्तु उनकी मानव सुलभ दुर्बलताओं का वह परिप्रेक्ष्य प्रस्तुत नहीं किया है, जिसके कारण दशरथ के चरित्र के अन्तर्विरोधों एवं असंगतियों को स्वीकार करते हुए पाठक उनके प्रति सहाभूति प्रवण अथवा सहिष्णु हो सकता है। अतः आगे वे जब अपने सत्यव्रत अथवा दृढ़ प्रतिज्ञ स्वभाव का संकेत करते हैं[411] तो उनके चरित्र का उदात्त अंश बहुत निखरता दिखलाई नहीं देता। उनकी उस स्नेहातिशय तथा करुणार्द्र दशा के प्रति पाठक की उमड़ती। अतः जब लक्ष्मण दशरथ की कामुकता पर आक्रोश व्यक्त करते हैं तो वह अत्यन्त स्वाभाविक प्रतीत होता है।[412] वाल्मीकि के लक्ष्मण ही नहीं, राम भी प्रत्यक्ष अथवा परोक्ष रूप में दशरथ की कामपरता एवं विषयैषणा का उल्लेख करते हैं,[413] किंतु वहाँ दशरथ हमारी सहानुभूति नहीं खोते। फिर भी, इसमें संदेह नहीं कि इस काम-परता के आगे उनके सत्यसंधत्व का पक्ष अत्यन्त गौण पड़ जाता है। अतः आधुनिक कवियों ने दशरथ के वर-प्रदान का औचित्य उनके सत्यव्रतत्व की अपेक्षा अन्य संदर्भों में खोजने का प्रयत्न किया है। 'ऊम्मिला' काव्य की ऊर्मिला तो स्पष्टतः दशरथ की इस सत्यप्रियता को अविचारपूर्ण तथा देशकाल-परिस्थिति से शून्य बताती है और अपने पक्ष में जो युक्तियाँ देती है, उनमें आज के विद्रोह चिंतन की स्पष्ट प्रतिध्वनि है-

जग-पूजित है सत्य-धर्म-रत, सन्निष्ठा-मय विद्रोही-
गतानुगतिक का वह विध्वंसक वह प्राणों का निर्मोही,
परिपाटी द्रोही विद्रोही जग की आवश्यकता है,
धीर उत्क्रमण, सतत प्रगति की वह परमावश्यकता है।[414]

अतः राम के वन-गमन का मूल कारण दशरथ की सत्य के प्रति राष्ट्रीयता का अपेक्षाकृत अधिक आधुनिक और प्रबल कारण सामने रखा है। दशरथ केवल सत्य की रक्षा के लिए नहीं, अपितु राष्ट्र-रक्षा के लिए राम को वन भेजने के लिए तत्पर हो जाते हैं। इस प्रकार सत्य-प्रेम की मध्ययुगीन अविचारित दृष्टि राष्ट्रीयता के बृहत्तर संदर्भ से जुड़कर सार्थक हो जाती है। 'कैकेयी' ('प्रभात' कृत) में दशरथ मात्र वरदान की विवशता के कारण नहीं, अपितु युगधर्म की अनिवार्यता के कारण राम को वन भेजने के लिए मानसिक रूप से प्रस्तुत करते हैं-

तुम्हें राम को देता हूँ मैं, अवध राम से छूट रहा है,
जिसे स्नेह ने जोड़ा था, वह जीवन-नाता टूट रहा है।
युग के राम रहे मिल युग को, आज तोड़ नाता दशरथ से,
किन्तु न दशरथ विचलित होता है कर्तव्य ! तुम्हारे पथ से
कैकेयी ! हे प्रिये ! प्रियतमे ! साक्षी है युग-धर्म-विधाता,
सच है, तुम न राम की जननी किन्तु तुम्हीं माता, न विमाता।[415]

एक ओर दशरथ के चरित्र का इस आदर्शवादी भूमिका पर मूल्यांकन किया गया है तो दूसरी ओर उनकी कूटनीतिक संकुचित मनोवृत्ति को भी कवियों ने प्रस्तुत कर आज के संशय-प्रधान चिंतन को स्वर दिया है। 'कल्याणी कैकेयी' में दशरथ अपने वचन का पालन न करने के लिए गणतंत्र का आडम्बर खड़ा करते हैं कि पंच राम को युवराज बनाना चाहते हैं। "दशरथ जी ने नृप-नीति के सहारे कैकेयी से भेद-भाव बरता। उसे (भरत को) तथा उसके मामा, नाना और जनक जी

को पता नहीं पड़ने दिया। जबकि अन्य राजा आये थे। दशरथ ने चाहा था कि भरत के बाहर रहते ये कार्य सम्पन्न हों और कैकेयी को भी उस समय बताया जाये जबकि उसके मन के सम्भावित विघ्न का समय न रह जाये।''[416]

नृप की कूटनीति के भीतर खेल नियति का रहा छुपा,
चक्र अलख जो घूम रहा था, रही निहित थी महत् कृपा;
नृप ने भेज दिए केकय गृह भरत शत्रुघन को ननिहाल,
जिनके संस्कार पितु-गृह से हुए पृथक् निज शैशव काल।[417]

इस प्रकार राष्ट्रीयता की उदात्त भूमि पर तथा कूटनीति के कगार पर दोनों के बीच दशरथ के चरित्र का मूल्यांकन आधुनिक कवियों ने मध्ययुगीन कवियों से भिन्न भावभूमि पर किया है। दशरथ के चरित्र की मूल विशेषता कर्तव्य और भावना का वह अन्तर्द्वन्द्व है जिसका दिग्दर्शन भी 'साकेत'[418], ' अरुण रामायण'[419], 'भगवानराम मध्यचरित (तपोवन-विहार)' आदि में किया गया है। किन्तु आधुनिक काव्य की यह निजी उपलब्धि नहीं है। यथा—

बिना राम के रह न सकेंगे मेरे तन में प्राण,
त्याग दुराग्रह महाविपद् से तू कर सबका त्राण।[420]
तथा—
सत्य धर्म की रक्षा में मन करता है विद्रोह,
उसे करो अपने वश में तुम त्याग प्राण का मोह।[421]

वचन पलटें कि भेजें राम को वन में,
उभयविध मृत्यु निश्चित जानकर मन में;
हुए जीवन-मरण के मध्य घृत-से वे,
रहे बस अर्द्धजीवित, अर्द्धमृत से वे। [422]

वचन-पालन की सत्यता और पुत्र प्रेम का यह द्वन्द्व दशरथ में आत्म-ग्लानि और पश्चात्ताप का संचार करता है :

"... मैं कामिनी-वश इस बुढ़ापे में अहो, धिक् हो गया,
सद्ज्ञान ही मेरा नहीं, सर्वस्व मेरा खो गया।''[423]

दशरथ के चरित्र का यह मूल स्वरूप है जिसके उत्थान की चेष्टा आधुनिक कवियों ने की है। मध्ययुगीन काव्यों में दशरथ की राम के प्रति मोहन्धता यदि भक्ति भावना का सम्बल ग्रहण कर स्पृहणीय बन सकी थी तो आधुनिक कवि ने इस आसक्ति को राष्ट्रीयता की ओर उन्मुख कर दशरथ के चरित्र का एक नया कोण उद्घाटित किया है। 'चित्रकूट' जैसे एकार्थ काव्य में राम के वन-गमन पर मानसिक विक्षिप्तिमूलक चेष्टाओं (यथा, रथ के पीछे दौड़ना, गिरना और मूच्छित होना) के अतिरंजित अंकन[424] में उनकी मोहान्ध रागासक्ति भी व्यंजित हुई है, किंतु वह उनके चरित्र में कोई नया आयाम नहीं जोड़ती। ऊर्मिला, श्रुतिकीर्ति, माण्डवी इत्यादि की चिन्ता अवश्य उनके चरित्र के एक नये कोण को उभारती है।[425] द्रष्टव्य यह है कि 'साकेत' में दशरथ ऊर्मिला के भावी जीवन की चिन्ता अथवा उसकी वर्तमान करुण-दशा के प्रति उद्गार राम के वन-गमन के अनन्तर ही व्यक्त करते हैं।[426]

शत्रुघ्न

परम्परित रामकाव्य में शत्रुघ्न के चरित्र की रेखाएँ अत्यन्त अस्पष्ट एवं धूमिल हैं। रामकथा की आधिकारिक धारा से उनका कोई सीधा और प्रत्यक्ष सम्बन्ध भी नहीं है। लक्ष्मण राम के व्यक्तित्व में अपना अन्तर्भाव कर अपनी मौलिक विशेषताएँ कुछ सीमा तक अवश्य बनाये रहते हैं, किन्तु भरत के एकान्त अनुयायी शत्रुघ्न का व्यक्तित्व तो जैसे पूर्णतः भरतमय है।[427] भरत के आचरण में ही शत्रुघ्न का आचरण प्रतिबिम्बित है। भरत के सभी कर्मों में शत्रुघ्न का साहचर्य विद्यमान है।[428] सम्पूर्ण

रामकथा में शत्रुघ्न दो-तीन स्थलों पर ही सक्रिय हैं। ननिहाल से लौटने पर वे कैकेयी की वरदान-प्राप्ति में मंथरा की संधि अभिलक्षित कर उस पर पाद-प्रहार करते हैं। पुन: राम के वन-गमन पर भरत के साथ चित्रकूट आते हैं, जहाँ उनकी भूमिका एक-दम नगण्य है। राज-कार्य में वे भरत के निस्संग और विरागी आचरण को अपनी कर्मठता एवं सक्रियता से संतुलित रखते हैं। राम के अयोध्या लौटने पर लवणासुर-वध तथा अश्वमेध यज्ञ के समय उनकी भूमिका कुछ अधिक प्रमुख हो गयी है किन्तु उसमें नवीनता का अभाव है। 'साकेत' में शत्रुघ्न भरत के अनुषायी हैं किन्तु अयोध्या लौटने पर वे तुलसी के शत्रुघ्न के समान मंथरा को प्रताड़ित नहीं करते, अपितु वे स्वयं भरत को उनके कर्त्तव्य का स्मरण दिलाते हैं। वे राज्य को भोग मात्र सरोकार नहीं करते, उसे दायित्व का भार मानते हैं। जो राज्य को दायित्व न मानकर प्रलो-भन का हेतु मानता है, उसके प्रति उनके मन में कोई ममता अथवा मोह नहीं है। ऐसी स्थिति में राज-द्रोह ही धर्म है :

त्याग से भी कठिन जिसकी प्राप्ति,
स्वार्थ की यदि हो उसी में व्याप्ति;
छोड़ दूं तो क्यों न मैं भी छोह ?
आज मेरा धर्म राज-द्रोह।[429]

यही नहीं, वे राज्यक्रांति के द्वारा प्रजातंत्र की स्थापना में विश्वास रखते हैं ताकि दर्प और दम्भ की आधार-भित्ति ही समाप्त हो जाये।[430]

'कैकेयी' (चाँदमल अग्रवाल-कृत) में राम वन गमन की अभिसंधि में मंथरा की भूमिका का संधान पाकर शत्रुघ्न क्रोध से भर उठते हैं :

कभी के चुप-भरे शत्रुघ्न बैठे,
नसें उभरीं, वदन के तंतु ऐंठे।
कसीं फिर कूब पर दो-चार लातें,
गिरी शठ चेरि औंधी लड़खड़ाते।
लगा बहने रुधिर भी नासिका से
"बनी अभिभाविका परिचारिका से।"[431]

स्पष्टत: शत्रुघ्न का यह आचरण परम्परित इतिवृत्त का ही अनुसरण करता है, जो शत्रुघ्न के चरित्र को किसी उदात्त भूमि पर नहीं ले जाता। शत्रुघ्न के उग्र आवेगशील व्यक्तित्व का यही विस्फोट 'साकेत संत' में भी है।[432] यहाँ भी शत्रुघ्न भरत के एकनिष्ठ अनुचर-सखा हैं, जो भरत के त्याग, विरक्ति, विवेक के प्रति सहज श्रद्धानत हैं।[433] भरत के प्रति अनुरक्ति तथा अन्याय के प्रति उग्रता शत्रुघ्न के चरित्र की सहज प्रवृत्ति है। गुप्तजी ने अन्याय के प्रति उनके उग्र प्रतिरोध के साथ पारिवारिक स्नेह और परिहास-वृत्ति को समंजित कर उनके चरित्र को मानवीय संवेदना से परिपूर्ण कर दिया है। डॉ. कमलाकांत पाठक के शब्दों में, "उनके विचारों में दृढ़ता, शौर्य में धर्म-निष्ठा, वीरत्व में अत्याचार को रोकने की शक्ति और पारिवारिक प्रेम में मर्यादा तथा चरित्र में सक्रियता प्रकट की गयी है।"[434] 'साकेत' के शत्रुघ्न वनवास के अनंतर राज्य एवं परिवार व्यवस्था के संचालन में योग देते हैं। माण्डवी के अनुसार वे घर सँभालने वाले बड़भागी हैं।"[435]

शत्रुघ्न के चरित्र की रसिकता, प्रगल्भता एवं अतिरिक्त मुखरता आधुनिक युग के उन्मुक्त स्वभाव की सहज परिणति है। यह प्रगल्भता संयत होकर परिहास-प्रिथता के रूप में 'ऊर्म्मिला' काव्य में भी व्यक्त हुई है। ऊर्मिला द्वारा अंकित लक्ष्मण के चित्र को देखकर शत्रुघ्न की परिहास-प्रियता मुखर हो उठती है—

भाभी, क्या नव मृगया-प्रेमी की छवि चित्रापित यह की है ?
यों बोले शत्रुघ्न कि मानो जिज्ञासा-कलिका महकी है।[436]

'साकेत' के शत्रुघ्न की परिहास-वृत्ति में रसिकता का सहज योग है :

मैंने कहा-"रसिक, तुम्हारी रुचि काहे पर ?"
बोले-"देवि ! दोनों ओर मेरा रस-वाद है"[437]

'साकेत' की सैन्य-सज्जा के संदर्भ में शत्रुघ्न की ओजस्विनी वीरमूर्ति के दर्शन होते हैं। कुशल नेतृत्व, शौर्य की आंतरिक दीप्ति के कारण वे रण-सज्जा के केन्द्र में प्रतिष्ठित हैं :

उत्तर अरिन्दम प्रमथ खण्ड पर आकर ठहरा,
तप्त स्वर्ण का वर्ण दृप्त-मुख पर था गहरा।
हाथ उठाये जहाँ उन्होंने, सन्नाटा था-
सैन्य-सिंधु में जहाँ ज्वार था, अब भाटा था।
गूंगा सदा प्रकाश, फैलता है नि:स्वन-सा,
किन्तु वीर का उदय अरुण-सा था, स्वर घन-सा।[438]

परम्परित कथा में शत्रुघ्न के चरित्र की स्वतंत्र क्षमता का परिचय लवणासुर-वध तथा अश्वमेध प्रसंग में दृष्टिगोचर होता है। तुलसीदास, गुप्तजी तथा अन्य आधु-निक कवि इन प्रसंगों तक नहीं पहुंचे हैं। 'जानकी-जीवन'[439] और 'वनस्थली'[440] में यह वृत्तआया है किन्तु उनमें किसी नवीन कोण की उद्‌भावना नहीं है। युद्ध तथा लव के द्वारा शत्रुघ्न की पराजय का वृत्त प्राय: प्राचीन पद्धति पर है। मंथरा की प्रताड़ना वस्तुत: शत्रुघ्त के शौर्य के विशेष अनुकूल नहीं पड़ती ! लव-कुश की यह व्यंग्योक्ति शत्रुघ्न के चरित्र पर बड़ी करारी चोट है—

बूढ़े लवणासुर को मारा, क्या इसमें बड़ी शूरता थी ?
था हाथ दासिका पर छोड़ा, दासी की यदपि कूरता थी।"[441]
यह आलोचना-दृष्टि आधुनिक सप्रश्नता को ही रेखांकित करती है।

अन्य गौण पात्रों की भाँति शत्रुघ्न पर भी आधुनिक कवियों की दृष्टि गयी। उन्हें कथा के केन्द्र में रखकर त्रिभुवननाथ शर्मा 'मधु' में 'श्री शत्रुहन' नामक महा-काव्य की रचना की। 'मधु' का विश्वास है कि शत्रुघ्न के अभाव में रामराज्य के निर्माण में समर्थ नहीं हो सकते थे।[442] चौदह वर्ष के दीर्घ काल में शत्रुघ्न ही उस राम-राज्य की नींव को सुदृढ़ बनाने के प्रति क्रियाशील तथा कृतसंकल्प रहे।[443] वे ही सीमा पर द्वन्द्व मचाते राक्षसों का दमन करते हैं,[444] धर्माचरण की प्रतिष्ठा करते हैं तथा जन-हित साधन में निरंतर रत[445] रहकर राष्ट्र के पुनीत आदर्शों को मूर्तिमान करते हैं।[446] उनके भाव प्रदेश में भी वनवासी राम-लक्ष्मण और सीता की स्मृति बार-बार उभर आती है, जो उनके संवेदनशील हृदय का वह साक्ष्य उपस्थित करती है जिसकी ओर अन्य कवियों ने इंगित नहीं किया है।[447]

सुमंत्र

'वाल्मीकीय रामायण' में आदर्श मंत्री के रूप में सुमंत्र का चरित्र राम-कथा के विभिन्न प्रसंगों में अनुस्यूत है। पुत्रेष्टि यज्ञ से लेकर उत्तरकाण्ड तक की घटनाओं के वे साक्षी हैं। किंतु तुलसी ने उनके चरित्र में किसी विशिष्ट सक्रियता अथवा निर्णा-यक क्षमता का आग्रह नहीं दिखलाया है। वे दशरथ के आज्ञापालक तथा रामभक्त सेवक मात्र हैं। परम्परित रामकाव्य में वे राम वनगमन के समय ही सारथी की भूमिका निभाते हैं, मंत्रदाता के रूप में उनकी भूमिका गौण है। आधुनिक रामकाव्य में भी स्वामिभक्ति तथा राम के प्रति अगाध प्रेम का समन्वय ही उनके चरित्र में लक्षित हुआ है। कुछ काव्यों (यथा, जानकी-जीवन', 'भगवानराममध्यमचरित (तपो-वन-विहार) आदि में सुमंत्र के उस मानसिक संघर्ष की अभिव्यंजना भी हुई है जो। आज्ञापालन और अनुराग के मनोवैज्ञानिक संघर्ष को व्यंजित करती है। वे राम के तपस्वी वेश को देखकर व्यथित और क्षुब्ध होते हैं। 'अरुण रामायण' में वे शिशु के समान आकुल, विनीत और भावुक हैं।[448]

राम-सुग्रीव मैत्री-परिसर

राम सुग्रीव मैत्री रामकथा का एक महत्त्वपूर्ण नाटकीय बिन्दु है। यहाँ हनुमान के अतिरिक्त सुग्रीव, अंगद, जाम्बवान, नल-नील आदि पात्रों का नया अध्याय खुलता है। इन पात्रों का उल्लेख आधुनिक रामकाव्य में या तो नगण्य है अथवा परम्परित-सरणी का अनुसरण मात्र है। कुछ स्थलों पर इनके चरित्र की रेखाएँ अधिक सप्राण हैं। यहाँ उनका संकेत कर देना प्रासंगिक होगा।

सुग्रीव

'नाते नेह' के आधार पर राम के स्नेह वृत्त से जुड़कर भी अपने औदात्त्य अथवा चारित्रिक निष्ठा की कोई छाप नहीं छोड़ता। सुग्रीव का चरित्र राम के प्रति अनु-राग के कारण अपनी विलास-लोलुपता और कर्तव्य प्रमाद का लांछन पाकर भी तुलसी द्वारा उसका चरित्र निरंतर उसकी अवसरवादिता, बंधुद्रोह और कायरता को संदर्भित करता रहा है। 'रामचरित चिन्तामणि' में कुम्भकर्ण उसे विभीषण के समकक्ष रखता है।[449] 'संशय की एक रात' में भी सुग्रीव का चरित्र नितांत सामयिक और अविकसित है। "सुग्रीव केवल अवसरवादी, प्रतिश्रुति से दूर, लाभ के प्रति लोभी और अलाभ से तटस्थ है। बालि की राम के द्वारा मृत्यु उसके हित में है, इसलिए वह राम के साथ है।[450] वह युद्ध को एक ऐतिहासिक निर्णय मानता है। रावण ने दक्षिण प्रदेश के सामंतों पर आक्रमण कर उन्हें अधिकृत कर युद्ध की चुनौती दे दी है। अतः उनको हटाने का दायित्व उसका अपना है :

सीता
जो कि हमारी माता है
उन्हें आपको सौंप
उऋण होंगे दक्षिण के नर-नारी।[451]

निश्चय ही सुग्रीव की यह प्रतिक्रिया उसकी अवसरवादिता की उपज है। वह राम को हर प्रकार से युद्ध के लिए उद्यत करना चाहता है, क्योंकि इसी में उसका हित है। वस्तुतः सुग्रीव के चरित्र की सार्थकता राम की मैत्री के कारण है। अन्यथा प्रारम्भ में बालि के भय से त्रस्त और बाद में अपने प्रतिपक्षी रावण इत्यादि के विरुद्ध उसकी स्थिति अत्यन्त दुर्बल है। आधुनिक रामकाव्य में सुग्रीव के चरित्र के विस्तार के लिए विशेष अवकाश नहीं था। 'आंजनेय' इत्यादि लघुकाव्यों में राम के साथ सुग्रीव की मैत्री का उल्लेख मात्र हुआ है, जो परम्पराभुक्त है :

अग्नि का किया प्रदक्षिण और बँधे दृढ़ मंत्री में दो गात,
एक नरपति, वानरपति एक उषः आकाश, दक्षिणी वात।[452]

शेष काव्यों में भी कथा क्रम के निर्वाह में सुग्रीव के चरित्र की परम्परागत भूमिका निर्दिष्ट हुई है। 'राम की शक्ति पूजा' में रावण के प्रहार से मूच्छित होने वालों में वह भी एक है, किंतु यह उसकी सक्रिय भूमिका का कोई निदर्शन नहीं है बालि के वध पर उसके नेत्रों से भी अश्रुधार बहने लगती है। यह 'भाई के उर में भाई की उज्ज्वल पुकार[453] की मनोवैज्ञानिक अभिव्यंजना है जो उसके स्वार्थी और अवसरवादी व्यक्तित्व में भी करुणा और सात्त्विकता के उद्रेक की संभावना व्यक्त करती है।

जाम्बवान

'राम की शक्तिपूजा' में भिल्लपति जाम्बवान का उल्लेख है, जो रावण के प्रहार से मूच्छिंत होते हैं। यहाँ जाम्बवान स्थिर, विवेक-सम्पन्न परामर्शदाता के रूप में सामने आते हैं। रावण जिस शक्ति की आराधना से अपराजेय हो उठा है, उसी शक्ति की मौलिक कल्पना के द्वारा वे समस्त सिद्धि का उपाय निर्दिष्ट करते हैं :

बोले विश्वस्त कण्ठ से जाम्बवान, "रघुवर,
विचलित होने का नहीं देखता मैं कारण;

हे पुरुषसिंह, तुम भी यह शक्ति करो धारण,
आराधन का दृढ़ आराधन से दो उत्तर !
शक्ति की करो मौलिक कल्पना, करो पूजन[454]

तुलसी के जाम्बवान भी विवेक सम्पन्न एवं गम्भीर परामर्शदाता हैं किन्तु यहाँ वे शक्ति की मौलिक कल्पना की उद्‌भावना करके जैसे कथा के केन्द्रीय में प्रतिष्ठित हो जाते हैं। 'राम की शक्तिपूजा' के मूल प्रतिपाद्य का प्रस्तुतीकरण जाम्ब-वान के द्वारा कराकर 'निराला' उन्हें किसी अशिक्षित असभ्य जाति का प्रतिनिधि न मानकर शक्ति-मंत्र के पुरोधा के रूप में प्रस्तुत करते हैं। जाम्बवान का ऐसा भास्वर स्वरूप आधुनिक रामकाव्य में अन्यत्र दुर्लभ है। जाम्बवान (जाम्बवंत) का चरित्र 'संशय की एक रात' में भी आया है जहाँ वे सेतुबंध पर अवतरित होने वाली छाया की सूचना राम को देते हैं। स्पष्टत: यहाँ उनकी भूमिका विशेष महत्त्वपूर्ण नहीं है।

अंगद

अंगद रावण संवाद के कारण अंगद का चरित्र परम्परित रामकाव्य में अत्यन्त महत्त्वपूर्ण है। परम्परित रामकथा में जहाँ उसका सहज दर्पोद्धत, पराक्रमी, वाक्पटु एवं प्रगल्भ रूप अंकित हुआ है वहाँ राम के प्रति उसका सहज भक्ति-भाव तथा सुग्रीव के प्रति भीत मन:स्थिति का विकास भी दिखलाई देता है। वाल्मीकि का अंगद सदैव एक द्वन्द्व प्रधान, विक्षुब्ध मन:स्थिति में रहता है। सुग्रीव की प्रभुसत्ता शल्य के समान सदैव उसके हृदय में चुभती रहती है।[455] तद्विपरीत तुलसी का अंगद राम का अनन्य भक्त, विरक्त तथा प्रभु प्रताप[456] के प्रति समर्पित पराक्रमी व्यक्तित्व वाला है। रावण के सम्मुख उनकी तेजस्विता, नीतिज्ञता, साहस एवं निर्भीकता व्यक्त होती है। अपनी व्यंग्योक्ति, प्रगल्भता एवं वाग्मिता के द्वारा वह दौत्यकर्म में अत्यन्त निष्णात प्रतीत होता है। आधुनिक रामकाव्य में अंगद के व्यक्तित्व की इस मुखरता, प्रगल्भता अथवा उसकी विभाजित मानसिकता की अभिव्यक्ति के लिए अवसर नहीं मिला है। 'साकेत', 'राम की शक्तिपूजा', 'संशय की एक रात' आदि काव्यों में उसका नामोल्लेख मात्र हुआ है। उसके चरित्र में निहित मनोवैज्ञानिक अथवा नाटकीय संभावनाओं का दोहन आधुनिक कवियों ने नहीं किया। 'अरुण रामायण' में प्रसंग प्राप्त स्थलों पर अंगद का वर्णन है। रावण की सभा में उसके दौत्यकर्म का उल्लेख मात्र है :

रावणी सिद्धि से होने को कल्याण नहीं;
दे सकता है सुख-शांति असुर-विज्ञान नहीं[457]

भौतिक विज्ञान की अतिवृद्धि के प्रति चेतावनी के इस स्वर में आज के वैज्ञानिक जड़-विकास की प्रतिध्वनि है।

नल और नील

राम के सेतु निर्माण में नल-नील की भूमिका स्थपति की है। 'वाल्मीकीय रामायण' तथा 'रामचरितमानस' में वे युग्म के रूप में चित्रित हैं तथा स्थपति के साथ सेनानायक की भूमिका भी निभाते हैं। 'साकेत' में उनका उल्लेख वीर सेनानियों के रूप में हुआ है,[458] सेतु-निर्माण के संदर्भ में उनका उल्लेख नहीं है। 'संशय की एक रात' में नल-नील का व्यक्तित्व उन सामंतों का सा है जो युद्ध में जागरूक प्रहरियों के कर्तव्य का निर्वाह करते हैं।[459]

राम के सहायक पात्र

निषादराज गुह

शृंगवेरपुर का राजा निषादराज गुह रामकथा के एक प्रासंगिक इतिवृत्त से सम्बद्ध होने के कारण कथा-प्रवाह में एक क्षीण तरंग उद्वेलित कर रंगमंच से हट जाता है। 'वाल्मीकीय रामायण' में उसके चरित्र की वे अनेक संभावनाएँ व्यक्त हुई हैं

जो मानववाद की वर्तमान अवधारणा का स्पर्श करती हैं। गुह अस्पृश्य जाति का है किन्तु राम अत्यन्त आत्मीयतापूर्वक उसका आतिथ्य ही स्वीकार नहीं करते, अपितु आनंदातिरेक से प्रगाढ़ालिंगन भी करते हैं।[460] गुह भी राम के इस अनुराग से प्रभावित होकर अटूट मंत्री-बंधन में बँध जाता है तथा राम को ही अपना सर्वाधिक प्रिय पात्र घोषित करता है।[461] वह राम के दु:ख से आर्त्त तथा सहानुभूति प्रवण है।[462] उसमें विवेकशीलता, साहस, त्याग और सेवा-भाव का उत्कृष्ट समन्वय है। वह भरत के आगमन पर युद्ध की आशंका से शक्ति होकर जिस प्रकार विचार-विमर्श करता और युद्ध के लिए सन्नद्ध होता है तथा शंका निवारण के उपरांत भरत का जैसा आतिथ्य करता है, उससे उसकी विवेकशीलता के अतिरिक्त उसका साहस और उदारता भी अभिव्यक्त होती है।[463] 'मानस' का निषाद भी वैसा ही आत्मीय, सख्यशील, साहसी और विचारवान् है, किन्तु शक्ति का अतिरेक उसके चरित्र को विशिष्ट बनाता है। आधुनिक युग में गांधीवादी मानववाद से प्रभावित कवियों में अस्पृश्यों और तथाकथित निम्न जातियों के प्रति जो सद्भावना और सहानुभूति का स्वर मुखर हुआ, उसमें राम-गुह की इस मैत्री भावना ने बड़ा सुन्दर सबल योग दिया। गुप्तजी ने काव्य-प्रसंग में अवकाश निकाल कर अनेक स्थलों पर इसका उल्लेख किया है। 'साकेत' में गुह कहता है :

पाकर यह आनंद-सम्मिलन-लीनता,
भूल रही है आज मुझे निज हीनता।[464]

'निषादराज' नामक काव्य में रत्नचन्द्र शर्मा ने निषाद और राम के सख्य प्रसंग में इसी तथ्य की ओर संकेत करते हुए गुह को धर्मशास्त्र-निपुण और विवेकशील अंकित किया है। वह राम की ऊँच-नीच का निषेध करने वाली मानववादी धारणा को स्वी-कार करते हुए धर्मशास्त्र का उल्लेख करता है। जब राम कहते हैं कि--

ऊँच नीच या पूत पतित औ' पावन ना कोई होता जग में
धर्म-कर्म औ' मन भावों से बनता ऊँच-नीच नर जग में।[465]
तो गुह इस तथ्य को धर्मशास्त्रानुमोदित होने के कारण ही स्वीकार करता है
धर्मशास्त्र ऐसा ही कहते जैसा रघुवर ! बतलाया है।
अभी आपने, पर कितनों ने इन भावों को अपनाया है?"[466]

भारत के चित्रकूट-आगमन पर गुह की आशंका का वर्णन आधुनिक कवियों ने भी उसके साहस, विवेकशीलता और सद्भावना को दर्शाते हुए किया है, किन्तु गुणात्मक स्तर पर इसमें कोई वैशिष्ट्य नहीं है।

जटायु

एक प्रासंगिक इतिवृत्त में अपनी सार्थकता सिद्ध कर जटायु रामकथा के कथा-वृत्त को अपने अस्तित्व से दूर तक प्रभावित करता है। वाल्मीकि के अनुसार वह अरुण तथा श्यैनी का पुत्र और संपाति का भाई है।[467] सीता अपहरण के पश्चात् रावण का जटायु से युद्ध होता है, जिसमें जटायु अद्भुत वीरता का प्रदर्शन कर क्षत-विक्षत हो जाता है। राम से भेंट होने पर उन्हें सीता अपहरण का पूर्ण वृत्तांत सुनाकर ही वह अपने प्राण त्यागता है। 'साकेत' में अत्यन्त संक्षेप में जटायु का यह वृत्त वर्णन है।[468] जटायु का चरित्र 'संशय की एक रात' में एक 'फैण्टसी प्रतीक' के रूप में प्रस्तुत हुआ है। नरेश मेहता दशरथ की छाया के अंक में एक पक्षी की कल्पना करते हैं, जो वस्तुत: जटायु है। वह अतीत की चेतना-परम्परा की स्वीकृति का द्योतक है। दशरथ चेतना सम्पन्नता का प्रतीक है। जटायु कालातीत सम्बन्धहीनता की जड़ता को परि-भाषित करता है :

हम आत्माएँ हैं।
सम्बन्धहीन, बोधहीन आत्माएँ।
हमारे निकट कृतज्ञता या आभार
जैसी भाषा का कोई अर्थ नहीं।[469]

राम के संशय का कारण यह है कि वे युद्ध के औचित्य-अनौचित्य को सम्बन्धों की पापेक्षता में देखते हैं, जबकि जटायु का अभिमत यह है कि निर्णय लेने के लिए काला-नीत और सम्बन्धहीन होना आवश्यक है क्योंकि समय और स्थिति से पृथक् होकर ही जो निर्णय लिया जाता है, वही शुद्ध निर्णय होता है :

यदि तुम क्षणों की इस पृथक्ता को
देख सके होते तो
राघव !
परितापित कभी नहीं होते।[470]

जटायु के चरित्र का यह पुनः सृजन निश्चय ही एक मौलिक कल्पना है, जिस पर आधुनिक अस्तित्ववादी चिंतन का प्रभाव स्पष्ट है।

ऋषि-वर्ग

गौण पात्रों का एक वर्ग रामकथा के प्रासंगिक इतिवृत्त से सम्बद्ध रहा है। ये पात्र कथा की केन्द्रीय धारा से सम्बद्ध न होकर भी घटनाओं के ऋजु प्रवाह को एक सीमा तक प्रभावित करते हैं। राम के सांस्कृतिक संदर्भ को आलोकित करने और उसके मूल्य मानकों को परिभाषित करने में ऋषि वर्ग की एक विशेष भूमिका रही है। उनमें वाल्मीकि, विश्वामित्र, वशिष्ठ, अत्रि, शरभंग, सुतीक्ष्ण, जाबालि, याज्ञवल्क्य, भारद्वाज इत्यादि ऋषि उल्लेखनीय हैं। आधुनिक राम-काव्य में ये पात्र घटनाओं के प्रभाव के अतिरिक्त विभिन्न वस्तुस्थितियों एवं मन:स्थितियों की व्यंजना के लिए भी प्रस्तुत हुए हैं।

वाल्मीकि

वाल्मीकि रामकथा के आदिगायक तथा उत्तर रामकथा के एक प्रमुख पात्र हैं। वाल्मीकीय रामायण में तमसा नदी के तट पर क्रौंचवध को देखकर उद्‌भूत हुई उनकी करुणार्द्र भारती का उल्लेख मिलता है। कालिदास[471] तथा ध्वन्यालोककार[472] ने क्रौंच द्वन्द्व के वियोग से उत्पन्न शोक के श्लोक रूप में परिणत होने का उल्लेख किया है।

स्पष्टत: यह उक्ति एक ओर काव्य की रचना-प्रक्रिया से सम्बद्ध है तो दूसरी ओर शोषितों के प्रति सहज करुणा के उद्रेक की प्रतीकात्मकता की अभिव्यक्ति भी है। 'दिनकर' जैसे क्रांतिकारी कवियों ने इस प्रतीक का प्रयोग किया है।[473] किन्तु रामकथा के केन्द्रीय वृत्त में वाल्मीकि का आविर्भाव सीता-परित्याग के अनन्तर ही होता है। यों राम अपनी चित्रकूट यात्रा में वाल्मीकि से भी मिलते हैं,[474] वे उनकी ऋषित्व की गरिमा से अभिभूत होते हैं तो वाल्मीकि भी राम की महिमा से प्रभावित होकर उनके चरित्र का स्तवन करते हैं :

चल यों सब वाल्मीकि महामुनि से मिले,
ध्यानमूर्ति निज प्रकट प्राप्त कर वे खिले।
वे ज्यों कविकुलदेव धरा पर धन्य थे,
ये नायक नरदेव अपूर्व अनन्य थे।
"कवे, दाशरथि राम आज कृतकृत्य है,
करता तुम्हें प्रणाम सपरिकर भृत्य है।"
"राम, तुम्हारा वृत्त स्वयं ही काव्य है,
कोई कवि बन जाय, सहज सम्भाव्य है।"[475]

वाल्मीकि का चरित्र वस्तुत: राममय है। राम उनकी दृष्टि में नैतिक आदर्शों के पूंजीभूत रूप हैं। उनका विश्वास है-

मैं था जिनका स्वप्न देखकर रहा मनाता हर्ष,
राम-रूप में पूर्ण हुआ वह मानवीय आदर्श।[476]

किन्तु वाल्मीकि के चरित्र का पूर्ण उत्कर्ष परित्यक्ता सीता के प्रति सहज करुणा, लव-कुश की शिक्षा-दीक्षा तथा अश्वमेध के अनन्तर राम की सभा में सीता की निष्क-लंकता की उद्घोषणा में दृष्टिगोचर होता है। 'वनस्थली'[477] 'जानकी-जीवन',[478] 'भूमिजा[479] तथा 'विदेह'[480] इत्यादि सीता परित्याग से सम्बन्धित काव्यों में वाल्मीकि के चरित्र का परम्परागत तथा युगीन परिवेश के अनुरूप किंचित् परिवर्तित रूप सामने आता है।

वाल्मीकि की प्रकृति का मूल तत्त्व उनकी सहज करुणा है जो आज के मान-वीय संदर्भ में सात्त्विक आक्रोश का रूप ग्रहण कर लेती है। 'तमसा' (गीति नाट्य) में परित्यक्ता सीता के कातर क्रंदन पर महर्षि वाल्मीकि का आहत स्वर 'मा निषाद' की मन स्थिति का स्मरण कराता हुआ फिर से शाप के लिए उद्यत-सा प्रतीत होता है, किंतु उनके अन्दर के कवि की यह प्रतिध्वनि आधुनिक आक्रोशशील कवि को समाहित तथा आस्था का स्वर देती है :

"मैं कवि हूँ, है शाप न कवि का धर्म, धर्म है प्यार।[481]

सीता की करुण दशा को देखते ही उनका हृदय मानवीय करुणा एवं आक्रोश से भर उठता है। वे नारी की मुक्ति-कामना तथा उसके सत्त्व की रक्षा के लिए प्रयत्नशील हैं—

मनुजता न छू गयी, ठगी कुल-वधू गयी;
ऐसे कटु पुरुष को, ओछे लघु पुरुष को
दण्डन विचारू क्या ? खण्डन विचारू क्या ?
वर्णन बेटी करो, लेते नं नाम डरो ![482]

'भूमिजा' में वे सीता को विश्व-वेदना में अपने अस्तित्व का विलय करने की प्रेरणा देते हैं। मानववाद का यह स्वर आधुनिक युग की सहज परिणति है—

देवी ! माँ बनने वाली हो, जग को जन्म नया दो !
जो पीड़ा से जले जा रहे, देवी ! उन्हें दया दो !
बरसो, बदली बनकर बरसो, प्यासी रहे न धरती-
जन-जन की आशा माता से रह-रह विनती करती।[483]

नारी के प्रति पुरुष की निर्ममता एवं कठोरता के वे तीव्र आलोचक हैं। अयोध्या की सभा में वे निर्भीक स्वर में राम के अविवेक और कठोरता की आलोचना करते हैं—

तुमने विदेह-प्रतिमा की अग्नि परीक्षा ली
लोकापवाद के ही भय से,
उठ सकी नहीं झंकार तर्क की कोई भी
साकेत-ज्ञान उस आत्म-सत्य को पा न सका
वाणी ही तो हो गई मौन भय के विष से
सुकुमारी नारी आग चबाने लगी, हाय
कितनी कठोरता है, हे पुरुष, तुम्हारी यह ![484]

राम के रूढ़ मर्यादित व्यक्तित्व की तुलना में वाल्मीकि का व्यक्तित्व कहीं अधिक क्रांतिकारी है। यहाँ स्रष्टा वाल्मीकि अपनी सृष्टि से अधिक महान् हैं। वे राम से कहते हैं—

नारी के जीवन को तुमने जलते देखा,
पूछेगा तुमसे ही भविष्य-इतिहास स्वयं।
तुम वाल्मीकि को नहीं कलंकित करना तब,
हे राम, राम का स्रष्टा ऊँचा है तुमसे इस धरती पर।[485]

वाल्मीकि रामकाव्य के आदि प्रणेता हैं। परवर्ती कवियों ने उनके प्रति जो श्रद्धांजलियाँ समर्पित की हैं, उसमें उनके कवि-कर्म, वर्णन-कुशलता, कारुण्य एवं मानववाद की स्वीकृति है। आधुनिक रामकाव्य में भी यह परम्परा अक्षुण्ण है। यथा, पं. रामचरित उपाध्याय लिखते हैं :

नर-जीवन का चित्र आपने खींचा जैसा,
किसने खींचा चित्र आज तक जग में वैसा?
बात आपकी मान मनुज जो जग में रहता,
उसको ही अवतार ईश का है जग कहता ?
वह कौन विषय है जो नहीं, मुनि ! तुमसे जाना गया ?
श्री रामचरित इस हेतु ही आर्य काव्य माना गया।[486]

और साकेतकार उन्हें—

करुणा-कंजारण्य-कवे ! गुण-रत्नाकर आदि-कवे !
कविता-पित: ! कृपा वर दो, भाव-राशि मुझ में भर दो ![487]

कहकर रामकाव्य के प्रति उनके अवदान को सश्रद्ध नमन करते हैं।

विश्वामित्र

रामकाव्य के उत्तरांश के कथावृत्त को प्रभावित करते हैं तो अनेक घटनाओं के नियमन और संचालन में वशिष्ठ और विश्वामित्र का योग भी कम महत्त्वपूर्ण नहीं है। परम्परित कथा में विश्वामित्र के चरित्र के साथ वशिष्ठ की प्रतिद्वन्द्विता,[488] ब्रह्मत्व की प्राप्ति,[489] मेनका-प्रसंग[490] तथा त्रिशंकु-वृत्त[491] इत्यादि अनेक संदर्भ जुड़े हैं, जिनका रामकथा की मूल धारा से कोई प्रत्यक्ष सम्बन्ध नहीं है। अपने यज्ञ के निर्विघ्न समापन के लिए वे राम-लक्ष्मण को दशरथ से मांगकर ले जाते हैं तथा धनुष यज्ञ पर्यन्त वे राम-लक्ष्मण के साथ रहते हैं-इतनी ही उनकी भूमिका है। आधुनिक कवियों ने विश्वामित्र को आर्य-संस्कृति के लिए सचेष्ट क्रांतिकारी के रूप में प्रस्तुत किया है। श्री केदारनाथ मिश्र 'प्रभात' के अनुसार वे राम में महाक्रान्ति का अग्रदूत, मानवता का उन्नायक एवं मर्यादा का परिरक्षक बनने की सम्भावना देखते हैं। सैनिक शिक्षा देने, अस्त्रों का उपयोग तथा रणकौशल सिखलाने के लिए वे उन्हें दशरथ से माँग कर ले जाते हैं।[492] एक प्रकार से विश्वामित्र की यज्ञ-साधना उनकी वैयक्तिक साधना न होकर राष्ट्र-यज्ञ के सम्पादन की प्रतीक है :

"हाँ, है तो यह महायज्ञ
पर, नहीं व्यक्ति विशेष का।
है यह आर्यावर्त्त के व्यक्ति-व्यक्ति का,[493]

इस प्रकार विश्वामित्र का चरित्र आज के संदर्भ में एक "संकल्पी एवं दृढ़-प्रतिज्ञ योद्धा का कामजयी चरित्र है।"[494]

'एक विश्वास और' में वे शस्त्र और शास्त्र के नियामक हैं। वे राष्ट्र के तरुण वर्ग को अनुशासित करने के लिए सिद्धाश्रम की व्यवस्था करके राष्ट्र की आग्नेय परम्पराओं को ऊर्जस्वित रखते हैं।[495]

वशिष्ठ

विश्वामित्र के समान वशिष्ठ की भूमिका आधुनिक रामकाव्य में जागरूक समाज-नेता की है। तपस्वी का जीवन व्यतीत करते हुए भी वे सक्रिय राजनीति में हस्तक्षेप करना आवश्यक समझते हैं। मंथरा उन्हीं की अभिसंधि से कैकेयी को वर माँगने के लिए प्रेरित करती है।[496] किन्तु उनका लक्ष्य आर्य-संस्कृति की रक्षा तथा रावणकुल का विनाश है।[497] उनका विश्वास है कि राम अभिषिक्त होकर भोगाकांक्षी हो जा सकता है—

चाहिए इस समय तो राष्ट्र को केवट-
पुरुष अनासक्त, हो जो जीवट कर्म में,
हो सकती सुरक्षित उसी के हाथ में ध्येय-नौका, आर्य-रक्षा।[498]

तत्कालीन ब्राह्मण-क्षत्रिय विवाद का परिहार कर वे आर्य-राष्ट्र की रक्षा को ही जीवन का एकमात्र लक्ष्य निर्धारित करते हैं। इस संघर्ष में वे विश्वामित्र के प्रति-द्वन्द्वी नहीं, अपितु उनके सहायक हैं।[499]

अन्य रामकाव्यों में वशिष्ठ का चरित्र प्राय: परम्परा प्राप्त रूप में ही चित्रित हुआ है। दशरथ के निधन के उपरांत अयोध्या के राज्य तथा परिवार की व्यवस्था का दायित्व उन्हीं पर था। 'साकेत संत' में कैकेयी द्वारा दशरथ के पुनर्जीवन की प्रार्थना करने[500] पर तथा 'साकेत'[501] में दशरथ के शरीर के भस्मसात होने पर वशिष्ठ जो उपदेश देते हैं, वह उनके आध्यात्मिक एवं दार्शनिक स्वरूप को ही प्रकट करता है।[502]

वशिष्ठ दिव्य-दृष्टि सम्पन्न भी हैं। रण के लिए सज्जित अयोध्या वासियों को राम-रावण युद्ध दिखलाकर वे उन्हें आश्वस्त करते हैं। [503]

पुत्रेष्टि यज्ञ, चित्रकूट-सभा, सीता परित्याग, अश्वमेध यज्ञ इत्यादि प्रसंगों में वशिष्ठ की झलक दिखलाई देती है किन्तु घटना-प्रवाह में वे कोई निर्णायक भूमिका ग्रहण नहीं करते। वे केवल अपने पद-गौरव के कारण ही पूज्य हैं अन्यथा उनकी स्थिति तटस्थ श्रोता अथवा द्रष्टा की ही है।

परशुराम

अतिरिक्त मुखरता से संवलित अपने पौरुष की गरिमा के कारण मध्ययुगीन सम्वेदना को परशुराम का चरित्र अधिक प्रभावित करता रहा है। क्षत्रिय की ऊर्जा और ब्राह्मण की उग्रता एवं सौम्यता का एकत्र समन्वय उनके चरित्र को विसंवादी तत्त्वों का एक ऐसा आकर्षक सामंजस्य प्रदान करता है जो आधुनिक बोध की अनेक संभावनाएँ लिए हुए है और इसी संदर्भ में 'दिनकर' जैसे सुधी कवियों ने उन्हें अंकित किया है। वाल्मीकि ने परशुराम की क्षत्रिय-विरोधी भावना का उल्लेख तो किया है (वा.रा. 117612), किन्तु उनके चरित्र की दीप्त रेखाओं को उभारने का कोई विशेष अवकाश वहाँ नहीं है। राम एक स्तर पर उनके क्षत्रिय-संहार रूपी कर्म का अनुमोदन इस कारण करते हैं कि उन्होंने पिता के मारने वाले का वध करके पितृ ऋण से मुक्ति प्राप्त की है। दूसरे स्तर पर उनका विरोध भी राम ने इसी तर्क के आधार पर किया है, "में क्षत्रिय धर्म से युक्त हूँ। अत: मैं आपके द्वारा किये गये तिरस्कार को सहन नहीं कर सकता (117613) "श्रीराम के वैष्णव धनुष को चढ़ा लेने पर मधु दैत्य को मारने वाले देवेश्वर विष्णु के रूप में वे राम की स्तुति करते हैं (1176117)। उनके चरित्र में निहित विरोधों के इस सामंजस्य की ओर केशव ने भी सुन्दर संकेत किया है ('यह देखिये रसबीर सात्विक धर्म सों'-रामचंद्रिका, पद 183)। परशुराम का यह विष्णुभक्त पौरुषोद्दीप्त रूप तुलसी ने अधिक विस्तार से अंकित किया है। वहाँ उनके व्यक्तित्व की रेखाएँ उपहासास्पदता की सीमा को स्पर्श करती हैं किन्तु अपेक्षाकृत असंयत और अगम्भीर होते हुए भी राम के महत्त्व को प्रकारांतर से सूचित करने के कारण वे अत्यन्त प्रभावी बन गयी हैं। लक्ष्मण के साथ वाग्युद्ध में जहाँ वे क्षमा, संयम का एक सीमा तक बहिष्कार करते दिखलाई देते हैं तथा "बाल ब्रह्मचारी अति कोही। विश्वविदित छत्रिय कुल द्रोही।।" (मानस. 1127113) जैसी उक्तियों में उनकी आत्मश्लाघा मुखर है वहाँ राम के प्रभाव के परिज्ञान के अनन्तर वे विनय, शील और कृपा जैसे नैतिक गुणों के पक्षधर प्रतीत होते हैं (मानस. 1128412)। अन्यत्र विरुद्ध भावों का यह सामंजस्य 'रामचंद्रिका' में वाग्विदग्धता के माध्यम से (देखिये, लक्ष्मण परशुराम संवाद) अत्यंत विस्तार से व्यक्त हुआ है। आधुनिक युग में परशुराम के व्यक्तित्व का विशेष विकास तो नहीं हुआ किन्तु उनके चरित्र की कुछ रेखाओं के पुनर्मूल्यांकन के संकेत अवश्य मिलते हैं। 'लीला' के परशुराम भी चाप और शाप दोनों रखते हैं किन्तु राम के धनुष चढ़ाकर शर-संघान करने पर वे जिस आधार पर अपने गति प्रवाह को स्वच्छंद रहने का आश्वासन माँगते हैं वह वाल्मीकि की अपेक्षा आधुनिक बोध के कुछ अधिक निकट है :

स्वर्ग-भोग की मुझे न चाह, रुके न मेरा गति-प्रवाह।[504]

यह उल्लेखनीय है कि 'वाल्मीकीय रामायण' में श्रीराम जब अपने अमोघ बाण के द्वारा तपोबल से प्राप्त पुण्यलोक तथा सर्वत्र शीघ्रतापूर्वक आने-जाने की शक्ति में से किसी एक को नष्ट करने की उद्घोषणा करते हैं तो वे अपनी गमन-शक्ति को नष्ट करने की ही प्रार्थना करते हैं क्योंकि पूर्वकाल में उन्होंने कश्यप को पृथ्वी दान दी थी तथा उनके सामने रात को पृथ्वी पर न रहने की प्रतिज्ञा कर रक्खी थी। अत: वे पूर्वत्तम महेन्द्राचल पर लौट जाने के इच्छुक थे (11176)। स्पष्टत: पुण्यलोकों के क्षय की याचना जहाँ आदिकाव्य में परशुराम की विवशता है वहाँ 'लीला' की यह उक्ति देवत्व की अपेक्षा नरत्व की श्रेष्ठता की स्वीकृति को व्यंजित करती है।

'अरुण रामायण', 'राधेश्याम रामायण' जैसी कृतियों में परशुराम का परंपरित रौद्रोद्दीप्त वाग्वैदग्ध्यमूलक चित्रण हुआ है। 'साकेत', 'एक विश्वास और' आदि में भी परशुराम का उल्लेख है। आधुनिक युगबोध के संदर्भ में 'दिनकर' ने परशुराम को पुन: एक नवीन प्रतीकात्मक संदर्भ देकर मूर्त किया है। चीनी आक्रमण के संदर्भ में लिखी हुई 'परशुराम की प्रतीक्षा' नामक पौरुष प्रद्दीप्त कविता परशुराम को नवयुग के अग्रदूत के रूप में चित्रित करती है। वह भारत के आहत अहं की प्रतीक है, जो वैचारिक अकर्मण्यता और क्लब अहिंसा से ग्रस्त राष्ट्र को सात्त्विक क्रोध और प्रतिशोध की प्रेरणा देती है :

जब किसी जाति का अहं चोट खाता है,
पावक प्रचण्ड होकर बाहर आता है !
यह वही चोट खाये स्वदेश का बल है,
आहत भुजंग है. सुलगा हुआ अनल है ![505]

'अभिशप्त अमरबेलि' (उमाकांत मालवीय-कृत) नामक प्रतीकात्मक खण्डकाव्य में परशुराम के आग्नेय चरित्र को अमरता के संदर्भ में प्रस्तुत किया गया है। स्वयं कवि के शब्दों में, "भगवान् परशुराम का यह आग्नेय व्यक्तित्व और उस पर थोपी हुई यह ठण्डी आग सी अमरता-एक सीलन भरी धुआँ देती आग, जो धुआँ देती है, धधकती नहीं है और रिस-रिस कर सुलगने के क्रम में स्वयं परशुराम को, उनके जाज्वल्यमान अस्तित्व को क्षार बना रही है।"[506] स्पष्टत: परशुराम की अमरता की विवशता इस कृति के केन्द्र में है। यह पीड़ा उन्हें अस्तित्व बोध की जीवन्त यातना की तरह निरंतर सालती रहती है। उनके जीवन के साथ एक विडम्बना यह भी जुड़ी हुई है कि वे निरंतर अपने नेत्रों के सम्मुख न्याय का समर्थन करने वाले चरित्रों की एक क्रमिक हत्या के निरुपाय विवश साक्षी हैं। यह उनकी अमरता का अभिशाप है। यह शाश्वतता, उस क्षण की जीवंतता और जिजीविषा के समक्ष हेय है जो निरंतर कर्म के लिए व्यक्ति को प्रेरित करती है। वस्तुत: उनके जीवन की भूमिका तो उसी क्षण समाप्त हो गयी थी जब अपनी पात्रता सिद्ध करने के लिए राम ने उनके द्वारा प्रदत्त धनुष को चढ़ा दिया था :

पूर्ण हो गई थी
मेरे जीवन की भूमिका
अनपेक्षित अनावश्यक
अयाचित अवांछित
अस्तित्व को ढोना
अमरता का व्यर्थ
निरर्थक अर्थहीन
अकारथ शापोपम वरदान[507]

के व्यक्तित्त्व की आग्नेयता और अस्तित्व की विवशता का यह द्वन्द्व उनके चरित्र में एक नया आयाम जोड़ता है। वे अतीत के पुरुष होकर भी वर्तमान के द्रष्टा हैं। वर्तमान युग के आक्रमण और शोषण की प्रक्रिया में वे कोई हस्तक्षेप नहीं

करते। वे उस मानसिकता का संकेत देते हैं जो एक असहाय, एक निरुपाय विवश द्रष्टा[508] के स्तर पर स्थितियों की साक्षी मात्र है, कोई सक्रिय विरोध नहीं कर पाती :

पर आज क्या हुआ ?
देश का विभाजन
सीमाओं पर हुए आक्रमणों के
अनेकानेक संदर्भों में
मेरे पिता हिमालय का
सिर काट लिया गया
माँ को पद-दलित किया गया,
हजार बार, रोज-रोज, बार-बार
माँ के रुदन-क्रन्दन का
मैं मूक दर्शक हूँ। [509]

अत्रि

वन-यात्रा में राम अत्रि ऋषि के आश्रम में भी विश्राम करते हैं। वाल्मीकि के अत्रि में जहाँ राम के प्रति स्नेह-वत्सलता (2111715) है वहाँ तुलसी के अत्रि में राम के प्रति परम भक्ति भाव (31214-8) ही विशिष्ट है। आधुनिक कवियों ने अत्रि के चरित्र में किसी विशिष्ट प्रासंगिकता का विधान नहीं किया है। 'पंचवटी' में अत्रि की पुण्य-गृहता का तथा साकेत में राम को आशीर्वाद प्रदान करने का उल्लेख मात्र है। 'रावण-महाकाव्य' में वे जनस्थान में राक्षसों की यज्ञ-विरोधी नीति का विरोध करने वाले ऋषियों में प्रमुख हैं।[510]

शरभंग

'वाल्मीकीय रामायण' में शरभंग मुनि द्वारा राम के आदरातिथ्य की (3149) भी प्रासंगिकता है। वे सुतीक्ष्ण मुनि का पता बताकर राम के दर्शनमात्र को ही जीवन की सार्थकता मानकर अग्नि में प्रवेश करते हैं। 'साकेत'[511] तथा ' अरुण रामायण'[512] में राम के शरभंग से मिलने का उल्लेख है। 'रावण-महाकाव्य' में शरभंग मुनि की भूमिका राक्षसों के यज्ञ-विरोध के विरुद्ध प्रस्तावित धर्मयुद्ध के नेता के रूप में उभरी है। सैनिक शासन के विरोध में ऋषि जिस सभा का आयोजन करते हैं उसके सभा-पति शरभंग मुनि हैं। वे राक्षसों के अत्याचार के विरोध में आत्मदाह करते हैं।[513] तुलसी के भक्ति प्रवण शरभंग मुनि के अग्नि प्रवेश[514] की यह व्याख्या आधुनिक संदर्भ में भी उनके चरित्र को विशिष्ट बनाती है।

सुतीक्ष्ण

सुतीक्ष्ण अगस्त्य के प्रिय शिष्य हैं। 'अरुणरामायण' में उनका मन प्रभु-दर्शन से निरंतर प्रेमाभक्ति-प्रदीपित है, जिनके अन्तर्लोचन में सदैव अखिलेश्वर विद्यमान रहते हैं;[515] जबकि 'रावण-महाकाव्य' में सुतीक्ष्ण का व्यक्तित्व अपने नाम के अनुरूप उग्र एवं विद्रोही है जो दण्डकारण्य के सैनिक शासन के विरोध में अपना आक्रोश व्यक्त करते हुए मुनिवर परशुराम को आमंत्रित करने का प्रस्ताव करते हैं।[516] उनका यह व्यक्तित्व उनके प्रेमाभक्ति प्रवण व्यक्तित्व का भिन्न पक्ष उद्घाटित करता है।

अगस्त्य

ऐतिहासिक तथा राजनैतिक बोध का एक व्यापक परिदृश्य महर्षि अगस्त्य के दक्षिणाभियान के संदर्भ से उभरता है। 'वाल्मीकीय रामायण' में राम अगस्त्य मुनि के द्वारा दुराधर्ष दक्षिण दिशा के उद्धार का स्तवन (61115114) करते हैं। अगस्त्य के प्रभावशाली दिव्य व्यक्तित्व के साथ समुद्र-शोषण तथा विध्य पर्वत को झुकाने के

प्रसंग अनुस्यूत हैं, जो आधुनिक दृष्टि से बुद्धि सम्मत व्याख्या की अपेक्षा रखते हैं। अगस्त्य राजनीतिज्ञ एवं शस्त्र-वेत्ता हैं। उनके द्वारा प्रदत्त शस्त्रों से ही राम राक्षसों पर विजय प्राप्त करते हैं, जिससे राक्षसों के विनाश में उनकी परोक्ष भूमिका व्यंजित होती है। राम द्वारा खर-दूषण की चौदह सहस्त्र सेना के विनाश में भी अगस्त्य की सहायता की संभावना की जा सकती है। अगस्त्य का आश्रम "सैनिक शिक्षा का एक महान् केंद्र रहा होगा। अन्यथा राम के लिए अकेले इतने राक्षसों का वध करना असम्भव था। अगस्त्य के ही परामर्श के अनुसार राम ने अपनी कुटी ऋषि के आश्रम के पास ही पंचवटी में बनवायी थी। इससे स्पष्ट हो जाता है कि राम के दक्षिण-अभियान में अगस्त्य की विशेष सहायता प्राप्त हुई थी।''[517] यह संकल्पना 'अरुण-रामायण' में भी मूर्त हुई है। 'अरुण रामायण' के अगस्त्य आसुरी वैज्ञानिक शक्ति के संहार के लिए राम को दिव्यास्त्र ही नहीं प्रदान करते अपितु धर्मयुद्ध में भाग लेने के लिए स्वयं अपनी ऋषि-सेना को भी प्रस्तुत करने का प्रस्ताव करते हैं। विज्ञान-साधना का उनका विशाल अनुभव है। उन्हीं के परमाणुतत्त्व के अनुसंधान के रहस्य को जानकर असुरों ने अपनी शक्ति का निर्माण किया है। वे दक्षिण दिशा के योग्य नेता और सामरिक शिक्षा के पुरोधा हैं।[518] 'साकेत' में अगस्त्य के द्वारा राम को केवल दिव्यास्त्र प्रदान करने का उल्लेख मात्र है किन्तु[519] 'रावण-महाकाव्य' में अगस्त्य खर-दूषण के सैनिक शासन तथा यज्ञ-विरोधी नीति का खुलकर विरोध करते हैं। उन्हें अपनी शक्ति तथा सैनिक क्षमता पर इतना विश्वास है कि वे समुद्र को भी एक घंट में सोख लेने की बात कहते हैं।[520] इस प्रकार राम के दक्षिण अभियान को सफल बनाने में अगस्त्य की भूमिका निर्विवाद है।

जाबालि, वामदेव, याज्ञवल्क्य और शरद्धाज

जाबालि, वामदेव, याज्ञवल्क्य, भरद्धाज आदि का उल्लेख भिन्न-भिन्न राम-काव्यों में यथाप्रसंग आया है। 'साकेत' में जाबालि चार्वाक दर्शन के अनुयायी हैं, प्रत्यक्ष एवं लौकिक यथार्थ को स्वीकार कर वे भोगवाद का समर्थन करते हैं :

"मैं कहता हूँ-सब भस्म शेष जब लोगो !
तब दुःख छोड़कर क्यों न सौख्य ही भोगो ?''[521]

इसी प्रकार वामदेव भी चित्रकूट-सभा में ज्ञान की अपेक्षा भावना की महत्ता स्वीकार करते हुए राम के वन-निवास के निर्णय का स्वागत करते हैं :

तब वामदेव ने कहा-"धन्य भावुकता,
कर सकता उसका मूल्य कौन है चुकता ?
भावुक जन से ही महत्कार्य होते हैं,
ज्ञानी संसार असार मान रोते हैं।"[522]

याज्ञवल्क्य जनक की सभा से सम्बद्ध हैं। 'विदेह' काव्य में वे अपनी दार्शनिक एवं आध्यात्मिक भूमिका के कारण अत्यन्त प्राणवान् व्यक्ति प्रतीत होते हैं। जनक की सभा में आमंत्रित दार्शनिक सिद्धों में वे एकमात्र ब्रह्मनिष्ठ सिद्ध होते हैं, जो मानव के सभी गूढ़ प्रश्नों का उत्तर देने का सामर्थ्य रखते हैं। अश्वल, साकल्य, आर्त्तभाग, गार्गी इत्यादि विख्यात दार्शनिकों की ब्रह्म-विषयक जिज्ञासा का वे सफल समाधान प्रस्तुत करते हैं।[523] किन्तु विदेह जनक की महत्ता स्वीकार कर वे उनके प्राण-सखा बन जाते हैं और इस प्रकार विविध दार्शनिक एवं सामाजिक प्रश्नों पर अपना गम्भीर अभिमत व्यक्त करते हैं :

हे अतिथि वृन्द ! मैं ब्रह्मनिष्ठ तो हूँ लेकिन मेरा विदेह-
सिंहासन पर भी बैठ किसी संन्यासी के संचित तप से है श्रेष्ठ स्वयं।[524]

भारद्धाज का उल्लेख वनगमन-प्रसंग में हुआ है। तुलसीकृत 'रामचरित' में वे राम के भक्त हैं तथा रामकथा के वक्ता के रूप में प्रसिद्ध हैं। आधुनिक रामकाव्य में उनकी कोई विशिष्ट भूमिका नहीं है। ' व्रतबद्ध' में वे चित्रकूट-सभा से पूर्व भरत को राम के वनवास से होने वाले लोकमंगल का पूर्वाभास देकर अपनी तत्त्वदृष्टि का परिचय देते हैं।[525] इस प्रकार वे राष्ट्र के दायित्व की अन्तर्धारा से जुड़े हुए दृष्टिगोचर होते हैं।

रावण के स्वजन-सहायक

मेघनाद

अजेय योद्धा, पितृभक्त तथा सुयोग्य पति के रूप में मेघनाद का व्यक्तित्व राम तथा रावण पक्ष के चरित्रों के बीच समान भाव से समादृत रहा है। वाल्मीकि तथा तुलसी ने मेघनाद की मायाशक्ति को विशेष मान्यता दी है, जिसे उसने अपने कठोर यज्ञों के द्वारा प्राप्त दिव्य-वरों से अर्जित किया था। किन्तु वह अपनी सिद्धियों क उपयोग वीरता के प्रसंग में ही करता है, निजी स्वार्थ अथवा विलास की पूर्ति के लिए उसने अपनी माया-सिद्धियों का कहीं उपयोग नहीं किया है जिससे उसका शौर्य तथा चारित्रिक सौंदर्य उद्घाटित होता है। राम-पक्ष के योद्धा भी उसके शील तथा शक्ति का स्तवन करते हैं (यथा, लक्ष्मण की उक्ति 'तेजस्वी है विश्व में एक ही तू' – तुमुल, पृष्ठ 44)। वह अपनी शक्ति से हनुमान को आबद्ध तथा लक्ष्मण को मूच्छित करने में समर्थ है। वस्तुत: वह लक्ष्मण का तुल्य प्रतिद्वन्द्वी है। रावण के प्रति अनन्य निष्ठा रखते हुए भी वह सात्विक पात्रों की श्रेणी में प्रतिष्ठित है। राक्षस कुल से सम्बद्ध होने पर भी उसके व्यक्तित्व में एक ऐसा सहज और उदात्त भाव है जो आस्था या भक्ति-प्रेरित दृष्टि को भी ठेस नहीं पहुँचाता। बंगाली कवि माइकेल मधुसूदन दत्त ने 'मेंघ-नाद वध' काव्य में मेघनाद के चरित्र में जिस नवीन दृष्टि का उन्मेष किया है, वह गुप्तजी जैसे आस्थाशील वैष्णव कवि को भी अपनी मानसिक भूमि के निकट होने के कारण ही स्वीकार हो सकी है। फलत: वह शत्रु पक्ष के किसी भी पात्र की अपेक्षा गुप्तजी से अधिक सहानुभूति पाता है। यथा,

जाग उठे सौमित्र-सिंह यह कहते-कहते-
'धन्य इन्द्रजित् ! किन्तु सँभल, बारी अब मेरी।[526]

'साकेत' के मेघनाद में वाग्विदग्धता, गुणज्ञता तथा शूरता के साथ सिद्धि-साधना के प्रति एकाग्रता भी है।[527] उसकी यज्ञ-लग्न भीषण भटमूर्ति के सौंदर्य की प्रशंसा गुप्तजी ने उच्छ्वसित भाव से की है (' भीषण भी भटमूर्ति अहा क्या भली बनी थी'-साकेत, पृ. 484)। श्यामनारायण पाण्डेय के 'तुमुल' काव्य में मेघनाद का चरित्र अत्यंत उत्कृष्ट स्तर पर अंकित हुआ है। उसके चरित्र में निहित गुणज्ञता, शूरवीरता, सौंदर्य आदि का यहाँ अधिक भावात्मक रूप संगठित हुआ है। लक्ष्मण के द्वारा नि:शस्त्र मारे जाने के कारण वह करुणा और सहानुभूति अर्जित करता है-"कर में अवाक् स्त्रुवा लिए, मख भूमि में मारा गया।[528] रावणपक्षीय काव्यों (यथा, 'रावण-महाकाव्य', 'रावण का क्षोभ', 'अग्निपथ' आदि) में भी मेघनाद का चरित्र और भी भास्वर वर्णों से अनुरंजित है। उसका वध उसकी शूरता की न्यूनता के कारण नहीं, अपितु 'घर के भेदी' के विश्वासघात के कारण होता है। आधुनिक कवियों में प्रतिपात्रों के प्रति जो सहानुभूतिपूर्ण दृष्टिकोण उत्पन्न हुआ है, वह मेघनाद के चरित्र में जैसे पुंजीभूत हो उठा है।

कम्भकर्ण

असाधारण स्थूल काया, विचित्र दीर्घ निद्रा और अविश्वसनीय आहारशक्ति के कारण कुम्भकर्ण का व्यक्तित्व सम्पूर्ण रामकथा में अद्वितीय है। वह कथा की दीर्घ श्रृंखला में कोई हस्तक्षेप नहीं करता। रावण-परिसर की समग्र घटना एक सीमान्त तक उसकी अनुपस्थिति में घटित होती है। वाल्मीकि तथा तुलसी ने कुम्भकर्ण के तमोगुणी रूप का जो अंकन किया है, वह मूलत: उसके बाह्याचरण के संदर्भ में ही सार्थक है।[529] वह अत्यन्त उदार, गुणज्ञ, उपदेष्टा और सहृदय है। वह रावण के कृत्य का कटु आलोचक भी है। एक राजनीति विशारद के रूप में वह उस राजकीय संघर्ष की व्याख्या करता है और रावण को समझाता है किन्तु विभीषण के समान वह न तो रावण का परित्याग ही करता है और न उससे असहयोग ही। तद्विपरीत वह कुलधर्म और जातीयता की रक्षा के लिए युद्धभूमि में अप्रतिम वीरता का प्रमाण देकर अपने पौरुष और पराक्रम का निदर्शन करता है। युद्धभूमि में दुर्घर्ष है किंतु व्यक्तिगत क्षणों में वह शांतिप्रिय है यहाँ तक कि 'रामचरितमानस' में वह विभीषण को रामभक्त होने के नाते साधुवाद भी देता है।[530] वह राम के परब्रह्मत्व तथा जानकी के जगज्जन-नीत्व के प्रति भी आस्थाशील है।

मध्ययुगीन दृष्टि से यह उसकी तमोमयी आकृति में स्वभाव की सात्विकता का सामंजस्य है। किन्तु आधुनिक कवि को शत्रु के प्रति कुम्भकर्ण की आस्था भक्ति-प्रेरित यह उदार नीति ग्राह्य नहीं हो सकी है। 'रामचरित चिन्तामणि' में कुम्भकर्ण विभीषण की ही नहीं, अपितु सुग्रीव की भी बंधु-विद्रोह के लिए भर्त्सना करता है :

रे रे अधम ! सुग्रीव ! तू है कम विभीषण से नहीं,
वध बन्धु का पर से कराना धर्म क्या खल है यही ?[531]

आधुनिक कवि ने कुम्भकर्ण की निद्राप्रियता अथवा आहार व्यवहार के मिथ के प्रति कोई आग्रह व्यक्त नहीं किया है, 'साकेत' में उसका संकेत मात्र है।[532] वह युद्धभूमि में राम की सेना में जो आतंक उपस्थित करता है उसका अवकाश भी 'अरुण-रामायण' जैसे एकाध काव्य को छोड़कर अन्यत्र नगण्य है। 'साकेत' में उसके उपल-वज्र बरसाने का उल्लेख मात्र है, आतंक का गहरा प्रवाह वह नहीं छोड़ता। आधु-निक रामकाव्य में कुम्भकर्ण के चरित्र की एकांत निष्ठा विभीषण के विद्रोही अथवा विश्वासघाती चरित्र के समानान्तर ही उभरती है। 'अभिशप्त अमरबेलि' में विभी-षण कुम्भकर्ण की रावण के प्रति प्रतिबद्धता और प्रतिश्रुति को अपने बंधु-विद्रोह और विश्वासघात से अधिक श्रेयस्कर मानता है। वह तो बंधु और बांधव धर्म के लिए समर्पित था :

अग्रज !
तुम्हारी कुम्भकर्णी निद्रा
घोर सुषुप्ति
किसी भी जागृति की अपेक्षा
श्रेयस्कर वरेण्य थी[533]

प्रहस्त

वाल्मीकि तथा तुलसी ने रावण के सहायक वर्ग के राक्षस प्रमुखों का जिस विस्तार से अंकन किया है, आधुनिक रामकाव्य में घटना-बहुल नीति के विरोध और वैचारिक दृष्टि के उन्मेष के कारण उसको या तो कोई स्थान नहीं दिया गया है अथवा एकाध पंक्ति में उल्लेख मात्र कर दिया है। वाल्मीकि का प्रहस्त एक ऐसा ही पात्र है जो रावण की नीति का प्रबल समर्थक है। वह विभीषण की मंत्रणा के बावजूद रावण के लिए सर्वस्व समर्पण को तत्पर है। तद्विपरीत तुलसी में प्रहस्त विभीषण के ही समकक्ष है जो रावण की नीति का विरोधी है किन्तु उसकी नीति से असहमत होकर भी वह विभीषण के समान रावण का परित्याग नहीं करता। वह दूरदर्शी एवं विवेक-शील है तथा रावण पर अपने हितकारी वचनों का निष्फल प्रभाव देखकर क्षुब्ध होता है। आधुनिक संदर्भ में यह चरित्र पर्याप्त संभावनाएँ लिए हुए था किंतु विभिन्न पात्रों के चारित्रिक वैषम्य को उद्घाटित करने के लिए इस चरित्र का उपयोग प्राय: नहीं किया गया है। 'साकेत' में राम के विजय अभियान में हताहत राक्षस-प्रमुखों में उसका उल्लेखमात्र है।[534]

सुषेण

'वाल्मीकीय रामायण' में सुषेण का उल्लेख यद्यपि एक वानर वैद्य के रूप में है (61101), तथापि 'हनुमन्नाटक' प्रेरित 'रामचरितमानस' और उसके उपजीव्य परम्परित काव्यों में वह लंका का वैद्य है जिसे हनुमान लक्ष्मण-मूर्च्छा के अवसर पर उपचार के लिए बलपूर्वक ले आते हैं। इससे जहाँ हनुमान के गौरव और रामभक्ति का स्तवन हुआ है वहाँ सुषेण में राष्ट्रभक्ति की न्यूनता भी व्यंजित होती है। 'रावण-महाकाव्य' में सुषेण रावण की आज्ञा से ही लक्ष्मण के उपचार में प्रवृत्त होता है। इससे उसकी राष्ट्रभक्ति और प्रभुभक्ति के साथ अपने कर्त्तव्य-कर्म के प्रति सहज नैतिक निष्ठा भी व्यक्त होती है। 'साकेत' में सुषेण का वृत्त अनुपस्थित है क्योंकि आधुनिक दृष्टि से विशाल रामदल में किसी वैद्य का न होना असम्भव-सा लगता है।[535] परम्परित कथा में जहाँ हनुमान सुषेण को बलपूर्वक उठा लाते हैं, वहाँ 'अरुण रामायण' में समझा-बुझाकर

राम के सम्मुख उपस्थित करते हैं ('जाकर समझाकर वैद्यराज को बुला लिया।-पृ. 534) जिससे उसमें देशभक्ति की न्यूनता तो व्यंजित होती है। 'लक्ष्मण-काव्य' में वह विभीषण का मित्र है :

वैद्य सुखेण गुणी लंका का रावण का दरबारी;
मेरा मित्र सत्यविद् भेषज निर्माता अधिकारी।[536]

अत: उसके इस आचरण से रावण की अपेक्षा विभीषण के प्रति ही उसकी निष्ठा अधिक व्यक्त हुई है। उसकी व्यवसायगत निपुणता की सापेक्षता में उसकी राज्य या राष्ट्रभक्ति न्यून ही है।

खर, दूषण और त्रिशिरा

जनस्थान में शूर्पणखा के अनन्तर रावण के जिन तीन सेनानायकों से राम को लोहा लेना पड़ता है वे स्वयं में रावण से कम शक्तिशाली नहीं ('खर दूषन मोहि सम बलवंता-रा. म. 312212)। 'साकेत' में भी उनके प्रखर पराक्रम का उल्लेख है :

"खर था: खर, पर उसके शर थे प्रखर पराक्रम-विस्तारी।"[537]

तुलसी ने खर दूषण और त्रिशिरा इन तीनों भाइयों को अभिन्न रूप में अंकित किया है वहाँ वाल्मीकि ने इनके भिन्न व्यक्तित्व को उभारा (3119) है। आधुनिक दृष्टि से व्यक्ति-वैशिष्ट्य को विशेष महत्त्व दिया जाता है। अत: 'अरुण रामायण' में तीनों के भिन्न-भिन्न व्यक्तित्व को रेखांकित कर इन परम्परित चित्रों को अधिक व्यापक संदर्भ दिया गया है।

वाल्मीकि तथा तुलसी ने उनके प्रबल पराक्रम तथा माया-युद्ध का जिस विस्तार से उल्लेख किया है वह आधुनिक रामकाव्य में मात्र अनार्यशक्ति के ध्वंस की भूमिका बनकर आता है। 'साकेत' में खर दूषण तथा त्रिशिरा का विनाश आर्य सभ्यता की प्रतिष्ठा का ही समारम्भ है।[538] 'अरुण रामायण' में खर दूषण जहाँ पौरुष और पराक्रम के धनी हैं वहाँ त्रिशिरा में ओजस्विता और वाग्मिता का वह दुर्लभ गुण है जो भागते हुए सैनिकों में शक्ति का त्वरित संचार करता है :

बिजली-सी छिटकी घोर निराशा में आशा,
जादू से भरी हुई थी त्रिशिरा की भाषा।[539]

खर, दूषण और त्रिशिरा के चरित्र का एक भिन्न रूप 'रावण-महाकाव्य' में अंकित किया गया है जहाँ वे ऋषियों की शासन-विरोधी कार्यवाही को नियंत्रित करने के लिए दमन चक्र का प्रयोग करने वाले कुशल राजनीतिज्ञ हैं।[540]

सुबाहु

राम-लक्ष्मण द्वारा रक्षित विश्वामित्र के यज्ञ को ध्वस्त करने वाले पात्रों में ताड़का-पुत्र सुबाहु का नाम भी उल्लेखनीय है। सुबाहु का चरित्र 'लीला', 'अरुण-रामायण' आदि में जहाँ परम्परित रूप में अंकित है वहाँ 'साकेत' में राम के पौरुष प्रदर्शन का निकष बनकर प्रतिपात्र की शक्ति, सामर्थ्य और आतंक का बोध कराता है :

विकराल बली सुबाहु था, विधु थे येन, सुबाहु राहु था,
उसके भुज केतु-से पड़े, रवि से भी प्रभु किंतु थे बड़े।[541]

'रावण-महाकाव्य' में वह एक अबोध किशोर के रूप में चित्रित है जो बाल-सुलभ जिज्ञासा और कुतूहल से प्रेरित होकर विश्वामित्र का यज्ञ देखने के लिए जाकर मारा जाता है।[542]

मारीच

सीता हरण के केन्द्रीय वृत्त से सम्बद्ध होने के कारण मारीच का चरित्र सुबाहु की अपेक्षा अधिक महत्वपूर्ण है। विश्वामित्र के यज्ञ-ध्वंस के पौरुष और बाण के प्रताप का प्रमाण ही प्रस्तुत करता है[543] किन्तु सीता हरण से रावण के साथ संवाद में उसकी चिन्तनशीलता, नैतिक विवेक तथा राम की शक्ति और पराक्रम को पहचानने वाली सूझबूझ की भी व्यंजना है। आधुनिक काव्यों में भी माया-मरीच के उक्त गुणों का ही सन्निवेश हुआ है। राम के ईश्वरत्व का बोध और सद्गति की

आकांक्षा में राम के नाम स्मरण का संदर्भ आधुनिक काव्य में प्राय: अनु-पस्थित है। 'साकेत' और 'अरुण रामायण' में राम के बाण से बिद्ध होकर वह लक्ष्मण एवं सीता के नाम का ही उच्चारण करता है जो भक्ति की अपेक्षा प्रासंगिक कूटनीति की ही अभिव्यक्ति है-' हा लक्ष्मण ! हा सीते ! कहकर छोड़े इधर छली ने प्राण 1[544] यहाँ 'पाछें सुमिरेसि मन महुँ रामा[545] की भक्ति-द्रवणता नहीं है अपितु उसके छली व्यक्तित्व को ही उभारा गया है—

"मरती बेर छली कंचन-मृग फिर मारीच बना था।''[546]

'अरुण रामायण' में रावण के साथ उसके नीतिमय संवाद में रावण की विज्ञान-विभूषित समृद्धि तथा राम की आत्म-शक्ति के तुलनात्मक विवेचन की सूक्ष्म आधु-निक संवेदना व्यक्त हुई है, जो उसकी विवेकशीलता और नीतिज्ञता को प्रमाणित करती है।[547]

अन्य प्रतिपात्र

विराध

राम, सीता और लक्ष्मण का अरण्य-संचरण अनार्य शक्तियों से किस प्रकार पद-पद पर बाधित होता था, विराध आदि राक्षसों की अवतारणा इसका साक्ष्य प्रस्तुत करती है। 'वाल्मीकीय रामायण' में विराध राम-लक्ष्मण पर आक्रमण करता है। अपनी भार्या बनाने के लिए सीता का अपहरण (31218-13) कर लेता है। 'राम-चरितमानस' में वह अपने भयंकर रूप को उद्घाटित भर करता है। तुलसी के मानस में वह बाह्याचार में ही राक्षसतुल्य है किन्तु मूलत: वह है हरिभक्त ही (316/ 6)। अत: वह प्रभु की कृपा से हरिधाम को चला जाता है। आधुनिक दृष्टि इस दिशा में तुलसी की अपेक्षा वाल्मीकि का अनुसरण करती है। 'वाल्मीकीय रामायण' में राम-लक्ष्मण विराध को जीवित ही गड्डा खोद कर गाड़ (31213-4) देते हैं जिससे उसके स्वरूप में निहित किसी औदात्य की अपेक्षा उसके कुत्सित स्वरूप की ही व्यंजना होती है। साकेतकार के अनुसार भी-

बाधक हुआ विराध मार्ग में, झपटा आर्या पर पाखण्ड।
जीता हुआ गाड़ देना ही, समुचित था उस खल का दण्ड।[548]

'लक्ष्मण-काव्य' में उसका चरित्र-चित्र नरमुण्डों की माला धारण करने वाले हमलावर वनचारी का है जो राम के बिना जाने ही सीता को बन्दिनी बनाकर अपनी वंचक और मायावी शक्ति का परिचय देता है :

वैदेही बन्दिनी बनी, वंचक विराध के बस में,
राम विकल थे, अनुशासन प्रिय लक्ष्मण असमंजस में।[549]
'अरुण रामायण' में विराध के क्रूर-मायावी चरित्र को एक भिन्न रूप में

प्रस्तुत किया गया है। 'वाल्मीकीय रामायण' में यदि वह पूर्वजन्म में तुम्बुरु नामक गंधर्व है जिसे कुबेर ने राक्षस होने का शाप दिया है तो 'अरुणरामायण' में वह पूर्व रूप में क्रूर-कृपण तस्कर है जो अनुचित विधि से धन संचय कर सामाजिक नेताओं के साथ साँठ-गाँठ करके जन-गण को सैकड़ों व्यापारों से लूटता रहा।''[550] नैतिकता की धार शिथिल करने वाले नेताओं के कुकर्म में वह योग देता है। और इस प्रकार वह उस शोषक का प्रतीक है जो निरंतर जनता के स्वर्ण-रक्त का पान करता है। विराध शोषित जनों के हाहाकार और अपने पापों के कारण दुर्गति को प्राप्त विवेक-पतित आधुनिक शोषक का प्रतीक है-" शोषण के कारण होता सदा विवेक पतन।[551]

कबन्ध

सीतान्वेषण में तत्पर राम-लक्ष्मण को कबन्ध के अवरोध का सामना करना पड़ता है। 'वाल्मीकीय रामायण' में उसके पाप-प्रसंग तथा देह-विकृति (3169-73) का विस्तार से चित्रण है। कबन्ध ही राम को सुग्रीव से मित्रता करने का परामर्श देता है। इसी संदर्भ में यह भी उल्लेखनीय है कि 'लक्ष्मण-काव्य' में मृत्यु के साक्षात्कार केक्षण में उसका यह अयाचित परामर्श

उसके हृदय की अहैतुकी उपकार-वृत्ति का बोधक है जिसमें किसी परमधाम की आकांक्षा निहित नहीं है।[552] 'साकेत' तथा 'अरुण-रामायण' के कथाक्रम के विकास में वह किसी भूमिका का निर्वाह नहीं करता। 'साकेत' में जहाँ उसके शूरत्व का उल्लेख है वहाँ 'अरुण रामायण'[553] में वह एक पापा-भिशप्त खण्डित-शरीर मात्र है।

बालि

असाधारण शक्ति एवं विवेकशीलता के कारण बालि का चरित्र प्रतिपात्रों की परम्परित सरणी से एकदम भिन्न है। मध्ययुगीन मानसिकता की भी वह सहानुभूति अर्जित करने में सफल रहा है। उसके चरित्र का एकमात्र दुर्बल पक्ष सुग्रीव की पत्नी को बलात् अपनी अर्धांगिनी बना लेने में निहित है। वस्तुतः वानर-संस्कृति के संदर्भ में यह कृत्य इतना गर्हणीय नहीं है कि राम द्वारा बालि के वध के औचित्य का समर्थन किया जा सके। अतः मध्ययुगीन मानसिकता ही नहीं, आधुनिक युग की सप्रश्न दृष्टि भी उक्त कृत्य का कोई समुचित समाधान प्रस्तुत नहीं कर सकी है। राम के इस अनौचित्य के परिपार्श्व में बालि का चरित्र अधिकाधिक सहानुभूति ग्रहण करता गया है। वात्मीक तथा तुलसी के राम बालि को बनैले पशु के समान आखेट करते हुए मारने में इसी कारण किसी द्विविधा का अनुभव नहीं करते कि राम क्षत्रिय थे और मृगया उनकी आजीविका थी (वा. रा. 4118139-41)। साकेतकार ने भी इसी दृष्टि से प्रेरित होकर बालि को 'कामी अग्रज' एवं 'बर्बर पशु' विशेषणों से सम्बोधित किया है (बर्बर पशु कह एक बाण से किया बालि का फिर आखेट' – साकेत, 111426), जिसके औचित्य को नैतिक समर्थन नहीं दिया जा सकता। बालि की नियति भी यहाँ शम्बूक जैसी ही है जो राम के राजनैतिक स्वार्थ से प्रेरित अनौचित्य का आखेट बनता है।[554] बालि के प्रति राम के चरित्र की ऋजु मानवीयता कृपण अनु-दारता में परिणत हो जाती है।[555] अतः वाल्मीकि तथा तुलसी का आसन्नमरण बालि राम के इस कृत्य पर जो आक्षेप लगाता है, उसे आधुनिक बुद्धि भी स्वीकार करती है। तुलसी का बालि इस आक्षेप के अनन्तर सहज भक्तिभाव से राम को समर्पित होता है, जिससे आधुनिक कवि को प्रौढ़ दार्शनिक भक्तिपरक चिन्तन की प्रेरणा मिली है और उसके व्यक्तित्व के प्रति पाठक की आस्था दृढ़ हुई है। आधुनिक कवि 'अरुण' ने बालि के चरित्र के इस कोण को उभारा है। बालि राम से कहता है :

हे प्राण हरण करने वाले, हे विश्व-प्राण !
तुम मृत्युलोक के सभी प्राणियों से महान्।
मेरी रति-गति में, सभी प्रगति में तुम्हीं एक,
हो पाप-पुण्य में तुम्हीं तुम्हीं छल-बल-विवेक।[556]

राम के प्रति बालि के इस कथन में उसकी मध्यकालीन आस्था और आधुनिक युगीन व्यंग्य-चेतना दोनों ही मुखर हैं। बालि के चरित्र में निहित सप्रश्नता को भी आधुनिक कवियों ने रेखांकित किया है (यहाँ, "और बालि वध न था क्या व्याख्या छल की ?" —अन्तर्मन्थन, पृ. 81) किन्तु वह मूलतः राम के कृत्य के अनौचित्य के संदर्भ में ही है, बालि के चरित्र को किसी नये संदर्भ में परिभाषित नहीं करता।

शम्बूक

उत्तर रामकथा के एक अवान्तर संदर्भ में शूद्र मुनि शम्बूक अपने निजी व्यक्तित्व की अपेक्षा राम के निष्करुण आचरण के परिप्रेक्ष्य में पर्याप्त महत्त्वपूर्ण है। वाल्मीकि, कालिदास और भवभूति ने शम्बूक का उल्लेख एक तपस्वी शूद्र के रूप में किया है जिसका तप रूपी अधर्माचरण ब्राह्मण बालक की अकाल मृत्यु का कारण बनता है। राम शम्बूक को उत्तम व्रत का पालन करने वाले तपस्वी के रूप में देखकर उसकी उग्र तपस्या के सुदृढ़ पराक्रम का स्तवन तो करते हैं (धन्यस्त्वमसि सुव्रत' वा. रा. 7175115) किन्तु जैसे ही उन्हें ज्ञात होता है कि वह शूद्र योनि में उत्पन्न है, वैसे ही वे उसका सिर काट लेते हैं। इस प्रसंग से शम्बूक की उग्र साधना, सत्य-सदिता तथा महत्वाकांक्षा का संकेत मात्र मिलता है, उसके चरित्र के पूर्ण विकास की संभावनाएँ यहाँ नहीं हैं। भवभूति ने भी शूद्रमुनि के वध के सदर्भ में राम के हृदय में उभरती हुई अनौचित्य

की शंका का संकेत किया है, किन्तु शम्बूक के व्यक्तित्व का विकास आधुनिक बोध की सृजनात्मक भूमि में ही हुआ है। श्री जगदीश गुप्त के 'शम्बूक' काव्य में शम्बूक को भूमिपुत्र के रूप में नई सार्थकता दी गई है। वह राम का सबल तार्किक प्रतिपक्षी है जो वर्ग सीमित स्वार्थ पर आधृत उनकी घातक व्यवस्था की कटु आलोचना करता है। राम की दृष्टि में शम्बूक वर्ण-व्यवस्था को भंग करने के कारण अमर्यादित आचरण करता है। तद्विपरीत शम्बूक स्वयं को पृथ्वीपुत्र कहकर जन्मजात समानता के तथ्य पर बल देता है। वह तप को सृष्टि का आधार मानता है। शूद्र के तप को दुष्कर्म, अधर्म अथवा अपराध की संज्ञा देने में वर्ग-भेद की नीति ही उत्तरदायी है। राम के विगत कर्मों की तीव्र आलोचना करते हुए वह अपने तर्क-प्रधान उग्र विद्रोही व्यक्तित्व की बाहरी लोकोन्मुखी जीवन-दृष्टि का परिचय देता है जो असहमति, प्रतिवाद और व्यंग्य की भूमि पर उभरती है। उसकी दृढ़ आस्था है कि वर्ण से ही मनुष्य मात्र का त्राण नहीं हो सकता। कर्म से ही श्रेष्ठता का अधिकार मिलना चाहिए। और कर्म करने पर मात्र द्विज का ही नहीं, अपितु शूद्र का भी अधिकार है।[557] 'वनस्थली', 'जानकी जीवन' इत्यादि काव्यों में भी शम्बूक का उल्लेख है किन्तु उसके चिन्तन प्रधान व्यक्तित्व का कोई कोण वहाँ उद्घाटित नहीं हुआ है। राम के कृत्य के औचित्य प्रतिपादन के लिए ही उसके चरित्र की पुनर्व्याख्या की गई है।

'वनस्थली' में शम्बूक के उग्र तपश्चरण से समग्र विश्व संत्रस्त है। अत: राम की दृष्टि में वह विश्व का विद्वेष्टा है।[558]उसकी चेष्टा धर्म विरुद्ध और अनधिकृत है। किन्तु राम के साक्षात्कार से शम्बूक के चरित्र में जो सहज विनीतता और अनुताप भावना व्यक्त होती है वह उस नगण्य शूद्र को भी राम की दृष्टि में महत्त्वपूर्ण बना देती है।[559]

गौण नारी-पात्र

आधुनिक रामकथा के नायक तथा प्रतिनायक पक्ष के अनेक गौण नारी पात्र मध्ययुगीन पात्र सृष्टि से अपनी विशिष्टता एकाधिक संदर्भों में व्यक्त अवश्य करते हैं, किन्तु मूलत: उनका स्वरूप पारम्परिक उपादानों से ही निर्मित हुआ है। उदाहरण के लिए कौशल्या वैसी ही सहृदया, सपत्नी द्वेष से मुक्त, वात्सल्यमयी, आदर्शोन्मुख नारी है जैसी वह मानस में चित्रित हुई है। यही स्थिति सुमित्रा, माण्डवी श्रुतिकीर्ति, मंथरा तथा मंदोदरी एवं सुलोचना आदि नारी पात्रों की है, जो अपनी मूलभूत परम्परित विशेषताओं को सुरक्षित रखते हुए कथाक्रम के विकास में अपना योग देते हैं। किसी वैचारिक अथवा मनोवैज्ञानिक कोण का उद्घाटन उनसे कहीं भले ही हो गया ही, किंतु गुणात्मक दृष्टि से उनमें कोई मौलिक परिवर्तन लक्षित नहीं होता।

कौशल्या

वाल्मीकि की कौशल्या आदर्श माता, पत्नी एवं सास हैं, किन्तु वाल्मीकि ने जहाँ उनमें नारी सुलभ विद्वेष, आशंका तथा सपत्नीगत ईर्ष्या का चित्रण किया है, वहाँ तुलसी की कौशल्या इन दुर्बलताओं से सर्वथा मुक्त है। वाल्मीकि की कौशल्या पति की उपेक्षा तथा सौत के तिरस्कार का मुक्तकण्ठ से उल्लेख करती है[560] तथा राम के वनवास का समाचार सुनकर कैकेयी और राजा दशरथ को बुरा-भला कहने में संकोच नहीं करती। प्रारम्भ में भरत पर व्यंग्य बाण भी छोड़ती है।[561] तद्विपरीत तुलसी की कौशल्या अधिक विवेकशीला तथा कैकेयी के प्रति अधिक सहिष्णु एवं संदेहमुक्त है।[562] आधुनिक कवियों ने मध्यमार्ग चुना है। पं. रामचरित उपाध्याय की कौशल्या भरत से आक्रोश एवं व्यंग्यपूर्ण स्वर में कहती है-

"छल से छल छद्म ! हा वृथा, वनवासी मम राम को बना,
सुख से धन-धान्य-पूरिता, तुम भोगो गतकण्टका मही।"[563]

वह राम के वनवास का समाचार सुनकर क्षणिक रूप से क्षुब्ध अथवा उत्तेजित अवश्य होती है किन्तु वात्सल्य के आगे अपने कर्तव्य एवं विवेक को प्रमुखता देती है। 'साकेत' में कौशल्या का यही चित्र प्रस्तुत हुआ है। एक ओर कैकेयी की अभिसंधि पर कौशल्या की प्रतिक्रिया है-"समझ गई, मैं समझ गई, कैकेयी की नीति नयी।"[564] तो दूसरी ओर उसकी वात्सल्यजन्य दैन्यमयी प्रतिक्रिया इस रूप में व्यक्त होती है :

"... मुझे राज्य की चाह नहीं, उस पर कुछ भी डाह नहीं।
मेरा राम न वन जावे, यहीं कहीं रहने पावे,

उनके पैर पड़ूंगी मैं, कहकर यही अड़ूंगी मैं-
भरत-राज्य की जड़ न हिले, मुझे राम की भीख मिले।[565]

मातृत्व की पीड़ा कौशल्या की चरित्र की मौलिक विशेषता है। इसलिए गुप्तजी ने उसे 'मूर्तिमती ममता माया'[566] कहा है। किन्तु कौशल्या का वात्सल्य संकीर्ण नहीं है। वह भरत और राम में भेद नहीं मानतीं। अत: भरत के ननिहाल से लौटने पर वह भरत को अभिसंधि एवं षड्यंत्र से मुक्त मानकर सहज ही अंक से लगा लेती है[567] 'वाल्मीकीय रामायण' की कौशल्या के समान उनके हृदय में संदेह की क्षीण-सी भी रेखा नहीं उभरती। 'साकेत संत' की कौशल्या भी भरत के अनुताप युक्त वचनों को सुनकर करुणार्द्र हो उठती हैं—

खींचा उनको, ले गोद, हृदय लिपटाया,
बोलीं, "तुमको पा पुन: राम को पाया।
बेटा, तुम निर्मल शील-कोष अक्षय हो,
तुम निष्कलंक हो पूर्ण, तुम्हारी जय हो !"[568]

कैकेयी के समान कौशल्या राजनीतिक घटनाक्रम में कोई निर्णायक हस्तक्षेप नहीं करतीं। स्थान-स्थान पर अपने भावना-प्रधान उद्गारों के माध्यम से वह क्षीण-सी प्रतिक्रिया जगाकर ही दृश्य-पट से हट जाती हैं। आदर्श-भावना, धर्म-प्रियता, पारिवारिक मंगल कामना जैसे दो वार सूत्रों से ही उसका सम्पूर्ण चरित्रपट निर्मित हुआ है। चित्रकूट में मातृ-सुलभ वात्सल्य भावों से परिपूर्ण होने पर भी राम के वन में निवास करने के दृढ़-व्रत का वह समर्थन कर अपने धैर्य और सहिष्णुता का परिचय देती हैं :

"राघव, तेरे ही योग्य कथन है तेरा, दृढ़ बाल हठी तू वही राम है मेरा।
देखें, हम तेरी अवधि मार्ग सब सहकर।''[569]

सर्वत्र कौशल्या की स्थिति सहज करुणा, निष्क्रिय समर्पण तथा आत्म-केन्द्रित वात्सल्य की है। हनुमान द्वारा लक्ष्मण मूर्च्छा का वृत्त सुनकर अयोध्यावासियों के रण-सज्जा के लिए तत्पर होने पर कौशल्या का वात्सल्य इसी रूप में मुखर हुआ है-

"हाय ! गये सो गये, रह गये सो रह जावें,
जाने दूंगी तुम्हें न, वे आवें जब आवें।''[570]

सुमित्रा

कथा-विकास में गौण भूमिका के बावजूद सुमित्रा अपने क्षत्रियोचित दृप्ततेज एवं आत्माभिमान के कारण विशिष्ट व्यक्तित्व से सम्पन्न है। कैकेयी की अभिसंधि का वृत्त जानकर वह कौशल्या के समान आत्म-दैन्य से कुण्ठित नहीं होती, आक्रोश से भरे दीप्त स्वर में उद्घोषणा करती है :

"स्वत्वों की भिक्षा कैसी ? दूर रहे इच्छा ऐसी;
उर में अपना रक्त बहे, आर्य भाव उद्दीप्त रहे।
पाकर वंशोचित शिक्षा, माँगेंगी हम क्यों भिक्षा ?
प्राप्य याचना वर्जित है, आप भुजों से अर्जित है।''[571]

अयोध्या की रण-सज्जा के अवसर पर कौशल्या की ममत्व-भीरुतापूर्ण उक्तियों का उत्तर सुमित्रा निम्नलिखित शब्दों में देकर एक प्रकार से कौशल्या के चरित्र का ही पूरक स्वरूप उपस्थित करती है :

"किसी अभिसन्धि में होवे भरत मत। असम्भव, अमिय में होवे गरल सत।।
न देकर जन्म जननी जान पाई। तुझे मैं भी न क्या पहचान पाई ?
जुड़ा आ अंक मम, तू राम मेरा। वही गुण, रंग, अपर बस नाम तेरा ॥
किया यदि केकई ने मोह सुत का बुरा क्या है, न किसको लोभ सुत का।।

-सर्ग 4, पृ. 152

"जीजी, जीजी, उसे छोड़ दो, जाने दो तुम,
सोदर की गति अमर-समर में पाने दो तुम[572]

सुमित्रा में क्षत्रियोचित तेज ही नहीं, सहज ममता और वात्सल्य भी है, किन्तु वह वात्सल्य उसे निरंतर कर्तव्य-वरण के लिए सतत जागरूक रखता है। वह राम के साथ वन जाने के लिए लक्ष्मण को सहर्ष आज्ञा ही नहीं देती, वरन् प्रेरित भी करती है। लक्ष्मण से वह कहती है—

"मैं प्रसन्न हूँ, आदर्शों पर तुमको न्यौछावर करके,
पूर्ण करो जीवन-सँदेस तुम, लालन अपना जी भर के।
जाओ बन, ज्वलंत आदर्शों से उत्प्राणित होकर के,
त्याग-तपस्या-रत हो जाओ, अहं भाव को खो करके।[573]

गुप्तजी की सुमित्रा में भी उत्सर्ग-भावना है, किन्तु वह सहज पारिवारिक स्नेह और ममत्व के बीच अंकुरित हुई है। वह लक्ष्मण को अग्रज राम का अनुसरण करने का आदेश देती हुई कहती है-

"लक्ष्मण, तू बड़भागी है, जो अग्रज-अनुरागी है।''[574]

फिर भी 'साकेत' में सुमित्रा के क्षात्र तेज का जैसा आधिक्य दृष्टिगत होता है, वैसा 'ऊर्म्मिला' काव्य में नहीं है। सुमित्रा के चरित्र की अधिक वैविध्यमयी रेखाओं को उत्कीर्ण करने का अनुक्रम 'ऊर्म्मिला' काव्य में ही दृष्टिगत होता है। 'ऊर्म्मिला' की सुमित्रा "भव्य, ममत्वमय, विराट्, मृदुल, स्नेहिल, दयालु तथा सौम्य रूप में हमारे समक्ष आती है।''[575] 'ऊर्म्मिला' में सुमित्रा की विनोदप्रियता, तत्त्व-चितना तथा कला-मर्मज्ञता का उल्लेख अनेकशः हुआ है। लक्ष्मण तथा ऊर्म्मिला के वाग्विनोदों के बीच वह एक परिहास-प्रिय मध्यस्थ का कार्य करती है :

माण्डवी

"सुमित्रा उन दोनों के बीच, हो रही थी पर्यंकासीन,
कि मानो दो मध्याह्नों-मध्य, हो रही अरुणा संध्या-लीन।[576]

मध्ययुग के कवियों द्वारा उपेक्षित नारीपात्र-माण्डवी तथा श्रुतिकीर्ति को भी आधुनिक कवियों ने व्यक्तित्व प्रदान किया है। इन दोनों बहिनों में माण्डवी के चरित्र को विरागी भरत के संदर्भ में अधिक सहानुभूति से उत्कीर्ण किया गया है। सीता वन में राम के सान्निध्य का उपभोग करती है, उर्मिला राजभवन में भी लक्ष्मण से वियुक्त होकर विरहिणी का जीवन बिताती है। किन्तु माण्डवी की स्थिति

इन दोनों की अपेक्षा अधिक विडम्बनापूर्ण है। वह विरागी भरत के सान्निध्य में रह-कर भी तपस्विनी का जीवन बिताने के लिए बाध्य है। उसकी यह नियति आधुनिक कवियों की करुणा और सहानुभूति को विशेष आंदोलित कर सकी है।[577] ऊर्मिला के समान माण्डवी और श्रुतिकीर्ति को भी ललित कलाओं में अनुरक्त एवं निपुण अंकित किया गया है।[578] माण्डवी के बाल्यकालीन विनोद का वर्णन 'विदेह' और 'ऊर्म्मिला' काव्यों में हुआ है। गार्हस्थिक संदर्भों के बीच भी उसकी यह विनोदप्रियता सुरक्षित रहती है। देवर-भाभी सम्बन्धों के बीच जो एक हास-परिहासपूर्ण तरलता उद्भावित होती है, माण्डवी उससे असंपृक्त नहीं है। विरागी भरत के संदर्भ में परिहास करती हुई वह शत्रुघ्न से कहती है-"घर सम्हालने वाले मेरे देवर ही बड़भागी हैं।''[579] किंतु माण्डवी के चरित्र का मूल स्वर तपस्वी भरत की उपयुक्त सहधर्मिणी के रूप में ही व्यक्त हुआ है। 'साकेत संत' में भरत और माण्डवी के नवीन परिणय के प्रणयालाप का अंकन[580] अवश्य हुआ है किन्तु मूलतः उसका कठोर कर्तव्य परायण विरागी जीवन ही आधुनिक काव्यों में अधिक उल्लेखनीय रहा है :

तन पर दो खादी के टुकड़े, चार चूड़ियाँ प्यारी।
एकछत्र शासक की यह थी आधी देह दुलारी ।।[581]

गुप्तजी ने भी माण्डवी के तप, त्याग और तपस्या के गुणों का स्तवन करते हुए प्रसा-धन रहित उसके विरागिनी स्वरूप का चित्रण किया है—

चार चूड़ियाँ थीं हाथों में, माथे पर सिन्दूरी बिन्दु,
पीताम्बर पहने थी सुमुखी, कहाँ असित नभ का वह इंदु ?[582]

'साकेत' तथा 'साकेत-संत' में वह भरत की सेवा सुश्रूषा में रत तपस्या की मूर्ति के रूप में अंकित है। पति से उसका सम्बन्ध मात्र सेवा का ही है। व्रतधारी भरत को फलाहार पहुँचाने अथवा सासों की सेवा सुश्रूषा तक ही उसकी दिनचर्या सीमित है।[583] 'साकेत', 'साकेत-संत' तथा 'नंदिग्राम' में भरत से वियुक्त माण्डवी के अवध में रहने का उल्लेख है किन्तु 'साकेत' एव 'साकेत-संत' में जहाँ वह दिन में एक बार भोजन के समय पति दर्शन का सुख ग्रहण कर पाती है, वहाँ वह 'नंदिग्राम' में एकांत विरहिणी का जीवन बिताती है। फलत: 'नंदिग्राम' में उसकी दशा अधिक करुण एवं संवेदनपूर्ण है :

हैं अशन, आसन, वसन उसको न भाता,
नींद ले, आती दृगों में स्वप्न-माया।[584]

अधिकांश स्थलों पर उसकी इसी सुकुमार तपस्या का चित्रण है।[585] 'साकेत' के द्वादश सर्ग में लक्ष्मण की मूर्च्छा का समाचार सुनकर वह अवश्य तेजोद्दीप्त हो उठती है। वह कातरता एवं भावुकता के स्थान पर कर्तव्य पालन को वरेण्य समझती है।[586] किन्तु अपना मूल दायित्व अन्त:पुर की सुरक्षा एवं प्रबन्ध में ही परिमित मानती है,[587] जिस ओर वह पूर्ण सचेष्ट है।

श्रुतिकीर्ति

माण्डवी के समान श्रुतकीर्ति के चरित्र की संकल्पना भी आधुनिक काव्य-बोध का ही परिणाम है। वाल्मीकि ने श्रुतिकीर्ति का उल्लेख विवाह के प्रसंग में अत्यन्त संक्षिप्त रूप में किया है।[588] विवाह के अनन्तर शत्रुघ्न की पत्नी के रूप में वह एकांत सुख भोगमय जीवन व्यतीत करती है। तुलसी ने भी विवाह के प्रसंग में ही श्रुतिकीर्ति के शील एवं सौन्दर्य का उल्लेख किया है, किन्तु उसके व्यक्तित्व की कोई स्पष्ट रेखा वहीं अनुपस्थित है।[589]

आधुनिक काव्यों में श्रुतिकीर्ति का चित्रण माण्डवी के समान 'ऊर्म्मिला' एवं 'विदेह' काव्यों में हुआ है, जहाँ भोलेपन[590], विनोदप्रियता[591], संगीत एवं चित्रकला के अनुराग इत्यादि के अवान्तर तंतुओं से उसके शील एवं सौन्दर्य की झाँकी प्रस्तुत की गयी है। ये गुण उसके अस्पष्ट चरित्र को अधिक व्यंजक, स्वाभाविक एवं मानवीय तो बना देते हैं, किन्तु कथाक्रम में उसका कोई मौलिक योगदान न होने के कारण माण्डवी अथवा ऊर्मिला के समान उसके व्यक्तित्व को ठोस संदर्भ नहीं दे पाते। चरित्र-विकास के क्रम में वह ऊर्मिला की एकांत अनुगता है। भरत के विरागी होने के कारण शत्रुघ्न ही अयोध्या का शासन कार्य सँभालते हैं। अत: रण-सज्जा के अव-सर पर श्रुतिकीर्ति के चरित्र की एक झलक दिखलाने का अवसर गुप्तजी को मिल गया है। जब झर्मिला शत्रुघ्न को रण-सज्जा के लिए सन्नद्ध करते समय श्रुतिकीर्ति से रोली लाने के लिए कहती है तब वह वीर पत्नी के रूप में कहती है—

"जाओ स्वामी, यही माँगती मेरी मति है-
जो जीजी की, उचित वही मेरी भी गति है।
मान मनाया और जिन्होंने लाड़ लड़ाया,
छोटे होकर बड़ा भाग जिनसे है पाया।
जिनसे दुगुना हुआ यहाँ वह भाग हमारा,
हम दोनों की मिले उन्हीं में जीवन धारा।[591]

मंथरा

राम-परिसर के पात्रों में कैकेयी के पश्चात् मंथरा ही एकमात्र ऐसा चरित्र है जिसे मध्ययुगीन कवियों ने न केवल कालिमा से अनुरंजित किया, अपितु अन्य पात्रों के द्वारा उसके प्रति घृणित भाव और क्रूर-आचरण भी प्रदर्शित कराया।[592] उसके सम्पूर्ण चरित्र की प्रेरणा उसकी ईर्ष्या एवं विद्वेष से प्रेरित मानसिक भूमि में निहित है, किन्तु उसकी मंत्रणा में उस राजनैतिक

दूरदर्शिता और स्वतंत्र निर्णय क्षमता का अभाव है, जो घटनाक्रम के परिवर्तन में उसकी चारित्रिक भूमिका को अधिक सप्राण एवं सतेज बना सके। भरत के आगमन पर उसकी स्थिति विद्रूप और हास्य का प्रभाव जगाकर उसकी नियति को सहानुभूति से वंचित, असहाय शून्य में लटकता छोड़ देती है। आधुनिक दृष्टि ने एक ओर तो 'अजस पिटारी[593] स्वरूप के स्थान पर उसके चरित्र को अधिक विधेयात्मक रूप में प्रस्तुत किया, दूसरी ओर अतिप्राकृत तत्त्व के स्थान पर उसके मनोविज्ञान को अधिक उभारा। मध्ययुगीन मंथरा की अपेक्षा वह अधिक स्वतंत्र चेता, सूक्ष्म दृष्टि सम्पन्न, कर्मठ तथा राजनैतिक अन्तर्दृष्टि से युक्त विचारशील नारी है, जो न केवल अपनी स्वामिनी के हित चिन्तन में रत है, अपितु अधिक व्यापक राष्ट्रीय संदर्भ से भी जुड़ी है। 'साकेत'[594] में यदि इसका मनोवैज्ञानिक अन्तर्दृष्टि से सम्पन्न रूप चित्रित हुआ है तो 'साकेत-संत[595] में युधाजित् द्वारा नियुक्त होकर वह राजनीति की कुशल सूत्रधारिणी सिद्ध होती है। 'एक विश्वास और[596] काव्य में तो वह वशिष्ठ की मंत्रणा में सहायक होकर वन भेजने में राष्ट्र के व्यापक हित में अपना योग देती है। 'साकेत', 'कल्याणी कैकेयी', 'कैकेयी' (चांदमल अग्रवाल कृत) में मंथरा का परम्परागत स्वरूप भी झलक मारता है किन्तु यहाँ भी वह पाठकीय सहानुभूति नहीं खोती, क्योंकि कैकेयी के जीवनानुभव और पारिवेशिक संस्कार वहाँ इतने प्रमुख हैं कि मंथरा की कुटिल मंत्रणा आनुषंगिक प्रतीत होती है। वह केवल कैकेयी के बद्धमूल, अर्जित एवं आनुवंशिक संस्कारों को उबुद्ध करने की प्रेरणा भर है। स्वयं कैकेयी कहती है-

"क्या कर सकती थी मरी मंथरा दासी।
मेरा ही मन रह सका न निज विश्वासी।[597]

'कैकेयी' (चांदमल अग्रवाल कृत) में कैकेयी के हृदय में आर्यत्व के लिए पूर्व ही भावभूमि बन चुकी है। अत: यहाँ राम को वन भेजने में मंथरा केवल माध्यम मात्र रहकर अपने क्रूर कर्म के दायित्व से एक सीमा तक मुक्त प्रतीत होती है। पाठकीय संवेदना के स्तर पर मंथरा का यह चरित्र सहानुभूति अर्जित करता है। कैकेयी कहती है-

शबरी

"यदि कल्पना वह मंथरा मन की निरी,
तो भी न इसमें हानि, होगा लोक-मंगल ही।
असुर-पीड़ित धरा का भार उतरे।
आर्य-संस्कृति को बढ़ाने,
दृढ़, सुरक्षित राज्य कोशल का बनाने, राम को
खल, असुर, मानव रूप पशुओं को मिटाने,
आज या कल अग्रसर होना पड़ेगा।"[598]

प्रेम और भक्ति के पावन आलोक में अस्पृश्यता भी पुनीत और आनंदमयी हो जाती है, यह अबधारणा भारतीय जन-मानस में प्राचीन काल से ही बद्ध मूल रही है, किन्तु उसका युगीन परिप्रेक्ष्य गांधीवादी जीवन-दर्शन के अभिनव आलोक में ही जग-मगाता है। राम कथा में निषादराज गुह, शबरी जैसे पात्र इस चिंतन को युगीन स्वर देने की दृष्टि से अत्यन्त महत्त्वपूर्ण हो उठे हैं। वैसे तो गुप्तजी ने भी शबरी के आतिथ्य का उल्लेख दो पंक्तियों में कर दिया है,[599] किन्तु शबरी पर मायादेवी शर्मा, 'वचनेश' तथा नरेश मेहता ने काव्य लिखकर उसके चित्रण में निहित आधुनिक सम्भावनाओं को अधिक व्यापकता से व्यक्त किया है। शबरी मतंग ऋषि की शिष्या तथा धर्माचारिणी है जो आश्रम में राम-लक्ष्मण के आने पर उनका भक्तिभावपूर्ण स्वागत एवं आतिथ्य करती है। वाल्मीकि की शबरी जहाँ श्रमशीला, धर्मानुष्ठान में तत्पर तपस्विनी है,[600] वहाँ 'मानस' में वह केवल भक्तिभाव में निमज्जित, अनुरागमयी, भाव-विभोर, जिज्ञासु, प्रेमानुगा नारी है,[601] जिसे अपनी नीच जाति और नारी होने का बोध है किन्तु प्रेम और भक्ति की तीव्र चेतना उसके हृदय के अनुराग को सात्विक आवेग में परिणत कर देती है।[602] 'मानस'[603] और 'अध्यात्म रामायण' में वह नवधा भक्ति के श्रवण की अधिकारिणी के रूप में चित्रित की

गई हैं,[604] जो उसके आध्यात्मिक एवं मानसिक विकास की परिपक्वता का प्रमाण है। 'मानस' में राम उसे 'भामिनी' कहकर सम्बोधित करते हैं, जो उसके प्रति राम के हृदयस्थ प्रेम का सूचक है। कवि 'वचनेश' ने भी 'शबरी' काव्य में शबरी के हृदय में राम के प्रेम का ऐसा ही उद्दाम चित्रण किया है। उसका विरहोन्माद भक्ति की सीमा का अतिक्रमण कर लौकिक प्रेम की आवेग-प्राणता में ढलता-सा प्रतीत होता है :

प्रिय आवहु, रावरी हों सबरी
कहि, दौरी प्रमोद हिये उमह्यो।
चहुँधा चख खोलि जब चितई
चकि भूमि परी कहि राम भयो।[605]

अन्यत्र 'वचनेश' ने इस मदमस्त प्रेम-प्रतीक्षा को निराकार के बाह्य-आंतरिक स्तर पर अभिव्यक्त किया है, जो शबरी के पूर्वानुराग को सायुज्य भक्ति की ओर उन्मुख करता है।[606] मायादेवी शर्मा ने भी नुराग में व्याप्त कर दिया है।[607] किन्तु शबरी के चरित्र की मूल विशेषता, जो आधु-निक दृष्टि को आंदोलित करती है, वह है उसका मानव प्रेम। यह मानव-प्रेम उसके श्रमशील व्यक्तित्व के अंदर से ही प्रतिबिम्बित हुआ है,[608] जो उसके 'श्रमणी[609] विशेषण का ही आधुनिक संदर्भ में विकास प्रतीत होता है।

नरेश मेहता ने शबरी की "जन्मगत निम्नवर्गीयता को कर्म-दृष्टि के द्वारा वैचारिक ऊर्ध्वता में परिणत[610] करने का प्रसंग प्रस्तुत किया है। भाक्तिक व्यक्तित्व की अपेक्षा शबरी का आत्मिक संघर्ष ही उसके चरित्र को आज के संदर्भ में अधिक प्रासंगिक बनाता है। समाज, वर्ग, वर्ण तथा परिवेश की जड़ता से मुक्ति की प्रक्रिया जिस श्रम-विधान के द्वारा चरितार्थ हो सकती है, शबरी के चरित्र में वही सामाजिक प्रयोजन मूर्त हुआ है। शबरी में अपनी वर्ग-चेतना के साथ यह आत्म-चेतना बौद्धिक स्तर पर भी प्रखर है। वह मतंग ऋषि की शंकाओं का बड़ा सार्थक समाधान प्रस्तुत करती है :

"मैं समझी प्रभु हैं अग्निरूप, सब सांसारिकता से ऊपर।
अंत्यज भी हो जाते पावन जिनकी पवित्रता को छूकर।"[611]

आश्रम के कार्य-व्यापार में शबरी का सक्रिय योग उसके श्रमशील व्यक्तित्व का संघर्ष शील आयाम व्यक्त करता है। उसकी भक्ति यहाँ सीमित नहीं, अत्यन्त व्यापक है जो मानव और प्रकृति में प्रभु के दर्शन करती है।[612] वर्ण-विद्वेषियों के द्वारा उसे मानसिक तथा शारीरिक यातनाएँ सहनी पड़ती हैं किन्तु उसका तेज और स्वरूप निरंतर विक-सित होता जाता है। उसके विरुद्ध अत्यन्त उग्र वातावरण है किन्तु इसी बीच राम का आगमन उसकी मानव सेवा और तप-गाथा पर प्रामाणिकता की छाप अंकित कर देता है :

" शबरी अंत्यज है तो क्या, वह भक्ति रूप है शूद्रा;
है तेज रूप वह केवल शिव-शक्ति रूप है शूद्रा।''[613]

राम के द्वारा शबरी के जूठे बेरों के चखने की कथा का उपयोग भी आधुनिक रामकाव्य में उपलब्ध है। किन्तु उसकी कुछ बुद्धिसंगत व्याख्या प्रस्तुत की गयी है। जंगली बेर मीठे-कड़वे दोनों प्रकार के होते हैं। अत: शबरी स्वभावत: चख-चख कर मीठे बेर प्रभु को अर्पित करती है, जिससे कि प्रभु को कड़वे बेर खिलाकर आतिथ्य को लांछित न होने दे-

पात्र एवं चरित्र-चित्रण : मूल स्वरूप एवं विकास
वह सहज भाव से चखती, मीठे प्रभु को दे देती;
प्रभु सहज भाव से खाते, आँखों से कृपा बरसती।[614]

श्री रामनारायण चौबे ने इस मधुर कार्य को अस्पृश्यता के विरुद्ध उनके प्रेम-अभियान का प्रतीक बताया है जो लक्ष्मण के आर्य संस्कारों को जबर्दस्त झटका देकर आधुनिक युग की मनीषा को आन्दोलित करता है :

..... नारी यह अंत्यज की,
प्रतिभा जो छू न सकी,

राम पुरुषोत्तम को जूठा खिलाती है ...."[615]
किन्तु,
राम रस डूब रहे, प्रेम रस बहता है
बहती हैं जात-पात, ऊँच-नीच बहता है।[616]

इस प्रकार अछूतोद्धार के आन्दोलन की पृष्ठभूमि में शबरी का चरित्र अपने परम्परित स्वरूप के वावजूद एक नयी अर्थवत्ता ग्रहण कर लेता है :

ये बेर हमारे खाकर, प्रभु ने हमको अपनाया;
इस वन्य बेर ने जीती राजन्य नगर की माया।[617]

सुनयना

'वाल्मीकीय रामायण' में सुनयना की चर्चा नहीं है। 'मानस' में सुनयना का व्यक्तित्व सीता की माता और जनक की पट्टमहिषी के अनुरूप अत्यंत सौम्य एवं विवेकशील रूप में (11256) अंकित है। किन्तु यह चरित्र भी व्यक्ति-वैशिष्ट्य का कोई उदाहरण प्रस्तुत नहीं करता। सुनयना का रूप हमारे चिर-परिचित मातृ-हृदय का स्वरूप है। राम को धनुष भंग के लिए अग्रसर होते देखकर उसका हृदय जहाँ आशंका और भय से उद्वेलित (रा. मा. 1125511) होता है, वहाँ आस्था दृढ़ होते ही हर्ष और स्नेह से तरंगित भी (रा. मा. 1126211)। मातृत्व का यही अनुभूति-प्रवण स्वरूप 'विदेह' में अंकित है। सीता के धरा-प्रवेश का समाचार पाकर जनक की इस सौम्य-आकुल पत्नी का हृदय क्रन्दन कर उठता है :

हे प्रिय विदेह !
मैं माता हूं निज सीता की
मेरे सुवक्ष के आँगन में वह सोयी है
मम जाग रहा मातृत्व नाथ,
मैं माँ हूँ, कोई नहीं और।[618]

अनसूया

वन-मार्ग में राम, सीता और लक्ष्मण को सत्कार देने वाली प्रमुख ऋषि-पत्नी के रूप में अनसूया की भूमिका 'मानस' में अत्यन्त भास्वर है। वह सीता को पातिव्रत का जो उपदेश देती है, उसमें मध्यकालीन नैतिकता और नारी के चारित्रिक मूल्यों की अत्यन्त विवेकशील अभिव्यंजना है। आधुनिक काव्य में इन नैतिक मूल्यों के प्रति आस्था गौण हो जाने से अनसूया का चरित्र भी कथावृत्त की पूर्ति का माध्यम मात्र रह गया है। 'साकेत' में वह आशीष मात्र प्रदान करती है जिससे उसकी उपस्थिति की व्यंजना-भर हुई है जबकि 'अरुणरामायण' में 'मानस' की भांति जनकनंदिनी को दिव्य वसन-आभूषण पहनाकर मुदित होती है जिससे उसका स्नेह माता की ममता के रूप में साकार होता है :

अनसूया आज सुनयना-सी रस में विभोर,
माता-सी ममता फूट रही है सभी ओर।[619]

इस प्रकार अपने वात्सल्य और उपदेश दान से वह वन में सीता की माता और सास के अभाव को पूर्ण करती है। उसके उपदेश में जहाँ मध्ययुगीन नैतिकता का संदेश है,[620] वहाँ वह नर-नारी के उस समता-बोध की व्याख्याता भी है जो आधुनिक चिंतन का प्रमुख स्वर है :

नर से नारी का, नारी का नर से महत्त्व
है भिन्न नहीं, दोनों का मिश्रित प्रेम-तत्त्व।[621]

ताड़का (ताटका)

'वाल्मीकीय रामायण' के अनुसार सुकेतु यक्ष की कन्या एवं सुन्द की पत्नी ताड़का अगस्त्य के शाप के कारण ही राक्षसी (112515-12) बनी। प्रतिशोध की भावना से वह ऋषियों का विरोध करती है। प्रतिशोध, उग्रता, अमर्ष एवं प्रचण्डता ताड़का के चरित्र की वे प्रवृत्तियाँ हैं, जो उसे नारीत्व के आचरण के प्रतिकूल आतता-यिनी की भूमिका पर प्रस्तुत करती हैं। साकेतकार की दृष्टि में, वह अबला होते हुए भी लोकभक्षिणी है। अत: राष्ट्र की सुख-शांति के लिए उसका वध अनुचित नहीं है।[622] स्पष्टत: ताड़का के चरित्र में निहित अन्तर्विरोध की संभावना का कोई काव्यात्मक उपयोग आधुनिक काव्य में लक्षित नहीं होता।

तारा

तरा आर्येतर जाति में नारी के सामाजिक पारिवारिक मूल्यों का प्रतिनिधित्व करती है। जहाँ राजनीतिक क्षेत्र में वह बालि की पत्नी के रूप में अपनी बुद्धिमत्ता एवं दूरदर्शिता का उदाहरण प्रस्तुत करती है वहाँ लक्ष्मण के उग्र रोष से कर्तव्यभ्रष्ट तथा विलासग्रस्त सुग्रीव को बचाकर अपने वाक् चातुर्य तथा प्रत्युत्पन्नमतित्व का भी परिचय देती है (वा. रा. 4135)। सुग्रीव की पत्नी बनकर अंगद को युवराज-पद के लिए अभिषिक्त कराने में भी उसकी राजनैतिक दूरदर्शिता झलकती है। आधुनिक काव्य में न तो 'रामायण' की तारा का सुस्पष्ट राजनैतिक स्वरूप विकसित हुआ है। और न ही 'मानस' की तारा के दार्शनिक भक्त स्वरूप का आख्यान ही। 'साकेत' में कथा-प्रसंग के निर्वाह के लिए तारा का उल्लेख मात्र है (" तारा को आगे करके तब नत वानरपति शरण गया "-पृ. 430)। ' अरुण रामायण' में भी लक्ष्मण के क्रोध को शांत करने में उसके वाक् चातुर्य का कम योग नहीं है।[623] बालि को पाँव पकड़कर समझाने तथा उसकी मृत्यु पर विलाप करने में नारी सुलभ स्नेह और शोक की सामान्य व्यंजना[624] उसके चरित्र को आधुनिक संदर्भ में कोई अर्थवत्ता प्रदान नहीं करती।

'लक्ष्मण-काव्य' में लक्ष्मण के साथ वार्तालाप में अवश्य उसकी सहज अन्तर्दृष्टि प्रकाशित हुई है। वह लक्ष्मण को समझाती है कि सामान्य व्यक्ति सुविधा पाकर प्राय: विलास में मग्न हो जाते हैं. फिर विकृत विचार वाले, गुणहीन, मलीन वनचरों का तो कहना ही क्या है।[625] इस प्रकार आत्मलघुता की विज्ञप्ति के माध्यम से वह संबोध्य व्यक्ति के अहं की तुष्टि करने के मनोविज्ञान में निपुण है।

मन्दोदरी

रावण-परिसर के पात्रों में मन्दोदरी मध्ययुगीन काव्य में पाठकीय सहानुभूति इस कारण अर्जित कर सकी है कि वह बार-बार राम के माहात्म्य का संकीर्तन कर रावण को समझाने का प्रयत्न करती है। किन्तु उसकी मंत्रणा में किसी गम्भीर बौद्धिक चेतना अथवा राजनीतिक निर्णय क्षमता के स्थान पर उसके भीरु अथवा भक्त हृदय की ही झांकी मिलती है। आधुनिक काव्य में मन्दोदरी का चरित्र अत्यन्त गौण पड़ गया हैं। शत्रु पक्ष का पत्नी द्वारा स्तवन प्रतिनायक के महत्त्व को जहां न्यून करता है, वहाँ घटना-क्रम में अस्वाभाविकता भी उत्पन्न करता है। अत: परम्परित पद्धति पर लिखी हुई राधेश्याम कथावाचक की 'रामायण' (श्रीराम कथा), 'अरुण-रामायण', 'अशोक-वन' (गोकुलचंद्र शर्मा कृत) जैसे काव्यों को छोड़कर अन्य काव्यों में मन्दोदरी का चरित्र कोई विस्तार नहीं पा सका है। प्रतिपात्रीय दृष्टि से सम्पन्न 'रावण-महाकाव्य', 'अग्निपथ' तथा 'रावण का क्षोभ' जैसे काव्यों में भी मन्दोदरी का चरित्र राजनैतिक दृष्टि से सम्पन्न मंत्रणा-कुशल नारी के रूप में सामने नहीं आता है। 'रावण-महाकाव्य' में रावण वध के अनन्तर विभीषण मन्दोदरी को अपनी पटरानी बनाने के लिए प्रलोभन देता है, किन्तु धान्यमालिनी के कारण वह अपनी कामना-पूर्ति में सफल नहीं होता। यहाँ भी मन्दोदरी का आक्रोश विशेष प्रखर नहीं है। वह सहज ही श्रृंगार-प्रसाधन स्वीकार कर लेती है और केवल इन्द्रधनुष-सी भौंह चढ़ाकर ही अपना क्षोभ व्यक्त कर पाती है।[626]

इसी प्रकार त्रिजटा, सुलोचना[627] इत्यादि पात्र भी या तो आधुनिक काव्य में अनुपस्थित हैं अथवा परम्परित रूप में ही चित्रित हुए हैं। अपनी विशिष्ट वैचारिक दृष्टि के उन्मेष के लिए भी कवियों ने कुछ नवीन नारी पात्रों की उद्भावना की है।

'मेघनाद वध' की प्रमीला के अनुकरण पर अनूप शर्मा ने 'अग्निपथ' में सिंहिका की कल्पना की है, जो मेघनाद वध के अनन्तर नारी-सेना सजाकर राम से युद्ध के लिए सन्नद्ध होती है। किन्तु प्रतिनायकीय महत्त्व को अक्षुण्ण रखने के लिए कवि ने उसके 'युद्ध-कौशल का प्रदर्शन नहीं किया है। यह स्पष्टत: झाँसी की रानी जैसे चरित्रों की अवतारणा का प्रयास-भर है।

इन पात्रों के अतिरिक्त 'रावण-महाकाव्य' में धान्यमालिनी और कैकसी की स्थिति अत्यन्त गोण है। फिर भी चरित्र-सृष्टि के धरातल पर मानवीय संवेदना का स्पर्श करने के कारण आधुनिक भावबोध की दृष्टि से उनका महत्त्व है। रावण-पत्नी के रूप में धान्यमालिनी का व्यक्तित्व अत्यन्त भाव-प्रवण, तेजस्वी तथा अनुभव-सम्पन्न है। अपनी विवश विधवा भगिनी मन्दोदरी के लिए उसकी प्रयत्नशीलता सपत्नी के व्यक्तित्व की अपेक्षा उसके सहज नारी हृदय को उद्घाटित करती है।[628] वह मन्दोदरी को रक्षक कटार सौंपते हुए दुराचारी विभीषण का हृदय विदीर्ण करने की सलाह देने में संकोच नहीं करती।[629] वह विभीषण को उसके दुष्कृत्यों के लिए फट-कारने का साहस रखती है[630] तथा अपने पुत्र अरिमर्दन को विभीषण विरोध के लिए प्रेरित कर मातृहृदय की दृढ़ता के साथ अपनी तेजस्विता एवं दृढ़ता का भी परिचय देती है।[631] डॉ. श्यामसुन्दर व्यास ने उचित ही कहा है, "रावण की चरित्र भूमि में धान्यमालिनी का व्यक्तित्व, प्रतिशोध की ज्वाला में प्रज्वलित एक नारी का व्यक्तित्व है जो अपने पति के प्रति किए गए विश्वासघात को कभी क्षमा नहीं कर पाती और उसके मनोद्गार उसे एक कटु सत्य भाषिणी के रूप में ही उपस्थित करते हैं। संक्षेप में, धान्यमालिनी का व्यक्तित्व सर्वथा रावण-पत्नी के अनुरूप है।"[632]

कैकसी रावण की माता है। वह सर्वप्रथम लज्जाशीला, मर्यादामयी, सुन्दर युवती चित्रित हुई है। तदनन्तर उसका लोक-कल्याण में निरत तपस्विनी माता का रूप चित्रित हुआ है जो इस बात का द्योतक है कि कवि ने प्रतिपक्षीय पात्रों में भी मानवोचित[633] गुण-गरिमा को प्रतिष्ठित करने में आधुनिक दृष्टि का परिचय दिया है।

उक्त नारी पात्रों के चरित्र-परिशीलन से यह तथ्य स्पष्ट हो जाता है कि गोण-पात्रों की चरित्र-सृष्टि में मूलत: कवि का वैचारिक दृष्टिकोण ही प्रधान रहा है। कथा-क्रम की निरंतरता के अतिरिक्त जहाँ भी कवि को किसी नवीन मनोवैज्ञानिक भावभूमि के उद्घाटन की आवश्यकता अनुभव हुई है, वहाँ उसने गौण पात्रों से सहायता ली है।

सन्दर्भ सूची

1. विनयपत्रिका : पद 174, पंक्ति 5।
2. (क) ऐसा कुत्सित मनुष्य मिलना कठिन होगा, जिसके अन्तर्जगत् से पूर्णता की प्रत्येक रेखा मिट गई हो, सामंजस्य के आदर्श के सब रंग धुल गए हों।' – महादेवी वर्मा : साहित्यकार की आस्था तथा अन्य निबन्ध, संस्करण सन् 1970 लोकभारती प्रकाशन, इलाहाबाद, पृ. 144।
   (ख) 'निर्दोष चरित्र तो देवता हो जायगा और हम उसे समझ ही नहीं सकेंगे। ऐसे चरित्र की हमारे ऊपर कोई प्रभाव नहीं पड़ सकता।-प्रेमचन्द: कुछ विचार, संस्करण सन् 1945, सरस्वती प्रेस, वाराणसी, पृ. 44।
3. लंकापते: संकुचितं यशो यद् यत् कीर्तिपातं रघुराजपुत्र:।
   स सर्व एवादिकवे: प्रभावो न कोपनीया: कवय: क्षितीन्द्र: ॥
   —विक्रमांकदेवचरित, संस्करण सन् 1964, साहित्य भण्डार, मेरठ, 127
4. यथा '—खड़ा द्वार पर आज आपके धर्म-वीर ! युग-धर्म बुलाता,
   आज आपके त्याग भाव को त्याग वीर है त्याग जगाता।
   भीख राम की युग को दे दें विभव स्वर्ग का भव पा लेगा,
   आप गीत दें, विजय-बीन पर यह ज्वालामय युग गा लेगा।' -कैकेयी (प्रभात), सगं 8, पृ. 94।
5. चिन्तामणि : आचार्य रामचन्द्र शुक्ल, भाग 1, पृ. 220

6. साकेत, भूमिका।

7. उत्तरायण : डॉ. रामकुमार वर्मा, पृ. 7।

8. राम वन से अयोध्या लौटते हैं तब तुलसी उनके विश्वव्यापी जातीय प्रभाव को ही व्यंजित करते हैं। उनके आगमन से व्यक्ति विशेष की मनोवैज्ञानिक स्थिति पर क्या प्रभाव पड़ा होगा, इसका संकेत मात्र देकर वे राम के प्रताप से राज्य में ऐश्वर्य वृद्धि होने तथा प्राणिमात्र के वर्णाश्रम धर्म के अनुरूप सुखपूर्वक रहने का ही चित्रण करते हैं :

   'बनतें आइके राजा राम भए भुआल।
   मुदित चौदह भुवन, सब सुख सुखी सब सब काल ॥'

   —तुलसी : गीतावली (उत्तरकांड), छन्द 1, संस्करण संवत् 2027 वि., गीता प्रेस, गोरखपुर, पृ. 381।

9. ऐसे पात्रों में राम-परिसर के पात्रों में ऊर्मिला माण्डवी, अहल्या, कोशल्या, विश्वामित्र, विभीषण आदि तथा रावण परिसर के पात्रों में शूर्पणखा के चरित्र को स्वतन्त्र अस्तित्व प्रदान किया गया।

10. रवीन्द्रनाथ के निबन्ध : भा. 2, पृ. 380

11. 'सरस्वती', हीरक जयन्ती अंक, सन् 1961, इण्डियन प्रेस, (पब्लिकेशंस), प्राइवेट लिमिटेड इलाहाबाद, पृ. 43।

12. हिन्दी कविता में युगान्तर', डॉ. सुधीन्द्र, संस्करण सन् 1950, आत्माराम एण्ड सन्स, दिल्ली, पृ. 178, तथा 'ऊमिला' ('नवीन') में कवि द्वारा लिखित 'श्रीलक्ष्मणचरणार्पणमस्तु' नामक भूमिका।

13. ऊम्मिला (नवीन), ऊर्मिला (प्रियदर्शी) आदि।

14. 'नन्दिग्राम', 'साकेत-सन्त' आदि में।

15. ऊम्मिला आदि महाकाव्य में।

16. महाभारत शान्तिपर्व, 180 12 न हि मानुषाच्छ्रे ष्ठतरं हि किचित्।'

17. गद्यपथ (संपादक : डॉ. रामेश्वरलाल खण्डेलवाल) में उद्धत डॉ. नगेन्द्र का निबन्ध 'आधुनिक हिन्दी साहित्य में कृष्ण', संस्करण सन् 1963, कमलकुंज प्रकाशन, दिल्ली, पृ. 178 1

18. प्रियप्रवास, सर्ग 12 प. 163।

19. प्रियप्रवास, सर्ग 12, पृ. 162-63; सर्ग 11 प. 143 144

20. साकेत पृ. 7।

21. शोध ग्रन्थ का अध्याय 4।

22. साकेत, सर्ग 5, पृ. 129।

23. विदेह, सर्ग 5, पृ. 106-107।

24. वैदेही वनवास, सर्ग 14, पृ. 152

25. पठन कर लोकाराधन मन्त्र, करूंगा मैं इसका प्रतिकार।
   साधकर जन हित-साधन सूत्र, करूंगा घर-घर शान्ति प्रसार ॥

   —वैदेही वनवास, सगं 3, पृ. 43; साकेत, सर्ग 8, पृ. 235 1

26. बही, सर्ग 8, पू. 234

27. पंचवटी, पु. 54

28. साकेत, सर्ग 2, पृ.57

29. वही, सर्ग 8, पृ. 235

30. हाँ, तब जनथं के बीज अर्थ बोता है,
   जब एक वर्ग में मुष्टि-युद्ध होता है।
   —वही, सर्ग 8, पृ. 232

31. संस्कृति के चार अध्याय : रामधारीसिंह 'दिनकर' पु. 578

32. राम से सम्बद्ध काव्य – यथा, 'साकेत', 'वैदेही वनवास', 'संशय की एक रात' आदि। कैकेयी से सम्बद्ध काव्य—यथा, 'कैकेयी' (प्रभात व चांदमल अग्रवाल कृत), कैकेयी का अन्तर्द्वन्द्व' आदि।

33. श्रीभद्भगवद्गीता, 418 (पूर्वार्द्ध)।

34. देखें, इन्हीं शीर्षकों से प्रस्तुत हरदयालुसिंह, 'प्रभात' तथा प्रीतम सिंह बगरेचा आदि के काव्य।

35. दीपशिखा सम जुबति तन, मन जनि होसि पतंग।'
— रामचरितमानस, 3:46 (ख) (पूर्वार्द्ध)

36. उदाहरणार्थ, तारा यदि बालि को सुग्रीव से युद्ध में प्रवृत्त होने से रोकती है तो उसके मूल में कोई गहन विवेक शक्ति न होकर नारी हृदय का वह सहज दौर्बल्य ही है जो राम की माहमा और शक्ति का आख्यान बनकर आता है। तारा कहती है-कोसलेस सुत लछिमन रामा : कालहु जीति सकहिं संग्रामा।।-रामचरितमानस, 416115

37. रामधारीसिंह 'दिनकर' : पन्त प्रसाद और मैथिलीशरण गुप्त। संस्करण सन् 1965, उद्याचल, पटना, पृ. 19।

38. पंचवटी पृ. 32

39. विदेह, तृतीय सर्ग 0 54।

40. है स्वाभाविक ही सिद्ध, नारी में त्याग-भावना।
पति-पुत्रादि सेवा ही, उसका शुभ धर्म है। —रामराज्य, सर्ग 11, पृ. 126।

41. अरे, नारी सदा क्या दीन अबला ही ? कि कुत्सित वासना की पूर्ति का साधन ?
पुरुष अन्याय सम्मुख मूक सरला ही ? नहीं व्यक्तित्व उसका कुछ, न गौरव कुछ ॥
— कैकेयी (चांदमल अग्रवाल कृत), सर्ग 5. पृ. 39 1

42. कैकेयी (चांदमल अग्रवाल कृत), सर्ग 5, पृ. 39।

43. कैकेयी (प्रभात कृत), सर्ग 8, पु. 89।

44. वही, सगं 5, पृ. 60

45. वैधव्य मुझे स्वीकार, राष्ट्र की जय हो।
दासत्व न अंगीकार, राष्ट्र की जय हो।-वही, सर्ग 5, पृ. 61

46. ऊम्मिला, सर्ग 3, पृ. 313

47. वैदेही-वनवास, सर्ग 6, पृ. 93 1

48. कल्याणी कैकेयी, सर्ग 23, पृ. 14 1

49. समकालीन प्रवृत्ति नायकवाद के विरुद्ध नहीं तो उसके प्रति उदासीन अवश्य है।
हिन्दी-लेखन की दृष्टि साधारण मनुष्य की ओर है।"
—स. ही . वात्स्यायन 'अज्ञेय' : आज का भारतीय साहित्य (हिन्दी साहित्य पर सकलित लेख), संस्करण सन् 1958, साहित्य अकादेमी, नई दिल्ली, पृ. 402।

50. 'साकेत' की चरित्र-सृष्टि में धीरोदात्त नायक की गरिमा और उत्कर्ष के स्थान पर अधिक सरल और मनोरम मानवीय भावों की योजना है।"
आधुनिक साहित्य : आचार्य नन्ददुलारे वाजपेयी, सस्करण संवत् 2022 वि., भारती भण्डार, इलाहाबाद, पृ. 99।

51. हम अपनी समस्याएं लिये भटके सार्थ के टूटे हुए सन्दर्भ हैं।
—संशय की एक रात, सर्ग 1, पृ. 11

52. देखें, साकेत के द्वितीय सर्ग में, 'भरत से सुत पर भी सन्देह' उक्ति के पुनरावर्तन के द्वारा मनोवैज्ञानिक प्रभाव की सृष्टि।

53. एक अनुत्तरित संशय का सर्पवृक्ष हरहरा रहा मुझ में —संशय की एक रात, सर्ग 2, पृ. 38

54. देखें, साकेत के आठवें सर्ग में 'कैकेयी का अन्तर्द्वन्द्व।'

55. संशय की एक रात : नरेश मेहता, शीर्ष बन्ध।

56. वृद्धास्ते न विचारणीयचरितास्तिष्ठन्तु कि वर्ण्यते
सुन्दरस्त्री निधनेऽप्यखण्डयशसो लोके महान्तो हि ते।
यानि त्रीण्यपराङमुखान्यपि पदान्यासन् खरायोधने
यद्वा कोशलमिन्द्रसुनूनिधने तत्राप्यमित्रो जनः ॥ — उत्तररामचरित, 5135

57. वाल्मीकीय रामायण, 11118।

58. 118, 12, 14, 16, 17-18।

59. वही, 215317, 18

60. द्रष्टव्य, रामचरितमानस, 21 श्लोक 21

61. संस्कृति के चार अध्याय : रामधारीसिंह 'दिनकर' पु. 69

62. हिन्दी साहित्य की भूमिका : डॉ. हजारीप्रसाद द्विवेदी, संस्करण सन् 1963, हिन्दी ग्रन्थ रत्नाकर कार्यालय, बम्बई, पृ. 145

63. 'रामाभिधानो हरिरित्युवाच '--रघुवंश, 1311।

64. एष रामः परो विष्णुरादिनारायणः स्मृतः।-अध्यात्म रामायण, 215111।

65. वही 11117-18।

66. रामचरितमानस, 41813।

67. वही, 714714।

68. साकेत, सर्ग 8, पृ. 234।

69. साकेत, सर्ग 8, पृ. 235 1

70. रामराज्य, प्रस्तावना 4, पृ. 8।

71. रामराज्य : सर्ग 12, पृ. 127।

72. सन्दर्भ : वाल्मीकीय रामायण, 61115 में सीता के चरित्र पर राम का सन्देह।

73. राम की शक्तिपूजा (अरा), पृ. 45

74. कैसी विडम्बना—
मेरा चिन्तन खड्ग करेगा
और आचरण युद्ध बनेगा।
क्योंकि मैं निर्णय हूँ
हो चुका हुआ अब निर्णय हूँ
व्यक्ति नहीं।
—संशय की एक रात, सर्ग 3, पृ. 91 1

75. शीर्षबन्ध : संशय की एक रात।

76. वही, सर्ग 1, पृ. 4

77. यह परिताप
यह अनुताप—
अनुखन सालता है।
\+ + +
ओ अनिर्णय की भाद्रपद की सांझ।
—वही, सर्ग 1, पृ. 9 1

78. संशय की एक रात, सर्ग 1, पृ. 12।

79. ओ मेरे आधे व्यक्तित्व के
अधूरे मन !
इन गूंगे संशयों,
अधूरी शंकाओं,
बहरे प्रश्नों का क्या होगा ?
—वही सगं 4, पृ. 97

80. सरिता, जुलाई अंक, 1957

81. वाल्मीकीय रामायण 61105 17-25 1

82. अन्तर्मन्थन (राम) उदयशंकर भट्ट, संस्करण, 1963, आत्माराम एण्ड संस, दिल्ली, पृ. 81।

83. रक्त से गीली धरा पग से कुरेद-कुरेद,
सोचते थे राम नत-शिर कर्म फल का भेद।
कभी इस अपने किये पर हो रहा था खेद,
शक्ति देता कभी दृढ़ कर्त्तव्य की, निर्वेद।
—शम्बूक : प्रतिपक्ष, 46

84. राम ! बताओ जग के भ्रम पर-क्यों सीता को त्यागा ?
टूटा करते धनुष टूटता नहीं ब्याह का धागा॥ – भूमिजा; अरण्य-रोदन, पृ. 17।

85. वही, अरण्य रोदन, पृ. 22।

86. राजतन्त्र में दुखी भूमिजा,
क्या-क्या बीत रही। —भूमिजा अरण्य रोदन, पृ. 18।

87. भूमिजा अरण्य रोदन, पू. 23।

88. रावण-महाकाव्य : हरदयालु सिंह, सगं 10, 144

89. शूर्पणखा, भूमिका, पृ. 19।

90. तुम निर्लज्ज मनुज हो जग के, तुम निर्मम अन्यायी हो;
तुम हो कितने बड़े प्रवंचक, क्या ही ईश्वर-ध्यायी हो। —शूर्पणखा, पृ. 82

91. साकेत, सर्ग 5, प. 129

92. वैदेही-वनवास, सर्ग 3, पृ. 31।

93. राजा हमने राम, तुम्हीं को है चुना,
करो न तुम यों हाय ! लोकमत अनसुना ॥
साकेत, सगं 5, पु. 129।

94. हम हों समष्टि के लिए व्यष्टि बलिदानी।'
—वही, सर्ग 8, पृ. 233

95. वही, सर्ग 11. पृ. 446

96. वही, सगं 5, पू. 145

97. (अ) आर्यों के उत्तरपथ-आगत वैभव से वे परिचित हैं,
किन्तु आर्य-विस्तार विन्ध्य की ओर बहुत ही परिमित है।
+ +

रह रहकर कैकेयी को यह दक्षिणपथ ललचाता है,
बहुत दिनों से विध्य-विजय का सपना उन्हें सताता है।
इसीलिए, रानी, उनने यह ऐसी उक्ति मिलाई है
—ऊर्मिला, सर्ग 3, पृ. 262-63

(आ) कल्याणी कैकेयी : राधेश्याम द्विवेदी, सर्ग 5, पृ. 34।

98. पुरुषोत्तम राम, पृ. 33।

99. वाल्मीकीय रामायण, 2121144 तथा रामचरितमानस, 1127613।

100. साकेत, सर्ग 3पृ 87

101. रामचरितमानस, 1123013।

102. साकेत, सर्ग 3, पृ. 76 1

103. वही, सगं 3, पृ. 77

104. 'अयोग्य, अविवेकी नृप को, शासन का अधिकार नहीं।
किसी व्यक्ति जीवन से वह, कर सकता खिलवाड़ नहीं।।
जुल्मी शासक से छीने — सत्ता, यह अनरीति नहीं।
कारागृह क्या, वध कर दे, तो वह नीति, अनीति नहीं ॥'
— कैकेयी (चाँदमल अग्रवाल), सर्ग 12, पृ. 124

105. वही, सर्ग 12, पृ. 125

106. साकेत, सर्ग 3, पृ. 86 1

107. ऊम्मिला, सर्ग 3, पृ. 262

108. साकेत में काव्य-संस्कृति और दर्शन : डॉ. द्वारिकाप्रसाद सक्सेना, पृ. 139

109. ऊम्मिला, सर्ग 2, पृ. 129

110. साकेत, सर्गँ 1, पृ. 37

111. ऊम्मिला, सर्ग 2. पृ. 143

112. पंचवटी, पृ. 27।

113. पर किस मन से वरूं किसी को ? वह तो तुमसे हरा गया,
चोरी का अपराध और भी लो, यह मुझ पर धरा गया।'
—वही, पृ. 32।

114. पंचवटी, पृ. 24

115. साकेत, सर्ग 12 प. 479

116. तुमुलः श्यामनारायण पाण्डेय। संस्करण सन् 1948 इण्डियन प्रेस लिमिटेड, इलाहाबाद। सगं 10, पृ. 55।

117. शूर्पणखा, पृ. 83

118. तुमुल, सगं 18, पृ. 124।

119. वाल्मीकीय रामायण, 1118 13।

120. वाल्मीकीय रामायण, 1177 118 1

121. वही, 273119-20

122. वही, 2157 21।

123. रामचरितमानस, 2121714

124. वही, 2118112; 2125611; 21308 1 1 ; तथा 213251 2-3 तथा 2123714

125. वही, 2116216-8।

126. (क) 'वन गये वे अनुज-सीता युक्त,
'वन गये ?' बोले भरत भययुक्त।
'तो संभालेंगे हमें अब कौन ?
यों अनाश्रित रह सका कब कौन ?' साकेत, सगं 7, पृ. 194
(ख) जो थे मेरे आराध्य हुए वनवासी,
जिनको होना था भूप हुए संन्यासी।-साकेत सन्त, सगं 3, पृ. 48

127. साकेत, सर्ग 7, पृ. 200-201

128. 'राज्य राम की वस्तु, कौन मैं देने वाला !
स्वत:सिद्ध अधिकार, वोन मैं लेने वाला ?'
साकेत, सर्ग 5, पृ. 71 1

129. वही, सर्ग 5, पृ. 72 1

130. व्रतबद्ध : विवृति, पृ. (ख)।

131. वही, सर्ग 1, पृ. 18।

132. वही, सर्ग 1, पृ. 21।

133. क्षणिक स्वार्थ-हित हम क्यों नया विधान बनायें,
जो स्वीकृत है क्यों न उसी से काम चलायें ?
– जयभारत : डॉ. लक्ष्मीशंकर मिश्र 'निशंक',पृ. 34-35।

134. व्रतबद्ध, सर्ग 3, पृ. 58 1

135. साकेत, सर्ग 8, पृ. 247 1

136. धन किसी का जो हरे क्रम भोग्य,
दण्ड क्या उसके लिए है योग्य ?-बही, सर्ग 7, पृ. 216।

137. राम का प्रतिनिधि भरत बन जाय।-वही, सर्ग 7, पृ. 217

138. 'लक्ष्य वह पूरा हो
उद्देश्य सिद्ध हो वह
जिसको लेकर आये हैं राम इधर।'
—व्रतबद्ध, सर्ग 5, पृ. 106

139. व्रतबद्ध सर्ग 5, पृ. 104

140. साकेत सन्त, सर्ग 12 पृ. 153।

141. रामचरितमानस, 2132314

142. साकेत, सर्ग 11, पृ. 401।

143. अतएव करना ग्राम्यजन का है हमें सुविकास।
लिखना अमिट स्वर्णाक्षरों में, ग्राम का इतिहास।
— नन्दिग्राम : गयाप्रसाद द्विवेदी 'प्रसाद', प्रथम संस्करण सन् 1963, शान्तिकुटीर, गंगावली पो. अमेठी, जि. सुलतानपुर, सर्ग 1, पृ. 39।

144. वही, सर्ग 7।

145. साकेत सन्त, सर्ग 14, पृ. 202

146. साकेत सन्त, कथानक, पृ. 14 15 1

147. भरत : राजेन्द्र शर्मा, प्रथम संस्करण सन् 1976, नया साहित्य, दिल्ली, पृ. 36-37।

148. भरत : राजेन्द्र शर्मा, प्रस्तुत खण्ड काव्य, पृ . 081

149. रामकथा : डॉ. कामिल बुल्के, पृ. 4।

150. बहदारण्यक उपनिषद्, अध्याय 4, ब्राह्मण-1।

151. कर्मणैव हि संसिद्धिमास्थिता जनकादय: ।-श्रीमद्‌भगवद्‌गीता, 3120

152. वासिष्ठसार भाषा, मुमुक्षु प्रकरण, संस्करण संवत् 1944 वि., श्री वेंकटेश्वर प्रेस, बम्बई। पृ. 39।

153. रामकथा के पात्र : डॉ. भ. ह. राजूरकर, संस्करण सन् 1972, ग्रन्थम कानपुर, पृ. 405

154. वाल्मीकीय रामायण, 13-22।

155. रामचरितमानस, 212612961

156. केशवकृत 'रामचन्द्रिका', सर्वया 93

157. वही, पृ. 96 1

158. विदेह : प्रार्थना के फूल, पृ. 5

159. साकेत, सर्ग 9, पृ. 267

160. कमिला, सर्ग 1, पृ. 65

161. वही, सर्ग 1, पृ. 67

162. ऊम्मिला, सगं 1, पृ. 68

162. धरांनन्दिनी सीता, सर्ग 2, पृ. 32।

163. नृपति जनक निज कोष सदा जनहित में व्यय करते थे,
जितना कर लेते थे उसका द्विगुणित कर भरते थे।
वही, सर्ग 2, पृ. 34

164. वही, सगं 1, पृ. 5।

165. धरानदिन्नी सीता, सर्ग 3, पृ. 50 1

166. विदेह; प्रार्थना के फूल, पृ. 5।

167. विदेह, सर्ग 5, पृ. 89

168. विदेह, सगं 5 पृ. 96 1

169. वही, सगं 6, पृ. 105

170. वही, सर्ग 11, पृ. 199

171. व्रतबद्ध, सगं 5, पृ. 87 1

172. जानकी जीवन, सर्ग 17, प . 324-25-26।

173. जानकी जीवन, सगं 17, पृ. 327।

174. वाल्मीकीय रामायण, 414417; तथा, रामचरितमानस, 51 श्लोक 3।

175. वाल्मीकीय रामायण, 713513।

176. बहुजन वन में हैं बने ऋक्ष-वानर से,
मैं दूंगा अब आर्यत्व उन्हें निज कर से।
—साकेत, सर्ग 8, पृ. 235

177. कोन मनुज की कहे, बने सब

प्रभु-पद-अनुचर, उपनर वानर।

178. संशय की एक रात, सगं 3, पृ. 76।

179. वाल्मीकीय रामायण, 5130 18

180. जय हनुमान, सर्ग 1, पृ. 7।

181. राम की शक्ति-पूजा (अपरा), पु. 47

182. बोली माता--तुमने रवि को जब लिया निगल,
तब नहीं बोध था तुम्हें; रहे बालक केवल ;
—राम की शक्ति-पूजा, पृ. 48।

183. साकेत, सगं 11, पृ. 449

184. वाल्मीकीय रामायण, 511169।

185. हनूमान सच गरुड़ बन गये,
उड़े गगन में लहराते। —जय हनुमान, सर्ग 1, पृ. 12।

186. अशोक वन (स्वर्णिम रथचक्र), पृ. 129

187. हनुमत् (शंखध्वनि) : सुमित्रानन्दन पन्त, संस्करण सन् 1970, राजकमल प्रकाशन, दिल्ली, पृ. 21।

188. आंजनेय, (गुम्फन), पृ. 18।

189. वही, पृ. 16।

190. वही, दक्षिण सर्ग, पृ. 81।

191. आंजनेय, उत्तर सर्ग, पृ. 111।.

192. वही (भूमिका), पृ. 6 1

193. सामर्थ्य की असमर्थता (हनुमान का आत्मकथ्य) : अभिशप्त अमरबेलि, उमाकान्त मालवीय, संस्करण सन् 1975, भारतीय भण्डार, इलाहाबाद, पृ. 66।

194. वही, पृ. 56-57

195. वही, पृ. 53।

196. सामथ्यं की असमर्थता (हनुमान का आत्मकथ्य) : अभिशप्त अमरबेलि, उमाकान्त मालवीय, संस्करण सन् 1975, भारती भण्डार, इलाहाबाद, पृ. 67-68।

197. वाल्मीकीय रामायण 7.9123 24

198. रावण महाकाव्य, सर्ग 2, पृ. 59।

199. वाल्मीकीय रामायण, 719123-24

200. रामचरितमानस, 1 131 3-4

201. वही, 11123 11।

201. वही, 11175 1।

202. रामचरितमानस, 11135।

203. वही, 11135

204. वही, 1173

205. डॉ. भ. ह. राजूरकर : राम कथा के पात्र, पृ. 169।

206. रामचरितमानस, 611811-21

207. वाल्मीकीय रामायण, 51 49 17 1

208. पद्मपुराण 2:237, 327, 191138

209. दशमुख से संग्राम, राम की थी वह क्रीड़ा,
स्थितप्रज्ञ को दशों इन्द्रियों की क्या पीड़ा ?-साकेत, सर्ग 12, पृ. 482

210. संशय की एक रात, पृ: 81।

211. दसधन् एकहि साथ तानि जब बिसिख चलावत,
जानि परत जलधार मनहु जलधर बरसावत॥ —रावण-महाकाव्य, सर्ग 3, पृ. 66।

212. वह रावण जिससे भूतल था पिता।
एक वदन होते भी जो दश वदन था।
हो द्विबाहु जो विशतिबाहु कहा गया।
धृति शिर पर जो प्रबल वज्र का पतन था ॥ —वैदेही-वनवास, सर्ग 8. पृ. 100

213. विदेह, सर्ग 11, पृ. 196।

214. अरुणरामायण, बालकाण्ड, पृ. 20

215. मेरा अशोक वन, तन्त्र-रश्मि से रक्षित है;
सम्पूर्ण वाटिका सिद्धि गन्ध से सुरभित है।
—अरुण रामायण, सुन्दरकाण्ड, पृ. 451।

216. विदेह, सर्ग 11, पृ. 197।

217. संशय की एक रात, सर्ग 3, पृ. 88।

218. संशय की एक रात, सर्ग 3, 1078

219. कैकेयी (चांदमल अग्रवाल), सगं 5. पृ. 39

220. कल्याणी कैकेयी, सगं 4, पृ. 26।

221. उस युग के साम्राज्यवाद का मानव-विद्रावण अवतार।
चाह रहा था यों भारत-भू उसका उपनिवेश बन जाय।
—रामराज्य : सर्ग 6, 1. 55 1

222. वही, सगं 6, पृ. 56।

223. ऊम्मिला, सगं 6, 90 541।

224. वही, सगं 6, 541 1

225. लोक-प्रकम्पित-करी क्रियाएँ तामसी।
—वैदेही वनवास, सर्ग 8, पृ. 100

226. लंका में भौतिकता का साम्राज्य था।
—वैदेही वनबास, सर्ग 14, पृ. 198।

227. लोकायतन, पृ. 16

228. अशोकवन (स्वर्णिम रथचक्र), पृ. 121

229. रावण-महाकाव्य, सर्ग 12, पृ. 174।

230. रावण महाकाव्य, सर्ग 12, पृ. 156।

231. वही, सर्ग 13, पृ. 171।

232. वही, सगं 12, पु. 156

233. हिन्दी के आधुनिक महाकाव्य – परम्परा और विकास : डॉ. गोविन्दराम शर्मा, पृ. 407

234. दशानन, पृ. 34

235. वही, पृ. 31।

236. वही, पृ. 47

237. प्रजाजनों की रक्षा करना रक्ष जाति का नारा है,
हम रक्षक हैं शरणागत के, धर्म हमें भी प्यारा है।
तू है करुणा-प्रेम-मूर्ति, तो मैं भी हूँ तेरा भ्राता,
प्रेम-भाव की मधुर रागिनी मेरा मन भी नित गाता ॥
—शूर्पणखा : प्रीतमसिंह बगरेचा, पृ. 39।

238. शूर्पणखा, पृ. 44

239. भूमिजा : अरण्य रोदन, पृ. 19।

240. वही, अरण्य रोदन, पृ. 201

241. तू तो वेदों का ज्ञाता है जो विश्व ज्ञान आधारभूत,
तू भाष्यकार विद्वद्-वरण्य रासभी ज्ञान अज्ञान-पूत।।
—अन्तर्दर्शन (रावण) : उदयशंकर भट्ट, प्रथम संस्करण, सन् 1958, भारत प्रकाशन, मन्दिर, अलीगढ़। छन्द 85, पृ. 24।

242. दशानन, पृ. 62 1

243. साकेत, सगं 11 प . 446

244. रावण महाकाव्य, लेखक का निवेदन, पृ. 2 1

245. शूर्पणखा भूमिका, पृ. 20।

246. साकेत, सगं 11, पृ. 435।

247. वही, सगं 11, पु. 437

248. न्याय विभीषण को यों भाया,
प्रभु की शरण आप वह आया।-साकेत सन्त, सगं 14, पृ. 201।

249. रामचरित चन्द्रिका, पृ. 75।

250. वाल्मीकीय रामायण, 6187112-13

251. संक्षिप्त रामचन्द्रिका : केशवदास। पदांक 422-23, पृ. 255

252. रावण-महाकाव्य, लेखक का निवेदन, पू. 2।

253. वही, सर्ग 12, पृ. 160

254. रावण-महाकाव्य, सर्ग 17, पृ. 227।

255. संशय की एक रात, सगं 3, पृ. 85

256. साकेत, सर्ग 11, पृ. 437।

257. कौन स्वदेशी कौन विदेशी, सर्व देश मानव का प्यारा।
वह अन्तरराष्ट्रीय ही नहीं, सार्वभौम वह विश्व-दुलारा ॥ —रामराज्य, सर्ग 8, पृ. 95।

258. संशय की एक रात, सर्ग 3, पृ. 87

259. द्वन्द्व उठ रहे कभी-कभी।
विश्रान्त विभीषण-मन में।-विदेह, सगं 13, पृ. 227

260. वही, पृ. 228

261. श्रीराम कथा : रावण वध (संख्या 20), पृ. 18।

262. रामचरित चन्द्रिका, पृ. 77।

263. आत्मीयहन्ता : विभीषण का आत्मकथ्य (अभिशप्त-अमरबलि), पृ. 42 1

264. बही, विभीषण का आत्मकथ्य (अभिशप्त अमरबेलि) प . 43 44

265. वही, पृ. 45।

266. वही, पृ. 371

267. (अ) यज्ञ करते समय लक्ष्मण को देखकर मेघनाद की उक्ति है

चौंक हतप्रभ हुआ शत्रु-'कैसे तू आया ?

घर का भेदी कोन, यहाँ जो तुझको लाया ?' —साकेत, सर्ग 12, पृ. 485।

(आ) 'तुमुल' में विभीषण राम की इच्छा के विपरीत अन्याय से मेघनाद वध का मार्ग सुझाता है-

यह देख चिल्लाकर विभीषण ने कहा, मत चूकिये ! अवसर न जाने दें, इसे शर के अनल से फूंकिये !

(इ) रामचरितमानस, 61101 (ख)। 3।

—'तुमुल' : श्यामनारायण पाण्डेय, पृ. 124

268. राम की शक्तिपूजा (अपरा), पृ. 49

269. वही, पृ. 49।

270. रामचरितमानस, 1। श्लोक 5।

271. रामचरितमानस, 1122917 तथा 1246 4

272. साकेत, सर्ग 4 पृ. 93।

273. वही, सर्ग 8, पृ. 221।

274. वही, सर्ग 4, पृ. 94

275. वही सगं 8, पृ. 221

276. (अ) 'सिनोति खनति भूमिम् इति सोता '

—इस व्युत्पत्ति से सीता शब्द का अर्थ 'हल की फाल' होता है।

(आ) ऋक्. 415716 में सीता को कृषि की अधिष्ठात्री देवी माना गया है।

(इ) भारतीय वाङ्मय में सीता का स्वरूप : डॉ. कृष्णदत्त अवस्थी। प्रथम संस्करण, सन् 1974, प्रतिभा प्रकाशन, इलाहाबाद, पृ. 11।

277. सीता के कारण धरती को सींच रहीं सरिताएँ।

— धरानन्दिनी सीता, पृ. 37

278. खेत-खेत में खिली उजाली, रेती में रस आया;

वन में नयी बहार आ गई, सीता का यश छाया।

—भूमिजा : पुष्पांजलि, पृ. 61।

279. निकली मिट्टी से भू-कन्या,

फूटा प्रशान्त संगीत एक !

280. धरानन्दिनी सीता, मयूख 3, पृ. 35-40

281. पुष्पित उद्यान निकुज-कला-गृह में बैठी,

सीता, श्रुतिकीर्ति बनाती हैं कल्पना-चित्र।

—विदेह, सगं 5, पृ. 97 देह, सर्ग 7, पृ. 115 :

282. ऊम्मिला, सर्ग 1, पृ. 28।

283. विदेह, सर्ग 7, पृ. 123।

284. वही, सर्ग 8, पृ. 130

285. साकेत, सगं 8, पृ. 223 1

286. कभी लगाती मन पौधों से, दीपक कभी दिखाती,
कभी पढ़ाती थी बच्चों को, बुनना कभी सिखाती।
—भूमिजा : पुष्पांजलि, पृ. 61।

287. प्राकृतिक कृषि की उपज मैं मुनि की वधूटी उटज मैं
हौं कूटती लघु धान्य को गिनती न हौं सामान्य को— वनस्थली, सर्ग 10, पृ. 195

288. साकेत, सर्ग 4।

289. मदकल कोकिल गावेंगे, मेघ मृदंग बजावेंगे।
नाचेंगे मयूर मानी हूँगी
मैं वन की रानी ॥ —साकेत, सर्ग 4, पृ. 119।

290. यह कहकर लक्ष्मण मुसकाये, रामचन्द्र भी मुसकाये,
सीता मुस्काई, विनोद के पुनः प्रमोद भाव छाये।
'रहो रहो, पुरुषार्थ यही है, पत्नी तक न साथ लाये',
कहते कहते वैदेही के नेत्र प्रेम से भर आये।। —पंचवटी, पृ. 68

291. वैदेही वनवास, सगं। पृ. 39

292. वही, सर्ग 1 10 28

293. होगी न वृत्ति वह जिससे खोॐ प्रतीत जनता की।
धृतिहीन न हूँगी, समझे गति धर्मधुरन्धरता की।
वैदेही-वनवास, सगं 5, पृ. 56।

294. राजतन्त्र में दुखी भूमिजा, क्या-क्या बीत रही है।
भूमिका : अरण्य रोदन, पृ 28

295. 'लांछनी हा हन्त ! सीता लांछिनी ! !
व्यर्थ जी के ही करेगी और क्या?
—जानकी जीवन, सर्ग 13,02401 पृ 240

296. जब जली न वह्नि परीक्षा में, मरने की रही प्रतीक्षा में ;
तब अब क्या प्राण गँवाऊंगी ? मैं कायर नहीं कहाऊँगी।
—वनस्थली, सर्ग 6, पृ. 98।

297. कितनी मैं दीन दरिद्र हूँ कितनी तरह अपवित्र हूँ।
अब भाग्य में मम क्या रहा ?' वे गिर पड़ीं आंसू बहा।
प्रवासिनी (हस्तलिखित प्रति) त्याग सर्ग, डॉ. रामजीत, पृ. 48

298. प्रतिमा हूँ जो प्राण-प्रतिष्ठा के पहले, खण्डित है।
अपराधिन हूँ जो सुकर्म के लिए, हाय दण्डित है।
निष्ठा हूँ वह, आज अविश्वासों पर जो चलती है।
एक प्रतिष्ठा हूँ सन्देहानल में जो जती है।
सीता, डॉ. चन्द्रप्रकाश वर्मा। प्रथम संस्करण सन् 1958, अर्चना प्रकाशन, (म.प्र.) पृ. 168 सिवनी

299. 'इतिहास-पुरुष' तथा अन्य कविताएं : डॉ. देवराज संस्करण सन् 1965, भारतीय ज्ञानपीठ, दिल्ली। पृ. 168।

300. वनस्थली, सर्ग 6, पृ. 94।

301. अग्नि परीक्षा : परित्याग, 64

302. अन्तर्मन्थन (राम) : उदयशंकर भट्ट, पृ. 1।

303. उत्तरायण : डॉ. रामकुमार वर्मा, सर्ग 8, पृ. 93।

304. मूर्तिमत्ती पृथ्वी को करुणा सी वह गिरी त्रिमूच्छित व्यथा मथित वज्राहत।
आत्मबोध जब जगा देवद्रष्टा मुनि करते थे वाल्मीकि स्नेह से स्वागत।।
—लोकायतन, पृ. 9।

305. अमिट अभीप्सा तुम श्रमरत भू-मन की जिसकी स्वर्णिम पूर्ति लोकरूपान्तर। –वही, पृ. 13।

306. आभा इन्द्रिय बीच भेद तम भ्रम हर, स्वीकृति देगी पूर्ण जगत् जीवन को। वही, पृ. 14।

307. डॉ. कृष्णदत्त अवस्थी : भारतीय वाङ्मय में सीता का स्वरूप, पृ. 256

308. अशोक वन (स्वर्णिम रथचक्र), पु. 122।

309. स्वर्णिम : रथचक्र, प्रस्तावना : इलाचन्द्र जोशी, 14 1

310. क्रान्तदर्शी कवि तुलसी श्रीनारायणसिंह संस्करण सन् 1974, हिन्दी साहित्य सम्मेलन, प्रयाग। प. 272. ।

311. द्रष्टव्य हरिऔध : वैदेही वनवास, सर्ग 14, पृ. 152

312. (अ) रामचरितमानस, 2 2861।
(आ) अनघे ! तुम निर्दोष ज्ञात रघुवर को, पूतयोनि रटते तरु मृग खग गिरिवन। —लोकायतन, पृ. 10

313. वाल्मीकीय रामायण, 217135-36, तथा अध्यात्मरामायण, 212155-56

314. रामचरितमानस, 2014 12-80

315. रामचरितमानस, 2-13-8

316. अध्यात्मरामायण, 212141-54, तथा रामचरितमानस 2-10-8 व 2-11।

317. साकेत, सर्ग 2, पृ. 47

318. चाहते नृप के कई से गुप्त रखना भेद,
इस कपट-व्यवहार पर क्या मन न होगा खेद ?
—कल्याणी कैकेयी : डॉ. राधेश्याम द्विवेदी, सर्ग 5, पृ. 32।

319. वाल्मीकीय रामायण, 2110713।

320. साकेत, सर्ग 2, प . 63

321. साकेत-सन्त, कथानक, प. 11।

322. वही, सर्ग 2, पृ. 36

323. साकेत-सन्त, सर्ग 3, पृ. 42।

324. कैकेयी, सर्ग 2, पू. 201

325. किन्तु याद रखना इसको भी मैं हूँ कौशल की रानी;
मेरी आज्ञा राजाज्ञा है, वह जायेगी ही मानी !
जाओ समझा दो जनता को, अवसर है, विचार कर ले;
दमन शुरू होने के पहले, मुझसे जो चाहे वर ले।"
—वही, सर्ग 3, पृ. 56-57।

326. कैकेयी (चांदमल अग्रवाल) : पार्श्वभूमि।

327. वही, सर्ग 8, पृ. 7.॥

328. वही, सर्ग 5. पं. 43

329. वही, सर्ग 8, पृ. 65

330. कैकेयी : (चांदमल अग्रवाल)। सर्ग 8, पृ. 67।

331. वही, सर्ग 8, पृ. 74

332. 'कल्याणी कैकेयी' तथा 'कैकेयी' (चांदमल अग्रवाल कृत) के प्रारम्भ में वर-याचना वात्सत्य-प्रेरित है, जबकि आगे चलकर उसे राष्ट्रीय उद्देश्य से संयुक्त कर दिया गया है। 'साकेत' में वह विशुद्ध वात्सल्य प्रेरित, 'कैकेयी' (प्रभात' कृत) में विशुद्ध राष्ट्रीय उद्देश्य निहित है तथा कैकेयी' (शेषमणि शर्मा) में स्वार्थ मिश्रित गजनीति हो कैकेयी के चरित्र की एकान्त प्रेरणा है।

333. कल्याणी कैकेयी, सर्ग 7, पृ. 48

334. राम को वन भेजना ही राष्ट्र सुख का मूल
लोकहित के फूल मुझको, हों भले ही शूल !
—कल्याणी कैकेयी, सर्ग 7, पृ. 49।

335. कैकेयी : प्रभात, सर्ग 8, 95

336. वही, पृ. 86 1

337. मानव वध मानवता का वध अरी अयोध्ये ! रो तू,
वह सुवर्ण गौरव अतीत कालिख से दे अब धों तू
वही, सर्ग 3, पृ. 26

338. ऐसा जीवन जिसमें हो विश्राम नहीं पल भर का,
जो हो पूँजीभूत ओज नवयुग के मंगल-स्तर का।
—कैकेयी (प्रभात), सर्ग 3, पृ. 28।

339. साक्षी रहना हे ज्योतिर्मय ! मैं न तनिक पछताती
राजनीति के साथ क्रान्ति को श्रद्धा से अपनाती।
—वही, सर्ग 3, पृ. 32

340. कैकेयी का अन्तर्द्वन्द्व : श्री उमेश। संस्करण सन् 1973, भागलपुर जिला हिन्दी साहित्य सम्मेलन, भागलपुर। आमुख, पृ. 9।

341. कैकेयी का अन्तर्द्वन्द्व, दृश्य 3 (अभिशाप), पृ. 25 1

342. कैकेयी ने कहा—'ज्ञात है ममता होती,
कैसे पीड़ा अश्रु-कणों को चुन-चुन हार पिरोती ...
किन्तु गरज कर महावज्र-सा जब कर्त्तव्य बुलाता,
जीवन लेता तोड़ उसी क्षण सुख से अपना नाता।
—कैकेयी (प्रभात) सगं 12, पृ. 128-29

343. (क) क्या मैं न दे चुकी हूँ स्वदेश को निज सुहाग,
क्या बाँध न ली है अंचल में वैधव्य आग ?
— कैकेयी (प्रभात), सगं 11, पृ. 122।

(ख) नारी जिसके लिए हाय, अपना सिन्दूर लुटा दे,
माता जिसके लिए गोद में अपनी आग लगा दे।
—वही, सर्ग 12 पृ. 131।

344. कैकेयी (प्रभात), सर्ग 12, पृ. 131।

345. वही, सर्ग 12, पृ. 132

346. वही, सर्ग 13, पृ. 137।
347. साकेत, सर्ग 8, पृ. 249
348. साकेत, सर्ग 8, पृ. 251
349. कैकेयी (चांदमल अग्रवाल), सर्ग 15.पृ. 163।
350. वही, सगं 15, पृ. 163
351. कैकेयी (शेषमणि शर्मा 'मणि' रायपुरी), सर्ग 7, पु. 141
352. मानविकी पारिभाषिक कोश : मनोविज्ञान खण्ड : सम्पादक डॉ. नगेन्द्र। संस्करण सन् 1968, राजकमल प्रकाशन, दिल्ली। पृ. 230।
353 अचेतन मन के भाव इच्छा-क्रिया के समर्थन का एक अज्ञात बौद्धिक प्रयास।-वही, पृ. 230। पात्र एवं चरित्र चित्रण : मूल स्वरूप एवं विकास
354. साकेत, सर्ग 8, पृ. 250
355. हिन्दी के आधुनिक रामकाव्य का अनुशीलन, ले. डॉ. परमलाल गुप्त। संस्करण सन् 1973, रचना प्रकाशन, इलाहाबाद। पृ. 204 से उद्धृत।
356. हिन्दी महाकाव्यों में मनोवैज्ञानिक तत्त्व (भाग 2), डॉ. लालताप्रसाद सक्सेना, पृ. 322
357. रामकथा-कल्पलता, 18वां प्रतान, पृ. 298
358. हिन्दी महाकाव्यों में मनोवैज्ञानिक तत्त्व (भाग 2) पृ. 318 1.
359. गुप्तजी की कारुण्य धारा : धर्मेन्द्रनाथ ब्रह्मचारी। संस्करण सं. 1997 वि., लहरिया सराय, बिहार। पु. 71।
360. साकेत सन्त : कथानक, पृ. 11।
361. वही, सर्गँ 13, पृ. 162।
362. वही, सर्ग 11, पृ. 133।
363. हिन्दी के आधुनिक पौराणिक महाकाव्य : डॉ. देवीप्रसाद गुप्त, पृ. 170
364. वाल्मीकीय रामायण, 1171 22
365. वही, 1177112-13
366. रामचरितमानस, 113240 छन्द 3 1
367. हिन्दी कविता में युगान्तर : डॉ. सुधीन्द्र। पृ. 177-78 पर उद्धृत।
368. वही, पृ. 178 1
369. पन्त, प्रसाद और मैथिलीशरण, पृ. 21
370. साकेत, सर्ग 4, पृ. 121।
371. वही, सगं 12, पृ. 495
372. पन्त, प्रसाद, मैथिलीशरण,
373. (अ) साकेत, सर्ग 9, पृ.
(आ) वही, सर्ग 1, पृ. 34।
(इ) विदेह सर्ग 7 पु. 116।
(ई) ऊम्मिला, सर्ग 2 पृ. 98।
374. साकेत, सर्ग 1, पृ. 37।
375. तुम मिलो मुझे धर्म छोड़ के,
फिर मरू न क्यों मुण्ड फोड़ के ?
—वही, सर्ग 9, पृ. 335
376. वही, सर्ग 1, पृ. 29-33।
377. आधुनिक साहित्य, पृ. 102।

378 "हाथ लक्ष्मण ने तुरन्त बढ़ा दिये,
और बोले एक परिरम्भण प्रिये !
सिमिट-सी सहसा गयी प्रिय की प्रिया—
आप ही फिर प्राप्य अपना ले लिया।'
—साकेत, सर्ग 1, पृ. 40

379. आधुनिक साहित्य : आ. नन्ददुलारे वाजपेयी, पृ. 100।

380. वाल्मीकीय रामायण 5183 21।

381. ऊमिला, सर्ग 2, पृ. 129।

382. कहूँ आगे की मैं क्या बात, ऊम्मिला-चरणों का मैं भक्त;
स्वामिनी हैं मेरी वे देवि, लखन रहते उनमें अनुरक्त;
हमारे सदृश पाप के पुत्र कुटी में कैसे करें प्रवेश ?
पूर्ण शुचिता छायी है उधर, इधर है निन्द्य वासना शेष।
—अम्मला, सर्ग 2, पृ. 131।

383. वही, सर्ग 2, पृ. 77 1

384. साकेत, सर्ग 9, पू. 299।

385. साकेत, पृ. 299

386. ऊम्मिला, सगं 3, पृ. 268 1

387. साकेत, सगं 9, पृ. 269 I

388. वही, सर्ग 9, प. 272।

389. वही, सर्ग 12, पृ. 460

390. वही, सर्ग 2, पृ. 474

391. ऊर्मिला पूछने लगीं।
'किन्तु जीवन क्या है इस धरती पर ?'
—विदेह, सगं 7, पृ. 120

392. ऊम्मिला, सर्ग 3, पृ. 236 से 259 तक।

393. आप वन जायें, महल में मैं बिताऊँ रात;
भोर की मुस्कान कहती है अमा की बात।
—ऊर्मिला : प्रियदर्शी, पू. 60।

394. रामराज्य, सर्ग 6, पृ. 56।

395. पंचवटी-प्रसंग (परिमल) प. 247-48

396. पंचवटी, पृ. 20

397. जहाँ लाल साड़ी थी तन में, बना चर्म का चोर वहाँ;
हुए अस्थियों के आभूषण, थे मणिमुक्ता-हीर जहाँ ! आदि-आदि पंचवटी, पृ. 61।

398. रावण-महाकाव्य, सगं 11, पृ. 153

399. शूर्पणखा भूमिका, पृ. 20

400. यदि वे मुझसे सहमत होंगे, यदि हो जायेगा परिणय;
होवेगा सम्बन्ध रक्त का सेतु समन्वय का सुखमय।
—शूर्पणखा, पृ. 41

401. वही, पृ. 81।

402. वही, भूमिका, पृ. 18।

403. हिन्दी महाकाव्यों में मनोवैज्ञानिक तत्त्व (द्वितीय भाग)। संस्करण सन् 1973, निर्मल प्रकाशन संस्थान, जयपुर। अनुक्रमणी – पृ. 'घ'।

404. बालकृष्ण शर्मा 'नवीन' : व्यक्ति एवं काव्य, पृ. 340।

405. वही, पृ. 342।

406. बाल्मीकीय रामायण, 11611-5।

407. रामचरितमानस, 111874।

408. वाल्मीकीय रामायण 21101 23-24

409. रामचरितमानस 1120711-31

410. इन्द्र है दशरथ विदित वीरव्रती। —साकेत, सर्ग 1, पृ. 22

411. ....परीक्षा कर देखो कमलानि, सुनो, तुम भी सुरगण, चिरसाक्षि !
सत्य से ही स्थिर है संसार, सत्य ही सब धर्मों का सार;
राज्य ही नहीं, प्राण-परिवार, सत्य पर सकता हूँ सब वार।"—साकेत, सर्ग 2: 1. 64

412. 'बने इस दस्युजा के दास हैं जो,
इसी से दे रहे वनवास हैं जो।-साकेत, सर्ग 3. पृ. 79

413. (अ) वाल्मीकीय रामायण, 2।21।3।
(आ) वही, 21519 (पूर्वार्द्ध)।

414. ऊर्म्मिला, सर्ग 3, पृ. 251।

415. कैकेयी, सर्ग 8, पृ. 95

416. कल्याणी कैकेयी, (प्रस्तावना), पृ. 12

417. वही, सगं 4, पृ. 23।

418. क्या कहूँ और क्या नहीं कहूँ, ऐसी उलझन;
कैसे मैं छोड़ सकूंगा अपना सत्य वचन ! —अरुण रामायण : अयोध्याकाण्ड, पृ. 153

419. 'युग चक्रों के मध्य धुरी-सम विवश विकल परिश्रान्त'
—भगवान् राम : मध्यचरित (तपोवन-विहार), सर्ग 5, पृ. 54।

420. वही, सगं 4, पृ. 50

421. वही, पृ. 51।

422. साकेत, सर्ग 2, पृ. 68।

423. रामचरित-चितामणि, सर्ग 7, पृ. 88। 424.
चित्रकूट : रामानन्द त्रिवेदी शास्त्री। चतुर्थ संस्करण, विनोद पुस्तक मन्दिर, आगरा। सगं 5, प. 92।

425. चित्रकूट, सर्ग 5, पृ. 93 1

426. साकेत, सर्ग 8, पृ. 168

427. 'सूर सुसील भरत अनुगामी।' -रामचरितमानस, .1,19,4

428. वाल्मीकीय रामायण, 21100140

429. साकेत, सर्ग 7, पृ. 201

430. साकेत, सर्ग 7, पृ. 202

431. कैकेयी, सर्ग 14. पृ. 150

432. साकेत सन्त, सर्ग 3, पृ. 52

433. गद्गद हो शत्रुघ्न देखते रहे भरत को,
विरति-विवेक निधान त्याग के अनुपम व्रत को !-वही, सर्ग 5, पृ. 72

434. मैथिलीशरण गुप्त : व्यक्ति और काव्य, पृ. 461।

435. 'कोई तापस, कोई त्यागी, कोई आज विरागी हैं,
घर सँभालने वाले मेरे देवर ही बड़भागी हैं। —साकेत, सर्ग 11. पृ. 401

436. ऊर्म्मिला, सर्ग 2, पु. 98।

437. साकेत, सर्ग 9, पृ. 297

438. वही, सर्ग 12, पृ. 466।

439. जानकी-जीवन, सगं 20, पृ. 380।

440. वनस्थली, सर्ग 18, पृ. 376

441. वही, पृ. 375 1

442. थे राम प्रवर्तक राम राज्य के है प्रमाण सच्चा।
होते न शत्रुहन साथ लक्ष्य सब रह जाता कच्चा।
—श्रीशन हुन : त्रिभुवननाथ शर्मा 'मधु', प्रथम संस्करण, सन् 1975, राकेश प्रकाशन बाराबकी, सर्ग 12, पृ. 172।

443. कल्पना-भाव ही राम-राज्य की राम बना पाए,
शत्र हुन वही, शासन सुमीति सक्रियता में लाए।
—वहीं, सर्ग 10, पृ. 147

444. श्रीशत्रुहन, सर्ग 8, पृ. 127।

445. वही, सर्ग 8, पृ. 127।

446. वही, पृ. 129

447. वही, पृ. 127

448. अरुण रामायण : अयोण्याकांड, पे. 192

449. रामचरित चिन्तामणि, सर्ग 21, पृ. 298

450. संशय की एक रात-अभिव्यक्ति के स्वरूप, पृ. 78।

451. वही, सर्ग 3, पृ. 83

452. आजनेय, उत्तर सर्ग, पृ. 103।

453. अरुणरामायण : किष्किंधा काण्ड, पृ. 414

454. राम की शक्ति--पूजा : अपरा, प . 51।

455. वाल्मीकीय रामायण 415518 तथा 4153122 1

456. रामचरितमानस, 412513 1

457. अरुणरामायण : लंकाकाण्ड, पू.

458. साकेत, सर्ग 11, पृ. 483।

459. संशय की एक रात, सर्ग 2, पृ. 42-45

460. वाल्मीकीय रामायण, 2150:36

461. वाल्मीकीय रामायण, 215114।

462. वही, 2151127

463. वही, 2184

464. साकेत, सर्ग 5, पृ. 137।

465. निषादराज : डॉ. रत्नचन्द्र शर्मा, संस्करण सन् 1976, सूर्य प्रकाशन, दिल्ली, सर्ग 2, पु. 211

466. निषादराज, सर्ग 2, पृ. 23।

467. वाल्मीकीय रामायण, 3114132-33

468. साकेत, सर्ग 12, पृ. 425

469. संशय की एक रात, सर्ग 2, पृ. 63।

470. वही, पृ. 65

471. निषाद विद्धाण्डजदर्शनोत्थः कत्वमापद्यत यस्य शोक।
(कालिदास ग्रन्थावली, संपा. राम प्रताप त्रिपाठी), रघुवंश महाकाव्यम्, सर्ग 14, श्लोक 70 (उत्तरार्द्ध), पृ. 187।

472. क्रौंचद्वन्द्ववियोगोत्थः शोकः श्लोकत्वमागतः।
–ध्वन्यालोक, सं. डॉ. नगेन्द्र, संस्करण सन् 1952. गोतन बुक डिपो, दिल्ली, प्रथम उद्योत, श्लोक 5 (उत्तरार्द्ध)।

473. 'लाखों क्रौंच कराह रहे हैं, जाग आदिकवि की कल्याणी।'
कस्मै देवाय? : चक्रवाल, संस्करण 1956, उदयाचल, पटना-4, पृ. 19।

474. 'रामराज्य' में भी राम कत्रि के प्रति श्रद्धानत हैं-
कवि ने पाया श्रीराम, राम ने सत्कवि
खिल उठी उभय से उभय कृती की कृति-छवि।
—रामराज्य, सर्ग 3, पृ. 45

475. साकेत, सर्ग 5, प. 156।
तमसा : जानकीवल्लभ शास्त्री। संस्करण सन् 1968, राजकमल प्रकाशन प्राइवेट लिमिटेड, दिल्ली, पृ. 46।

477. वनस्थली, सर्ग 8, पृ136-37

478. जानकी जीवन, सर्ग 13. पू. 244

479. भूमिजा अन्तर्द्वन्द्र, पृ. 39

480. विदेह, सर्ग 14, पृ. 243

481. तमसा : जानकीवल्लम शास्त्री,

482. वनस्थली, सर्ग 8, पृ. 137

483. भूमिजा अरण्य रोदन, पू. 28।

484. विदेह, सर्ग 14, पू. 244

485. वही, पृ. 247

486. रामचरित चन्द्रिका, पु. 87।

487. साकेत, सर्ग 4, पृ. 92।

488. वाल्मीकीय रामायण, 1152-58

489. देखिए – कापिष्ठल संहिता 16119, मैत्रायणी सहिता, 217119; तंत्तिरेयी संहिता 212112; ऐतरेय आरण्यक 212:3; बृहदारण्यक उपनिषद् 21214 – एक विश्वास और भूमिका, पृ. 4 से उद्धृत।

490. वाल्मीकीय रामायण, 1163 4 14

491. महाभारत आदिपर्व 71127139

492. वही, सर्ग 1, पृ. 16। पृ. 40।

493. एक विश्वास और : विमर्श,

494. वही, विश्वास से पहले, पृ. 7।

495. एक विश्वास और पृ. 60

496. वही, पृ. 113।

497. वही, पृ. 152

498. वही, पृ. 153

499. समय रहते वसिष्ठ भी सींचेगा।
रावण-विरोध को राम के हृदय में।
समय नहीं यह ब्राह्मण क्षत्रिय विरोध का।
लक्ष्य बस एक ही रक्षा आर्य-राष्ट्र की। —वही पृ 149

500. मिटा दो, ताप इस उर का मिटा दो !
प्रभो ! क्षण के लिए नृप को जिला दो ! —साकेत सन्त, सर्गँ पृ: 6. 76।

501. साकेत, सर्ग 7, पृ. 218।

502. साकेत सन्त, सगं 6, पृ. 77।

503. साकेत, सर्ग 12, प. 477

504. लीला, पु. 115।

505. परशुराम की प्रतीक्षा, पृ . 16।

506. प्रथमोत्राचः अभिशप्त अमरवेल, पृ. 15।

507. आभास का संचरण (परशुराम का आत्मकथ्य) : अभिशप्त अमरबेलि, पृ. 261

508. वही, पृ. 31।

509. वही, पृ. 24।

510. रावण महाकाव्य, सर्ग 11.70 150

511. साकेत, सर्ग 1, पृ. 412

512. अरुण रामायण : अरण्यकाण्ड, पृ. 342

513. रावण-महाकाव्य, सर्ग 11, पृ. 150 1

514. रामचरितमानस, 31811

515. अरुण रामायण : अरण्यकाण्ड, पृ. 343

516. रावण-महाकाव्य, सर्ग 11, पृ. 1511

517. डॉ. भ. ह. राजूरकर : रामकथा के पात्र, पृ. 385-86

518. अरुणरामायण : अरण्यकाण्ड, पृ. 347

519. साकेत, सर्ग, 11, पृ. 412।

520. रावण-महाकाव्य, सर्ग 11, पृ. 150

521. साकेत, सगं 8, पृ. 259

522. सकेत, सर्ग 8, पृ. 260

523. विदेह, सर्ग 3, पृ. 44-50

524. वही, सर्ग 3, पृ. 50

525. व्रतबद्ध, सर्ग 5, पृ. 88।

526. साकेत, सर्ग 12, पृ. 479

527. वही, पृ. 483

528. तुमुल, पृ. 125

529. वाल्मीकीय रामायण, 6112 तथा 63 सगं रामचरितमानस, 6162-631

530. वहीं, 667, 147-150। रामचरितमानस 6164।

531. रामचरित चिन्तामणि, सगं 21, पृ. 298।

532. साकेत, सर्ग 11, पृ. 445-46।

533. आत्मीयहन्ता : अभिशप्त अमरबेलि, पृ. 41।

534. साकेत, सर्ग 11 . 445।

535. वही, सगं 11, पृ. 445

536. लक्ष्मण-काव्य, सर्ग 31, पृ. 201।

537. साकेत, सर्ग 11, पृ. 415।

538. वही, सगं 11, पृ. 415।

539. अरुण रामायण : अरण्यकाण्ड, पृ. 369।

540. रावण महाकाव्य, सर्ग 11, पृ. 149।

541. साकेत, सर्ग 10 पृ 363

542. रावण महाकाव्य, सर्ग 11, पृ. 147

543. वाल्मीकीय रामायण, 1130118 तथा रामचरितमानस 11210।

544. साकेत, सर्ग 11, पृ. 241 तथा अरुण रामायण : अरण्यकाण्ड, पृ. 3831

545. रामचरितमानस, 3126115।

546. लक्ष्मण-काव्य, सर्ग 17, पृ. 113।

547. विज्ञान-विभूषित सदा आपकी प्रिय वाणी...
उनके तन-मन में स्वयं शक्ति का आत्मिक बल।
—अरुण रामायण : अरण्यकाण्ड, पृ. 380।

548. साकेत, सर्ग 11, पृ. 412।

549. लक्ष्मण-काव्य, सर्ग 14, पृ. 93।

550. अरुण रामायण, अरण्यकाण्ड, पृ. 338 1

551. वही, प. 339

552. साकेत, सर्ग 11, पृ. 427।

553. अरुण रामायण, सुन्दरकाण्ड, पृ. 445

554. शम्बूक वध : प्रतिपक्ष, पृ. 60।

555. सामथ्यं की असमर्थता : अभिशप्त अमरबेलि, पृ. 57।

556. अरुणरामायण, किष्किन्धाकाण्ड, पृ. 414।

557. शम्बूक वध: प्रतिपक्ष, पृ. 62।

558. वनस्थली, सर्ग 14, पृ. 270

559. वही, सर्ग 14, पू. 271।

560. वाल्मीकीय रामायण 2120138-39

561. वही, 217511।

562. रामचरितमानस, 2:164-16611

563. रामचरित चिन्तामणि, सर्ग 8, पृ. 109

564. साकेत, सर्ग 4, पृ. 100

565. (अ) साकेत, सगं 4. पृ. 100।
(आ) 'समझा छोटी को लूँगी, उसके भी पैर पड़गी।'
— कैकेयी (चांदमल अग्रवाल), सगं 12, पृ. 122।

566. साकेत, सगं 4, पु. 93

567. झूठ, यह सब झूठ, तू निष्पाप,

साक्षिणी तेरी यहाँ मैं आप।
भरत में अभिसन्धि की ही गन्ध,
तो मुझे निज राम की सौगन्द।'
—वही, सर्ग 7, पृ. 204-205

568. (अ) साकेत सन्त, सर्ग 3, पृ. 52।
(आ) 'कैकेयी' (चांदमल अग्रवाल) की कौशल्या भी भरत के प्रति वैसी सहृदय तथा सहज वात्सल्यमयी है : (पृ. 285 पर देखें)
569. साकेत, सर्ग 8, पृ. 256
570. वही, सर्ग 12, पृ. 457
571. वही, सर्ग 4 पृ. 101
572. साकेत, सर्ग 12. पु. 458
573. ऊर्म्मिला, सर्ग 3, पृ. 338।
574. वही, सर्ग 4, पृ. 110
575. बालकृष्ण शर्मा 'नवीन' : व्यक्ति एवं काव्य – ले. डॉ. लक्ष्मीनारायण दुबे, पृ. 339
576. ऊर्म्मिला, सर्ग 2, पृ. 114।
577. था वसन्त आंखों के आगे, पर कीलित ही पिक का स्वर था।
अहह ! माण्डवी को तो आहों का भरना भी वर्जित तर था।
-साकेत सन्त, सर्ग 14, पृ. 191।
578. (अ) नवती श्रुतिकीर्ति ताण्डवी, यदि देती करताल माण्डवी।
साकेत, सर्ग 10 पृ 350
(आ) इतने में प्रिय मांडवी वहाँ आकर बैठी। औ वीणा में गूंजने लगी संगीत कला ॥
-विदेह, सर्ग 7, पृ. 117।
579. साकेत, सर्ग 11, पृ. 401।
580. भरत खिल उठे बढ़ उठे हाथ, कहा, लो ! जीवित-वीणा साथ।
मिले फिर से रति और अनंग, सजे फिर घन विद्युत् का सग।।
तनिक रुक गई माण्डवी आप इसे आलाप कहूँ कि प्रलाप ?
अधर पर एक मधुर मुस्कान, लोल-सी लहरा गई अजान ॥
-साकेत-संत, सर्ग 1, पृ. 21
581. वही, सर्ग 14 पु. 190
582. साकेत, सर्ग 11, पृ. 391।
583. (क) साकेत-सन्त, सर्ग 4 प. 190।
(ख) साकेत, सर्ग 11, पृ. 391-92।
584. नन्दिग्राम, सर्ग 10. पृ. 183।
585. (क) आई उतर तपस्या भू पर नारी बन सुकुमारी।
यह सुकुमारी अग्निशिखा थी जन-जग-पावनकारी ॥ -साकेत सन्त, सर्ग 14, पृ. 190
(ख) माण्डवी मुक्तकेशी निर्मल।
संयमित तपस्या-विदेह, सर्ग 7. पृ. 174
586. 'कातर हो तुम आर्यपुत्र, होकर नर नामी',
'स्वामी, निज कर्तव्य करो तुम निश्चित मन से ...।' -साकेत, सर्ग 12, पृ. 451
587. वही, सर्ग 12, पृ. 452

588. वाल्मीकीय रामायण, 1177111-12।

589. रामचरितमानस, 113241छन्द 3।

590. 'वे हैं सीधी-सादी मानो भोलेपन की हों उच्छ्वास।'
—ऊमिला, सगं 2, पृ. 88।

591. माण्डवी बीन को करने लगी प्रणाम तुरत,
बोली श्रुतिकीर्ति उठाकर अपना हाथ एक-
'हो पूर्ण कामना देवि ! तुम्हारी वीणा की।'
विदेह, सर्ग 7 पृ 118

592. साकेत, सगं 12, पृ. 460।

593. रामचरितमानम 211213-4 तथा 2116213-7। 5. वही, 2012।

594. साकेत, सर्ग 2, पृ. 47

595. साकेत सन्त, सर्ग 2, पृ. 42

596. एक विश्वास और : अभिषेक का विकल्प, पृ. 153-156

597. साकेत, सर्ग 8, पृ. 248

598. कैकेयी, सर्ग 9, पू. 85

599. सदा भाव के भूखे प्रभु ने,
शबरी का आतिथ्य लिया।
—साकेत, सर्ग 11, 427

600. वाल्मीकीय रामायण, 317517-10

601. रामचरितमानस, 313318-9।

602. वही, 334 1 6।

603. वही, 3134 7-8 व 3 35r1-8।

604. अध्यात्मरामायण, 3 10 31।

605. शबरी-विरहोन्माद : रामकुमार मिश्र विशारद, संस्करण 1, संवत् 1993 वि., कालाकांकर।

606. शबरी मिलन, पृ. 63

607. शबरी : मायादेवी शर्मा, पृ. 29।

607. 'अह, कौन तैं' ? 'ह्यौं सबरी स्रमना'
'स्रम काहे करें' ? 'मम काज यही।'-शबरी ('वचनेश'), पूर्वानुराग, पृ. 11।

609. 'तामुवाच ततो रामः श्रमणी शंसितव्रताम्।'-वाल्मीकीय रामायण, 317517 (पूर्वार्द्ध)।

610. शबरी पम्पासर : नरेश मेहता। संस्करण सन् 1977, लोकभारती प्रकाशन, इलाहाबाद। पृ. 9।

611. वहीं, प. 19।

612. वही, पृ. 40-41

613. वही, पृ. 70 1

614. शबरी : पम्पासर, नरेश मेहता, पृ. 78

615. प्रगति (हस्तलिखित त्रैमासिक पत्रिका) : नवयुवक साहित्य परिषद्, हापुड़। अंक 4, पृ. 46

616. वही, पृ. 47

617. शबरी : मायादेवी शर्मा,

618. विदेह, सर्ग 14, पृ. 258 पृ. 951

619. प्ररुणरामायण, अरण्यकांड, पृ. 331।

620. वही, अरण्यकांड, पृ. 332-33।

621. वही, अरण्यकांड, पृ. 336।

622. साकेत, सर्ग 10, प . 262-63।

623. अरुणरामायण : किष्किन्धाकांड, पु. 412।

624. वही, किष्किन्धाकांड, पृ. 414।

625. लक्ष्मण-काव्य, सर्ग 23, पृ. 160।

626. सो सुनि मन्दोदरि अनखाय। लख्यो चाप-सी भौंह चढ़ाई।।
—रावण महाकाव्य, सर्ग 13, पृ. 186।

627. श्री विष्णुदत्त शुक्ल 'विष्णु' ने सुलोचना के चरित्र पर 'सुलोचना सती' नामक काव्य लिखा है जिसमें सुलोचना के पातिव्रत्य तथा तत्सम्बन्धित प्रर्चा त चमत्कारिक वृत्तों का पपम्परित रूप में वर्णन किया है। राम सुलोचना की महिमा का वर्णन करते हुए कहते हैं—
होता जैसे चित्त ज्ञानेन्द्रियों में, भात्रों में ज्यों प्रेम है सर्वश्रेष्ठ।
एव जैसा सत्य है सद्‌गुणों में, त्यों ही तू है नारियों में वरिष्ठ।
अक्षुण्णेवं निर्मला कीर्ति तेरी, सर्वव्यापी ब्रह्म माया समान।
—सुलोचना सती, पृ. 119।

628. रावण महाकाव्य, सर्ग 14, प. 192

629. वही, पृ. 195

630. वही . 1931

631. वहीं, सर्ग 16, पृ. 215-16।

632. हिन्दी महाकाव्यों में नारी-चित्रण। संस्करण सन् 1963, साहित्य-संगम, मथुरा। पृ. 165।

633. "कैकसी का व्यक्तित्व एवं तापसी स्वरूप अपने रूप गुण तथा निश्चय में किसी देवी या मानवी से कम नहीं है।"
—हिन्दी महाकाव्यों में नारी-चित्रण, 1. 167

विचार-तत्त्व एवं भाव-तत्त्व : स्वरूप और विकास

(अ) विचार-तत्त्व

वैचारिक दृष्टि का उन्मेष : अनास्था का दर्शन

आधुनिक युग में मध्ययुग की आस्था-केंद्रित दृष्टि के समानान्तर अनास्था, सन्देह तथा विश्लेषण-प्रधान दृष्टि का भी विकास हुआ है। भौतिकता, वैज्ञानिकता एवं बौद्धिकता की सीमातीत अभिवृद्धि ने अनेक पौराणिक, धार्मिक एवं नैतिक मान्यताओं के आगे प्रश्न चिह्न लगा दिया है। वैज्ञानिक दृष्टि का सबसे प्रथम संघर्ष धर्म और अध्यात्म से है। वैज्ञानिक यंत्रवाद एवं उद्योगीकरण के विकास का प्रथम परिणाम यह हुआ कि स्वीकृत मान्यताओं एवं शाश्वत मूल्यों के संदर्भ अप्रासंगिक एवं अर्थ-शून्य प्रतीत होने लगे। आस्था केन्द्रित दृष्टि के स्थान पर विज्ञान सम्मत तर्क दृष्टि का महत्त्व बढ़ जाने से धर्म और अध्यात्म पर निर्भर मध्यकालीन जीवन-दृष्टि और उससे जुड़ा बोध उत्तरोत्तर अप्रासंगिक होता गया। तर्क-दृष्टि जितने आग्रह के साथ निषेध और नकार को रेखांकित करती है उतने आग्रह से किसी मूल्य एवं प्रतिमान को स्वी-कार नहीं करती।[1] फलत: धर्म और अध्यात्म की स्वीकृत मान्यताओं को झकझोरने में विज्ञान-केन्द्रित तर्क-दृष्टि जितनी सफल हुई है उतनी आधुनिक जीवन मूल्यों के प्रति विश्वास जमाने में नहीं। डॉ. नगेन्द्र ने इस सर्वव्यापी अनास्था का विश्लेषण करते हुए कहा है, "... विश्वास का सूत्र सर्वथा छिन्न-भिन्न हो गया है। और, आज की सबसे बड़ी दुर्घटना यही सर्वग्राही अविश्वास है। आज हमें न अध्यात्म दर्शन में विश्वास है, न भौतिक दर्शन में। विज्ञान ने ईश्वर-विश्वास तो हिला ही दिया— परन्तु वह अपने में विश्वास जमाने में असफल रहा।'"[2]

आधुनिक रामकाव्य में आस्था एवं अनास्था का यह द्वन्द्व वैज्ञानिक बुद्धिवाद के विकास का परिणाम है। 'राम की शक्ति-पूजा' के राम स्थिर शाश्वत मूल्यों के प्रतिरूप नहीं, अपितु आस्था एवं अनास्था के द्वन्द्व में डूबे आत्म-विभाजित मानसिकता के स्तर पर जीवित मानव हैं : "स्थिर राघवेन्द्र को हिला रहा फिर-फिर संशय।"[3]

में 'संशय' शब्द का प्रयोग मूल्य-संक्रमण की स्थिति की ओर स्पष्ट संकेत करता है। स्थिरता एवं शाश्वतता जैसे मूल्यों को नकार कर आज का चिन्तक उस सीमांत पर जा पहुँचा है जहाँ धर्म, अध्यात्म, ईश्वर जैसे प्रत्यय धूमिल एवं अप्रासंगिक प्रतीत होते हैं। डार्विन, मार्क्स, फ्रायड तथा अस्तित्ववादी चिन्तक जैसे नीत्शे, कीर्कगार्द, सात्र, कामू एवं काफ़्का की अवधारणाओं ने इस वैचारिक आन्दोलन को तीव्र किया है।[4] शाश्वत मूल्यों का यह निषेध 'ईश्वर की मृत्यु' के रूप में उद्घोषित हुआ है। स्पष्टत: राम-काव्य के संदर्भ में 'ईश्वर की मृत्यु' जैसा प्रत्यय इसलिए अधिक विवेच्य है कि मर्यादा पुरुषोत्तम राम के चरित्र में निहित शाश्वत मूल्यवत्ता के समानान्तर मानववादी मूल्यों की यह नयी व्याख्या प्रस्तुत करता है। 'ईश्वर की मृत्यु' का आशय यह है कि मानव अपने मूल उत्स की केन्द्रीय सत्ता से विच्छिन्न होकर एकान्तत: संदर्भ-शून्य हो गया है। उसे न केवल मानवीय मूल्यों में अविश्वास है, अपितु उन मूल्यों की सचेतता के प्रति भी वह अनास्थाशील है। एक प्रकार से यह आत्यंतिक अविश्वास का सूचक है जिसमे स्वयं मानवीय अस्तित्व की प्रासंगिकता ही संदिग्ध हो गई है।[5]

आधुनिक रामकाव्य में आदर्श, सत्य, अध्यात्म जैसे प्रत्ययों के प्रति विद्रोह का स्वर उक्त चिन्तन के समानान्तर पर्याप्त वेग से उभरा है। इस चिन्तन के मूल में अस्तित्ववादी चिन्तन के अतिरिक्त द्वन्द्वात्मक भौतिकवाद एवं विकासवाद का प्रभाव स्पष्ट लक्षित होता है। 'विदेह' के चिन्तन का एक सूत्र इस संदर्भ में द्रष्टव्य है :

"ईश्वर का निर्माता है केवल चतुर मनुज;
जो आडम्बर का जाल यहाँ फैलाता है।"[6]

निश्चय ही अनास्था एवं विद्रोह यह स्वर रामकाव्य में संदर्भगत विशिष्टता के आधार पर अपनी विशिष्ट भावभूमि में विकसित होकर काव्य के केन्द्रीय कथ्य से जुड़कर पात्रों के मौलिक स्वरूप को समसामयिक संदर्भ में व्याख्यायित करने में सहा-यक हुआ है। 'संशय की एक रात' के राम में जो परिताप, संशय, शंका एवं अनास्था है उसके बीजाणु 'वाल्मीकीय रामायण' में मिलते हैं, किन्तु आधुनिक बोध के साथ जुड़-कर वे अस्तित्ववादी चिन्तन के पर्याप्त निकेट आ जाते हैं। श्री नरेश मेहता ने विभिन्न युगीन गरिमा को आधुनिक-बोध के साथ संयोजित करते हुए कहा है, "राम के साथ एक गरिमा का बोध होता है, उसे आधुनिक बोध के साथ संयोजित करना कठिन काम है। कारण कि एक युग की गरिमा दूसरे युग की गरिमा हो, इसकी कोई स्वीकृति नहीं। इसके अतिरिक्त विभिन्न मूल्यों, बोधों वाले समाज से कोई चरित्र लेकर एकदम विपरीत मूल्यों, बोधों, मान्यताओं में, विभिन्न उद्देश्य के लिए प्रस्तुत करना काफी संकटपूर्ण होता है।"[7]

'संशय की एक रात' के राम अनुत्तरित संशयों और प्रश्नों से घिरकर जिन मूल्यों को रेखांकित करते हैं, वे मूल्य सनातन होते हुए भी नकार और निषेध की भूमि पर उभरते हैं क्योंकि उनकी दृष्टि में संशय ही मूल्यों का निकष है :

यदि मैं मात्र कर्म
तो यह कर्म का संशय है !
यदि मैं मात्र क्षण हूँ
तो यह क्षण का संशय है ![8]

संशय की यह एकान्त स्वीकृति आधुनिक भाव-बोध की भूमि है जो निषेधों और वर्जनाओं के बीच घोर निराशा, असहायता और अविश्वास का स्वर बन जाती है। घटना अथवा मूल्य के प्रति असहाय समर्पण ही एकमात्र मार्ग शेष रह जाता है :

मैंने अपने को
यह कहकर सौंप दिया
अपने ही विरोध को।
द्वीप की विवशता-सा
अपरिमित ज्वारों को सौंप दिया।
यह शंका-तट सौंप दिया,
सौंप दिया।[9]

यह नैराश्य और निष्क्रिय आत्म-समर्पण संशय और अनास्था की स्वाभाविक परिणति है। अमृतराय ने आधुनिकता के इस संकट की ओर संकेत करते हुए ठीक ही कहा है, "इन्हीं सब व्यर्थताओं और विभीषिकाओं के बीच होकर, उनका बोझ मन पर ढोते हुए, पुरानी आस्थाओं को खोकर और नयी किसी आस्था के अभाव में जो एक भावबोध बनता है, घोर निराशा और अविश्वास जिकका आवश्यक तत्त्व है, शायद उसी को आधुनिक भावबोध की संज्ञा दी जाती है।"[10]

संशय-जनित इस नैराश्य का कारण हमारे अन्तर्जीवन और बाह्य-जीवन का विभाजन है। बौद्धिकता के अतिरेक के कारण आस्था का केन्द्र विच्छिन्न हो चुका है और एक आध्यात्मिक संकट हमारे सामने उपस्थित है।[11] कहने का तात्पर्य यह है आधुनिक रामकाव्य के जिन चिर-परिचित प्रतीकों के माध्यम से आधुनिक प्रश्नों को रेखांकित किया जा रहा है, वे शाश्वत, निरपेक्ष मूल्यों के प्रतिनिधि न रहकर युग के आधारभूत मूल्यों को चुनौती देते हुए उपस्थित होते हैं। आज का कवि जिन मूल्यों की संरचना और संरक्षण का दायित्व इन पात्रों को सौंपना चाहता है, वे उन्हीं मूल्यों के भंजक हो जाते हैं।[12] किन्तु इसमें संदेह नहीं कि अनास्था के ये स्वर भी अन्ततः अंध आस्था को ही विवेकसम्मत दृष्टि देने के लिए प्रस्तुत किये गये हैं। 'अभिशप्त अमर-बेलि' के अनास्था-प्रतीकों की चर्चा करते हुए कवि ने स्पष्ट कहा है कि, "इस कृति को पढ़ने के क्रम में आपको चर्चित पात्र प्रतीकों के सर्वमान्य स्थापित पक्ष के प्रति यत्र-तत्र अनास्था के स्वर विकसते दृष्टिगत हो

सकते हैं। इस आशंका के संदर्भ में मैं निवे-दन करना चाहूँगा कि ये चर्चित प्रतीक हमारे नित्य के सुख-दुःख, ह्रास-विकास के मानदण्ड रहे हैं और जहाँ-जहाँ आपको अनास्था दीखती है, वह अनास्था नहीं, वरन् वस्तुतः पूर्णता की ओर उन्मुख इन चरित्र प्रतीकों की जय यात्रा के अपने सहज सोपान हैं।"[13] स्पष्टतः रामकथा के आधुनिक परिप्रेक्ष्य में अंकित चिरंतन पात्र, आभास का संचरण[14], आत्मीय हंता[15], सामर्थ्य की असमर्थकता[16]? जैसे प्रत्ययों से विभूषित होकर आधुनिक युग-जीवन के सर्वथा विच्छिन्न मूल्यों की संरचना करते हैं।

धार्मिक प्रतिमान

प्राचीन युग में भी धर्मं को उदार मानववादी धरातल पर परिभाषित किया गया है जहाँ उसे जीवन-मूल्यों की संज्ञा दी गई है। धर्म मूलतः उन मूल्यों का नाम है जिन्हें मानव जीवन की मूल आधार-भित्ति कहा जा सकता है। हमारे यहाँ इन्हें धार-णात्मक नियमों की संज्ञा दी गई है।[17] अमरकोश' में पुण्य, श्रेय, सुकृत आदि धर्म के पर्याय कहे गए हैं।[18] इसी प्रकार कहीं अहिंसा, कहीं दान और कहीं संतोष, क्षमा, दया इत्यादि को धर्म के लक्षणों में परिगणित किया गया है। 'मनुस्मृति' में धर्म के जो दस लक्षण[19] गिनाये गये हैं, वे मूलतः समाज के साथ व्यक्ति के सामंजस्य अर्थात् उसके नैतिक आचरण को निर्दिष्ट करते हैं। अपने बृहत्तर संदर्भ में धर्म वह चेतना है, जो मनुष्य-मनुष्य के बीच भेदभाव समाप्त करती है। महाभारत में भी घोषणा की गई है कि जो धर्म दूसरे धर्म को बाधित करता है वह अधर्म है।[20] किन्तु, हिन्दू धर्म ने व्याव-हारिक रूप में धर्म के इस उदारवादी स्वर को ग्रहण करने का कोई गहरा प्रमाण प्रस्तुत नहीं किया। कतिपय अनुष्ठान, व्रत, मंदिर, तीर्थाटन, विशिष्ट देवी-देवताओं के स्तोत्र तक ही धर्म की परिभाषा सीमित रह गई।[21] इस प्रकार धर्म की अव-धारणा एक ओर तो नैतिक आचरण का स्वरूप धारण कर अपने व्युत्पत्तिगत अर्थ में चिन्तनात्मक धरातल पर ग्राह्य बनी रही, दूसरे संकुचित अर्थ में वह साम्प्रदायिकता का पर्याय रही।[22]

पुनरुत्थानवादी सांस्कृतिक चेतना के प्रभाव में आधुनिक चिन्तन की दिशा पुनः नैतिक आचरण की शुद्धता की ओर अग्रसर हुई, जिसमें 'मानव-पूजा ही सच्ची ईश्वर-पूजा है', की अवधारणा का योग है। इस अर्थ में 'धर्म संस्थापनार्थाय संभवामि युगे-युगे[23]" की व्याख्या मानववादी धरातल पर ही अपेक्षित है। आचरण की मर्यादा अर्थात् अहिंसा, सत्य, मानव न्याय आदि की स्थापना के लिए प्रभु मनुष्य रूप में अवतरित होते हैं। इसी आधार पर, जन-दृष्टि[24] को सफल बनाना ही राम के मनुजावतार का लक्ष्य है।

आधुनिक रामकाव्य के क्रम विकास पर यदि हम दृष्टि डालें तो धर्म को सम्प्रदाय की संकीर्ण सीमा से मुक्त होकर कर्तव्य-पक्ष की पूर्णता और मानववादी चेतना की ओर अग्रसर हुआ देखते हैं। वनगमन, राम की दृष्टि में इसलिए धर्म है कि एक ओर तो उसमें कर्तव्यपालन (पितृ-वचन-निर्वाह) का भाव निहित है, दूसरी ओर युग-व्यापी अन्याय और अतिचारिता से संघर्ष करने की प्रेरणा भी धर्मरूप में अवतरित हुई है। वनगमन के समय प्रजा को सम्बोधित करते हुए राम कहते हैं-

मैं स्वधर्म से विमुख नहीं हूँगा कभी,
इसीलिए तुम मुझे चाहते हो सभी।

× × ×

पालन सहज, सुयोग कठिन है धर्म का,
हुआ अचानक लाभ मुझे सत्कर्म का।''[25]

इस प्रकार गुप्तजी ने 'धर्म' शब्द का प्रयोग मूलतः कर्तव्य-पक्ष के पालन के रूप में किया है। ऊर्मिला इसी अर्थ में धर्मचारिणी है कि वह लक्ष्मण के कर्तव्य पथ की बाधा नहीं बनती। इसी प्रकार पातिव्रत्य का पालन करना सती-धर्म,[26] राज-कर्तव्य का पालन करना राजधर्म तथा युद्ध में शत्रु से जूझना वीर-धर्म[27] है। जहाँ धार्मिक अनुष्ठान और कर्तव्य-पक्ष में द्वन्द्व हो, वहाँ कर्तय-पक्ष का अनुसरण करना ही धर्म है। मेघनाद की दृष्टि से देवी की तुष्टि के लिए किया गया पशु-यज्ञ धर्म है, जबकि लक्ष्मण इसे अधर्म कहते हैं—

"...पर यह, क्या यह धर्म नहीं जो मैं करता हूँ ?"
"कौन धर्म यह—शत्रु खड़े हुंकार रहे हैं—
तेरे आयुध यहाँ दीन पशु मार रहे हैं।[28]

धर्म के परम्परित स्वरूप के प्रति साकेतकार की अनास्था नहीं है। भारत को लीला-भूमि मानकर ईश्वर के अवतारवाद में आस्था[29], तीर्थ-स्थानों, नदियों के प्रति श्रद्धा-भक्ति[30], पूर्व जन्म तथा कर्मफल में निष्ठा[31], देवी-देवताओं (देखिए सर्गों के आरंभ में गणेश, शारदा, जगदम्बिका आदि का स्तवन) के प्रति श्रद्धा-भक्ति, यज्ञ कर्मकाण्डों के महत्त्व की स्वीकृति[32] इत्यादि परम्परागत धर्म के प्रति कवि की आस्था को व्यक्त करते हैं। किन्तु कवि की सहज आस्था धर्म के लौकिक स्वरूप के प्रति है। सत्य[33], अहिंसा, धैर्य, न्याय[34] इत्यादि को वह धर्म का मूल रूप मानता है।

धर्म : एक सापेक्ष दृष्टि

आधुनिक रामकाव्यों में क्रमश: धर्म के कर्मकाण्डीय, देव, द्विज, गोहितकारी के स्वरूप के स्थान पर न्याय, कर्तव्य और मानवतावादी पक्ष अधिक प्रबल होता गया है। राम जनगण-मंगलकारी होने के कारण ही धर्मधुरंधर हैं।[35] इसी प्रकार अपने वचन का पालन करना दशरथ के लिए धर्म है तो उसकी धार्मिकता मात्र वचन-रक्षा की दृष्टि से नहीं, अपितु जन-समाज के परिचालक की दृष्टि से विचारणीय है। 'ऊम्मिला' काव्य की ऊर्मिला की दृष्टि में धर्म के प्रतिमान निरपेक्ष नहीं, सापेक्ष हैं। उसके अनुसार लोभ अथवा भय से प्रेरित होकर धर्मपालन करना अधर्म तथा पाखण्ड है।[36]

ऊर्मिला की दृष्टि में अधर्मरत गुरुजन, माता-पिता एवं सुहृद-जनों से लोहा लेना अधर्म नहीं है। यही नहीं, ऐसी स्थिति में विद्रोह ही अभिनव सृजन का प्रमाण देकर धर्म बन जाता है :

जग-पूजित है सत्य-धर्म-रत सन्निष्ठा-मय विद्रोही।[37]

इस प्रकार लोक-संग्रह की पृष्ठभूमि पर विद्रोह धर्म ही है, यह अवधारणा आधुनिक भावबोध की परिणति है जो मध्ययुगीन अवधारणा से अपनी विशिष्टता प्रमाणित करती है।

धर्मार्थं विरोध करने की उद्घोषणा 'कैकेयी' (चाँदमल अग्रवाल कृत) में भी है, किंतु विद्रोह के जीवन-दर्शन का निरूपण यहाँ नहीं है।[38] यहाँ यह द्रष्टव्य है कि मध्ययुगीन काव्य में धर्म-अधर्म के सापेक्ष प्रतिमानों को लेकर कवि का द्वन्द्व प्रखर नहीं है, क्योंकि उनके प्रतिमान पूर्व-निर्धारित निजी मान्यताओं पर आधृत हैं। तुलसी जहाँ 'अनुज-वधू' को रखने के कारण बालि के आचरण को अधर्म युक्त बतलाते हैं, वहाँ राम के छिपकर वार करने की नीति पर एक हल्का-सा प्रश्न चिह्न लगाकर आगे बढ़ जाते हैं। 'धर्म हेतु अत्रतरेउ गोसाईं।[39] में निहित व्यंग्य में राम के कृत्य के अनौचित्य की की आलोचना बहुत प्रखर नहीं है। तद्विपरीत आधुनिक कवि अत्यन्त मुखर होकर शूर्पणखा के नासिका छेदन को शूर्पणखा के स्वर में स्पष्ट रूप से अधर्म अथवा पाप उद्घोषित करता है—

"पर नारी पर हाथ उठाना भारी पाप समझते हैं।"[40]

स्वयं कवि के शब्दों में "राम और धर्म की आड़ में उसके (समाज के) कितने ही स्वार्थ पूरे होते हैं। क्या भद्र पुरुष कहे जाने वाले उन युगल आर्य बन्धुओं का एक निर्दोष अबला पर हाथ उठाना मानवोचित धर्म था ?[41]

धर्म की सापेक्ष स्थिति 'रावण-महाकाव्य' के शूर्पणखा प्रसंग में भी देखी जा सकती है। यज्ञ भारतीय परम्परा में एक धार्मिक कृत्य है, किन्तु जब यज्ञ राज्य-विद्रोह के रूप में हो तो उस पर अंकुश लगाना राज्य कर्तव्य है। यज्ञ पर नियंत्रण लगने पर जाबालि मुनि की घोषणा धर्मं शब्द के नाम पर जनता को उत्तेजित करने की आधु-निक कूटनीति की प्रतिध्वनि प्रतीत होती है —

कह जबालि मुनि 'धर्म सनातन संकट मांहि पर्यो है,
ताहि समूल उपारन के हित राकस वृन्द अर्यो है।

तिनकं धर्म-विहीन-अदेसन भूलिहु जनि कोउ मानौ,
जपहु नितहि अभिचार मंत्र अरु यज्ञ करन हिय ठानी॥[42]

आधुनिक कवि धर्म की शाश्वत तर्कातीत स्थिति को स्वीकार नहीं करता। प्रत्येक स्थिति के बौद्धिक विश्लेषण के लिए वह सदैव तत्पर है। धर्म के स्वरूप के विवेचन का प्रसंग प्राय: राम और रावण के कृत्यों के औचित्य एवं अनौचित्य सिद्ध करने के लिए आया है। दशरथ के वचन-पालन से उत्पन्न स्थितियाँ भी धर्माधर्म का विवेचन करने के लिए संभावनाएँ प्रस्तुत करती हैं। इस संदर्भ में सत्य, न्याय, मानव-हित एवं लोक-संग्रह को धर्म की कसौटी बताया गया है। किन्तु सत्य की कसौटी भी लोक-संग्रह ही है, तभी वह धर्म है। यथा,

सत्य सरीखे नियमों में भी फँसकर रह जाना न भला है,
त्याग-भावना भरे हुए हों, लोक-संग्रही धर्म हमारे।[43]

रामकाव्य मूलत: युद्ध-काव्य है। अत: आधुनिक कवियों ने युद्ध को एक धार्मिक प्रश्न के रूप में देखा है। साथ ही मानवतावाद, विज्ञान, विद्रोह एवं क्रांति जैसे प्रश्न भी धर्म के ही संदर्भ में प्राय: उठाये जाते रहे हैं, अत: उन पर भी यहाँ युद्ध-विवेचन के संदर्भ में पृथक्-पृथक् विचार करना असमीचीन न होगा।

युद्ध

मध्ययुग में युद्ध राष्ट्रीय नियति का अनिवार्य अभिशाप था। युद्ध ही राष्ट्र के पौरुष-प्रदर्शन का निकष, अमानुषिक साहस तथा क्षात्रधर्म का प्रतीक था। अपमान के प्रतिशोध के निर्णय को युद्ध के स्तर पर ग्रहण करने में कोई अनौचित्य हो सकता है, मध्ययुगीन दृष्टि इस विषय में कभी शंकाग्रस्त नहीं हुई। 'वाल्मीकीय रामायण' में रावण वध के उपरान्त सीता के चरित्र पर संदेह करते हुए राम यह कि युद्ध सीता को पुन: प्राप्त के लिए नहीं, अपितु शत्रु-जनित अपमान स्पष्ट कहते हैं और कलंक के परिमार्जन के लिए था।[44]

आधुनिक युग में युद्ध स्वयं में एकांत-साध्य अथवा जीवन-विधि का हेतु मात्र नहीं है। मानवीय मूल्यों के ध्वंस के रूप में एक घटनात्मक पुनरावृत्ति के रूप में सामने आता है। फलत: युद्ध के औचित्य एवं अनौचित्य के विषय में जैसा व्यापक चिन्तन आधुनिक काव्य में हुआ है, वैसा पहले दृष्टिगत नहीं होता। इसीलिए राम-काव्य के सन्दर्भ में 'संशय की एक रात' तथा उस जैसे अन्य काव्यों के प्रणयन की भी संभाव-नाएँ उभरीं। युद्ध के वैचारिक पक्ष की काव्यात्मक अभिव्यक्ति निश्चय ही आधुनिक युग की विशिष्ट देन है। युद्ध से सम्बन्धित अनेक प्रश्न आधुनिक कवि के सामने सहज ही उपस्थित होते हैं। जहाँ 'राम की शक्तिपूजा' में राम विजय के प्रति शंकालु हैं, वहाँ 'संशय की एक रात' में युद्ध के प्रति राम की पराङमुखता का एक कारण उनकी अपनी वैयक्तिक समस्या के समाधान के लिए सामूहिक बलि से विमुखता में निहित है। राम के अनिर्णययुक्त मन के समर्पण को कवि ने व्यक्तिगत स्वातंत्र्य तथा सामा-जिक दायित्व के द्वन्द्व के रूप में प्रस्तुत किया है। इस प्रकार युद्ध का यह प्रश्न एक ओर तो राम की स्वतंत्र चेतना तथा सामूहिक निर्णय के अन्त: संघर्ष के रूप में घटित होता है, जिसमें संशय और निर्णय दोनों समानान्तर चलते हैं, दूसरी ओर राम और रावण के युद्ध के निर्णय की भूमिका के स्तर पर है। इस प्रकार युद्ध की यह समस्या आधुनिक प्रजातांत्रिक युग के परिप्रेक्ष्य में विश्लेषित की गई है। पार्षद-सभा में हनु-मान, सुग्रीव, विभीषण और लक्ष्मण भिन्न-भिन्न कारणों से युद्ध की अनिवार्यता घोषित करते हैं और बहुमत के इस निर्णय के सम्मुख राम के व्यष्टि-सत्य को आत्मसमर्पण करना पड़ता है। इस प्रकार युद्ध एक चिरंतन प्रश्न होकर भी आधुनिक युग के संदर्भ में विशिष्ट भूमिका ग्रहण करता है। स्वयं कवि के शब्दों में, "युद्ध आज की प्रमुख समस्या है-सम्भवत: सभी युगों की। इस विभीषिका को सामाजिक एवं वैयक्तिक धरातल पर सभी युगों में भोगा जाता रहा और इसलिए राम को भी ऐसा ही एकत्व देकर प्रश्न उठाये गये।"[45]

राम का युद्ध-चिन्तन आधुनिक युग-चिन्तन का स्वाभाविक विकास है। युद्ध समष्टि द्वारा लादा हुआ एक ऐसा निर्णय है जिसमें कर्तव्य अथवा अकर्तव्य के द्वन्द्व के लिए अवकाश नहीं है क्योंकि युद्ध का उत्तर युद्ध ही है। समष्टि का निर्णय सदैव ही यही रहा है—

जबकि सम्भव है
युद्ध ही युद्ध का उत्तर हो।
या यह भी सम्भव है कि
शान्ति
युद्ध के सत्य की एक चेष्टा हो।[46]

राम कहते हैं कि युद्ध मानव की अनिवार्य नियति है। अत: प्रश्न है, अन्तर्विरोध, अस्वीकृति और संशय के लिए इसमें स्थान नहीं है। 'युद्ध नियति है, प्रश्न नहीं।[47] क्योंकि इतिहास के हाथों में व्यक्ति एक माध्यम मात्र है। अनचाहे भी उसे युद्ध के लिए समर्पित होना पड़ता है।[48] जिस समय प्रश्न व्यक्ति का न रह कर समुदाय का हो जाता है उस समय अन्याय का दमन मनुष्य का धर्म बन जाता है।[49] 'कैकेयी' (चॉदमल अग्रवाल कृत) में कैकेयी भी बाहरी शत्रु से सीमा सुरक्षा के लिए सैन्यशक्ति का निर्माण आवश्यक समझती है। साम्राज्यवादी आसुरी शक्तियां राष्ट्र की निर्जलता के क्षणों में स्वत: सिर उठाने लगती हैं। अत: अन्याय का सहन करना अन्यायी का साहस बढ़ाना है। भय बिना शांति असम्भव है :

रही स्थिर शान्ति भी जग में बिना बल के ?
कभी क्या शान्ति के ही गीत गाने से ?
बने कब साधुनय से शीर्ष छल-बल के ?
निरामिष हिंस्र पशु संगीत से स्वर से ?[50]

'विदेह' में जनक युद्ध को मनुज की भौतिक प्रभुता तथा वैभव के जलते अंगार का घृणित चित्र मानते हुए भी आत्म-रक्षा के लिए उसकी अनिवार्यता स्वीकार करते हैं।"[51] जन-गण का आत्म-तेज जीवन की रक्षा के आवरण में ही विकसित हो सकता है। युद्ध का लक्ष्य ध्वंस नहीं, निर्माण है। जहाँ युद्ध मानव मूल्यों की प्रतिष्ठा के लिए प्रति-रक्षात्मक रूप में लड़ा जाता है, वहाँ वह निद्य नहीं है :

है युद्ध सृजन के लिए, नहीं संहार हेतु !
मानवता का यह घृणित स्वप्न
है अस्त्र ध्वंस के लिए नहीं
कल्याण-कल्पना के हित ही[52]

आधुनिक युद्ध के राजनैतिक चिन्तन, सविनय अवज्ञा, सत्याग्रह, अहिंसात्मक आंदोलन इत्यादि का प्रभाव कवियों के युद्ध सम्बन्धी चिन्तन पर अवश्य पड़ा है। यद्यपि आक्रमणात्मक युद्ध को सभी कवियों ने गर्हित बतलाया है, तथापि संस्कृति, कला एवं अध्यात्म के विकास के लिए युद्ध की आशंकित छाया के प्रति भी सचेष्ट रहना राष्ट्र का धर्म है :

.....यही ठीक, टंकार सोती रहे,
सभी ओर झंकार होती रहे ,
सुनो, किन्तु है लोभ संसार में,
इसी हेतु है क्षोभ संसार में।
हमें शान्ति का भार जो है मिला,
इसी चाप की कोटियों से झिला।''[53]

आधुनिक रामकाव्य में युद्ध-सम्बन्धी चिन्तन आधुनिक युग-चिंतन का स्वाभा-विक परिणाम है। जिस युग ने गांधी जैसा अहिंसक चिन्तन दिया, वही युग तिलक, लाला लाजपतराय, भगतसिंह जैसे क्रांति-चिंतकों का भी है। रामकाव्य में दोनों के लिए अवकाश है।

मानवतावाद

मानवतावाद ईश्वर, नियति तथा परलोक के स्थान पर मानव के मौलिक अस्तित्व की प्रतिष्ठा में विश्वास रखता है। मानवतावादियों के अनुसार, जीवन का चरम प्रतिपाद्य मानव का लौकिक अस्तित्व ही है। वे मानते हैं, सम्पूर्णतम मनुष्य ही मनुष्य का प्रतिमान है। इसके लिए मानवतावादियों ने एक ओर मानवोपरि दिव्य सत्ता का निषेध किया और दूसरी ओर अमानवीय यांत्रिकता का।''[54] भारतीय चिंतन-धारा में मानव के चरम अस्तित्व की प्रतिष्ठा की गई है। महाभारतकार के अनुसार, "मनुष्य से श्रेष्ठ कुछ भी नहीं है, यही परम रहस्य है – गुह्यं ब्रह्म तदिदं ब्रवीमि नहि मानुषाछ्रेष्ठतरं हि किंचित्।''[55]

आधुनिक रामकाव्य में मानवतावादी धारणा का विकास अनेक रूपों में हुआ है। प्रतिपात्रों के चरित्र में मानवीय संवेदनाओं का उद्घाटन करने के लिए 'रावण-महाकाव्य' एवं 'शूर्पणखा' जैसी कृतियों की रचना हुई। हरदयालु सिंह ने रावण को 'राक्षस प्रवर' संज्ञा से अभिधानित करते हुए उसके उदात्त चरित्र का दिग्दर्शन कराया है।[56] इसी परम्परा में प्रीतमसिंह बगरेचा ने रामकथा के समस्त पात्रों को एक मानवीय धरातल पर रखते हुए उनके कृत्यों को निष्पक्ष रूप में देखने का प्रश्न उठाया है।[57] इस मानवीय दृष्टि के उन्मेष के परिणामस्वरूप ही राक्षस पात्रों के व्यक्तित्व में मान-वीय संवेदनाओं के सूत्रों के अनुसंधान के साथ-साथ उनके हृदय में बहने वाले करुणा, प्रेम, सहानुभूति के अजस्र स्रोत का उद्घाटन भी आधुनिक रामंकाव्यकारों ने किया है। दूसरी ओर इसी दृष्टि से प्रेरित होकर, आधुनिक कवि राम-परिसर के पात्रों को मानवीय संवेदनाओं एवं दुर्बलताओं से अभिभूत दिखलाते हैं। इन पात्रों की मानवता-वादी व्याख्या दो रूपों में हुई है : एक तरफ ये ईश्वर के मानवीय स्वरूप के प्रतिनिधि हैं, दूसरी तरफ कुछ कवियों ने उनके कृत्यों का पुनर्मूल्यांकन भी किया है। राम के कृत्यों के कारण जिन प्रतिपात्रों के चरित्रों की हत्या की जाती रही है, उनके कृत्यों का औचित्य प्रतिपादित कर राम की तज्जन्य प्रतिक्रियाओं के आगे इन कवियों ने प्रश्न-चिह्न लगाने का कार्य सांस्कृतिक एवं ऐतिहासिक अध्ययन के आधार पर प्रस्तुत किया है।

मैथिलीशरण गुप्त ने ईश्वर के मानवत्व की व्याख्या करते हुए कहा-राम, तुम मानव हो ? ईश्वर नहीं हो क्या ? विश्व में रमे हुए नहीं सभी कहीं हो क्या? तब मैं निरीश्वर हूँ, ईश्वर क्षमा करे, तुम न रमो तो मन तुम में रमा करे।[58]

यहाँ 'दिनकर' के अनुसार, "यद्यपि कवि की सुदृढ़ आस्था ने राम के ईश्वरत्व में संदेह करने वाले युग को बड़ी जोर से ललकारा है, किन्तु राम का रूप उन्होंने वैसा ही अंकित किया, जैसे उनका युग चाहता था। अपने हृदय के मूल में राम को परब्रह्म का अवतार मानते हुए भी बुद्धिवादी युग के इस परम आस्तिक कवि ने 'साकेत' में उन्हें अवतार के रूप में कम, युग पुरुष के रूप में अधिक, चित्रित किया है।"[59]

'विदेह' में मानवीय कर्मों का महत्त्व स्पष्ट करते हुए विदेह (जनक) सोचते हैं— "क्या वह दिन भी आयेगा आकुल धरती पर जिस दिन मानव का सत्य बिखर जायेगा कोने-कोने तक हरिप्रिया भाग्य-लक्ष्मी बाँटेगी साम्य-सुधा ?"[60]

याज्ञवल्क्य अपने सूक्ष्म स्वरूप के अनुसंधाता मनुष्य के संकल्प और साधना के द्वारा परिस्थितियों से ऊपर उठने वाले प्रखर रूप की ओर संकेत करते हुए ऊर्मिला से मानव की सहज साधना का विश्लेषण करते हैं :

जो पूर्ण मनुजता पा लेता, वह मनुज स्वयं आलोक-पुरुष
वह स्वयं सत्य युग के स्वर का
सत्य-युग
करता है मानव योग-साधनापूर्ण मनुजता के हित ही।[61]

सुमित्रानंदन पंत के अनुसार अंध-रूढ़ियों, मध्ययुगीन आदर्शों से मुक्त तथा आत्मिक सत्यता की ओर आकृष्ट होकर भू-मानवता अपनी भास्वर गरिमा से मण्डित हो सकती है। भारत के अन्तर्मन में मर्यादा पुरुषोत्तम राम के क्रम विकास की प्रत्याशा को चित्रित करते हुए वे कहते हैं :

आत्मा की सच्ची रोटी यदि मिलती जन को जीवन के प्रति अनुराग, धरा-श्रम के प्रति श्रद्धा" भू-जीवन-सौन्दर्य हृदय-शोणित में गाता, ईश्वर होता मूर्तिमान मानव-गरिमा में;

\+ + +

ज्योति-बीज आत्मा, जिसको भू-मांनवता की
श्री समग्रता में होना ऐश्वर्य-पल्लवित।[62]

इसमें संदेह नहीं कि मानवतावादी विचारधारा में अनेक अन्तर्विरोधी तत्त्वों का समाहार है।[63] किन्तु एक तथ्य मानवतावादी संकल्पना के केन्द्र में अवश्य निहित रहा है और वह यह है कि बाह्य अवरोधों, विभिन्नताओं और संकीर्णताओं के नीचे मानव की मौलिक प्रतिभा अविभाज्य है।[64] अत: आधुनिक रामकाव्य के संदर्भ में मानवतावादी विचारधारा का विश्लेषण करते हुए इस तथ्य को दृष्टि में रखना आवश्यक है कि भौतिकता, आध्यात्मिकता, क्रांति तथा सुधार-भावना के उद्घोष के मूल में सर्वत्र मानव के चिरंतन स्वरूप की प्रतिष्ठा ही इन कवियों का लक्ष्य रहा है।

'रामचरित-चिन्तामणि' में मानवतावाद का रूप पात्रों के प्रति अंधभक्ति के परिहार में देखा जाता है। धर्म की दुहाई देकर छद्मरूप में लोगों को प्रवंचित करने वाले व्यक्तियों के सम्बन्ध में मंथरा कैकेयी को समझाती हुई कहती है

"धर्म-दोहाई देने वाले बड़े भयंकर नर हैं,
प्राय: प्रिय-वक्ता नर-नारी घोर छद्म के घर हैं।''[65]

'साकेत' में मानवतावाद ईश्वर की मानवता के स्थान पर मानव की ईश्वरता के निरूपण में व्यक्त हुआ है। उसमें "प्रथम बार मानव का उत्कर्ष अपनी चरम सीमा पर-ईश्वर के समकक्ष-लाकर रक्खा गया है, जो मध्ययुग में किसी प्रकार सम्भव न था।''[66]

'साकेत-संत' में भी कवि ने ईश्वर की मानवतावादी व्याख्या प्रस्तुत करते हुए जनार्दन को जनता में देखने का उपक्रम किया है : जनार्दन को जनता में लखो, यही है सब धर्मों का सार।[67]

इस काव्य में कवि ने वर्तमान युग का मानवतावादी संदेश उद्घोषित करते हुए कहा है कि मनुष्यत्व की रक्षा के लिए आत्मोत्सर्ग करना ही मानव-जीवन का रहस्य है। स्पष्टत: डॉ. बलदेवप्रसाद मिश्र की यह विचारधारा मध्यकालीन बोध से भिन्न आधु-निक प्रगतिशील विचारधारा से अनुप्राणित है :

मनुज-जीवन का यह ही मर्म, आह की गहराई ले जान;
मनुजता की रक्षा के हेतु, निछावर कर दे अपने प्राण।[68]

'वैदेही-वनवास' में हरिऔधजी ने लोकाराधन की सिद्धि को ही मानवता का परम कर्तव्य कहा है। अपने स्वार्थ साधन का परित्याग करके, सत्य और न्याय जैसे मूल्यों की प्रतिष्ठा के लिए संकीर्ण हितों का परित्याग करना ही मनुजता है :

भव-हित पर-हित देश हितों का ध्यान रख,
कर लेना निज स्वार्थ सिद्धि है मनुजता।[69]

मिश्र जी का 'रामराज्य' महाकाव्य स्पष्टत: वर्तमान जीवन की समस्याओं और संदर्भों को सृजन की मूल प्रेरणा के रूप में स्वीकार करता है। उन्होंने भूमिका में कहा है, "... राम को मैंने प्रभु अवश्य कहा है, परन्तु उनके चरित्र और क्रिया-कलाप में मानवीय मर्यादा का पूरा ध्यान रखा है।"[70] राम के शब्दों में-

"क्यों मेरा बंधुत्व अवध की सीमा में आबद्ध रहे—
क्यों न विश्व का मानव, खग-मृग तक, मुझको निज बंधु कहे ?"[71]

नवीन जी का 'ऊर्म्मिला' काव्य आर्य-संस्कृति के जीवन मूल्यों की प्रतिष्ठा तथा युगीन चेतना की दृष्टि से महत्त्वपूर्ण

है। इसमें लक्ष्मण राम-वन-गमन के उद्देश्य को स्पष्ट करते हुए कहते हैं कि वे जनगण-उद्धारक हैं। कवि की दृष्टि में जग-हिताय तन-मन अर्पण कर देना ही शुद्ध यज्ञ है :

> शुद्ध यज्ञ है सर्व भूत-रत होकर जीवन देना,
> शुद्ध यज्ञ है जग हिताय अपना तन-मन-धन देना।[72]

इतना ही नहीं, विश्वबंधुत्व के आदर्श की प्रतिष्ठा के लिए कवि स्वदेश-कल्पना को भी मिथ्या भ्रम कहने के लिए तत्पर है—

> देश-विदेश संकुचित जन का है अनुचित संकुचित विचार,
> है मनीषियों का स्वदेश वह, जहाँ सत्य-शिव का विस्तार।[73]

हुआ है, उसमें एक ओर तो प्राचीन मायाजाल से मुक्ति का स्वर मुखर आधुनिक वैज्ञानिक यन्त्रवाद एवं बुद्धिवाद जिस अभिशाप एवं वरदानयुक्त द्वन्द्वात्मक विचारधारा के प्रसार में सहायक रूढ़ियों, अंधविश्वासों, निषेधों एवं वर्जनाओं के हुआ है, दूसरी ओर मानव की सहज संवेदनीयता, मौलिकता और आस्थामयी रागात्मिका वृत्ति को भी उससे आधार मिला है। आधुनिक रामकाव्य में भी विज्ञान के अति प्रयोग और संयत प्रयोग का यह द्वन्द्व उभर कर सामने आता है। 'विदेह' काव्य में जनक स्पष्ट कहते हैं :

> "विज्ञान अगर कल्याण नहीं कर सकता है,
> तो जन-बल उसे जला देगा शव के समान।"[74]

आत्मज्ञान से विहीन रावण वैज्ञानिक शस्त्रों से सज्जित होकर संसार को केवल विध्वंस का अभिशाप दे सका।

गुप्तजी विज्ञान को साधन उपाय मानते हैं, उसके उपयोगी पक्ष का वे निषेध नहीं करते। किन्तु, जीवन के सरल, अकृत्रिम पक्ष के प्रति उन्हें मोह है।[75] श्री सुमित्रानंदन पंत भी वैज्ञानिक एवं आध्यात्मिक संतुलन में ही मानव का कल्याण देखते हैं। आध्यात्मिक प्रतिभा के समान वैज्ञानिक शक्ति भी ईश्वरीय प्रकाश का प्रोद्भास है।[76] जगत् में हास-विकास का निरंतर जो चक्र चल रहा है, उसके मूल में ईश्वरीय इच्छा का चक्र ही गतिमान है। अत: आध्यात्मिक महिमा से मण्डित होकर तथा मात्र प्रकृति का सम्पर्क प्राप्त करके ही विज्ञान संसार को मुक्त प्रकाश वितरित कर सकता है

> नहीं जानता, मातृ-प्रकृति का शोषण कर
> विज्ञान कहाँ तक जन-भू मंगल का संवर्धन
> कर पायेगा : भौतिक वैभव के सँग ही
> आध्यात्मिक संपद् का अर्जन मानव-जीवन में
> स्वर्ण संतुलन ला सकता : भू मानवता को
> बना सभ्य के संग ही संस्कृत भी पृथ्वी पर।[77]

क्रांति एवं विद्रोह

आधुनिक युग में प्रजातांत्रिक मूल्यों के विकास के साथ व्यक्ति स्वातंत्र्य एवं उन्मुक्त जीवन का प्रभाव गहन होने लगा है। स्वीकृत मूल्यों के समानान्तर एक नई मूल्य-परम्परा को स्थापित कर आधुनिक युग ने विद्रोह एवं क्रांति का वैचारिक स्तर उद्घाटित किया है। स्वतंत्रता संग्राम में जहाँ सशस्त्र क्रांति की महत्त्वपूर्ण भूमिका को स्वीकार किया है वहाँ मानव-आचरण के संदर्भ में भी क्रांति एवं विद्रोह के औचित्य पर बल दिया है। फलत: आधुनिक रामकाव्य में विद्रोह का यह स्वरूप चारित्रिक स्तर पर भी दृष्टिगत होता है और चिन्तन के धरातल पर भी। विद्रोह की इस भूमिका के रामकाव्य में अनेक स्तर दृष्टिगत होते हैं। द्विवेदी युग के प्रभाव में लिखित रामकाव्य में समाज-सुधार, अछूतोद्धार तथा नारी मुक्ति आन्दोलन के प्रभाव के चित्रण में विद्रोह-भावना का स्वर उभरता है तो प्रगतिवादी प्रभाव में लिखित 'कैकेयी' (प्रभात कृत), 'विदेह', 'भूमिजा'

इत्यादि काव्यों में विद्रोह और क्रांति का सबल वैचारिक पक्ष भी उद्घाटित हुआ है। निश्चय ही यह विद्रोह निषेध की प्रवृत्ति पर बल नहीं देता।[78] विद्रोह की निषेधात्मकता आधुनिक रामकाव्य के संदर्भ में सार्थक नहीं है। रामकाव्य में विद्रोह अथवा क्रांति राष्ट्रीय भावना के संदर्भ में ही व्यक्त हुई है, जिसमें वर्तमान अथवा अतीत की सशक्त विशेषताएँ भी समाहित हैं तथा भविष्य का जीवन-संदेश भी है। 'प्रभात' कृत 'कैकेयी' में क्रांति की व्याख्या राष्ट्रीय भावनाओं की अभिव्यंजना के संदर्भ में ही अधिक अर्थपूर्ण है।[79] उसकी क्रांति उद्देश्य रहित अथवा सहिष्णु नहीं है। उसमें सेवा, शासन, कर्तव्य-चेतना, धर्म, संस्कृति, सभ्यता, सभी का प्राणवान स्पंदन है। कैकेयी शोषण और पीड़ा के मौन पर टिकी शांति को शांति स्वीकार नहीं करती। जिस शांति के मूल में भय और पीड़ा हो, वहाँ शांति की नहीं, क्रांति की आवश्यकता है :

आवश्यकता नहीं शान्ति की आज क्रान्ति की बेला;
शांति ? लगा जब वसुन्धरा पर महामरण का मेला।

X X X

आज चाहिए क्रांति कि जिसमें सहज शांति है रहती;
'सृजन करो नूतन जग'-जिससे राजनीति है कहती।[80]

'विदेह' का मूल स्वर भी समता, ममता[81] तथा सत्यं शिवं, सुंदरम् की उपासना ही है,[82] जिसमें मानवीय संघर्ष की भूमिका सृजनात्मक धरातल पर निर्दिष्ट की गई है।

विद्रोह की भूमिका के विविध संदर्भ उन स्थलों पर सहज ही देखे जा सकते हैं जहाँ मानव अन्याय, अंध-विश्वास अथवा रूढ़ियों पर आधृत स्वीकृत मूल्यों के विरुद्ध अपनी अस्मिता[83] को स्थापित करता है। नारी की अस्मिता का उद्घोष सीता के माध्यम से आधुनिक विद्रोह चेता नारी का प्रतिनिधि स्वर बन गया है।[84]

यह विद्रोह-चेतना ध्वंस अथवा प्रतिशोध की भूमि पर न होकर मानव-चेतना को आंदोलित करने का प्रयास-भर है। रामकाव्य में विद्रोह का ज्वलंत ध्वंसपरक रूप अत्यल्प है। अन्याय तथा आतंकवाद के विरुद्ध आत्मचेतना की प्रतिष्ठा करना मात्र ही कवियों का लक्ष्य रहा है। न्याय और निर्माण के इसी संतुलनपुरक बिंदु की ओर संकेत करते हुए श्री रघुवीरशरण 'मित्र' कहते हैं, "'भूमिजा' के माध्यम से मैं मानव के असं को द्रवित करना चाहता हूँ। चाहता हूँ कि आज का मनुष्य किसी की पीड़ा से खेल न करे।'' साहस अन्याय को पराजित कर दे। कोई यदि किसी के स्वत्व पर आक्रमण करे तो उसे मुँह की खानी पड़े। "[85]

'संशय की एक रात' में रावण के आतंक एवं अत्याचार के विरुद्ध जनचेतना की जागृति में विद्रोह का भाव देखा जा सकता है।[86] रावण का साम्राज्य उपनिवेश-वादी आतंक का प्रतीक है जो न्याय को हर बार अस्वीकार करके विद्रोह को आमंत्रित करता है।[87] विद्रोह का दमन विद्रोह को समाप्त नहीं करता, अपितु आने वाले विद्रोह का वातावरण निर्मित करता है। राम विद्रोह के इसी ऐतिहासिक क्षण के प्रतिनिधि हैं और सीता साधारण जन की अपहृत स्वतंत्रता और न्याय की प्रतीक।[88]

नैतिकता : अर्थ और स्वरूप

नैतिकता समाज और व्यक्ति के अंत:सम्बन्धों से निर्धारित होती है, जिसमें व्यक्ति अपने 'स्व' का समर्पण समाज के लिए करता है तथा समाज प्रत्युत्तर में उसके आंतरिक और बाह्य विकास के लिए वातावरण एवं सुविधाएँ प्रदान करता है।[89] यह वातावरण राजनैतिक, सामाजिक एवं सांस्कृतिक अवधारणाओं से निर्मित होता है, जो एक ओर न्याय, अधिकार, स्वतंत्रता, शिक्षा तथा सामाजिक संस्थाओं के द्वारा उसकी नैतिकता की रक्षा करता है और दूसरी ओर दण्ड विधान के द्वारा उसकी अनियंत्रित अनैतिक वृत्तियों को अनुशासित करता है।

नैतिकता को प्राय: धर्म का पर्याय भी माना जाता है। इस संदर्भ में नैतिकता के मूल्य भी धर्म के समान सापेक्ष होते हैं। एक समय जो विद्रोह, है या राजद्रोह है, दूसरे समय वह विद्रोह नैतिक भी बन जाता है। इस पक्ष का विश्लेषण धार्मिक प्रति-मानों के अन्तर्गत किया जा चुका है, वहाँ धर्म कर्तव्य का पर्याय है। 'साकेत' में जब लक्ष्मण कहते हैं-'आज मेरा धर्म

राजद्रोह"[90] "-तो वहाँ धर्म को कर्तव्य का पर्याय ही माना गया है। अत: यहाँ नैतिकता के उन विभिन्न संदर्भों पर विचार किया जायेगा, जो राजनैतिक, सांस्कृतिक एवं सामाजिक व्यवस्थाओं के निर्धारक तत्त्व हैं।

राजनैतिक संदर्भ

आधुनिक युग जनतांत्रिक मूल्यों का युग है। अत: आधुनिक कवियों ने प्राचीन रामकाव्य में वर्णित राजतंत्र को आधुनिक जनतंत्रवादी भावनाओं से अनुरंजित करके प्रस्तुत किया है। इस रूप में राजा और प्रजा के कर्तव्य का निर्देश, राज्यलिप्सा और साम्राज्यवाद की निन्दा, राज्य को प्रजा की धरोहर मानना इत्यादि के द्वारा राजतंत्र को जनतंत्र के रूप में चित्रित किया गया है। 'साकेत' का राजतंत्र एक साथ जन-तांत्रिक एवं साम्यवादी प्रतिमानों के आधार पर गठित है। राजा को राज्य केवल लोक-सेवा के लिए प्राप्त होता है, वह उसकी निजी सम्पत्ति नहीं है। वह तो त्याग और बलिदान के लिए मिला हुआ एक सु-अवसर है। भरत कहते हैं :

"...तात, राज्य नहीं किसी का वित्त,
वह उन्हीं के सौख्य शान्ति निमित्त-
स्वबलि देते हैं उसे जो पात्र,
नियति शासक लोक-सेवक मात्र।"[91]

'साकेत' के ही समान 'कैकेयी' (चाँदमल अग्रवाल कृत) में भी राज्य को प्रजा की धरोहर कहा गया है : राज्य फिर थाती प्रजा की सर्वदा ! [92]

राजनीति की सार्थकता जन-रक्षण में ही मानी गई है। अत: अत्याचारी, अविवेकी और अयोग्य शासक को शासन का अधिकार नहीं है। उससे सत्ता छीन लेना नैतिकता के अनुकूल है।[93] 'कल्याणी कैकेयी' में तत्कालीन राजतंत्र का विवेचन करते हुए कवि का कथन है कि राजतंत्र उदार होने पर ही जनता में लोकप्रिय हो सकत। था। अत: राजा जन-रक्षण में सदैव सावधान रहते थे।[94]

राजतंत्र को अधिकाधिक उदार बनाकर उसमें आत्म-त्याग, संयम और बलि-दान की दीप्ति दिखलाकर ही उसे आधुनिक युग के लिए ग्राह्य बनाया जा सकता है। भरत उसके आदर्श हैं। 'विदेह' के भरत में सम्राट् के गौरव के साथ त्याग और आदर्श की गरिमा उन्हें राजतंत्र का आदर्श नायक सिद्ध करती है।[95]

वस्तुत: प्राचीन राजतंत्र की निरंकुशता पर कठोर अनुशासन लगाना मध्य-युगीन चेतना के लिए सम्भव नहीं था। प्रजा सुख के लिए कार्य करने के लिए राजा से केवल प्रार्थना ही की जा सकती थी, जबकि आधुनिक युग में राम स्पष्टत: साम्राज्य-वाद के विरोधी हैं : है साम्राज्यवाद का नाशक दशरथ नंदन राम सदा।[96]

साम्राज्यवादी नीति को किसी भी अर्थ में आज का कवि निंदनीय मानता है। प्रीतमसिंह बगरेचा के राम दण्डक वन में साम्राज्यवादी नीति के प्रसार के लिए कटिबद्ध होने के कारण निन्द्य हैं।[97] मिश्रजी के अनुसार सीता-निर्वासन तथा अश्वमेध यज्ञ साम्राज्यवादी नीति के प्रसार का ही उपक्रम है।[98] स्पष्टत: आधुनिक युग की जन-तांत्रिक पद्धति का समर्थक कवि तत्कालीन राजतंत्र में अनेक दोष देखता है, क्योंकि उसकी नीति का प्रतिमान मूलत: जन-चेतना है। अत: जहाँ वह राम की या रावण की आलोचना करता है, वहाँ उन्हें साम्राज्यवाद का पक्षधर सिद्ध कर देता है। नवीनजी ने रावण को साम्राज्यवादी नीति का प्रतीक स्वीकार किया है तथा राम को आत्म-
वाद का—

महामहिम रावण का मेरा नहीं व्यक्तिगत था झगड़ा;
आत्मवाद, साम्राज्यवाद का, वह था अनमिल भेद बड़ा।[99]

'संशय की एक रात' का रावण दक्षिण की जन-जातियों का शोषण कर साम्राज्यवाद का घृणित चित्र प्रस्तुत करता है।[100] 'भूमिजा' में राजतंत्र के विरुद्ध आक्रोश का यह स्वर पर्याप्त मुखर है।[101] तद्विपरीत डॉ. बलदेव प्रसाद मिश्र, श्री 'हरिऔध',

पोद्दार रामावतार' 'अरुण' इत्यादि में यह स्वर अपेक्षाकृत संयत है। इनके अनुसार राजा नीति-नियमों के द्वारा अनुशासित होने पर यदि अपने दायित्व का निर्वाह करता है तो वह साक्षात् प्रभु का रूप है। 'साकेत-संत' में राज्य के दैवी-सिद्धान्त में आस्था व्यक्त की गई है :

भूप इससे ही प्रभु का रूप, कि उसके सिर है इतना भार।[102]

इसी प्रकार 'रामचरित-चिन्तामणि' में राजा को आधेय और प्रजा को आधार बतलाया गया है।[103]

वस्तुतः राम प्रजा अनुरंजन तथा लोकाराधन का जो आदर्श उपस्थित करते हैं, उसके परिप्रेक्ष्य में एक आदर्श राजतंत्र का रूप सामने आता है। 'सीता-निर्वासन' इसी आधार पर प्रस्तुत किया है। हरिऔधजी के अनुसार दायित्व पक्ष का निर्वाह करने के कारण राजा को बलिदान एवं कष्ट सहने के लिए सदैव तत्पर रहना पड़ता है।[104]

जैसे कृत्य का औचित्य कवियों ने राजतंत्र की इस आदर्श व्यवस्था को तुलसीदास ने मध्य युग में राम-राज्य के रूप में प्रस्तुत किया। आधुनिक युग में जनतांत्रिक चेतना के अनुरूप डॉ. बलदेवप्रसाद मिश्र, पं. हरिशंकर शर्मा इत्यादि ने प्रत्यक्ष रूप से तथा अन्य कवियों ने परोक्षतः रामराज्य का भव्य आदर्श उपस्थित किया है, जिसमें समस्त मानवता की कल्याण-कामना की गई है। व्यक्ति और राज्य के पारस्परिक सहयोग के द्वारा लोकहित की कामना ही राम-राज्य का मूलमंत्र है।

सांस्कृतिक संदर्भ

संस्कृति मानव के नैतिक आदर्शों को परिभाषित करने वाली सर्वाधिक जीवंत शक्ति है। आचार्य हजारीप्रसाद द्विवेदी के अनुसार, संस्कृति मनुष्य की विविध साध-नाओं की सर्वोत्तम परिणति है। धर्म के समान वह भी अविरोधी वस्तु है। यह समस्त दृश्यमान विरोधों में सामंजस्य स्थापित करती है। भारतीय जनता की विविध साध-नाओं की सबसे सुन्दर परिणति को ही भारतीय संस्कृति कहा जा सकता है।[105] यह संस्कृति के आंतरिक स्वरूप की व्याख्या है। संस्कृति का बाह्य स्वरूप साहित्य, कला तथा अन्य चिन्तनात्मक उपलब्धियों के रूप में किसी राष्ट्र के मानसिक एवं नैतिक स्वरूप को स्पष्ट करता है। रामकाव्य मूलतः भारतीय भाव-संस्कार एवं चिन्तन से गहन स्तर पर सम्पृक्त होने के कारण भारतीय संस्कृति को दूर तक प्रभावित करता रहा है। आधुनिक युग का प्रारम्भ पाश्चात्त्य जीवन के सम्पर्क-संघर्ष के कारण बौद्धिक उन्मेष तथा सांस्कृतिक पुनरुत्थान की पृष्ठभूमि पर हुआ है। अतः रामकाव्य का पुनर्मूल्यांकन एक ओर तो वैदिक संस्कृति के पुनर्जागरण के रूप में हुआ, दूसरी ओर समसामयिक वैचारिक क्रांति का भी व्यापक प्रभाव पड़ा। इस प्रभाव के परिणाम-स्वरूप भ्रष्टाचार, शोषण, अस्पृश्यता के विरुद्ध कवि का आक्रोश मुखर हुआ। दलितो-द्वार, नारी जागरण इत्यादि के स्वर भी सुनाई पड़ने लगे। राम के वनवास एवं दक्षिण-यात्रा का सम्पूर्ण वृत्त आर्य-संस्कृति के गौरव-विस्तार के रूप में परिभाषित किया जाने लगा। कवि-कल्पना ने और भी आगे बढ़कर अनार्य रक्ष-संस्कृति को भौतिक जड़ वैज्ञानिक संस्कृति के प्रतीक के रूप में देखा। अतः आर्य-अनार्य का संघर्ष एक ओर तो जन-चेतना और साम्राज्यवाद का संघर्ष प्रतीत हुआ तथा दूसरी ओर उसने आत्म-वाद एवं अनात्मवाद संघर्ष का रूप ले लिया। 'साकेत' में राम स्वयं को आर्यों के आदर्श का प्रतिनिधि घोषित करते हैं। वे अपने वनगमन का लक्ष्य प्रजा को राक्षसकुल के शासन से मुक्ति दिलाना मानते हैं।[106] रक्ष-वानर कुल अशिक्षित संस्कारहीन शासित जाति के रूप में हैं, जिन्हें आर्यत्व प्रदान करना वे अपना लक्ष्य मानते हैं।[107] गुप्तजी की दृष्टि में आर्यत्व के बाह्य प्रतीक वेद एवं यज्ञ ही हैं :

उच्चारित होती चले वेद की वाणी,
गूंजे गिरि-कानन सिंधु-पार कल्याणी।
अम्बर में पावन होम-धूम घहरावे,
वसुधा का हरा दुकूल भरा लहरावे![108]

नवीनजी के 'ऊर्म्मिला' काव्य में भी वेद एवं संस्कृत-ज्ञान के प्रसार को आर्य-सभ्यता का प्रसार माना गया है। आर्य राम का अवतार इन्हीं सांस्कृतिक तत्त्व विचार के प्रसार के लिए हुआ है :

आर्य सभ्यता, आर्य ज्ञान औ आर्यों की संस्कृत वाणी,
परापराविद्या का वैभव, वेद-भारती कल्याणी,
आर्यों की ये सब विभूतियाँ, वन में प्रसारित होंगी,
X X X
धार्मिक, सांस्कृतिक, सामाजिक तत्त्व-विचार सिखाने को,
आर्य राम अवतीर्ण हुए हैं, जग को पथ दिखलाने को।[109]

'विदेह' काव्य में जनक इसी यज्ञ-संस्कृति के प्रतिनिधि हैं।[110] तथा राम का दक्षिण-पथ में भ्रमण नव्य जागरण का प्रतीक है।[111] वैज्ञानिक आविष्कारों से लदे हुए रावण के विरुद्ध राम आत्मज्ञान के ज्वलंत प्रतीक हैं, यहाँ तक कि दक्षिण के द्रविड़ भी उनके न्याय के प्रशंसक हैं।[112] रावण इसी द्रविड़ संस्कृति का शासक है। उसका साम्राज्य इतना सुखद है कि कोई भिक्षुक तक वहाँ नहीं भटकता। स्पष्टत: 'अरुण' राम और रावण के संघर्ष को आर्य और द्राविड़ संस्कृति के संघर्ष के रूप में देखते हैं। किन्तु द्रविड़ संस्कृति एकान्तत: अनैतिक नहीं है। यह संघर्ष मूलत: आत्मवाद एवं भौतिकवाद का है क्योंकि तन से भूखा न रहने पर भी लंका की प्रजा मन से भूखी है।[113]

जन-चेतना के विकास के साथ सांस्कृतिक दृष्टि में परिवर्तन के चिह्न दृष्टि-गोचर होने लगे। राम के वनगमन को कतिपय स्थलों पर आर्य-अनार्य संस्कृतियों के सामंजस्य के रूप में देखा गया। 'ऊर्म्मिला' काव्य में राम वनगमन को उत्तर-दक्षिण के गठबंधन के रूप में देखा गया तथा इस सामंजस्य के पूर्वाभास को आर्य संस्कृति के प्रथम प्रभात के रूप में आँका गया है।[114] नवीनजी भी वानर-संस्कृति को अल्पविकसित संस्कृति के रूप में देखते हैं। राम का वनगमन जंगल की उस जड़ता के नष्ट होने का आभास देता है।[115] चांदमल अग्रवाल ने भी 'कैकेयी' काव्य में राम के दक्षिण-गमन को इसी रूप में अंकित किया है।[116]

'शूर्पणखा' काव्य में आर्य-संस्कृति के समान रक्ष-संस्कृति को भी अत्यधिक समृद्ध एवं नैतिकता से परिपूर्ण संस्कृति माना गया है। प्रजाजनों की रक्षा करना इस संस्कृति का नारा है।[117] शूर्पणखा इसी रक्ष-संस्कृति की उत्थान-भावना[118] से प्रेरित होकर आर्य-रक्ष संस्कृतियों के समन्वय की इच्छा व्यक्त करती है।[119]

उक्त विवेचन से स्पष्ट है कि आधुनिक रामकाव्य पर सांस्कृतिक पुनरुत्थान-वादी चेतना का स्पष्ट प्रभाव है। प्रारम्भ में इसे आर्य-अनार्य के संघर्ष के रूप में देखा गया, जिसमें द्रविड़-संस्कृति के प्रति विशेष सहिष्णुता नहीं दिखलाई देती। किन्तु, कालान्तर में इसे सांस्कृतिक समन्वय के रूप में परिभाषित करने का आग्रह बढ़ा, साथ ही यह भी स्पष्ट है कि आधुनिक रामकाव्य में भारतीय संस्कृति का निरूपण वैदिक संस्कृति के रूप में हुआ है जिसमें तप, स्वाध्याय, यज्ञ इत्यादि को भारतीय संस्कृति के प्रमुख उपकरणों के रूप में देखा गया है।

सामाजिक सन्दर्भ

विषमता से मुक्ति नारी मुक्ति-बाह्य भेदों का परिहार करके आंतरिक सामंजस्य का अन्वेषण आधुनिक युग की सांस्कृतिक दिशा को निर्धारित करता है। फलत: मानव-मानव के बीच जिस समानता का स्वर आधुनिक युग में मुखर हुआ है, वह उस रूप में मध्ययुग में नहीं मिलता है। अत: आधुनिक कवि नर-नारी की समानता, अस्पृश्यता के निषेध, सेव्य-सेवक-सम्वन्ध में समानता एवं उदारता इत्यादि के चित्रण में अधिक सचेष्ट और विवेकपूर्ण धरातल पर प्रवृत्त हुआ है।

आधुनिक युग से पूर्व नारी का अस्तित्व 'व्यक्ति' की भूमिका पर स्वीकृत नहीं था। परन्तु आधुनिक कवि नारी के स्वतन्त्र अस्तित्व का उद्घोष करते हुए उसे वर्त-मान युग-परिवेश में सही स्थान प्रदान करता है। एक स्तर पर तो आधुनिक कवि मध्ययुगीन मान्यताओं की जैसे आलोचना करता है तथा दूसरे स्तर पर वह उसके मौलिक अस्तित्व की प्रतिष्ठा करता है। 'पंचवटी' काव्य में गुप्तजी ने शूर्पणखा-लक्ष्मण-संवाद में एक प्रकार से मध्ययुगीन स्थापनाओं की आलोचना की है। शूर्पणखा स्पष्ट कहती है—

"नर-कृत शास्त्रों के सब बन्धन हैं नारी को ही लेकर,
अपने लिए सभी सुविधाएँ पहले ही कर बैठे नर !"[120]

शूर्पणखा की उक्ति होने पर भी इस कथन का निहितार्थ अत्यंत प्रासंगिक है। नर-नारी की समानता गुप्तजी का मुख्य प्रतिपाद्य रहा है। 'साकेत' में नारी सर्वत्र समानता एवं सम्मान की पात्र है। सीता, ऊर्मिला, माण्डवी एवं श्रुतिकीर्ति सर्वत्र पतियों से सम्मान एवं समता का व्यवहार पाती हैं।

आधुनिक युग के नारी जागरण आंदोलनों के फलस्वरूप नारी पात्रों में कर्मण्यता, निर्णय क्षमता, वीरत्व तथा समत्व इत्यादि का स्पष्ट उल्लेख किया गया है। नारी का सौन्दर्य अब अंगों के लालित्य अथवा 'असूर्यम्पश्याचरण' में नहीं, अपितु जीवन के उन्मुक्त क्षेत्र की कर्मठता में निहित है। सीता कृषि की अधिष्ठात्री देवी की प्रतीक हैं। अत: आधुनिक कवि ने उन्हें जीवन की कर्मठता और हरित क्रांति के प्रतीक रूप में ग्रहण कर आधुनिक नारी के जीवनादर्श को मूर्तिमान किया है। 'वनस्थली', 'भूमिजा', 'जानकी-जीवन', 'धरानंदिनी सीता', 'सीता' और 'पंचवटी' आदि काव्यों में सीता को धरती की बेटी का ओजस्वी स्वरूप प्रदान किया गया है।

'भूमिजा' की सीता धरती में केवल जीवन के दाने ही नहीं बोतीं, अपितु
ऊन कात सीता माता ने कपड़े बना लिये थे,
रुई और रेशम के सुन्दर कुर्ते कई सिये थे।[121]

'वनस्थली' से शत्रुघ्न वाल्मीकि के आश्रम में सीता को धान्य कूटते हुए देख-कर मुनि की वधूटी समझ लेते हैं।[122]

श्रम संघर्ष की प्रतिष्ठा के अतिरिक्त नारी में अन्य गुणों की प्रतिष्ठा के प्रति भी आधुनिक कवि उन्मुख हुए हैं। आज की नारी अबला नहीं, सबला है। उसके वीरांगना स्वरूप की झांकी में कवियों को शायद रानी लक्ष्मीबाई का प्रतिरूप दिखलाई दिया है। 'ऊर्म्मिला' के प्रथम सर्ग में सीता एक कहानी सुनाती हैं जिसमें गांधार देश पर विपत्ति आने पर राजकुमारी वीरांगनाओं को मातृभूमि की रक्षा करने के लिए ललकारती है ! इस ललकार में स्पष्टत: स्वतन्त्रता-युद्ध के लिए आमंत्रण की प्रति-ध्वनि है :

"चलो, आज इस पूर्ण यज्ञ में बहनो, आहुति डालो,
अपने-अपने तीर धनुष को तुम सब आज सँभालो।

X X X

कहे न कोई — आर्य-देश की ललनाएँ कायर हैं,
दिखला दो तुम : हृदय तुम्हारे मृदु हैं पर पत्थर हैं।
कस लो वेणी, कटि-पट बांधो, ले लो धन्वा, भाले,
चलो, करो ऐसे प्रहार जो अरि के हिय में सालें।[123]

कैकेयी का परम्परागत वीरांगना रूप भी कवियों में अत्यधिक लोकप्रिय हुआ। क्षात्रधर्म की प्रेरणा से उद्वेलित होकर कैकेयी शम्बासुर के विरुद्ध राजा दशरथ के साथ युद्ध में जाती है।[124] कैकेयी की इस पुकार में भी आधुनिक युग की नारी का वीर-दर्प एवं राष्ट्रीय कर्तव्य अभिव्यंजित हुआ है :

कौन हमें अबला कहता है ? कहाँ मात्र हम रस शृंगार ? कलुष-दग्ध करने उर लावा धधक रहे ज्वाला अंगार। समय कहाँ जो बनी रहें अब महिला महलों की रानी, देश अपेक्षा रखता उनसे रण में जायें मरदानी।[125]

'प्रभात' की कैकेयी न केवल वीरांगना है अपितु राष्ट्र-रक्षा के लिए कृत संकल्प तथा राजनीति की सूत्रधारिणी भी है। वह अनार्यों के शासन से पीड़ित अपने राष्ट्र के सीमांत की असह्य यातना और दुस्सह पीड़ा से इतनी व्यथित है कि उसे राजमहल में वैभव का आस्वादन मानवता के प्रति अन्याय प्रतीत होता है।[126] इसी कारण दशरथ से वह आग्रह करती है कि राम युग का निमंत्रण स्वीकार करें और वन जायें।[127]

'साकेत' की ऊर्मिला में भी वीरांगना-रूप दीप्त है।[128] उसके उद्बोधन में नारी के उद्दीप्त तेज एवं राष्ट्रीय अनुराग का मार्मिक स्वरूप सम्मुख आता है—

"...देव-दुर्लभा भूमि हमारी प्रमुख पुनीता,
उसी भूमि की सुता, पुण्य की प्रतिमा सीता।
मातृभूमि का मान ध्यान में रहे तुम्हारे,
लक्ष-लक्ष भी एक लक्ष रक्खो तुम सारे।"[129]

आधुनिक कवि ने नारी के महत्त्व का मूल्यांकन पुरुष की सापेक्षता में भी किया है। पुरुष का अस्तित्व नारी के अस्तित्व के कारण ही है। उसमें जहाँ एक ओर वीरत्व, त्याग और बलिदान है, वहाँ सहज करुणा एवं स्नेह की अन्तर्धारा भी प्रवाहित है। 'अम्मिला' के लक्ष्मण स्पष्टत: देवी ऊर्मिला के त्याग एवं स्नेह के प्रति नतशिर हैं।[130] वे ऊर्मिला के इसी त्याग को देखकर नारी के महत्त्व का स्तवन करते हुए सीता से कहते हैं—

"देवि, तुम्हारे नर-नारायण, नारी से ही लालित हैं,
नारी-नेह-अश्रु से उनके, अंग-अंग प्रक्षालित हैं;
नारी के ही हाड़-मांस से उनका यह अस्तित्व बना,
रग-रग में हो रहा प्रवाहित नारी का ही रुधिर घना।
नारी उनकी पोषण कर्त्री, नारी देह नीर-भर्त्री,
नर-नारायण तप साधन की नारी ही बाधा-हर्त्री।"[131]

आधुनिक कवि की दृष्टि नारी के गौरव के साथ उसकी वर्तमान स्थिति पर भी गई है जहाँ वह पुरुष के संकुचित स्वार्थ के द्वारा शोषित और उत्पीड़ित है। 'विदेह' की निम्नलिखित पंक्तियां नारी की इसी विडम्बना एवं विवशता को अत्यन्त सशक्त रूप में व्यक्त करती हैं :

बंधनमय तम-जीवन के कारागृह में बंदित है नारी
कोमल छाती पर काल-वज्र है गिरा हुआ
वह काल कोन ?
मानव की सीमित कटु प्रबुद्धि का व्यंग्य-सृजन।[132]

उक्त विवेचन से स्पष्ट है कि आधुनिक रामकाव्य में एक ओर तो नारी के गौरवमय स्वरूप का युगीन परिप्रेक्ष्य में प्रदीप्त स्वरूप उद्भासित हुआ है तो दूसरी ओर शोषण, उत्पीड़न एवं बंधन में विवश नारी की विडम्बित करुणार्द्र स्थिति का चित्रण भी। ये दोनों स्तर नारी की मुक्ति कामना के वर्तमान आंदोलनों से प्रभावित हैं। मध्ययुगीन चिन्तन न तो नारी को इतना गौरव ही प्रदान कर सकता था और न वह उसके बंधनमय स्वरूप के प्रति इतना सहृदय था। उसके लिए नारी मात्र भोग्या थी, अधिकाधिक वह उसके क्षत्रियत्व अथवा पौरुष की प्रेरिका थी।

वर्ण-वैषम्य से मुक्ति

मध्ययुग चिन्तन के स्तर पर अभेद एवं समदर्शिता[133] को स्वीकार करते हुए भी व्यावहारिक धरातल पर विषमता को बढ़ावा ही देता रहा। भारतीय वेदांतदर्शन ने साम्य की प्रतिष्ठा में सहायता अवश्य पहुँचायी किन्तु अस्पृश्यता-जैसी विषमताओं को दूर करने में वह समर्थ नहीं हो सका। गीता में वर्ण-एकता[134] की बात अवश्य आयी है किन्तु नैतिकता के स्तर पर वर्ण-वैषम्य को बढ़ावा ही मिलता रहा। आधुनिक रामकाव्य में वैषम्य के इन धरातलों का तीव्र निषेध तथा सम-सामयिक संदर्भ में इनका पुन: संस्कार हुआ है। उदाहरण के लिए, वाल्मीकि के राम शम्बूक का वध इसलिए कर देते हैं कि वह शूद्र होकर तपस्या की अनधिकार चेष्टा कर रहा था। 'उत्तरराम-चरितम्' में शूद्र मुनि पर कृपाण से प्रहार करते हुए राम आत्म-निंदा करते हैं।[135] इस आत्म-निंदा में तत्कालीन सांस्कृतिक द्वन्द्व-चेतना का प्रभाव अवश्य रहा होगा। वर्त-मान युग में शम्बूक के वध का औचित्य इस आधार पर सिद्ध किया गया है कि वह विश्व का विद्वेष्टा है तथा विश्व की संहारक शक्ति प्राप्त कर चुका है।[136] किन्तु कवि का मन फिर भी आधुनिक-बोध से प्रेरित होने के कारण उसके वध में कोई औचित्य नहीं देख पाता।

अत: ब्राह्मण प्रजा वर्ग की शूद्र को दण्ड देने की प्रार्थना को राम काफ़ी दूर तक अस्वीकार करते हैं[137] और अन्त में विवश होकर जब वे उसका वध करने के लिए कृत संकल्प होते हैं तो वे उसके पास पहुँच कर उसे हृदय से लगा लेते हैं—

आये देने दण्ड दण्डकारण्य शूद्र को,
लगा वक्ष से लिया उछाल नगण्य शूद्र को।[138]

श्री जगदीश गुप्त ने शम्बूक के व्यक्तित्व में उन नये मानव मूल्यों की प्रतिष्ठा की है जो वर्ण-संकीर्णताओं एवं कृत्रिम विभाजन के प्रति विद्रोह की भूमि में अंकुरित हुए हैं। कवि के अनुसार "वर्ण व्यवस्था का मानवता विरोधी जड़ रूप अब किसी भी जागरूक तथा प्रगतिशील समाज द्वारा स्वीकृत नहीं कराया जा सकता। राम-राज्य की परम आदर्श कल्पनात्मक धारणा को शम्बूक वध की क्रूर घटना सीता-निर्वासन के कारुणिक प्रसंग की तरह ही नितांत विडम्बनापूर्ण बना देती है।"[139] शम्बूक की आस्था है :

वर्ण से होगा नहीं अब त्राण, कर्म से ही मनुज का कल्याण।
जन्म से निश्चित न होगा वर्ण, वर्ग तक सीमित न होगा स्वर्ण।
कर्म से ही श्रेष्ठता अधिकार, कर्म सब के लिए सम आधार।[140]

अत: कवि ने भी राम के इस कृत्य में नीति-मर्यादा का अतिक्रमण देखा है। उनका यह कृत्य उस आदिम अंधी व्यवस्था का ही साक्षी है जो एक वर्ग के मूल्य पर दूसरे वर्ग का पोषण करता है।[141]

मध्ययुगीन रामकाव्यों में केवट, निषाद, शबरी, भिल्ल इत्यादि के साथ राम का सहज ममता एवं कारुण्य भाव अंकित हुआ है किन्तु अस्पृश्यता की समस्या के किसी केन्द्रीय बिन्दु की तलाश वहाँ नहीं है। आधुनिक रामकाव्य में कवियों ने अछूतोद्धार के संदर्भ में उक्त प्रसंगों का पुन: प्रस्तुतीकरण किया है। वर्ण-भेद पर आधुनिक कवियों ने सामाजिक नैतिकता की दृष्टि से भी विचार किया है। एक ओर वर्ण-वैषम्य की विरोधी इस पुरातन धारणा का पुन:संस्कार किया गया कि प्रभु के संस्पर्श से अंत्यज भी पावन हो जाते हैं[142] तो दूसरी ओर उसमें इस आधुनिक धारणा का भी समावेश है कि आत्मिक अथवा मानसिक उन्नति पर उच्च वर्ग का ही एकाधिकार नहीं है—"क्या आत्मा की उन्नति केवल उच्च वर्ग तक ही सीमित ?"[143] शूद्रा शबरी में ज्ञान का स्फुरण देखकर मतंग ऋषि स्पष्ट शब्दों में कहते हैं-"यदि अंत्यज तू, तो कौन श्रेष्ठ ?[144] राम का कथन है-" शबरी अंत्यज है तो क्या, वह भक्ति रूप है शूद्रा।"[145] किन्तु निष्क्रिय सहानुभूति एवं करुणा ही अछूतों के उत्थान के लिए पर्याप्त नहीं है। उनको स्वावलम्बी तथा श्रम में सहभागी बनाकर ही उनका उत्थान किया जा सकता है। सीता 'साकेत' में कोल, किरात और भिल्ल बालाओं को अपने श्रम में सहभागी बनाती हैं।[146] 'पंचवटी' में राम गुह, निषाद, शबरी इत्यादि वन्य जातियों से समान भाव से मिलते हैं।[147]

इसी प्रकार आधुनिक दृष्टि से ब्राह्मण की द्विजता भी उसके जन्म के कारण नहीं, अपितु कर्म के कारण निर्दिष्ट हुई है। बुद्धि, धर्म, शील, संतोष आदि को धारण करने के कारण ही वह ब्राह्मण है;[148] यह बात भिन्न है कि पं. रामचरित उपाध्याय शूद्र को ब्राह्मण-पद का अधिकार देने के लिए मनसा तैयार नहीं हैं, क्योंकि उनके मतानुसार, इससे वर्ण-व्यवस्था की मर्यादा नष्ट हो सकती है।[149]

मैथिलीशरण गुप्त, बालकृष्ण शर्मा 'नवीन' तथा बलदेवप्रसाद मिश्र भी वर्ण-व्यवस्था को सामाजिक विकास के लिए अनिवार्य मानते हैं, क्योंकि सामाजिक संतुलन के लिए इसके अन्दर रहकर व्यक्ति अपना मर्यादित विकास कर सकता है। श्री बलदेवप्रसाद मिश्र ने चातुर्वर्ण्य व्यवस्था की मर्यादा इन शब्दों में स्थापित की है—

और विचारक नियम बनाते, जिन पर आश्रित शासन चलता;
चातुर्वर्ण्य व्यवस्था यह थी, कहीं न कोई उच्छृंखलता।[150]

ब्राह्मण बौद्धिक कर्म से, शूद्र शारीरिक श्रम से, वैश्य अर्थोपार्जन से तथा क्षत्रिय शासन-प्रबन्ध के द्वारा लोक-हित करते रहें, मिश्रजी को यही मान्य है।

'नवीन' ने भी ब्राह्मणों के लिए योगाभ्यास, दृढव्रत, क्षत्रियों के लिए देश-स्वा-तंत्र्य की रक्षा, वैश्यों के लिए व्यापार

तथा शूद्रों के लिए सेवा को अनिवार्य धर्म माना है।[151] इस प्रकार नवीनजी सेवा-धर्म अथवा मानवीय श्रम की प्रतिष्ठा करके शूद्रों की स्थिति को अधिक उच्च गौरव प्रदान करते हैं :

देते हैं ये सकल जग को गूढ़ शिक्षा सुरम्य,
"सेवाधर्मः परमगहनो योगिनामप्यगम्यः।"[152]

वस्तुतः वर्ण-व्यवस्था ऊँच-नीच या भेदभाव के लिए न होकर कर्म के सृजन के लिए है। पोद्दार रामावतार 'अरुण' समग्र मानवता के बीच एकता एवं समता की सृष्टि के लिए वर्ण-व्यवस्था को कर्मानुकूल ही मानते हैं। उनके मतानुसार इसके प्रतिकूल आचरण करने से समता भंग हो सकती है :

आर्यों का जाति-विभेद कर्म के सृजन हेतु
यदि ऊंच-नीच के लिए वर्ण निर्माण हुआ,
तो मानव की एकता सहज कटुता में मिल जायेगी।[153]

सारांश यह है कि अस्पृश्यता और वर्णाश्रम व्यवस्था-जन्य वैषम्य पर आधुनिक कवियों ने वैज्ञानिक दृष्टि से विचार किया है। कर्तव्य कर्म से गिर जाने पर द्विज भी वध्य[154] है और उत्कृष्ट आचरण के कारण शूद्र भी पूजनीय हो सकता है।[155] इस संदर्भ में वर्ण-व्यवस्था विषमता का नहीं, अपितु विषमता के स्थान पर समता का मार्ग प्रस्तुत कर सकती है।

विषमता के लिए मानसिक संकीर्णता उत्तरदायी है। अतः आधुनिक रामकाव्य में वैषम्य के कारण और स्वरूप पर भी विचार किया गया है। भौतिक वैषम्य ही मानसिक वैषम्य को जन्म देता है। 'अरुण' के अनुसार मानसिक वैषम्य को दूर किये बिना वास्तविक समता का प्रकाश नहीं फैलाया जा सकता।[156]

अर्थ-वैषम्य

आज की विषमता का सबसे भयंकर रूप आर्थिक विषमता के रूप में दृष्टि-गोचर होता है। पूँजीपति वर्ग अपनी संकुचित स्वार्थपूर्ति के लिए धन-संग्रह करता है। उसका यह आचरण मूलतः दस्यु-वृत्ति से भिन्न नहीं है। भारतीय संस्कृति की त्याग-मूलक प्रवृत्ति के विरुद्ध लोभ और स्वार्थ का यह एकांत प्रदर्शन किसी भी प्रकार से नैतिक नहीं कहा जा सकता। साम्यवादी विचारधारा से अनुप्राणित गुप्तजी की यह उक्ति इस संदर्भ में नितांत प्रासंगिक है :

हाँ, तब अनर्थ के बीज अर्थ बोता है, जब एक वर्ग में मुष्टि-बद्ध होता है।

जो संग्रह करके त्याग नहीं करता है, वह दस्यु लोक-धन लूट लूट धरता है।[157] साम्यवाद जिस साम्य को वर्ग संघर्ष एवं क्रांति के द्वारा प्राप्त करना चाहता है, भारतीय संस्कृति उसे अपरिग्रह एवं त्याग के द्वारा प्राप्त करने का मार्ग दिखाती है। 'हरिऔध' जी भौतिक मूल्यों की अपेक्षा आध्यात्मिक मूल्यों की श्रेष्ठता स्थापित करके स्वार्थ-हित की अपेक्षा भव-हित को महत्त्व देते हैं।[158]

नवीनजी भी एकांत भौतिक प्रगति को ही समाज की प्रगति का निदर्शन नहीं मानते। जो व्यक्ति अर्थार्जन को ही जन-संस्कृति का मापदण्ड तथा उसे ऐतिहासिक गति का परिचायक मानते हैं वे मूलतः जड़तावादी हैं तथा उनका मत न्याय और सत्य पर आधृत न होने के कारण भ्रममूलक है। मानव संस्कृति अर्थ संचय मात्र तक ही सीमित नहीं है :

न्याय और अन्याय तथा सत्-असत् विचार छोड़ करके,
प्रचुर अर्थ-संचय करते हैं, जड़तावादी जी भर के,
नहीं जानते कि ये विचार भ्रम मूलक हैं—
प्रगति चिह्न ये नहीं, अपितु ये सत्-संस्कृति उन्मूलक हैं।[159]

नवीनजी की यह मान्यता भारतीय संस्कृति की त्यागमूलकता की ओर संकेत करती है। भौतिकता जीवन का चरम लक्ष्य नहीं है :

रहे भौतिक सुख सबके पास, किन्तु जन बनें न उसके दास।[160]

आज विश्व में अर्थ-प्रगति पर आधारित भौतिकवाद मानव-संस्कृति के सम्मुख महाहास का संकट उपस्थित कर रहा है। कल जो भौतिकता विकास गति की द्योतक थी, आज वह प्रगति की अवरोधक है। अत: आज मनुष्य मनुष्य के बीच स्थापित स्वार्थी के घृणित संघर्ष का मूल कारण यही है कि मनुष्य 'आत्मा की सच्ची रोटी' अर्थात् आध्यात्मिकता से वंचित हो चुका है :

आत्मा की सच्ची रोटी यदि मिलती जन को
जीवन-प्रति अनुराग, धरा श्रम के प्रति श्रद्धा—
सहजीवन देता चरित्र, संगठन आत्मबल,
... ईश्वर होता मूर्तिमान मानव-गरिमा में।[161]

भौतिकता की अपेक्षा आध्यामिकता के प्रति यह आग्रह रामकाव्य के संदर्भ में अत्यन्त प्रासंगिक प्रतीत होता है। सैद्धान्तिक स्तर पर यह ग्राह्य भी नहीं है। किन्तु व्यावहारिक स्तर पर दलितों एवं शोषितों को मात्र आध्यात्मिकता का पाठ पढ़ाकर वर्ग संघर्ष से विमुख नहीं बनाया जा सकता। जब तक शासक एवं पूँजीपति रहेंगे, तब तक भौतिक संघर्ष रहेगा। इसीलिए पहली आवश्यकता केन्द्रित सम्पत्तिका विकेन्द्री-करण तथा निर्धनता का विनाश है।[162] जीवन की उपभोग्य सामग्री पर मानवमात्र का अधिकार है क्योंकि स्वयं स्रष्टा ने प्राकृतिक वैभव को समान रूप से वितरित किया है :

धरती सबकी, नभ भी सबका
ये चाँद, सितारे, मेघ, सूर्य मानव के हैं, मानव के हैं !
इनका अधिकारी व्यक्ति नहीं, जनगण समस्त।[163]

'साकेत-संत' में राम एक आदर्श व्यवस्था की संकल्पना स्पष्ट करते हुए भरत से कहते हैं कि जो व्यवस्था मनुष्य की प्राथमिक आवश्यकताओं की पूर्ति नहीं कर सकती वह न्यायपूर्ण नहीं है। यदि प्रत्येक व्यक्ति की अनिवार्य आवश्यकताओं की पूर्ति हो सके तो समता का व्यावहारिक रूप स्थापित हो सकता है :

मनुज-आवश्यकताएँ पाँच, न इनमें कभी कहीं हो त्रास।
कि वह हो स्वस्थ और सज्ञान, मिलें शुचि अन्न वस्त्र आवास।[164]

इन अनिवार्यताओं की पूर्ति के लिए पूंजी और श्रम का विभाजन समाप्त होना चाहिए। श्रमिक वर्ग जो कुछ अपने श्रम से प्राप्त करता है, वह सब कुछ उसका प्राप्य है। वह स्वयं ही स्वामी और स्वयं ही सेवक है। 'साकेत' की सीता चित्रकूट[165] में तथा 'भूमिजा' की सीता वाल्मीकि के आश्रम में श्रम की इसी सृजनात्मक एवं समतामूलक भावना का प्रतिनिधित्व करती है।[166]

इस प्रकार आधुनिक कवियों ने वर्ग संघर्ष एवं आर्थिक विषमता की साम्यवादी अवधारणाओं के आधार पर नैतिक प्रतिमानों का स्वरूप उभारा है। आधुनिक राम-काव्य में समत्व की यह स्थापना एक मौलिक उपलब्धि है।

मगोवैज्ञानिक प्रतिमान

वर्तमान युग जीवन में घटित होने वाली किसी भी प्रक्रिया को नियति अथवा किसी परात्पर शक्ति से परिचालित न मानकर कार्य-कारणवाद की नियत अवस्था के संदर्भ में विश्लेषित करता है। बाह्य जीवन में घटित होने वाली स्थिति मूलत: हमारे अवचेतन स्तर का प्रोद्भास है, जो बाह्य जगत् में अपनी अभिव्यक्ति न पाकर, अवदमित होकर अवचेतन में प्राय: मानव के कार्य एवं व्यवहार को परिचालित तथा अनुशासित करता है।[167] प्राचीन काव्य में ऐसे उदाहरण अलभ्य नहीं हैं, जिनमें अन्तर्मन की गम्भीर क्रिया-प्रतिक्रियाओं का मार्मिक विश्लेषण प्रस्तुत किया गया है, किन्तु प्रसंग घटना क्रम के प्रवाह में स्वयं तैरते हुए चले आये हैं। कवि उनकी योजना सायास एवं सचेष्ट स्तर पर नहीं करता। आधुनिक कवि फ्रायड के मनोविश्लेषण, चेतना प्रवाह पद्धति, मुक्ति-आसंग प्रणाली, स्वप्न-सिद्धांत तथा काम-प्रतीकों की मनो-वैज्ञानिक अभिव्यक्ति से परिचित होने के कारण पात्रों के मन में घटित होने वाली क्रियाओं का सचेष्टतापूर्वक मनोवैज्ञानिक अंकन करता है।

वह अपनी विचारधारा के समर्थन के लिए फ्रायड, जुंग, एडलर जैसे मनो-विश्लेषकों की मान्यताओं का आधार ग्रहण करता है। पाश्चात्य कविता और समालोचना में मनोविज्ञान का जो व्यापक प्रभाव परिलक्षित है, हिन्दी-साहित्य पर उसका गम्भीर प्रभाव पड़ा है। पाश्चात्त्य कवि इलियट, एज़रा पाउंड, एडिथ सिटवेल आदि के काव्यों में मनोवैज्ञानिक अवधारणाओं का प्रतिबिम्ब स्पष्ट देखा जा सकता है। पाश्चात्त्य कथा-साहित्य में चेतना प्रवाह पद्धति का व्यापकं उपयोग हुआ है वर्जिनियन वुल्फ, जेम्स जायस आदि के उपन्यास इस दृष्टि से उल्लेखनीय हैं। पाश्चात्त्य समीक्षा-पद्धति में भी मनोवैज्ञानिक प्रणाली अधिकाधिक लोकप्रिय होती गई है। टी. एस. इलियट, रिच' स तथा नव समीक्षकों ने मनो-वैज्ञानिक प्रणाली को काव्यगत मूल्यों से सम्बद्ध किया है। रिचर्डस ने तो श्रेष्ठ साहित्यिक कृति की सफलता ही मनोवैज्ञानिक संतुलन के संदर्भ में निर्दिष्ट की है। जो कृति विरोधी चित्त वृत्तियों को समाहित करने में जितनी सफल है, वह उतनी ही श्रेष्ठ है। आधुनिक रामकाव्य के रचयिता प्राय: इसी मान्यता को लेकर चले हैं।[168]

आधुनिक हिन्दी रामकाव्य में मनोवैज्ञानिकता का क्रमश: प्रवद्धित प्रभाव बहुत कर रामकाव्य की मूल अन्तश्चेतना के कारण भी सम्भव हुआ है। राम सहज ही वन जाने के लिए क्यों तत्पर हो जाते हैं ? सीता हरण पर उनकी मन:स्थितिं का धरातल क्या है ? राम बिना किसी अनुताप अथवा नैतिक संचेतना के बालि के विरुद्ध सुग्रीव और रावण के विरुद्ध विभीषण का किस प्रकार उपयोग करते हैं ? राज्याभिषेक के अनन्तर सीता-परित्याग के समय क्या एकमात्र जनापवाद ही कारण है ? इत्यादि प्रश्न आधुनिक प्रमाता को उन्मथित कर देते हैं। आज का पाठक मनोवैज्ञानिक पृष्ठभूमि की अपेक्षा रखता है। उसकी दृष्टि में रावण निंद्य तथा राम मात्र इस कारण अभिनंदनीय नहीं हैं कि वे प्रश्नातीत, अनैतिक अथवा नैतिक मूल्यों के पूंजीभूत रूप हैं, अपितु अपनी मनोवैज्ञानिक दुर्बलताओं पर वे जिस रूप में विजय प्राप्त करते हैं उनका वह रूप ही आज के पाठक के लिए वंद्य है। इसी प्रकार कवि की सफलता इस बात में नहीं है कि वह राम-पक्ष के पात्रों का गौरवोन्नयन कर उन्हें देवोपम रूप में चित्रित करता है या प्रतिपक्ष के पात्रों को कितने कालिमापूर्ण रूप से प्रस्तुत करता है। आधु-निक दृष्टि से उसकी सफलता मानसिक संघर्ष अथवा अन्तर्द्वन्द्व के चित्रण में है। फलत: सुग्रीव, विभीषण जैसे पात्र केवल राम-पक्ष के होने के नाते आकृष्ट नहीं करते, अपितु इस द्वन्द्व के कारण उनका चरित्र सम्प्रेषणीय बन पाता है जो उनके आत्म-विभाजित व्यक्तित्व को आधुनिकता का संदर्भ देता है।

आधुनिक रामकाव्य की प्रारम्भिक कृतियों में पात्रों के मनस्तत्व की जटिलता अधिक व्यापक संदर्भ ग्रहण नहीं कर सकी है। 'रामचरित चिन्तामणि' में मनोविज्ञान का प्रवेश प्रतिपात्रों में मानवोचित गुणों के सन्निवेश में देखा जाता है। इन्द्रजीत द्वारा पकड़े जाकर जब हनुमान रावण की सभा में उपस्थित होते हैं तो वे रावण के मानवोचित पक्ष से अभिभूत ही होते हैं। रावण का परम्परित दानवीय रूप उनके चिन्तन में बाधा नहीं पहुँचाता। प्रतिपात्र के गौरव की यह स्वीकृति आधुनिक युग की स्वाभाविक परिणति है :

करने लगे विचार पवन सुत विस्मित मन में,
ये नृप लक्षण कहाँ मिलेंगे प्राकृत जन में।
धन्य रीति है, धन्य नीति है, धन्य प्रभा है,
इस रावण की धन्य शांति है, धन्य सभा है।[169]

मानववाद मनोवैज्ञानिक विश्लेषण से अविभक्त होकर यहाँ प्रस्तुत हुआ है। अत: पात्रों के अन्तर्द्वन्द्व की अपेक्षा पात्रों के प्रति कवि की मनोवैज्ञानिक सहानुभूति ही पाठक का ध्यान अधिक आकृष्ट करती है। 'साकेत' तक आते-आते पात्रों का अन्तर्द्वन्द्व काफी महत्त्वपूर्ण हो जाता है। पात्र के हृदय में उठता हुआ अन्तर्द्वन्द्व उसके कृत्य के अनौ-चित्य को क्षीण कर देता है। 'साकेत' में प्रथम बार कैकेयी के व्यक्तित्व को मानसिक अन्तर्द्वन्द्व के स्तर पर परखने की दृष्टि प्राप्त होती है। "वह जिस प्रकार प्रेम, संदेह, भय, आक्रोश आदि संवेगों से क्रमश: उद्वेलित होती हुई ध्वंस एवं विनाश के कार्य में प्रवृत्त होती है और परिस्थिति को अपने अनुकूल बनाकर तथा दशरथ से वरदान माँगकर राम को वन भेजने के लिए कठोर, क्रूर एवं पाषाण हृदया बन जाती है, उसमें पर्याप्त स्वाभाविकता एवं मनोवैज्ञानिकता है। उसके व्यक्तित्व के संघटक सर्वाधिक

प्रबल मनोवैनिक तत्त्व मूल प्रवृत्ति सन्तान की रक्षा तथा उसका संवेग वात्सल्य हैं।''[170] इसी प्रकार 'ऊर्मिला' में कवि ने मूल प्रवृत्ति काम तथा नैतिक अहम् के द्वन्द्व के माध्यम से यह व्यंजित किया है कि सुखेच्छा (इड) की ओर प्रेरित अन्तर्मन को नैतिक अहम् से अनुशासित करके ही व्यक्ति कर्तव्य की ओर प्रेरित हो सकता है। सुखेच्छा तथा नैतिकता का द्वन्द्व चरित्र की दुर्बलता का परिचायक न होकर मानव-मन के संघर्ष को व्यंजित करता है।[171] इस संघर्ष के अनन्तर नैतिक मन की विजय ही वास्तविक विजय है। ऊर्मिला में चपल यौवन और धर्म-वृत्ति का द्वन्द्व मानव के मन की दुर्बलता को नहीं, अपितु कर्तव्य वृत्ति की अपराजेयता को व्यक्त करता है :

मेरे चपल यौवन-बाल !
'अचल अंचल में पड़ा सो, मचल कर मत साल।[172]

यहाँ कामवृत्ति एवं कर्तव्य-पक्ष का यह द्वन्द्व चारित्रिक उत्कर्ष का विधायक होकर आया है।

आधुनिक मनोविज्ञान का विश्वास है कि महान् पुरुषों के जीवन में भी संशय, भय एवं कार्पण्य का भाव उदित होता है।[173] पराजय का भय दैन्य एवं पलायन की क्षणिक वृत्तिको जन्म दे सकता है। इससे उसकी गरिमा को क्षति नहीं पहुँचती अपितु संघर्ष के लिए आस्था और विश्वास की भावना अधिक बलवती होती है। 'राम की शक्तिपूजा' में प्रबल प्रतिपक्षी रावण के आगे राम में दैन्य और पलायन की भावना का अस्थायी उदय नितान्त मनोवैज्ञानिक है :

जो नहीं हुआ आज तक हृदय रिपुदम्य श्रान्त,
एक भी, अयुत-लक्ष में रहा जो दुराक्रान्त,
कल लड़ने को हो रहा विकल वह बार-बार
असमर्थ मानता मन उद्यत हो हार-हार।[174]

राम शक्ति साधना के द्वारा मूलत: अपने अन्तर्मन की ही साधना करते हैं।[175] इसी प्रकार 'निराला' यह प्रमाणित करते हैं कि पराजित मन:स्थिति भी स्वयं की साधना के द्वारा संकीर्णता से मुक्त होकर समंजित हो सकती है।

मनोविज्ञान मानव-सुलभ दुर्बलताओं के प्रति एक सहज सहिष्णुता की दृष्टि अपनाता है तथा पाठकीय संवेदना को भी उदार एवं समत्वबुद्धि के ग्रहण के प्रति तत्पर बनाता है। मध्ययुग में जहाँ राम-परिसर के पात्रों के आचरण भक्ति-भावना के वृत्त में सहज ग्राह्य थे, प्रतिपात्रों का प्रत्येक आचरण अग्राह्य था। जहाँ आधुनिक युग में हम राम तथा अन्य पात्रों के हृदय में उठते हुए अन्तर्द्वन्द्व को देखकर उनकी अनेक मानसिक ग्रंथियों का परिचय प्राप्त करते हैं, वहाँ प्रतिपात्रों के प्रति भी सहिष्णुतापूर्ण रुझान रखते हैं। संस्कारों में पोषित पाठकीय संवेदना को यह मनो-वैज्ञानिक विश्लेषण पूर्ण रूप से ग्राह्य भले ही न हो, आधुनिक मनीषा इसका स्वागत करती है।

" 'सरिता' में प्रकाशित अरविंदकुमार की 'राम का अन्तर्द्वन्द्व' कविता इसका प्रमाण है। पर-पुरुष द्वारा अपहृत पत्नी के प्रति पति के मन में यह संदेह उठना असम्भव नहीं है कि इस कृत्य में दोनों की मिलीभगत हो सकती है।''[176]

आधुनिक कवि की दृष्टि में सीता के चरित्र को लेकर हुआ राम का संदेह साम्प्रदायिक दंगों तथा विभाजन में अपहृत स्त्रियों को पुरुषों द्वारा स्वीकार किये जाने के अन्तर्द्वन्द्व से भिन्न नहीं है।[177] स्पष्टत: प्रजा-हित या सामाजिक-राजनैतिक संदर्भ यहाँ गोण पड़ जाता है तथा मनोवैज्ञानिक संदर्भ उभर आता है :

"पर यों संदेहों की भट्टी में जलना,
रहना उसके साथ नरक भारी है।
कैसे उससे बच पाऊं मैं ! कैसे ? कैसे ?"[178]

मनोवैज्ञानिक दृष्टि से राम की यह उक्ति वितृष्णा उत्पन्न नहीं करती अपितु मानव स्वभाव की सहज दुर्बलता के प्रति उदारता का भाव जगाती है। इसी प्रकार विभीषण जैसे पात्र भी अपने अन्तर्द्वन्द्व के कारण हमारी सहानुभूति के पात्र बन जाते हैं। 'संशय की एक रात' तथा 'राधेश्याम रामायण' में विभीषण जिस मानसिक अनु-ताप और अन्तर्द्वन्द्व से गुजरता है वह आधुनिक संवेदना को सहज ही उद्वेलित कर देता है।[179]

मनोविज्ञान के आलोक में मर्यादाओं एवं वर्जनाओं का प्रतिबन्ध मानसिक स्वास्थ्य के लिए हानिकर होता है। तुलसीदास ने प्रेम एवं वासना की अभिव्यक्ति पर जैसा कठोर अंकुश लगाया है, आधुनिक कवि उसे नितांत अनावश्यक मानता है। काम-वर्जना तथा अवदमित वासनाओं की अभिव्यक्ति अतृप्त प्रणयाकांक्षा में होती है। अत: स्वस्थ मन के लिए प्रणय एवं सौन्दर्य का निरावृत आख्यान आवश्यक है। 'साकेत'[180] एवं 'ऊम्मिला[181] महाकाव्यों में ऊर्मिला एवं लक्ष्मण की उन्मुक्त प्रणय क्रीड़ा का निरावृत एवं व्यापक चित्रण इन्हीं मनोवैज्ञानिक कारणों से सम्भव हो सका है।

आधुनिक मनोविज्ञान के अनुसार दमित वासनाएँ बाह्य तृप्ति न पाने के कारण शृंगारिक स्मृति-चित्रों के धरातल पर अधिक उद्दीप्त हो उठती हैं। 'साकेत' में ऊर्मिला का एक ऐसा ही स्मृति-चित्र मध्ययुगीन मर्यादावाद के प्रतिकूल होने पर भी मनो-वैज्ञानिक संदर्भ में एंकांत ग्राह्य है। लक्ष्मण के शारीरिक संयोग से वंचित होने के कारण ऊर्मिला अतीत की संयोग विषयक रम्य कल्पनाओं में निमग्न है। दिवास्वप्न के में क्षणों में उसका हृदय काम-चेतना की सामाजिक मर्यादा से मुक्त होकर भाव-जगत् स्वच्छंद विहार करने लगता है। यह आकस्मिक नहीं कि फ्रायड ने भी काम चेतना के पारस्परिक सम्बन्धों की व्याख्या घोड़े को नियंत्रित करने वाले घुड़सवार से दी।[182] अत: इस संदर्भ में शारीरिक प्रेरकों की माँग तथा नैतिक मर्यादा के संघर्ष की स्थिति का बड़ा रम्य बिम्ब सामने आता है।[183]

अवचेतन के प्रतिबन्धों से मुक्त होकर जीवन के रागमय पक्ष के उपभोग की प्रवृत्ति मनुष्य की देह और आत्मा की स्वाभाविक माँग है। 'नवीन' की 'ऊम्मिला' में लक्ष्मण यौन वर्जनाओं की इन ग्रंथियों से मुक्त होने के लिए ऊम्मिला को रसमय आमंत्रण देते हुए इसी मनोवैज्ञानिक सत्य का आख्यान करते हैं :

एक चुम्बन से नीवीं एक, हिये में पड़ जाती तत्काल, सालती रहती है प्रति घड़ी, कसक करती मुझको बेहाल; बहुत हौले हौले से कई ग्रंथियाँ तुमने की हैं ग्रथित, नेह-दधि की ये गाँठें, देवि, आज हो जाने दो कुछ मथित।[184]

मध्ययुग के पात्र मानसिक ग्रंथियों से प्राय: मुक्त थे। रावण और अन्य प्रति-पात्र अपने अहं की अभिव्यक्ति में अत्यन्त उद्धत एवं आवेगपूर्ण तो थे, किन्तु अपने अवचेतन में निहित भय एवं आशंका की ग्रंथियों के प्रति एकांत विमुख थे।[185] भय और क्रोध की द्विविध मानसिकता से जूझते रावण का मनोवैज्ञानिक चित्रण भट्टजी के 'अर्मन्थन' काव्य में द्रष्टव्य है :

भयसागर उमड़ रहा भीतर, सब मोह-मूढ़ मेरे प्रत्यय,
धमनियाँ रुद्ध हैं शिरा शून्य, हो रहा मुझे संज्ञा-व्यत्यय।
हो गया भोन क्षण भर को वह प्रकृतिस्थ अहं उबुद्ध हुआ,
कातरता कुण्ठित भाव रोष क्षालित तट से प्रतिरुद्ध हुआ।[186]

आत्मालोचन की यह प्रवृत्ति आधुनिक काव्य के मनोवैज्ञानिक परिप्रेक्ष्य में विकसित हुई है। मध्ययुग का रावण अपने जीवन-व्यापी निदित कृत्यों का पुनरीक्षण कर इस प्रकार अनुपात-दग्ध नहीं हो सकता था :

क्या सचमुच मैं इतना निन्दित, बीभत्स, घृणा का मूर्त रूप,
विकलांग सृजन की निष्ठा का इतना गर्हित मेरा स्वरूप ?
होकर प्रमत्त उन्मत्त और कर स्वयं कर्म का तिरस्कार,
क्रोधान्ध चरण से दलन किया निर्दोष सृष्टि का बार-बार ?[187]

'अभिशप्त अमरबेलि' में कवि ने परशुराम, हनुमान और विभीषण पात्रों के अन्तर्द्वन्द्व के माध्यम से अमरता के उस अभिशाप को व्यक्त किया है जो मानव-चेतना को मात्र निस्सहाय प्रेक्षक बनाकर अस्तित्वहीन स्थितियों से निरन्तर जुड़े रहने को बाध्य करता है। नैतिक मूल्यों के विघटन का अन्तर्द्वन्द्व तथा आत्मालोचन के स्तर पर यह अभिव्यक्ति अस्तित्ववादी मनोविज्ञान के मूल स्वर को संदर्भित करती है :

यह वरदान
यह अमरता
अब ढोयी नहीं जाती है

हम मृत्यु वरदान के
याचक हैं, आग्रही हैं,
हमें मृत्यु दो
या फिर
तटस्थ दर्शक की
भूमिका के दाय से
हमें मुक्ति दो प्रभु !
हम भले क्षणभंगुर हों।[188]

अमरता की अपेक्षा क्षण-बोध की अनुभूति ही आधुनिक मनोविज्ञान की दृष्टि में सत्य है, जो अस्तित्व की सिद्ध स्थिति की अपेक्षा निरन्तर घटित होती हुई परिवर्त्यमान निरंतरता को स्वीकार करती है।

उक्त विवेचन से स्पष्ट है कि आधुनिक कवि ने मनोविज्ञान के प्रकाश में पात्रों की भावनाओं को अधिक उन्मुक्त एवं निरावृत रूप में अभिव्यक्ति प्रदान की है। पात्रों के व्यक्तित्व के अनेक नये कोण उद्‌घाटित हुए हैं। वे अमरता की निष्क्रिय चेतना की अपेक्षा क्षण की सार्थकता को अधिक प्रासंगिक मानते हैं। पात्रों की कामजनित दुर्बलता के प्रति अब आक्रोश अथवा घृणा का भाव भी नहीं है। अनिंद्य सुंदरी शूर्पणखा के प्रति राम के मन में क्या प्रणय अथवा सौन्दर्य की चेतना तनिक भी उबुद्ध नहीं हुई होगी, आधुनिक कवि इसे स्वीकार नहीं कर सकता। अरविंद कुमार के राम की आत्मस्वी-कृति इसका प्रमाण है :

.... मेरा भी मन
डोल गया था जब रावण की बहिन खड़ी
थी मेरे सम्मुख-अपना सुंदर रूप
दिखा कर माँग रही थी भीख प्रणय की।[189]

फ्रायडीय मनोविज्ञान के अनुसार व्यक्ति चेतना सुखेप्सा-सिद्धान्त (प्लेज़र प्रिंसि-पल) से प्रचालित होती है किन्तु उसके 'इड' को विवेक शक्ति संतुलित किये रहती है। संत अथवा विवेकी व्यक्ति प्रेम अथवा सौन्दर्य का निषेध नहीं कर सकता। उसे दमित अथवा उन्नमित कर सकता है। जिसमें विवेक शक्ति जितनी ही अधिक तीव्र होगी, उसमें आत्म-निंदा की मात्रा उतनी ही सजग होगी।[190] इदम् (इड) और 'अहम्' (ईगो) का यह संघर्ष राम के चरित्र की मनोवैज्ञानिक विशेषता है—

... किन्तु
आज भी वह अभिलाषा सोयी मेरी
जग जाती है। कोई क्षण कोमल सा
पा कर और दबाता हूँ मैं उसको, क्योंकि
सभ्यता नहीं चाहती छूट कलुष भावों की। "[191]

मानव की इन सहज दुर्बलताओं का अंकन कर आधुनिक रामकाव्य ने सत् पात्रों को मानवीय धरातल प्रदान किया है तथा उनकी चारित्रिक ग्रंथियों का उद्घाटन कर अनेक अतिप्राकृत, अनबूझ समस्याओं का समाधान किया है। उनके अन्तर्द्वन्द्व एवं अनुताप में उनके मानवीय संदर्भ को विश्वसनीयता प्राप्त हुई है।

दार्शनिक प्रतिमान

प्रवृत्तिमूलक दर्शन की ओर

भारतीय दर्शन में प्रवृत्तिगत आचरण का निषेध नहीं है, किन्तु उसकी मूल प्रवृत्ति निवृत्तिमूलक जीवन-दर्शन के प्रति ही रही है। यही कारण है कि वैराग्य, आत्मत्याग, कृच्छ्रसाधना, संयम तथा अपरिग्रह पर भारतीय दर्शन में जितना बल दिया गया

है उतना जीवन के रसमय पक्ष के उपभोग पर नहीं। 'दिनकर' के अनुसार निवृत्ति अर्थात् जीवन को निस्सार एवं दुःखपूर्ण मानने की यह प्रवृत्ति बौद्ध और जैन मत की देन है। "बौद्ध और जैन मतों का भीषण प्रभाव यह हुआ कि उन्होंने संसार से और वैराग्य सिखा-सिखा कर यहाँ के लोगों को जीवन से विरक्त कर दिया। उनकी घृणा दृष्टि को आमुष्मिक बना डाला। यानी इन धर्मों के प्रभाव के कारण लोग इस जीवन से अधिक मरने के बाद प्राप्त होनेवाले जीवन पर विचार करने लगे।"[192]

मध्ययुगीन रामकाव्य में निश्चय ही निवृत्तिमूलक जीवन-दर्शन का प्राधान्य रहा। शांकर वेदान्त, जो अनिवार्यतः बौद्ध दर्शन से प्रभावित था, भक्त कवियों के लिए प्रेरणा-स्रोत रहा। आधुनिक युग में जीवन के प्रति सम्पृक्ति का भाव मध्ययुगीन जीवन-दर्शन की अपेक्षा अधिक है। समष्टि के प्रति दायित्व आज का कवि अधिक गहराई से अनुभव करता है। जीवन के राग-विराग, हर्ष-विषाद, आशा-आकांक्षा से पलायन कर किसी पारलौकिक साधना में निमग्न रहना आज के कवि के लिए स्वीकार्य नहीं है :

धर्म रहा चिद्बोध केन्द्र, जन मन दीपों को
दीप्त न कर वह, उन्हें पाप परलोक भीत कर
भटका भर धिक् सका ऊर्ध्वमुख अंधकार में,
दिव को भू से, ईश्वर को जग से वियुक्त कर !
समदृग्-जीवन-हीन उन्नयन रिक्त पलायन ![193]

कवि पन्त उन मध्ययुगीन आदर्शों तथा अन्ध रूढ़ियों को स्वीकार नहीं करते जो मुक्ति की तुलना में जीवन को मिथ्या, जग को असार, माया अथवा मृतगृष्णा मानते हैं।[194] 'अरुण' के अनुसार, जीवन के मृण्मय स्वरूप का एकान्त परित्याग कर मनुष्य मुक्ति नहीं पा सकता, क्योंकि मुक्ति मूलतः सांसारिक कर्म के द्वारा ही प्राप्त हो सकती है-

इस मिट्टी में ही मुक्ति मिलेगी मानव को
जीवन की कली खिली है इस मिट्टी से ही
इसकी पंखुड़ियाँ भी झरती हैं धरती पर।[195]

आधुनिक युग में कवियों ने वैराग्य-प्रधान मुक्ति की आकांक्षा के प्रति उदा-सीता प्रकट की है। वे अपनी रागात्मिका वृत्ति का प्रसार संसार में ही देखना चाहते हैं। रवि ठाकुर में निरपेक्ष वैराग्य-साधन का जो निषेध मिलता है, स्वभावतः हिन्दी की वर्तमान काव्यधारा पर उसका व्यापक प्रभाव पड़ा है। उपर्युक्त पंक्तियों से 'नैवेद्य' की इन पंक्तियों की तुलना सहज ही की जा सकती है—

"वैराग्य साधने मुक्ति से आमार नय
असंख्य बन्धन माँझे महानन्दमय
लभव मुक्तिर स्वाद
एक वसुधार
मृत्तिकार पात्र खानि भरि बारम्बार
तोमार अमृत ढालि दिबे अविरत
नाना वर्ण-गन्धमय।"[196]

(अर्थात् वैराग्य साधन में जो मुक्ति है, उसे हम नहीं चाहते। हमारा उससे कोई प्रयो-जन नहीं है। हम असंख्य बंधनों में रहकर महा आनन्दमय मुक्ति का स्वाद लेंगे। इस पृथ्वी के मिट्टी के पात्र को बारम्बार भर कर हमारी यह आनन्दमय मधुर मुक्ति तुम्हारे नाना वर्ण और गन्ध को अविरत ढाला करेगी।)

आधुनिक परिप्रेक्ष्य में जनक के 'विदेह' नाम की सार्थकता व्यक्त करने के लिए ही 'अरुण' ने 'विदेह' की रचना की है। आत्म-सुख के संयम का अर्थ यह नहीं कि व्यक्ति समष्टि-हित का भी परित्याग कर संघर्ष से एकदम पलायन कर जाये।

शुकदेव को उपदेश देते हुए जनक आत्मानुभूति का अर्थ जगत् के संघर्ष की सापेक्षता में स्पष्ट करते हैं :

संघर्षों से मत भागो हे शुकदेव, कहीं,
गृह के योगी वन के योगी से अच्छे हैं
एकांत गुफा में एकाकी साधना-सृष्टि,
कोलाहल में तप करो, यही आज्ञा मेरी।
'सज्ञान व्यास ने भेजा है इसलिए तुम्हें मेरे गृह पर,
जाओ, जीवन को दीप्त करो जग के मग में।
उत्सर्ग करो जीवन को कर्म-कठिन व्रत में,
गति दो चरणों में, कर में हित की शक्ति भरो।
बिचरो सुख में, दुख में प्रसन्नतापूर्ण स्वयं-
मत भागो वन में हे जीवन-योगी, अधीर।[197]

इस प्रकार निवृत्तिमूलक जीवन-दर्शन के स्थान पर प्रवृत्ति के महत्त्व की स्वी-कृति आधुनिक दृष्टि है। मध्ययुगीन वैराग्य-भावना के स्थान पर आधुनिक युग कर्म-संघर्ष-प्रधान जीवन का समर्थन करता है :

जीवन क्या है ? है प्रचण्ड यह, गति-संक्रमण सचेतन का;
घूर्णित घोर चक्र है विभु का, यह जड़ता के भेदन का।[198]

लौकिकता की साधना ऐतिहासिक भोग अथवा इंद्रिय-वासना की तृप्ति की अपेक्षा लोक-हित की साधना के लिए विशेष अभीष्ट है। अत: 'साकेत' के चित्रकूट-प्रसंग में जाबालि द्वारा समर्थित चार्वाक दर्शन राम-लक्ष्मण को ग्राह्य नहीं। जाबालि कहते हैं :

"मैं कहता हूँ-सब भस्मशेष जब लोगो,
तब दु:ख छोड़कर क्यों न सौख्य ही भोगो ?"[199]
इस पर लक्ष्मण कहते हैं :
"सुख मिले जहाँ पर जिन्हें, स्वाद वे चक्खें,
पंर औरों का भी ध्यान कृपा कर रखें।"[200]

स्पष्टत: गुप्त जी त्यागमूलक ऐहिकता को ही स्वीकार करते हैं। अधिकांश आधुनिक कवियों की यही दृष्टि रही है।

अनेकत्व में एकत्व

आधुनिक संदर्भ में निर्गुण-साधना अद्वैत की भूमि पर ही सम्भव है। बाह्य वैषम्य एवं भेद का परिहार कर विविधता में एकता देखना लौकिक प्रत्यक्ष जगत् का भी आदर्श है तथा काम एवं अध्यात्म का भी। प्रेम में काम, अध्यात्म एवं जीवन का संश्लिष्ट रूप है। प्रेमी एवं प्रेमास्पद में एकांत अद्वैत ही प्रेम का चरम लक्ष्य है। प्रेम की इस चरम निस्सीम सीमा का आख्यान नवीन जी ने निर्गुण अद्वैत तत्त्व के माध्यम से प्रतिपादित किया है :

चरमता में है निर्गुण सत्य, विविधता का न वहां लवलेश,
एक है, वां अनेकता नहीं, नहीं है काल, नहीं है देश।[201]

बल के संदर्भ में जो निर्गुण है वही प्रेम के संदर्भ में अद्वैत का सूक्ष्म भाव है। यही निर्गुण सामाजिक संदर्भ में व्यष्टि और समष्टि में एकात्म के सूक्ष्म भाव का रूप ता है। व्यष्टि और समाज के पारस्परिक द्वेष को दूर करने के लिए इस सूक्ष्म भाव की साधना आवश्यक है :

"व्यष्टि ओ समष्टि में नहीं है भेद,
भेद उपजाता भ्रम—

माया जिसे कहते हैं।

+ + +

व्यष्टि और समष्टि में समाया वही एक रूप,
चिद्घन आनन्द-कन्द। "[202]

यहाँ अद्वैत वेदांत की प्राचीन सैद्धांतिक व्याख्या का 'निराला' ने आज के सामाजिक संदर्भ में युगानुकूल संस्कार किया है। जीव व्यष्टि का और ब्रह्म समष्टि का बोधक है। समष्टि की अनेकता में निहित एकता का अनुसंधान आधुनिक चिन्तन का प्रमुख विषय है। मार्क्सवाद ने इसी एकत्ववादी दृष्टि को विकसित किया है, जो अद्वैत वेदांत में अधिक पुष्ट मानवतावादी भूमिका पर विकसित हो चुकी थी।[203]

मध्ययुगीन रामकाव्य में निर्गुण और सगुण को लेकर काफ़ी व्यापक सैद्धांतिक चर्चा हुई है।[204] आधुनिक युग में सामाजिक संदर्भ एवं मानववाद का स्वर प्रखर हो जाने के कारण इस सैद्धांतिक चर्चा के लिए अवकाश नहीं रहा। यद्यपि आज भी समष्टिगत अनेकत्व में एकत्व के अनुसंधान के स्तर पर इसकी अनिवार्यता बनी हुई है। आधुनिक कवियों ने जहाँ राम के व्यष्टि रूप की संकल्पना की है वहाँ वे महा-मानव हैं, उनका सगुण रूप ही प्रतिपाद्य है। किन्तु जहाँ वे एक सूक्ष्म मनोमय आदर्श के रूप में विश्व चेतना के प्रतीक रूप में सामने आते हैं वहाँ उनका निर्गुण स्वरूप प्रमुख है। 'राधेश्याम-रामायण' में सैद्धांतिक स्तर पर सगुण-निर्गुण की प्राचीन व्याख्या ही मान्य है, तथापि दृश्यमान अनेकत्व के खोज की आधुनिक सम्भावनाओं का संकेत भी यहाँ अलभ्य नहीं है :

होकर अनेक वह एक ही है, और फिर वह एक अनेक ही है।
जल और ओले की तरह, प्रिया, निर्गुण और सगुण एक ही है।।[205]

इसी प्रकार बलदेवप्रसाद मिश्र ने जहाँ 'कौशल किशोर'[206] में देश-काल के बंधन में बँधकर निर्गुण ब्रह्म के सगुण लीलामय स्वरूप में अवतरित होने की प्राचीन अवधारणा का समर्थन किया है वहाँ 'साकेत-संत' में 'प्रत्येक नर में नारायण के दर्शन होने की बात[207] आधुनिकता का संदर्भ लिये हुए है। यहाँ श्री सुमित्रानंदन पंत के 'अशोक-वन' नामक काव्य के अध्यात्मपरक रूपक का विश्लेषण करना भी अप्रासंगिक न होगा :

"नित सत् राम, शक्ति चित् सीता,
अखिल सृष्टि आनन्द प्रणीता—
प्रकृति शिखा सी उठे शक्ति चित्
उतरे, निखिल जगत् में शिक्षा। "[208]

कवि पंत के अनुसार, राम नित सत् एवं चिर अक्षर हैं, किन्तु विवर्तनमय विश्व में अवतरित होकर वे स्वयं विश्व-चेतना में परिणत हो जाते हैं। इस प्रकार उनके सगुण एवं निर्गुण दोनों रूपों में कोई अन्तर नहीं रहता। क्योंकि हम जिसे निर्गुण कहते हैं, वह वस्तुत: विश्व के अन्तर्मन का ही प्रतिरूप है।[209] राम (सत्), सीता (चित्) से संयुक्त होकर ही जगत् (आनंद) में अभिव्यक्त होता है। संसार ब्रह्म लीलामय आनन्द की ही अभिव्यक्ति है।

यहाँ हम देखते हैं कि आधुनिक राम-काव्य का प्रतिनिधि स्वर वैष्णववादी भूमिका का है,[210] जहाँ सम्पूर्ण सृष्टि ब्रह्म की आनन्दमयी लीला का प्रत्यक्ष रूप है। मैथिली-शरण गुप्त, बलदेवप्रसाद मिश्र, निराला, नवीन, सुमित्रानंदन पंत इत्यादि कवियों के संस्कार उन्हें प्राचीन अवधारणाओं की ओर खींच ले जाते हैं। किन्तु, युग का प्रभाव उन पर कम नहीं है। अत: उनकी व्याख्याओं में सामाजिक संदर्भ का अन्त: प्रवेश होने से आधुनिक भाव-बोध का स्पर्श स्वत: हो गया है। दूसरी ओर नरेश मेहता, रघुवीर शरण 'मित्र' आदि ऐसे कवि हैं, जिनके भाव-बोध का स्तर एकांतत: आधुनिक है। उन्होंने रामकथा को आधुनिक समस्याओं की मिथकीय पृष्ठभूमि के रूप में चुना है : "मानवीय चरित्र की इस यथार्थ आधारभूमि पर वैष्णवी करुणा ने मर्यादा का ऐसा प्रासाद खड़ा किया कि राम की परिकल्पना चरित्र से ऊपर उठकर मिथक बन जाती है।"[211] इस दृष्टि के अनुसार राम ब्रह्म के सगुण अवतार नहीं, अपितु राष्ट्रीय कर्तव्य से बँधे मानव हैं।

जीव, ब्रह्म और जगत्

प्राचीन संस्कारों की भावभूमि में पोषित कतिपय आधुनिक कवियों को राम को गुप्त, बलदेव अवतार मानने में कोई विशेष विचिकित्सा नहीं रही है। मैथिलीशरण प्रसाद मिश्र इत्यादि ने उन्हें अवतार ही माना है। पंत ने अरविंद-दर्शन से प्रभावित होकर अवतार के धातुगत अर्थ के आधार पर प्रतीकीकृत व्याख्या प्रस्तुत की है। आधु-निक दृष्टि में अवतार का अर्थ यही है कि विश्व मानव की सम्पूर्ण आशाओं एवं आकां-क्षाओं के पुंजीभूत रूप में महामानव अवतरित होकर युग-व्याप्त अन्याय एवं शोषण के विरुद्ध संघर्ष करता है।

संदर्भ में ब्रह्म, जीव, किया है। यह विवे-अस्तु, राम के अवतारत्व की संकल्पना पुरानी है किन्तु आधुनिक भावबोध के स्तर पर इसकी यही व्याख्या समीचीन है। विष्णु के अवतार के रूप में राम की परिकल्पना के कारण आस्थाशील आस्तिक कवियों को उनके ईश्वरीय पौराणिक स्वरूप की ओर संकेत करने का अवसर मिल गया है और इसी जगत् और माया सम्बन्धी अवधारणाओं पर भी उन्होंने विचार चन बहुत-कुछ पात्रों के बौद्धिक ऊहापोह के रूप में और यत्र-तत्र राम-सीता-लक्ष्मण इत्यादि के लिए प्रयुक्त उपमानों अथवा प्रतीकों के रूप में हुआ है। राधेश्याम कथा-वाचक ने अपने काव्य की कथावस्तु के प्रस्तुतीकरण में प्राचीन पद्धति के दार्शनिक विवेचन को पर्याप्त स्थान दिया है। उनके अनुसार सम्पूर्ण जगत् ब्रह्म है। वही कर्त्ता, कारण और क्रिया है तथा जीव ब्रह्म से अभिन्न होता हुआ भी अपना स्वतन्त्र अस्तित्व रखता है :

> इस जगह करो विश्राम, जहां सर्वं खल्विदं ब्रह्म ही है।
> जिस जगह प्रकृति और ब्रह्म जीव, है एक भी और पृथक् भी है।
> कर्त्ता, कारण और क्रिया, द्रष्टा, दर्शन और दृश्य में है।
> है जुदे-जुदे तीनों लेकिन, तीनों ही एक रहस्य में हैं ॥[212]

'साकेत' में भी जीव और ब्रह्म को अभिन्न मानकर तथा माया के कारण उसके द्वैत का विधान कर गुप्तजी ने अपने परम्परित वैष्णव-संस्कारों को ही अभिव्यक्ति दी है :

> "...जीव और प्रभु-मध्य अड़ी माया खड़ी,
> वह दुरत्यया और शक्तिशाली बड़ी।
> साधो उसको और मनाओ युक्ति से,
> सखे, समन्वय करो भक्ति का मुक्ति से। "[213]

श्री बलदेवप्रसाद जी मिश्र वैष्णव-संस्कार के कवि हैं। 'साकेत संत' में भरत राम से एकान्त में ब्रह्म और जीव विषयक जिज्ञासा करते हैं। राम के अनुसार जीवों में मनुष्य सर्वश्रेष्ठ है तथा विपुल विश्व उसी के 'स्व' का प्रसार है। सृष्टि के साथ एकात्म्य करना ही उसका चरम लक्ष्य है :

> देखने ही को वह संकीर्ण, विपुल है उसके 'स्व' का प्रसार।
> देह तक मृत्यु, जीव तक बंध, असीमित आत्मा का अधिकार।
> वही दासोहं सोहं वही, वही है असह एक ओंकार।
> उसी के देव बन गये दास, उसी के हेतु सृष्टि-व्यापार।।[214]

स्पष्टत: इस चिन्तन पर मानव धर्म की आधुनिक धारणा का प्रभाव है। समस्त सृष्टि-व्यापार का नियंता एवं प्रयोजन मानव है, उसकी आत्म-सत्ता का उत्कर्ष ही उसे विश्व में भिन्न-भिन्न रूपों में अभिव्यक्त करता है। ब्रह्म और जीव के अद्वैत का आख्यान मानववाद की वर्तमान विचारधारा का प्रमाण है, क्योंकि मिश्र जी के अनुसार मनुष्य की चरम सिद्धि ब्रह्म के सच्चिदानंदमय स्वरूप की प्राप्ति में ही है :

> मनुष्य ही महासत्य, मनुष्य-मन के लिए
> वही परम आराध्य, वही प्रत्यक्ष विष्णु है।।[215]

तथा—

प्रति मानव में जन्म-जात ऐसी प्रवृत्ति है
अनन्त सच्चिदानंद, होवे वह विकास से।[216]

इस प्रकार मनुष्य में ब्रह्मत्व की अवतारणा करके आधुनिक कवि अद्वैतवाद एवं मानववाद दोनों का आधुनिक बोध के स्तर पर सामंजस्य करने में सफल हुआ है। नवीन जी के राम एक ओर तो द्रष्टा, अनुमन्ता, भर्त्ता, भोक्ता, सर्वेश्वर, अचल इत्यादि ब्रह्म के विशेषणों से परिपूर्ण साक्षात् ब्रह्म हैं तो दूसरी ओर वे साक्षात् नरोत्तम भी हैं।[217]

उपर्युक्त विवेचन से स्पष्ट है कि ब्रह्म, जीव एवं जगत्-विषयक विचारों की मूल अवधारणा तो अद्वैत वेदान्त से ही गृहीत है किन्तु आधुनिक प्रवृत्तिमूलक, मानववादी व्याख्या देने के लिए कवियों ने उसमें युगानुकूल परिवर्तन कर दिया है। फलतः जीव और ब्रह्म का अद्वैत व्यष्टि और समष्टि का अद्वैत बन गया है।[218] आधुनिक राम-काव्य में विशुद्ध दार्शनिक चिन्तन भी अन्त में पुरुषोत्तम राम के मानव-महोत्कर्ष की साधना का सोपान ही बन गया है :

राम, — नहीं नर, एक चिरन्तन मनन-पुंज हिन्दू-मन का,
राम, – एक उत्कर्ष-कल्पना, इक आदर्श आर्य-जन का।[219]

(आ) भाव तत्त्व

आधुनिक काव्य में प्राचीन रसवादी दृष्टि से भिन्न रचनाधर्मिता का जो स्वर मुखर हुआ, उसका आधुनिक रामकाव्य पर भी व्यापक प्रभाव पड़ा है। राम-काव्य की प्राचीन एवं मध्ययुगीन परम्परा पर दृष्टिपात करने से यह तथ्य अलक्षित नहीं रह जाता कि वहाँ एक भाव स्थिति को अन्य भाव स्थितियों से सप्पुष्ट कर किसी विशिष्ट रस-दशा तक पहुँचाने के प्रति ही कवि अधिक कृतसंकल्प रहा है। किसी वैचारिक दृष्टि के उन्मेष के प्रति उसका अभिनिवेश इतना मुखर नहीं है। तुलसी की दृष्टि रामचरित के आध्यात्मीकरण पर अवश्य है किन्तु उनका प्रतिपाद्य भी 'भादवभेद रस-भेद अपारा' के माध्यम से रामकथा के कुछ भावप्रवण स्थलों के विन्यास के द्वारा एक विशिष्ट भावदशा की सम्पुष्टि ही है। अतः भरत द्वारा प्रति-पादित रस-सूत्र, 'विभावानुभावव्यभिचारिसंयोगाद्रसनिष्पत्तिः'[220] के आधार पर प्राचीन रामकाव्यों की रसपरक व्याख्या करने में कोई बाधा नहीं आती। 'शृंगारवीरशान्ता-नामेकोऽङ्गीरस इष्यते'[221] के आधार पर अंगी रस का अनुसंधान भी वहाँ सरलता से किया जा सकता है। भावाभास, रसाभास इत्यादि के काव्यशास्त्रानुमोदित उदाहरण भी वहाँ अनुपलब्ध नहीं हैं तथा कथानायक के साथ प्रमाता का तादात्मीकरण एवं विभावों के साधारणीकरण में भी कोई बाधा उपस्थित नहीं होती।

आधुनिक रामकाव्य मूलतः वैचारिक दृष्टियों का उन्मेष है। अतः प्राचीन (शास्त्रीय) रस-सिद्धांत के आधार पर उसका विश्लेषण एतद्विषयक प्राचीन अव-धारणाओं की पुनर्व्याख्याओं के आलोक में ही युक्तियुक्त हो सकता है। आधुनिक रचना-संदर्भ में रस-सिद्धांत की यह पुनर्व्याख्या आचार्य रामचन्द्र शुक्ल, डॉ. नगेन्द्र, आचार्य नन्ददुलारे वाजपेयी, डॉ. आनन्दप्रकाश दीक्षित, डॉ. गणपतिचन्द्र गुप्त, डॉ. रमेश कुंतल मेघ इत्यादि रसवादी आलोचकों ने अनेक स्तरों पर की है।

रस-निकष और आधुनिक रामकाव्य

भरत आदि आचार्यों द्वारा निरूपित एवं अभिनवगुप्त आदि परवर्ती आचार्यों द्वारा संपोषित और व्याख्यायित रस-स्वरूप आधुनिक रामकाव्य के संदर्भ में एकमात्र निकष नहीं कहा जा सकता है। आधुनिक काव्य की अनेक कृतियों में भावस्थितियों की अपेक्षा बौद्धिक संवेदना का प्राचुर्य होने के कारण रस-स्वरूप का उक्त धरातल दृष्टिगोचर नहीं होता। 'विदेह', 'संशय की एक रात', 'अशोक-वन' (पंत), पुरुषोत्तम राम इत्यादि रामकाव्यों में विभाव, अनुभाव, संचारियों का वह विन्यास दृष्टिगत नहीं होता जो एक विशिष्ट भावस्थिति को आस्वाद्य बना सके। इस स्थिति में बौद्धिक संवेदना की रसनीयता के आधार पर ही उक्त काव्यों में रसस्थिति स्वीकार की जा सकती है। इन काव्यों के अनेक स्थलों में रस की स्थिति रागतत्त्व की आनंदमयी चेतना में नहीं मानी जा सकती। इस संदर्भ में आस्था के विघटन का प्रश्न उठाकर आनन्दवादी मूल्यों पर

आधृत रस-सिद्धांत की निरर्थकता प्रतिपादित करने वाले विभिन्न आक्षेपों का समाधान करते हुए डॉ. नगेन्द्र ने कहा है-"यद्यपि यह आत्मघाती निराशा भी रस की परिधि से बाहर नहीं पड़ती और यदि आप में सचमुच ही इस निराशा को सुन्दर रूप प्रदान करने की क्षमता है, तो रस-सिद्धांत ही वस्तुत: आपकी कला का मूल्यांकन कर सकता है।"[222] इससे रस-सिद्धांत की व्यापकता स्पष्ट है। आधुनिक राम-काव्य में ऐसे अनेक स्थल सरलता से खोजे जा सकते हैं जो स्थिति का एक बौद्धिक विश्लेषण मात्र करके छोड़ देते हैं, उसे रागतत्त्व की आनन्दमयी विश्रांति तक पहुँचाने का आग्रह गौण रहता है।[223] 'विदेह' तथा 'संशय की एक रात' आदि राम-काव्य इसके प्रत्यक्ष उदाहरण हैं।

'विदेह' काव्य में रावण वध जैसे किसी महत्कार्य को केन्द्र में रखकर रसात्मक स्थलों के क्रमिक निर्वाह का कवि की ओर से कोई प्रयास दृष्टिगत नहीं होता। मूलत: यहाँ विदेह के मुख से कवि ने आधुनिक समस्यामूलक विचारों की अभिव्यक्ति कराकर इसे एक विचार-प्रधान काव्य का स्वरूप दे दिया है। यहाँ तक कि सीता और राम का वृत्त भी गौण पड़ गया है। स्वयं कवि के शब्दों में, "जनक की ज्ञान-भूमि पर ही उसकी कल्पना का जन्म हुआ है।"[224] इसी प्रकार 'संशय की एक रात' का प्रतिपाद्य भी युद्ध के कर्तव्य कर्म को लेकर राम की संशयग्रस्त मन:स्थिति का चित्रण करना है। "यह कृति राम की एक विशिष्ट मनोदशा तथा युद्ध एवं शांति से संबंधित प्रश्नों के एक विशेष प्रयोजन को ही प्रस्तुत करती है।"[225] यह मन:स्थिति रागतत्त्वों की आधार-भित्तिपर खड़ी अवश्य हुई है किन्तु उन रागतत्त्वों को आस्वाद्य बनाना कवि का लक्ष्य नहीं है, स्थिति का विश्लेषण-भर है।[226]

रस-सीमा का विस्तार

आधुनिक युग की वैविध्यमयी अन्तश्चेतना तथा जटिल मन:स्थिति को व्यक्त करने में नौ अथवा दस रसों की सीमा रेखा अत्यन्त संकुचित हो चुकी है। अत: काव्यशास्त्र के आधुनिक आचार्यों को यह घोषणा करने के लिए बाध्य होना पड़ा है-"रस-सिद्धान्त का गौरव यह सिद्ध करने में नहीं है कि इन ग्रंथों का अंगी रस कौन-सा है, वरन् यह सिद्ध करने में है कि इनमें से प्रत्येक की आस्वाद्यता का मूल आधार रस अथवा रागात्मक प्रभाव या अनुभूति की समृद्धि ही है।"[227] इस प्रकार अनुभूति के स्पर्श को रसत्व की संज्ञा प्रदान करके ही आधुनिक काव्य के संदर्भ में रस-सिद्धांत की प्रासंगिकता सिद्ध की जा सकी है। व्यावहारिक स्तर पर भावानुभूतियों के नामकरण के बिना किसी विशिष्ट आस्वाद्य दशा का विश्लेषण करना संभव नहीं है। अत: आधु-निक युग की विशिष्ट अवधारणाओं तथा पाश्चात्य संस्कृति के सम्पर्क एवं संघर्ष के परिणामस्वरूप स्वच्छंदतावाद, राष्ट्रप्रेम आदि की जो भाव-भूमियाँ अधिक उद्दीप्त रूप में सामने आईं, उनको रेखांकित करने के लिए प्रकृति-रस, इतिहास-रस, देशप्रेम-रस, क्रांति-रस इत्यादि रसों की उद्‌भावना की ओर आलोचकों का ध्यान गया। साथ ही आधुनिक युग की जटिलताओं एवं विसंगतियों के बीच एकाकी पड़ते जाते मानव की निरीहता को व्यक्त करने के लिए कार्पण्य, उद्वेग, प्रक्षोभ जैसे की गई। परिणाम यह हुआ कि राग-तत्त्व की अपेक्षा कविता में विचार-तत्त्व का आग्रह प्रखर हो उठा।[228] आज, "यदि हमें सच्चे आधुनिक भाव-बोध को चित्रित करना है तो हमें तीव्रतम संवेदनशक्ति के अतिरिक्त, सूक्ष्म का अवगाहन करनेवाली बुद्धि और उसकी विश्लेषण क्षमता चाहिए ही।[229] इसी रस-सीमा के विस्तार के संदर्भ में आधुनिक रामकाव्य पर दृष्टिपात करना अप्रासंगिक न होगा।

प्रकृति-रस

स्वच्छंदतावादी आन्दोलन के फलस्वरूप प्रकृति की ओर प्रत्यावर्तन का जो स्वर रूसो और वाल्तेयर इत्यादि मनीषियों के माध्यम से पाश्चात्य साहित्य में मुख-रित हुआ, स्वभावत: भारतीय काव्य-चिन्तन भी उससे अछूता नहीं रहा। भारतीय साहित्य में यद्यपि ऐसे चित्र अलभ्य नहीं हैं, जहाँ प्रकृति के स्वतंत्र संश्लिष्ट चित्र उत्कीर्ण कर उसे अपने साम्राज्य की स्वायत्त सम्राज्ञी के रूप में अंकित किया गया है, फिर भी काव्यशास्त्र में प्रकृति की रसनीयता के स्वतंत्र दृश्यों को रसाभास अथवा भाव की कोटि में रखकर उसे रस-संज्ञा प्रदान नहीं की गई। मराठी में विष्णुशास्त्री चिपलूणकर, रा. भि. जोशी तथा वि. वा. भिड़े ने

उदात्त रस के रूप में प्रकृति-रस की स्थापना की।[230] हिन्दी में आचार्य रामचन्द्र शुक्ल ने प्रकृति-रस की स्वतंत्र स्थापना की संभावना व्यक्त करते हुए कहा—"जबकि प्राकृतिक दृश्य हमारे भावों के आलंबन हैं, तब इस शंका के लिए कोई स्थान ही नहीं रहा कि प्राकृतिक दृश्यों के वर्णन में कौन-सा रस है?"[231] डॉ. गुलाबराय ने प्रकृति-वर्णन की भारतीय परम्परा का उल्लेख करते हुए आचार्य शुक्ल के मत की पुष्टि की तथा रस सम्बन्धी शास्त्रीय परिभाषा के विस्तार के प्रति आग्रह प्रकट किया।[232] डॉ. रघुवंश[233] एवं डॉ. रामेश्वरलाल खण्डेलवाल[234] प्रभृति परवर्ती आलोचकों ने भी मानवता के प्रगाढ़ आलिंगन में आबद्ध प्रकृति को उसकी अनादि सहचरी स्वीकार करते हुए प्रकृति-रस की स्वतंत्र स्थापना में योग-दान किया है।

आधुनिक रामकाव्य की कतिपय कृतियों में प्रकृति को जैसा स्वतंत्र स्थान प्राप्त हुआ है, वैसा वाल्मीकि को छोड़कर अन्य कवियों के काव्यों में कम दृष्टिगोचर होता है। 'जानकी-जीवन', 'वनस्थली', 'भूमिजा' आदि काव्यों में सीता के वनवास-जीवन का चित्रण करते समय प्रकृति के जैसे स्वतन्त्र, संश्लिष्ट आलम्बनगत चित्रण प्रस्तुत किये गये हैं, वे स्वयं में रसनीयता की पूर्ण सामग्री समेटे हुए हैं। प्राचीन शास्त्रीय दृष्टि से मात्र उद्दीपन विभाव के अन्तर्गत रखकर उनके साथ पूरा न्याय नहीं किया जा सकता। 'वनस्थली' के प्रथम एवं द्वितीय सर्ग में प्रकृति का उन्मुक्त वर्णन आस्वाद्यता की कोटि तक पहुँच गया है। इसी प्रकार 'जानकी-जीवन' में सोलहवें तथा सत्रहवें सर्गों में वनश्री का अत्यन्त चित्ताकर्षक वर्णन[235] 'तथा 'भूमिजा' में 'हाथ बढ़े फूल खिले' (तृतीय सर्ग) में प्रकृति का जो रम्य वर्णन प्राप्त होता है, उसे देखकर रा. भि. जोशी का यह अभिमत प्रासंगिक प्रतीत होता है, "किसी प्रसंग अथवा पर्वत, अरण्य इत्यादि स्थलों का, वनश्री का अत्यन्त यथावत् और चित्ताकर्षक वर्णन जहाँ किया जाता है, वहाँ उदात्त रस होता है।"[236] इस संदर्भ में यह तथ्य ध्यातव्य में है कि प्रकृतिश्री का वर्णन मध्ययुग में भी कम नहीं हुआ है किन्तु आधुनिक युग उसके वर्णन में जो एक सहज, संश्लिष्ट स्वतन्त्र बोध विकसित हुआ है वह मध्ययुगीन वर्णन से उसकी विशिष्टता सूचित करता है। उदाहरणतः तुलसी के चित्रकूट-वर्णन में प्राकृतिक उपादान उनके आराध्य-माहात्म्य एवं भक्ति भाव के पोषक मात्र हैं, उनका कोई स्वतन्त्र अस्तित्व नहीं है।[237] तद्विपरीत 'विदेह' काव्य का यह स्थल स्वयं में आस्वाद्य है, किसी प्रकार की भाव-भूमि का उपजीवी नहीं है।[238]

देशप्रेम-रस

वैदिक युग की "माता भूमिः पुत्रोऽहं पृथिव्याः"[239] जैसी सूक्तियों से लेकर मध्य युग और आधुनिग युग में देशप्रेम का स्वर मुखर रहा है। सूर ने 'हमारी जन्मभूमि यह गाऊँ'[240] तथा तुलसी ने 'जद्यपि सब बैकुण्ठ बखाना।...[241] जैसी उक्तियों में देशभक्ति की भावना व्यक्त की है। भूषण और सूदन की जातीय भावों से परिपूर्ण उक्तियों में देश-प्रेम की भावना ही प्रकारांतर से प्रकट हुई है किन्तु देशप्रेम की रस रूप में स्थापना आधुनिक युग की देन है। स्पष्टतः प्राचीन एवं मध्ययुग में देशभक्ति या तो जातीय भावना के अन्तर्गत रही या भक्ति भावना में अन्तर्भूत होकर वह आराध्य-माहात्म्य का ही स्तवन मात्र रही। आधुनिक युग में विदेशी शासन की पीड़ा का उत्कट अनुभव तथा प्रतिक्रिया-जन्य आक्रोश, उत्साह एवं राग का संश्लिष्ट भाव व्यक्त हुआ जो स्वयं में एक नूतन आस्वादन था। हिन्दी में आचार्य रामचन्द्र शुक्ल, डॉ. गुलाबराय तथा डॉ. नगेन्द्र, मराठी में शिवरामपंत परांजपे तथा जोग ने देशभक्ति को रस पदवी प्रदान करने का आग्रह व्यक्त किया है। देशभक्ति रस की काव्यगत अभिव्यक्ति कहीं "मातृभूमि के प्रति शुद्ध रतिभाव के रूप में है तो कहीं उसके निवा-सियों के प्रति प्रेम तथा सहानुभूति के रूप में, कहीं उसकी अखण्डता और स्वतन्त्रता की रक्षा के प्रति अदम्य उत्साह रूप में है तो कहीं बाधक शक्तियों के विरुद्ध उग्र अमर्ष के रूप में, कहीं प्राचीन गौरव के प्रति गर्व-मिश्रित अभिमान के रूप में है तो कहीं वर्तमान दुर्दशा के लिए तीव्र करुणा, उद्वेग अथवा प्रक्षोभ के रूप में मिलती है।"[242] स्पष्टतः देशभक्ति के इतने विविध रूपों की अभिव्यक्ति मध्ययुगीन रामकाव्य के संदर्भ में अप्रासंगिक ही थी किन्तु वर्तमान युग में राष्ट्रीय पुनर्जागरण तथा स्वतंत्रता आंदोलन के दीर्घव्यापी प्रभाव के अन्तर्गत अनेक काव्यों में देशभक्ति रामकथा का एक अवान्तर भाव न रहकर रसनीयता की कोटि तक पहुँचा हुआ प्रमुख भाव बन गया है। 'कैकेयी' (प्रभात कृत) में तो सम्पूर्ण इतिवृत्त देशभक्ति की ज्वलंत भावना को उद्दीप्त करने के लिए ही क्रियाशील होता है। दशरथ, राम, कैकेयी पात्रों का व्यक्ति-गत जीवन जैसे गौण हो गया है

और राष्ट्र के प्रति उनकी समर्पित भावना काव्य का चरम प्रतिपाद्य बन गई है। 'ऊम्मिला'[243] 'साकेत'[244], 'विदेह'[245], 'संशय की एक रात',[246] 'राम की शक्तिपूजा[247] इत्यादि काव्यों में ऐसे अनेक स्थल सरलता से उपलब्ध हो जाते हैं जहाँ स्वदेशाभिमान अथवा देशभक्ति की भावना अपने वैभ्राज्य के साथ विराजमान है।

उद्वेग-रस

भानुदत्त ने रस-प्रसंग में स्पृहा स्थायीभाव वाले कार्पण्य-रस का उल्लेख किया है।[248] इसी प्रकार आधुनिक मानव की निरीहता, यांत्रिकता, जटिलता, एकाकीपन, ऊब और त्रास को अभिव्यक्त करने के लिए कतिपय आलोचकों ने किसी अन्य नाम के अभाव में उद्वेग,[249] प्रक्षोभ जैसे रसों का उल्लेख किया है, जो मूलत: पाश्चात्त्य साहित्य के प्रभाव के अन्तर्गत वर्णित व्यक्ति के एकाकीपन को रेखांकित करते हैं। आधुनिक अस्तित्ववादी संस्थितियों को रेखांकित करने वाले काव्यों में रसोद्रेक करने वाले ऐसे स्थल अलभ्य नहीं हैं। 'संशय की एक रात' में विभीषण की इस उक्ति में निहित आत्मदैन्य में एकाकीपन की जो अनुभूति स्पष्ट है, उसे मात्र परम्परित दृष्टि से दैन्य-संचारी जैसे नाम से अभिहित नहीं किया जा सकता। आधुनिक मानव की निर्वासित स्वत्व की व्यंजना के कारण यह एक नये भाव-बोध की माँग करता है—

कल
जब हम नहीं केवल
वृद्ध,
ठण्डी शिला-सा
इतिहास होगा।
जब हमारे तर्क तक मर जाएँगे
तब
हमें क्या कहकर पुकारा जाएगा ?
राष्ट्र-संकट के समय
मैं आक्रमण के साथ था.
राज्य पाने के लिए।[250]

'राम की शक्तिपूजा', 'विदेह', 'कैकेयी' (प्रभात), 'राम का अन्तर्द्वन्द्व' आदि कविताओं में परिवेश से कटते जाने की अनुभूति मुखर हुई है, जिसे किसी प्रचलित नाम के अभाव में उद्वेग-रस की संज्ञा दी जा सकती है। यद्यपि रूढ़ शास्त्रीय दृष्टि से उद्वेग को रस-संज्ञा प्रदान करना विवादास्पद है तथापि आस्वाद्यता, उत्कटता इत्यादि की कसौटियों पर कसने पर इसके स्वतंत्र रसत्व की संभावनाओं का निषेध नहीं किया जा सकता।

बौद्धिक रस

वैचारिक तत्त्व का आग्रह बढ़ जाने के कारण आधुनिक काव्य में राग-तत्त्व की विरलता तथा जीवनगत समस्याओं के बौद्धिक विश्लेषण के प्रति आधुनिक कवि का उत्कट रुझान दृष्टिगोचर हो रहा है। कतिपय नव्य आलोचकों ने प्राचीन शांत रस एवं उदात्त तत्त्व के अंतर्गत इस विचारात्मकता का निषेध करते हुए बौद्धिक रस की स्वतंत्र व्याख्या की है। नये कवियों में मदन वात्स्यायन ने इस शब्द का प्रयोग किया है।[251] डॉ. गणपतिचन्द्र गुप्त ने बौद्धिक रस की परिभाषा इस प्रकार की है-"हमारे दृष्टिकोण से जिस कलाकृति में विचार-तत्त्व ही उसका केन्द्रीय या प्रमुख तत्त्व हो तथा उसी को व्यक्त एवं संवेदित करने के लिए अन्य साधनों-भाव, कल्पना, शैली आदि-का उपयोग किया गया हो, जिससे उस कृति में बौद्धिक आकर्षण (बौद्धिक स्तर का आकर्षण) उत्पन्न होता हो, तो उसके आस्वादन की अनुभूति को हम 'बौद्धिक रस' की संज्ञा दे सकते हैं, इसी को अभिनवगुप्त ने 'ज्ञानानन्द' तथा पाश्चात्य विचारकों ने 'बौद्धिक आनन्द' (Intellectual Joy) के रूप में मान्यता दी है।"[252]

बौद्धिक-रस का स्वरूप 'संशय की एक रात' में स्पष्ट झलकता है। श्री नरेश मेहता ने प्रज्ञापुरुष राम को सनातन प्रश्नों के अभिव्यक्तगत चिरंतन प्रतीक के रूप में स्वीकार किया है।[253] यह तथ्य न केवल 'संशय की एक रात' के प्रतिपाद्य को अपितु अधिकांश रामकाव्य के मूल कथ्य को रेखांकित करता है। इसी प्रकार 'विदेह' काव्य भी मूलतः विचार-प्रधान काव्य ही है, जहाँ विदेह के माध्यम से कवि ने जीवन और जगत् सम्बन्धी विचारों को व्यापक प्रविध्वनि दी है। कवि स्वयं उन्हें नीतिकथन (उप-देश) न मानकर रसत्व की सीमा के अन्तर्गत ग्रहण करने के लिए आग्रहशील है। है : "विदेह के मुख से जो विचार व्यक्त हुए हैं, वे उपदेश नहीं, वीणा की वाणी हैं। नीर और क्षीर के संगम पर काव्य का हंस बार-बार डुबकियाँ लगाकर तैर रहा है।"[254] स्पष्टतः विदेह का तत्त्वचतन नीति काव्य की कोटि का शुष्क तत्त्व-चिंतन न होकर चितन के आवेग में पिघला हुआ राग-तत्त्व ही है जहाँ कवि के हृदय का सात्त्विक आक्रोश और व्यंग्य नीरस चिंतन को आस्वाद्य एवं सम्प्रेषणीय बनाता है। नारी की नियति की नियामिका शोषण-प्रधान पुरुष प्रवृत्ति की अहंता तथा अर्थ को अनर्थ करने की उसकी स्वार्थान्धता का यह सटीक विवेचन इसका प्रमाण है :

बन्धनमय तम-जीवन के कारागृह में बन्दित है नारी।

\+ \+ \+

जिसकी छाया में जन गण का दुर्बल अस्तित्व काँपता है

आदर्श सत्य की शोभा पर फूंकता सदा आदेश-चिता अध्यात्म स्वयं बन जाता है उपहास अहंकारी बल से ओ' ज्ञान झुलस जाता है, जब जलने लगता है हृदय सत्य की ज्वाला से।[255]

इसी प्रकार 'साकेत',[256] 'ऊम्मिला',[257] 'संशय की एक रात',[258] 'भूमिजा',[259] 'कैकेयी' (प्रभात),[260] 'शूर्पणखा'[261] 'पुरुषोत्तम राम'[262] आदि काव्यों में राजनैतिक, सांस्कृतिक, सामाजिक, साहित्यिक एवं कलात्मक प्रश्नों को लेकर जो लम्बे-लम्बे वाद-विवाद अथवा आत्म-संलाप प्रस्तुत किये गये हैं, उनका आस्वादन स्वतंत्र रूप से किया जा सकता है।

रस-संस्कार : औचित्य का संदर्भ

रस मूलतः कलात्मक अभिव्यक्ति का आस्वादन है[263] किन्तु आस्वादन में अनि-वार्यतः संस्कारगत एवं परिवेशगत दार्शनिक, सांस्कृतिक, नैतिक, सामाजिक एवं मनो-बैज्ञानिक अवधारणाओं का योग रहता है। एक विशिष्ट काल-खण्ड अथवा भौगोलिक खण्ड में निवास करने वाला प्रमाता उस काव्य-कृति का सम्यक् आस्वादन तब तक नहीं कर सकता जब तक कि वह उसके मनोवैज्ञानिक अथवा नैतिक संस्कारों के अनुरूप न हो। ये संस्कार मौलिक और अर्जित दोनों प्रकार के हो सकते हैं और इन पर सम-सामयिक युगबोध का प्रभाव भी अवश्य रहता है।

समसामयिक परिवेश के दबाव ने भारतीय मूल-बोध में जो एक गुणात्मक परि-वर्तन उपस्थित किया है।[264] रामकाव्य उससे गहरे स्तर पर प्रभावित हुआ है। मर्यादा-पुरुषोत्तम राम की नैतिकता को कालातीत अथवा प्रश्नातीत मानकर चलने वाले तुलसी-दास जैसे कवि उन अनेक स्थलों को भी राम की सहज भक्ति एवं निष्ठा से समन्वित कर आस्वाद्य बना देते हैं जो आधुनिक युग की नैतिक मान्यता में पले हुए पाठक के लिए अमिश्रित रूप से आस्वाद्य नहीं हो सकते। उदाहरण के लिए नृतत्त्व-शास्त्र का अधिक व्यापक क्षेत्र खुल जाने के बाद सामान्य पाठक भी यह जानते हैं कि कुछ जन-जातियों में छोटे अथवा बड़े भाई की पत्नी के साथ विवाह अथवा यौन सम्बन्ध करना अनुचित नहीं है। यहाँ तक कि कुछ जन-जातियों में यह व्यापक प्रथा है। अतः मात्र इस आधार पर जब राम छिपकर बालि का वध करते हैं तो प्राचीन दृष्टि से इसमें अनौचित्य भले ही न हो, आधुनिक पाठक इस कृत्य को स्वार्थवृत्ति से प्रेरित तथा राम की उक्तियों को यौक्तिकीकरण की प्रक्रिया से परिचालित ही स्वीकार करेगा। इसी प्रकार मध्ययुगीन संस्कारों को दशरथ के वचन-पालन तथा उस सम्बन्ध में लक्ष्मण की अविनीतता का संदर्भ जिस रूप में ग्राह्य है, आधुनिकता की दृष्टि से वह क्रम भिन्न हो सकता है। नैतिक औचित्य पर आधृत रसाभास का स्वरूप वर्तमान युग में एक भिन्न व्यवख्या की अपेक्षा रखता है। दशरथ और कैकेयी के प्रति लक्ष्मण, ऊर्मिला, प्रजाजन और अन्य पात्र खुलकर अपना आक्रोश व्यक्त करते हैं और आधुनिक पाठक को इसमें रौद्र रसाभास की गंध नहीं आती। यही स्थिति शृंगार रसाभास की भी है। मध्ययुगीन दृष्टि से शूर्पणखा का राम से प्रणय निवेदन शृंगार

रसाभास का उदाहरण हो सकता है, किंतु जब हम यह विचार करते हैं कि प्राचीन युग में बहुपत्नीत्व की प्रथा प्रचलित थी और नारियाँ स्वयं अपने मुख से भी प्रणय निवेदन कर सकती थीं, (जैसाकि 'कामायनी' में श्रद्धा मनु के सम्मुख आत्मदान के लिए अपनी ओर से प्रस्तुत होती है।)[265] साथ ही आर्य और अनार्य जातियों में प्रणय अथवा परिणय-सम्बन्ध भी अनुचित न होकर जब जातीय ऐक्य को बढ़ावा देने वाला हो, तो आधुनिक दृष्टि से शूर्पणखा का प्रणय निवेदन किसी भी दृष्टि से मन में कुत्सा नहीं उपजाता, अपितु शूर्पणखा को लेकर राम-लक्ष्मण का परिहास हास्य रसाभास तथा उसके नाक-कान काटने का कृत्य बीभत्स-रसाभास की कोटि का दिखाई देता है। आधुनिक कवि प्रीतमसिंह बगरेचा ने 'शूर्पणखा' काव्य में शूर्पणखा के प्रणय निवेदन की जो व्यापक सांस्कृतिक पीठिका निर्मित की है, वह उसके प्रणय निवेदन को काम्य एवं सम्प्रेषणीय बनाती है, जो मध्ययुगीन रसाभास की कोटि से भिन्न है। शूर्पणखा की यह युक्ति किसी उच्छृंखल नारी की नहीं अपितु एक भाव प्रवण, उच्चादर्श के लिए समर्पित प्रणयिनी की उक्ति है—

इस गृह से मैं घुल-मिल जाऊँ, सब सबसे हिल-मिल जाएँ,
वह सपना साकार हो उठे, प्रेम-भरे दृग खिल जाएँ।
दोनों में संबंध रक्त का होगा स्थायी प्रेम लिये,
ढह जायेंगी द्वेष-भित्तियाँ प्रजा जिएगी क्षेम लिये।[266]

साधारणीकरण का नवीन स्तर

रसास्वाद के क्षण में समस्त सामाजिक तन्मय भाव से स्वकीय व्यक्ति संसर्ग तथा देशकाल के बंधन से मुक्त भाव का समष्टिगत रूप में अनुभव करते हैं। उस समय में वर्णित पात्र अपने विशिष्टत्व का परित्याग कर सामान्य रूप में उपस्थित होते हैं और इस प्रकार सामाजिक मात्र के लिए संवेद्य हो जाते हैं। काव्यशास्त्र में इस प्रक्रिया को साधारणीकरण कहा गया है। राम और सीता हमारे भावों के अत्यन्त प्राचीन आलम्बन हैं। यह आकस्मिक नहीं कि साधारणीकरण का विवेचन करते समय आचार्यों ने इन्हीं पात्रों का उदाहरण दिया है। जैसे– 'साधारणीकरणं चैतदेव यत्सीतादि-विशेषाणां कामिनीत्वादिसामान्येनोपस्थितिः।" [267] इसी प्रकार डॉ. नगेन्द्र का कहना है, "काव्य में वर्णित विशिष्ट रामादि पात्रों के 'भाव' सर्वसाधारण या कम-से-कम 'सहृदय-साधारण' के आस्वाद के विषय किस प्रकार हो जाते हैं ? काव्यशास्त्र का यह अत्यन्त मौलिक प्रश्न है।"[268] साधारणीकरण सम्बन्धी इन उक्तियों से स्पष्ट है कि राम का चरित्र स्वयं में ऐसे शाश्वत मूल्य-मानकों से सम्बद्ध रहा है जो सामाजिक के हृदय को युग-युगों से आंदोलित करते रहे हैं। अत: उनके चरित्र में निहित वैशिष्ट्य का परिहार कर सामान्य भावभूमि पर उन्हें संवेद्य बना पाना मध्ययुगीन कवि और पाठक दोनों के लिए ही अत्यन्त स्वाभाविक रहा। किन्तु आधुनिक युग में राम का चरित्र स्वयं इतने अन्तर्विरोधों, मानसिक ग्रंथियों तथा आत्मपराएपन (Self alienation) इत्यादि के अनुषंगों से युक्त रहा है कि उसे सहज सामान्य भाव-भूमि पर ग्रहण कर पाना आधु-निक युग के पाठक के लिए संभव नहीं है। उदाहरणार्थ, 'संशय की एक रात' में अभियान के पूर्व संदिग्ध मन के संकल्पों और विकल्पों से जूझते हुए राम का यह व्यक्तित्व राम के परम्परित संशयातीत सामान्य रूप से एकांत भिन्न है :

ओ मेरे आधे व्यक्तित्व के
अधूरे मन !
इन गूंगे संशयों,
बहरे प्रश्नों का क्या होगा ?
क्या होगा ?
+ + +
मैंने संकल्पजलों वत्
सिरा दिया है प्रश्नों को
इन अपरिमित ज्वारों में [269]

राम के परम्परित रूप के प्रति आस्थाशील पाठकों को नायक का यह संशय एवं द्विविधाग्रस्त रूप सम्प्रेषणीय एवं साधारणीकृत होने में कठिनाई उपस्थित कर सकता है किन्तु आधुनिक द्विविधाग्रस्त मानसिकता को यह सहज ही ग्राह्य हो नकता है। आधु-निक रामकाव्य में इस प्रकार नायक और प्रतिनायक से सम्बद्ध अनेक संदर्भ दो प्रकार की मानसिकताओं के बीच साधारणीकरण की समस्या उपस्थित करते रहे हैं। 'राम का अन्तर्द्वन्द्व' कविता और 'अग्नि परीक्षा' जैसी काव्यकृतियों में चित्रित राम के चरित्र को सहज रूप में ग्रहण कर पाने में अक्षम पाठकों द्वारा जो आक्रोश व्यक्त किया गया, वह इस बात का प्रमाण है कि साधारणीकरण की परम्परागत सीमा कहीं-कहीं छोटी पड़ने लगी है। भट्ट तौत का यह सिद्धांत आधुनिक रामकाव्य के संदर्भ में सीमा से आगे शक्तिहीन-सा हो जाता है—"नायकस्य कवे श्रोतुः समानोऽनुभवस्ततः।"[270]

आधुनिक रामकाव्य में ऐसी अनेक अर्थभूमियाँ मिलती हैं जहाँ पाठक कवि अथवा नायक की अनुभूति से तादात्म्य न करता हुआ मात्र एक शील-द्रष्टा के धरातल पर रह जाता है। उदाहरणार्थ, 'शूर्पणखा' काव्य में शूर्पणखा के विरूपीकरण के अवसर पर कवि तथा शूर्पणखा के उद्‌गारों से अनेक सहृदयों को सहानुभूति हो सकती है[271] और ऐसे भी सहृदय हो सकते हैं जो कवि के मंतव्य से सहमत न हों और शूर्पणखा के विलाप की कोई रसात्मक अनुभूति उन्हें न हो। ऐसे श्रोता अथवा पाठक मात्र शील-द्रष्टा के धरा-तल पर रहेंगे—वे कवि अथवा नायिका की अनुभूति से तादात्म्य न कर सकेंगे।

यही स्थिति उन पात्रों की भी है जो राम परिसर से सम्बद्ध अथवा असम्बद्ध होने के कारण या तो नितांत वंद्य माने गये या नितांत निद्य। विभीषण अथवा सुग्रीव जैसे पात्रों के चित्रण में आधुनिक कवियों ने उनके हृदय के अन्तर्द्वन्द्व एवं पश्चात्ताप को व्यक्त कराकर ऐसी अंतर्भूमियों की ओर संकेत किया है जिनसे हमारा साधारणीकरण एक भिन्न स्तर पर होता है। रावण, मेघनाद और शूर्पणखा जैसे प्रतिपात्रों को आधु-निक युग में गौरवान्वित करके उनके हृदय की दया, करुणा, सात्त्विक क्रोध, पौरुष, सहिष्णुता, क्षमा इत्यादि ऐसी प्रवृत्तियों को अभिव्यक्त किया है, जो उनके चरित्र को निंदनीय न बनाकर अत्यन्त प्रीतिकर रूप में उपस्थित करती हैं। 'रावण-महाकाव्य', 'शूर्पणखा' जैसे काव्य तो स्पष्टतः प्रति पात्रों को गरिमावृत्त के अन्दर प्रतिष्ठित करते ही हैं, अन्य कवियों में भी उनके चरित्र के उज्ज्वल अंश का उन्मेष दिखाई देता है, जिनका उल्लेख तत्तत् पात्रों के चरित्र-चित्रण में यथास्थान रेखांकित किया गया है।

निष्कर्ष रूप से यह कहा जा सकता है कि आधुनिक रामकाव्य रस-सिद्धांत और साधारणीकरण की शास्त्रीय दृष्टि को अनेक स्थलों पर चुनौती देता है। आधुनिक रामकाव्य की रसनीयता और अनुभूति प्रवणता तो निर्विवाद स्वीकार्य है किंतु उसके रसास्वाद एवं सौन्दर्य-बोध को ग्रहण करने के लिए आधुनिक युगबोध से संचलित परि-वर्तित मानसिकता की अपेक्षा है, जो पूर्वाग्रहों से मुक्त होकर कथापात्रों के माध्यम से अभिव्यक्त होने वाले रसबोध को ग्रहण कर सके। अतः आधुनिक रामकथा के पात्रों के द्विविध रूपों को दृष्टि में रखे बिना आधुनिक रामकाव्य के प्रति न्याय नहीं हो सकता। एक ओर तो युगीन मानसिकता के अनुरूप उनका परिवर्तित रूप हमें दृष्टि में रखना होगा, दूसरी ओर आधुनिक आन्दोलनों और सामाजिक परिवर्तन को प्रेरित करनेवाली प्रतीकात्मक शक्ति के रूप में भी उनकी अवधारणा हुई है, यह देखना होगा। अन्यथा ऐसे चित्रण में काल विरुद्ध दोष कहकर उन स्थितियों के साथ न तो हम तादात्म्य स्थापित कर सकेंगे और न ही कथात्मकता में आये हुए परिवर्तनों की जटिल संस्थितियों का आस्वादन ही कर सकेंगे।

सन्दर्भ

1. डॉ. रमेश कुन्तल मेघ : आधुनिकता-बोध और आधुनिकीकरण संस्करण सन् 1969, अक्षर प्रकाशन प्राइवेट लिमिटेड, दिल्ली। पृ. 348।
2. आस्था के चरण : डॉ. नगेन्द्र। संस्करण सन् 1968, नेशनल पब्लिशिंग हाउस, दिल्ली 275 1
3. राम की शक्तिपूजा (अपरा), पृ 45 1
4. अस्तित्ववाद : कीर्क गार्द से कामू तक : योगेन्द्र साही। संस्करण सन् 1975, दि मॅकमिलन कम्पनी आफ इण्डिया लि., पृ. 4
5. Problematic Rebel : Maurice Friedman. Edition 1970, The University of Chicago Press, Chicago. p. 456
6. विदेह, सर्ग 2, 29-30 1

7. संशय की एक रात, शीर्षबन्ध, पृ. 2।
8. संशय की एक रात, सर्ग 2, पृ. 62
9. वही, सर्ग 4, पृ. 98।
10. आधुनिक भाव-बोध की संज्ञा : अमृतराय। संस्करण सन् 1972, हंस प्रकाशन, इलाहाबाद। पृ. 20।
11. पुरुषोत्तम राम : सुमित्रानन्दन पन्त, पृ. 31-32।
12. अभिशप्त अमरबेलि : प्रथमोवाच, उमाकान्त मालवीय, पृ. 23।
13. वही, पृ. 24।
14. वही, परशुराम का आत्मकथ्य, पृ. 23-33।
15. वही, विभीषण का आत्मकथ्य, पृ. 37-48।
16. वही, हनुमान का आत्मकथ्य, पृ. 51-70
17. मनुस्मृति : टीकाकार पण्डित केशवप्रसाद। संस्करण स. 1955 वि., श्री वेंकटेश्वर मुद्रणालय, बम्बई। 1 139 1
18. अमरकोश, 1424, आवृत्ति 2, 1957, चौखम्बा संस्कृत सीरीज आफिस, वाराणसी।
19. धृतिः क्षमा दमोऽस्तेयं शौचमिन्द्रियनिग्रहः।
    धीविद्या सत्यमक्रोधो दशकं धर्मलक्षणम्। —मनुस्मृति, 6192
20. महाभारत, वनपर्व, 131111, पृ. 563
21. (अ) संस्कृति के चार अध्याय : दिनकर। पृ. 198।
    (आ) हिन्दी निर्गुणकाव्य और उसकी दार्शनिक पृष्ठभूमि : डॉ. गोविन्द त्रिगुणायत संस्करण सन् 1961, साहित्य निकेतन, कानपुर। पृ. 606-7
22. किन्तु, हमें क्या मिली धरोहर मध्य युगों से ?
    जीर्ण सम्प्रदायों के पथराए जड़ पंजर,
    आत्म मुक्ति के मरुमृग, बाधक लोक मुक्ति के,
    बने खिलौने विफल,........ -पुरुषोत्तम राम : सुमित्रानन्दन पन्त, पृ. 40
23. श्रीमद्भगवद्गीता, 318 (उत्तरार्द्ध)।
24. 'सफल करने के लिए जन-दष्टियाँ।" —साकेत, सर्ग 1, पृ. 18।
25. साकेत, सर्ग 5, पृ. 129-30
26. सती-धर्म का मान मुकुट सब मानों का है।' —वही, सगं 12, पृ. 471।
27. 'जिसके सिर पर शत्रु, धर्म उसका वह जूझे।' —वही, पृ. 485।
28. वही, पृ. 485
29. वही, सर्ग 1, पृ. 18।
30. वही, सर्ग 1, पृ. 21।
31. वही, सर्ग 5, पु. 153
32. वही, सगं 5, पृ. 142।
33. वही, सर्ग 2, पृ. 64
34. वही, सगं 12. . 456
35. कमिला, सर्ग 3 पू. 240
36. वही, सर्ग 3, पृ. 242 —कैकेयी (चांदमल अग्रवाल), सर्ग 12, पृ. 126।
37. वही, सर्ग 3, पृ. 251
38. धर्माथं विरोध पिता का धर्म, स्वत्व रक्षा करना।
39. रामचरितमानस, 4815।
40. शूर्पणखा प. 83 1
41. शूर्पणखा, भूमिका, पृ. . 18 :

42. रावण-महाकाव्य, सर्ग 11, प. 151
43, साकेत-सन्त, सगँ 13, पृ. 172।
44. वाल्मीकीय रामायण, 6111513 व 15
45. संशय की एक रात, शीर्षबन्ध, पृ. 2
46. संशय की एक रात, शीर्षबन्ध,
47. वही, सगं 2, पृ. 58
48. वही, सर्ग 4, पृ 100। पृ. 107 1
49. कैकेयी (चांदमल अग्रवाल), सगं 5, पु. 41।
50. वही।
51. विदेह, सगं 6, पृ. 105।
52. वही, सगं 6, पृ. 110
53. साकेत, सर्ग 9, पृ. 328।
54. हिन्दी साहित्य कोश, भाग 1 : धर्मवीर भारती, पृ. 269।
55. महाभारत, शान्ति पर्व 180112।
56. रावण-महाकाव्य : हरदयालुसिंह, पृ. 1।
57. शूर्पणखा, भूमिका, पृ. 19।
58. साकेत (मंगलाचरण से पूर्व)।
59. पन्त, प्रसाद और मैथिलीशरण, पृ. 13
60. विदेह, सर्ग 2, पृ. 26 1
61. वही, सगं 10, पृ. 172
62. पुरुषोत्तम राम, पृ. 39।
63. मानवतावाद और साहित्य : नवलकिशोर। सस्करण सन् 1972, राधाकृष्ण प्रकाशन, दिल्ली। पृ. 38।
64. वही, पृ. 25
65. रामचरित-चिन्तामणि, सर्ग 5. पृ. 53
66. आधुनिक साहित्य : आचार्य नन्ददुलारे वाजपेयी, प . 96-97।
67. साकेत सन्त, सर्ग 12. पृ. 151।
68. वही, सर्ग 12 प. 146।
69. वैदेही—वनवास, सर्ग 9, प. 113।
70. रामराज्य, भूमिका, पु. 71
71. वही सगं 1, पृ. 14
72. ऊम्मिला, सर्ग 6, पु. 300।
73. ऊर्मिला, सगं 6 पृ. 558
74. विदेह, सर्ग 10, पृ. 197
75. साकेत, सर्ग 8, प. 230
76. पुरुषोत्तम राम, पू. 33
77. वही, पृ. 32
78. आज की कविता विद्रोह की भूमिका (गिरिजाकुमार माथुर, विद्रोह और साहित्य)
— संम्पादक
नरेन्द्रमोहन। संस्करण सन् 1974, साहित्य भारती, दिल्ली। पृ. 43।
79. कैकेयी (प्रभात) : सन्तुलन, पृ. 10।

80. वही, सगं 3, पृ. 27-28।
81. विदेह, सर्ग 10, पृ. 182
82. वही, पृ. 172
83. नारी है शक्ति, भक्ति, नारी अनुरक्ति है,
नारी है शान्ति और नारी है क्रान्ति भी-बही, सर्ग 13, पृ. 238
84. वही।
85. वही, भूमिका, पृ. 7।
86. पर, हे रघुकुल तिलक !
किसके विरुद्ध ?
ये कोटि-कोटि
साधारण जन
महायज्ञ के बौने होता ये संशय की एक रात, सर्ग 2, पृ. 75 1
87. वही, सगं 3, पृ. 88।
88. वही, सर्ग 3, पृ. 78।
89. John S. Makenzie: A manual of Ethics Edition 1964, published
by University Tatorial Press, Ltd., London, p. 346.
90. साकेत, सर्ग 7, पृ. 201।
91. वही, सर्ग 7, पृ. 202-3।
92. कैकेयी (चांदमल अग्रवाल), सर्ग 4, पृ. 23
93. वही, सगं 12, प. 124
94. कल्याणी कैकेयी, सर्ग 6, पृ. 11।
95. विदेह, सर्ग 10, पृ. 174
96. ऊम्मिला, सगं 6, पृ. 555
97. शूर्पणखा, पृ. 59
98. भूमिजा : आक्रमण, पृ . 86।
99. ऊम्मिला, सर्ग 6, पृ. 541
100. संशय की एक रात, सर्ग 3, पृ. 79
101. भूमिजा : आक्रमण, पृ. 84।
102. साकेत-सन्त, सर्ग 12, पृ. 150।
103. रामचरित-चिन्तामणि, सगं 13 प. 334।
104. राज पद कर्तव्यों का पथ है, गहन है, है अशान्ति-आलय।-वैदेही वनवास, सर्ग 3, पृ. 48।
105. अशोक के फूल भारतवर्ष की सांस्कृतिक समस्या, डॉ. हजारीप्रसाद द्विवेदी। संस्क. सन् 1971, लोकभारती प्रकाशन, इलाहाबाद। पृ. 63 1
106. साकेत, सर्ग 8, पृ. 232।
107. वही, पृ. 233
108. वही, पृ. 235
109. ऊम्मिला, सर्ग 3, पृ. 198 तथा 263
110. विदेह, सगं 5, पृ. 96।
111. वही, सर्ग 11, पृ. 196।
112. वही, पृ. 194-195।
113. विदेह, सगं 11, पृ. 199

114. ऊम्मिला, सर्ग पु. 3, 19192।
115. वही, पृ. 192
116. कैकेयी, सर्ग 9, पृ. 77।
117. शूर्पणखा, पृ. 39
118. वही, पृ. 65।
119. वही, पृ. 30।
120. पंचवटी, पृ. 32
121. भूमिजा : हाथ बढ़े फूल खिले, पृ. 51।
122. वनस्थली सगं 10, प. 195।
123. ऊम्मिला, सर्ग 1, प. 40
124. रण सुन, कैसे बैठे घर में, मैं क्षत्रिय की क्षत्राणी।
समरांगण में संग चलूँगी, विनयपूर्ण मेरी वाणी ॥ – कल्याणी कैकेयी, सर्ग 3, पृ. 12।
125. वही, सर्ग 2, पृ. 13।
126. यदि विमुग्ध शृंगारमयी-सी रूप गविता-सी मुस्काऊँ,
वैभव के छवि मद में डबी यदि स्वभाग्य पर मैं इठलाऊँ;
राजन् ! तो मानवता के प्रति क्या अन्याय महान् न होगा ?
जीवन जिसका है प्रतीक, क्या यह उसका अपमान न होगा ?
127. वही, सर्ग 8, पु. 84-85, 94
कैकेयी (प्रभात), सर्ग 8, पृ. 83
128. आ शत्र ुघ्न-समीप रुकी लक्ष्मण की रानी,
प्रकट हुई ज्यों कार्तिकेय के निकट भवानी।
जटा-जाल से बाल विलम्बित छूट पड़े थे,
आनन पर सो अरुण, घटा में फूट पड़े थे।
माथे का सिन्दूर सजग, अंगार-सदृश था,
प्रथमपि सा पुण्य गात, यद्यपि वह कृश था। साकेत, सर्ग 12, पृ. 473
129. साकेत, सर्ग 12, पृ. 474।
130. ऊम्मिला, सर्ग 6, पृ. 599।
131. वही, सर्ग 6, पृ. 610।
132. विदेह, सर्ग 2, पृ. 29
133. 'ईक्षते योगयुक्तात्मा सर्वत्र समदर्शनः।'-श्रीमद्‍भगवद्‍गीता, 6129 (पूर्वाद्ध)
134. श्रीमद्‍भगवद्‍गीता, 4113।
135. उत्तररामचरितम् 2110।
136. वनस्थली, सगं 14 पृ. 271।
137. पद-दलितों को उच्च उठाता मैं आया हूँ,
उर से भ्रातृ-समान लगाता मैं आया हूँ।
प्रजा खोलकर कान न सुन पायी हो, सुन ले-
शबरी-भिल्ल, निषाद-भाव मैं कहाँ बहाऊँ ?
कुलोद्धरों पर वज्र उन्हीं के हाथ ढहाऊँ ?"-वही, सर्ग 14, पृ. 270-71।
138. वही, सगं 14, पृ. 278
139. शम्बूक : कवि कथन, पृ. 13-14

140. वही, प्रतिपक्ष, पृ. 62।
141. वही, छिन्नशीश, पृ. 62।
142. नरेश मेहता : शबरी, पंपासर, प. 19।
143. वही, पंपासर, पृ. 19।
144. वही, पृ. 21।
145. वही, दर्शन, पृ. 70
146. साकेत, सगं 8, पृ. 227
147. पंचवटी, पृ. 16।
148. रामचरित-चिन्तामणि, सर्ग 4, पृ. 44।
149. राम शम्बूक से कहते हैं-
" भूमिदेव या देव शूद्र कैसे होवेगा ?
क्या तू अपने प्राण हमारे कर खोवेगा ?" वही, सगं 25, पृ. 361।
150. रामराज्य, सर्ग 12, पृ. 122।
151. ऊम्मिला, सर्ग 1, पु. 18-19।
152. वही, सर्ग 1, पृ. 19।
153. विदेह, सर्ग 4, पृ. 64।
154. द्विजता तक आततायिनी, वध में है कब दोष दायिनी ?-साकेत, सगं 10 प . 379।
155. अधम वर्ग में जन्म मिला हो यद्यपि नर का,
और संग भी उसे मिला हो दुर्जन-तर का।
पर जग में वह पुरुष सदा सम्मानित होगा,
उपकारी जो होगा और गुणान्वित होगा।-रामचरित-चिन्तामणि, सर्ग 12, पृ. 165।
156. समता का आत्म प्रकाश अभी तक भी कम है
भीतर की आंखों में छाया अब तक भ्रम है
भौतिक प्रसून में आत्मिक प्रच पराग नहीं
इच्छानुसार राग में प्रसन्न विराग नहीं।-अरुण रामायण : उत्तरकाण्ड, पृ. 504
157. साकेत, सर्ग 8, 232।
158. वैदेही वनवास, सर्ग 14, पृ. 152 1
159. उम्मिला, सगं 6 पृ. 552
160. साकेत सन्त, सर्ग 12, पृ. 123।
161. पुरुषोत्तम राम, पृ. 39।
162. जग-विषम समस्याओं का क्या है समाधान
नृप की केन्द्रित सम्पत्ति शक्ति—
जनगण-समता, अनुरक्ति-हीन
या श्रद्धा में डूबा सत्योज्ज्वल भाव-सूर्य ?
मानव-जीवन भिन्नतापूर्ण भू पर निर्मित
—यह न्याय या कि अन्याय ?
हाय, इसका उपाय असहाय दीनता का विनाश।-विदेह, सर्ग 2, पृ. 25
163. विदेह, सर्ग 2, पृ. 26
164. साकेत-सन्त, सर्ग 12, पृ. 151।
165. तुम अर्द्ध नग्न क्यों रहो अशेष समय में,

आओ, हम कातें-बुनें गान की लय में।-साकेत, सर्ग 8, पृ. 227

166. भूमिजा : हाथ बढ़े फूल खिले, 70 47-88

167. Sigmund Freud: The Interpretation of Dreams, Edition 1961, John Willey and Sons, New York, p. 608.

168. (अ) 'सीता' में पानगत अन्तर्द्वन्द्व देखने का मेरा दृष्टिकोण बौद्धिक तथा भावात्मक, दोनों ही है, क्योंकि सीता-निष्कासन जैसे प्रसंग पर सभी कुछ भावावेग में नहीं कहा जा सकता।"

—'सीता' परिचय, : डॉ. चन्द्रप्रकाश वर्मा। संस्करण प्रथम, सन् 1958, अर्चना प्रकाशन, सिवनी। पृ. 10।

(आ) "इस ग्रन्थ को मैंने विशेषकर मन:स्तर पर होनेवाली क्रियाओं और प्रतिक्रियाओं का दर्पण बनाने का प्रयास किया है।

—ऊमिला : में श्रीलक्ष्मणचरणार्पणमस्तु, बालकृष्ण शर्मा 'नवीन' दृ 'छ'

(इ) 'एक पुरुष और' का वैचारिक धरातल आधुनिकता की चेतना में आज के मनुष्य की उस द्विधा का चित्रण भी करता है, जिसमें वह अप्राप्तियों की वेदना झेलते हुए, अन्दर-बाहर के संघर्षों से जूझते हुए, आत्मबोध से जन्मे आचरण के प्रति प्रश्नाकुल होता है।"

—'एक पुरुष और', पूर्व-कथन : डॉ. विनय, पृ.8।

169. रामचरित-चिन्तामणि, 1717।

170. हिन्दी महाकाव्यों में मनोवैज्ञानिक तत्त्व, द्वितीय भाग : डॉ. लालताप्रसाद सक्सेना, पृ. 316।

171. फ्राइडवाद : मोहनचन्द्र जोशी व मीरा जोशी। संस्करण सन् 1963, साथी प्रकाशन, सागर। पृ. 50।

172. साकेत, सगं 9, पू. 237

173. Eros & Civilisation by Herbert Marcuse and Allen Lane. Edition 1969, Published: the Penguin Press, London. p. 161 1

174. राम की शक्तिपूजा (अपरा), पृ. 45

175. डॉ. धनंजय वर्मा : निराला काव्य-पुनर्मूल्यांकन। प्रथम संस्करण सन् 1973, विद्या प्रकाशन मन्दिर, दिल्ली, पृ. 159 1

176. "नहीं जानता रावण इसको ले भागा
कैसे, कौन कहे, यह नहीं गई थी
साथ जानकर ? इसके कहने से भागा था मैं
पीछे मरीच के—और बाद में भेज दिया
इसने लक्ष्मण को; वापस आकर देखा
वह छल था रात्रण का, या दोनों का ?-'सरिता' (पाक्षिक), जुलाई 1957।

177. स्वयं कवि अरविन्द कुमार ने अपनी कविता पर आलोचना एवं आपत्तियों का उत्तर देते हुए विभाजन में अपहृता नारी का हवाला दिया है।

—राम का अन्तर्द्वन्द्व : आलोचना व आपत्तियों का उत्तर' (रिप्रिंट, पृ. 15), प्रकाशक, दिल्ली प्रेस, नई दिल्ली।

178. 'सरिता' (पाक्षिक), जुलाई 1957।

179. (अ) "हमें क्या कहकर पुकारा जायेगा ?
राष्ट्र-संकट के समय
मैं आक्रमण के साथ था
राज्य पाने के लिए।"-संशय की एक रात, सर्ग 3, पृ. 89।

(आ) सचमुच उस क्षण उस भाई में भाई का प्रेम उमड़ आया।
मानो सूखे सर के भीतर आप ही आप जल भर आया ॥
सोचा खोलूंगा भेद नहीं, इसमें ही आज भलाई है।
कैसा ही भला-बुरा है-पर आखिर तो मेरा भाई है।

—श्रीरामकथा (संख्या 20), पु. 18।

180. साकेत, सर्ग 1 और 9।

181. ऊम्मिला, सर्ग 2, पृ. 65 और 144।

182. Sigmund Freud : New Introductory Lectures on Psychoanalysis, Edition 1965, W. W. Norton & Co., New York, p. 77 1

183. नंगी पीठ बैठकर घोड़े को उड़ाऊँ कहो,
किन्तु डरता हूँ मैं तुम्हारे इस झूले से,
+ + +
'हैं-हैं' कह लिपट गये थे यहीं प्राणेश्वर
बाहर से संकुचित, भीतर से फूले से। – साकेत, सर्ग 9, पृ. 295

184. ऊर्म्मिला, सर्ग 2, पृ. 144।

185. रामचरितमानस, 612417-8।

186. अन्तर्मन्थन (रावण) : उदयशंकर भट्ट, पृ. 36

187. वही, पृ. 38

188. अभिशप्त अमरबेलि : सामर्थ्य की असमर्थता (हनुमान का आत्मकथ्य), पृ. 70।

189. 'सरिता' (पाक्षिक), जुलाई, 1957।

190. "For the more virtuous a man is the more severe and distrustful is its behaviour, so that ultimately it is precisely those people who have carried saintliness furthest who reproach themselves with the worst sainfulness".
— Freud : Civilization and Its Discontents, Complete Psychological Works, Vol. XXI, Edition 1949, Published by Hogarth Press, London.

191. सरिता (पाक्षिक), जुलाई, 1957।

192. संस्कृति के चार अध्याय, पृ. 154

193. पुरुषोत्तम राम, पृ. 36।

194. पुरुषोत्तम राम, पृ. 39।

195. विदेह, सर्ग 4, पृ. 62।

196. संचयिता : नेवेद्य (मुक्ति) : रवीन्द्रनाथ ठाकुर। संस्करण सन् 1953 विश्वभारती, कलकत्ता। पृ. 431 1

197 विदेह, सर्ग 4, पृ. 83-84।

198. ऊर्म्मिला, सर्ग 6, पृ. 568।

199. साकेत, सर्ग 8, पृ. 259।

200. वही, सर्ग 8, पु. 260।

201. ऊर्म्मिला, सर्ग 2, पृ. 149।

202. पंचवटी प्रसंग 4 (परिमल), पृ. 236

203. Jawahar Lal Nehru : Discovery of India (edition 1974, Asia Publishing House, New Delhi), p. 28

204. रामचरितमानस, 211213, 2110718; दोहा 108 (पूर्वार्द्ध), 2011114 तथा 2118।

205. राधेश्याम-रामायण : बालकाण्ड, जन्म, पृ. 5।

206. देशकाल निमित्त से सब बांधकर, देखते हैं आप अपनी माधुरी।
बन स्वयं सब भाँति लीलामय प्रभो, कर्म चक्रों पर चलाते जग धुरी ॥-कौशल किशोर, 1।11।

207. 'नारायण को लखा उन्होंने नरों-नरों में।'-साकेत-सन्त, सर्ग 14, पृ. 184

208. अशोक वन (स्वर्णिम-रथचक्र), पृ. 135

209. राम नाम प्रभु से भी बढ़कर
बना आज जन-मन का ईश्वर,
अखिल सृष्टि का सार तत्त्व वह,
स्वर्ग मुक्ति सोपान चिर अमर।-वही, पृ. 127।

210. 'किसी का भी व्यक्तित्व सम्पूर्ण जातीयता का पर्याय बन सके, काव्यात्मकता के प्रति यही वैष्णवी दृष्टि है।

—काव्य का वैष्णव व्यक्तित्व, श्री नरेश मेहता, संस्करण सन् 1972, लोकभारती प्रकाशन, इलाहाबाद, पृ. 86।

211. काव्य का वैष्णव व्यक्तित्व : श्री नरेश मेहता। संस्करण सन् 1972, लोकभारती प्रकाशन, इलाहाबाद, पृ. 86।
212. राधेश्याम रामायण : अयोध्याकाण्ड, वनवास, पृ. 21
213. साकेत, सर्ग 5, पृ. 142।
214. साकेत सन्त, सर्ग 12, पृ. 141।
215. रामराज्य, सर्ग 11, पृ. 113।
216, वही, सर्ग 11, पृ. 102
217. कम्मिला, सर्ग 6, पु. 518।
218. 'व्यष्टि तो समष्टि से अभिन्न है।'-परिमल (पंचवटी-प्रसंग : 4), पृ. 237
219. ऊम्मिला, सर्ग 3, पृ. 295 I
220. भरत का नाट्यशास्त्र : सं. एवं व्याख्याकार बाबूलाल शुक्ल शास्त्री। संस्करण सन् 1972, चौखम्बा संस्कृत सीरीज आफिस, वाराणसी, 6131, पृ. 228
221. साहित्य दर्पण : विश्वनाथ कविराज 61317, प. 225
222. रस-सिद्धान्त : डा . नगेन्द्र संस्करण सन् 1969, नेशनल पब्लिशिंग हाउस, दिल्ली, पृ. 358
223. रस सिद्धान्त का सामाजिक मूल्यांकन : डॉ. (कु.) दुर्गा दीक्षित, संस्करण सन् 1974, पुणे विद्या-पीठ, पुणे, पृ. 142।
224. विदेह : प्रार्थना के फूल, पृ. 6।
225. संशय की एक रात, शीर्षबन्ध, पृ. 3।
226. वही, सर्ग 4, पृ. 102।
227. रस सिद्धांत : डॉ. नगेन्द्र, पृ. 353।
228. डॉ. जगदीश गुप्त : नयी कविता – स्वरूप और समस्याएं, संस्करण सन् 1971, भारतीय ज्ञानपीठ दिल्ली, पृ. 82-84 I
229. गजानन माधव मुक्तिबोध : नये साहित्य का सौन्दर्यशास्त्र, संस्करण सन् 1971, राधाकृष्ण प्रकाशन, दिल्ली, प. 44।
230. आधुनिक हिन्दी-मराठी में काव्य-शास्त्रीय : डॉ. मनोहर काले, संस्करण सन् 1963, हिन्दी ग्रन्थ रत्नाकर, बम्बई, प. 161।
231. रस मीमांसा, प. 143
232. सिद्धान्त और अध्ययन, आत्माराम एण्ड सन्स, संस्करण 1973, पृ. 121।
233. प्रकृति और रस (संस्कृत साहित्य), संस्करण सन् 1963, नेशनल पब्लिशिंग हाउस, दिल्ली, पृ. 41।
234. आधुनिक हिन्दी कविता में प्रकृति-चित्रग, संस्करण सन् 1954, नेशनल पब्लिशिंग हाउस, दिल्ली पृ. 119
235. विशेष द्रष्टव्य, जानकी-जीवन, पृ. 314-15
236. सुलभ अलंकार, पृ. 25 से रस सिद्धान्त : डॉ. नगेन्द्र द्वारा उद्धृत पृ. 245
237. सब सोच-विमोचन चित्रकूट। कलिहरन, करन कल्यान बूट॥
मन्दाकिनि मालिनि सदा सींच। बर बारि, बिषम नर-नारि नीच॥
सुक, पिक, मधुकर, मुनिबर बिहारु। साधन प्रसून, फल चारि चारु ॥
भव-घोर घाम हर सुखद छाँह। थप्यो थिर प्रभाव जानकी-नाह ॥
तुलसी जो राम-पद चहिय प्रेम। सोइय गिरि करि निरुपाधि नेम ॥ —विनय पत्रिका, पद 103।
238. यह चित्रकूट का हरित मर्मरित वन प्रांगण
शोभित वसन्त से रम्य तटी, तलहटी स्वर्ग;
गिरि-धवल श्रेणियां नवल सोम्यता से सुरभित
निर्झर कलरव-संगीत चतुर्दिक कुंज व्याप्त।
अति स्निग्ध शान्ति का वातावरण प्रशान्त, शान्त
है स्फटिक शिला पर जल हिलोर-गुंजित, मुखरित;
कूजित पंछी के व्रिविध बोल विटपों की हिलती डालों पर

ऊँची-नीची पगडण्डी सर्पाकार भव्यता से पूरित।

—विदेह, सर्ग 9, पृ. 150।

239. अथर्ववेद, 1201। 12।
240. सूरसागर, स्कन्ध 9, पढ 115।
241. रामचरितमानस, 713 (ग)। 31
242. डॉ. नगेन्द्र : रस-सिद्धान्त, पृ. 270
243. ऊमिला, सर्ग 3, पु. 262-266।
244. साकेत, सर्ग 8, पू. 232-236।
245. विदेह, सगं 10 प. 159 170
246. संशय की एक रात, सर्ग 3, पृ. 75-77
247. राम की शक्तिपूजा (अपरा), पृ. 47
248. रसतरंगिणी : सं. देवदत्त कौशिक, संस्करण सन् 1974, मुन्शीराम मनोहरलाल, दिल्ली, पृ. 140
249. (अ) रस-सिद्धान्त का सामाजिक मूल्यांकन, पृ. 140
(आ) आधुनिक हिन्दी कविता में मनोविज्ञान : डॉ. उवंशी ज. सूरती, संस्करण सन् 1966, अनुसंधान प्रकाशन, कानपुर, पृ. 139।
250. संशय की एक रात, सर्ग 3, पृ. 89।
251. तीसरा सप्तक : मदन वात्स्यायन का वक्तव्य, सं. अज्ञेय। तृतीय संस्करण, सन् 1967, नेशनल पब्लिशिंग हाउस, दिल्ली, पृ. 342
252. रस-सिद्धान्त का पुनर्विवेचन। प्रथम संस्करण सन् 1971, नेशनल पब्लिशिंग हाउस, दिल्ली, पृ. 342:
253. संशय की एक रात, शीर्षबन्ध, पू. 2।
254. विदेह : प्रार्थना के फूल, पृ. 6।
255. वही, प. 29
256. (अ) साहित्य और कला का आदर्श, सर्ग 1, पृ. 37।
(आ) युद्ध, संस्कृति और कला, सर्ग 9, पृ. 327।
257. सृष्टि के उद्‌भव का दार्शनिक विवेचन, सर्ग 3, पृ. 210-223
258. युद्ध का अनिवार्य अभिशाप, सगं 4, पृ. 107
259. राजतन्त्र का अभिशाप, आक्रमण सर्ग, पृ. 84-87।
260. राजनैतिक दमन, सर्ग 8, पृ. 82-84
261. राजनैतिक-सांस्कृतिक विवेचन (सामाज्य-लिप्सा), पृ. 30-32
262. (अ) आध्यात्मिक जीवन, पृ. 39-40
(आ) सामाजिक क्रान्ति, पृ. 34-35 I
263. 'रस का स्वरूप द्विविध है : 1-विषयगत अर्थात् भाव की कलात्मक अभिव्यंजना भावमूलक काव्य-सौन्दर्य।
2. विषयगत अर्थात् उक्त काव्य-सौन्दर्य का आस्वाद।"
—रस-सिद्धान्त, डॉ. नगेन्द्र, पु. 85।
वाणी दी और उससे जो काव्य-प्रक्षोभ इत्यादि विभिन्न भावों से
264. "कवियों ने समकालीन स्थिति से प्रेरणा ग्रहण कर अनुभूति को स्रोत फूट पड़ा, वह क्रान्ति की भावना, देशप्रेम, राष्ट्र भक्ति, ओत प्रोत था। अतएव रससंख्या में उन्हीं समकालीन उत्कट भाव विशेषों के ग्रहण की प्रवृत्ति विभिन्न भावों को 'रस' की प्रतिष्ठा देने का प्रयास किया गया।"
—रस-सिद्धान्त का सामाजिक मूल्यांकन : डॉ. दुर्गा दीक्षित, पृ. 140।
265. कामायनी : श्रद्धा सर्ग, पृ. 65
266. शूर्पणखा, पु71।
267. काव्यप्रकाश (प्रदीप टीका) : गोविन्द ठाकुर, संस्करण सन् 1962, निर्णयसागर प्रेस, बम्बई; पृ. 66 I
268. रस सिद्धान्त, पु. 193।

269. संशय की एक रात, सर्ग 4, पृ. 97।

270. विचार और विश्लेषण : डॉ. नगेन्द्र, सन् 1955, नेशनल पब्लिशिंग हाउस, पृ. 32 से उद्धृत।

271. "ऐसा घृणित विचार हृदय में जिस क्षण राघव के आया,
सिहर उठी भय से वसुन्धरा, नीलाम्बर भी थर्राया।
पर नारी पर हाथ उठायेगा नर निर्दय बनकर आज,
और खड़ा होकर देखेगा, श्रीहत हो सारा आर्य समाज।
+ + +
"तुम निर्लज्ज मनुज हो जग के, तुम निर्मम अन्यायी हो,
तुम हो कितने बड़े प्रवंचक, क्या ही ईश्वर-ध्यायी हो।
बाहर मीठे और सरल हो, रखते मन में तीक्ष्ण छुरी,
दिखने में भोले भाले हो, किन्तु भावना बहुत बुरी ॥..."

शूर्पणखा, पृ. 81-82

आधुनिक रामकाव्य में मानव और प्रकृति के पारस्परिक सम्बन्धों का स्वरूप और विकास

अनादिकाल से प्रकृति मानव के भावात्मक एवं बौद्धिक विकास में अनवरत योग देती आयी है। प्रकृति और मानव के रागात्मक स्पंदनों की क्रिया-प्रतिक्रिया का क्रम आज के संघर्ष-संकुल जीवन में भी अविच्छिन्न है। प्रकृति के उन्मुक्त क्षेत्र में ही उसके जीवन का वैविध्यपूर्ण व्यापार गतिशील होता रहा है। वैदिक गीतात्मकता से लेकर अत्याधुनिक काव्य तक प्रकृति का अनेक रूपात्मक विस्तार दृष्टिगत होता है। आदिकाव्य रामायण में आरण्यक संस्कृति की सात्त्विक विराट्ता तथा सांस्कृतिक मूल्यों की आदिम स्थापना का जैसा भव्य एवं निश्छल निरूपण है वैसा अन्यत्र अलभ्य है। उनके प्राकृतिक दृश्यों के वर्णन में प्रकृति के शुद्ध स्वरूप और स्वच्छन्द क्रीड़ा की जो मार्मिकता है वह परवर्ती काल में नागरिक संस्कृति की नियमबद्धता तथा जटिलता के कारण कृत्रिम एवं रूढ़िबद्ध होती गई। वाल्मीकि ने "प्राकृत दृश्यों के वर्णन में केवल मंजरियों से छाये हुए रसालों, सुरभित सुमनों से लगी हुई मालती-लताओं, मकरंद-पराग-पूरित सरोजों का ही वर्णन नहीं किया है, इंगुदी, अंकोट, तेंदू, बबूल और बहेड़े आदि जंगली पेड़ों का भी पूरी तल्लीनता के साथ वर्णन किया है।"[1] वाल्मीकि के इस सूक्ष्म निरीक्षण का स्तवन करते हुए आचार्य शुक्ल कहते हैं—"वर्षा में पर्वत के गेरू से मिलकर नदियों की धारा का लाल होकर बहना, पर्वत के ऊपर से मोटी धारा का काली घाटियों में छितराना, पेड़ों पर गिरे वर्षा जल का पत्तियों की नोकों से बूंद-बूंद टपकना और पक्षियों का उसे पीना, हेमंत में भी कमलों के नालादि का खड़ा रहना और उसके छोर पर केसर का छितराना ऐसे-ऐसे व्यापारों को वे सामने लाते चले गए हैं।"[2] किन्तु परवर्ती संस्कृत-काव्यों में असाधारणत्व के प्रति रुचि विकसित होने के कारण कवियों की प्रवृत्ति अलंकृत वर्णन और उद्दीपनगत प्रभावों में केन्द्रित होती गई तथा अनुभूति को कल्पना ने स्वायत्त कर लिया।[3] श्रृंगार के उद्दीपनगत रूप में षड्ऋतु वर्णन आदि में नायक-नायिका का प्रमोद-विलास प्रमुख और प्रकृति का प्रत्यक्षीकरण गौण हो गया। हिन्दी के जायसी, सूर, तुलसी, केशव इत्यादि के प्रकृति-वर्णन सूक्ष्म निरीक्षण का परिचय नहीं देते।[4] उनके प्रकृति-चित्र मानवीय भावों के स्वतंत्र आलम्बन नहीं, अपितु प्रायः दृष्टांत और उत्प्रेक्षा से जुड़े हुए कल्पनाजन्य सौंदर्य-चित्रों के रूप में सम्मुख आते हैं।[5] केशव के प्रकृति-चित्रण सम्बन्धी भाषिक प्रयोगों में (यथा—'बेर बनी', 'श्रीफल' एवं 'अर्क' आदि शब्दों में) जो श्लेष का नैपुण्य लक्षित होता है, वह प्रकृत वस्तु का कोई सूक्ष्म निरीक्षणमूलक दृश्य उपस्थित नहीं करता।

आधुनिक युग में पाश्चात्य संपर्क और संघर्ष के कारण स्वच्छन्दतावादी प्रवृत्ति को बल मिला। प्रकृति केवल उद्दीपनगत व्यापारों की निर्जीव चित्र मालिका या अलंकृत चित्र वर्णन की तालिका मात्र न रहकर एक जीवंत रागात्मक स्पंदन में ढलती प्रतीत होती है। मध्ययुग की रागबद्धता और अलंकृति के प्रति यह विद्रोह का आरम्भ था। युग की निरन्तर प्रवद्धित बौद्धिकता से विक्षुब्ध होकर पाश्चात्य रोमानी कवियों ने प्रकृति के आदिम रूपों के प्रति अनुराग व्यक्त किया। प्रकृति के प्रत्यावर्तन का यह स्वर आधुनिक काव्य में बहुत दूर तक सुन पड़ता है।[6] रामकाव्य आधुनिक मानसिकता का प्रतिफलन है, अतः कवियों के इस परिवर्तित दृष्टिकोण से वह दूर तक प्रभावित हुआ हैं। इन प्रेरक तत्त्वों में स्वच्छंदतावादी प्रभाव के अतिरिक्त कुछ अन्य तत्त्व भी प्रमुख हैं-बुद्धिवाद का प्रभाव, आधुनिक वैज्ञानिक दृष्टि, उद्योगीकरण, मानववाद एवं नवीन दार्शनिक चेतना आदि।[7] आधुनिक युग में स्वच्छंदतावाद के प्रभावस्वरूप जहाँ औद्योगिक क्रांति से ग्रस्त युग में प्रकृति के भावमय उन्मुक्त रूप के प्रति कवियों की संवेदनशीलता जाग्रत हुई वहाँ वैज्ञानिक दृष्टिकोण के फलस्वरूप उसकी विनाश-कारिणी भयावह शक्तियों को नियंत्रित एवं संश्लिष्ट करके संस्कृति का पथ प्रशस्त करने की ओर भी उनकी दृष्टि गई। आधुनिक काव्य में

प्रकृति के इन दोनों रूपों का चित्रण है। 'कामायनी' में वैज्ञानिक यंत्रवाद की इस परिणति की ओर स्पष्ट संकेत है। साथ ही यंत्रवाद के विरोध में प्रकृति की उन्मुक्त रूपोपासना का आग्रह भी लक्षित है।[8]

'साकेत' का कवि प्राकृतिक शक्तियों के नियमन के प्रति एकांत आस्थाशील नहीं है, किन्तु उनका स्वार्थमय भीषण प्रयोग उसे भी ग्राह्य नहीं हो सका है। उन्मुक्त वनस्थली में अदम्य प्राकृतिक वेग से बहते हुए स्वच्छंद नद को देखकर राम जहाँ उसके उन्मुक्त स्वतंत्र सौंदर्य से अभिभूत होते हैं वहाँ वे जन-कल्याण के लिए उसके नियमित उपयोग का भी समर्थन करते हैं :

> देखो, कैसा स्वच्छंद यहाँ लघु नद है !
> इसको भी पुर में लोग बाँध लेते हैं,
> हाँ, वे इसका उपयोग बढ़ा लेते हैं।"[9]

अन्यत्र कवि का शंकाशील हृदय प्रकृति के इस नियमन के प्रति जैसे विद्रोह कर उठता है :

> जनपद के बंधन मुक्ति हेतु हैं सबके-
> यदि नियम न हो, उच्छिन्न सभी हों कंबके[10]

किन्तु द्रष्टव्य यह है कि गुप्त जी रोमानी स्वच्छंद भाव-बोध की अपेक्षा द्विवेदीयुगीन नैतिक बोध के प्रति अधिक आग्रहशील हैं। जन-कल्याण के लिए प्राकृतिक शक्तियों का नियमन उन्हें ग्राह्य है। यांत्रिक अनुशासन मानव की प्राकृतिक शक्तियों को क्षीण तथा संवेदना को कुण्ठित करता है, उसके विरुद्ध गुप्तजी ने भी अपना स्वर मुखर किया है :

> पर बंधन भी क्या स्वार्थ हेतु समुचित है?[11]

औद्योगिक विकास के फलस्वरूप बढ़ती हुई भौतिकता के प्रति यह सजगता आधुनिक प्रकृति-काव्य की एक प्रमुख विशेषता है।

उद्दीपनगत रूप में ऋतुवर्णन, बारहमासा आदि मानवीय व्यापारों की पृष्ठभूमि के रूप में उत्प्रेक्षा, उपमा के स्वरूप संगठन की दृष्टि से अलंकार-योजना के रूप में, उपदेश-ग्रहण के धरातल पर आध्यात्मिकता की निवृत्ति की भूमिका के स्तर पर प्रकृति का परम्परित उपयोग भी आधुनिक रामकाव्य में उपलब्ध है। किंतु परम्परित प्रयोगों में भी आधुनिक युग के अनुकूल कवियों ने पर्याप्त विशिष्टता दिखलाई है। साथ ही आधुनिक युग के अनुरूप आलंबनगत संश्लिष्ट वर्णन, मानवीकरण तथा संवेदना के रागात्मक आदान-प्रदान में भी प्राकृतिक दृश्यों का भावमय अंकन हुआ है। अत: यहाँ रामकाव्य के संदर्भ में प्रकृति के परम्परित और नवीन दोनों रूपों पर एक साथ विचार किया जाता है।

रामकाव्य की केन्द्रीय संवेदना में प्रकृति की भूमिका

रामकाव्य के संदर्भ में यह तथ्य द्रष्टव्य है कि राम के जीवन से सम्बद्ध अनेक घटनाएँ प्रकृति के क्रोड़ में घटित होती हैं। किशोरावस्था में विश्वामित्र के साथ वन-गमन तथा पुन: वनवास के चौदह वर्षों के दीर्घ अन्तराल में चित्रकूट से लेकर दण्डका-रण्य और फिर सुदूर लंका तक दक्षिणापथ राम के क्रिया-कलापों की क्रीड़ास्थली रहा है। राम के राज्याभिषेक के उपरांत सीता के निर्वासन की घटना घटित होती है। निर्वासन के अनन्तर सीता का शेष जीवन वाल्मीकि के आश्रम में वन्य-प्रकृति के उन्मुक्त साहचर्य में ही व्यतीत होता है। साथ ही रामायण की कथा के आदिगायक वाल्मीकि का आन्तरिक और बाह्य व्यक्तित्व आरण्यक संस्कृति के व्यापक परिवेश में प्रतिफलित हुआ। फलत: उनका काव्य प्रकृति के संश्लिष्ट चित्रों से परिपूर्ण है। रामकथा के पात्रों के उत्स भी वैदिक ऋचाओं में खोजे गए हैं। वहाँ भी वे प्रकृति की अधिष्ठात्री शक्तियों के प्रतीकीकृत स्वरूप हैं। आधुनिक कवि ने सांस्कृतिक पुनरुत्थान से प्रभावित होकर उपर्युक्त सभी स्थितियों एवं उनसे उत्पन्न सम्भावनाओं को काव्योपयोगी बनाने का प्रयत्न किया है। एक ओर पाश्चात्त्य चिन्तन के सम्पर्क के परिणामस्वरूप नागरिक संस्कृति के संस्पर्श से मुक्त प्रकृति की सहज सुषमा की ओर उसकी अभिवृत्ति जाग्रत् हुई तथा प्रकृति के सरल

अकृत्रिम जीवन के प्रति उसका अनुराग दृढ़ हुआ है, दूसरी ओर आधुनिक जीबन को अधिक संश्लिष्ट एवं व्यापक बनाने में कृषि-संस्कृति के आदिम सरल स्वरूप की पुन: प्रतिष्ठा के प्रति भी आग्रह बढ़ा है। अत: आन्तरिक और बाह्य दोनों अनिवार्यताओं से प्रेरित होकर आधुनिक कवि ने प्रकृति चित्रण में सहज अनुराग प्रदर्शित किया है।

आधुनिक रामकाव्य में प्रकृति-चित्रण की भी वे सभी प्रणालियां दृष्टिगोचर होती हैं जो परम्परा प्राप्त रही हैं। आलम्बन, उद्दीपन, अलंकरण, संदेश-कथन, मानवी-करण की परम्पराओं का स्वाभाविक निर्वाह आधुनिक रामकाव्य में देखा जा सकता है। साथ ही आधुनिकता से प्रेरित संवेदना के विस्तार तथा नैतिक एवं सांस्कृतिक मूल्यों में परिवर्तन के कारण भी प्रकृति-चित्रण में नवीनता का उन्मेष हुआ है। मध्यकालीन कवि की भाँति आज का कवि प्रकृति में केवल अपनी विलास-भावनाओं को उद्बुद्ध करने वाली सामग्री नहीं खोजता, अपितु उसके स्वतंत्र अस्तित्व को स्वीकार करते वह उसे अपने स्वायत्त शासन की सम्राज्ञी उद्घोषित करता है। वह प्रकृति के अविकृत मौलिक स्वरूप में आस्था व्यक्त करता है—"यह प्रकृति शुद्ध है परम शुद्ध।"[12] गुप्त जी के शब्दों में भी :

मानो यह है भुवन भिन्न ही, कृत्रिमता का नाम नहीं।
प्रकृति अधिष्ठात्री है इसकी, यहां विकृति का नाम नहीं।।[13]

स्पष्टत: प्रकृति की ओर प्रत्यावर्तन का जो उद्घोष स्वच्छन्दतावादी काव्य के प्रत्यूषकाल में मुखरित हुआ है उसकी स्पष्ट प्रतिध्वनि अनेक स्थलों पर सुन पड़ती है। 'पंचवटी-प्रसंग' की सीता राजभवन की अपेक्षा वन भूमि के अकृत्रिम सौंदर्य का स्तवन करती है :

और कहाँ सुनती मैं
सुखद
समीरण में विहग कलकूजन-ध्वनि
पत्रों के मर्मर में मधुर गंधक गान
और कहाँ पीती मैं श्रीमुख की अमृत-कथा
और कहाँ पाती मैं
विमल विवेक ज्ञान भक्ति दीप्ति
आश्रम तपोवन छोड़?[14]

कृत्रिम नागरिक सभ्यता से मुक्त ग्रामीण संस्कृति के प्रति अनुराग इसी प्रकृति-प्रेम का प्रतिफलन है :

तुम प्रकृति छोड़कर मत जाओ
ढूंढ़ो वसन्त की प्रिय शोभा उप-वनवन में
कम से कम रहो गाँव में ही।[15]

अस्तु, आधुनिक युग में पाश्चात्त्य स्वच्छंदतावादी आन्दोलन तथा भारत की धार्मिक एवं सांस्कृतिक जागृति के परिणामस्वरूप भारतीय जनमानस में जो आन्दोलन आया, प्रकृति चित्रण पर भी उसका व्यापक प्रभाव पड़ा। आधुनिक जीवन की कृत्रिमताओं और विसंगतियों का समाधान खोजने के लिए कवि पुन: आरण्यक जीवन के अकृत्रिम परिवेश की ओर उन्मुख हुआ। राम के पश्चात् राम कथा की सबसे अधिक महत्त्वपूर्ण पात्र सीता है। सीता के जीवन के माध्यम से कवियों ने कृषि-संस्कृति और वन्य-संस्कृति का जयगान किया। उसके चरित्र के विकास क्रम में आधुनिक कवि को ऐसी अनेक संभावनाएँ दृष्टिगत हुईं, जिनका उपयोग आधुनिक जड़वादी, विषमताग्रस्त, अतिबौद्धिक एवं अतिवैज्ञानिक नागरिक संस्कृति के समानान्तर 'युटोपिया' के रूप में किया जा सकता था। फलत: 'रामराज्य', 'धरानंदिनी सीता', 'भूमिजा', 'वनस्थली' जैसी कृतियाँ सामने आयीं जो पुरुष की निष्ठुरता से पीड़ित नारी-नियति का आख्यान मात्र नहीं हैं, अपितु वहाँ नारी अपने कर्मठ तथा श्रमसिक्त व्यक्तित्व के द्वारा प्राकृतिक जीवन की संश्लिष्ट और समृद्धि का नया उदाहरण प्रस्तुत करती है। सीता को कृषि की अधिष्ठात्री देवी के रूप में प्रतिष्ठित करने की प्रेरणा अनेक कवियों को ऋग्वेद और वाल्मीकीय रामायण से मिली किन्तु प्रकृत जीवन के परिप्रेक्ष्य में उसकी पुनर्व्याख्या आधुनिक युगमानस की ही परिणति कही जा सकती है। 'भूमिजा' सीता के

वनवास-कालीन जीवन की रचनात्मक कहानी है। वह पृथ्वी पुत्री है, अत: वह धरती को सृजन के फूलों से खिलाती है। सीता और प्रकृति का यह अद्वैत निश्चय ही आधुनिक सांस्कृतिक पुनरुत्थान की भावना का प्रतिफलन है—

सीता कृषि है, जो भी चाहो-वह सब माँ से ले लो !
माथा टेक माँगने वालो, धन निज हाथों से लो ![16]

'धरानंदिनी सीता' में भी वह कृषि की अधिष्ठात्री देवी है तथा प्रकृति के साथ उसका . अभिन्न साहचर्य है।[17]

यद्यपि ये काव्य शिल्प और संवेदना के धरातल पर कोई महत्त्वपूर्ण उपलब्धि नहीं हैं किन्तु सांस्कृतिक पुनरुत्थान के अनेक कोणों के उद्घाटन की दिशा में इनका महत्त्व असंदिग्ध है। आधुनिक यांत्रिक संस्कृति को कृषि संस्कृति के समानान्तर विक-सित देखने के लिए प्रकृति का आँचल थामना एक बहुत बड़ी आवश्यकता है, इसकी स्पष्ट प्रतीति इन काव्यों के माध्यम से हुई है। वस्तुत: इनका प्रणयन ही प्राकृतिक जीवन के रूपायन के लिए हुआ है। 'धरानंदिनी सीता' के समीक्षात्मक परिचय में काव्य का महत्त्व इसी स्तर पर आंका गया है।[18]

पृथिवी-पुत्री सीता के चरित्र में कृषि-युग की सृजनात्मक संभावनाओं की ओर कवि पंत ने भी स्पष्ट संकेत किया है। आधुनिक युग को जड़ता से मुक्त करने के लिए कवि को सीता का प्रतीक अत्यन्त समीचीन प्रतीत होता है :

पृथ्वी की पुत्री यह सीता, पृथ्वी जिससे हुई पुनीता।
वह क्या आदिम भू-जीवन के, छाया-तम को अपनायेगी?

X X X

जन मन धरणी, जग-जीवन कृषि, संस्कृति कृषि श्री,
क्षितिजा प्रीता! "[19]

इस प्रकार कवि ने सीता को भूमि की आकांक्षा का प्रतीक मानकर जड़ताग्रस्त आधु-निक मानव की अन्तश्चेतना को असीम संस्पर्श दिया है।

आलम्बनगत वर्णन

आधुनिक रामकाव्य में प्रकृति जहाँ पात्रों के प्रतीकीकृत व्यक्तित्व के साथ अभिन्न अथवा समंजित रूप में व्यक्त हुई है वहाँ उसका एक स्वतंत्र व्यक्तित्व भी है। 'चित्रकूट' अथवा 'पंचवटी' इत्यादि के वर्णन, जैसा कि अन्यत्र कहा जा चुका है, या तो भक्ति भावना के परिप्रेक्ष्य में अपना अस्तित्व खोकर आध्यात्मिक पृष्ठभूमि का कार्य करते हैं अथवा वैचित्र्य एवं चमत्कार से आविष्ट होकर राम के अलौकिक, अति-प्राकृत माहात्म्य एवं प्रताप के निदर्शक सिद्ध होते हैं। आधुनिक रामकाव्य में भी यद्यपि यह परम्परा लुप्त नहीं हुई है किंतु ऐसे अनेक प्रकृति-वर्णन सरलता से उपलब्ध हो सकते हैं जिनमें वातावरण चित्रण अथवा परम्परागत उद्दीपनगत वर्णन की अपेक्षा प्रकृति का स्वतंत्र अस्तित्व-स्थापन किया गया है। उदाहरणार्थ, 'विदेह' के अष्टम सर्ग में मिथिला की प्रकृति का चित्रण प्रस्तुत है जिसमें स्वच्छंद प्राकृतिक विभूतियों के संपर्क में आने पर जगने वाले भाव को ही कवि प्राथमिकता देता है, उसे एकांतत: भुक्ति, मुक्ति अथवा भक्ति के साधन मात्र में पर्यवसित नहीं कर देता :

प्रिय नील गगन-नव शुभ्र शरद के नवल चरण
उज्ज्वल घन-घुंघरू बांध सरोवर-दर्पण में करते विचरण
शत-शत कोमज अधखुले कमल, शोभा-सरोजिनी से खुल-खिल
कह रहे कथाएँ पुरइन के पल्लव-वितान की छाया में
आनंद अश्रु हैं बिखर रहे पत्रांक-नीलिमा स्वप्नों पर
ओसाच्छादित चारों तट पर मुस्काते हिलते हरसिंगार
जिनके पुष्पित संगीत अवनि पर बिखरे हैं उजले-पीले...[20]

उक्त अवतरण मिथिला के भुक्ति परक रागात्मक ऐश्वर्य से सम्बद्ध है किन्तु यहाँ उपा-दानों की योजना इतने संश्लिष्ट

रूप में हुई है कि प्रकृति के बाह्य रूप को प्रमाता की भावना आलम्बन रूप में ग्रहण कर सकती है।"[21] तद्विपरीत 'विनय पत्रिका' के चित्रकूट इत्यादि से सम्बन्धित पद अवलोकनीय हैं, जिनमें प्राकृतिक उपादान बिम्बात्मक रूप में अवतीर्ण हुए हैं किन्तु वे बिम्ब पृथक्-पृथक् रूप से आराध्य के माहात्म्य-संकीर्तन का अंग बनकर आश्रम-निष्ठ भक्ति भाव को ही उद्दीप्त करते हैं।

आधुनिक युग में प्रकृति अपने स्वायत्त साम्राज्य की सम्राज्ञी के रूप में चित्रित की गई है, जहाँ पृष्ठभूमि अथवा पात्रों की मानसिकता में योग देती हुई भी वह अपने संश्लिष्ट वर्णन के कारण निरपेक्ष रूप से आस्वाद्य प्रतीत होती है। मुक्त अंचल में घटित होने वाले प्रकृति के क्रिया व्यापारों के अंकन का अवकाश जहाँ भी कहीं कवि को मिला है, वहीं उसने स्वतंत्र वर्णन प्रस्तुत कर दिये हैं। यह बात भिन्न है कि उप-माओं-उत्प्रेक्षाओं से संयुक्त होकर भी ये चित्रण अनेक बार कोई नवीन भंगिमा प्रस्तुत नहीं कर पाते। यथा,

डाली-डाली मधुर स्वर से गूँजती है निराली,
मूर्च्छापूर्णा-कुल झपकती आँख में है सुलाली।
सद्य: स्नाता-सदृश टहनी बिन्दुओं से भरी है,
मानो धीरा अचल वसुधा अर्घ्य ले के खड़ी है।।[22]

स्पष्टत: इन चित्रणों में भी अतीत अथवा आगामी घटना-प्रसंग से प्रेरित कोई भाव व्यंजित अथवा प्रतीकात्मक रूप में रहता है किन्तु जहाँ उस भाव की अपेक्षा वह दृश्य-खण्ड ही रसानुभव में समर्थ हो सके तो आलम्बन मात्र का वर्णन मान लेना अनुपयुक्त नहीं है। आचार्य रामचन्द्र शुक्ल,[23] आचार्य विश्वनाथ प्रसाद मिश्र,[24] बाबू गुलाब राय,[25] डॉ. रघुवंश,[26] डॉ. रामेश्वरलाल खण्डेलवाल[27] इत्यादि आलोचकों ने प्रकृति को आलम्बनत्व प्रदान कर प्रकृति-रस को स्वतंत्र महत्ता प्रदान की है, जिसका विवेचन हम अन्यत्र (अध्याय 4, पृ. 346 से 347 तक) कर चुके हैं।

साहचर्य और सौंदर्य की भूमि पर अंकुरित होने के कारण प्रकृति प्रेम एकांतत: मानवीय भावना से मुक्त हो भी नहीं सकता। प्रकृति के वर्ण, आकार आदि के साक्षा-त्कार से द्रष्टा की जो भावना उद्बुद्ध हो उठती है, उसकी उपेक्षा नहीं की जा सकती। अत: मेघ, पवन, प्रभात, संध्या, पर्वत, नदी, निर्झर इत्यादि के विभिन्न रूप, पशु-पक्षियों की क्रीड़ा एवं वृक्ष वल्लरियों का नर्तन अपने सरस-मधुर एवं रौद्र-बीभत्स दोनों ही रूपों में मानवीय भावना के आलम्बन बनते हैं। आधुनिक रामकाव्य में ऐसे चित्रण प्रचुर मात्रा में उपलब्ध हैं, जो स्पष्टत: मध्ययुगीन नाम परिगणनात्मकता अथवा उद्दीपनपरकता से भिन्न अपना स्वतंत्र अस्तित्व रखते हैं। 'पंचवटी' का प्रारम्भिक वर्णन इसका साक्षी है :

चारु चन्द्र की चंचल किरणें खेल रही हैं जल-थल में,
स्वच्छ चाँदनी बिछी हुई है अवनि और अम्बरतल में।
पुलक प्रकट करती है धरती हरित तृणों की नोकों से,
मानो झीम रहे हैं तरु भी मन्द पवन के झोंकों से।।[28]

यह आलम्बनगत वर्णन आगे चलकर मर्यादाशीलता एवं नैतिकता से अनुप्रेरित होकर कवि की जीवन-दृष्टि का माध्यम बन जाता है।[29] राम-काव्य की संदर्भगत विशिष्टता प्रकृति के स्वतंत्र वर्णनों को प्राय: नीतिपरकता की ओर उन्मुख कर देती है। यथा,

चला प्रभात-समीर, धरा-रज का नभ में विस्तार हुआ,
पत्ते डोले और सुमन, जनगण-मन आशावान् हुआ।
नई लहर लहराई नभ तक, खग-कुल रुचिर प्रभाती की,
जगमग जागी ज्योति पूर्व की, जोकि रही निष्क्रिय फीकी।।[30]

सूर्योदय का यह दृश्य (अंधकार की प्रकाश में परिणति) कवि की दृष्टि को निर्यात-विधान की जिस अनिवार्यता की ओर प्रेरित करता है, उसमें आगामी राम वनवास की व्यंजना निहित है :

विधि-विधान में किसने किसका सदा काल रोका उत्थान ?[31]

कहकर कवि भाग्य-चक्र की विडम्बना पर दृष्टिपात करने लगता है। अन्यत्र श्री बलदेव-प्रसाद मिश्र वर्षा एवं आँधी का एक दृश्य उपस्थित करते समय प्रकृति के भयानक रूप का आलम्बनगत चित्रण करते हैं[32] किंतु वह भी नियति की उच्छृंखलता का व्यंजक[33] बन गया है :

जीवन वह बन गया मृत्यु का पूर्व-रूप, ऐसी थी वर्षा।
हुए सभी जल-थल नभ सम से, आह! विषम कैसी थी वर्षा!![34]

इसी प्रकार राम की करुणार्द्र दशा को देखकर हनुमान के क्षुब्ध एवं उद्वेलित होने पर प्रलयकालीन दशा की उपस्थिति का यह कल्पना-चित्र उनके पौरुष प्रदीप्त व्यक्तित्व की पृष्ठभूमि होने पर भी स्वतंत्र संश्लिष्ट अस्तित्व रखता है तथा प्रस्तुत से कम संवेद्य नहीं है :

शत घूर्णावर्त, तरंग-भंग, उठते पहाड़,
जल-राशि राशि-जल पर चढ़ता खाता पछाड़।
तोड़ता बंध-प्रतिसंध, धरा हो स्फीत-वक्ष,
दिग्विजय-अर्थ प्रतिफल समर्थ बढ़ता समक्ष।
शत-वायु-वेग-बल, डुबा अतल में देश-भाव,
जल-राशि विपुल मथ मिला अनिल में महाराव[35]दूसरे, हनुमान जिस भैरव हुंकार से आकाश को निगलने के लिए तत्पर हो रहे हैं उसमें प्रकृति उनके क्रोध-भाव की आलम्बन ही है। मानव और प्रकृति का यह आलम्बन-आश्रय संबंध उद्दीपन के अन्तर्गत नहीं, अपितु भावों के आलम्बन रूप में आता है।

'वनस्थली' में आद्यन्त प्रकृति के रंगमंच पर होने वाली घटनाएँ वर्णित हैं जो प्रकृति के प्रति कवि का सहजानुराग प्रदर्शित करती हैं। संश्लिष्ट चित्रण की अपेक्षा स्वभावत: इतिवृत्तात्मक नाम-परिगणनात्मक शैली के बावजूद प्रकृति के रम्य एवं भया-नक दोनों रूप यहाँ चित्रित हुए हैं। 'वनस्थली' में नित्य-परिवर्तनशीला प्रकृति को दोनों रूपों में प्रस्तुत करना एक सहज अनिवार्यता-सी है :[36]

सिंह-शावकों में मृग-शावक अठखेली खेलते प्रशस्य,
मृगाधीश्वरी खड़ी निकट में अवलोकती विचित्र रहस्य।
भालु, वराह-यूथ चलते थे एक राह में नद्ध-स्कंध,
नहीं पल्लवों में छाते थे निज आलोडन से दुर्गन्ध[37]

पशु-पक्षी अपने जाति-गत स्वभाव को त्याग कर वनस्थली की रम्यता से अभिभूत थे। इस प्रकार यह विशुद्ध आलम्बनगत वर्णन भी जीवन-दृष्टि का पोषक बनकर आया है। यह स्थिति 'जानकी-जीवन', 'धरानंदिनी सीता' तथा 'भूमिजा' आदि काव्यों की है जहाँ काव्य की घटनाएँ घटित तो प्रकृति के नाना रूप-व्यापारों के बीच ही होती हैं किन्तु कवि उनसे मानव वृत्तियों का प्रतिबिम्ब ग्रहण करता हुआ अपनी जीवन-दृष्टि को नियोजित कर देता है। शिशिर का यह वर्णन द्रष्टव्य है-

पाला तुषार खल पामर का प्रहार-सा,
शस्यावली मृदुल सज्जनता हता हुई।
पीली पड़ी हरित शोभित कांति गात्र की,
फीकी हुई सुमुख श्री कुम्हला गयी गयी।।
ओले गिरे गगन से गुरु गर्जना हुई,
गोले गिरे अनय के अनयी नरेश के।
पाये दुरन्त दुख पीड़ित प्राणि-पुंज ने,
संसार के सुकृत-पादप नष्ट हो गये।।[38]

पृष्ठभूमि के रूप में

प्रकृति न केबल मानवीय भावों का स्वतंत्र आलम्बन होती है अपितु उसके भावों एवं क्रिया-कलापों के लिए पृष्ठभूमि का भी कार्य करती है। मध्ययुगीन काव्य में पृष्ठभूमि के रूप में प्रकृति का यह उपयोग प्राय: उद्दीपन रूप में ही हुआ है, जैसे 'मानस' में वर्षाऋतु वर्णन अपना स्वतंत्र अस्तित्व रखते हुए भी राम के विप्रलंभ शृंगार के क्षणों को अधिक रागाकुल एवं उद्दीप्त करने के लिए ही किया गया है। आधुनिक युग में प्रकृति का अधिक रागात्मक एवं कलात्मक उपयोग कथा-साहित्य में देखने में आता है। स्वभावत: काव्य भी उससे प्रभावित हुआ है। मनोजगत् में घटित होने वाली प्रत्येक घटना के लिए प्राकृतिक जगत् एक उपयुक्त पीठिका का काम करने लगा। प्रकृति की यह पृष्ठभूमि अनेक स्थलों पर अत्यन्त मनोवैज्ञानिक, प्रतीकात्मक एवं व्यंजक होती है। कवि 'प्रभात' की 'कैकेयी' का प्रभात-वर्णन बाह्यत: परम्परा की अनुकृति का आभास देता हुआ भी अपने संदर्भगत महत्त्व के कारण अपना विशिष्ट महत्त्व रखता है। कैकेयी के मन की व्यग्रता, गरिमा तथा कांति के अग्निस्फुलिंगों की व्यंजना के लिए कवि ने प्रभात का वर्णन भी तदनुरूप भाव-भंगिमा की पृष्ठभूमि के रूप में किया है :

> इसी समय प्राची के पथ से चढ़ रथ पर छवि मान,
> आई उषा लिए अधरों पर हल्की सी मुस्कान।[39]
>
> \+ \+ \+
>
> दिव्यलोक की लोहित-वसना मंगल-प्रभा अकाम
> जो समस्त पृथ्वी-मण्डल को देती बल-विश्वास
> तम की ध्वंस-चिता पर लिखती नवयुग का इतिहास।[40]

प्रकृति मानव की मनोदशाओं की अभिव्यंजना अपने नाना रूप-व्यापारों के बीच छाया रूप में करती है। 'जानकी-जीवन' में राम के राज्याभिषेक के संदर्भ में सूर्योदय का मनोहारी वर्णन उल्लास एवं उत्सायमयी भूमिका निर्मित करता है :

> पक्षी जगे, चहचहा कर चाव से ज्यों,
> गाते प्रशस्ति यश चारण हों जागते।
> प्रारम्भ थी परम पावन प्रात-संध्या,
> गाने लगे सजग मानव भी प्रभाती[41]

इसी प्रकार 'संशय की एक रात' में भाद्रपद की संध्या में उमड़ते हुए समुद्र का एकांत संयत वातावरण वैषम्य के आधार पर राम के संदर्भहीन आत्मनिर्वासित व्यक्तित्व की सार्थक पृष्ठभूमि बनाने में सहायक है।[42] आधुनिक कविता में मानव तथा प्रकृति समानांतर रहकर भी परस्पर बिम्बित-प्रतिबिम्बित होती हुई पात्रों के व्यक्तित्व एवं मनोदशा को अत्यन्त सार्थक संदर्भ प्रदान करते हैं। द्विवेदीयुगीन इतिवृत्तात्मकता से मुक्त 'संशय की एक रात', 'राम की शक्ति पूजा',[43] 'विदेह',[44] 'कैकेयी' (प्रभात कृत) आदि काव्यों में यह तथ्य अनायास ही दृष्टिगोचर होता है।

मध्ययुगीन काव्यों में प्रकृति का उपयोग वैषम्य अथवा तादात्म्य की अपेक्षा प्रतिबिम्ब रूप में अधिक हुआ। मानस में राम के वनबास के अनंतर अयोध्या के सरिता वन, बाग इत्यादि श्रीहीन हो जाते हैं। वस्तुत: यह प्रकृति का अत्यन्त मनोवैज्ञानिक उपयोग है किन्तु वैषम्य अथवा समरूपता के स्तर पर रखकर वर्णन की रेखाओं को अधिक सूक्ष्म बनाने का प्रयत्न नहीं किया गया है।[45] जबकि "है अमा निशा..." इत्यादि पूर्वोद्धृत काव्यांश में सिंधु के परिपार्श्व में राम की उद्विग्नता, प्रणय, विक्षुब्धि एवं दृढ़-आस्था का उभरता हुआ बिम्ब प्रकृति एवं पात्र के आंतरिक व्यक्तित्व को जैसे एक ही अन्त:सूत्र में नियोजित कर देता है। मानव तथा प्रकृति का यह बिम्ब-प्रतिबिम्ब भाव परिवेश अथवा पृष्ठभूमि को बाहर नहीं रहने देता, अपितु पात्र के व्यक्तित्व में समाहित कर देता है।

संवेदना गत

आलम्बनगत वर्णन से सम्बद्ध प्रकृति-वर्णन की एक अन्य दिशा है जिसमें प्रकृति मानवीय संवेदना में अपना अन्यतम योग देती है, उसकी आशा-आकांक्षाओं, अश्रु-विषाद, निराशा एवं अवसाद में समभागिता के स्तर पर सम्पृक्त रहती है। 'कैकेयी' (प्रभात कृत) काव्य में प्रकृति मानव जीवन की प्रत्येक घटना और अनुभूति से इसी संवेदनात्मक स्तर पर जुड़ी हुई है। अनार्यों के आतंक से संत्रस्त परिवेश एवं प्रकृति का एकांत संयोजन यहाँ द्रष्टव्य है :

संत्रस्त दिशाएँ होतीं, पृथ्वी रोती—
मानवता धीरज-धन जीवन-धन खोती।
विष-व्याल जहाँ उड़ते, तूफान गरजते,
तम में पर्वत के शृंग तूर्य से बजते।[46]

आधुनिक कविता में प्रकृति-वर्णन की यह एक प्रचलित शैली है। यहाँ प्रकृति का अधिकतर अंश सम्भावना अथवा कल्पनामूलक दृश्य-बंधों में अभिव्यक्ति पाता है। प्रत्यक्ष रूप-विधान की अपेक्षा पात्र की मानसिकता का ही रूपान्तरण यहाँ लक्षित होता है। यथा :

नारिकेलों पर टिका
आकाश
शव की पुतलियों-सा मौन
नीला मौन!![47]

मानस के 'श्रीहत सर' इत्यादि में हम 'सर सरिता के श्रीहत' होने का अर्थ उनकी निर्जनता, उनका सन्नाटापन लेंगे। "लोग राम-वियोग में विकल पड़े हैं। सर-सरिता में जाकर स्नान करने का उत्साह उन्हें कहाँ ?"[48] आगे शुक्लजी ने यद्यपि यह स्वीकार किया है, "गोस्वामीजी ऐसे भावुक महात्मा के निकट तो राम के वियोग में अयोध्या की भूमि ही विषाद-मग्न हो रही, आठ-आठ आँसू रो रही है।" [49] किन्तु इस दृश्य का प्रत्यक्ष रूप ही यहाँ संवेद्य है। जबकि उपर्युक्त दृश्य-खण्ड में शव की पुतलियों-सा स्थिर नीला आकाश एकांततः कवि-कल्पना पर आश्रित है, जिसका नियोजन पात्र की मनःस्थिति की व्यंजना के लिए किया गया है। सीधे-सादे प्रकृति रूपों में पात्र की मानसिक प्रतिच्छाया के अनुरूप भाव-संयोजनाओं का यह विस्तार, आधुनिक राम-काव्य में अनेक मार्मिक दृश्य-बिम्बों के अंकन में समर्थ है। कहीं चीखता सागर-घोष,[50] कहीं नीले हंस-सा मिथिला-आम्रकुंजों पर झुका हुआ फाल्गुनी आकाश,[51] कहीं अँधेरे-से-अँधेरे तक जल की आती हुई प्रतिध्वनियाँ,[52] कहीं शंख-सीपी उगलते हुए अंतस में आलोडित-विलोड़ित समुद्र की फेनयुक्त तरंगें,[53] आदि दृश्य-बंध मूलतः पात्रों के मानसिक जगत् की प्रतिच्छाया ही हैं। पूर्वोद्धृत अंश (प्रभात-कृत 'कैकेयी' वाला) में प्रकृति जहाँ एकांततः मनोभव एवं कल्पनामूलक है वहाँ इन दृश्यों-खण्डों में प्रत्यक्ष रूप-विधान भी एक सीमा तक संयुक्त है।

नैतिक उपदेश

प्रकृति के विविध रूप-व्यापारों में मानव न केवल अपने अंतस की प्रतिच्छाया देखता है, अपितु अपनी जीवन-दृष्टि को निर्मित करने वाले विविध नैतिक-आध्यात्मिक मूल्यों की पुष्टि के लिए अनेक उपादान भी खोज निकालता है। नैतिक उपदेश ग्रहण करने के लिए मध्ययुगीन कवियों ने भी प्रकृति का ऐसा सार्थक उपयोग किया है। 'मानस' के वर्षा वर्णन में प्रकृति अनेक नैतिक संदेश देती है। स्पष्टतः ये उपदेश कथा अथवा पात्रों की मानसिक प्रतिच्छाया न होकर कवि के स्वतंत्र जीवन-दर्शन की अभि-व्यक्ति हैं। आधुनिक रामकाव्य में ये दोनों प्रवृत्तियाँ लक्षित होती हैं। कहीं समसामयिक वैचारिक आन्दोलनों तथा राजनैतिक-आध्यात्मिक दृष्टिकोण को अभिव्यक्त करने के लिए कवियों ने प्रकृति का उपयोग किया है,[54] तो कहीं वे कथा प्रसंग में अन्तर्भुक्त होकर अतिरिक्त सौन्दर्य भी जगाते हैं।[55] स्पष्टतः प्रथम प्रवृत्ति द्विवेदीयुगीन प्रभाव में

लिखे हुए काव्यांशों में अधिक दृष्टिगत होती है। निर्झर यदि शक्ति, दृढ़ता तथा जीवन-संघर्ष में जूझने की प्रेरणा देता है[56] तो कण्टकों में खिला हुआ पुष्प-गौरव गंध को वितरित करने की घोषणा करता है।[57] दीर्घ शाखाओं के फैले हुए वृक्ष उदार वृत्ति का परिचय देते हैं[58] तो कोयल की मंजु-वाणी भी सद्भावना को मूर्त करती है।"[59] क्रमश: परिवर्तित होती हुयीं ऋतुएँ निर्मम कालचक्र का परिज्ञान कराती हैं :

हेमन्त का शिशिर का फिर राज्य फैलता,
कैसा कराल क्रम निर्मम काल चक्र का।
आती स्वत: विगत-वासर में विभावरी,
राका निदान क्रमशः तमसावृता अमा।।[60]

द्विवेदीयुगीन प्रभाव से मुक्त काव्यों में प्राकृतिक व्यापारों एवं उपकरणों के आधार पर गृहीत जीवन-दर्शन की अभिव्यक्ति अपेक्षाकृत अधिक प्रतीकात्मक एवं अभिव्यंजनात्मक है। 'साकेत' में अनेक स्थलों पर गुप्तजी द्विवेदीयुगीन इतिवृत्तात्मक प्रभाव से मुक्त होकर व्यंजना की सूक्ष्मता एवं प्रतीकात्मकता की ओर उन्मुख होते हैं। यथा-

चिन्मय बनें हमारे मृण्मय पुलकांकुर बन, बरसो।
मंत्र पढ़ो, छींटे दो, जागे सोये जीवन, बरसो ![61]

उपदेशात्मकता का स्वर यहाँ अत्यन्त सूक्ष्म एवं व्यंजना-गर्भित है। भौतिकता में निमग्न जीवन आध्यात्मिक संस्पर्श से किस प्रकार चेतनायुक्त बन जाता है, उसकी अभिव्यक्ति प्रतीकात्मक रूप में हुई है किन्तु प्राकृतिक संदर्भों की अधिक सूक्ष्म अभिव्यक्ति छायावादी प्रभाव क्षेत्र में हुई है।

'पंचवटी-प्रसंग' में मुक्ति की अपेक्षा भक्ति की श्रेष्ठता का प्रतिपादन करने के लिए 'निराला' ने सूर्य किरणों के स्पर्श से वारि-कणों के अव्यक्त हो जाने तथा पुन: जलद-रूप में व्यक्त होने का चित्र प्रस्तुत किया है। यह चित्र निश्चय ही अधिक मनोमय एवं प्रतीकात्मक है :

"वही जब पाते हैं जलद-रूप,
प्रगति की फिर से जब सूचना दिखाते हैं,
जीवन का बालकाण्ड शुरू होता,—
क्रीड़ा से कितने ही रंग वे बदलते हैं
शिखर पर-व्योम-पथ में
नाचते-थिरकते हैं, किलकते,—गीत गाते हैं—
कोमल कपोल श्याम चूमता जब मन्द मलय,—
भर जाता हृदय आनन्द से—
बूंदों से सींचती उच्छ्वास-सलिल
मानस सरोवर-वृक्ष—"[62]

इसी प्रकार 'अरुण' मानवता के मन से मिट्टी का चिर-सम्बन्ध द्योतित करने के लिए ऋतुओं के क्रमिक परिवर्तन का चित्र उपस्थित करते हैं।[63] मनुष्य आते-जाते हैं किन्तु प्रकृति अपनी सम्पूर्ण समृद्धि शक्ति के साथ अब भी वैसी की वैसी ही है :

पर यह धरती चिर स्वप्न लिये
मानवता का कल्याण लिये
कितनी अचला
फल-फूल लिये, रवि धूल लिये
निर्झर-अरण्य-वन-कूल लिये

पर्वत, समुद्र की शक्ति लिये
अब भी वैसी!
ऋतुओं का आना-जाना भी अब भी वैसा का ही वैसा![64]

निश्चय ही जीवन-दर्शन की अभिव्यक्ति के लिए प्रकृति का यह कलात्मक उपयोग एकांततः प्रकृति-चित्रण के अन्तर्गत नहीं आता। प्रकृति यहाँ गौण तथा जीवन-दर्शन की अभिव्यक्ति यहाँ प्रमुख होती है। किन्तु नैतिक मूल्यों की अभिव्यक्ति के लिए अन्योक्ति, समासोक्ति, प्रतीक अथवा प्रत्यक्ष रूप में प्राकृतिक उपकरणों का प्रयोग अत्यन्त प्राचीन काल से होता आया है। नैतिकता और जीवन-मूल्यों की प्रतिष्ठा के राम कथा में निबद्ध होने के कारण प्राकृतिक व्यापारों से गृहीत नैतिक एवं उपदेशात्मक सूक्तियाँ यहाँ प्रचुरता से उपलब्ध हैं। आधुनिक राम-काव्य में भी यह परम्परा अवि-च्छिन्न है। कुछ सूक्तियाँ इस दृष्टि से उद्धृत की जाती हैं :

मिट कर बीज मुकुट बनता है, माथे चढ़ता चंदन।
पिस कर रंग खिला मेंहदी का, घुट-घुट खिलता अंजन॥[65]
\+ + +
री, आवेगा फिर भी वसंत, जैसे मेरे प्रिय प्रेमवंत।
दु:खों का भी है एक अंत, हो रहिए दुर्दिन देख मूक।
ओ कोयल, कह, यह कौन कूक ?[66]

इसी प्रकार मानव तथा प्रकृति में जीवन-दर्शन की समता का प्रदर्शन बड़े विशद रूप में हुआ है। संसार के सौंदर्य की क्षणिकता, क्षणभंगुरता, जीवन की निरंतर गतिशीलता, आत्मा की शाश्वतता, तप-त्याग एवं बलिदान की महत्ता, करुणा, सहिष्णुता, परोपकार, सत्संग, विश्वास, साहस, कर्तव्यपरायणता एवं निरभिमानता इत्यादि नैतिक आदर्शों को सम्मूर्तित करने के लिए प्रकृति का व्यापक उपयोग राम-काव्य में हुआ है।[67]

अलंकरण रूप में

उपदेशात्मकता के समान ही भावों के अलंकरण में भी प्राकृतिक व्यापारों एवं उपकरणों का महत्त्वपूर्ण योग रहा है। यहाँ भी प्रकृति का स्वतंत्र अस्तित्व गौण तथा अलंकरण पक्ष ही प्रधान होता है। रूढ़ एवं परम्परित उपमानों का परिपाटी बद्ध प्रयोग, जहाँ प्रकृति के प्रति कोई नवीन जिज्ञासा अथवा रागात्मकता के नये आयाम की उद्‌भावना नहीं करता, वहाँ सजग कलाकार के द्वारा अपने सूक्ष्म पर्यवेक्षण तथा व्यापक अन्तर्दृष्टि के आधार पर प्राकृतिक प्रतीकों का बड़ा सूक्ष्म एवं रम्य विधान दृष्टिगत होता है। अधिकांश आधुनिक रामकाव्यों में अलंकरण के रूढ़िबद्ध प्रयोग ही दृष्टि-गोचर होते हैं। निर्झर, पुष्प, मेघ, सूर्य तथा उनसे सम्बद्ध अन्य प्राकृतिक तत्त्वों का अत्यन्त व्यापक उपयोग यहाँ देखा जा सकता है। यहाँ सूर्य तथा उससे सम्बद्ध दृश्यों के अलंकृत प्रयोग प्रस्तुत हैं—

"जो आज्ञा",—लक्ष्मण गये तुरंत कुटी में,
ज्यों घुसे सूर्य-कर-निकर सरोज-पुटी में।[68]
\+ + +
भाभी रोती नहीं, धरा पर तुहिन रश्मि की ढलती है।[69]
\+ + +
तनिक ठण्ड से ठिठुरा जाता, तनिक धूप से कुम्हलाता।
उस इन्दीवर राघव को क्या देख सकूंगा वन जाता?[70]

इसी प्रकार आंधी, मेघ तथा वृष्टि का उपयोग ध्वंस एवं विनाश के चित्रों को उपस्थित करने के लिए परम्परागत रूप में मिलता है।[71] पति-पत्नी की अभिन्नता के लिए चंद्र और चंद्रिका तथा दामिनी एवं मेघ का, निराशा के लिए अंधकार के

उप-मान प्रयुक्त हैं। सीता झुकी हुई फूलों की डाली-सी तथा शूर्पणखा का मुख-मण्डल उस गंध-पुष्प के समान है जिससे बिखरते पराग कण दिङ्मण्डल को आमोदित कर रहे हैं।[72] कहने की आवश्यकता नहीं कि इन उपमानों के लिए कवि परम्परा एवं विशेषत: संस्कृत वाङ्मय के उपजीवी हैं। यथा, निम्नलिखित पंक्तियों पर कालिदास का प्रभाव स्पष्ट है—

(अ) जिस भाँति चंद्रिका चंद्र नहीं तजती है
दामिनि मेघों में दमक-चमक छिपती है
इस भाँति नारि नर में विलीन हो जाती
दोनों अभिन्न, फिर किसे भिन्नता भाती[73]

\+ + +

(आ) सीता थी या झुकी हुई थी—
लद फूलों से डाली[74]

मानव आकृति तथा भावनाओं के चित्रण के लिए प्राकृतिक उपमानों के प्रयोग प्रकृति की भूमिका गौण (अप्रस्तुत) रहती है। प्रकृति के अलंकृत चित्रणों में प्रकृति की भूमिका अपेक्षाकृत प्रमुख होती है। मानवीय संवेदनाओं एवं रूपाकारों का प्रयोग प्रकृति के अन्तरंग को अधिक संवेद्य बनाने एवं विवृत करने के लिए किया जाता है। तुलसी के वर्षा वर्णन में प्राकृतिक व्यापार के समानान्तर मानवीय संवेदना एवं आचरण को प्रस्तुत करके कवि ने प्रकृति के मौलिक स्वरूप को भी संवेद्य बनाया है। आधुनिक रामकाव्य में यह परम्परा विकसित हुई है। संध्या, रात्रि, सूर्योदय इत्यादि के विविध प्रसंगों को अपनी कल्पना से अनुरंजित कर प्रस्तुत किया गया है। मध्य-युगीन काव्य में जहाँ यह अलंकार स्वयं में साध्य प्रतीत होता है तथा प्रकृति-वर्णन अलंकारों की मंजूषा बन गए हैं, वहाँ आधुनिक काव्य में यह प्रवृत्ति अपेक्षाकृत अधिक संयत है। आधुनिक युग में बहुत कुछ मानवीकरण और विशेषण-विपर्यय की प्रवृत्ति के कारण उत्प्रेक्षाओं का या तो सीधा प्रयोग हुआ है अथवा प्रकृति की संश्लिष्ट मानवीय योजना के कारण उत्प्रेक्षाओं की अतिरिक्त चमक संयत तथा सह्य हो गई है। यथा, 'साकेत' में सूर्योदय के दृश्य में उत्प्रेक्षा की व्यंजना अधिक चौंकाती नहीं है :

किन्तु दिनकर आ रहा, क्या सोच है?
हिम-कणों ने है जिसे शीतल किया,
और सौरभ ने जिसे नव बल दिया,
सुमन-रज सर्वांग में मलने लगा ![75]

यहाँ उत्प्रेक्षाएं प्रस्तुत प्रसंग में सार्थक हैं। सूर्यवंशी राम द्वारा पिता दशरथ एवं गुरुजनों के प्रति विनम्रता प्रकट करना तथा उनके आदेश को शिरोधार्य करने की व्यंजना यहाँ अत्यन्त संवेद्य है। इसी प्रकार 'साकेत' के अष्टम सर्ग में संध्या-वर्णन की उत्प्रेक्षा भी संदर्भ की सापेक्षता को अत्यंत स्वाभाविक रूप से व्यंजित करती है :

तदनन्तर बैठी सभा उटज के आगे,
नीले वितान के तले दीप बहु जागे।
टकटकी लगाये नयन सुरों के थे वे,
परिणामोत्सुक उन भयातुरों के थे वे।[76]

देवताओं के नेत्र यहाँ प्रस्तुत प्रसंग की अनिवार्यता भी हैं तथा उत्प्रेक्षा का चमत्कार भी उत्कीर्ण करते हैं। मानवीय कृत्यों में देवताओं के हस्तक्षेप को आज का कवि केवल संभावनामूलक धरातल पर ही स्वीकार कर सकता है। गुप्तजी ने मध्य-युगीन परिपाटी का अनुसरण करते हुए प्रकृति के अलंकृत चित्र भी दिए हैं तथा 'फंतासी' का प्रभाव जगाने वाले कल्पना-चित्र भी। मध्य युग में ऐसे चित्र प्राय: उत्प्रेक्षा एवं संदेहों की शृंखला में प्रस्तुत किए गए हैं। गुप्तजी ने उसका एक संश्लिष्ट बिम्ब उपस्थित किया है। सूर्य की हंस से तुलना परम्परित है, किन्तु निम्नलिखित कल्पना-चित्र में उसका रूपायन कवि-प्रतिभा का उपजीवी है :

सखि, नील नभस्सर में उतरा, यह हंस अहा ! तरता-तरता,
अब तारक-मौक्तिक शेष नहीं, निकला जिनको चरता चरता।
अपने हिम-बिन्दु बचे तब भी चलता उनको धरता-धरता,
गड़ जायँ न कण्टक भूतल के, कर डाल रहा डरता-डरता ![77]

अलंकृत

इस प्रकार प्रकृति के अलंकृत तथा कल्पनाविष्ट चित्रों की परम्परा को आधुनिक कवि ने अधिक वस्तुगत आधार दिया है। मानवीकरण की परम्परा मध्ययुग भी रही, किन्तु आधुनिक युग में उसने उत्प्रेक्षाओं के जाल से मुक्त होकर एक स्पन्दनमयी वास्तविकता का रूप ग्रहण कर लिया है। ऐसे चित्रों की योजना आधुनिक कविता की एक विशिष्ट परिपाटी ही बन गई है। ये चित्र कहीं स्वतंत्र तथा कहीं मानवीय भावनाओं के समानान्तर उत्कीर्ण किए गए हैं। यथा, 'कैकेयी' (चांदमल अग्रवाल-कृत) में प्रभात का वर्णन राज्याभिषेक का संदर्भ' लिये हुए है तो संध्या का वर्णन राज्य-शासन से उपराम लेने वाले दशरथ की मानसिकता की अभिव्यंजना में सहायक है—

दिनकर दिन भर राज्य भोग अब जा रहे,
मंथर यान प्लवंग समान बढ़ा रहे।
छाया. सुयश विलोक गगन रक्तिम हुआ,
चन्द्रायण के निकट, गुलाल उड़ा रहे।।[78]

जहाँ कवि ने उपमाओं एवं उत्प्रेक्षाओं का प्रयोग भी किया है, वहाँ उसका प्रयास एक संश्लिष्ट बिम्ब उपस्थित करने का ही रहा है।

'उत्तरायण' के प्रभात-वर्णन को कवि तुलसीदास की सृजन-चेतना एवं वैराग्य-भावना के परिपार्श्व में देखा जा सकता है—

हो गया प्रभात। रवि-रश्मि-रेखा पूर्व में,
लिखती है बादलों के पृष्ठ पर छंद-से।
कवि के समान अलि गूंजता है गर्व से,
और मच ही रहा है रस-मकरन्द से।
तारे हुए फीके और नभ में समा गये,
जैसे वासना की वृत्ति लुप्त हो विवेक में।[79]

प्रकृति के अलंकृत वर्णन की एक अन्य विशेषता उन संदर्भों में देखी जा सकती है, जहाँ आश्रय प्राकृतिक उपकरणों में आलम्बन की प्रिय मूर्ति देखकर भावार्द्र होता है। परम्परित प्रकृति-चित्रों में ऐसे दृश्य अलभ्य नहीं हैं किन्तु अवास्तविकता का आवरण उन्हें कल्पित भूमि से उठाकर अनुभूति की सहज संवेदनीयता के स्तर पर नहीं उभरने देता। उदाहरणार्थ 'यत् त्वन्नेत्र-समान कांति' नामक प्रसिद्ध श्लोक[80] तथा उससे प्रभावित केशव के कलहंस, कलानिधि[81] इत्यादि की तुलना में गुप्तजी का 'निरख सखी' ये खंजन आये[82] नामक पद देखा जा सकता है। शरद् ऋतु के आगमन पर ऊर्मिला खंजन-पक्षी में लक्ष्मण के नेत्रों का, आतप में उनकी कठोर तप साधना का, सरोवर में मन का, हंसों में मुस्कराहट तथा बंधूक-पुष्पों में उनके अधरों का आभास पाकर शरद् ऋतु के प्रति कृतज्ञ होती हैं। बहुत-कुछ परिपाटी-बद्ध होने पर भी यह वर्णन नवीन एवं संवेदनीय है।[83]

प्रकृति और मानव को एक-दूसरे में बिम्ब प्रतिबिम्ब दिखाकर दोनों को एक ही अन्त:सूत्र में गुम्फित करना अलंकार-चमत्कार ही नहीं, अपितु मानवीय संवेद-नाओं के सहज विस्तार को भी व्यंजित करता है। 'शबरी' (वचनेश)[84] का षड्ऋतु-वर्णन इस दृष्टि से उल्लेखनीय हैं। जहाँ ग्रीष्म-ताप से प्रकृति तप्त, उच्छ्वसित तथा शुष्क हो जाती है, वहाँ उसी के

समानांतर शबरी में भी संताप, उच्छ्वास, कृशता, शुष्कता इत्यादि का आभास देकर कवि उपमान-उपमेय भाव को ही नहीं, अपितु प्रकृति और मानव के सहज आन्तरैक्य को उद्घाटित करता है, जो परिपाटीबद्ध उद्दीपन-प्रणाली से भिन्न आधुनिक संवेदना-बोध के अधिक निकट है :

गुरु-सोक तप्यौ सबरी को हियौ उत ग्रीषम भूतल तप्त कियो,
इत हा-धुनि धारि उसांस बही हहरी उत लूक निदाघ-दही।
इत नीरस इन्द्री भयीं तन की, सरिता-सर-बापी उतै बन की,
इत अंग उतै बन सूख गयो; बनबासिनि को बन संगी भयो।

मन:स्थिति-चित्रण

कवियों के परिपाटी-बद्ध प्रकृति-चित्रण का एक रूप उन वर्णनों में भी देखा जा सकता है जहाँ आंतरिक ताप और कृशता की व्यंजना के लिए प्रकृति के दाहक अथवा उन्मादपूर्ण दृश्यों का अंकन किया गया है। नायिका के शरीर-ताप अथवा विरहजनित वेदना के स्पर्श से हवा, पानी, पुष्प इत्यादि पदार्थों में जो परिवर्तन आ जाता है, उसका ऊहात्मक वर्णन रीति-काल में पर्याप्त हुआ है। गुप्तजी ने आश्रयनिष्ठ संवेदना और सहानुभूति का विस्तार कर आधुनिक बोध के स्तर पर उसका पुन: संस्कार किया है। मध्ययुगीन नायिका सुरभि से केवल विरह यंत्रणा को उद्दीप्त न करने की ही प्रार्थना कर सकती है, ऊर्मिला के समान उसके हित चिंतन में व्यग्र नहीं होती :

अरी सुरभि, जा लौट, अपने अंग सहेज।
तू फूलों में है पली, यह काँटों की सेज।।[85]

गुप्तजी ने विशुद्ध ऊहात्मक उक्तियाँ भी कही हैं। संस्कृत एवं मध्ययुगीन काव्य का उनपर स्पष्ट प्रभाव है, किंतु कवि की नायिका की आत्मदृप्त नैतिक संचेतना इन उक्तियों को युगानुकूल संदर्भ देती है। 'मुझे फूल मत मारो' नामक प्रसिद्ध पद विद्यापति[86] और जयदेव की परम्परा का स्मरण दिलाता है, किन्तु इसकी अन्तिम पंक्तियां गुप्तजी की स्वतंत्र चेता नारी की आत्म-शक्ति का परिचय देती हुई एक विशिष्टता ग्रहण कर लेती हैं :

रूप दर्प कन्दर्प, तुम्हें तो मेरे पति पर वारो,
लो, यह मेरी चरण-धूलि, उस रति के सिर पर धारो ![87]

प्रौढोक्ति सम्भव कल्पना का यह अत्यन्त भावमय प्रयोग है जिसमें वैचित्र्य की प्रवृत्ति दृष्टिगोचर अवश्य होती है, किन्तु व्यंजना अत्यन्त भावात्मक एवं स्वाभाविक है। इस प्रकार के वैचित्र्यमूलक वर्णन आधुनिक कवियों में अधिक नहीं हैं, क्योंकि मध्ययुगीन काव्य में प्रवृत्ति से मुक्ति के लिए कवियों ने प्राय: प्रकृति-वर्णन की जिन शैलियों को अपनाया है उसमें प्रकृति के सहज अकृत्रिम रूप के प्रति ही ललक है। अत: प्रकृति के दृश्यों को देखकर मानव-रूपाकारों एवं आश्रयनिष्ठ स्मृतियों के उबुद्ध होने की जो व्यंजना इन कवियों ने की है, उनमें वैचित्र्य के स्थान पर मानवीय मन:स्थिति का प्रति-बिम्ब अधिक मुखर है। यथा, राम के राज्यभिषेक का समाचार सुनकर कैकेयी हर्ष के क्षणों में प्रकृति के जिन तत्त्वों के माध्यम से राम के स्वरूप को अलंकृत करना चाहती है वे एकांतत: अत्यंत सहज, सरल तथा आश्रय की मन:स्थिति की उद्भूति हैं :

अरी कल्पनाओ ! बन जाओ, जाओ इन्द्रधनुष सुकुमार,
चल अंचल से पौंछ राज-पथ तुम्हीं सजाओ बन्दनवार।
सूर्य-चंद्र की अयुत रश्मियाँ चुन-चुन कर चंचल उद्दाम,
तुम्हीं सजाओ राजमहल के वातायन लोचन अभिराम।।[88]

यहाँ प्रकृति के एक इन मांगलिक उपकरणों की योजना साध्य स्थिति अथवा संभाव्य स्थिति में है, जिसमें प्रकृति के मधुर-कोमल रूपों को चुनकर कवि अपने आलम्बन अथवा आराध्य का श्रृंगार करना चाहता है। सिद्ध स्थिति में कवि सर्वत्र प्रकृति में आलम्बन के स्वरूप का उद्भास देखता है। यह परम्परा अपेक्षाकृत प्राचीन है। विश्व की समग्र उदात्तता

एवं पवित्रता रामचंद्र के शुभ्र यश से ही संभूत है। कवि रामचंद्र के यश का विस्तार प्रकृति के विविध तत्त्वों में प्रदर्शित करते हुए कहता है :

पीती न क्यों शुचि सुधा वसुधा सुधांशु की,
होती न क्यों रसमयी रस-राशि से रसा?
फूलें-फूलें न क्यों वीरुध-वल्लरी सभी,
वर्षा हुई अमृत की ऋत रामचन्द्र से।।
\+ + +
उच्छ्वास है पवन में, वन में सुहास है,
उद्धास धान्य-धन में, जन में सुवास है।[89]

प्रतिबिम्बवाद (अद्वैतवाद) का काव्यात्मक निरूपण करने के लिए पिछले कवियों ने ऐसे दृश्य प्रचुर मात्रा में अंकित किए हैं।[90] वस्तुतः प्रकृति के व्यापक विस्तार से प्रसंगानुकूल विशिष्ट उपादानों का चयन कर किसी मनोमय रूप की संकल्पना एक अतिप्राकृत कल्पनामूलक दृश्य-बिम्ब का विधान करती है, जो मूलतः कवि की कल्पना का उपजीवी होता है, किंतु उसका आधार संवेद्य भाव-तत्त्व होता है। अतएव प्रभाव-अंकन की दृष्टि से वह अपेक्षित प्रभाव छोड़ता है। उदाहरणार्थं, तुलसी सीता के रूप की परिकल्पना के लिए ऐसे ही सम्भावनामूलक उपादानों का चयन करते हैं।[91] आधुनिक रामकाव्य में भी प्रकृति के इन दृश्य-बंधों का उपयोग हुआ है, किन्तु, तुलसी आदि ने जहाँ अलौकिक रूप की परिकल्पना के लिए अतिप्राकृत धरातल के रूपों का संभाव्य स्तर पर विस्तार किया है वहाँ आधुनिक कवि किसी रूप सज्जा अथवा उल्लासमय वातावरण की व्यंजना के लिए आह्वान के स्तर पर उनकी पुनर्रचना करते हैं :

अरी अयोध्ये ! नृपति राम को कह, तू क्या देगी उपहार
स्वर्णहार तो तारा देंगे, रत्नहार देगा रत्नेश—
किरण-हार तो दिनमणि देगा, चन्द्रहार देगा राकेश
पुष्पहार तो ऋतुएं देंगी, विजय-हार देंगे दिक्पाल,
ज्योति-हार देगा ज्योतिर्मय, नत मस्तक नत-भाल त्रिकाल।
जन्मभूमि, तू माँ से बढ़कर, पुत्र राम तेरा सुकुमार[92]

यहाँ प्रकृति के विविध उपादान वातावरण के निर्माण तथा राम के सौंदर्य-संगठन में सचेष्ट भावमय योग देते हैं, जो संभावना के स्तर पर ही ग्राह्य है। तद्विपरीत 'अभिज्ञानशाकुन्तल' में वृक्ष इत्यादि प्रकृति के उपकरण शकुन्तला के पतिगृह-गमन के अवसर पर जो कुछ अर्पण करते हैं,[93] वह सिद्ध अर्थात् वास्तविक यथार्थ भूमि पर है।

प्राचीन परिपाटी की रचनाओं में यह प्रवृत्ति कम दृष्टिगत होती है, जिसका एक कारण यह भी है कि प्राकृतिक पदार्थों में मानवीय व्यापारों का चित्रण भावाभास माना गया है क्योंकि भावों का आदान-प्रदान केवल चेतन प्राणियों में ही सम्भव है।

यदि कहीं प्रकृति के पदार्थ मानव रूप में अवतरित होते हैं तो वहाँ उन्हें वस्तुतः दैवी अथवा मानवीय संचेतना से अधिष्ठित देव अथवा मानव के रूप में ही स्वीकार किया गया है। अर्थात् वहाँ कल्पनात्मक स्थिति न रहकर सिद्ध स्थिति बन जाती है। उदाहरण के लिए प्रवरसेन के महाकाव्य 'सेतुबंध' में प्रकृति का मानवीकरण इसी रूप में हुआ है : "काँपते हृदय से दूसरी ओर देखती हुई गंगा जिन चरणों से आविर्भूत हुई है उन्हीं राम के कमल जैसे अरुण तलवे वाले चरणों में जा गिरी।"[94] इसी प्रकार रामकाव्य में सर्वत्र समुद्र मानव-रूप में राम के सम्मुख अवतरित होता है। आधुनिक युग में मानवीकरण की यह प्रवृत्ति परिवेश तथा मनःस्थिति के एकात्म्य की व्यंजना के लिए अत्यन्त व्यापक रूप में लक्षित हुई है। स्पष्टतः ऐसे सभी उदाहरणों में आश्रय की अनुभूति का योग है। प्रकृति को आत्म चेतना से आलोकित कर एक विशिष्ट प्रयोजन अथवा सार्थकता के लिए उसका उपयोग करना आधुनिक कवि की सहज प्रवृत्ति है।

'संशय की एक रात' में जटायु अपने अन्तर के जिस संशय और आत्म-चेतना को वाणी देता है, उसमें वह प्रकृति का सहज मानवीय उपयोग अवश्य करता है किंतु वह मूलतः उत्प्रेक्षा के स्तर पर है, सिद्ध स्तर पर नहीं—

तुम्हारे भीतर
चट्टानों की पलकें मींचे
अनन्त सृष्टयां सोयी हैं।[95]

प्रकृति का यह प्रयोग अप्रस्तुत के रूप में है। अप्रस्तुत का यह उपयोग एक विशिष्ट मनःस्थिति अथवा परिस्थिति की संघनित व्यंजना में सहायक होता है। कैकेयी (प्रभात-कृत) के षष्ठ सर्ग में सूर्योदय का बिम्ब क्रांति के आह्वान के लिए उपयुक्त भावस्थिति से साक्षात्कार कराता है :

आया दिनमणि सूर्य-ज्योति के घूर्ण्यमान सागर-सा,
यौवन के उद्दाम तेज-सा, जलते शैल-शिखर-सा।
आया, ज्यों आता है उन्मद रक्त क्रांति का नेता,
आया, ज्यों आता लोहित-तन अविजित युद्ध-विजेता॥[96]

प्राचीन कविता में समासोक्ति अथवा अन्योक्ति के द्वारा मानवीकरण के ऐसे चित्र प्रस्तुत किए गए हैं, किन्तु आधुनिक कवि अप्रस्तुतों के द्वारा प्रकृति की अन्तश्चेतना का सीधा साक्षात्कार करता है। अधिक से अधिक विशेषण-विपर्यय जैसे अलंकृत प्रयोगों के द्वारा वह पात्रों की मनःस्थिति को परिवेश से जोड़ता है।

मानवीकरण

प्रयोग मानवीय चेतना को इसे हम केवल प्रकृति-वर्णन सजीव एवं संवेद्य बनाने के प्रकृति के मानवीकरण का सबसे अधिक व्यापक मुखर करने वाले क्रियापदों के प्रयोग में देखा जाता है। की एक प्रणाली-भर कह सकते हैं जहाँ वर्णन को अधिक लिए कवि हँसना, रोना, देखना जैसे प्रयोगों का सहज रूप से विस्तार करता है। यथा,

रोदन जब हँस पड़ा धरा पर फूट पड़ी हरियाली।
माली आकर फूल ले गया, रही देखती डाली॥[97]
\+ \+ \+
हिल गई दिशाएं, खोली सुरधुनि-धारा,
पृथ्वी ने नभ को हो भयभीत पुकारा।[98]

वस्तुतः प्रकृति के मानवीकरण का विशुद्ध रूप विभिन्न भावों के (विशेषतः रति भाव के) प्रकृतिगत अस्तित्व में दिखाई देता है। प्राचीन कवियों ने वसंत इत्यादि के उन्मद वातावरण को चित्रित करने के लिए लता-वल्लरियों के परस्पर आलिंगन करने इत्यादि के चित्रण में इसका प्रयोग किया है। आधुनिक कवियों ने जहां इस प्रथा का अनुसरण किया है वहाँ अनेक नवीन उद्भावनाएँ भी की हैं। परम्परित पद्धति के वर्णनों में 'जानकी-जीवन,' 'वनस्थली', 'कैकेयी' (चांदमल अग्रवाल-कृत) आदि को रखा जा सकता है। जैसे—

उत्फुल्लिता कुमुदिनी निशि में प्रसन्न हो,
पाती प्रमोद दिन में परिफुल्ल पद्मिनी।[99]
\+ \+ \+
बाल प्रभाकर का सुस्मितपन उषा काल में स्वर्ण-समान;
कलियों का मुख खोल कराता चंचरीक जन को मधु-पान।[100]
\+ \+ \+
अलस मयंक-अंक से, रजनी सजग हुई।

बुझा दीप तारों के, बेमन अलग हुई ॥
प्राची में हलकी-सी, छायी अरुणाई।
ऊषा लजवन्ती ने ली फिर अँगड़ाई॥[101]

उपर्युक्त विवेचन से स्पष्ट है कि आधुनिक रामकाव्य में प्रकृति के परम्परा-प्राप्त सभी रूपों का चित्रण हुआ है। प्रकृति का यह चित्रांकन प्रस्तुत और अप्रस्तुत दोनों रूपों में हुआ है। मूल कथा के इतिवृत्त की पौराणिक कल्पना के कारण वर्णनों में कवि-कल्पना को अतिप्राकृत, अलौकिक एवं वैचित्र्यपूर्ण चित्रों को उपस्थित करने के लिए सहज ही अवकाश मिल गया है।

मध्ययुगीन प्रकृति-वर्णन की परम्परा से भिन्न आधुनिक रामकाव्य में प्रकृति-वर्णन का नवीन स्वरूप उद्दीपनगत चित्रणों में कतिपय विशिष्ट उद्भावनाओं के साथ सम्मुख आया है। उद्दीपन का क्षेत्र मूलतः विरह-वर्णन है।

उद्दीपन रूप में नवीन उद्भावनाएँ

राम के वियोग में पुरजनों की मनःस्थिति, लक्ष्मण के वियोग में ऊर्मिला की विरह-व्यंजना तथा रावण द्वारा अपहृत सीता की विरह व्यथा इत्यादि की अभि-व्यक्ति में मध्ययुगीन कवियों को षड् ऋतु वर्णन तथा अन्य रूढ़ियों एवं ऊहात्मक कथनों के लिए अवसर प्राप्त हुआ है। विरह-वर्णन का प्रकृति के साथ अभिन्न सम्बन्ध अपनी सहज भावशीलता में आश्रय प्रकृति के साथ भाव तादात्म्य कर आंतरिक दाह और कभी भावोल्लास का अनुभव करता है। वह कभी प्राकृतिक पदार्थों में अपने प्रिय का रूप देखता है तथा कभी प्रिय के वियोग में पेड़-पौधे, पशु-पक्षी इत्यादि की वियोग-व्यथा का भी उल्लेख करता है। आधुनिक कवियों ने इस मध्ययुगीन परिपाटी का विस्तार किया है तथा आधुनिक युगबोध के स्तर पर विभिन्न काव्य-शैलियों के प्रभाव के अन्तर्गत नवीन उद्भावनाएँ भी प्रदर्शित की हैं। इन उद्भावनाओं की सर्वाधिक वैविध्यपूर्ण एवं व्यापक प्रस्तुति प्रकृति के उद्दीपनगत रूप के संवेदनगत विस्तार में दृष्टिगोचर होती है। मध्ययुगीन कवि प्रकृति की उद्दीपन शक्ति तथा विभिन्न मन:-स्थितियों में उसकी रमणीयता एवं साहचर्य से उद्भूत संवेदनाओं के अंकन करने में अत्यन्त निपुण थे, किन्तु उस संवेदनात्मक विस्तार में वे अपने युग के सहज नैतिक एवं सांस्कृतिक मूल्यों से प्रभावित तथा काव्यगत प्रतिमानों से प्रेरित रहे हैं, जिसमें प्रकृति संभोग श्रृंगार में सुखकर भावों को उद्दीप्त करती है तथा विप्रलम्भ में दाह और उद्वेग का संचार करती है। आधुनिक युग में गांधीवादी प्रभाव के कारण आत्मवेदना को पचाकर अपने निजत्व को विश्व वेदना में विलीन करने की प्रवृत्ति बढ़ी, जिसका प्रभाव प्रकृति चित्रण पर भी पड़ा। फलतः एक ओर तो प्रकृति के अकृत्रिम रूप के प्रति अतिरिक्त कर्षण एवं ललक का भाव दिखलाई दिया तो दूसरी ओर प्रकृति के प्रसंग प्राप्त उपकरणों एवं व्यापारों के प्रति करुणा एवं सहानुभूति का विस्तार भी हुआ। आधुनिक कवि की दृष्टि में विरह हमारी वृत्तियों को इतना संकुचित एवं संकीर्ण नहीं बनाता कि हम प्रकृति के इन जीवंत पदार्थों के प्रति इतने निष्करुण एवं निर्मम हो जायें कि या तो उनके ध्वस्त होने की कामना करने लगें या उनमें एकांत क्रूरता एवं बीभत्सता का ही दृश्य देखने लगें। विरह की परम्परित उक्तियों में चन्द्रमा दाह का संचार करता है। अपनी अग्नि-गर्भित किरणों से हृदय को दग्ध करता है। अतः विरहिणी बार-बार उसके क्षयिष्णु अथवा राहु-ग्रस्त होने की कामना करती है। तद्विप-रीत गुप्तजी की विरहिणी ऊर्मिला विरह जनित वेदना को अपने लिए सुरक्षित रख कर चंद्रमा के फूलने-फलने की कामना करती है। इस संदर्भ में गुप्तजी ने अपना मंतव्य स्पष्ट करते हुए कहा है कि "विरही जन सारे उद्दीपन विभावों को उपालम्भ देकर कोसा करते हैं। द्विजराज चन्द्रमा तक को कसाई कह देना तो कोई बात ही नहीं, और भी न जाने क्या-क्या नहीं कहा जाता। किन्तु ऊर्मिला इस विचार के विरुद्ध मानो विद्रोह करती है।"[102]

ऊर्मिला ने आंतरिक वृत्ति को पिघलाकर इतना मृदु एवं पर-दुःख-कातर बना दिया है कि प्रकृति के पदार्थों पर एक छोटा-सा आघात भी उसे सह्य नहीं है। अतः वृक्षों को सींचने के लिए मालिनों को आदेश देते हुए वह कहती है :

सींचें ही बस मालिनें, कलश ले, कोई न ले कर्त्तरी,
शाखी फूल फलें यथेच्छ बढ़के, फैलें लताएँ हरी।

क्रीड़ा-कानन शैल यंत्र-जल से संसिक्त होता रहे,
मेरे जीवन का, चलो सखि, वहीं सोता भिगोता रहे?[103]

यह वस्तुत: संकीर्ण स्वार्थ में आबद्ध मानव की मुक्ति-कामना का उज्ज्वल उदाहरण है। अन्यथा अपने हित हित साधन की आकांक्षा से प्रेरित प्राणि मात्र के दु:ख को वह तृणवत् ही मानता है।[104] इसी भावना से प्रेरित होकर विरहिणी ऊर्मिला प्रकृति-प्रतीकों से अपने जीवन के संघर्ष में प्रेरणा प्राप्त करती है। चित्रकूट की शिलाओं का स्मरण कर सुख-दु:ख में समत्व-भाव का आचरण करने की यह कामना इसका प्रमाण है—

सुदृढ़, धातुमय, उपल-शरीर,
अन्तस्तल में निर्मल नीर,
अटल-अचल तू धीर-गंभीर,
समशीतोष्ण, शांतिसुखसागर,
ओ गौरव-गिरि, उच्च-उदार ![105]

प्रकृति के प्रतीकों से स्थितप्रज्ञत्व का यह जीवन-दर्शन विरह के उद्दीप्त क्षणों में ग्रहण करना निश्चय ही गांधीवादी अहिंसक मूल्यों का प्रभाव है जो 'साकेत' में अन्यत्र भी दृष्टिगोचर होता है। यथा घटा के साथ बरस कर पृथ्वी को सरस करने की कामना लोकपक्ष के साथ जुड़कर ऊर्मिला के विरह को एक सामाजिक आयाम देती है। इस प्रकार आत्मवेदना को अपने तक संचित कर प्रकृति के सरसने-हँसने की कामना करना,[106] 'सर्वे भवन्तु सुखिन:' के नैतिक बोध का ही आधुनिक आयाम है। अपनी आंतरिक व्यथा को अपने तक ही सीमित रखकर प्रकृति और उसके बीच क्रीड़ामग्न पशु-पक्षियों को देखकर वह दुखित नहीं होती, अपितु प्रेमचर्या को निर्बाध गतिशील रखने के लिए उन्हें उत्साहित करती है।

इसमें सन्देह नहीं कि नवीन मूल्यों के इस प्रभाव को आत्मसात् कर आधुनिक कवि ने प्रकृति-चित्रण की अनेक संभावनाओं के द्वार उन्मुक्त किए हैं, किंतु परम्परा-प्राप्त रूपों को वह एकदम नहीं छोड़ सका है। यह एक मनोवैज्ञानिक सत्य है कि आंतरिक दाह के क्षणों में वैषम्य के स्तर पर प्रकृति अपनी रमणीयता से हृदय को बेचैन बना देती है। आधुनिक कवि भी इस मनोवैज्ञानिक सत्य का निषेध करने की सामर्थ्य नहीं जुटा सके हैं। शिशिर और वर्षा में यदि जलन की अनुभूति बिहारी की नायिका को है[107] तो गुप्तजी की ऊर्मिला को भी होती है।[108] यदि बैरी कोकिल की कूक घनानन्द के हृदय में टीस उत्पन्न करती है[109] तो ऊर्मिला का हृदय भी उस कसक का अनुभव करता है।[110] फिर भी इन उक्तियों में परिस्थितिक विडम्बना की जैसी स्वीकृति है वह इनके स्वरूप को विशिष्ट बना देती है। इनमें मध्ययुगीन कवियों जैसा न तो तीखा उपालम्भ है ओर न ही अरमणीयता का आत्यंतिक विस्तार ही।

स्पष्टत: आधुनिक युग में प्रकृति-वर्णन में परम्परित पद्धतियों का ही विस्तार हुआ है। साथ ही आधुनिक काव्य में रोमांटिक आंदोलन के प्रभाव के कारण प्रकृति के स्वच्छंद सहज जीवन के प्रति अनुराग बढ़ा है, रामकाव्य भी उससे गहन स्तर पर आंदोलित हुआ है। फलत: एक ओर तो कवियों ने कृत्रिम नागरिक संस्कृति के प्रति विकर्षण का भाव दिखलाते हुए प्रकृति के सहज अकृत्रिम रूप के प्रति अतिरिक्त आकर्षण प्रदर्शित किया है तो दूसरी ओर प्राकृतिक पदार्थों को उपालम्भ देकर उनको हीनतर दिखलाने की प्रवृत्ति भी कम हुई है। मानव और प्रकृति के अन्त:सम्बन्धों का जैसा व्यापक विधान आधुनिक युग में हुआ है वैसा पहले कम दृष्टिगत होता है। प्रकृति का मनोमय स्तर पर विधान तथा मानव स्पर्श से प्रकृति की सार्थकता का चित्रण करके तथा कहीं प्रकृति के योग से मानवीय व्यापारों का प्रतिफल दिखलाकर मानव और प्रकृति के बिम्ब प्रतिबिम्ब भाव का मार्मिक चित्रण इन कवियों ने किया है।

सन्दर्भ सूची

1. आचार्य रामचन्द्र शुक्ल : रस-मीमांसा, पृ. 92।
2. रस-मीमांसा, पृ. 99।

3. द्रष्टव्य, "पर क्रमश: कवियों ने सादृश्य का आधार छोड़ दिया और इससे सौन्दर्य-बोध के पंख भी टूट गये। और वैचित्य का अर्थ ऊहात्मक कल्पना और उक्ति के चमत्कार से लिया जाने लगा।"

—प्रकृति और काव्य : डॉ. रघुवंश, संस्करण सन् 1963, नेशनल पब्लिशिंग हाउस, दिल्ली, पृ. 80।

4. चित्रकूट, पंचवटी आदि स्थानों में गोस्वामी जी राम-लक्ष्मण को ले गए हैं, पर उनके राम-लक्ष्मण में प्रकृति के नाना रूपों और व्यापारों के प्रति वह हर्षोल्लास नहीं है जो वाल्मीकि के राम-लक्ष्मण में है। वाल्मीकि के लक्ष्मण पंचवटी पर जाकर हेमन्त ऋतु की शोभा का अत्यन्त विस्तीर्ण और सूक्ष्म वर्णन करते हैं। उसके एक-एक ब्यौरे पर ले जाते हुए अपनी रागात्मिका वृत्ति को लीन करते हैं, पर गोस्वामी जी के लक्ष्मण बैठकर राम से 'ज्ञान, विराग, माया और भक्ति' की बात पूछते हैं।"

— तुलसी ग्रन्थावली (तृतीय खण्ड) : सम्पादक आचार्य रामचन्द्र शुक्ल, संस्करण सं. 1980 वि.,
नागरी प्रचारिणी सभा, वाराणसी, प्रस्तावना, पु. 205।

5. "प्रकृति में वे कोई सौन्दर्य नहीं देखते। —प्रकृति की सुन्दरता केवल पुस्तकों में लिखी सुन्दरता है। सीताजी के वीणावादन से मुग्ध होकर घिर आये हुए मयूर की का कण्ठ, हरिणी की आंखें, मराल के मन्द मन्द चलने वाले पाँव शिखा, सूए की नाक, कोकिल इसलिए उनके राम से इनाम नहीं पाते हैं कि ये चीजें वस्तुत: सुन्दर हैं, बल्कि इसलिए कि कवि इन्हें परम्परा से सुन्दर मानते चले आए हैं, नहीं तो इनमें कोई सुन्दरता नहीं।"

—हिन्दी कवि समीक्षा (महाकवि केशवदास : डॉ. पीताम्बरदत्त बड़थ्वाल) : (सम्पादक डॉ. नगेन्द्र), पृ. 136।

6. तुलनीय, प्रकृति स्थूल से सूक्ष्म हो गई—बाहरी वस्तु व्यापारों की व्यंजना ही नहीं हुई, व स्वर्थ व शेली के अनुकरण पर प्रकृति में एक आन्तरिक सत्ता के अन्वेषण और उसके साक्षात्कार का भी प्रयत्न लक्षित हुआ।"

—आधुनिक हिन्दी कविता में प्रकृति-चित्रण : डॉ. रामेश्वरलाल खण्डेलवाल, पृ. 119।

7. वही, पृ. 116 117।
8. (अ) यह प्रकृति परम रमणीय अखिल ऐश्वर्य भरी शोधक विहीन,
तू उसका पटल खोलने में परिकर कसकर बन कर्म लीन।

—कामायनी : इड़ा सर्ग, पृ. 179

(आ) प्रकृति शक्ति यन्त्रों से तुमने सबकी छीनी।
शोषण कर जीवनी बना दी जर्जर झीनी॥

—कामायनी, संघर्ष सर्ग, पृ. 211

9. साकेत, सर्ग 8, पृ. 230।
10. साकेत, सर्ग 8, पृ. 231।
11. वही, पृ. 230।
12. विदेह, सर्ग 2, पृ. 29।
13. पंचवटी, पृ. 17।
14. पंचवटी-प्रसंग (अनामिका), पु. 216।
15. विदेह, सर्ग 9, पृ. 147
16. भूमिजा, अरुणोदय, पृ. 112।
17. सीता के कारण धरती यह अपना कोश लुटाती।
कृषकों के हित सभी तरह के सुन्दर भोग जुटाती॥
सीता के कारण धरती को सींच रहीं सरिताएँ।
शस्य श्यामला बनी हुई थीं, अविरल सभी दिशाएँ।।
समय-समय पर इन्द्र स्वयं था नभ से जल बरसाता।
पा यथेष्ट जल वसुन्धरा का रोम-रोम हरषाता॥

—धरानन्दिनी सीता, सर्ग 2, पृ. 37।

18. धरानन्दिनी सीता, पृ. 5।
19. स्वर्णिम रथचक्र : अशोकवन, पृ. 121।
20. विदेह, सगं 8, पृ. 127।
21. रस-मीमांसा : आचार्य रामचन्द्र शुक्ल, पु. 9।
22. ऊम्मिला, सर्ग 1, पृ. 16।
23. काव्य में प्राकृतिक दृश्य (चिन्तामणि, भाग 2) . प . 37।

24. वाङ्मय-विमर्श, संस्करण सं. 2007 वि., हिन्दी साहित्य कुटीर, वाराणसी प. 199-200।
25. सिद्धान्त और अध्ययन, पृ. 121।
26. प्रकृति और रस (संस्कृत साहित्य) : डॉ. रघुवंश, पृ. 41।
27. आधुनिक हिन्दी कविता में प्रकृति-चित्रण, पृ. 119।
28. पंचवटी, पृ. 5।
29. वन की एक-एक हिमकणिका जैसी सरस और शुचि है,
    क्या सौ-सौ नागरिक जनों की वैसी विमल रम्य रुचि है? —पंचवटी, पृ. 14।
30. रामराज्य, सर्ग 1, पृ. 12।
31. वही, पृ. 12।
32. अर्र अर्र का घोर शोर वह,
    सभी ओर था जोर दिखाता।
    धड़ धड़ धड़ गिरती धाराओं की
    गति को गतिशील बनाता। —साकेत सन्त, सर्ग 13, पृ. 160।
33. वही, सर्ग 13, पृ. 160।
34. वही, पृ. 160।
35. राम की शक्तिपूजा (अपरा), पृ. 47
36. वनस्थली, सर्ग 2, पृ. 18।
37. परिवर्तन कर प्रकृति वेश निज, धारण कर श्रृंगार नवीन,
    दिव्य व्योम से उतर धरा पर करती थी नर्त्तन स्वाधीन। वही, पृ. 21।
38. वनस्थली, सर्ग 2, पृ. 20।
39. जानकी-जीवन, सर्ग 6, पृ. 115।
40. कैकेयी (प्रभात), सर्ग 6, पृ. 64।
41. वही, पृ. 65 66
42. जानकी जीवन, सर्ग 5, पृ. 87।
43. संशय की एक रात, पृ. 11।
44. "है अमा-निशा, उगलता गगन घन अन्धकार" —इत्यादि। राम की शक्तिपूजा (अपरा), पृ. 44 पर।
45. विदेह, सर्ग 2, पृ. 21।
46. रामचरितमानस, 2।157।6-7।
47. कैकेयी (प्रभात) सर्ग 5, पृ. 52।
48. संशय की एक रात, पृ. 5।
49. तुलसी ग्रन्थावली (तीसरा खण्ड), सं. आचार्य रामचन्द्र शुक्ल, पृ. 148। 4. वही, पृ. 148।
50. कंकड़ काँटों से भरा, विषम वह पथ था;
    जिसकी इति होगी कहीं, अभी तो अथ था।
    पाँवों में छाले पड़े, फूट कर रोये
    फिर भी न अश्रु से सिक्त हुए दृग-कोये।।
    —रामराज्य (डॉ. बलदेवप्रसाद मिश्र), सर्ग 3, पृ. 30।
    यहाँ बीहड़ पथ भरी वन-यात्रा की स्थिति व्यंजना तो है ही, संघर्ष में निरन्तर आगे बढ़ने की अदम्य आकांक्षा की अनिवार्यता का नैतिक सन्देश भी व्यंजित है।
51. ओ निर्झर, झर-झर नाद सुनाकर झड़ तू,
    पथ के रोड़ों से उलझ सुलझ, बढ़ अड़ तू। -साकेत, सर्ग 8, पृ. 226।
52. पंचवटी, पृ. 15।
53. जानकी जीवन, सर्ग 17, पृ. 313।
54. वही, सर्ग 17, पृ. 314।
55. संशय की एक रात, पृ. . 05।
56. वही, पृ. 61

57. वही, पृ. 7।
58. वही, पृ. 26।
59. उदाहरणार्थ, प्रकृति प्रतीकों पर आधुत यह बिम्ब दमन की कुक्षि से उभरते विद्रोहचेता, युग-निर्माता की सम्भावना की ओर संकेत करता है। जहाँ दमन है वहाँ उससे मुक्ति देने वाला भी अवश्य जन्म लेता है :

नभ भी न जहाँ स्वाधीन, अनल भी बन्दी,
भू-तल का कण-कण, सिंधु अतल भी बन्दी।
बन्दिनी पवन की सांस जहाँ गति वाली,
बन्दिनी निशा, बन्दिनी उषा की लाली॥
है मार्ग राम का वहाँ...

—कैकेयी (प्रभात), सर्ग 5, पृ. 52-53।

60. जानकी-जीवन, सर्ग 7, पृ. 130।
61. साकेत, सगं 9 पु. 293।
62. पंचवटी-प्रसंग (परिमल), पृ. 230।
63. सब कुछ मिट्‌टी पर ही शोभित,
षट् ऋतु ही तो जीवन-दर्शन !
—विदेह, सर्ग 8, पृ. 133।
64. वही, सर्ग 8, पु. 133
65. भूमिका : हाथ बढ़े, फूल खिले, पृ. 45।
66. साकेत, सर्ग 9, प. 232।
67. यथा-
असमय की कोई हों बातें,
मन को कब हैं रुचिकर होतीं।
असमय की जलधाराएँ भी,
बीज दुःखों के ही हैं बोतीं। —साकेत-सन्त, सर्ग 13, पृ. 160।
व्योम पर एकत्र हो तारे सहस्त्रों भी न पाते कार्य कर जो
चन्द्र कर देता अकेला ही बिहँसता। —कैकेयी (चांदमल अग्रवाल) सगं 9, पृ. 81।
एक राज्य न हो, बहुत से हों जहाँ, राष्ट्र का बल बिखर जाता है वहीं। बहुततारे थे, अँधेरा कब मिटा, सूर्य का आना सुना जब, तब मिटा।
वायु जीवन प्राण देता डोलता, एक-सा सबके लिए संसार में।
त्यों क्षमा क्षमता-क्षमा के धर्यं से, —साकेत, सर्ग 1, पू. 24।
एक-सा सबका सम्हाले भार है ॥-जानकी जीवन, सर्ग 10, पृ. 177 1
कर्त्तव्य न होता तो तिनके
लेते न होड़ तूफानों से नदियाँ टकराती बार-बार
जाकर क्रूर चट्टानों से —कैकेयी (प्रभात कृत) सगं 9, पू. 104 1
68. साकेत, सर्ग 8, पृ. 265।
69. भूमिजा महल का दीप, पृ. 79।
70. कैकेयी (चाँदमल अग्रवाल), सर्ग 11, पृ. 107।
71. (अ) अश्रुओं की उष्ण धाराएँ बहीं,
अधियाँ विक्षुध शोकोच्छ्वास की।
दाहकारी आह ज्वाला-माल-सी,
जीवनों के यान डावांडोल थे।। —जानकी-जीवन, सगं 12, पृ. 227।
(आ) क्यों होती हो विचल तृण-सी देख आपत्ति झंझा,
धीरात्मा तो दृढ़ अचल हो धैर्य से काम लेते। —भगवान् राम : मध्यचरित (तपोवन-विहार), पृ. 78।
72. योजन-गन्ध-पुष्प-जैसा प्यारा वह मुखमण्डल,-
फैलते पराग दिङ मण्डल आमोदित कर,-
खिच आते भौंरे प्यारे।
-पंचवटी-प्रसंग (परिमल), पृ. 233-34।

73. (अ) रामराज्य : हरिशंकर शर्मा, पृ. 223।
(आ) तुलनीय—
शशिना सह याति कौमुदी सह मेघेन तडित्प्रलीयते।
प्रमदाः पतिवर्त्मगा इति प्रतिपन्नं हि विचेतनैरपि॥ —कुमारसम्भव, 4133।

74. (अ) भूमिजा : पुष्पांजलि, पृ. 60।
(आ) तुलनीय—
पर्याप्तपुष्पस्तबकावनम्रा संचारिणी पल्लविनी लतेव। —कुमारसंभव, 3154।

75. साकेत, सर्ग 1, पृ. 25।
76. वही, सर्ग 8, पृ. 246
77. वही, सगं 9, पृ. 286।
78. इन्दु नभ जगता रहा सानन्द सारी रात
मदन मोहन अरुण का अभिषेक होगा प्राप्त॥ झिलमिलातीं रूपमाला तारिकाएं मौन।
बाल का उत्कर्ष लख प्रमुदित न होगा कौन ? कैकेयी, सगं 6, पु. 46।
79. वही, सगं 7, पृ. 54
80. उत्तरायण : डॉ. रामकुमार वर्मा, सर्ग 4, पृ0 50।
81. यस्वन्नेव समानकान्तिसलिले मग्नं तदिन्दीवरं
मेघैरन्तरितः प्रिये ! तव मुखच्छायानुकारी शशिः।
येपि त्वद्गमनानुसारिगतयस्ते राजहंसा गतः-
स्त्वत्सादृश्य विनोदमानमपि मे दैवेन न क्षम्यते॥
—क्षेमेन्द्रः सुवृत्ततिलक, 2139 – सुभाषित रत्न भांडागार, (सम्पादक : नारायण-राम आचार्य), संस्करण सन् 1952, निर्णयसागर प्रेस, बम्बई, पृ. 292 पर उद्धृत।
82. केशव सुधा, पृ. 122।
83. साकेत, सर्ग 9, पृ. 299 :
84. वही, सगं 9, पृ. 283।
85. शबरी आपत्ति, पृ. 35-36।
86. साकेत, सर्ग 9, पु. 283।
87. 'कतन बेदन मोहि देसि मदना, हर नहि बला मोहि जुवति जना।'
—विद्यापति पदावली (सम्पादक श्री कुमुद विद्यालंकार)। द्वितीय संस्करण, सं. 2017 वि., रीगल बुक डिपो, दिल्ली।
88. साकेत, सगं 9, पृ. 314।
89. कैकेयी (प्रभात कृत), सर्ग 4, पृ. 36
90. जानकी जीवन, सर्ग 7, पृ. 135 (संपादक : मुंशीराम शर्मा 'सोम')।
91. जायसी कृत पद्मावत' (मानसरोदक खण्ड), जायसी-ग्रन्थावली, सम्पादक रामचन्द्र शुक्ल 13वाँ संस्करण सं. 2035 वि., नागरीप्रचारिणी सभा, वाराणसी, पृ. 25
92. रामचरितमानस, 1124611-8।
93. कैकेयी (प्रभात), सर्गं 4, पृ. 38।
94. अभिज्ञानशाकुन्तल (कालिदास-ग्रन्थावली), 415।
95. सेतुबन्ध (आ. 6: 2-6, 8) ; प्रकृति और काव्य डॉ. रघुवंश, पृ. 325 पर उद्धृत।
96. संशय की एक रात, 67-68।
97. कैकेयी (प्रभात), सगं 6, पु. 68।
98. भूमिजा : हाथ बढ़े. फूल खिले, पृ. 44
99. कैकेयी (प्रभात कृत), सगं 5, पृ. 50।
100. जानकी जीवन, सर्ग 7, पृ. 135।
101. वनस्थली, सगं 2 पृ. 28।
102. कैकेयी (चाँदमल अग्रवाल कृत), सर्ग 2, पृ. 2।
103. कवि का महात्मा गांधी को पत्र चिरगाँव, रामनवमी सं. 1989, मैथिलीशरण गुप्त व्यक्ति और काव्य, पृ. 399 से उद्धत)।

104. साकेत, सर्ग 9, पृ. 270।

105. 'प्राणिमात्र के दुख को भव परिताप को,
तृण गिनता है मानव निज सुख के लिए।' —हरिऔध : वैदेही-वनवास, सर्ग 4, पृ. 50

106. साकेत, सर्ग 9, पृ. 275

107. तरस मुझ सी मैं ही, सरसे-हरसे-हँसे प्रकृति प्यारी,
सबको सुख होगा तो आयेगी मेरी भी बारी। —साकेत, सर्ग 9, पृ. 293

108. धुरवा होहिं न, अलि, उठे घुवाँ धरनि चहुँ कोद।
जारत आवत जगत को पावस-प्रथम पयोद।।
—बिहारी-रत्नाकर, (सम्पादक ज. दा. 'रत्नाकर' संस्करण सन् 1965, ग्रन्थकार शिवाला, वाराणसी, दोहा संख्या 549, पृ. 227।

109. करती है तू शिशिर का, बार बार उल्लेख।
पर सखि, मैं जल-सी रही, धुआंधार यह देख !! —साकेत, सर्ग 9, पृ. 309

110. घनानन्द-कवित्त : (सम्पादक : पं. विश्वनाथप्रसाद मिश्र)। संस्करण सं. 201 वि., सरस्वती मन्दिर, वाराणसी, पृ. 88।

111. वह कोइल, जो कूक रही थी, आज हूक भरती है,
पूर्व और पश्चिम की लाली रोष वृष्टि करती है। —साकेत, सर्ग 9 पु. 277

काव्य-शिल्प : स्वरूप और विकास

(अ) काव्य-रूप

रामचरित की मूल प्रकृति प्रबंधात्मक है। आदिकवि ने अपने 'रामायण' महा-काव्य में राम के चरित्र के बहिर्मुखी एवं अन्तर्मुखी विस्तार को चरमोत्कर्ष पर पहुँचा-कर परवर्ती कवियों के लिए जहाँ एक सुनिश्चित दिशा-निर्देश किया है, वहाँ उनकी प्रतिभा और वर्णन निपुणता का निष्कर्ष भी प्रस्तुत कर दिया है। अत: राम कथा में कथ्य एवं शिल्प के स्तर पर नवीन उद्भावनाओं की समस्या परवर्ती कवियों के सम्मुख सदैव एक चुनौती के रूप में रही है, जिसे उन्होंने कहीं जीवन-दर्शन की विशिष्टता, कहीं पात्र-परिकल्पना में परिवर्तन और कहीं घटनाओं में न्यूनाधिक विस्तार और परि-वर्तन के धरातल पर ग्रहण करने का प्रयास किया है।[1] 'अध्यात्म रामायण' में यदि जीवन-दर्शन के स्तर पर परम्परित कथा का पुनः विश्लेषण किया गया है तो जैन-राम-काव्य परम्परा में जीवन-दर्शन के साथ पात्र एवं घटनाओं के आचरण और प्रकृति में परिवर्द्धन तथा परिवर्तन करके रामकथा का पुनराख्यान एवं पुनर्मूल्यांकन किया गया है।[2] संस्कृत की शास्त्रीय परम्परा में अनेक काव्य एवं नाटक रामकथा को केन्द्र में रखकर लिखे गये, जिनमें कथानक में नवीनता की अपेक्षा रस एवं भाव की निष्पत्ति पर दृष्टि केन्द्रित रहने के कारण कतिपय मार्मिक प्रसंगों का ऐसा विस्तार किया गया है कि वे नवोन्मेष से युक्त प्रतिभा के जय-चिह्न बन गये। तुलसी ने भी कथानक की अपेक्षा एक विशिष्ट आध्यात्मिक, सामाजिक एवं नैतिक जीवन-दर्शन को ही महत्त्व दिया, जिसके कारण पात्रों एवं घटनाओं की मूल प्रकृति में एक गुणात्मक परिवर्तन दृष्टिगत होता है। स्पष्टत: ये सभी उपलब्धियां प्रबन्ध के धरातल पर हैं, जो कहीं स्वच्छंद और कहीं शास्त्रीय पद्धति का अनुसरण करती हैं। कथा क्रम के आदि, मध्य और अवसान की सुनिश्चित अवधारणा, पात्रों के चरित्रों का सुनियोजित विस्तार तथा समाज, प्रकृति, वस्तु वर्णन की परम्परित रूढ़ियों के उदाहरण इनमें सरलता से देखे जा सकते हैं।

संस्कृत के आचार्यों ने 'रामायण', 'महाभारत' तथा शास्त्रीय परम्परा के 'रघुवंश' इत्यादि काव्य-ग्रंथों को देखकर जो लक्षण निर्दिष्ट किये, उनका न्यूनाधिक प्रभाव इन सभी काव्यों पर है। इन लक्षणों के विश्लेषण से भी यह तथ्य दृष्टिगत होता है कि लक्ष्य-ग्रंथों में दिखाई देने वाले क्रमिक परिवर्तनों की प्रतिच्छाया भी इन पर पड़ी है। दण्डी से लेकर साहित्यदर्पणकार विश्वनाथ तक के लक्षणों को देखने से यह तथ्य स्पष्ट हो जाता है कि कथानक, पात्र-परिकल्पना, जीवन-दर्शन, वातावरण एवं शिल्प-सम्बन्धी रूढ़ियों के प्रति वे अत्यन्त जागरूक हैं। किन्तु उनकी मूल दृष्टि कथानक एवं पात्रों की क्रिया-प्रतिक्रिया की विराट्ता पर ही अधिक रही है। आधुनिक युग में जहाँ इस क्रिया-प्रतिक्रिया को गौण बनाकर कवि का जीवन-दर्शन प्रमुख हो गया है, वहाँ बाह्य स्तर पर इन परम्परित लक्षणों का निर्वाह करते हुए भी ये काव्य अपनी अन्त:—प्रकृति में शास्त्रीय प्रबन्ध-काव्यों से भिन्न प्रतीत होते हैं। आधुनिक रामकाव्यों के काव्यरूपों पर विचार करते समय यह तथ्य महत्त्वपूर्ण इसलिए है कि इनमें से अधिकांश काव्यों की रचना कवियों ने एक पूर्व-नियोजित जीवन-दर्शन के निदर्शन के लिए की है। रामकथा का जितना अंश अधिक प्रयोजनीय एवं सार्थक प्रतीत हुआ, उतना ही उन्होंने ग्रहण किया है। शेष को या तो छोड़ दिया है अथवा उसका बड़ा चलताऊ-सा उल्लेख कर दिया है। परम्परित ढंग के जो दो-एक महाकाव्य लिखे भी गए हैं, वे कलात्मक स्तर पर इतने महत्त्वपूर्ण नहीं हैं। 'रामचरित-चिंतामणि'[3], 'राधेश्याम रामायण' जैसे काव्यों में सम्पूर्ण रामकथा को प्रबन्धात्मक स्तर पर एक महाकाव्य के रूप में नियोजित करने के प्रयास किये गए हैं। अधिकांश काव्य किसी एक

विशेष पात्र या घटना को लेकर रचे गए हैं, जिनके माध्यम से कवि समसामयिक परिवेश के प्रति एक बौद्धिक अथवा रागात्मक प्रतिक्रिया व्यक्त करने में समर्थ हो सका है। अत: परम्परित अर्थों में इन्हें घटनाओं अथवा पात्रों के न्यूनाधिक विस्तार के आधार पर ही महा काव्य या खण्डकाव्य कहा जा सकता है। अन्यथा महाकाव्य अथवा खण्डकाव्य जैसी प्रचलित अवधारणाओं को आत्यंतिक स्तर पर इनके मूल्यांकन के लिए निकष के रूप में स्वीकार करना कठिन है। फलत: आधुनिक आलोचक महाकाव्य एवं खण्डकाव्य की काव्यशास्त्रीय परिभाषा को अधिक लचीला बनाने के लिए प्रेरित हुए और एकार्थकाव्य जैसी नई संकल्पनाएँ सामने आई हैं।[4] अत: एक ओर जहाँ 'साकेत', 'वैदेही-वनवास', 'वनस्थली', 'ऊर्मिला', 'रावण-महाकाव्य', 'साकेत-संत', 'कौशल किशोर', 'जानकी 'जीवन' जैसे बड़े काव्य रूपों के मूल्यांकन के लिए इन परिभाषाओं पर दृष्टिपात करना आवश्यक है, वहाँ 'राम की शक्तिपूजा', 'पंचवटी-प्रसंग', 'पंचवटी', 'व्रतबद्ध' आदि अल्पकाय काव्यों के मूल्यांकन का प्रश्न भी है। दूसरी ओर 'कैकेयी' (प्रभात, चांदमल अग्रवाल व शेषमणि शर्मा कृत), 'कल्याणी-कैकेयी', 'उत्तरायण', 'पुरुषोत्तम राम', 'एक विश्वास और', 'एक पुरुष और 'भूमिजा', 'विदेह' जैसे काव्य हैं जो कथानक की अल्प-देशीयता के बावजूद मन:स्थितियों के घात-प्रतिघात का विस्तार से अकन करने के कारण एक नवीन प्रबन्ध-सृष्टि का आभास देते हैं। इनके अतिरिक्त एक बड़ी संख्या उन कविताओं की है जिनको मुक्तक अथवा गीतिकाव्यों के अन्तर्गत नहीं रखा जा सकता, किंतु जो अपने लघु-विस्तार में रामकथा के अनेक मार्मिक प्रसंग समाहित किये हुए हैं। यथा, 'निर्वासित सीता का एक गीत ' (बालकृष्ण राव कृत), 'जल रहे हैं दीप, जलती हैं जवानी' (डॉ. शिवमंगल सिंह 'सुमन' कृत), 'राम का अंतर्द्वन्द्व' (अरविंद-कुमार कृत) इत्यादि कविताएँ इसी कोटि की हैं। 'संशय की एक रात', 'अन्तर्मन्थन', 'अशोक-वन', 'लीला' (पंत कृत), 'कैकेयी का अंतर्द्वन्द्व' जैसे गीतिनाट्य भी हैं तथा एक बड़ी संख्या उन रचनाओं की है, जिन्हें कवियों ने रामकथा की विभिन्न घटनाओं एवं प्रसंगों से प्रेरित होकर लघु-काव्यों के रूप में प्रस्तुत किया है। 'चित्रकूट-चित्रण', 'तुमुल', 'अग्निपथ', 'अग्नि-परीक्षा', 'सीतान्वेषण', 'पाषाणी', 'आंजनेय', 'जय हनुमान', 'धरानंदिनी सीता' आदि इसी कोटि के काव्य हैं। इनमें कुछ तो प्रतीक-काव्य हैं और कुछ को उनके रचयिताओं ने कथा-काव्य जैसी संज्ञा प्रदान की है। अत: उनके स्वरूप पर विचार करने से पूर्व उन पर परम्परा प्राप्त तथा आधुनिक काव्यशास्त्र में निरूपित लक्षणों पर दृष्टिपात कर लेना आवश्यक होगा।

महाकाव्य

काव्य रूपों में महाकाव्य की परिभाषा और लक्षण पर आचार्यों एवं आलोचकों की दृष्टि सर्वाधिक केन्द्रित रही है। आचार्यों में भामह ने सर्वप्रथम महाकाव्य की परिभाषा निर्धारित की है। तदनन्तर पूर्ववर्ती परिभाषाओं को अन्तर्भुक्त करते हुए दण्डी, रुद्रट एवं विश्वनाथ ने उनके परिष्कार एवं परिवर्द्धन में महत्त्वपूर्ण योग दिया है। भामह ने सर्गबद्धता, महान् चरित्रों के गायन, अग्राम्य और अलंकृत भाषा, राज्यसभा, आक्रमण, नायक के अभ्युदय, नाटक की सभी संधियों एवं कार्यावस्थाओं, चतुर्वर्गों (धर्म, अर्थ, काम, मोक्ष) का निरूपण अपनी परिभाषा में किया है। स्पष्टत: इन लक्षणों में कथानक के विकास की व्यवस्था और क्रमबद्धता, सर्गबद्धता और नाटकीय संधियों से सूचित होती है तथा नायक का अभ्युदय एवं वंशवीर्य के उल्लेख से उदात्त पात्र-परिकल्पना एवं चतुर्वर्ग की स्थिति से सोद्देश्यता पर प्रकाश पड़ता है।[5] दण्डी ने सर्गबद्धता को आवश्यक माना है। साथ ही अनतिविस्तीर्ण कहकर उनके आकार की कलात्मक व्यवस्था की ओर भी संकेत किया है। प्रारम्भ में आशीर्वाद, देवस्तुति तथा कथानक के निर्देश से सम्बन्धित पद्यों को रखने की ओर भी उनका संकेत है। कथा-की सम्प्रेषणीयता को अधिक स्पष्ट करने के लिए उन्होंने प्रचलित कथा या सद्वृत्त के ग्रहण का स्पष्ट उल्लेख किया है। नायक के गुण तथा महाकाव्य के विविध वर्णनों, अलंकारों, रसों एवं भावों का दण्डी ने विस्तृत उल्लेख किया है।[6] भामह की अपेक्षा दण्डी की परिभाषा अधिक उदार तथा सामाजिक एवं नैतिक मूल्यों से सम्पृक्त है। उनकी दृष्टि अधिक कलात्मक, अधिक नैतिक एवं अधिक उदात्त है। शास्त्रीय परम्परा के महाकाव्यों ने दण्डी के लक्षणों का बहुत दूर तक अनुगमन किया है किन्तु उनकी परिभाषा में उत्पाद्य तथा विकसनशील रोमांचक महाकाव्यों पर दृष्टि नहीं है। रुद्रट ने अपनी परिभाषा को

अधिक उदार बनाया। आशीर्नमस्क्रिया इत्यादि रूढ़ियों का त्याग किया तथा मानवीय आचरण की स्वाभाविकता को दिखलाने के लिए अविश्वसनीय कार्यों को केवल देवताओं तक ही सुरक्षित रखा।[7]

विश्वनाथ ने इस परिभाषा के मौलिक विकास में कोई योग नहीं दिया अपितु महाकाव्य के स्वरूप को अधिक रूढ़िबद्ध, मर्यादित करने का प्रयास करते हुए लक्षणों को अधिक कठोर एवं सुनिर्दिष्ट बना दिया। उन्होंने महाकाव्यों में कम-से-कम आठ सर्गों का होना आवश्यक माना। नायक की विशेषताओं की सूची प्रस्तुत की। शृंगार, वीर और शांत रस में से किसी रस को प्रधान और अन्य रसों को सहायक माना। दंडी की परम्परा में ही कथावस्तु में सभी संधियों का, चतुर्वर्ग की लक्ष्यप्राप्ति का, मंगला-चरण तथा सज्जनों की प्रशंसा एवं असज्जनों की निन्दा, सर्ग में छंद की एकरूपता तथा सर्ग के अन्त में छंद के परिवर्तन का सुनिर्दिष्ट उल्लेख किया। साथ ही संध्या, सूर्यो-दय, रात्रि इत्यादि विषयों के विशद वर्णन की अनिवार्यता सिद्ध करते हुए उनकी एक दीर्घ सूची प्रस्तुत की। इस प्रकार सर्गों की संख्या, छंद-प्रयोग, नायकोचित विशिष्ट गुण, अंगी और गौण रस-वर्णन सम्बन्धी सूची तथा एकवंशीय या अनेकवंशीय राजाओं के नायकत्व का विस्तृत उल्लेख करके महाकाव्य के स्वरूप को पर्याप्त कठोर एवं मर्यादित बना दिया।[8] वस्तुत: विश्वनाथ के सम्मुख संस्कृत महाकाव्यों की दीर्घ परम्परा थी।

आधुनिक युग के प्रारम्भ में जहाँ परम्परित मूल्यों एवं रूढ़ियों से मुक्ति के प्रति एक उत्सुकता का भाव जाग्रत हुआ, वहाँ काव्य रूपों के मर्यादित स्वरूप को शिथिल करने के प्रयास भी दृष्टिगोचर हुए। बंगला भाषा में 19वीं शताब्दी में माइकेल मधु-सूदन ने अपने सुप्रसिद्ध काव्य 'मेघनादवध' की रचना की, जो महाकाव्य के रूढ़िबद्ध लक्षणों से पृथक् मार्ग स्वीकार करता प्रतीत होता है। रवीन्द्रनाथ ठाकुर ने यद्यपि स्वयं कोई महाकाव्य नहीं लिखा, किन्तु 'मेघनादवध' महाकाव्य की भूमिका में महाकाव्य-सम्बन्धी अपना दृष्टिकोण व्यक्त किया है। उनके अनुसार "महाकाव्य में एक महाचरित्र होना चाहिए और उसी महाचरित्र का एक महत्कार्य और महदनुष्ठान होना के चाहिए।"[9] इस दृष्टि से रवीन्द्रनाथ ठाकुर को 'मेघनादवध' महाकाव्य उपयुक्त प्रतीत नहीं हुझा। 'मेघनादवध' काव्य में घटना का महत्त्व नहीं, कोई महदनुष्ठान नहीं, वैसा महच्चरित्र भी नहीं। इससे यही सिद्ध होता है कि वे महाकाव्य-रचना के योग्य कवि नहीं।"[10] इससे स्पष्ट है कि महाकाव्य के सम्बन्ध में किसी एक निर्णायक दृष्टि का अपनाना कठिन है। महच्चरित्र, महत्कार्य जैसी संकल्पनाएँ निरपेक्ष नहीं हैं। फिर भी इस परिभाषा का परवर्ती चिंतन पर बड़ा व्यापक प्रभाव पड़ा। आधुनिक शोधकर्ता और आलोचक महाकाव्य का स्वरूप निर्धारित करते हुए इस परिभाषा को अपने चिंतन के बहुत निकट पाते हैं। डॉ. शम्भुनाथसिंह,[11] डॉ. प्रीतपाल सिंह,[12] डॉ. नगेन्द्र[13] आदि आलोचकों के कथन इसके प्रमाण हैं। वस्तुत: यह निष्कर्ष बहुत-कुछ पाश्चात्य अवधारणाओं से प्रभावित भी है। इस दृष्टि से अरस्तू, एबरक्रोम्बी[14] और डब्ल्यू. पी. केर[15] के नाम उल्लेखनीय हैं।

अरस्तू ने अन्य कलाओं के समान महाकाव्य को भी एक अनुकृति स्वीकार किया है : "महाकाव्य में शब्दों के द्वारा महान् चरित्र और कार्यों का अनुकरण होता है। इसमें आदि से अंत तक एक ही छंद प्रयुक्त होता है। इसके घटनाक्रम के समय के लिए कोई बंधन नहीं है।"[16] इस प्रकार अरस्तू ने महच्चरित्र की संभावना पर बल देकर प्रकारान्तर से भारतीय अवधारणा की ही पुष्टि की है। उसकी परिभाषा में शास्त्रीय महाकाव्य ही नहीं, विकसनशील रोमांसिक महाकाव्य भी आते हैं। डब्ल्यू. पी. केर ने भी महाकाव्य में चरित्रों की प्रकल्पना पर सर्वाधिक बल दिया है। पात्रों की विभिन्न मन:स्थितियों और समस्याओं के चित्रण के कारण महाकाव्यों में नाना प्रकार के दृश्यों और गुणों का चित्रण स्वभावत: हो जाता है। इस प्रकार इसमें समग्र जीवन के कार्य-कलाप जीवंत कथा का रूप धारण कर लेते हैं।

वाल्टेयर[17], डिक्सन[18] ने महाकाव्य को संकीर्ण लक्षणों में बांधने का निषेध किया है। वे शास्त्रीय, नाटकीय, मनोवैज्ञानिक एवं प्रतीकात्मक सभी प्रकार के तथा सभी देशों एवं कालों के महाकाव्यों को परखने वाले मानदण्ड की आवश्यकता पर बल देते हैं।

स्पष्टत: पौरस्त्य एवं पाश्चात्य परिभाषाओं के तुलनात्मक अध्ययन से प्राप्त कुछ स्थायी लक्षणों पर पहुँचा जा सकता है। निश्चय ही महाकाव्य आकार की दृष्टि से अपेक्षाकृत प्रदीर्घ, छन्दोबद्ध, कथात्मक रचना है, जिसका कथानक मानव जीवन की द्वन्द्वमयी व्यापक सुदीर्घ शृंखलाओं से निर्मित एवं व्यवस्थित होता है तथा जो रसोद्रेक करने में समर्थ होता है।

महाकाव्य में निश्चय ही युगविशेष तथा समसामयिक युग के बीच सेतु का निर्माण करने वाले जीवंत प्रभावी चित्र होते हैं। महाकाव्य की शैली भी गरिमायुक्त, अलंकृत और उदात्त होती है।

कथा प्रख्यात, लोकप्रिय तथा अनुत्पाद्य कथा है। उसकी कथा के आयाम एक सीमा एक सुनिश्चित एवं मर्यादित रहे हैं। आधुनिक रामकाव्यों के पीछे संस्कृत और हिन्दी महाकाव्यों की एक दीर्घ श्रृंखला है, जो जहाँ उसकी सीमा है वहाँ विकास की संभावनाओं के द्वार भी मुक्त करती है। फलत: एक ओर राम, लक्ष्मण अथवा भरत, सीत: या ऊर्मिला को कथा के केन्द्र में प्रतिष्ठित कर जहाँ एक सीमा तक शास्त्रीय लक्षणों के अनुरूप महाकाव्य रचे गए हैं, वहाँ दूसरी ओर रावण अथवा अन्य प्रतिपात्रों को केन्द्र में रखकर भी महाकाव्य लिखे गए हैं, जो महच्चरित्र की शास्त्रीय अवधारणा की पुष्टि नहीं करते। उनके महाकाव्यत्व पर उसी प्रकार आक्षेप किया जा सकता है जिस प्रकार रवीन्द्रनाथ ठाकुर ने 'मेघनाथवध' पर उपर्युक्त आक्षेप किया। इसी प्रकार कतिपय मनोवैज्ञानिक, प्रतीकात्मक और नाटकीय महाकाव्य भी हैं जिनका महाकाव्य व संदिग्ध है।

'रामचरित-चिंतामणि', 'साकेत', 'साकेत-संत', 'वैदेही-वनवास', 'रावण महा-काव्य', 'ऊर्मिला', 'रामराज्य', 'जानकी-जीवन', 'वनस्थली' आदि का उल्लेख एवं विवेचन महाकाव्य-सम्बन्धी समीक्षा ग्रन्थों में महाकाव्य मानकर किया गया है किन्तु महाकाव्यत्व के प्रतिमान सभी आलोचकों के एक नहीं हैं। फलत: उक्त कृतियों के महाकाव्यत्व की सीमा रेखा भी सुनिर्दिष्ट नहीं है। डॉ. शम्भूनाथ सिंह जहाँ आधु-निक युग के प्रबन्ध-काव्यों को विवेचन करते हुए 'साकेत-संत'[19] 'वैदेही-वनवास'[20] जैसे महाकाव्यों को महाकाव्यों की संज्ञा देना अनुपयुक्त मानते हैं, वहाँ डॉ. गोविन्द-राम शर्मा 'हिन्दी के आधुनिक महाकाव्य' नामक ग्रन्थ में 'साकेत', 'साकेत संत' आदि काव्यों को सफल महाकाव्य कहकर अपनी उदार दृष्टि का परिचय देते हैं।[21] इनके अतिरिक्त डॉ. देवीप्रसाद गुप्त,[22] डॉ. प्रीतपाल सिंह, डॉ. श्याम नंदन किशोर, डॉ. वीणा शर्मा तथा डॉ. लालताप्रसाद सक्सेना ने भी महाकाव्य-विषयक अपने शोध-प्रबन्धों में मध्यवर्ती दृष्टि का अनुसरण करते हुए इनमें से अधिकांश को महाकाव्य स्वी-कार किया है। इस दृष्टि-वैभिन्न्य का मूल कारण शास्त्रीय दृष्टि के प्रति आग्रह अथवा अनाग्रह के अतिरिक्त कृतियों में विहित जीवन-दर्शन की अभिव्यक्ति के प्रति आलोचकों की अपनी अवधारणाएं भी हैं। उदाहरण के लिए डॉ. शम्भुनाथ सिंह यदि 'साकेत' में महत् कार्य, महच्चरित्र तथा महत्सांस्कृतिक दृष्टि को अनुपस्थित देखकर उसके महा-काव्यत्व को अस्वीकार करते हैं[23] तो डॉ. गोविन्दराम शर्मा 'साकेत' महाकाव्य के परम्परागत अधिकांश लक्षणों का समन्वय तथा नारी की महत्ता आदि का उद्घोष देखकर 'साकेत' को एक उच्चकोटि के महाकाव्य की श्रेणी में रखते हैं।[24] इसी प्रकार डॉ. प्रीतपाल सिंह शास्त्रीय लक्षणबद्धता, वर्ण्य विषयों की समग्रता और सांस्कृतिक पक्ष की सफलता के आधार पर 'साकेत' के महाकाव्यत्व में आस्था व्यक्त करते हैं[25] तो आचार्य नन्ददुलारे वाजपेयी 'युगचेतना का नवोन्मेष[26] देखकर 'साकेत' को महाकाव्य कहना न्यायपूर्ण मानते हैं। 'साकेत' के महाकाव्यत्व की व्यापक स्वीकृति के बावजूद महच्चरित्र, कथानक की सुंश्रृंखलता तथा जीवन-दृष्टि की व्यापकता के बारे में आलोचक एकमत नहीं हैं। आचार्य नन्ददुलारे वाजपेयी आदि भरत को 'साकेत' का नायक स्वीकार करते हैं[27] तो डॉ. प्रतीपालसिंह राम को[28] तथा डॉ. कमलाकांत पाठक लक्ष्मण को[29] नायक मानते हैं। इसके विपरीत डॉ. श्यामनन्दन किशोर 'साकेत' में ऊर्मिला की प्रधानता के कारण उसे नारी चरित्र-प्रधान काव्य मानकर ऊर्मिला को नायक मानने में कोई हानि नहीं देखते।[30] "फिर भी इतना तो मानना ही होता है कि नायक के गुणों का विस्तार वे (गुप्तजी) न तो पूर्णत: ऊर्मिला में कर सके हैं, न लक्ष्मण में और न राम में, कई उद्देश्यों के जाल में नायकत्व उलझकर रह गया है।" इससे यह निष्कर्ष निकालना अस्वाभाविक न होगा कि चरित्र, कथानक अथवा उद्देश्य सम्बंधी अवधारणाओं में वैमत्य महाकाव्य की स्वीकृति में बाधक नहीं है। यह दृष्टि स्पष्टत: नायक, कथानक तथा सांस्कृतिक आदर्श के सम्बन्ध में आधुनिक युग की परिवर्तित मूल्य-चेतना की परिचायक है। शास्त्रीय लक्षणों का निर्वाह भी उक्त महाकाव्यों में उसी सीमा तक स्वीकार किया जा सकता है, जहाँ वह उनकी निजी जीवन-दृष्टि को व्याख्यायित करने में समर्थ हो सका है। यह शास्त्रीयता अधिकांशत: रामकथा की लोक-विश्रुतता, सर्गबद्धता, नायक की धीरोदात्तता, वीर या शृंगाररस की प्रमुखता तथा धर्म, अर्थ, काम, मोक्ष की संसिद्धि इत्यादि में ही निहित है। प्रभात, संध्या, रात्रि, नगर, वन, षड्ऋतु, युद्ध इत्यादि के वर्णन भी शास्त्रीय दृष्टि के निर्वाह की ओर संकेत करते हैं। एकाधिक काव्यों में मंगलाचरण इत्यादि

भी उपलब्ध हैं। इस दृष्टि से उक्त सभी काव्यों को स्थूल शास्त्रीय दृष्टि के आधार पर 'महाकाव्य' कहा जा सकता है। किन्तु आधुनिक परिवर्तित भाव-बोध के स्तर पर उक्त कृतियों के महाकाव्यत्व का विश्लेषण करने के लिए नायक, उद्देश्य तथा कथानक-शृंखला इत्यादि के प्राचीन प्रति-मानों को परिवर्तित रूप में स्वीकार करना पड़ेगा। 'रावण-महाकाव्य' में तो रावण स्पष्टत: नायक है। कवि ने उसे चारित्रिक औदात्त्य तथा सांस्कृतिक निष्ठा से पूर्ण, मानवतावादी जीवन-दृष्टि से प्रेरित चरित्र के रूप में प्रस्तुत किया है जो रामकाव्य की परम्परित धारणा के प्रतिकूल होने पर भी नायक में महद्गुणों की स्थापना के आदर्श के अनुकूल है। इसी प्रकार के देव-दैत्य-विरोध की विस्तृत श्रृंखला को दिखाकर नायक का उत्कर्ष साधने के लिए कवि ने जो कथानक संगठित किया है, वह भी विश्रुत राम-कथा से भिन्न है। फिर भी कवि ने अपने कथानक को उत्पाद्य न मानकर अनुत्पाद्य एवं परम्परित ही माना है। भूमिका में उसके लिए साक्ष्य जुटाये हैं जो इस बात के प्रमाण हैं कि कवि महाकाव्य की दृष्टि से अनुत्पाद्य मौलिक कथा को ही काव्य का वर्ण्य बनाने के लिए प्रतिश्रुत है। इसी प्रकार 'नवीन' जी के 'ऊर्मिला' काव्य में राम का चरित्र अत्यंत गौण पड़ गया है; नायक के महद्गुणों की संस्थापना जितनी लक्ष्मण में हुई है, उतनी राम में नहीं। कथा का केन्द्र बिन्दु भी ऊर्मिला है तथा घटना-व्यापारों में भी अपेक्षित संकुलता और व्यापकता नहीं है। यह सब शास्त्रीय महाकाव्य की अव-धारणा के अनुकूल नहीं है। किन्तु प्रमुख पात्रों की उत्कर्ष साधना, महत्सांस्कृतिक दृष्टि, जीवन, जगत् और प्रकृति के विविध व्यापारों का चित्रण एकांतत: शास्त्रीय अवधार-णाओं के विरुद्ध भी नहीं है।

अत: रामकाव्य की विस्तृत परम्परा पर दृष्टिपात करने पर यह निष्कर्ष निकालना असंगत न होगा कि नायक और कथानक के विषय में ये कवि परम्परित दृष्टि से जुड़े रहे हैं। 'कामायनी' के मनु के समान उन्होंने ऐसी अवतारणा नहीं की, जो चारित्रिक दुर्बलताओं के बावजूद नायक हो सकता। उन्होंने ऐसे काव्य की रचना नहीं की जो स्थूल कथानक की घटनात्मक संकुलता के अभाव में भी मात्र मनोवृत्तियों के अंत:संघर्ष को लेकर महाकाव्योचित कथानक की गरिमा ग्रहण कर पाते। ये काव्य स्पष्टत: शास्त्रीत अवधारणाओं से भिन्न नहीं हैं। यह बात भिन्न है कि 'साकेत-संत' तथा 'नन्दिग्राम' में भरत, 'वैदेही-वनवास', 'जानकी-जीवन', 'वनस्थली' तथा 'सीता' में सीता, कथा के केन्द्र में हैं। किन्तु हैं वे सभी नायकीय महद्गुणों से सन्निविष्ट। प्राचीन महाकाव्यों-यथा, 'जानकी हरण', 'सेतुबंधु', 'भट्टिकाव्य' इत्यादि काव्यों में भी केन्द्रीय आग्रह भिन्न-भिन्न पात्रों पर रहा है। घटनात्मक संकुलता की अपेक्षा चरित्र-प्रधानता का आग्रह 'रघुवंश' जैसे काव्यों में भी देखा जा सकता है। अत: विवेच्य काव्यों में शास्त्रीयता के निर्वाह को अस्वीकार नहीं किया जा सकता।

फिर भी उन कतिपय भिन्नताओं पर विचार करना असंगत न होगा जो परंपरित महाकाव्य से भिन्न इनके स्वरूप का निर्देश करती हैं तथा जिनके कारण अनेक बार उनके महाकाव्यत्व पर प्रश्न चिह्न भी लगाये गये हैं।

आधुनिक रामकाव्य, जैसा कि पहले कहा जा चुका है, विभिन्न वैचारिक दृष्टियों को केन्द्र में रखकर लिखे गए हैं, अत: रावण-वध जैसा एकमात्र महत्लक्ष्य इन कृतियों का नहीं है। उपेक्षित पात्र के महत्त्व की स्थापना, विशिष्ट राष्ट्रीय सांस्कृतिक दृष्टि की अभिव्यक्ति, समसामयिक अथवा युगीन समस्याओं का समाधान तथा विविध परिस्थितियों में पड़े हुए केन्द्रीय पात्रों की मन:स्थिति की अभिव्यंजना जैसे उद्देश्यों को दृष्टि में रखकर ये काव्य लिखे गये हैं। इन काव्यों में एक से अधिक उद्देश्य भी मिश्रित हो गये हैं। जैसे 'साकेत' में ही विरहिणी ऊर्मिला के महत्त्व की स्थापना के साथ आर्यत्व के प्रसार की भूमि भी सुनिर्दिष्ट है। यही बात 'नवीन' कृत 'ऊर्मिला' महा-काव्य के सम्बन्ध में भी संगत है। इसी प्रकार 'विदेह' काव्य में आधुनिक युद्धग्रस्त मानवीय नियति की अभिव्यंजना जनक के तार्किक चिंतन के माध्यम से हुई है। समीक्षा-दृष्टियों की भिन्नता होने के कारण एक आलोचक यदि किसी उद्देश्य को अधिक व्यापक, महत् और गम्भीर मानते हुए उसे महाकाव्योचित मानता है तो दूसरा आलोचक उसी आधार पर उसका निषेध भी कर सकता है। यदि डॉ. संसारचन्द्र अपने वैश्विक संदर्भों तथा भारतीय आदर्शों के बावजूद 'वैदेही वनवास' में महाकाव्योचित ऊर्जा और अंतरंग दीप्ति का अभाव देखकर इसे महाकाव्य कहने में संकोच करते हैं[31] तो डॉ. गोविन्दराम शर्मा विषय की व्यापकता के अभाव में भी विचारों की उदात्तता और सांस्कृतिक पक्ष की शालीनता के कारण 'वैदेही-वनवास' को आधुनिक हिन्दी महा-काव्यों में स्थान देना उचित मानते हैं।[32] यहाँ यह संकेत कर देना भी अप्रासंगिक न होगा कि स्वयं कवियों ने अपने काव्यों को महाकाव्य प्राय: इस वैचारिक दृष्टि के आधार पर ही कहा है। यथा, 'विदेह'[33] तथा 'रामराज्य'[34] (डॉ. बलदेवप्रसाद मिश्र कृत)

कथानक की विरलता के अभाव में भी कल्पना एवं विचारों की सघनता के कारण ही महाकाव्य हैं। इनके रचनाकारों ने अपनी कविजनोचित विनम्रता के साथ ही इन्हें महाकाव्य कहा है।

किसी सांस्कृतिक उद्देश्य के प्रतिफलन के लिए अपेक्षाकृत अधिक व्यापक भूमि अपेक्षित है। अत: किसी लघु वैचारिक कविता अथवा खण्डकाव्य को विभिन्न दृष्टियों के सामंजस्य के अभाव में महाकाव्य नहीं कहा जा सकता। किंतु दृष्टियों के विभिन्न परिपार्श्वो से अन्वित होकर एक विशिष्ट सांस्कृतिक उद्देश्य लघु आकार में भी महा-काव्योचित औदात्त्य की रक्षा कर सकता है। 'राम की शक्ति-पूजा' में ऐसे ही महा-काव्यात्मक वैशिष्ट्य के दर्शन होते हैं, जिसे महाकाव्यात्मक उद्देश्य-निहित काव्य कहा गया है। डॉ. शम्भुनाथ सिंह के अनुसार, "इस महाकाव्यात्मक उद्देश्य की पहिचान आकार की विशालता और शास्त्रीय लक्षणों को देखकर नहीं हो सकती। महाकाव्या-त्मक उद्देश्य होने पर किसी लघु प्रबन्ध या मुक्तक काव्य में भी महाकाव्यात्मक वैशिष्ट्य (एपिक क्वालिटी) आ जाता है। हिन्दी में 'राम की शक्तिपूजा' में इस प्रकार का महाकाव्यात्मक उद्देश्य दिखलाई पड़ता है।"[35] किन्तु मात्र महाकाव्यात्मक उद्देश्यय के आधार पर ही किसी रचना को महाकाव्य की संज्ञा नहीं दी जा सकती। अत: आलो-चकों ने इसे लघु वीर-काव्य[36] अथवा सीमित कलेवर में 'महाकाव्य की महाप्राणता से युक्त रचना'[37] कहा है।

उद्देश्य के समान चारित्रिक सृष्टि को भी महाकाव्य के मूल्यांकन में महत्त्व दिया गया है। यहाँ तक कि आधुनिक रामकाव्यों में से अनेक काव्य तो एक या अधिक चरित्रों को प्रतिष्ठापित करने के लिए ही लिखे गए हैं। ऊपर उन काव्यों का उल्लेख किया जा चुका है। मात्र चारित्रिक सृष्टि के आधार पर उन काव्यों के महाकाव्यत्व के विषय में ऊहापोह भी कम नहीं हुआ है। जब भी कोई काव्य राम और सीता के चरित्र की प्रधानता की उपेक्षा करके किसी अन्य पात्र को नायक के पद पर प्रतिष्ठित कर सामने आया है, उसका महाकाव्यत्व संदिग्ध हो गया है। डॉ. शम्भुनाथ सिंह ने इस आशंका की ओर संकेत करते हुए लिखा है, "राम कथा में राम के विराट् व्यक्तित्व से अन्य सभी पात्रों का चरित्र इतना दबा हुआ है कि राम के आलम्बन के बिना उन में किसी का स्वतंत्र रूप से अपने निजी व्यक्तित्व के साथ खड़ा होना असम्भव है। अत: लक्ष्मण, भरत आदि को नायक बनाकर लिखे गये काव्यों का महाकाव्य की ऊँचाई तक पहुँचना अत्यन्त कठिन है।"[38] इस आशंका की सीमा स्पष्ट है। यदि किसी राष्ट्रीय-सांस्कृतिक उद्देश्य के प्रति समर्पित पात्र को राम कथा के भीतर अपनी सम्पूर्ण चारि-त्रिक गरिमा के साथ प्रतिष्ठित किया जाये तो कोई कारण नहीं कि वह महाकाव्यत्व की संज्ञा से वंचित रह जाये। 'रघुवंश' का उदाहरण स्पष्ट है, जिसमें राम के अति-रिक्त अन्य रघुवंशी राजाओं का भी चित्रण हुआ है तथा उनका चरित्र राम की अपेक्षा कम गौरवशाली नहीं है। आधुनिक दृष्टि उस मध्ययुगीन दृष्टि से निश्चय ही भिन्न है जो राम को साध्य और अन्य पात्रों को साधन रूप में प्रस्तुत करती है। आधुनिक युग में पात्र पूर्व-कल्पित धारणाओं का प्रतिनिधि न होकर वैचारिक संदर्भ में स्वत: विक-सित होता है तथा स्वयं अपना निर्माण करता है। इसी आधार पर उसका मूल्यांकन अपेक्षित है। अत: 'साकेत-संत', 'नंदिग्राम', 'ऊर्मिला', 'कैकेयी' के महाकाव्यत्व को गौण पात्रों को प्राथमिकता देने के आधार पर संदिग्ध नहीं ठहराया जा सकता। प्राचीन शैली के जैन चरित-काव्यों के अन्तर्गत भी इन काव्यों को ग्रहण नहीं किया जा सकता, क्योंकि 'पद्मचरित' अथवा 'पउमचरिउ' जैसे पौराणिक शैली के जैन चरितकाव्यों में जो साहसपूर्ण आश्चर्योत्पादक कार्यों की अधिकता, कथात्मकता की प्रधानता, कथानक रूढ़ियाँ आदि हैं, वे यहाँ अनुपलब्ध हैं। किन्तु चरित-काव्यों के समान इन काव्यों का-कथानक पंच-संधियों से युक्त कार्यान्विति वाला नहीं होता, वह स्फीत एवं विशृंखल होता है। कहने का आशय यह है कि इन आधुनिक महाकाव्यों में नवीनता के साथ परम्परा के अंश भी उपलब्ध हैं। अत: जहाँ परम्परा-प्रेमी आलोचक किसी काव्य को महाकाव्य मानता है, वहाँ दूसरा उसे उस्वीकार भी करता है। आलोचकों के इस वैमत्य को देखकर 'विदेह' की चरित्र-सृष्टि को आधार बनाकर लिखे हुए 'विदेह' महाकाव्य का रचनाकार कहता है कि "संभव है, आचार्यों की उदारता मेरे लिए प्रसन्नता के फूल बरसा दे और आलोचक की आँखों से रक्त के अश्रु भी दुलक पड़ें।"[39] 'प्रभात' जी ने भी 'युग-युग की लांछिता कैकेयी पर नये ढंग से विचार करने वाले[40] अपने 'कैकेयी' काव्य को महाकाव्य कहा है। भूमिका लेखक पी. चिंतामणि ने विवेच्य काव्य की परम्परा-भिन्नता का उल्लेख करते हुए भी उसे

महाकाव्य ही माना है।[41] किन्तु आलोचक मात्र चरित्र सृष्टि की नवीनता तथा उसकी युगीन प्रासंगिकता के आधार पर उसे महाकाव्य कहने में संकोच करते हैं"— इसमें कैकेयी के जीवन से सम्बद्ध एक ही घटना मुख्य रूप से चित्रित है तथा उसकी राष्ट्रीय भावना ही आद्यन्त निरूपित है। कथा का एक उद्दिष्ट पक्ष ही इसमें प्रधान है। अत: कथानक के विस्तार और चरित्रांकन की सीमाओं को देखते हुए, इसे हम एकार्थ काव्य ही मान सकते हैं।"[42] स्पष्टत: यहाँ आलोचक ने महाकाव्य में घटनात्मक बाहुल्य को महत्त्व दिया है, जबकि आधुनिक आलोचना-दृष्टि घटनात्मकता की अपेक्षा चरित्रनिष्ठ व्यापक मानवीय भूमि को महत्त्व देती है। व्यक्तिगत स्वार्थ को त्यागकर मानव-जाति के उद्धार के लिए क्रांति-कामना करने वाली कैकेयी वैषम्य-विष पीकर तड़पते हुए विश्व को शांति देना चाहती है।[43] इस अर्थ में वह विश्व मानव की ही प्रतिनिधि है। कवि ने अपने निबन्ध 'स्वतंत्र भारत की राष्ट्रभाषा का महाकाव्य' में जिस महाकाव्य की संकल्पना की है, उसमें 'कैकेयी' महाकाव्य की आधारभूमि सहज ही खोजी जा सकती है।[44]

महत् चारित्रिक संकल्पना के अतिरिक्त शैली का औदात्त्य भी महाकाव्योचित गरिमा की रक्षा के लिए आवश्यक माना गया है, जो आधुनिक संदर्भ में परम्परा से भिन्न रूप में ग्राह्य है। यहाँ उदात्त शैली से आशय अलंकृत अथवा आडम्बरपूर्ण भाषा से न होकर उन शैलीगत शिखरों से है जो पात्र और उद्‌देश्य के अनुकूल कहीं सघन और कहीं विरल रूप में दृष्टिगत होते हैं। 'राम की शक्ति-पूजा' में महाकाव्योचित शैली के दर्शन होते हैं, जहाँ 'निराला' भाव या पात्र के अनुकूल रचना का स्तर परिवर्तित करते हैं। अत: मात्र शैलीगत औदात्त्य के आधार पर किसी रचना को महाकाव्य नहीं माना जा सकता। महाकाव्य के लिए उद्‌देश्य, चरित्र सृष्टि और शैली में एक संतुलन तथा एक व्यापक घनत्व अपेक्षित है।

इस प्रकार मात्र महत् उद्‌देश्य, महत् कथानक, महच्चरित्र या गरिमापूर्ण शैली महाकाव्य-निर्माण के लिए पर्याप्त नहीं हैं, अपितु संरचनात्मक स्तर पर समंजित हो कर ही समग्रत: ये तत्त्व महाकाव्य का निर्माण करते हैं। लघु आकार में उक्त तत्त्वों का सामंजस्यपूर्ण विन्यास सम्भव नहीं है। अत: महाकाव्योचित संरूप (पैटर्न) होने पर भी लघु आकार वाली रचनाओं को महाकाव्य की संज्ञा नहीं दी जा सकती। आधुनिक रामकाव्य की अनेक कृतियों में उक्त तत्त्वों में से बहुत-से तत्त्व सहज ही प्राप्त हो जाते हैं क्योंकि कथानक की मूल प्रकृति के गरिमापूर्ण होने के कारण उद्‌देश्य और चरित्र-सृष्टि में महाकाव्यात्मक अंश का आ जाना स्वाभाविक है, किन्तु महाकाव्य मूलत: संरचनात्लक इकाई के रूप में निर्मित होता है। यह तभी संभव है जब चरित्र, उद्‌देश्य और घटनाओं को अपेक्षित मनोवैज्ञानिक, दार्शनिक, सांस्कृतिक एवं राजनैतिक आवर्तनों एवं प्रत्यावर्तनों के साथ विकसित होने तथा विस्तार पाने का अवसर प्राप्त हो। इस दृष्टि से 'साकेत', 'साकेत-संत', 'वैदेही-वनवास', 'जानकी-जीवन', 'वनस्थली', 'विदेह', 'नंदिग्राम' आदि को इसी आधार पर महाकाव्य कहा जा सकता है कि वे अपेक्षाकृत अधिक विराट् आकार में राम कथा के विभिन्न प्रसंगों के वैचारिक एवं घटनात्मक आवर्तनों को अधिक व्यापक रूप में अंकित करते हैं। परम्परित दृष्टि से उनमें सर्ग-विधान, छंद-विधान तथा युद्ध, प्रकृति, प्रेम इत्यादि का वर्णन भी उप-लब्ध है।

खण्डकाव्य

अपेक्षाकृत लघु आकार की कृतियों को प्रबन्धात्मक स्तर पर दो रूपों में विभक्त किया जा सकता है : खण्डकाव्य एवं दीर्घ तथा लघु कविताएँ। इन खण्डकाव्यों में प्राय: रामकाव्य के किसी एक विशिष्ट नाटकीय संदर्भ अथवा विशिष्ट चारित्रिक उत्कर्ष-अपकर्ष को केन्द्र में रखकर कथा-तन्तुओं का निर्माण किया गया है। नाटकीय संदर्भ की वन-गमन, दृष्टि से रामकथा के कतिपय स्थल महत्त्वपूर्ण हैं। यथा, विश्वामित्र के साथ राम का राम वनवास के अनन्तर भरत की चित्रकूट यात्रा, शूर्पणखा का पंचवटी में प्रणय निवेदन, सीतान्वेषण, सुग्रीव-मैत्री, हनुमान का दौत्यकर्म, सेतुबंध के समय राम की मन:स्थिति, युद्धभूमि में पराजय की आशंका, रामपक्ष के प्रमुख पात्रों का रावण-पक्ष के प्रमुख पात्रों से युद्ध, रावण अथवा रावण-पक्ष का युद्ध भूमि में अवतरण तथा उनकी मन:स्थिति, सीता की अग्नि परीक्षा तथा सीता वनवास आदि। इसी प्रकार राम कथा के विभिन्न पात्र विशिष्ट परिस्थितियों में जो प्रतिक्रिया करते हैं, आज के परिवर्तित परिवेश एवं युगीन समस्याओं के परिप्रेक्ष्य में

उनकी दिशाओं एवं संभावनाओं के पुनर्मूल्यांकन की दृष्टि से भी अनेक खण्डकाव्य लिखे गए हैं जिनमें कैकेयी, ऊर्मिला, लक्ष्मण, हनुमान, शत्रुघ्न, भरत, माण्डवी जैसे प्रमुख पात्र भी हैं[45] और विश्वामित्र, शम्बूक, अहल्या, शबरी[46], सुलोचना जैसे गौण पात्र भी, जिनका रामकथा की मूल धारा से सीधा सम्बन्ध तो नहीं है किन्तु जो आधुनिक संवेदनाओं और समस्याओं की प्रतीकात्मक अभिव्यक्ति के लिए अत्यन्त समर्थ माध्यम सिद्ध हुए हैं। राम और सीता के जीवन के कतिपय अंशों को लेकर भी अनेक खण्डकाव्य[47] लिखे गए हैं जिनमें कवि की दृष्टि मूलतः एक विशिष्ट परिस्थिति में उनकी मनोदशा की अभिव्यंजना पर ही रही है। वाल्मीकि तथा तुलसी राम कथा के ऐसे दो गायक हैं जो स्वतंत्र रूप से काव्य का प्रतिपाद्य[48] बनने की सामर्थ्यं रखते हैं किन्तु राम कथा के संदर्भ में वे उसी अंश तक विवेच्य हैं, जहाँ वे मानसिक, वैचारिक अथवा शरीर रूप में कथा के विकास में निर्णायक भूमिका ग्रहण करते हैं।

यहाँ द्रष्टव्य ही यह है कि आधुनिक युग में महाकाव्य एवं खण्डकाव्य के बीच कोई सुस्पष्ट विभाजक रेखा खींचना संभव नहीं है। कारण, पूर्ण जीवन और खण्ड-जीवन के पार्थक्य की अवधारणाओं में आधुनिक युग में पर्याप्त अंतर आ गया है। अतः रुद्रट, विश्वनाथ इत्यादि की परिभाषाओं में लघुत्व और एकदेशत्व जैसे विशेषण सापेक्ष रूप में ही स्वीकार किये जाने चाहिए।[49] वस्तुतः सामाजिक अवस्था, जीवन के प्रति कवि का दृष्टिकोण, काव्य में विहित अनुभूति का अल्पकालीन अथवा दीर्घकालीन प्रभाव, कवि की आंतरिक प्रेरणा तथा विषय की व्यापकता अथवा लघुता काव्य रूप भेद के प्रमुख कारण हैं, जो एक सीमा तक कवि की जीवन-दृष्टि से निर्धारित होते हैं तो दूसरी ओर पाठक अथवा आलोचक की स्वतंत्र-दृष्टि से भी मूल्यांकित हो सकते हैं। अतः यह संभव है कि कवि जिसे खण्डकाव्य कहता है, आलोचक उसमें महाकाव्यत्व के अपेक्षित गुण खोजे अथवा तद्भिन्न कवि द्वारा निरूपित महाकाव्य को खण्डकाव्य की कोटि में ही रखे। 'उत्तरायण' को मुखपृष्ठ पर महाकाव्य कहा गया है, किन्तु इसका मूल प्रतिपाद्य 'वाल्मीकीय रामायण' में घुले-मिले सीता-परित्याग के अनिष्टकर क्षेपक का रहस्योद्घाटन तथा निराकरण करना मात्र है—

"सीता-निर्वासन है असत्य, फिर रामायण क्यों दे प्रमाण ?"[50]

इस काव्य में कवि ने तुलसीदास को नायक बनाकर उनके आत्म-चिंतन के जिन मनो-वैज्ञानिक स्तरों का उद्घाटन मात्र कराया है, वे एक खण्डकाव्य की सीमा-परिधि के अन्तर्गत ही आ सकते हैं, किंतु श्री सुमित्रानन्दन पंत के अनुसार "अपनी काव्यात्मकता, चित्रण-शक्ति, पद-लालित्य, विषय-गाम्भीर्य, लोक-मांगल्य तथा उदात्त नायकत्व की दृष्टि से 'उत्तरायण' महाकाव्य के समग्र गुणों सम्पन्न काव्य है।"[51] इससे स्पष्ट है कि काव्य-रूप की सीमा रेखा मूलतः कवि की अन्तःप्रेरणा और अवधारणा में जिस रूप में निर्मित होती है, पाठकीय संवेदना उसे भिन्न रूप में ग्रहण कर सकती है। यहाँ कवि ने इस काव्य[52] को महाकाव्य नहीं कहा है, अपितु वह जो आभास देता है, उससे खण्डकाव्य का ही बोध होता है। "'उत्तरायण' तटस्थ रूप से मेरी चिंता धारा की ऐसी दिशा है जिसमें राम-राज्याभिषेक के बाद सीता वनवास का प्रसंग सत्य-सम्मत नहीं है।"[53] यहाँ 'प्रसंग' में एकदेशीयता का भाव स्पष्ट है जो खण्डकाव्य का अवच्छेदक लक्षण है।"[54]

वस्तुतः चरित्र अथवा घटना के किसी एक अंश को लेकर जिन काव्यों का निर्माण किया गया है, उनको महाकाव्यों की संज्ञा तभी दी जा सकती है जबकि उस घटना अथवा चरित्रांश को केन्द्र में रखकर सम्पूर्ण रामकाव्य को इस प्रकार विनियोजित किया जाये कि एक ओर तो वह मानव जीवन की व्यापक चित्तवृत्तियों का विवरण प्रस्तुत करता हुआ. मानव-चरित्र के एक अंश को सम्पूर्ण मानव चरित्र का प्रतिबिम्ब बना दे, दूसरी ओर उस घटना को राष्ट्रव्यापी घटना बनाकर सम्पूर्ण राष्ट्रीय संस्कृति के विराट् आधारफलक पर चित्रित करे। 'कैकेयी' (प्रभात-कृत) ऐसा ही महाकाव्य है जो कैकेयी के चरित्र की एक भंगिमा को लेकर सम्पूर्ण राष्ट्रीय चरित्र के प्रतिनिधि के रूप में प्रस्तुत करता है। यही स्थिति 'रावण-महाकाव्य' और 'विदेह' की है, जिनमें एक चरित्र ही सम्पूर्ण रामकाव्य की घटनाओं का केन्द्रबिन्दु बनकर घटनाओं को अपने सम्पूर्ण सांस्कृतिक विस्तार में घटित होने देता है। 'कल्याणी कैकेयी', 'कैकेयी' (चाँदमल अग्रवाल कृत), 'नंदिग्राम' 'शत्रुघ्न' जैसे काव्यों का आधारफलक महाकाव्य की विराट्ता को तो स्पर्श नहीं कर सका है किन्तु खण्डकाव्य की सीमित परिधि (एक देशीयता) से उसका अभिप्राय और स्वरूप अधिक बड़ा और व्यापक है। ऐसी स्थिति में आचार्य विश्वनाथप्रसाद मिश्र

द्वारा प्रस्तावित एकार्थकाव्य[55] की अवधारणा को मानने के अतिरिक्त दूसरा मार्ग नहीं रह जाता। डॉ. पारसनाथ तिवारी ने ऐसे काव्यों को महाकाव्य न कहकर लम्बे आकार के प्रबन्धकाव्य की श्रेणी में रखा है। यह अवधारणा उन्होंने 'रामचरित-चिंतामणि', 'कौशल किशोर', 'वैदेही वनवास', 'साकेत-संत' इत्यादि को दृष्टि में रखकर की है। इस सूची में उक्त परवर्ती प्रवन्धकाव्यों को भी ग्रहण किया जा सकता है।[56] यह ठीक है कि इन काव्यों में प्राचीन महाकाव्यों जैसी व्यापकता ओर उदात्तता के दर्शन नहीं होते, किंतु यह आधुनिक युग की आदर्शगत सीमा है जहाँ चरित्रों और घटनाओं को अति प्राकृत और उदात्त स्तर पर चित्रित करने में वर्तमान युग का मूल्यगत संघर्ष बाधक है, किंतु यह कहना सर्वांश में सत्य नहीं है। "इन काव्यों में वह शक्ति नहीं है, जो उन्हें अमरता प्रदान कर सके। अनाकर्षक तुकबंदी, अशक्त भाषा, उपयुक्त शब्दों के चयन की अक्षमता, गम्भीर जीवन-दर्शन का अभाव और कल्पना-शक्ति की हीनता के कारण न तो उनमें गुरुत्व, गाम्भीर्य और महत्त्व आ सका है और न शैली ही महाकाव्योचित गरिमा और उदात्तता से युक्त हो सकी है।"[57] वस्तुतः इन काव्यों की प्रबन्धगत सीमा युगचिंतन की सीमा है।

विशुद्ध खण्डकाव्यों की श्रेणी में 'पंचवटी', 'व्रतबद्ध', 'पाषाणी', 'भूमिजा', 'जय हनुमान', 'तुमुल', आंजनेय', 'शम्बूक', 'शबरी', 'प्रवाद-पर्व', 'भरत' आदि काव्यों को ही रखा जा सकता है। खण्डकाव्य की सुस्पष्ट अवधारणा वहीं चरितार्थ होती है जिस में आकार की लघुता के बीच खण्ड-जीवन को ग्रहण किया जाता है अन्यथा लघु और दीर्घ, खण्ड और महान् शब्द सापेक्ष हैं। यही कारण है कि संस्कृत काव्यशास्त्र में महा-काव्य से खण्डकाव्य को विभक्त करने वाला कोई सुस्पष्ट लक्षण प्राप्त नहीं होता। इस तथ्य की ओर संकेत करते हुए डॉ. ब्रजेश्वर वर्मा का कथन है कि 'संस्कृत काव्यशास्त्र में खण्डकाव्य की कोई परिभाषा नहीं मिलती। 'साहित्यदर्पण' के "एकदेशानुसारी काव्य खण्डकाव्य होता है" (61328-329) इस कथन के ही आधार पर आधुनिक लेखकों ने खण्डकाव्य के लक्षण देने का प्रयत्न किया है। परन्तु इस विषय में संस्कृत काव्य के उदाहरणों से भी कोई सहायता नहीं मिलती, क्योंकि संस्कृत में महाकाव्य की महनीयता और जीवन-व्यापिनी समग्रता से रहित, किंतु उसी की भांति सर्गबद्ध, कथात्मकता से समन्वित कोई ऐसे उदाहरण नहीं मिलते, जिन्हें नवीन परिभाषा के अनुसार खण्डकाव्य कहा जा सके और जो किसी अन्य काव्य रूप में अन्तर्भुक्त न माने गए हों।"[58] इससे स्पष्ट है कि खण्डकाव्य-सम्बन्धी अवधारणा अपेक्षाकृत परवर्ती है तथा शास्त्रीय कठोरता से मुक्त रही है। उसी अनुपात में उसकी सीमा रेखा भी अनिश्चित है। एक ओर इसमें 'भूमिजा', 'शूर्पणखा' जैसी बृहदाकार वाली रचनाएँ हैं तो दूसरी ओर 'राम की शक्तिपूजा' जैसी लघु आकार की रचनाओं को भी लिया जा सकता है। 'राम की शक्ति-पूजा' अपने उद्‌देश्य एवं प्रभाव में, जैसाकि ऊपर कहा जा चुका है, महाकाव्यात्मक औदात्त्य को लेकर भी आकार में लघु है। रुद्रट ने खण्डकाव्य को जो लघुकाव्य (क्षुद्र-काव्य) की संज्ञा दी है[59], वह 'राम की शक्ति-पूजा' के संदर्भ में अत्यन्त अर्थपूर्ण है। वस्तुतः 'राम की शक्ति-पूजा' महाकाव्यात्मक औदात्त्य का आभास देने वाला लघु-काव्य है।

दीर्घ एवं लघु कविता

आधुनिक रामकाव्य में कतिपय ऐसी प्रबन्ध रचनाएँ भी लिखी गई हैं जो संरचना की दृष्टि से दीर्घ अथवा लघु कविता की कोटि में आती हैं। ये कविताएँ गीति-काव्य से भिन्न किसी एक विशिष्ट वैचारिक बिंदु को आधार मानकर चली हैं। प्रारंभ में भूमिका के रूप में वैचारिक पृष्ठभूमि प्रस्तुत की जाती है, तदनन्तर उसका विकास एवं परिसमाप्ति एक आवयविक इकाई के रूप में होती है। इन कविताओं में बालकृष्ण राव कृत 'निर्वासिता सीता का एक गीत', 'अरविन्द-कृत 'राम का अन्तर्द्वन्द्व', डॉ. शिव-मंगल सिंह 'सुमन' कृत 'जल रहा है दीप, जलती है जवानी', नागार्जुन-कृत 'पाषाणी' आदि प्रमुख हैं। कुछ कृतियाँ छोटी-छोटी विचार-प्रधान कविताओं के संकलन के रूप में तथा कुछ गीतियों के रूप में निर्मित हुई हैं। इनमें 'अशोकवासिनी' (वन-मानव महाकाव्य) में विचार-प्रधान कविताएँ हैं तो 'अशोक वन' (पंत-कृत) में गीतियों का ही प्रबन्धात्मक संगुंफन हुआ है।[60] पुरुषोत्तम राम' एक लम्बी विचार-प्रधान कविता है, जिसमें घटनात्मक अंश अत्यंत न्यून है तथा प्रतीकों के माध्यम से युगीन परिवेश में राम (चेतना) की व्यापकता का चित्रण किया गया है। इस प्रकार हम देखते

हैं कि वर्तमान युग में न केवल भारतीय काव्यशास्त्रीय परम्परा के भीतर निर्मित प्रबंधात्मक रचनाएं सामने आयी हैं अपितु पाश्चात्त्य रूपाकार (शैली) में निर्मित कविता प्रगीत और लम्बी कविता जैसी रचनाएँ भी लिखी गई हैं।

काव्य-रूपक

आधुनिक युग में नाट्य पद्धति पर लिखे हुए काव्यों की दीर्घ परम्परा दृष्टि-गोचर होती है। आधुनिक रामकाव्य परम्परा में इस पद्धति पर जो काव्य लिखे गये हैं, उनमें प्रमुख हैं—'संशय की एक रात', 'पाषाणी' (जानकीवल्लभ शास्त्री कृत), 'कैकेयी का अन्तर्द्वन्द्व', 'अग्नि-परीक्षा', 'अग्निलीक'। इसके अतिरिक्त 'अशोक-वन' (पंत कृत), अन्तर्मन्थन (अन्तर्दर्शन) जैसे काव्य भी नाट्य-पद्धति का आभास देते हैं।

आधुनिक आलोचना में गीति नाट्य, काव्य-रूपक जैसे शब्दों का प्रयोग प्रायः समानार्थी संदर्भ में प्रचलित है। अँग्रेज़ी में इसके लिए 'ड्रामेटिक पोइट्री' तथा 'पोइटिक प्ले' शब्दों के प्रयोग उपलब्ध हैं। आलोचकों ने इन शब्दों में अंतर स्पष्ट करने का प्रयत्न किया है, जो वर्तमान संदर्भ में प्रासंगिक नहीं है। हिन्दी में इस काव्यरूप का वर्तमान स्वरूप पाश्चात्त्य प्रभाव के अन्तर्गत ही विकसित हुआ है। पाश्चात्य आलोचकों में नाट्य-काव्य के स्वरूप-विवेचन में ड्राइडन का प्रमुख योगदान है किन्तु वर्तमान आलोचना में टी.एस. इलियट की अवधारणाएँ अधिक महत्त्वपूर्ण हैं। टी.एस. इलियट ने संवेदना के विशिष्ट क्षेत्र को नाट्य-काव्य के माध्यम से ही अधिक तीव्रतम रूप में अभिव्यक्त होने की संभावना पर बल दिया है।[61] इस प्रकार नाट्य-काव्य को मानसिक जगत् के गहनतम स्तरों को उद्घाटित करने की एक सशक्त विधा माना जा सकता है। इस संदर्भ में कृष्ण सिंहल का यह कथन युक्तियुक्त है—"काव्य लय के कारण गीति-नाट्य पाठकों की संवेदनाओं और संवेगों के गहन स्तरों को उद्घाटित करने में अधिक समर्थ होता है। काव्य का दूसरा महत्त्वपूर्ण तत्त्व बिम्ब-योजना है। आधुनिक जीवन की पेचीदगियों को अभिव्यक्त करने के लिए प्रतीक-विधान भी आवश्यक हो गया है।

इन तत्त्वों के कारण गीति नाट्य के व्यंग्य को जो वैशिष्ट्य प्राप्त हो जाता है, वह गद्य-नाटक के लिए शक्य नहीं है।"[62] स्पष्टतः नाटक के साथ संयुक्त काव्य-उक्तियों की बाह्य अलंकरण-सज्जा की अपेक्षा अपनी अनिवार्यता भावनात्मक संघर्ष और अन्तर्द्वन्द्व के स्तर पर प्रमाणित करता है क्योंकि नाट्यात्मक स्तर पर भावों की घनीभूत अभिव्यंजना केवल काव्यात्मक भाषा के द्वारा ही संभव है।[63] संरचनात्मक स्तर पर काव्य-नाट्य में काव्यात्मक अथवा गीतिमय कथोपकथन के द्वारा पात्रों के भाव अभिव्यक्त कराये जाते हैं। कथोपकथन की यह शैली निश्चय ही अधिक अभिव्यंजना-प्रधान होती है, जो एक विशिष्ट भाव को घनीभूत करने की ओर सहायक होती है। "यहाँ सम्पूर्ण 'गीतिनाट्य' का एक संकलित प्रभाव मुख्य होता है, किन्तु बीच-बीच में पात्रों की अनेकता के साथ भिन्न-भिन्न भावों की व्यंजना होती है। कहना न होगा कि भावावेश के साथ 'गीति-नाट्य' का प्रवाह आगे बढ़ता है। उनमें भावों के आवेग को जितना महत्त्व दिया जाता है, उतना कथा को नहीं।[64] डॉ. नगेन्द्र के अनुसार, "गीतिनाट्य का प्राणतत्त्व है भावना अथवा मन का संघर्ष और माध्यम है कविता।"[65]

'संशय की एक रात' एक वैचारिक अन्तर्मन्थन-प्रधान नाट्य-काव्य है, जिसमें केवल एक रात का राम का संशय युग की गतिमान समस्या को चिंतन के तनाव के विविध बिन्दुओं पर व्यक्त करता है। कृति की मूलभूत समस्या संघर्ष और संशय के केन्द्र-बिन्दुओं से उभरकर समाज और व्यक्ति के निर्णय और अनिर्णय के द्वन्द्व पर आधृत है। राम के अन्तः संघर्ष की यह अभिव्यक्ति वस्तुतः नाट्यात्मक संरचना के माध्यम से ही अधिक गहन संदर्भों में अभिव्यक्ति पा सकती थी। इस दृष्टि से यदि विचार करें तो इस काव्य में कवि ने संदर्भ, परिवेश, पात्र तथा उद्देश्य की अभिव्यक्ति के लिए नाटकीय स्थितियों का चयन बड़ी कुशलता से किया है। राम का संशय कहीं एकालाप पद्धति पर और कहीं संवादों के माध्यम से अभिव्यक्ति पाता है। प्रथम स्तर पर चरित्रं की आंतरिक गुत्थियाँ खुलती हैं। दूसरे स्तर पर सामाजिक संदर्भों से जुड़कर वह एक बौद्धिक चिंतन का रूप ले लेता है। ऐसे संदर्भ आत्म-चेतना के विरुद्ध मानव-जाति की सम्पूर्ण सांस्कृतिक चेतना को नाटकीय प्रसंग के माध्यम से संतुलित करते हैं। राम व्यक्ति और समष्टि के इस अन्तर्द्वन्द्व को अनुभव करते हुए कहते हैं—

हाँ, पुत्र के रूप में पश्चात्ताप है
अनेकों सम्बन्ध से परिताप भी,
पर, व्यक्ति को
केवल संशय है।
केवल संशय है।[66]

व्यष्टि और समष्टि के द्वन्द्व और संतुलन को रेखांकित करने के लिए कवि ने 'प्रेत-साक्षात् का दृश्य' जैसे नाटकीय अंशों की उद्‌भावना भी की है तथा परिवेश की बहुरंगी छाया को वह नाटकीय संवेदना से युक्त करके प्रस्तुत करता है। परिवेश यहाँ विविध प्रतीकों के माध्यम से वस्तुस्थिति और भावस्थिति के दुहरे स्तर पर गतिशील होकर जैसे स्वतंत्र अस्तित्व ग्रहण कर लेता है। डॉ. रमेशचन्द्र साह ने परिवेश की इस नाटकीय बुनावट का मूल्यांकन करते हुए उचित ही कहा है : "इस काव्य की एक खूबी यह भी है कि इसमें परिवेश कवि की तीव्र लिरिकल संवेदना से जुड़कर स्वयं संशय के नाटक का एक पात्र (और महत्त्वपूर्ण पात्र) बन गया है। यह आकस्मिक नहीं कि वह प्रमुख पात्र की मानसिक स्थिति और संवेदना का एक अंग बनकर नाटकीय स्थितियों में—स्वगतोक्तियों के दौरान और संवादों के दौरान भी-बार-बार हमारे सामने आता है। यह दुहराव बराबर सार्थक लगता है, क्योंकि 'असंगी भाद्रपद की साँझ' और 'नारियल के गाछ' राम के संशय को ऊपरी निर्लिप्तता से और भी तीखा और परि-भाषित कर देते हैं। इस सारे दृश्य के बीच मनुष्य—'अपनी समस्याएँ लिये टूटे हुए संदर्भ हैं :' 'मरुथलों की गर्म जलती हवाओं की भाँति। असत्कारित, अवांछित हर गाछ से।'"[67]

परिवेश की इस बुनावट के अभाव में पंत-कृत 'अशोक-वन' को गीति नाट्य अथवा नाट्यरूपात्मक काव्य कहना संभव नहीं है। उदयशंकर भट्ट ने इसे एक लम्बी कविता की संज्ञा दी है,[68] किंतु कथा की रूपक पद्धति तथा विभिन्न पात्रों के भावात्मक एवं बौद्धिक संवेदनों को अभिव्यक्त करने वाले संवादों के कारण इसमें काव्यात्मक नाट्यरूपक का आभास अवश्य मिलता है।

'पाषाणी' को जानकीवल्लभ शास्त्री ने गीति नाट्य की संज्ञा दी है। इसमें पद्यबद्ध परिसंवादों के माध्यम से विविध पात्रों की मन:स्थिति को उपस्थित किया गया है। 'पाषाणी' में संध्या से प्रात:काल तक की रागिनियों में एक रात की कहानी कही गई है।[69] इन गीतों में परिवेश तथा मन:स्थिति की अभिव्यंजना इत्यादि रंगमंचात्मक संकेत तथा दृश्य-विधान के कारण इस काव्य-नाटिका की अभिनेयता असंदिग्ध है। मंच-संकेत में परिबेश तथा पात्रगत मन:स्थिति दोनों का निदर्शन उपलब्ध है।[70] 'पंच-वटी-प्रसंग' ('निराला'-कृत) के विषय में आचार्य नंददुलारे वाजपेयी का कथन है कि—"'अनामिका' में 'पंचवटी प्रसंग' शीर्षक जो काव्य-रूपक है वह उतना अभिनेय नहीं, क्योंकि उसमें अतिशय प्रवहमानता का धारावाहिता, वेग है। इतनी वेगवती वस्तुओं की सुनिश्चित नाट्यभूमिका नहीं दी जा सकती। अत: साहित्यिक नाट्य की अपेक्षा यह कृति लोक नाट्य के अधिक समीप है।"[71] वस्तुत: 'पंचवटी-प्रसंग' पात्रों की मन:स्थितियों की अभिव्यंजना करने वाले पद्यबद्ध परिसंवादों का संग्रह मात्र है। इसके संवादों में विदग्धता और प्रत्युत्पन्नमतित्व के कारण नाटकीय सौष्ठव का समावेश हो गया है। कथा-तत्त्व इसमें अत्यन्त न्यून है तथा नाटकीय उत्कर्ष की अपेक्षा कवित्व का उत्कर्ष ही इसमें प्रधान है। दृश्य-विधान के संकेत के बावजूद रंगमंचीय तत्त्व इसमें अपेक्षाकृत गौण हैं।

'अग्नि परीक्षा' में भी लोकनाट्य पद्धति का आभास मिलता है किन्तु इसे सही अर्थों में काव्य-नाट्य जैसी संज्ञा नहीं दी जा सकती। इसमें फिल्मी गानों और भजनों की तर्जों पर लिखे हुए गीतों का संग्रह मात्र है। संवादों में भावानुकूल करुणा, विदग्धता, व्यंग्य और प्रत्युत्पन्नमतित्व के दर्शन अवश्य होते हैं।

'अन्तर्मन्थन' या 'अन्तर्दर्शन : तीन चित्र' (उदयशंकर भट्ट कृत) तथा 'अभिशप्त अमरबेलि' (उमाकांत मालवीय कृत) नाटकीय एकालापों के संग्रह हैं, जिन्हें 'स्वगत कथनात्मक नाटकीय गीति' भी कहा जा सकता है। डॉ. शकुन्तला दुबे के अनुसार, "जब कवि 'नाटकीय गीति' की रचना में केवल एक पात्र को लेकर उसके मुँह द्वारा भावाभिव्यंजना करता है, तब उस काव्य का रूप निराला हो जाता है जिसे हम 'स्वगत कथनात्मक नाटकीय गीति' कहकर पुकारते हैं।"[72] यह वस्तुत: अंग्रेजी के 'ड्रामेटिक मोनोलॉग'[73] पद्धति का गीति नाट्य है जहाँ एक पात्र दूसरे पात्र की उपस्थिति की संकल्पना कर

अपनी हृदयस्थ भावनावों को व्यक्त करता है। श्री उदयशंकर भट्ट ने हिन्दी में किसी ऐसी विधा की विद्यमानता न देखकर इसके काव्यरूप के विषय में द्विविधा व्यक्त करने के अनंतर अंत में इसे लम्बी कविता मानकर ही संतोष कर लिया है।[74] यह बात निश्चित है कि इस काव्य के पात्र कवि की निजी अनुभूतियों के माध्यम हैं, जिससे इसका काव्य रूप 'ड्रामेटिक मोनोलॉग' से कुछ भिन्न एवं विशिष्ट दिखाई देता है।[75]

उक्त काव्यों के अतिरिक्त अन्य काव्यों में भावात्मक संघर्ष, स्थितियों के नाट्य-संयोजन तथा संवादों की विदग्धता इत्यादि में नाटकीय तत्त्वों का अनुसंधान किया जा सकता है। किन्तु इन कृतियों के काव्य रूपों की अवधारणा नाटकीय पद्धति पर न होकर प्रबन्ध-काव्य के रूप में ही हुई है और उसी रूप में वे विवेच्य हैं।

(आ) शैली

आधुनिक भाव-बोध सामंती आभिजात्य तथा शास्त्रीय मर्यादित दृष्टि के विरुद्ध एक नूतन रचनात्मक चेतना में आकार ग्रहण करता है। किन्तु रामकाव्य की मूल प्रकृति के मर्यादित एवं सामंजस्य प्रेरित आग्रह के कारण शिल्पगत प्रयोगों का वैसा स्वच्छंद एवं वैविध्यपूर्ण प्रसार आधुनिक रामकाव्य में दृष्टिगोचर नहीं होता जो मध्य-युगीन रागात्मक ऐश्वर्य तथा परिमित लयात्मक सामंजस्यों से भिन्न अपनी विशिष्टता आधुनिक बोध के स्तर पर प्रमाणित कर सके। एक प्रकार से ये शिल्पगत प्रयोग मध्य-युगीन प्रयोगों के समानान्तर ही विकसित हुए हैं किंतु एक सीमा तक परम्परा के साथ नवीन सृजनात्मक प्रयोगों का उभरता हुआ रूप भी इनमें स्पष्ट देखा जा सकता है। तात्पर्य यह है कि आधुनिक राम काव्य के शिल्प-विधान में एक ओर आधुनिक युग की तीव्रगामी अभिरुचि तथा संक्रमणशील सांस्कृतिक संदर्भों को आत्मसात् कर आधुनिक संवेदना के अनुरूप शिल्प को अधिक लचीला बनाने का प्रयत्न किया गया है तो दूसरी ओर परम्परा प्राप्त शिल्प-प्रयोगों एवं रूपाकारों के माध्यम से भी काव्य-संवेदनाओं को अभिव्यक्ति दी गई है। अत: रामकाव्य के काव्य-रूपों एवं शिल्प प्रयोगों का विवेचन करते समय रूढ़िबद्ध परम्परित प्रयोगों की एकांत उपेक्षा नहीं की जा सकती।

आधुनिक आलोचना में शिल्प-प्रयोगों का उल्लेख करते समय जहाँ बिम्ब और प्रतीकों के रूप में पाश्चात्य काव्य-चिंतन से प्राप्त नवीन प्रतिमानों का प्रयोग किया जाता है, वहाँ अलंकार, अप्रस्तुत विधान एवं शब्द-शक्ति इत्यादि के विश्लेषण के रूप में भारतीय प्रतिमानों का भी व्यवहार किया जाता है। वस्तुत: बिम्ब, प्रतीक, अलंकार, अप्रस्तुत तथा शब्दशक्ति एक-दूसरे की सीमाओं का अतिक्रमण करते रहते हैं। अत: प्रधानता के न्याय के अनुसार जहाँ जिस चमत्कार का वैशिष्ट्य अधिक हो, वहाँ उसी विवेचन का आधार बनाना उचित है। उदाहरण के लिए-

काँपते हुए किसलय—झरते पराग समुदय
गाते खग नवजीवन परिचय तरु मलय वलय।[76]

में प्रथम मिलन के मन:शारीरिक संवेदनों का बिम्ब-विधान, अमूर्त का मूर्त के रूप में अप्रस्तुत-विधान, रूपकातिशयोक्ति, खग की आकांक्षा के प्रतीक के रूप में योजना, साध्यवसाना लक्षणा तथा अत्यन्त तिरस्कृत वाच्य ध्वनि के विविध रूपों का अन्वेषण किया जा सकता है। किन्तु सौन्दर्य यहाँ मूलत: रूपकातिशयोक्ति अलंकार के रूप में ही विश्लेषित किया गया है। अनुभूति को संश्लिष्ट इकाई मानते हुए भी व्याख्या के स्तर पर उसके अवयवों का पृथक्-पृथक् विश्लेषण किया जाता रहा है और रामकाव्य के संदर्भ में जहाँ परम्परा और नवीनता दोनों एक साथ देखी जा सकती हैं, विश्लेषण की यही दृष्टि आवश्यक है।

बिम्ब-विधान

काव्य-शिल्प के पाश्चात्य प्रतिमानों में बिम्ब-विधान को अत्यधिक महत्त्व दिया गया है। भारतीय काव्यशास्त्र में विभावन व्यापार अथवा वस्तु-विधान के रूप में इसका उल्लेख अवश्य मिलता है किंतु बिम्ब की व्यापक चर्चा पाश्चात्य काव्य-चिंतन

के फलस्वरूप ही प्रारम्भ हुई है। आचार्य शुक्ल ने साधारणीकरण के सम्बन्ध में बिम्ब का विवेचन प्रस्तुत करके रस और बिम्ब के मूलभूत सम्बन्ध को भी प्रकारांतर से स्वीकार कर लिया है। उनका कथन है कि "कविता वस्तु और व्यापारों का बिम्ब ग्रहण करने का प्रयत्न करती है, अर्थ-ग्रहण मात्र से उसका काम नहीं चलता। बिम्ब ग्रहण जब होगा तब विशेष या व्यक्ति का ही होगा, सामान्य या जाति का नहीं।"[77] रस भी तथ्य-कथन मात्र से निष्पन्न नहीं होता। उसके लिए अनुभावों एवं विभाव व्यापारों की मूर्त शृंखला अपेक्षित है। इस प्रकार बिम्ब का सम्बन्ध एक ओर तो मूर्त-विधान या रूपक-विधान से है, दूसरी ओर पाठकीय संवेदना से भी है। ऐंद्रिय बोध में अनूदित होकर ही कोई अनुभूति मूर्त होती है और पाठकीय संवेदना तक सम्प्रेष्य बनती है। सी.डी. लेविस की बित्र की प्रसिद्ध परिभाषा में उक्त दोनों तथ्यों का अध्याहार हुआ है, "काव्य-बिम्ब शब्दों में आबद्ध एक ऐसा ऐन्द्रिय चित्र होता है जो कुछ अंशों में रूपकात्मक होता है। और जिसके संदर्भ में मानवीय संवेगों का योग रहता है और जो पाठकों के मन में एक विशिष्ट काव्यात्मक संवेदन भर देता है।"[78]

उपर्युक्त परिभाषा से स्पष्ट है कि बिम्ब में ऐंद्रिय संवेदना की उद्‌भूति एवं अनुभूति अनिवार्य है।

बिम्ब का सबसे मौलिक रूप ऐन्द्रिय दीप्ति से संवलित प्राकृतिक एवं मानवीय दृश्यों के रूपात्मक श्रावण, घ्राणित तथा स्पार्शिक चित्रों में देखा जाता है। इन्द्रिय-दीप्ति से संवलित इन चित्रों में एक से अधिक संवेदनाएँ भी मिश्रित अथवा संश्लिष्ट रह सकती हैं, किन्तु रूपात्मकता का सभी इंद्रियज बिम्ब में योग अवश्य रहता है। आधुनिक हिन्दी राम-काव्य में इतिवृत्तात्मक एवं अभिव्यंजनात्मक दोनों शैलियाँ समानांतर रूप से विकसित हुई हैं। इतिवृत्तात्मक वर्णन-पद्धति में स्वभावत: बिम्बों की वैसी संश्लिष्ट योजना के लिए अवकाश नगण्य ही रहा है, जिसमें एक से अधिक ऐंद्रिय व्यापार संश्लिष्ट होकर सहज संवेदनात्मक अनुक्रिया का मनोवैज्ञानिक प्रभाव उत्कीर्ण कर सकें। छायावादी प्रभाव के अन्तर्गत लिखे हुए कतिपय काव्य-ग्रंथों में संवेदनाओं का मिश्रण अवश्य दृष्टिगत होता है किन्तु अधिकांश काव्यों में इसका स्थूल रूप ही दृष्टिगत होता है। केवल 'राम की शक्ति-पूजा', 'कैकेयी' ('प्रभात' कृत), 'संशय की एक रात', 'पुरुषोत्तम राम', 'अशोक-वन' (पंत कृत) तथा अंशत: 'ऊर्मिला', 'उत्त-रायण' आदि काव्य ही बिम्ब-विधान की संश्लिष्ट योजना के निकष पर पूरे उतर सकते हैं।

रूपात्मक बिम्ब

प्रकृति और मानव के पृथक्-पृथक् अथवा अन्योन्याश्रित रूपों के चित्रण में चाक्षुष बिम्बों का मौलिक स्वरूप दृष्टिगोचर होता है। कहने की आवश्यकता नहीं कि द्विवेदीयुगीन प्रभाव क्षेत्र के कवियों में यह रूपांकन अप्रस्तुत विधान के रूप के अन्तर्गत हुआ है। स्वत: पूर्ण ऐन्द्रिय बिम्ब-विधान (सेंशअस इमेजरी) की ओर कवियों की दृष्टि कम गई।[79] कतिपय उदाहरणों के अवलोकन से यह तथ्य सहज स्पष्ट हो जाता है कि चाक्षुष बिम्बों का सर्वाधिक प्रयोग प्रकृति-व्यापारों अथवा मानवीय सौन्दर्य के चित्रण में ही हुआ है :

(अ) किसलय-कर स्वागत हेतु हिला करते हैं,
मृदु मनोभाव-सम सुमन खिला करते हैं।
डाली में नव फल नित्य मिला करते हैं,
तृण-तृण पर मुक्ता भार झिला करते हैं।[80]

(आ) खिल पड़ी मखमली फर्शों,
खिल पड़े लदे-से गहने।
खिल पड़े लता द्रुम हँसते,
रंग-रंग के गहने पहने।।[81]

(इ) प्रत्येक रेणु-कणिका बन जागरूका,
देदीप्यमान मणि-सी द्युति है दिखाती।

फैला प्रकाश सविकास, छिपा अँधेरा,
आभा भरी गगन प्रांगण में प्रभा की।[82]

इन चित्रों में प्रकृति के स्थैतिक एवं गत्वर दोनों प्रकार के चित्र अंकित हैं। 'अ' में किसलय-रूपी करों के हिलने इत्यादि के मूल में अनुभोक्ता अथवा प्रमाता का उल्लास भाव भी निहित है, जो प्रकृति एवं मानव के अन्तस्संबंध का प्रत्यक्षीकरण कराने में योग देता है। 'आ' में प्रकृति का विशुद्ध इतिवृत्तात्मक चाक्षुष चित्र अंकित हुआ है, जो आगामी मानवीय व्यापार के लिए सामान्य पृष्ठभूमि का कार्य करता है। 'इ' में सूर्योदय का चित्र मनोदशा की अभिव्यंजना में एक क्षीण सहायता प्रदान करता है। यहाँ मानव-मनोवृत्ति की छाया अधिक स्फुट नहीं है। इन तीनों उदाहरणों में रूपक एवं उपमा के सामान्य विधान के द्वारा जिस चाक्षुष प्रभाव को उबुद्ध किया गया है, वह संवेदना के बाह्य स्तर पर स्पर्श मात्र करके रह जाता है। इसके विपरीत छायावादोत्तर प्रभाव-वलय के अंतर्गत रचित काव्यों में चाक्षुष बिम्बों का अधिक गहन स्वरूप उद्‌घाटित होता है :

(अ) वह मुस्कान कि जो बन जाती प्रथम प्रश्न सुकुमार,
संभ्रम में उलझे उत्तर की पहली स्वर-झंकार[83]

(आ) देखो, बंधुवर, सामने स्थित जो वह भूधर
शोभित शत-हरित-गुल्म-तृण से श्यामल सुन्दर,
पार्वती कल्पना हैं इसकी मकरन्द-बिन्दु,
गरजता चरण-प्रान्त पर सिंह वह, नहीं सिंधु,
दशदिक्-समस्त हैं हस्त, और देखो ऊपर
अम्बर में हुए दिगम्बर-अर्चित शशि शेखर[84]

(इ) वन-अँधेरा
फेन-भीगे पदों से ठुकराते रहे,
शंख-शिशु
पैरों तले
किरकिराते रहे।
सिंधु सीने से सटी
उड़ती हुई टिटहरी
चीखा करी।[85]

उपर्युक्त उदाहरणों में सबसे पहले दृष्टि विविध संवेदनाओं के संश्लेषण पर जाती है। प्रत्येक बिम्ब विविध संवेदनाओं का एक समुच्चय है, जिसमें चाक्षुषता सतह पर नहीं, अपितु गहन स्तर पर संवेद्य है। उदाहरण 'अ' में प्रभातकालीन प्रकाश को मुस्कान के रूप में उत्कीर्ण किया गया है। प्रभात के प्रकाश में एक जिज्ञासा, उत्साह, आनन्द एवं दीप्ति की समन्वित अनुभूति अन्तःकरण में जगमगाने लगती है। कवि ने मुस्कान के द्वारा मूर्त चाक्षुष बिम्ब, सुकुमार प्रश्न के द्वारा स्पार्शिक बिम्ब तथा स्वर-झंकार के द्वारा श्रावण बिम्बों का संगुंफन कर अभिव्यंजता का नूतन रूप प्रस्तुत किया है। उदाहरण 'आ' में एक विराट् बिम्ब का चाक्षुष प्रभाव सांगरूपक की पद्धति पर अंकित हुआ है। यहाँ अप्रस्तुत एवं प्रस्तुत का वह स्पष्ट पार्थक्य नहीं जो द्विवेदीयुगीन काव्य की विशेषता रही है। यहाँ प्रस्तुत एवं अप्रस्तुत परस्पर संश्लिष्ट होकर कथ्य के संवेदन में अपृथक् होकर सामने आते हैं। गुल्म-तृष्णा से आच्छादित भूधर तथा पार्वती-कल्पना अप्रस्तुत संदर्भ एक ही संवादी प्रभावधारा में अनुस्यूत होने के कारण चाक्षुष बिम्ब का गहन स्वरूप संगठित करते हैं। इस बिम्ब में चाक्षुष बिम्ब के साथ श्रावण बिम्ब का भी सानुपातिक योग है। बिम्ब के विशुद्ध धरातल पर उदाहरण 'इ' अत्यधिक सशक्त एवं जीवंत है। इसमें चाक्षुष, स्पार्शिक एवं श्रावण बिम्बों का संगुंफन किसी बाह्य अप्रस्तुत से एकांत निरपेक्ष रहकर संवेदना का गहन प्रभाव छोड़ जाता है। परिवेश की यह अनुभूति अधिक आत्मानुभूत एवं प्रामाणिक हैं।

चाक्षुष बिम्ब मानवीय तथा प्राकृतिक व्यापारों की अन्त: संश्लिष्ट से उद्‌भूत होते हैं। विशुद्ध प्राकृतिक बिम्बों में भी अनिवार्यत: मानवीय भावों का रागात्मक स्पंदन आश्रय अथवा अनुभोक्ता की मानसिक छाया के रूप में अवश्य दृष्टिगत होता है। यही तथ्य विशुद्ध मानवीय बिम्बों के संदर्भ में भी अर्थपूर्ण है। मानव-सौन्दर्य अथवा। मनोवृत्तियों का अंकन करने के लिए कवि प्रतिभा प्रकृति के विविध रूपों का आश्रय लेती रही है। बाह्य प्रकृति का यह अन्त: प्रवेश कहीं अप्रस्तुत-विधान के रूप में और कहीं मानव-सौन्दर्य से अविभक्त होकर सम्मुख आता है। युद्ध के उपरांत शिविर की ओर लौटते हुए राम की मानसिक एवं शारीरिक स्थितियों की व्यंजना करने वाला निम्नलिखित चित्र मानव और प्रकृति के अंत: संश्लेष को मनोवैज्ञानिक स्तर पर प्रस्तुत करता है :

दृढ़ जटा मुकुट हो विपर्यस्त प्रतिलट से
खुल फैला पृष्ठ पर, बाहुओं पर, वक्ष पर विपुल
उतरा ज्यों दुर्गम पर्वत पर नैशान्धकार,
चमकती दूर ताराएँ ज्यों हों कहीं पार।[86]

यहाँ राम की श्लथ मानसिकता तथा पौरुषमय दीप्त मूर्ति का बिम्ब विरोधों के सामं-जस्य का अपूर्व प्रभाव जगाता है। दुर्गम पर्वत पर रात्रिकालीन अंधकार के उतरने की छाया क्रमश: घनीभूत होती हुई एक विराट् बिम्ब की सृष्टि में योग देती है।

एक ही बिम्ब में मानव और प्रकृति-सम्बन्धी व्यापार समानान्तर न रहकर बिम्बित-प्रतिबिम्बित भी हो सकते हैं। राम के निराशा से परिपूर्ण हृदय में कुमारी सीता की मधुर स्मृति सजग हो उठती है, जो उनके मनश्चक्षुओं के सम्मुख अभिलाषा, उल्लास एवं अनुराग से परिपूर्ण मनोरम बिम्ब की सृष्टि करती है-

काँपते हुए किसलय, झरते पराग-समुदय—
गाते खग नव-जीवन-परिचय – तरु मलय-वलय—,
ज्योति:प्रपात स्वर्गीय, —ज्ञात छवि प्रथम स्वीय,—
जानकी-नयन-कमनीय प्रथम कम्पन तुरीय[87]

एक ओर यह सम्पूर्ण दृश्य जनक-वाटिका के रम्य वातावरण के संदर्भ में सार्थक है तो दूसरी ओर राम और सीता की मनोदशा का व्यंजक है। 'काँपते हुए किसलय' और 'झरते पराग समुदय' प्रस्तुत संदर्भ में भी सार्थक हैं तथा राम के शरीर जन्य रोमांच तथा अभिलाषा की ओर भी इंगित करते हैं।

'निराला' के अतिरिक्त नरेश मेहता, केदारनाथ मिश्र 'प्रभात' तथा बालकृष्ण शर्मा 'नवीन' ने प्रत्यक्ष और स्मृति के द्वारा गठित संश्लिष्ट बिम्बों का मार्मिक विधान किया है। गर्वीली कैकेयी की उल्लासहीन तपत्यागमयी मूर्ति का अंकन 'प्रभात' ने इस प्रकार किया है-

फुलवारी थी वही रूप की, पर वसन्त का राग न था;
साँसें आती-जाती थीं, पर उड़ता कहीं पराग न था।[88]

निश्चय ही यह बिम्ब 'निराला' के अत्यन्त जीवन्त बिम्ब की स्पर्धा नहीं कर सकता। प्रस्तुत-अप्रस्तुत का एकांत संश्लिष्ट प्रभाव यहाँ क्षीण पड़ गया है। तद्विपरीत निम्नलिखित बिम्ब प्रस्तुत-अप्रस्तुत के संश्लिष्ट प्रभाव को उत्कीर्ण करने में अत्यन्त समर्थ है—

-बालु में
किसी पाँखी-पंख से टूटे हुए
संदर्भ खण्डित
निष्प्रयोजित[89]

श्रव्य बिम्ब

चाक्षुष बिम्बों के अतिरिक्त श्रव्य बिम्ब भी मानव और प्रकृति के आंतरिक सामंजस्य को अभिव्यक्त करते में अत्यन्त समर्थ होते हैं। राम-काव्य में श्रव्य-बिम्बों की अनुगूंज मूल कथा की प्रासंगिकता के कारण अत्यन्त संवेद्य एवं व्यापक है। किन्तु अधिकांश कवियों ने वातावरण की आंतरिकता को अधिक मूर्त और सम्प्रेषणीय बनाने के स्थान पर बाहर से आरोपित मुखर ध्वनियों का अधिक आश्रय लिया है। ये बिम्ब प्राकृतिक पदार्थों, मानवीय क्रिया व्यापारों, वाद्य यंत्रों तथा अन्य मानव-निर्मित पदार्थों से उद्भूत होकर अपनी व्यापकता का परिचय अवश्य देते हैं, किन्तु बिम्बों की मूलवर्ती मानसिकता मुखर ध्वनियों के कोलाहल में दब-सी गई है :

प्राकृतिक ध्वनियाँ

(अ) ससि, निरख नदी की धारा !
ढलमल ढलमल चंचल अंचल, झलमल-झलमल तारा !
निर्मल जल अन्तस्तल भरके,
उछल-उछल कर छल-छल कर के,
थल-थल तरके, कल-कल थरके,
बिखराता है पारा !
सखि, निरख नदी की धारा ![90]

(आ) गिरि-निर्झर के कल-कल रव में नीरवता का गाती राग,
कभी प्रेम में उन्मत्ता-सी नग्न खेलती जल से फाग।[91]

(इ) अरर्-अरर् का घोर शेर वह, सभी ओर था जोर दिखाता;
धड़-धड़-धड़ गिरती धाराओं की गति को गतिशील बनाता।
कड़क-कड़ककर तड़प-तड़पकर, तड़िता जिसका पीछा करती;
छप-छपकर, छिप छिपकर, जिसमें क्षुब्ध प्रलय-विप्लव सा भरती।[92]

उपर्युक्त उद्धरणों से यह स्पष्ट है कि रामकाव्य की मूल संवेदना में प्राकृतिक ध्वनियों के व्यापक चित्रण का अवकाश तो पर्याप्त है, किन्तु कवियों ने प्रचलित मुखर ध्वनियों के द्वारा ही काम चला लिया है। जहाँ ध्वनियाँ संयत एवं व्यंजक भी हैं, वहाँ भी कवि वातावरण अथवा परिवेश की आंतरिक अभिव्यंजना की अपेक्षा अभिधात्मक संकेत से आगे नहीं बढ़ सके हैं। उदाहरणार्थ—'लहर-लहर', 'हहराना', 'झला-झल', 'कल-कल', 'खिल-खिल', 'छल-छल', 'जगमग' – जैसे शब्दों के प्रयोग अधिक सशक्त संवेदना की सृष्टि न कर वस्तुस्थिति की केवल सूचना मात्र देते हैं :

(अ) झर-झर कर झरता आनन्द-रस,
बह-बह कर, झरने बनकर।
लग्न लगी-सी नदियाँ बहतीं,
कल-कल कर हर्षित होतीं[93]

(आ) घहरे नभ पर मेघ, मोर भूतल पर नाचे।[94]

(इ) जगमग जगमग तारे जागे,
अवनी के सुख पर अनुरागे।

(ई) झंकारती गगन गुंजन कुंज-पुंज में,
आनन्दकंद रघुनन्दन की गुणावली[95]

प्राकृतिक ध्वनियों के सम्मूर्तन की परम्परा पशु-पक्षियों की ध्वनियों के अनु-करण में भी देखी जाती है। अधिकांश कवियों ने इन ध्वनियों के चयन में किसी विशेष कलात्मक आग्रह का परिचय नहीं दिया है। या तो ध्वनियों को मुखर करने वाले पक्षी-वृन्द का अभिधात्मक कथन है अथवा उनकी प्राकृतिक ध्वनियों का स्थूल उल्लेख मात्र। राग-तंतुओं को झंकृत करने वाले नाद-वैशिष्ट्य से युक्त ध्वनि-बिम्ब अपेक्षाकृत न्यून ही हैं।

(अ) पानी थमा, मग्न थे दादुर,
दूर मोर ने शोर मचाया[96]

(आ) खगी चिल्ला पड़ीं 'चीं-चीं'।[97]

(इ) कीचक कदम्बनि की कलित कुटीरनि में,
कौसिक कलाप कूकि घोर घुघवायो करें।
जाको रव कान करि बलि-भुज-जूह जहाँ,
खाय भय धाय न कतोहूँ मउरायो करें॥
चहुँ दिसि कूजत कलापी मंजु रोर करि,
जाको सुनि सोर ब्याल दरप भुलायो करें।
चंदन के परस पुराने तरु खोहनि में,
अति घबराय धाय कुण्डली लगायो करें।[98]

'अ' पद्यांश तो स्पष्टत: ध्वनि-बिम्ब ही नहीं है। 'आ' में ध्वनि का अत्यन्त स्थूल उल्लेख मात्र है। 'इ' में ध्वनियाँ अपेक्षाकृत अधिक संयत तथा वातावरण की गतिशीलता को मुखर करने वाली हैं। किन्तु प्रसिद्ध ध्वनियों की सीमा से बाहर जाकर किसी स्वतंत्र उद्‌भावना की चेष्टा यहाँ भी नहीं है।

समर्थ कवि-प्रतिभा केवल स्थूल ध्वनियों के प्रसंग प्राप्त निर्देशमात्र से संतुष्ट न रहकर ध्वन्यात्मक शब्दों के प्रयोग के द्वारा वातावरण की यथार्थता का बोध भी कराती है। ऐसे स्थलों पर केवल ध्वनि की प्रतिकृति ही अंकित नहीं की जाती अपितु वस्तु की प्रतिकृति की स्थूल योजना की अपेक्षा प्रभाव-साम्य को आधार बनाकर वातावरण के नादात्मक प्रभाव को सम्मूर्तित किया जाता है। 'निराला' ने 'राम की शक्ति-पूजा' में ऐसे अनेक ध्वनि-बिम्ब उत्कीर्ण किये हैं, जिनमें ध्वनियों के परस्पर संघर्ष से निर्मित वातावरण का अनुभव अर्थ-बोध के बिना भी संवेदनीय हो सकता है।[99]

राम के अश्रु-बिंदुओं को देखकर हनुमान के रौद्र रूप और आकाश-गमन का उच्छलित ध्वनि-चित्र 'निराला' ने इस प्रकार अंकित किया है—

शत घूर्णावर्त, तरंग-भंग, उठते पहाड़,
जल-राशि राशि-जल पर चढ़ता खाता पछाड़,
तोड़ता बन्ध-प्रतिसंध धरा, हो स्फीत-वक्ष
दिग्विजय-अर्थ प्रतिपल समर्थ बढ़ता समक्ष,
शत-वायु-वेग-बल, डुबा अतल में देश-भाव,
जल-राशि विपुल मथ मिला अनिल में महाराव।[100]

यहाँ संयुक्त महाप्राण वर्णों के प्रयोग से कवि ने क्रोधाविष्ट हनुमान के ऊर्ध्व गमन का चित्र प्रलयकालीन गर्जन करते हुए सागर के परिपार्श्व में अत्यन्त ऊर्जस्वित बिम्ब के माध्यम से प्रस्तुत किया है। श्वसित, तुमुल, तरंग-भंग, घूर्णावर्त आदि ध्वन्यर्थं शब्दों के प्रयोग से हनुमन का आंतरिक आवेग तथा सागर का भयंकर गर्जन एक साथ मुखर हो उठा है।

'साकेत' के निम्नलिखित अवतरण से तुलना करने पर उपयुक्त बिम्ब की भास्वरता का अनुमान सहज ही किया जा सकता है—

ऐसे अगणित भाव उठे रघु-समर-नगर में,
बगर उठे बढ़े अगर-तगर से डगर-डगर में।
चितित से काषाय-वसनधारी सब मंत्री,
आ पहुँचे तत्काल, और बहु यंत्री-तंत्री।[101]

यहाँ ध्वनियों के चयन में न तो किसी मोलिक उद्‌भावना का परिचय मिलता है और न वातावरण के निर्माण का कोई सूक्ष्म कौशल ही दृष्टिगत हुआ है।

घाणिक बिम्ब

गंध की संवेदना का रूपायन निश्चय ही अधिक सूक्ष्म कौशल और अनुभूति-प्रवणता की अपेक्षा रखता है। छायावादी काव्य में गंध-संवेदना की सूक्ष्मता के जो दर्शन होते हैं पूर्ववर्ती काव्य में उसका प्रायः अभाव ही दृष्टिगत होता है। "गंध केवल अनुभव का विषय है, शब्दों के द्वारा उसकी अभिव्यक्ति नहीं हो पाती। अधिक-से-अधिक सुगन्ध-दुर्गन्ध कहकर उसकी विशेषता का ज्ञापन किया जा सकता है। इसी कारण काव्य में गंध-बिम्ब अत्यन्त विरल हैं। अपनी गंध के लिए विख्यात पदार्थों का उल्लेख करके ही कवि को विराम ले लेना पड़ता है।"[102] द्विवेदीयुगीन रामकाव्य की स्थिति लगभग इसी कोटि की है। प्रसंग प्राप्त होने पर कवि प्रकृति एवं मानव-व्यापारों के संदर्भ में गंध, सुरभि, दुर्गन्ध, सौरभ इत्यादि शब्दों का प्रयोग करके अपना काम चला लेता है।

(अ) कालागर की सुरभि उड़ाकर मानो मंगल तारे,
हँसे हसंती में खिल-खिल कर अनल-कुसुम अंगारे[103]

(आ) किरणों ने गुदगुदी भरी कलियों में आकर;
मरुत मस्त हो गया, मुख-स्मित-सौरभ पाकर।[104]

(इ) लुटा रहे मकरंद-मधुरिमा, महक रहा वन का कण-कण,
मखमल से क्या कम है ऐसा हरा बिछौना नरम-नरम।[105]

उपर्युक्त उदाहरणों में एक तथ्य यह द्रष्टव्य है कि गंध-बिम्ब प्रायः प्राकृतिक-परिवेश से ग्रहण किये गये हैं। कहीं-कहीं यौन व्यापार इत्यादि के संदर्भ में गंध की भूमिका का उल्लेख अवश्य मिलता है, किंतु राम-काव्य में ऐसे यौन-प्रसंगों की न्यूनता होने के कारण-गंध का व्यापक क्षेत्र प्रायः अछूता ही रह गया है।

प्रकृति-क्षेत्र से ग्रहीत बिम्ब अपनी आदिम भावापन्नता के कारण प्रमाता के अन्तःसंस्कार को अधिक गहराई से आन्दोलित करते हैं, किन्तु परिचित गंधों से हटकर किसी गंध-विशेष का अनुभव करना असाधारण घ्राणिक-चेतना की अपेक्षा रखता है। शुक्लजी के अनुसार, "जिन लेखकों या कवियों की घ्राण शक्ति तीव्र होती है, वे ऐसे स्थलों की गंधात्मक विशेषता का वर्णन कर जाते हैं जहाँ की गंध-विशेष का थोड़ा-बहुत अनुभव तो बहुत-से लोग करते हैं, पर उनकी ओर स्पष्ट ध्यान नहीं देते। खलिहानों और रेलवे स्टेशनों पर जाने से भिन्न-भिन्न प्रकार की गंध का अनुभव होता है। पुराने कवियों ने तुरन्त की जोती हुई भूमि से उठी हुई सोंधी महक का, हिरनों के द्वारा चरी हुई दूब की ताज़ी गमक का उल्लेख किया है। फ्रांसीसी उपन्यासकार जोला की गंधानु-भूति बड़ी सूक्ष्म थी।"[106]

निश्चय ही रामकाव्य में गंध-बिम्बों के लिए अवकाश नगण्य नहीं था, किन्तु कवियों की दृष्टि सूक्ष्म गंध-संवेदना के बिम्ब उत्कीर्ण करने की अपेक्षा किसी विशिष्ट विचार-बिन्दु, प्रतिपाद्य अथवा चारित्रिक उत्कर्ष की ओर ही अधिक रही। फलतः सूक्ष्म संवेदना-परक बिम्ब प्रायः उपेक्षित ही रहे। निम्नांकित उदाहरणों से यह तथ्य अधिक स्पष्ट हो जाता है-

(अ) मंथर-मंथर मलयानिल सौरभ से मन था हरता,
नन्दन-वन की सुषमा का था तिरस्कार-सा करता[107]

(आ) सरसती स्निग्धता, सौरभ-सनी किंचित्-
न किस मन को मलय वाहिनि भिगो देगी।।[108]

(इ) क्या हीं शोभामय यह पुरी है विदेही, अनंगा,
मानो भू में, अहह, प्रकटी आन आकाश गंगा[109]

जहाँ कवियों ने गंध-संवेदना को शब्द अथवा स्पर्श की संवेदना से संश्लिष्टकर अपेक्षाकृत अधिक संश्लिष्ट बिम्ब उत्कीर्ण किये हैं, वहाँ भी गंध-बिम्ब-मिश्रित बिम्बों की कोटि से आगे नहीं बढ़ सके हैं। संबेदनाएँ परस्पर संश्लिष्ट न होकर सीधी समानान्तर रेखाओं में अंकित की गई हैं। यथा,

(अ) सुरभि और शीतलता पाने फैलाए था हाथ समीर;
क्षीर-सिंधु में कल-कल नूपुर नाच रहा था पावन नीर[110]

(आ) कुहुक रही कुहु कुहु कोयलिया, आम्र-मंजरी महक रही;
पिउ-पिउ रटने लगा पपीहा, चहचह चिड़िया चहक रही[111]

यहाँ गंध एवं ध्वनि बिम्ब समानान्तर रेखाओं में उत्कीर्ण किये गये हैं। संवेदनाओं के परस्पर विनिमय से उत्कृष्ट संश्लिष्ट बिम्बों की सृष्टि हो सकती है किन्तु ऐसे बिम्ब अपेक्षाकृत कम प्राप्त होते हैं।

संगीत-गीत प्रस्फुटित प्रीत-नव इंद्रधनुष के पंख खुल गये-सतरंगी
मधु-मदिर-मोह-माया-अलसित सुर-सांध्य-रागिनी
हुई ध्वनित..
कल्पना स्वर्ग-सोपान-पुष्प से उतर रहीं शत नर्तकियाँ
पुष्पांलकृत वेणी में लिये वसन्त-सुरभि।[112]

इन पंक्तियों में कवि ने शब्द, रस, गंध इत्यादि संवेदनाओं का संगुंफन अपेक्षाकृत अधिक कलात्मक स्तर पर किया है किंतु यहाँ भी गंध-चेतना की सूक्ष्मता की अभिव्यक्ति इतनी नहीं जितनी परिवेश की अलंकृत व्यंजना ही अधिक हुई है-

(अ) देकर निज गुंजार-गंध मृदु मन्द पवन को,
चढ़ शिविका पर गयी माण्डवी राजभवन को[113]

(आ) स्वच्छतर अम्बर में छन कर आ रहा था,
स्वादु-मधु-गंध से सुवासित समीर सोम।[114]

उपर्युक्त उदाहरण में निश्चय ही गंध-संवेदना की मिश्रित अनुभूति अलंकरण पद्धति पर अंकित की गई है, जिसमें गंध-कल्पना का कोई स्पष्ट ऐंद्रिय-चित्र सामने नहीं आता। फिर भी गुप्तजी के संवेदनात्मक विकास का एक महत्त्वपूर्ण स्तर यहाँ अवश्य व्यंजित हो रहा है। डॉ. केदारनाथ सिंह के शब्दों में, "इसे हम गुप्तजी की गंध-संवेदना का क्रमिक विकास भी कह सकते हैं। परन्तु क्रमश: अलंकृति बढ़ती गई और ऐंद्रिय बोध के स्तर में कोई विशेष परिवर्तन नहीं हुआ।"[115]

स्पर्श-बिम्ब

गंध-बिम्बों के समान स्पर्श-बिम्बों के विधान में भी किसी नवीन सूक्ष्म चेतना का परिचय इन कवियों ने नहीं दिया है। स्पर्श-बिम्ब भी या तो प्रकृति के अन्दर रूप-व्यापारों के रूप में अंकित हुए हैं या शीतल समीर इत्यादि की स्पर्शजन्य प्रतिक्रिया के रूप में। कहीं-कही रोमांच, वेपथु इत्यादि सात्त्विक भावों के अंकन में स्पर्श-बिम्बों का विधान हुआ है। कुछ उदाहरण इस दृष्टि से द्रष्टव्य हैं :

(अ) शीतल पवन तीर-सा लगकर देता मर्मस्थल को छेद,
नहीं चैन लेने देता है शल्य शूल्य का उसे कुरेद[116]

(आ) मलय पवन के कोमल झोंके अंगों को सहलाते।[117]

(इ) रवि-किरणों ने विहँस, शिशिर की सिहरन मेटी,
नव बाला-सी थिरक उठी वृद्धा अलसेटी।
कहाँ पुरातन गया, नया दिन नये महीने,
नयी उष्णता लिये, बढ़े जन मन रन-भीने[118]

इन उदाहरणों में प्राकृतिक व्यापार और तज्जन्य स्पार्शिक प्रतिक्रियाओं का इति-वृत्तात्मक कथन होने के कारण संवेदनापरक बिम्बों का कोई मूर्त स्वरूप उभर कर सामने नहीं आता। अन्यत्र सात्त्विक भावों के अंकन अथवा अनुभावों के चित्रण में भी काव्य-रूढ़ि के पालन का आग्रह ही विशेष है। इन चित्रणों में अलंकृति का विशेष योग है।

वेदने, तू भी भली बनी।
पाई मैंने आज तुझी में अपनी चाह घनी।
नई किरण छोड़ी है तूने, तू वह हीर-कनी,
सजग रहूँ मैं, साल हृदय में, जो प्रिय विशिख-अनी[119]

प्रस्तुत उदाहरण में वेदना के जिस घनीभूत प्रभाव का अंकन है, वह मूलतः स्पर्श-बिम्ब के अलंकृत विधान का परिणाम है। वेदना एक ओर तो तीर के स्पर्श के समान ऊर्मिला के हृदय को निरंतर सजग रखती है, दूसरी ओर आँसुओं के कारण उसके गीले और ठण्डे शरीर को सूर्यकान्त मणि की भाँति गरम भी रखती है। स्पर्श और शीतोष्णमूलक (थर्मल) बिंबों की संश्लिष्ट का यह रूपायन अलंकृत पद्धति पर होकर भी अपने मौलिक रूप में अत्यन्त संवेद्य है। गुप्तजी ने अनुभूतियों के मानवीकरण के विधान में स्पर्शमूलक अलंकृत बिंबों का प्रचुर विधान किया है-

श्रुति-पुट लेकर पूर्वस्मृतियाँ खड़ीं यहाँ पट खोल,
देख, आप ही अरुण हुए हैं, उनके पांडु कपोल।[120]

ऊर्मिला चाकी से कहती है कि संयोगावस्था की मधुर स्मृतियाँ तेरा स्वर सुनकर आप ही आप लाल हो उठती हैं। यहाँ आशय यह है कि संयोग-वेला के प्रिय के स्पर्श मात्र की स्मृति से कपोल आरक्त हो उठे हैं। 'प्रसाद' ने भी ' स्पर्श करने लगी लज्जा ललित कपोल "कहकर लज्जा को स्पर्शजन्य माना है।

'साकेत' में स्पर्श-बिंबों का सरल विधान भी कवि ने अनुभावों के रूप में किया

सी-सी करती हुई पार्श्व में पाकर जब-तब मुझको,
अपना उपकारी कहते थे, मेरे प्रियतम तुझको[121]

आधुनिक कवि गंधों की संश्लिष्टता के सूक्ष्म प्रभाव को अधिक संवेदनीयता से ग्रहण करता है। उदाहरण के लिए जब वह 'खारी हवा' कहता है तो वह स्पर्श के साथ आस्वाद का प्रभाव भी छोड़ जाता है :

प्रति साँझ
सँझाता आकाश
नैनों के लिये
भीगते बैठे रहे खारी हवाओं में[122]

अन्यत्र कवियों ने प्रायः जहाँ गंध के साथ स्पर्श अथवा आस्वाद की संवेदना को संश्लिष्ट किया है, वहाँ प्रायः वह मिश्रण स्थूल, परम्परित एवं समानान्तरित पद्धति पर है :

उत्फुल्ल करौंदी-कुंज-वायु रह-रहकर,
करती थी सबको पुलक-पूर्ण मह-महकर[123]

स्पर्श-बिंबों का एक रूप आध्यात्मिक ज्योति के स्पर्श से पुलकित वातावरण के सम्मूर्तन में भी दिखाई देता है। 'प्रभात' ने राम के व्यापक प्रभाव का एक ऐसा ही विराट् बिंब अंकित किया है :

स्पर्श से पुलकित हुआ आकाश भी
स्पर्श से सिहरा विकल वातास भी;
स्पर्श से संदीप्ति निकली, बन गई
चेतना, कर्तव्य, दृढ़ विश्वास की।।[124]

सांस्कृतिक बिम्ब

अतीन्द्रिय आध्यात्मिक प्रभाव के समान कहीं-कहीं शब्द, रूप, रस, स्पर्श एवं गंध सम्बन्धी बिम्ब सांस्कृतिक परिवेश को भी साकार करने में योग देते हैं। ऐसे बिंब जातीय संस्कारों को उद्‌बुद्ध कर 'आरकेटाइपल इमेज' की कोटि में आते हैं :

(अ) मानव-मंगल-यज्ञ वेदिका विश्व-साधना-सी पावन
जब मृदु-मृदु मुखरित हो उठती वेद-ध्वनि से मन-भावन। हविर्गंध से चतुर्दिशाएँ, होम-धूम से नभ मण्डल
जब समिधाओं के प्रकाश से खिल खिल उठता वन-अंचल[125]

(आ) ज्योतिर्मय ओ३म् विराटोच्चारण से गुंजित था दिग्-दिगंत
उठती थी हवन-विशाल-कुण्ड से अग्नि-शिखा
गोघृत-मिश्रित नव धूप-धूम्र की शुचि सुगंध थी वहां व्याप्त
अश्वत्थ छाँह में प्रखर अंशुमाली-प्रकाश की छाया करती थी झिलमिल[126]

यहाँ गंध, स्पर्श एवं ध्वनिपरक संवेदनाओं का अतिक्रमण कर सांस्कृतिक वातावरण की जो एक विशिष्ट संवेदना सम्मूर्तित होती है, वह आदिमगंधी बिंबों के धरातल का स्पर्श करती है। रामकाव्य के संदर्भ में ऐसे बिंबों की प्रासंगिकता अधिक है, जो एक ओर आदिम सम्वेदनाओं को उद्‌बुद्ध करें, दूसरी ओर उस सम्वेदना को सांस्कृतिक पुनरुत्थान की भावना से समन्वित कर नवीन भावबोध का परिचय दे सकें। आधुनिक रामकाव्य स्वामी दयानन्द की बौद्धिकता से प्रभावित हुआ। सारे देश में वेदों की उत्तमता और आर्य-संस्कृति की अप्रतिमता का जो स्वर मुखर हुआ, उसे कवियों ने सांस्कृतिक बिंबों में उतारने का प्रयत्न किया।

लक्षित और उपलक्षित बिम्ब

शिल्प की दृष्टि से ज्ञानेन्द्रियजन्य संवेदनापरक बिंबों के अतिरिक्त बिंबों के अनेक भेद-उपभेद किए गए हैं, जिन्हें स्थूल रूप से लक्षित और उपलक्षित बिंबों में वर्गीकृत किया जा सकता है। उपलक्षित बिंबों में अलंकरण का विशेष योग रहता है। अलंकृत बिंबों का विश्लेषण अप्रस्तुत विधान के अन्तर्गत करना अधिक समीचीन होगा। "मुख्यतया बाह्य रेखाओं पर आधारित रहने के कारण लक्षित चित्रों को रेखाचित्र की अभिधा दी जा सकती है। रेखाचित्रों में आलंबन के रूप-सौंदर्य और उसकी चेष्टाओं आदि को अंकित किया जाता है। काव्य में उपलक्षित चित्रों को बहुत अधिक महत्त्व दिया गया है। इन चित्रों में कवि अपने घनीभूतं भावों को अप्रस्तुतों के सादृश्य-विधान द्वारा बहुत सरस और मार्मिक ढंग से अभिव्यक्त करता है। उपलक्षित चित्रों में उसका अवचेतन मन इस तरह उद्‌घाटित होता है कि उसकी रुचि, अरुचि, आस्था, विश्वास, मान्यताओं आदि का अध्ययन सुगमतापूर्वक किया जा सकता है। उपलक्षित चित्रों के मूल आधार उपमा और रूपक के सादृश्य-विधान हैं।"[127]

अत: यह कहना उचित प्रतीत नहीं होता कि बिंब एकांततः उपलक्षित ही होते हैं। जैसा कि डॉ. प्रतिभा कृष्णबल का कथन है, "बिंब उपलक्षित ही होता है, क्योंकि यह अभिव्यंजना की प्रत्यक्ष एवं ऋजु सरल शैली से भिन्न आलंकारिक पद्धति है।"[128] वस्तुत: सादृश्य के बिना भी अनलंकृत बिंबों में सम्वेदना का मौलिक स्वरूप सम्प्रेष-णीय बनाया जा सकता है। यह

बात भिन्न है कि ऐसे बिंबों में दृश्य-चित्र की प्रधानता होती है किन्तु उनके मूल में राग की अकृत्रिम धारा प्रवाहित करने से उनके काव्यो-चित सौंदर्य की उपेक्षा नहीं की जा सकती। उदाहरणार्थ, सीता अपने वनवास-जीवन में जिस रचनात्मक क्षमता को प्रेरित करती है, उसके मूल में निर्माण की मनोवैज्ञानिक मूल प्रवृत्ति का प्रसार देखा जा सकता है :

बने कहीं पर बर्तन जिन पर फूल सुनहरी चमके।
बने कहीं पर बटुए बढ़िया जिन पर मोती दमके॥
भोजपत्र की बनी कापियाँ, कलम बनी छड़ियों की।
सन के बने गलीचे, झालर, राह पुष्प-लड़ियों की॥
जटाजूट के बने पाँवड़े फूलों की बाड़ी से।
बच्चे फूल-पत्तियाँ लाये बाँसों की गाड़ी से॥[129]

इसी प्रकार दमन, यंत्रणा एवं आतंक का यह बिम्ब किसी अलंकरण एवं सादृश्य के अभाव में भी परिवेश का सजीव चित्र अंकित करने की सामर्थ्य रखता है—

उफ ! तम का यह साम्राज्यवाद
यह दमन चक्र ! यह प्रलय-नाद !
पर कहीं सुलगता महाज्वाल
है दूर नहीं स्वर्णिम सकाल।
रजनी की छाया दीपोज्ज्वल
जगमग करता था राज-महल
कैकेयी का सुख-शयन कक्ष
लज्जित सुरपुर जिसके समक्ष[130]

अन्य बिम्ब प्रकार

लक्षित और उपलक्षित के समान बिम्बों का वर्गीकरण सरल और संश्लिष्ट, खण्डित और समाकलित, वस्तुपरक और स्वच्छंद भेदों में किया गया है। किन्तु ये वर्गीकरण सुनिश्चित और निर्भ्रान्त नहीं हैं। एक ही बिम्ब को विभिन्न कोटियों में रखा जा सकता है। डॉ. नगेन्द्र के शब्दों में, "ये भेद स्वतन्त्र या एक-दूसरे से असम्बद्ध नहीं हैं। इनका परस्पर सम्बन्ध हो सकता है और प्राय: होता है। उदाहरण के लिए चाक्षुष बिम्ब लक्षित भी होता है और उपलक्षित भी। इसी प्रकार लक्षित चाक्षुष बिम्ब सरल भी हो सकता है और संश्लिष्ट भी — और यह संश्लिष्ट लक्षित चाक्षुष बिम्ब वस्तुपरक तथा स्वच्छंद दोनों तरह का हो सकता है-अर्थात् हम समग्र रूप में।" '3 एक 'वस्तुपरक समाकलित चाक्षुष बिम्ब' की कल्पना अनायास ही कर सकते हैं।"[131]

डॉ. कैलाश वाजपेयी ने बिंब-योजना का विस्तृत विवेचन करते हुए वस्तु-बिंब, भाव-बिम्ब, अलंकृत बिम्ब, सांद्र बिम्ब एवं विवृत बिम्ब इत्यादि भेदों का वर्णन किया है। वस्तु-बिम्ब एवं अलंकृत बिम्ब लक्षित एवं उपलक्षित बिम्बों के समानधर्मा हैं। "वस्तु-बिम्बों में यथार्थ का आग्रह आवश्यक होता है। सूक्ष्म कलात्मकता से युक्त यथार्थ को मूर्तिमान करना"[132] इन वस्तुगत बिम्बों की विशेषता होती है। "भाव-बिम्बों की एकमात्र विशेषता उनकी अत्यधिक भावात्मकता है। भाव-बिम्ब का गुण विशिष्ट रूप से उसकी अस्पष्टता और अनुभूति के उलझाव में है। चूंकि भाव-बिम्ब स्पष्ट रूप से किसी दृश्य की योजना नहीं करता, अत: उसकी प्रकृति अन्य संवेद्य बिम्बों से, जो हमारे इंद्रिय-बोध को स्पर्श करते हैं, भिन्न हो जाती है।"[133]

भाव-बिम्ब

वस्तुत: ऐन्द्रियता बिम्ब-विधान का व्यावर्तक गुण है। अत: भाव-बिम्बों की परिकल्पना ऐन्द्रियता को अनुभूति के तारल्य से समन्वित कर पात्रों एवं वस्तु-स्थितियों की आंतरिक अर्थ-व्यंजना को अनूदित करने में देखी जा सकती है। कहने का आशय यह है कि ऐन्द्रिय-बिम्ब जहाँ पात्र एवं स्थिति की बाह्यार्थक व्यंजना करने में अधिक समर्थ होते हैं, वहाँ भाव-बिम्ब मनोदशा का चित्र उपस्थित करते हैं। आधुनिक राम-काव्य में भाव-बिम्बों का प्रचुर प्रयोग छायावादी भाव-तारल्य के प्रभाव क्षेत्र के अन्तर्गत अधिक हुआ है। भाव-बिम्ब के उदाहरण 'कैकेयी' (प्रभात कृत), 'संशय की एक रात', 'राम की शक्तिपूजा', 'विदेह' तथा 'ऊर्म्मिला' में अधिक मिलते हैं :

अलस पलक को खोल विश्व ने देखा चारों ओर
उमड़ रहा सौंदर्य, रूप की बनकर गीत-हिलोर
वह सौंदर्य कि जिसमें मुखरित आदि अंत का हास
मुखरित जिसमें प्रथम पुलक का प्रथम स्वर्ण-उल्लास
प्रथम रश्मि की धीमी आहट आशा का संसार
दिन की प्रथम-प्रथम मुस्काहट, प्रथम सुरभि झंकार।[134]

यहाँ सौंदर्य, रूप, पुलक, उल्लास, सुरभि, झंकार इत्यादि के द्वारा जिस ऐन्द्रिय संवेदना का प्रत्यक्षीकरण होता है, वह भावों की तीव्रता के कारण एक धुंधले एवं अस्पष्ट मानस-चित्र में परिणत हो जाता है। इसी प्रकार—

आदर्श सत्य की शोभा पर फूंकता सदा आदेश-चिता
अध्यात्म स्वयं बन जाता है उपहास अहंकारी बल से
ओ' ज्ञान झुलस जाता है, जब
जलने लगता है हृदय सत्य की ज्वाला से।[135]

इन पंक्तियों में उत्पीड़न तथा शोषण के चक्र में फँसी नारी के अस्तित्व की नगण्यता एवं विडम्बना का भाव-चित्र अंकित किया गया है। यह भाव-चित्र मूलत: प्रवृत्तियों के मानवीकरण की पद्धति पर आधृत है जिसमें अनुभूतियों का मानसिक चित्र ही अधिक प्रभावी एवं संवेद्य है। चाक्षुष चित्र अपेक्षाकृत कम प्रभावी एवं गौण है।

सांद्र बिम्ब

सांद्र बिम्ब में भी अनुभूतिपरकता का आग्रह अधिक रहता है। किन्तु "भाव-बिम्ब में अनुभूति-पक्ष प्रबल होता है, सांद्र बिम्ब में अभिव्यक्ति पक्ष, अभिव्यक्ति के ठन और शब्द-शिल्प के कसाव के कारण सांद्र बिम्ब की चित्रात्मकता एकदम स्पष्ट होती है।"[136] आशय यह है कि सांद्र-बिम्ब में घनत्व एवं स्पष्टता के कारण अनुभूति अधिक संवेद्य एवं इंद्रियगम्य बन जाती है :

अग्नि यह कौन से अभिषेक-जल से शांत हो ?
समाहित व्यक्तित्व की यह ज्वाल
अनुखन दाहती है बन्धु।
कौन से वे हिम शिखर हैं
द्रोणियाँ हैं
जहाँ आदिम अग्नियाँ सोयी पड़ी हैं ?
यह अग्नि भी सो जाय।
शिव-निर्माल्य सी इस अग्नि को
उत्तर दिशा को सौंप दो।[137]

यहाँ अग्नि राम के हृदयस्थ प्रश्न, संशय, अनुताप एवं पश्चात्ताप को अनुभूति के धरातल पर ही संवेद्य बनाती है। किन्तु अग्नि का यह सघन आत्म-केन्द्रित बिम्ब उस बिम्ब अनुभूति को बिखरने नहीं देता, अपितु एक विराट् के रूप में घनीभूत एवं केंद्रित रखता है।

समानुभूतिक बिम्ब

कलात्मक सौष्ठव की दृष्टि से शब्द-बिम्ब, वर्ण-बिम्ब, समानुभूतिक बिम्ब, सामाजिक बिम्ब तथा असंवेष्टित विवृत-बिम्बों का प्राय: उल्लेख किया जाता है। कलात्मक अर्थवत्ता की दृष्टि से समानुभूतिक बिम्ब उल्लेखनीय हैं। समानुभूतिक बिम्बों में तादात्म्य चित्रण का विशेष स्थान होता है। "समानुभूतिक बिम्बों के विधान में कलाकार अपने अहम्, मन:स्थिति, क्रिया व्यापार, शरीरस्थ चेतना-संचरण या अन्तवृत्ति का आरोप मानवेतर दृश्य जगत् पर करता है।"[138] स्पष्टत: समानुभूतिक बिम्बों का अन्तर्भाव ऐन्द्रिय अथवा भावात्मक बिम्बों में सरलता से किया जा सकता है, क्योंकि इंद्रियज बिम्बों में मानवेतर क्रिया-कलापों पर मानवीय क्रिया व्यापारों का आरोप प्राय: होता ही रहता है। कलाकार की अन्त:स्थ व्यंजना मानवीकरण को आधार बनाकर विविध रूप-सृष्टियों का वैविध्य प्रस्तुत करती है। आधुनिक रामकाव्य में मान-वेतर वस्तुओं में मानवीय क्रिया-कलापों की व्यंजना भी अधिकांशत: छायावादी प्रभाव-क्षेत्रों में ही हुई है।

है अमा निशा, उगलता गगन घन अन्धकार,
खो रहा दिशा का ज्ञान, स्तब्ध हैं पवन चार,
अप्रतिहत गरज रहा पीछे, अम्बुधि विशाल,
भूधर ज्यों ध्यानमग्न, केवल जलती मशाल।[139]

'राम की शक्तिपूजा' की इन पंक्तियों में निशा, दिशा, पवन, समुद्र एवं भूधर इत्यादि मानवेतर वस्तुओं के क्रिया व्यापारों का चित्रण मानवीय क्रिया व्यापारों के संदर्भों में किया गया है। ऐसे दृश्य चित्रणों की विशेषता यह होती है कि प्रमाता आंतरिक अनुभूति के धरातल पर प्रकृति-व्यापारों का मानसिक अनुकरण करता हुआ उनके साथ एक प्रकार का तादात्म्य अनुभव करता है। वर्तन ली के हम पहाड़ों को उभरता हुआ कहते हैं तो हम स्वयं मानसिक रूप से अनुभव करते हैं।"[140]

पशुष्कर्ष

आधुनिक रामकाव्य के प्रसंग में यह तथ्य विचारणीय है कि एक ओर तो समसामयिक परिवेश एवं कवि विशेष के व्यक्तित्व एवं चिन्तन के अनुरूप नवीन बिम्बों का समाकलन एवं चयन हुआ है, तो दूसरी ओर रामकाव्य की मूल प्रेरणा के अनुरूप बिम्बों के चयन में कवि परम्परित, पौराणिक अथवा जीर्ण बिम्बों के पुनरुद्धार की ओर भी प्रवृत्त हुए हैं। प्राचीन बिम्बों का यह पुनरुद्धार नवीन संवेदनाओं एवं प्राचीन भावधारा को समन्वित कर कथा के संदर्भ में नवीन अर्थ-छवियों को उत्कीर्ण कर सका है। आधुनिक रामकाव्य में ऐसे बिम्बों की प्रचुरता है जो प्राचीन सांस्कृतिक परिवेश को सजीव करते हैं। उदाहरण के लिए हंस, कमल, इत्यादि प्राचीन सांस्कृतिक बिम्बों का प्रचुर प्रयोग आधुनिक रामकाव्य में देखा जा सकता है। उदाहरण के लिए कमल के बिम्ब का एक उदाहरण द्रष्टव्य है :

ब्राह्मण है वह जो मुक्त रहे संचित धन से,
कंचन-प्रलोभ के स्वर्ण-कमल पर ब्रह्म कहाँ ?[141]

यहाँ ब्रह्मा के कमल पर नित्य आसीन रहने की पौराणिक स्थापना को लेकर कवि ने नवीन बिम्ब का विधान किया है। स्वर्ण कमल पर आसीन होकर आत्म-बोध (ब्रह्मज्ञान) नहीं प्राप्त हो सकता।

'निराला' ने कमल का प्रयोग जहाँ अप्रस्तुत विधान के रूप में किया है, वहाँ कल्पना के आधार पर एक नवीन प्रसंग योजना भी की है। हठयोग के मूलाधार, स्वाधिष्ठान, अनाहत, मणिपूरक और विशुद्ध चक्रों को पार करता हुआ जब छठे

चक्र पर राम का साधनारत मन आरोहण करता है, तो एक ओर तो उनका मन द्विदल बाले कमलाकार आज्ञाचक्र पर स्थित है, दूसरी ओर देवी के कमल समान चरणों पर वे हनुमान का लाया हुआ कमल अर्पित करते हैं। अत: कमल का चित्र बिम्बित-प्रतिबिम्बत होकर एक अद्‌भुत काव्य-बिम्ब का संश्लिष्ट रूप धारण कर लेता है :

कर-जप पूरा कर एक चढ़ाते इन्दीवर,
निज पुरश्चरण इस भांति रहे हैं पूरा कर।
चढ़ षष्ठ दिवस आज्ञा पर हुआ समाहित मन,
प्रति-जप से खिच खिच होने लगा महाकर्षण,
संचित त्रिकुटी पर ध्यान द्विदल देवी-पद पर।[142]

साधना की अन्त: रेखा से अन्वित होकर त्रिस्थानीय कमल-बिम्ब एक विराट् कमल-बिम्ब में समाहित हो जाते हैं। यह वस्तुत: एक अतीन्द्रिय भावभूमि को मूर्त बिम्ब के रूप में आकार प्रदान करने की काव्य-प्रतिभा की परिणति है, जो साधनापरक परिवेश में ही अपेक्षित प्रभाव ग्रहण कर सकती है।

अप्रस्तुत विधान

बिम्ब-विधान में भी साम्य-सौंदर्य का विशिष्ट स्थान रहता है क्योंकि अप्रस्तुत एकान्तत: बिम्ब से बाह्य अथवा भिन्न नहीं है, उसके मूल में अप्रस्तुत सौंदर्य की सूक्ष्मता एवं व्यंजकता निहित रहती है। फिर भी बिम्ब एवं अप्रस्तुत की पार्थक्य रेखा अत्यन्त स्फुट एवं स्वच्छ है। जहाँ परम्परित श्रेणी के उपमा, रूपक, उत्प्रेक्षा आदि अलंकारों के विधान में प्रस्तुत-अप्रस्तुत का कथन स्पष्ट रहता है, वहाँ बिम्ब में समस्त स्थिति कथ्य की सूक्ष्मता में परिणत होकर एक ही चित्र में संकेन्द्रित हो जाती है। डॉ. जगदीश गुप्त के अनुसार, "रूपक में प्रस्तुत के बोध का विलयन नहीं होता, जबकि बिम्ब में प्रस्तुत-अप्रस्तुत का अन्तर अनुभूति की सघनता में तिरोहित हो जाता है।"[143] रूपक और बिम्ब का यह अन्तर वस्तुत: अप्रस्तुत-विधान की मूल विशेषता पर प्रकाश डालता है। अप्रस्तुत विधान में बिम्ब की विशिष्ट स्थिति अवश्य रहती है।

अप्रस्तुतों की योजना प्राय: एक परम्परागत मार्ग ग्रहण कर चुकी है। किन्तु प्रतिभा सम्पन्न कवि परम्परागत अप्रस्तुतों को भी अपनी कला का संस्पर्श देकर नवीन रूपों में परिणत कर देता है। आधुनिक रामकाव्य की विशिष्ट भावभूमि में परम्परागत अप्रस्तुतों का एकांत तिरस्कार भी नहीं किया जा सकता। पौराणिक एवं सांस्कृतिक परिवेश की व्यंजना के लिए कवियों ने परम्परागत उपमानों का प्रचुर प्रयोग किया है। रूढ़ियों से सर्वथा मुक्त होकर स्वतन्त्र कल्पना-सृष्टि की ओर ये कवि कम ही उन्मुख हुए हैं।

यहाँ यह स्पष्ट कर देना आवश्यक है कि रामकाव्य के संदर्भ में कोई काव्य-प्रवृत्ति एक विशिष्ट कालखण्ड की उद्‌भूति नहीं है, अपितु कवि के विशिष्ट मानसिक परिवेश की एक विशेष दिशा का संकेत करती है। छटे अथवा सातवें दशक की हिन्दी कविता की शैलीगत विशेषताओं का तिरस्कार करते हुए भी रामकाव्य के अनेक प्रणेता शैली-शिल्प के धरातल पर द्विवेदीयुगीन अभिव्यंजना पद्धति का अत्यन्त आग्रह के साथ अनुकरण करते रहे हैं। अत: रामचरित उपाध्याय के 'रामचरित चिन्तामणि' को ही नहीं, आधुनिक युग के अनेक काव्यों को द्विवेदीयुगीन अभिव्यंजना-पद्धति अथवा ब्रज-भाषा-पद्धति का अनुसरण करते हुए देखा जा सकता है। 'वैदेही वनवास' का रचना-काल 'कामायनी' के रचना-काल के समानान्तर है किन्तु अभिव्यंजना-पद्धति का स्पष्ट पार्थक्य दोनों कवियों की काव्य-संवेदना की विशिष्ट दशाओं को सूचित करता है। उदा-हरणार्थ, राम की अलौकिक शोभा के वर्णन में कवि ने जिन उपमानों का प्रयोग किया है, वे अत्यन्त प्रसिद्ध एवं परम्परित हैं। डॉ. गोपाल दत्त सारस्वत ने ऐसे ही एक प्रसंग की व्याख्या करते हुए लिखा है, "इसमें राम की देह के लिए नीरद, भू के लिए धनुष, नेत्रों के लिए कमल, कपोल के लिए गुलाब, वचन के लिए मधुर रस, दंत-पंक्तियों के लिए मुक्तावली आदि उपमान प्रयुक्त हुए हैं।"[144] इसी प्रकार डॉ. मुकुन्ददेव शर्मा का कथन है, "हरिओधजी ने नख-शिख के वर्णनों में अधिकतर परम्परागत उपमानों का प्रयोग किया है।"[145] डॉ. केदारनाथ सिंह मैथिलीशरण गुप्त के विषय में कहते

हैं, "रूढ़िबद्ध कल्पना के सबसे सफल कवि श्री मैथिलीशरण गुप्त हैं जिनके काव्य में प्राचीन काव्य-प्रसिद्धियों के आधार पर अनेक सामयिक परिकल्पनाएँ की गई हैं।"[146]

आलोचकों के उपर्युक्त अभिमतों से यह निष्कर्ष सहज ही निकाला जा सकता है कि किसी कृति की मूल प्रवृत्ति को निर्धारित करने वाला तत्त्व काल-खण्ड के अतिरिक्त कवि का निजी मानसिक परिवेश भी होता है। 'वैदेही-वनवास' एवं 'साकेत' के विषय में ही नहीं, 'ऊर्म्मिला', 'कैकेयी' (चाँदमल अग्रवाल कृत), 'रावण-महाकाव्य' (हरदयालुसिंह) आदि के विषय में भी यही कहा जा नकता है। 'राम की शक्तिपूजा', 'संशय की एक रात', 'विदेह', 'कैकेयी' ('प्रभात' कृत) तथा 'अशोक-वन' (सुमित्रानंदन पंत) इत्यादि के काव्य-शिल्प की तुलना में यह अन्तर अधिक स्पष्ट हो जाता है। द्विवेदीयुगीन या छायावादी काव्य-शैलियों का जो अनुसरण इन कवियों ने किया है, उसमें भी काल-खण्ड की अपेक्षा कवि की विशिष्ट मानसिक दिशा ही अधिक उत्तर-दायी प्रतीत होती है। उदाहरण के लिए 'अन्तर्मन्थन' ('अन्तर्दर्शन'), 'चित्रकूट के पथ पर', 'जय भरत', 'आंजनेय' आदि के कवि जहाँ छायावादी संस्कारों को लिये हुए हैं, वहाँ 'वनस्थली', 'जानकी जीवन', 'शूर्पणखा' आदि के कवि द्विवेदीयुगीन रूढ़िबद्ध अप्रस्तुत-विधान का ही अधिक अनुसरण करते हैं। रूढ़िबद्ध अप्रस्तुतों की काव्योप-योगिता पर दो दृष्टियों से विचार किया जा सकता है। प्रथम स्तर पर वे अप्रस्तुत आते हैं जिनके प्रयोग में कवि ने किसी नवीन कल्पना का आधार नहीं लिया है। कथा-क्रम को गति देने के लिए परम्परित रूप में ही उनका ग्रहण किया है। दूसरे स्तर पर उन परम्परागत उपमानों पर विचार किया जा सकता है कि जहाँ साम्य-स्थापना ही कवि का एकमात्र अभीप्सित नहीं है अपितु साम्य को अधिक सूक्ष्म एवं व्यंजक बनाने के लिए कवि ने रूढ़ि के साथ नवीनता लाने का प्रयास भी किया है। कहने की आवश्यकता नहीं कि यह अप्रस्तुत-विधान मूलतः उपमा, रूपक, अनन्वय, स्मरण, परिणाम, संदेह, भ्रांतिमान, उत्प्रेक्षा, उल्लेख, अपहनुति आदि अलंकारों के अन्तर्गत ही हुआ है।

आधुनिक दृष्टि से सादृश्य अथवा साधर्म्य की सूक्ष्मता और कलात्मक सौष्ठव को तभी अधिक महत्त्व दिया जाता है जब वह रूप, गुण से आगे बढ़ कर आभ्यंतर प्रभाव-साम्य पर आधृत होता है। इस साम्य-विधान के लिए कवि मूर्त प्रस्तुत के लिए मूर्त अप्रस्तुत विधान, अमूर्त अप्रस्तुत के लिए अमूर्त अप्रस्तुत विधान, मूर्त के लिए अमूर्त अप्रस्तुत-विधान, अमूर्त के लिए मूर्त अप्रस्तुत-विधान और मूर्तामूर्त अप्रस्तुत-विधान किया करते हैं। इन सभी विधानों में अमूर्त-विधान में कल्पना शक्ति विशेष रूप से अपेक्षित होती है। यह साम्य-विधान वस्तु, गुण अथवा क्रिया के पृथक्-पृथक् साम्य की अपेक्षा व्यापार समष्टि के साम्य में अधिक कलात्मक रूप से सामने आता है। आचार्य रामचन्द्र शुक्ल के अनुसार, "कल्पना की पूर्णता किसी एक प्रस्तुत वस्तु के लिए कोई दूसरी अप्रस्तुत वस्तु, जो कि प्रायः कवि-कल्पना में प्रसिद्ध हुआ करती है, रख देने में उतनी नहीं दिखाई पड़ती, जितनी किसी एक पूर्ण प्रसंग के मेल का कोई दूसरा प्रसंग, जिसमें अनेक प्राकृतिक वस्तुओं और व्यापारों की नवीन योजना रहती है, रखने में देखी जाती है।"[147]

अप्रस्तुतों का परम्परागत प्रयोग

मूलतः चन्द्र, कमल, मृग, खंजन, मीन, कुम्भ, मृणाल-तंतु, घन, सर्प, कदली, गज-शुण्ड आदि का प्रयोग परम्परागत रूप में प्रायः देखने में आता है :

चंद को दीन्हीं प्रभा मुख की, अरबिन्दन को तन कोमलताई,
मंजुलता तिमि नैनन की, मृग खंजनि मीननि दीन्हि गहाई।
मंडलता त्यों कपोलनि की, तहँ आरसी ने कछुहू कछु पाई,
ग्रीव की रंच मनोहरता, बड़े भागिनि कम्बु के हाथ में आई।।
श्रीफल लीन्हीं उरोज-प्रभा, करि कुंभनि सौ घट फोरत ही रहे,
बाँहन मैं त्यों सनाल सरोज, निछावरि ह्व तिन तोरत ही रहे।

लंक की छुमता की छबि को, बर तंतु मृनाल के छोरत ही रहे,
जंघनि की कमनीयता को, कदली करि सुंड निहोरत ही रहे।।[148]

कैकसी के रूपवर्णन में मुख, नेत्र, कपोल, ग्रीव, उरोज, कटि, भुजा, जंघा इत्यादि के सौंदर्य की उत्कृष्टता दिखलाने के लिए चन्द, अरविंद, मृग, खंजन, मृग, आरसी (दर्पण), कम्बु, श्रीफल, कुम्भ, घट, कदली इत्यादि के जो उपमान सम्मुख लाये गये हैं, उनमें परम्परा-निर्वाह का आग्रह ही विशेष है, संवेदना के किसी नवीन धरातल का उद्‌घाटन करने की प्रतिभा के दर्शन यहाँ नहीं होते। उपमेय की अपेक्षा प्रसिद्ध उपमानों की न्यूनता दिखाना प्राचीन परम्परानुमोदित दृष्टि का ही परिचायक है। इसी प्रकार ऊर्मिला और सीता के सौंदर्य-वर्णन में बालकृष्ण शर्मा 'नवीन' ने भी इसी पद्धति का अनुसरण किया है :

कहने लगा गुलाब,—"गुलाबीपन ? यह तो मेरा है,"
बोला कमल—"नेत्र-विस्फारण, क्या यह भी तेरा है?"
जुही चहकने लगी—"अहो, यह कोमलता किसकी है ?"
पारिजात बोला—"स्वर्गीय रेखा यह जिसकी है।"
+ + +
कभी नासिका देख ऊर्मिला की सकुचाता शुक था,
सीता के नयनों से खंजन को होता कुछ दुख था।[149]

कहने की आवश्यकता नहीं कि नारी अथवा पुरुष के रूप चित्रण, नख-शिख वर्णन तथा अनुभाव चित्रण की यह स्थूल परम्परा काफी पुरानी है और अपने पिष्ट-पेषित रूप में स्थूल ऐंद्रिक चित्रण से अधिक किसी भाव-सौंदर्य की ओर इंगित करने में यह पद्धति विशेष समर्थ नहीं कही जा सकती। किन्तु प्रबंधात्मक रूढ़ियों के आग्रह के कारण कथा को गतिशील रखने के लिए सभी कवि इसका प्रयोग बराबर करते रहे हैं। उपमानों का ऐसा प्रयोग प्राय: प्रतीप, व्यतिरेक, तद्‌गुण, उल्लेख, उत्प्रेक्षा इत्यादि अलंकारों की परिधि में ही अधिक होता रहा है। कुछ उदाहरण द्रष्टव्य हैं-

1. पड़ता नेत्र देख बड़े-बड़े-
हीरकों में गोल नीलम हैं जड़े।
पद्‌मरागों से अधर मानो बने,
मोतियों से दाँत निर्मित हैं घने।[150] (उत्प्रेक्षा)
+ + +
"... नाक का मोती अधर की कान्ति से,
दाड़िम का समझ कर भ्रान्ति से,
यह देखकर सहसा हुआ शुक मौन है,
सोचता है, अन्य शुक यह कौन है !"[151] (भ्रांतिमान)

2. दीप समझकर, दीप्ति-स्नेहवश एक शलभ-सी कूद चली,
लेकिन तुम दाहक अंगारे बनकर छलने लगे छली।[152] (भ्रांतिमान)

3. आकाश-सा हृदय विस्तृत भूप का हो,
हों दीप्तिमान जिसमें रवि-सोम-तारे।
जो दें प्रकाश जग को अपनी प्रभा से,
घूमें सशान्ति अपने-अपने पथों में॥ (पूर्णोपमा)

4. वे बैठी पति साथ देखती थीं सरि-लीला,
5. था वदनाम्बुज विकच वृत्ति थी संयमशीला।[153] (रूपक)

नयन ये नयनागर राम के, जननि के जन के हित में पगे,
शरदचन्द्र-समानन प्रान्त में चपल रंजन खंजन खेलते।[154] (उपमा)

उपर्युक्त उदाहरणों के आधार पर यह निष्कर्ष निकलना असमीचीन नहीं होगा कि प्राचीन रूढ़िगत उपमानों के प्रयोग के प्रति आधुनिक रामकाव्य के रचयिताओं में उपेक्षा की भावना नहीं है। किन्तु ऐसे स्थलों का अभाव नहीं है जहाँ परम्परित उपमान भी विशिष्ट कथा-संदर्भों में ढलकर एक निश्चित अर्थवत्ता एवं रमणीयता ग्रहण कर लेते हैं। इन स्थलों में उपमान-परम्परा सिद्ध होने पर भी एक विशेष विधान में ढलकर सौंदर्योद्भावन में पूर्ण समर्थ हैं। गुप्तजी ने विधवा कौशल्या के अभिशप्त-अनलंकृत व्यक्तित्व का कमल-विहीन सरसी से जो सादृश्य प्रदर्शित किया, वह उपमान की नवीनता की दृष्टि से नहीं, अपितु पात्र के व्यक्तित्व के विशिष्ट परिपार्श्व में अत्यंत अर्थपूर्ण है-

जिस पर पाले का एक पर्त-सा छाया,
हत जिसकी पंकज-पंक्ति, अचल-सी काया।
उस सरसी-सी, आभरण-रहित, सितवसना,
सिहरे प्रभु माँ को देख, हुई जड़ रसना[155]

डॉ. नगेन्द्र के शब्दों में, "इस चित्र में कवि ने कौशल्या के विधवा-वेश को अंकित करने में सादृश्य का बड़ा ही सूक्ष्म-विधान किया है। उसमें सादृश्य के कई तत्त्व हैं, इसीलिए रूप का बिम्ब बड़ा पूर्ण उतरा है।"[156]

इसी प्रकार निम्नलिखित उदाहरणों में प्राचीन अप्रस्तुतों की नवीन प्रसंगोद्-भावना पात्र अथवा वस्तुस्थिति के रेखांकन में महत्त्वपूर्ण योग देती है :

रथारूढ़ सस्मित सुलोचना, क्या यह वही ललाम,
दिव्य लोक की लोहितवसना, मंगल-प्रभा अकाम।
जो समस्त पृथ्वी मण्डल को देती बल-विश्वास,
तम की ध्वंस चिता पर लिखती, नवयुग का इतिहास।।[157]

यहाँ उषा का यह ऋग्वैदिक अप्रस्तुत[158] कैकेयी की मन:स्थिति के साथ एकात्म्य होकर भविष्य के ध्वंस और क्रांति की कुक्षि से उभरते नव निर्माण और विश्वास की भूमिका निर्मित करता है।

प्राकृतिक बिम्बों के माध्यम से आने वाली घटना का पूर्वाभास 'उत्तरायण' में भी दृष्टिगोचर होता है। बादलों के पृष्ठ पर छंद लिखने का अप्रस्तुत नवीन अवश्य है किन्तु प्रभाव-साम्य की दृष्टि से 'मेघदूत' का स्मरणं दिलाता है। प्रस्तुत संदर्भ में यह प्रस्तुत तुलसीदास की मन:स्थिति से जुड़कर उनकी सृजन-चेतना के विकास तथा राम-काव्य के प्रणयन की मनोभूमिका की ओर इंगित करता है :

हो गया प्रभात ! रवि रश्मि-रेखा पूर्व में,
लिखती है बादलों के पृष्ठ पर छंद-से।
कवि के समान अलि गूंजता है गर्व से,
और मत्त हो रहा है रस-मकरंद से[159]

इसी प्रकार राम जब गोदावरी तट पर स्थित शम्बूक के आश्रम पर पहुँचते हैं तो उनकी विगत स्मृतियाँ उद्दीप्त हो उठती हैं। अत: निम्नांकित पंक्तियों में सीता के निर्वासन के कारण गोदावरी नदी के द्वारा अश्रु प्रवाहित करने का जो बिम्ब कवि ने उत्कीर्ण किया है, वह राम की आंतरिक व्यथा को सम्प्रेषणीय बनाने में समर्थ सिद्ध हुआ है :

नदी गोदावरी बहती थी,
दु:खी की-सी प्रवाहित अश्रुधारा।
कही कल्लोलिनी कलनादिनी ने,
किसी शोकार्त्त की करुणा कहानी।[160]

पवन के झोंके पर गंध के सवार होने का बिम्ब पुरातन अवश्य है। शत्रुघ्न शक्ति बाण-हत लक्ष्मण का संवाद पाकर घोड़े पर चढ़े नहीं कूद पड़े। उनकी तीव्र गति का जीवंत चित्र इस परम्परित अप्रस्तुत के माध्यम से स्वयं गतिमान हो उठा है :

छूकर उनके चरण द्वार की ओर बढ़े वे,
झोंके पर ज्यों गंध, अश्व पर कूद चढ़े वे।[161]

नवीन प्रयोग

भाव एवं अलंकरण की संश्लिष्ट संवेदना के एक विशिष्ट धरातल का आभास देती है। भावबोध के स्तर में परिवर्तन के साथ अप्रस्तुत-विधान में भी स्वत: परिवर्तन का प्रतिबिम्ब दिखायी देने लगता है। छायावादी काव्य परिसर के कवियों ने स्थूल इतिवृत्तात्मक वर्णन की अपेक्षा पात्रों के अन्तश्चैतन्य के उद्घाटन पर विशेष बल दिया है। यही कारण है कि पात्रों की जटिल मन:स्थिति के अनुरूप अप्रस्तुत-विधान में भी जटिल तथा विविध मानसिक स्तरों को एक साथ व्यंजित करने वाले अनेक बिम्ब एक साथ झिलमिलाते दृष्टिगत होते हैं। नवीन अप्रस्तुतों के चयन की दृष्टि से 'संशय की एक रात', 'कैकेयी' (प्रभात कृत), 'विदेह' आदि काव्य विशेष उल्लेखनीय हैं। उदाहरणार्थ—

सर्प बन सौमित्र-रेखा क्यों नहीं लिपटी
\+ \+ \+
ज्वार बन घिरे विवश छोटे द्वीप से
\+ \+ \+
मेरी यात्रा छोटी शंख सी यहीं
बालू में कहीं गिर
खो गयी है।
\+ \+ \+
हम अपनी समस्याएँ लिये भटके
सार्थ के टूटे संदर्भ हैं।[162]
\+ \+ \+
यहाँ सब आकाश है—
इस नील सम्पृक्ति के हृदय में
एक भी पदचिह्न तो दिखता नहीं है।[163]

छायावादी कविता के समान अतीन्द्रियता एवं वायवीयता की अपेक्षा इन उप-मानों में अनुभूति की सांद्रता ही अधिक व्यंजित है, जो तरलता की अपेक्षा जटिलता के अधिक निकट है। इसे नयी कविता की शैली का प्रभाव कहा जा सकता है। केदारनाथ मिश्र 'प्रभात' की 'कैकेयी' पर भी यह प्रभाव स्पष्ट देखा जा सकता है-

मरण तैरता है बादल-सा[164]
\+ \+ \+
चेतना फूंकती विजय-शंख[165]
\+ \+ \+
इतिहास राख की रक्षा का साकार सिंधु[166]
\+ \+ \+
पृथ्वी समस्त व्यंगार आज इतिहास-मात्र
संसार आज दुर्गन्धपूर्ण परिगलित-गात्र[167]

+ + +

जब भीतर की हर पंक्ति स्वयं को पढ़ती[168]

+ + +

मंत्रों का मौन पिघलता-सा[169]

इन उपमानों में छायावादी लाक्षणिक वैचित्र्य का अनुकरण मात्र अभीष्ट नहीं है, अपितु मानव को ठोस संदर्भों से जोड़ने का उपक्रम भी है। इसी प्रकार आधुनिक कवियों ने नये अप्रस्तुतों के माध्यम से आधुनिक जीवन की विसंगति तथा पात्रों के खण्डित व्यक्तित्व के विविध कोणों को उजागर किया है। यथा,

आदमी रूप से एक चित्र,
रस और गंध से भी अपूर्ण,
परिपूर्ण साधना के बल से,
भौतिकता तो गति-जीवन का संघर्ष-स्वप्न
आध्यात्मिकता सूक्ष्मातिसूक्ष्म संज्योति सत्य
जो मानव को देता पूर्णता प्रसार सदा।[170]

+ + +

अमर चेतना सृजन दीप ले अन्धकार में जागी,
भाग्य बदलने को सूरज-सी अग्नि चली हतभागी[171]

आधुनिक राम-काव्य के अप्रस्तुत विधान का अध्ययन करने के उपरांत यह-निष्कर्ष सहज ही निकाला जा सकता है कि कवि की दृष्टि को निर्मित करने वाला तत्त्व युग-बोध ही रहा हैं। जो कवि युग के प्रति जितनी सूक्ष्म एवं जटिल प्रतिक्रिया को अभिव्यक्ति प्रदान कर सका है उसका अप्रस्तुत-विधान उतना ही सूक्ष्म एवं जटिल है। यही कारण है कि आधुनिक रामकाव्य में एक ओर तो परम्परित प्रयोगों की भरमार है, दूसरी ओर युगबोध का आंतरिक प्रभाव नवीन उपमानों के ग्रहण में स्पष्ट दृष्टि-गोचर होता है। उदाहरण के लिए वैज्ञानिक धारणा के विकास के साथ सूर्य को स्थिर तथा पृथ्वी को गतिशील माना जाने लगा तो गुप्तजी ने भी सूर्य को मकड़े के रूप में और पृथ्वी को मक्खी के रूप में चित्रित कर एक कलात्मक चित्र की रचना की :

आकांश-जाल सब ओर तना,
रवि तन्तुवाय है आज बना।
करता है पद-प्रहार वही,
मक्खी-सी भिन्ना रहीं मही॥[172]

पृथ्वी मक्खी की तरह सूर्य रूपी मकड़े के जाल में फँसी है, जो किरण-रूपी पैरों से उस परं पद-प्रहार कर रहा है। यह कल्पना मध्ययुग में सम्भव न थी।

इसी प्रकार वर्तमान राजनीति के संदर्भ में यह दृष्टांत बहुत सार्थक है—

एक राज्य न हो, बहुत-से हों जहाँ,
राष्ट्र का बल बिखर जाता है वहाँ।
बहुततारे थे, अंधेरा कब मिटा,
सूर्य का आना सुना जब, तब मिटा॥[173]

यदि केन्द्र और राज्य शासन के द्वन्द्व पर विचार करें, तो उपर्युक्त अप्रस्तुत योजना की अर्थवत्ता सहज ही प्रमाणित हो जाती है।

मार्क्स ने सभ्यता और संस्कृति के विकास को वर्ग संघर्ष एवं आर्थिक साधनों के विकास का इतिहास कहा है। आधुनिक कवियों ने अप्रस्तुत विधान के लिए मार्क्स-वादी अवधारणाओं का आधार ग्रहण किया है। शिवमंगल सिंह 'सुमन'

ने नव-कृषि-सभ्यता के विकास के रूपक के माध्यम से राम और जानकी के पौराणिक तथ्यों को साम्यवादी परिवेश में प्रस्तुत किया है :

दौर नव-कृषि-सभ्यता का राम बनकर रम रहा था,
कारवाँ यायावरों का बस रहा था, जम रहा था।
झोंपड़ों में ज्योति जीवन का प्रदीप जला गयी थी,
धरा की बेटी मनुज की ब्याहता बन आ गयी थी।[174]

यहाँ "मनुष्य ने अपने पराक्रम से धरती के पेट से सम्पत्ति प्राप्त की, उस सम्पत्ति-प्राप्ति के फलस्वरूप उसके जीवन में आनंद और प्रकाश का आविर्भाव हुआ। राम, धरा की बेटी और ज्योति आदि प्रस्तुत उपकरणों से कृषि-सभ्यता, सम्पत्ति और रोशनी आदि अप्रस्तुतों की योजना है।"[175]

हिन्दी में मार्क्सवादी चेतना की अभिव्यक्ति प्रगतिवादी काव्यधारा में हुई है, जिसमें शोषक और शोषित का द्वन्द्व, आर्थिक वैषम्य, मनुष्य की आशामय भविष्य के प्रति आस्था, समाज के परम्परागत मूल्यों और खण्डित आदर्शों के ध्वंस पर नवीन युग-चेतना के आह्वान का स्वर प्रगतिवाद में स्पष्ट सुनाई देता है अप्रस्तुत-विधान पर भी उसका व्यापक प्रभाव पड़ा है। डॉ. केदारनाथ सिंह के शब्दों में, "प्रगतिवाद की आरम्भिक कविताओं में शोषक और शोषित का अन्तर या गहरी विषमता सूचित करन वाल भावचित्र अधिक आय हैं। य चित्र अधिकतर छायावादी कोमल रुचि को झकझोरने वाले हैं।"[176]

शोषक और शोषित का यह अन्तर अनेक क्षेत्रों में दृष्टिगत होता है। पूंजी-पति और श्रमिक, राजा और प्रजा, पुरुष और नारी आधुनिक युग में साध्य और साधन के प्रतीक के रूप में प्रयुक्त हुए हैं। अधिक समर्थ व्यक्तित्व असमर्थ एवं दुर्बल अस्तित्व को अपनी स्वार्थ-साधना के लिए साधन के रूप में प्रयुक्त करता रहा है। शोषक और शोषित का यह चक्र राजनीति, अर्थनीति एवं समाज-नीति के व्यापक स्तरों तक गतिशील है। कुछ चित्र द्रष्टव्य हैं :

वह पथ होगा वहाँ, व्यथाएँ जहाँ पुकार रही हैं—
जहाँ मनुज को मनुज-हड्डियाँ चुप ललकार रही हैं।[177]

इसी प्रकार सती प्रथा की ओर इंगित करने वाला यह रूपक भी नारी की विवशता का मुखर साक्षी है-

"...सुधि के मरघट पर जलती हैं एकान्त चिता
पुत्रियाँ मृत्यु की नाच रही हैं सभी ओर
उग रहा प्रलय का तिमिर-सूर्य
बज रहे धर्म के वाद्यवृन्द
आदेशासन पर बैठा है प्राचीन पुरुष
जो कहता अबला से – प्रस्तुत है अग्नि-सेज
सो जा, सो जा ! मनु का आदर्श बुलाता है।"[178]

राजा और प्रजा के द्वन्द्व को मूर्त करने के लिए रघुवीरशरण 'मित्र' ने राम को साम्राज्यवादी शोषण के प्रतीक के रूप में अंकित करके इसी प्रगतिवादी चेतना को अभिव्यक्ति दी है :

श्रम से सींच-सींच सीता ने वन में फूल खिलाये,
वन के फूलों को राजा ने जलते शूल दिखाये।[179]
\+ + +
एकछत्र राजा बनने को रामचन्द्र हुंकारे,
प्रजातंत्र पर राजतंत्र के मणिधारी फुंकारे।[180]

यहाँ सीता प्रजा की श्रम-साधना तथा राम साम्राज्यवादी चेतना के प्रतीक हैं।

अप्रस्तुत विधान में साम्यवादी प्रतीकों की भी झंकृति स्पष्ट सुनायी देती है—

सोचते हैं राम, यह आह्वान कैसा, सामने मेरे खड़ा अभियान कैसा !
आज उतरा है धरा की ऊर्म्मियों के साथ ले अंगार लाल विहान कैसा ![181]

\+ + +

हड्डियों के शून्य स्वर में कौन गाता
कौन चुपके वेदना-दीपक जलाता ?
सिन्धु में, ज्वालामुखी में, गहन वन में
चुन हृदय-कण आगमन-पथ पर बिछाता ?
अश्रु-पथ पर, अग्नि पथ पर, रक्त पथ पर
हे महामानव ! तुम्हें मानव बुलाता।[182]

\+ + +

जल रही बुद्धि की ज्वाला विप्लव के गृह में
झर रही एक निर्झरिणी भावों के गिरि से अन्तरतर पर
कर रहा न्याय विस्फोट,
चोट लग रही सत्य के जलते प्रश्नों के पग में।[183]

क्रांति, विप्लव एवं मानववाद ने आधुनिक रामकाव्य की केंद्रीय संवेदना को जिस रूप में प्रभावित किया है, वह अंशतः आधुनिक युग के शोषण, विसंगति के मध्य संघर्षरत मानव की स्वाभाविक अभिव्यक्ति है। वर्ण्य विषय के अतिरिक्त अप्रस्तुत-विधान के रूप में भी उक्त अवधारणाओं का व्यापक प्रयोग इस तथ्य को रेखांकित करता है कि द्विवेदी युगं, छायावाद, प्रगतिवाद एवं नयी कविता-विषयक आंदोलनों और वादों ने जहाँ आधुनिक रामकाव्य के विचार एवं संवेदना-पक्ष को प्रभावित किया है, वहाँ अप्रस्तुत विधान पर भी उसकी प्रत्यक्ष छाप पड़ी है।

अप्रस्तुत विधान के संदर्भ में एक तथ्य यह भी द्रष्टव्य है कि कवियों की वैयक्तिक प्रज्ञा और परिवेश के प्रभाव में जो आंतरिक समन्विति आवश्यक है, वह किसी काल-क्रम का अनुसरण न कर अपने विशिष्ट प्रभाव क्षेत्र के आधार पर विकसित हुई है। जैसा कि पहले कहा जा चुका है कि छठे और सातवें दशक के रामकाव्य की अनेक रचनाएँ भी भाषा और शिल्प के धरातल पर द्विवेदीयुगीन प्रभाव का बहुत सीमा तक अतिक्रमण नहीं कर सकी हैं। क्योंकि आधुनिक कवि ने रामकाव्य के जिस प्रसंग को लिया हैं, उसके वैचारिक अथवा भावात्मक पक्ष के किसी नवीन कोण को उभारने के लिए ही वह नवीन काव्य-कृति के प्रणयन के प्रति अग्रसर हुआ है। किन्तु वैचारिक स्तर पर समाज में जो परिवर्तन लक्षित होता है, मानव चेतना के साथ उसके रागात्मक सम्बन्ध की स्थापना में समय लगता है। सामाजिक चेतना किसी नवीन तथ्य को पूर्वा-नुभूत वस्तु की समानान्तरता में ही साधारणीकृत कर पाती है। यही कारण है, भावो-पकरण नवीन होते हुए भी अप्रस्तुत अपेक्षाकृत प्राचीन ही गृहीत होते रहते हैं। अप्रस्तुतों की जटिलता एवं दुरूहता चिन्तन के गहन स्तर का परिचय तो देती है किन्तु साधारणीकरण में बाधा भी पहुँचाती है। फलतः अधिकांश कवियों ने प्रभाव-साम्य की अपेक्षा रूप और गुण-साम्य को अधिक आधार बनाया है। अधिकांश स्थलों पर उन्होंने मूर्त के लिए मूर्त अथवा अमूर्त के लिए मूर्त अप्रस्तुतों का प्रयोग किया है। अमूर्त अप्रस्तुतों के चयन में भी संवेदनीयता और सम्प्रेषणीयता पर उनका ध्यान अधिक रहा है। अमूर्त अप्रस्तुत मूलतः मानवीकरण अथवा लाक्षणिक प्रयोगों की भूमि पर ही अधिक विकसित हुए हैं। यथा,

घोर पशुता का वह आतंक, स्वयं करके भाई को रंक,
सपरिकर निर्वासित कर आज, हो रहा अपना आप कलंक।[184]

\+ + +

तर्क मौन हो गया
मौन रहने दो

अब तो केवल हृदय शेष है
देखो !
अपने पथ पर प्रलय शेष है
देखो।[185]

\+ + +

उसकी करुणा में जग के साँझ सकारे,
पाते प्रकाश ध्वनि-रंग गगन के तारे।
उसकी करुणा पर क्षितिज विशद हो सोता,
अँधियारा भी आ उस जल में मुख धोता।[186]

\+ + +

प्रश्नों की लगी झड़ी-सी, मानस के कोलाहल में;
धँसती जाती थी मेधा, जड़ता के उस दलदल में[187]

उपर्युक्त उदाहरणों में सादृश्य के मूल में उपादान लक्षणा अथवा मानवीकरण हैं। 'पशुता' से आशय पशु-जैसे आचरण वाले बर्बर असभ्य जनों से है। इसी प्रकार 'तर्क के मौन रहने' के चित्र में भी अमूर्त को मूर्त रूप में प्रस्तुत करने के मूल में लक्षणा का ही प्रभाव है। व्यक्ति के बौद्धिक पक्ष की अपेक्षा हार्दिक पक्ष की सक्रियता की व्यंजना का यहाँ मार्मिक विधान हुआ है। ऐसे ही 'करुणा पर क्षितिज़ के सोने' तथा 'अंधियारे के जल में मुख धोने' एवं 'मेधा के जड़ता के दलदल में फंसने' इत्यादि के जो चित्र यहाँ उत्कीर्ण किये गये हैं, उनमें अमूर्त के मूर्त विधान का ही प्रयास दृष्टि-गत होता है।

अमूर्त को मूर्त में प्रस्तुत करने की प्रवृत्ति छायावादी काव्य में काफ़ी विकसित रही है। मानव प्रकृति एवं बाह्य प्रकृति के विविध व्यापारों को सजीव मानव के आचरणों में परिवर्तित कर अनेक सुन्दर चित्र अंकित किए गए हैं। किन्तु मानवीकरण की अधिकता अनुभूति की सघनता को तरलता में परिवर्तित कर संवेदना के मूल प्रभाव को अनेक बार कुंठित भी कर देती है। अपेक्षाकृत होनतर प्रतिभा के कवियों में मान-वीकरण की प्रवृत्ति कुछ अधिक ही दृष्टिगत होती है। उदाहरण के लिए लक्ष्मण एवं ऊर्मिला के विरहोन्मुख व्यक्तित्व की व्यंजना के लिए कवि 'प्रियदर्शी' ने भावना, निराशा, कल्पना इत्यादि अमूर्त भावों का जो व्यापक विधान किया है, वह भावों के सजीव चित्रण तथा भावुक कवि हृदय की तन्मयता का तो परिचय देता है, किन्तु विभावन-व्यापार में उतना समर्थ प्रतीत नहीं होता :

भावनाओं से विकल दो पंख जो गतिमान-
चल रहे हैं वे निरन्तर मुक्ति पथ पर म्लान।[188]

\+ + +

गान वह जिसमें छिपे में हों सृष्टि के वरदान;
शाप ही बनता रहा है तृप्ति ओ' कल्याण।[189]

\+ + +

मैं निराशा के परों पर उड़ रहा था प्राण !
और अन्तर में सिसकती आस की मुस्कान।[190]

छायावादी प्रभाव के घेरे में तथा छायावादी प्रभाव-वलय के बाहर, दोनों ही प्रकार के कवियों ने अमूर्त के मूर्त विधान को विभावन-व्यापार का प्रधान उपकरण माना है। छायावादी प्रभाव के कारण इस मूर्तीकरण में जहाँ अनपेक्षित तरलता तथा वायवीयता लक्षित होती है वहाँ छायावाद के बाहर प्रभाव मानवीकरण की यह प्रक्रिया अपेक्षाकृत अधित सरलीकृत तथा परम्परित है। 'जानकी-जीवन' में राम के द्वारा जीवन-मूल्यों के दार्शनिक विश्लेषण में कवि ने अमूर्त के मूर्त विधान के लिए अवकाश निकाल लिया है। नियति-व्यंग्य की नाटकीय योजना की दृष्टि से निम्नलिखित पंक्तियाँ महत्त्वपूर्ण हैं—

बैठा विकास वपु में, चुपचाप ह्रास भी,
आनन्द-कन्द वन में, दुख-द्वन्द्व त्रास भी।
उत्कर्ष हर्ष मन में, अपकर्ष शोक भी।
देखा सशंक भय-व्याकुल श्याम हो गयी।।[191]

वस्तुतः मानवीय भावनाओं के मूर्तीकरण के ऐसे काव्यात्मक विधान में कोई विशेष कौशल अपेक्षित नहीं हैं। इतिवृत्तात्मकता के प्रवाह में ऐसे कतिपय विधान एक सुखद प्रभाव जगाते हैं। अत: 'विरह-ताप अपहरण हो रहा'[192] 'मूर्तिमान स्नेह जुड़ा था',[193] 'स्नेह का झरना',[194] 'होता है अभियान हृदय पर सुख के अभिशापों का',[195] 'उमड़ा प्रेम-प्रवाह',[196] 'स्मृतियों के तूफान उठ रहे'[197] इत्यादि प्रयोगों को काव्य-कौशल का परिणाम न मानकर वर्णन की परम्परित पद्धति के रूप में ही ग्रहण करना चाहिए। मानवीय गति को संकेतित करने वाली इन क्रियाओं का व्यापक प्रयोग शिल्प के प्रति अतिरिक्त सजगता का प्रतीक न होकर वर्णन को गतिशील रखने का उपक्रम मात्र ही सिद्ध होता है।

मूर्त को अमूर्त रूप में प्रस्तुत करने में अधिक सूक्ष्मतम अनुभूति की अपेक्षा होती है। प्रभाव-साम्य की उत्कृष्टता की दृष्टि से ऐसे औपम्यमूलक विधान कवि-प्रतिभा की प्रौढ़ि एवं परिमार्जन की ओर संकेत करते हैं :

बढ़ते अनार्य ज्यों महाकाल बढ़ता लोलुप जिह्वा निकाल।[198]
+ + +
मध्य भाग में कुटिल भाग्य-सा
+ + +
रक्खा था हर का को दण्ड[199]
फिर भी एक विषाद वदन के तपस्तेज में पैठा था,
मानो लोह-तन्तु मोती को वेध उसी में बैठा था।[200]

प्रस्तुत उदाहरणों में निश्चय ही चमत्कार प्रदर्शन की प्रवृत्ति नहीं है। किन्तु उनके व्यंजित अर्थ औपम्य-विधान के गहन स्तर का परिचय देते हैं। प्रथम उदाहरण में महाकाल की विभीषिका का जीवंत चित्र अनार्यों के बढ़ते हुए वेग को ध्वनित करता है। स्वप्न प्रतिमा होने के कारण चित्र भी वैसा ही विराट् तथा 'मिथिकल' है, जो कैकेयी की आंतरिक ज्वाला, राष्ट्र के भविष्य की चिंता एवं आशंका की प्रतीकात्मक अभिव्यक्ति से संवलित है। द्वितीय उदाहरण में मंच पर रखा हुआ शिव धनुष भाग्य के समान कुटिल बतलाया गया है। यहाँ केवल रूप साम्य ही नहीं, अपितु प्रभाव-साम्य भी है। भाग्य की कुटिलता तथा धनुष की उपस्थिति के सम्मुख मानव-मन के अप्रत्याशित तनाव, असमर्थ एवं असहाय प्रयास भी स्वत: व्यंजित होने लगते हैं। तृतीय उदाहरण में माण्डवी के मुख-मण्डल में दीप्ति एवं मालिन्य की स्पष्ट अनुभूति के लिए कवि ने 'लोहतन्तु-विद्ध मोती' का मूर्त उपमान प्रस्तुत किया है। "मौक्तिक की सहज कांति के प्रसार में जैसे लोह-तंतु बाधा उपस्थित करता है, वैसे माण्डवी के तेज-दीप्त मुख के अकृत्रिम सौंदर्य का प्रकाश विषाद की मलिनता से व्याहत है।"[201]

'निराला' की 'राम की शक्तिपूजा' में संशय और निश्चय के द्वैत का मार्मिक आख्यान है। संशय और निश्चय का अतिक्रमण कर शक्ति का अभ्युदय होता है। अत: मानवीय संकल्प की योजना के लिए कवि ने महाशक्ति का ध्यान एवं आवाहन किया है। भावस्थिति की इस योजना में मूर्त प्रस्तुत में अप्रस्तुत की कल्पना एकाकार होकर मूर्त-अमूर्त के अद्वैत का मनोवैज्ञानिक एवं दार्शनिक स्वरूप उपस्थित करती है :

"...देखो, बन्धुवर, सामने स्थित जो वह भूधर
शोभित शत-हरित-गुल्म-तृण से श्यामल सुन्दर,
पार्वती, कल्पना इसकी मकरन्द-बिन्दु,
गरजता, चरण-प्रान्त पर सिंह वह, नहीं सिन्धु।"...[202]

प्रस्तुत उद्धरण में सादृश्य-विधान राम के द्वारा शक्ति के साक्षात्कार की भूमिका को निर्मित करता है। यहाँ भूधर, सिंधु तथा अंधकार एक ओर तो राम की मानसिकता तथा व्यक्तित्व के विविध आयामों को उद्‌घाटित करते हैं, दूसरी ओर

शक्ति के प्रादुर्भाव को विराट् आधारभूमि भी प्रदान करते हैं। डॉ. विद्यानिवास मिश्र के शब्दों में —"यहाँ रूपक, अपह्नति और उत्प्रेक्षा की संसृष्टि के द्वारा जिस वास्तविकता का साक्षात्कार किया गया है, वह वास्तविकता राम की चिंता, राम के धैर्य, राम की आकुलता और राम के संकल्प के विभिन्न प्रतिमानों को ही अपने में समेटती हुई उन्हीं के संपुंजन से एक ऐसा आकार ग्रहण करती है जो 'राम की शक्ति-पूजा' की मौलिक कल्पना का पहला परिचय देती।"[203] वस्तुत: रूपक की रूढ़िगत परिभाषा के अन्तर्गत इस अवतरण के काव्य-सौंदर्य को सीमाबद्ध करना सरल नहीं है। यद्यपि यहाँ पर्वत का आरोप महाशक्ति में, चरणों में तरंगित एवं गर्जन करने वाले सागर का आरोप शक्ति के वाहन सिंह में किया गया है तो भी यह आरोप केवल मात्र आरोप के लिए नहीं है। रावण की शक्ति से युद्धरत राम के मन में शक्ति के इस विराट् आकार का प्रादुर्भाव होता है। पर्वत राम की अचल निष्ठा, सागर राम के पौरुष का प्रतीक बनकर उन्हें शक्ति से एकाकार कर देता है।

इस प्रकार 'निराला' की 'राम की शक्तिपूजा' से अनेक ऐसे उदाहरण दिये जा सकते हैं जिनका उपमा, उत्प्रेक्षा, अपह्नुति के रूप में विश्लेषण तो अवश्य किया जा सकता है किन्तु उनमें निहित मनोवैज्ञानिक संदर्भ उनके स्वरूप को विशिष्टता प्रदान करते हैं।

'निराला' के समान केदारनाथ मिश्र 'प्रभात', रामावतार पोद्दार 'अरुण', नरेश मेहता तथा पंत इत्यादि कवियों के प्राचीन अलंकारों के प्रयोग में भी मनोवैज्ञानिक दृष्टि का अनुप्रवेश लक्षित होता है।

भाषा

रामकाव्य की मूल प्रकृति एक ऐसे सांस्कृतिक परिवेश के निर्माण की अपेक्षा जगाती है जिसमें काव्य-भाषा के विविध स्तर वर्ण्यवस्तु की अनिवार्यता की माँग प्रतीत होते हैं। यही कारण है कि आधुनिक रामकाव्य में जब कवि के चिन्तन ने विविध वैचारिक कोणों को उद्भावित करने में योग दिया तो भाषा भी उसी के अनुरूप विविध रूप धारण कर सम्मुख आयी।

आधुनिक रामकाव्य मूलत: विचार-काव्य है। समसामयिक प्रश्नों और अवधारणाओं के समाधान और पुष्टि के लिए ही कवियों ने रामकथा के प्रतीक पुरुषों का आधार ग्रहण किया है। अत: कवियों ने अपनी आवश्यकताओं एवं क्षमता के अनुरूप भाषा के सूचनात्मक, इतिवृत्तात्मकं या वर्णनात्मक रूपों से लेकर सूक्ष्म अभिव्यंजना-प्रधान भाषा के विविध प्रयोग प्रस्तुत किये हैं। प्रयोगों पर आधुनिक काव्य-भाषा के विकास का स्पष्ट प्रभाव पड़ा है, किन्तु इतिवृत्तात्मकता के प्रति विशेष आग्रह होने के कारण अधिकांश कवियों ने भाषा के द्विवेदीयुगीन स्वरूप को ही अधिक अपनाया है। जहाँ कहीं उन्होंने छायावाद के प्रभावों को ग्रहण किया है, वहाँ भाषा का अनुकरणात्मक रूप ही अधिक प्रदर्शित हुआ है। जिन कवियों ने आधुनिक युग के क्रांतिपूर्ण विचारों तथा प्रगति-वादी अवधारणाओं को आत्मसात् किया है, उनमें छायावादी अभिव्यंजना के साथ प्रगति-वादी रूढ़ प्रयोग भी दिखलाई देते हैं। कुछ समर्थ कवियों ने भाषा की अधुनातन भंगिमा और मुहावरों पर भी अधिकार प्रदर्शित किया है।

बिम्बों और अप्रस्तुतों पर विचार करने के अनन्तर अब काव्य-भाषा के उस बहिरंग तत्त्व पर भी विचार करना आवश्यक है जो शब्द चयन से सम्बद्ध है। इस दृष्टि से कवि द्वारा प्रयुक्त पद योजना, उसके द्वारा गृहीत परम्परित शब्दावली और अभिनव प्रयोग उल्लेखनीय हैं।

कवित्वपूर्ण शब्दावली (छायावादी, प्रगतिवादी और अस्तित्ववादी प्रभाव)

कवित्वपूर्ण शब्दावली से आशय है भावुकता के स्तर पर रची गयी उस पदावली से, जो यथार्थ से बाह्य कल्पना जगत् के बिम्बों को अंकित करती है। ऐसी पदावली का सम्बन्ध छायावादी भाव-बोध से विशेष है जो कोमलता से अत्यधिक मोह व्यंजित करती है, "दिवा स्वप्नों में डूबे रहने की प्रवृत्ति की ओर संकेत करती है।"[204] उदाहरणार्थ, भव्य भाव (पंचवटी, पृ. 33), कैकेयी ('प्रभात' कृत) में गंधहीन विच्छिन्नलय (पृ. 1), सौरभ-पुलकित (पृ. 1), कनक-थाल (पृ. 3), स्वप्नमयी

(पृ. 6), स्वर्णाभ गगन (पृ. 7); पुलकित ज्योतिनिर्झर (व्रतबद्ध, पृ. 51) ; निष्प-लक भाव, स्पंदित वातावरण, पलक कमल ज्योतिर्दल ('राम की शक्तिपूजा') जैसे शब्दों के अतिरिक्त गंध, किसलय, पल्लव, विमल, नवल, उन्मन, श्लथ, कनक, नुपूर, ज्योत्स्ना, वेदना, स्वप्न, रश्मि, छवि, मंथर आदि पदावली कैकेयी ('प्रभात' कृत), 'राम की शक्तिपूजा', 'विदेह', 'ऊर्म्मिला' ('नवीन' कृत), 'चित्रकूट के पथ पर' के अतिरिक्त छायावादी प्रभाव के अन्तर्गत लिखे हुए रामकाव्यों—'आंजनेय' –इत्यादि में दिखलाई देती है। किन्तु समर्थ कवियों में जहाँ ऐसे प्रयोग भावोद्रेक में सहायक हुए हैं, वहाँ अनुकृत काव्यों में रूढ़ और अशक्त प्रतीत होते हैं। "यह प्रतीक्षा आँसुओं के गात में जलजात" (ऊर्मिला : प्रियदर्शी-कृत, पृ. 50), 'वासना-कमलिनी सोयी, वैभव सरसिज मुरझाया' ('चित्रकूट के पथ पर', पृ. 25) जैसे प्रयोग बहुप्रचलित छायावादी शब्दों का ही प्रभाव सूचित करते हैं।

क्रियाओं में चेतन-व्यापारों को जोड़कर भाषा को कवित्वपूर्ण बनाने का आग्रह भी छायावादी प्रभाव के अन्तर्गत आता है। ऐसे प्रयोग 'कैकेयी' (प्रभात' कृत) में शताधिक हैं। यथा, अम्बर का थर-थर काँपना (पृ. 58), पृथ्वी का अन्तर सिहरना (पृ. 58), रजनी का नि:श्वास लेना (पृ. 60), सिंदूर का गूंजना (पृ. 60), विश्व का अलस पलक खोलना (पृ. 62), पृथ्वी का मानस लहराना (पृ. 66) जैसे प्रयोगों का उद्देश्य भाषा को कवित्वपूर्ण बनाना है। नयनों का नयनों से संभाषण, काँपते हुए किसलय, नैशांधकार का पर्वत पर उतरना, खग का नव जीवन परिचय गाना भी छायावादी ढंग के ही प्रयोग हैं। 'निराला' ने इनका प्रयोग लालित्य और औदात्त्य दोनों के स्तरों पर 'राम की शक्तिपूजा' में किया है। 'चित्रकूट के पथ पर '[205], 'आंजनेय',[206] 'ऊर्मिला' ('प्रियदर्शी'-कृत)[207] ' व्रतबद्ध '[208] इत्यादि काव्यों में क्रियाओं का ऐसा ही प्रयोग हुआ है।

छायावादी शब्दावली की विशेषता जहाँ कल्पना, लालित्य तथा स्वप्नशीलता में है, वहाँ प्रगतिवादी शब्दावली में शब्दों की यह भंगिमा अधिक ओजस्वी और उदात्त भावों को मूर्त करती है। क्रिया-पदों का मूर्त-विधान प्राय: विद्रोह-भावना के ध्वंस और अग्निदाह के पद-समुच्चयों से सजीव हुआ है। यथा, 'कैकेयी' ('प्रभात' कृत) में ज्वाल बरसाता जब प्रभुत्व (पृ. 102), जब विद्रोह गरजता (पृ. 103), लहराया विद्रोह (पृ. 126), कर्तव्य सुलगता (पृ. 104), अश्रु-पथ पर, अग्नि पथ पर, रक्त-पथ पर (पृ. 98), प्रचण्ड ज्वाला का पिण्ड सुलगता (व्रतबद्ध, पृ. 16), सिसक उठे अंगारे (भूमिजा, पृ. 15), जैसे प्रयोग प्रगतिवाद की प्रचलित शब्दावली का प्रति-निधित्व करते हैं।

इसी प्रकार लाल विहान,[209] अग्नि पथ,[210] 'विप्लव '[211] इत्यादि शब्दों में आधुनिक साम्यवादी परिवेश की ही अन्तर्ध्वनि सुनायी देती है।

'संशय की एक रात', 'अग्निलीक' जैसी कृतियाँ आधुनिक भावबोध को व्यक्त करने वाली अस्तित्ववादी शब्दावली का उपयोग करती हैं। इन कृतियों में भाषिक भंगिमा के उन नये मुहावरों की झलक दिखलाई देती है जो आधुनिक युग के संशय, एकाकीपन और संत्रास को मूर्त करती हैं। यथा, 'संशय की एक रात' में-संशय निकष है (पृ. 60), संशय की प्रत्यंचा (पृ. 102), दो क्षणों के बीच अनन्त समय-अन्तराल बिखरा है (पृ. 65) तथा 'अग्निलीक' के-अबूझ अनजाना भय (पृ. 26), वह क्षोभ है जो यंत्रणा बनता जा रहा है (पृ. 31), दूर किसी भीड़ में खो जाऊँगी (पृ. 31), चेतना की किन्हीं अथाह गहराइयों में (पृ. 30), सारे परिवेश से नितांत असंपृक्त (पृ. 25) आदि आधुनिक भावबोध की विकसित शब्दावली के प्रमाण हैं। सांस्कृतिक-राजनैतिक शब्दावली

रामकाव्य में प्राचीन भारतीय संस्कृति के अनेक संदर्भ मूर्त हुए हैं। फलत: शब्दावली पर भी तत्कालीन यज्ञ-प्रधान संस्कृति के विविध उपकरणों का प्रतीक अथवा अभिधा के स्तर पर व्यापक प्रयोग हुआ है। इसमें जहाँ यज्ञ, धूम, मख, अश्वमेध, ऋचा, श्रुति, तपस्या, आहुति जैसी बहुप्रचलित शब्दावली का प्रचुर प्रयोग लक्षित होता है, वहीं ऋत कुल्या, इरण, इरम्मद ('कैकेयी' प्रभात कृत); अध्वर्यु, ऋत्विक्, उषस्त, अश्वत्थ ('विदेह' में), कृत्या ('संशय की एक रात' में) तथा आज्य, तपिच्छ, कोणप ('साकेत' में) जैसे वैदिक प्रयोग भी मिलते हैं। चित्रकला, स्थापत्य, साहित्य, दर्शन, वेषभूषा तथा तत्कालीन भाषा का प्रभाव मूर्त करने के लिए भी कवियों ने ऐसी शब्दावली की भरपूर छटा दिखलाई है जो तत्कालीन

सांस्कृतिक परिवेश को मूर्त करती। यथा, स्थापत्य की शब्दावली अभ्रभेदी भवन, गवाक्ष पट, आर्य पताका, तोरण-द्वार ('कैकेयी' प्रभात कृत), प्रासाद, सौध, सिंहद्वार, उटज, वैमानिक ('साकेत') में और साहित्य, चित्रकला तथा संगीत की शब्दावली--मुरज, वीणा, वेणु, वैतालिक, लक्षणा, व्यंजना, तूलिका, चित्रपट ('साकेत') के प्रयोग मिलते हैं।

सांस्कृतिक शब्दावली के साथ आधुनिक राजनीतिक शब्दावली का भी आधुनिक रामकाव्य में प्रचुर प्रयोग हुआ है। क्रांति, राजनीति, संविधान, संसद जैसे शब्दों का प्रयोग वर्तमान युग के राजनैतिक परिवेश को मूर्त करता है। यथा,

(अ) ओ आदि-अंत की रक्त कांति, पृथ्वी की ज्वालामुखी-शांति।[212]

(आ) वह पथ होगा जहाँ अनलसे लिखते क्रांति-कहानी,
राजनीति को जहाँ कहा करते जीवन की रानी।[213]

(इ) शासन प्रभुत्व का संविधान, सेवा पावनता की भाषा;
शासन प्रभुत्व का चक्र प्रबल, सेवा मिटने की अभिलाषा।[214]

इसके अतिरिक्त ऐसे पदों और पद-समुच्चय का भी कवियों ने नि:संकोच प्रयोग किया है जो तत्सम शब्दावली से भाराक्रांत होकर भी तत्कालीन समाज एवं युग-परिवेश की व्यंजना करने में सक्षम हैं। यथा, चपल वल्गित गती लक्षी ('साकेत', पृ. 455), कृष्णाभिसारिका (पृ. 450), कम्बु (पृ. 462), माण्डलिक, अरर, आयुध (पृ. 464), उल्का (पृ. 465) आदि।

ज्ञान-विज्ञान तथा ललित कलाओं सम्बन्धी शब्दावली

आधुनिक युग के साहित्य तथा जीवन-दर्शन के अनुरूप ज्ञान-विज्ञान तथा ललित कलाओं की शब्दावली भी परिवर्तित हुई है। पश्चिमी पारिभाषिक शब्दों से अनूदित तथा भारतीय काव्यशास्त्र से गृहीत इस तरह के शब्द भी भावों को प्रतीकात्मक स्तर पर मूर्त करते हैं। यथा मानव मूल्यों के प्रतिमान (कल्याणी कैकेयी, पृ. 17), रंगों 17), की स्वर-समता (हुतबद्ध पृ. 51), थोड़ी-सी अनुभूति कल्पना भाव-व्यंजना, वर्ण-वर्ण आनन्द विश्व का चित्र काव्य सम्पूर्ण (कैकेयी 'प्रभात' पृ. 63, 65), स्वर-सामंजस्य ('ऊम्मिला', 'नवीन', पृ. 360), अणु-रश्मि ('अरुण रामायण', पृ. 258) आदि।

तत्सम शब्दावली

आधुनिक कवियों ने रामकथा की मूल प्रकृति के अनुरूप संस्कृत की क्लिष्ट शब्दावली का प्रयोग करने में संकोच नहीं किया है। संस्कृत के शब्दों में मनमाने उप-सर्ग और प्रत्यय लगाकर विशेषण, संज्ञाएँ और क्रियाएँ बनायी हैं तथा जटिल संधि-समासों की छटा भी दिखलाई है। अनेक स्थलों पर ऐसी तत्सम शब्दावली के भी दर्शन होते हैं जो प्राचीन संस्कृत-प्रयोगों से भिन्न या तो कवि ने निजी सुविधा के लिए गढ़ी है अथवा अंग्रेजी की ही अनूदित शब्दावली का ही प्रतिरूप है। ऐसे तत्सम शब्दों का भी प्रयोग कवि ने किया है जो सामान्य काव्यभाषा में क्लिष्ट और अप्रचलित ही कहे जायेंगे।

क्लिष्ट शब्दावली

अनतिक्रूर, हत्कंपन, कम्पाक ('कैकेयी' प्रभात, पृ. 6, 14, 68) ; महादुरत्यय (व्रतबद्ध', पृ. 83); मन्यु ('वनस्थली', पृ. 142); अरुन्तुद, आनुगत्य ('साकेत'), निष्क, प्राज्य, प्रथित ('रामराज्य', बलदेवप्रसाद मिश्र), अनय-कृत-काय ('आंजनेय', पृ. 45), 'अन्तर्दर्शन' में आयत्त (पृ. 3), परित: (पृ. 3), ज्योतिष्क (पृ. 5), विजृम्भित (पृ. 6), अर्चिष (पृ. 1), स्मय (पृ. 12), संज्ञाव्यत्यय (पृ. 21), क्षालित (पृ. 21), रंध्रदारक (पृ. 22), रासभी (पृ. 24), अनवाप्त (पृ. 26), क्षेमुषी (पृ. 45), अभ्रं कष (पृ. 49) आदि।

उपसर्ग और प्रत्यय से निर्मित नवीन शब्द

यह प्रवृत्ति नरेश मेहता में सर्वाधिक है। संज्ञा को विशेषण के रूप में प्रयोग करने, बँगला भाषा के शब्दों को अपनाने तथा संस्कृत व्याकरण के अनुसार तद्भव शब्दों को ढालने जैसे विविध प्रयोग काव्य में चमत्कृति का आभास पैदा करते हैं। वस्तुत: भाषिक प्रयोगशीलता की दृष्टि से 'संशय की एक रात' आधुनिक रामैकाव्य में पृथक् स्थान रखती है :

दुर्ग निर्माते रहे (निर्माण से नामधातु रचना)
शुभाशंसा प्रदत्तो (प्रदत्त से आज्ञावाची शब्द)
नितान्ती एकत्व (नितांत से विशेषण)

पाथरत्व (संस्कृत व्याकरण के अनुसार तद्भव का तत्सम की तरह निर्माण) इत्यादि प्रयोगों से नरेश मेहता की भाषा को संश्लिष्ट बनाने की ओर होती है। "कवि को 'इतच्' प्रत्यय प्रिय है। इससे उसने प्राय: शब्द बना लिये हैं-कृतज्ञित, प्रज्ञित, अभिषेकित, समासित, कवचित ऐसे ही शब्द हैं। यह भी उसके संश्लिष्टता-प्रेम का द्योतन कराता है। यह भी संज्ञा या विशेषण का क्रिया के साथ सीधा सम्बन्ध दिखाने के लिए एवं कथन को मित बनाने के लिए किया गया है।"[215]

कतिपय अन्य कृतियों में भी अपेक्षाकृत अल्पमात्रा में प्रत्ययों से बने ऐसे शब्दों का प्रयोग हुआ है, जिनका प्रयोजन मित कथन है। यथा, जल्पती उन्माद में ('वनस्थली', पृ. 187), गिलहरी क्रीडित-सी थी (वही, पृ. 33), जिज्ञासित नेत्रों से उनकी ओर ('कैकेयी', शेषमणि रायपुरी कृत, पृ. 41), सागर से मिलने संकल्पायित ज्वार चली (व्रतबद्ध', पृ. 81), लोल कुंकुमारुण उल्लसता ('कैकेयी', प्रभात कृत, पृ. 68) आदि।

गढ़ी हुई तत्सम शब्दावली

अनेक कवियों ने तत्सम शब्दों का या तो स्वयं निर्माण किया है अथवा उन्हें अंग्रेजी प्रभाव से ग्रहण किया है। यथा—मिहिरहीना दिशाओं-सी, अर्द्ध-सम्भव कर दिये गये, निकषना चाहते हो (संशय की एक रात), तमसकूप (पंचवटी, पृ. 28), विद्युत्-तरल प्रवाह, नवारम्भ की अग्रदूतिका ('कैकेयी', 'प्रभात' कृत, पृ. 63, 66) आदि।

समास तथा संधि-योजना

हिन्दी की प्रकृति अश्लिष्ट प्रधान है। अत: काव्यभाषा भी कुछ ही संश्लिष्ट सामासिक पदों का भार संभाल सकती है। किन्तु आधुनिक रामकाव्य में सांस्कृतिक आग्रह के कारण दीर्घ-क्लिष्ट समस्त पदों का बहुत व्यापक प्रयोग हुआ है जिसके मूल में वातावरण निर्माण का आग्रह स्पष्ट है।

दीर्घ समास

जन-सिंधु-तरंग-वेष्टिता, मानस-कोष-विभूति-विहारिणी, हेम वाष्प-भाराक्रांत (साकेत); भव हित साधन-सलिल-मीनता, विपत्ति-निधि-पोत-स्वरूपा, नरत्व-उन्मेष-क्रिया-विकास (वैदेही-वनवास); सीता-भुज-वेष्टिता ऊर्म्मिलाऽविष्टा-सीता, सत्-चित्-सुन्दर-स्वरूप-अभिव्यंजन, गहन प्रेम वात्सल्य प्रणोदित, लक्ष्मण-धर विचुम्बित, नयन-तरंगिणि, वाहित लक्ष्मण (ऊर्म्मिला 'नवीन' कृत); विभक्ष्याभक्ष्य भक्षक भोग भोगी (जानकी जीवन) ; कल्पना-स्वर्ग-सोपान-पुष्प, जीवन-विधान कर्तव्य साम्य ('विदेह') आदि।

निराला ने 'राम की शक्तिपूजा' के आरम्भ में ओजाडम्बर युक्त दीर्घ समस्त पद-योजना की है, जो ध्वनि-प्रवाह के माध्यम से युद्ध के वातावरण को सजीव करती है :

आज का, तीक्ष्ण-शर-विधृत क्षिप्र-कर, वेग प्रखर,
शत-शैल-संवरण-शील नील—नभ-गर्जित-स्वर,
प्रति-पल परिवर्तित व्यूह,—भेद-कौशल-समूह-
राक्षस-विरुद्ध-प्रत्यूह,—क्रुद्ध-कवि-विषम हूह।[216]

क्लिष्ट समास

कुछ समास संक्षिप्त होने पर भी क्लिष्ट हैं और कवि के मंतव्य की अभि-व्यक्ति में बाधा डालते हैं। यथा, साधन-सिद्धि अयाम, अनय-कृत-काय, अरि-मित्रा-('आंजनेय', पृ. 43, 45, 92); उपमोचितस्तनी, तिमिराम्भोधि-समुद्वता भास ('साकेत'); सुरोहिताश्वारूढ़ ('जानकी-जीवन', पृ. 200) आदि।

संस्कृत पदावली के प्रति कवियों का यह मोह दो अन्य रूपों में भी व्यक्त हुआ है। एक ओर तो उन्होंने संस्कृत शब्दावली से परिपूर्ण ऐसे पदों की रचना की है जिनमें क्रिया-कारक इत्यादि भी हिन्दी के हैं। दूसरी ओर उन्होंने संस्कृत की सूक्तियों को मिलाकर प्रसंगगर्भित्व का आभास पैदा किया है। यथा,

(1) "आखेट आखु की तुच्छ खेल, पाण्डित्य न मोमाय आघ्रायण;
पंकस्पर्श कर-प्रक्षालन, है वालिशता का सम्प्रकरण।"[217]

\+ + +

चित्रांकिता सुवितथा महती सभी ने,
चैतन्य पा ध्वनित की ध्वनि धन्य धन्या।[218]

\+ + +

मद्यनिपीता मद्यवासिनी मधुबहुला अतिमुक्ता।[219]

(2) इस प्रकार गुप्तजी ने 'साकेत' में जहाँ तत्सम-बहुला शब्दावली के कुछ प्रयोग प्रदर्शित किये हैं, वहाँ 'हा हतोस्मि', 'अतिथिदेवो भव' जैसी सूक्तियों के प्रयोग से सांस्कृतिक वातावरण को पुनरुज्जीवित किया है। 'नवीन' जी ने भी उपनिषद् तथा अन्य शास्त्र-ग्रन्थों से सूक्ति-संदर्भ उठाकर लगभग ऐसा ही प्रभाव जगाने की चेष्टा की है। 'सेवाधर्मः परमगहनो योगिनामप्यगम्यः', 'अग्ने नय सुपथा राये', 'तमसो मा ज्योति-र्गमय त्वम्', 'एकोऽहं' ('ऊर्मिला') आदि इसी कोटि के उदाहरण हैं। यही नहीं, नवीनजी ने एक स्थल पर स्वयं-निर्मित संस्कृत श्लोक का प्रमाण भी प्रस्तुत किया है।[220]

इस संदर्भ में कुछ क्लिष्ट संधि-प्रयोग भी द्रष्टव्य हैं। यथा 'कैकेयी' प्रभात कृत में 'दीपोज्ज्वल' पृ. 15), जयोच्चार (पृ. 20), 'साकेत' में सूर्योद्भासित (पृ. 126), प्रियगुणानुभव (पृ. 127) आदि।

अर्द्ध तत्सम तद्भव अथवा देशज शब्दावली

तत्सम शब्दावली की बहुलता आधुनिक रामकाव्य की भाषा की विशिष्टता है, किन्तु अर्द्धतत्सम तद्भव अथवा देशज शब्दों की भी इन कवियों ने एकांत उपेक्षा नहीं की है। लोक-संस्कृति का साहचर्य दिखलाने के लिए इन कवियों ने अनेक स्थलों पर अर्द्धतत्सम और तद्भव शब्दों का प्रयोग किया है। आभिजात्य वातावरण से मुक्ति का संकेत देने के लिए काव्य-भाषा को लोकभाषा से जोड़ना आवश्यक भी है। यथा, सकपकाना, चरमराना ('अग्निलीक', पृ. 31), 'अनुपस्थिति में हुड़के' ('वनस्थली', पृ. 99) आदि।

'रामचरित-चिंतामणि' में लबार, सटपटा, भिनक, ओट, चाट, चोतरा, चोखे, अकड़े, धकाधक आदि।

'साकेत' में तीता, धड़ाम, कछोटा, खोंस, दहके, नेक, झीमना आदि।

'वैदेही-वनवास' में व्योंत, साँसते, निधरक, चीठी, सुअन, अयन, बीर, गेह, छबीले, जोहते, लसी, हिय, जिय, दूजी, तीजी, अटकी, मटकी, बिलखानी, नेह, निहार, बिकानी आदि।

'साकेत-संत' और 'कौशल किशोर' में गास, भिड़, अटपट, बूझ, कोसना, खोटी, भगोड़ा, परसों, नरसों, सन्नाटा, लपकी, दबके, बाँका, हाँका, झाँसे, खिसका, चपेट, खोटी, हुलास, बगराये, निहारे, उजियारा, आस, लख, हेरी आदि।

'कैकेयी' ('प्रभात') में मुखड़ा, टटोला, हड़जम्प मच गया, पसारा, नवाता आदि।

'विदेह' में चाटने, गड़ जाऊँ, चू पड़े, अंट-संट, खर्राटा, लीप रही, अटारी आदि।

'नवीन' जी ने तो ब्रजभाषा के प्रति अपना प्रगाढ़ मोह प्रदर्शित किया है। उन्होंने 'ऊम्मिला' का पंचम सर्ग ब्रजभाषा में ही लिखा है। लरी, टापें, टाँग, मींच, नेंक, ऊधम, रार, फाहा, भोर, झोंटे, हौंस, मींच आदि अर्द्ध-तत्सम और देशज शब्दों का प्रयोग भी उन्होंने किया है।

उर्दू-फारसी की शब्दावली

रामकथा के सांस्कृतिक परिवेश के निर्माण में तत्सम शब्दावली का जितना विशिष्ट योग है, उतना देशज अर्थात् उर्दू-फारसी के शब्दों का नहीं, फिर भी मुस्लिम संस्कृति की धारा हमारे जातीय जीवन में भी प्रवहमान रही है। तुलसी जैसे राम-भक्तों ने 'शरीकता', 'गरीबनवाज़' जैसे शब्दों का नि:संकोच प्रयोग निक रामकाव्य में भी भाषा की प्रवहमानता को कायम रखने के लिए संस्कृत के भारी-भरकम शब्दों के बीच हल्के-फुल्के उर्दू के शब्दों को भी जगह दी गयी है। एकाध अपवाद को छोड़कर अधिकांश प्रयुक्त उर्दू शब्द लोकप्रचलित तथा बोधगम्य हैं। यथा, 'साकेत-संत', 'रामराज्य' में सिक्का, दौर, फन्दा, सलाह, सितारा, हज़ारों, राजी, शान, इशारा, मनसूबे, जोश, कतार, मतलब, आखिर, नकशा, शरमा, तूफान, खूब, खूबी, खास, जोर, शाह आदि।

'रामचरित-चिन्तामणि' में अजब, जान, हाल, हक, आराम, कँकी, कब्ज़े खुशी, चालबाजी आदि।

'वैदेही-वनवास' में समा, कलेजा, पेशानी, लैस, परवा, बलाएँ आदि। 'ऊम्मिला' में सरताज, दीवाना, खास, बदनाम, कलम, सियाही, फरियाद आदि।

'विदेह' में चाँद, सितारे, मुर्दों, चमक, शरीर, जगह, जादू, आदमी आदि।

'जल रहा है दीप, जलती है जवानी' नामक दीर्घ कविता में ज़माना, निशानी, खुदी, चूम, गरज, खुश्क, खाली, खून, दरबानी, जुल्म, सलामी, कौल, अमन, चुनौती, शोले, मर्सिया, गरीबों आदि अनेक उर्दू शब्दों का प्रयोग हुआ है।

'भूमिजा' में आवाज, कुर्बानी, मौत, ज़िन्दगी आदि।

मुहावरे

मुहावरे भाषा को जीवंत एवं सतेज बनाने वाले लोक व्यवहृत लाक्षणिक प्रयोग ही हैं। संवादों को अधिक विदग्ध, चुटीला और गतिशील बनाने में इनकी महत्त्वपूर्ण भूमिका है। आधुनिक रामकाव्य में मुहावरों के प्रति कवियों का अभिनिवेश कम ही दृष्टिगोचर होता है। मुहावरे भी अधिकांश में सरल और लोकप्रचलित ही प्रयुक्त हुए हैं। जैसे, 'वैदेही-वनवास' में मुँह से आह निकलना, कलेजा थामना, एक रंग में रँगना, कलेजा मुँह को आया, आग तन में है लग जाती, खड़े रोंगटे हो जाते हैं, खौलता है मेरा लोहू आदि।

'ऊर्मिला' में सिक्का जमाना, टल्ला देना, हा-हा खाये थे, भौंहों में बल पड़े, आँख से निकले अग्नि अंगारे, पीठ दिखाकर, आँखों के तारे, नयनों की किरकिरी, गागर में सागर, डाले अपने डोरे आदि।

'साकेत' में लगे इस मेरे मुँह में आग, रंग में भंग, वज्र-सा पड़ा अचानक छूट, गरल की गाँठ, छाती फट रही है हाय,

झक मारना, लोटता हो ज्यों हृदय पर साँप, दिन बारह वर्षों में घूरे के भी सुने गए हैं फिरते थे दोनों के हृदय हारे, आँसू पीना आदि।

'साकेत-संत' और 'कौशल किशोर' में अचल उर पर लोटेंगे साँप, राह नापते भागे, पैरों पर तूने आप कुल्हाड़ी मारी, लोहा ले, आँखों के तारे हो, छाती में छुरी भौंकना, माथे पर, मन मारे, माथा ठनका, मुंह बिचकाया, चला जो तीर तरकस में न लौटेगा, सिर आप धुनेगा, जब न बजेगा बाँस तब न बजेगी बाँसुरी, पैरों तले सचिव सुमंत्र की खिसकी धरती, आदि।

'कैकेयी' ('प्रभात') में आग लगाती पानी में, खंग धार पर चलती आदि। 'जानकी-जीवन' में बाल बाँका न होना, प्रतिशोध लेना, भाग्य फूटना, निधि हाथ लगना, हाथ से खोना आदि।

'अग्नि-परीक्षा' में मोठों के साथ नहीं अब घुन जायेंगे पीसे, तीखे मार्मिक ताने क्यों कसते हैं, म्याऊँ के मुँह चढ़ना, हलवा खाते दाँत घिसना, दाई आगे पेट छिपाना अरी, कहाँ सीखा है आदि।

पुनरुक्त शब्द-विधान

आधुनिक कवियों की ध्वनि-चेतना पर्याप्त समृद्ध है। उन्होंने अनुकरणात्मक एवं अनुरणनात्मक दोनों प्रकार के शब्दों का प्रयोग किया है, जिससे ध्वनि-संघात के द्वारा काव्यार्थ स्वत: अभिव्यक्त हो जाता है। नाद-बिम्बों के अन्तर्गत इन ध्वनि-चित्रों का विवेचन किया जा चुका। यहाँ केवल यह संकेत देना अभीष्ट है कि भाषा को ध्वनि के स्तर पर सप्राण बनाने के लिए इन कवियों ने जहाँ काव्य-भाषा की अन्य संयोजनाओं से लाभ उयाया है, वहाँ ध्वनियों के कतिपय पुनरुक्त प्रयोग भी इनकी भाषा में स्वत: समाहित हो गये हैं। यथा,

1. मैथिलीशरण गुप्त-उछल उछल, कल-कल, थल थल, छल-छल, ढलमल ढलमल, अंचल, अंचल, झलमल-झलमल तारा, दलमल, कड़क, तड़क, छप छप कर, जग-मग आदि।
2. बलदेवप्रसाद मिश्र-झलमल, झरझर दौड़-दौड़, ठौर-ठौर, साँय-साँय, धाय-धाँय, सन् सन् सन्, टप् टप् टप्, घड़ घड़ घड़, छहर-छहर, लहर-लहर, धक-धक आदि।
3. बालकृष्ण शर्मा 'नवीन'-ठुमक ठुमक के, खलमल-खलमल, कँप-कँप, ढुलका ढुलका, किलक-किलक, झर-झर, थर-थर, सिहर-सिहर आदि।
4. सुमित्रानंदन पंत-मर्मर, जर्जर, घर-घर, लथपथ आदि।
5. केदारनाथ मिश्र 'प्रभात'-उमड़ उमड़ रलमल-रलमल, धू-धू सिहर-सिहर, आकुल-आकुल, उन्मन उन्मन, उच्छल, घूर्ण, कल्लोलित आदि।
6. उदयशंकर भट्ट-कड़क-कड़ककर, चरचरा, धमधमा, हरहरा उठा।
7. पोद्दार रामावतार शर्मा 'अरुण' —मंद-मंद स्वच्छंद रव, ढन-ढन, झूम-झूम आदि।

आधुनिक रामकाव्य के शब्द प्रयोग तथा भाषिक विशेषताओं पर दृष्टि डालने पर एक सामान्य विशेषता यह अनुभव की जाती हैं कि इन कवियों ने भाषा की अपेक्षा विचार-तत्त्वों को अधिक प्रधानता दी है। विचार के अनुरूप जहाँ आवश्यक हुआ है, वहाँ संज्ञाओं और विशेषणों के रूप-विन्यास में परिवर्तन किया है। कवियों का आग्रह विशेषत: तत्सम शब्दों के प्रति ही है। किन्तु इन तत्सम शब्दों को कवियों ने रुचि और प्रकरण के आग्रह से परिर्तित भी किया है और अप्रचलित प्रयोग भी किये हैं। कहीं-कहीं शब्द प्रयोगों में सूक्ष्म सांकेतिकता अवश्य लक्षित होती हैं किन्तु भाषा मूलत: अभिधा-प्रधान और इतिवृत्तात्मक ही रही है।

शब्दशक्ति

शब्द और अर्थ के अन्तस्संबंध की विभिन्न दिशाएँ काव्यभाषा के अन्तस्स्वरूप को ही उद्घाटित करती हैं, शब्द अर्थ के

सम्बन्ध को द्योतित करनेवाली प्रक्रिया को ही भारतीय काव्यशास्त्र में 'शब्दशक्ति' कहा गया है तथा अभिधा, लक्षणा और व्यंजना के रूप में इन तीनों शक्तियों को परिभाषित किया गया है। शब्द कहीं साक्षात् संकेतित अर्थ का बोध कराते हैं, कहीं उस संकेतित मुख्यार्थ से भिन्न किन्तु उससे सम्बद्ध अन्य अर्थ को लक्षित करते हैं और कहीं मुख्यार्थ अथवा अन्यार्थ के द्योतन से आगे बढ़कर काव्य के गूढ़ अर्थ को व्यंजित करते हैं। इस प्रकार शब्द-व्यापार का क्षेत्र अभिधा, लक्षणा और व्यंजना में क्रमशः विस्तृत होता जाता है।

अभिधा का व्यापार जहाँ काव्यार्थ के बोध तक सीमित है, वहाँ लक्षणा काव्य-भाषा की अतर्कित तथा व्यवहित गति को सूचित करती है किन्तु अभिधा तथा लक्षणा का व्यापार भी अन्ततः उस नवीन अर्थ के द्योतित करने की ओर ही उन्मुख है जिसका सम्बन्ध व्यंजना से है। आशय यह है कि लक्षणा शक्ति भी वक्ता के अभिप्राय को व्यक्त करने में असमर्थ है, क्योंकि एक से अधिक अथवा निगूढ़ अर्थ को व्यंजित करने के लिए अन्य शक्ति की कल्पना आवश्यक है। 'गंगा में गाँव है' में गंगा के तट पर गाँव की स्थिति मात्र द्योतित करके लक्षणा विरत हो जाती है, किन्तु उसकी पवित्रता और शीतलता के द्योतन में व्यंजना शक्ति की कल्पना ही समर्थ है। अतः कवि की सूक्ष्म प्रतिभा का अभिज्ञान मूलतः उन्हीं संदर्भों में अपेक्षित है, जहाँ वे शब्दों के बाह्य अर्थ का अतिक्रमण कर अन्तः निगूढ़ अर्थों को ध्वनित करते हैं। यह निगूढ़ अर्थ ही मूलतः काव्य का प्रतिपाद्य होता है जो कवि की अनुभूति और अभिप्राय को पाठक तक संप्रेषणीय बनाता है।

रामकाव्य, जैसा कि अन्यत्र कहा चुका है, मूलतः वैचारिक और भावनात्मक संदर्भों की नवीन उद्भावनाएँ लेकर सामने आया है। अतः उसके अभिधात्मक और लाक्षणिक प्रयोगों में भी व्यंजित अर्थों की छटा दिखलाई है। यहाँ यह भी संकेत कर देना आवश्यक है कि भाषा के अलंकरण और व्यवहित प्रयोगों की अपेक्षा ये कवि अपने विचारों को सरल अभिधात्मक शैली में ही प्रस्तुत करने के प्रति आग्रहशील रहे हैं किन्तु कहीं-कहीं इनकी भाषा में संदर्भ विशेष में लाक्षणिक वैचित्र्य का उत्कर्ष भी दिखलाई देता है जो संदर्भ के साथ शब्दार्थ के अन्तरसंबंध का ही भिन्न रूप है। वस्तुतः "काव्य में प्रयुक्त शब्द काव्यकृति के संदर्भों के अंतस्सूत्रों से संश्लिष्ट रहते हैं। अतः काव्य के मूल प्रतिपाद्य से जुड़कर जहाँ वे नवीन दीप्ति से आलोकित होते हैं, वहाँ वे काव्य के प्रतिपाद्य या प्रेरक भाव को नवीन भंगिमा से आविष्ट भी कर देते हैं। प्रतिपाद्य के संदर्भ में शब्दों की आंतरिक संरचना नई अर्थवत्ता से संश्लिष्ट होकर ऐसी वैविध्यपूर्ण सूक्ष्म-जटिल संवेदनाओं को स्पंदित करती हैं कि काव्य में प्रयुक्त पद-संघात प्रचलित रूढ़ अर्थ से कुछ नवीन और भिन्न की व्यंजना करने लगता है।"[221] इस प्रकार कविता के समन्वित प्रभाव से शब्द और शब्दों के अंतस्सम्बन्धों के योग से काव्य का भाव-तंतु प्रभावित होता है। लाक्षणिक एवं व्यंजक शब्दों का आकलन शब्दार्थ के साथ संदर्भ के इसी समायोजन का उद्घाटन है।

आधुनिक रामकाव्य में एक प्रसिद्ध उदाहरण लेकर इस तथ्य को स्पष्ट किया जा सकता है :

'तो क्या अबलाएँ सदैव ही अबलाएँ हैं बेचारी ?[222]

यहाँ दूसरी बार प्रयुक्त 'अबला' शब्द अपने मुख्यार्थ 'स्त्री' का बोध न कराकर इस लाक्षणिक तर्थ को व्यक्त करता है कि नारी मूलतः निर्बल और आत्म-रक्षा में असमर्थ मानी जाती है। साथ ही इससे यह भी व्यंजित होता है कि उसे अब अधिक समय तक पराधीन, आत्मरक्षा में असमर्थ अथवा निर्बल नहीं रहना है। लाक्षणिक अर्थ के द्वार से गुजर कर यह व्यंजित अर्थ मूल संदर्भ से जुड़ कर जहाँ शूर्पणखा और लक्ष्मण के भाव व्यापार की वस्तुस्थिति की सूचना देता है, वहाँ भविष्य में शूर्पणखा के उद्दंड आचरण और लक्ष्मण द्वारा उसके प्रतीकार की आशंका को भी व्यंजित करता है।

आधुनिक रामकाव्य की मूल प्रेरणा अर्थ-वैचित्र्य की ओर अग्रसर नहीं है, किन्तु कविता के मूल संदर्भ के आग्रह से सामान्य अर्थों में भी नवीन अर्थ जगमगाने लगता है। यथा,

आयी बूँद कि जीवन आया,
हटा मृत्यु का-सा सन्नाटा[223]
\+ + +
जीवन वह बन गया मृत्यु का पूर्वरूप, ऐसी थी वर्षा।[224]

यहाँ जीवन के जल और प्राणदायक तत्त्व इन दो अर्थ-स्तरों का लाक्षणिक संतुलन है जिससे संदर्भ के अनुरूप कैकेयी के अतीत, वर्तमान और भविष्यत् आचरण की व्यंजना संदर्भ को एक नवीन रूप देती है।

लक्षणा

शास्त्रीय दृष्टि से लक्षणा में प्रथम स्तर पर मुख्यार्थ की बाधा, अर्थात् वाक्य-गत अर्थ के साथ सम्बन्ध जोड़ने में प्रत्यक्ष विरोध होता है। द्वितीय स्तर पर पुन: मुख्यार्थ का विरोध होने पर अन्य अर्थ ग्रहण किया जाता है जिसका मुख्यार्थ से भी सम्बन्ध रहता है। इस दृष्टि से लक्षणा के (1) रूढ़ि लक्षणा और (2) प्रयोजनवती लक्षणा — दो भेद किये गये हैं।[225]

रूढ़ि लक्षणा

हिन्दी रामकाव्य का स्वरूप और विकास

रूढ़िलक्षणा में मुख्यार्थ को त्यागकर उससे सम्बन्ध रखने वाले जिस अर्थ का ग्रहण किया जाता है वह मूलत: लोक में प्रचलित प्रयोग पर आधृत होता है यथा,

1. नगरी थी निस्तब्ध पड़ी क्षणदा छाया में[226]
2. जिस साकेतपुरी ने प्रतिदिन समारोह सौ पाये,
   वही आज निश्शेष धूम्र-सी मँडराये अकुलाये।[227]

नगरी अथवा साकेतपुरी में स्वयं सोने अथवा समारोह करने की सामर्थ्य नहीं है, इसमें मुख्यार्थ की बाधा है। इसका लक्ष्यार्थं नगरवासी अथवा साकेतपुरी-वासी है क्योंकि साकेत से उसके निवासियों का आधार-आधेय सम्बन्ध है। किन्तु नगर अथवा देश-वासियों को नगर अथवा देश के नाम से सूचित करना रूढ़ि है। जैसे 'कलिंग वीर है' में 'कलिंग' देश का पर्याय है किन्तु कलिंगवासी के अर्थ में प्रचलित माना जाता है।

प्रयोजनवती लक्षणा

प्रयोजनवती लक्षणा में किसी विशेष प्रयोजन की सिद्धि के लिए लक्षणा की जाती है। आचार्य मम्मट के अनुसार इसके छह भेद हैं—1. गोणी सारोपा, 2. गोणी साध्यवसाना, 3. शुद्धा सारोपा, 4. शुद्धा साध्यवसाना, 5. शुद्धा उपादान-लक्षणा, 6. शुद्धा लक्षण-लक्षणा।[228]

गौणी सारोपा

गौणी लक्षणा में सादृश्य-सम्बन्ध से अर्थात् समान गुण या धर्म के कारण लक्ष्यार्थ का ग्रहण किया जाता है।[229] गौणी सारोपा लक्षणा में आरोप्यमाण (विषयी) और आरोप का विषय इन दोनों की शब्द द्वारा उक्ति होती है।[230] यथा,

हो गयी चित्त की वृत्ति विभोर ठगी-सी,
खो गये वहीं जड़ भरत समाधि लगी-सी[231]

यहाँ श्लेष के आधार पर भरत के जड़ (निस्संग समाधिस्थ) होने का संदर्भ जड़ भरत के स्थितप्रज्ञ स्वरूप को भी व्यक्त करता है। भरत और जड़भरत का यह सादृश्य गोणी सारोपा लक्षणा पर आधृत है जिसमें आरोप्यमाण (भरत) और आरोप्य (जड़-भरत) के विषय में एकरूपता की प्रतीति होती है। दोनों में गुण-साम्य है।

किन्तु निरी हो गौएँ तुम सब-

वधुओं के मुख-दर्शन की ढब
तुम्हें न आई सपने में भी;
अब सुन लो कुछ मेरे कर्तब।[232]

यहाँ 'गौ' शब्द के सहचारी जड़त्व, मंदत्व आदि गुणों का लक्षणा से बोध सीता के दर्शनार्थ उपस्थित नारियों के परिहास-जनित आचरण में दिखलाया गया है।

कुम्भकर्ण से सोये आज हमारे शासक-
सुख-सम्पत्ति-सुलभ सुविधाओं की शय्या पर।[233]

यहाँ कुम्भकर्ण तथा शासक में प्रमादत्व और विलास-निद्रा का धर्म साम्य है। यह धर्म-गुण-साम्य गौणी सारोपा लक्षणा का कारण है।

गोणी साध्यवसाना लक्षणा

साध्यवसाना लक्षणा में आरोप का विषय लुप्त रहता है, अर्थात् उसे शब्द से प्रकट नहीं किया जाता है। विषयी द्वारा ही उसका कथन होता है। गुण-धर्म का सादृश्य जहाँ अभीष्ट होता है, वहाँ गौणी साध्यवसाना लक्षणा होती है।[234]

आह, एक उल्का ही मुझको संवेदन के दो कण दे दे,
अपनी ज्वाला के मंदिर की शीत शरण में मुझ को ले ले।
मैं पाषाणी जड़मति, परवश, यों कब तक जीवन सह पाऊँ ?
हाय, कोन है ऐसा, जिसको अपनी पीड़ा कथा सुनाऊँ ?[235]

यहाँ उल्का से आशय उस उदात्त प्रकाशपूर्ण चरित्र (राम) से है जो पाषाणी अहल्या के उस संवेदनाशून्य अस्तित्व को अपनी पावनता से आलोकित कर सके। यहाँ आरोप के विषय का कथन नहीं है। विषयी (उल्का) में राम का अध्यवसान हो गया है। इसी प्रकार,

सीता के हँसते फूलों पर सीता के घन मचले;
पति आये हैं तुझे रिझाने, ओ सीते, उठ सज ले।[236]

यहाँ हँसते फूलों से आशय सीता के पुत्रों-लव-कुश-से है जिन पर राम के सम्भावित आक्रमण के संदर्भ में व्यंग्य किया गया है। यहाँ उपमान का उपमेय में अध्यवसान है। शुद्धा सारोपा लक्षणा

गौणी लक्षणा में जहाँ सादृश्य सम्बन्ध अपेक्षित होता है, वहाँ शुद्धा में सादृश्य सम्बन्ध से भिन्न तात्कर्म्य अथवा आधार-आधेय सम्बन्ध से लक्ष्यार्थं का बोध होता है।[237]

लक्ष्मण बोले-मैंने सींचा प्रेम-सुधा से उसका उर,
इस मन पर अधिकार उसीका जिससे है सम्बन्ध मधुर।[237]

यहाँ प्रेम का सुधा पर आरोप है। दोनों में हृदय को शीतलता अथवा आनंद प्रदान करने की समान योग्यता निहित है। तात्कर्म्य के सम्बन्ध से यह शुद्धा सारोपा लक्षणा है।

शुद्ध साध्यवसाना लक्षणा

आरोप्यमाण के उक्त होने पर तात्कर्म्यं अथवा आधार-आधेय सम्बन्ध पर आधृत शुद्धा साध्यवसाना सादृश्य-सम्बन्ध से भिन्न होती है।[238] जैसे,

जहाँ अहिंसा सांस तोड़ती, हिंसा जहाँ फूलती-फलती,
दानव अट्टाहास करता है, जहाँ चिता मानव की जलती।[239]

यहाँ अहिंसा और हिंसा से क्रमश: अहिंसक और क्रूर मानव से अभिप्राय है जिसमें आधार-आधेय सम्बन्ध अभीष्ट है।

सारोपा अथवा साध्यवसाना कहीं उपादान-लक्षणा के रूप में आती है और कहीं लक्षण-लक्षणा के रूप में।

उपादान-लक्षणा

इसमें वाच्यार्थ का सर्वथा परित्याग नहीं किया जाता। अन्य अर्थ के लिए लक्षित किये जाने पर भी मुख्यार्थ से सम्पर्क जुड़ा रहता है। इसे 'अजहत्स्वार्था' भी कहते हैं क्योंकि इसमें मुख्यार्थ लक्ष्यार्थ के अंग रूप में अपना अस्तित्व रखता है। यथा,

1. बांसुरी फूल के हिमकण को, करती तानों से स्निग्ध-तरल[240]
2. साकेत तुम्हारी दुर्बलता को देख रहा[241]
3. सिहर उठी भय से वसुन्धरा।[242]
4. उसके शर से था मेघनाद भू-शायी,
   प्रभु तक ने रामानुज-प्रशस्ति थी गायी[243]

यहाँ बाँसुरी, साकेत, वसुंधरा तथा शर में स्वयं क्रिया करने की सामर्थ्य नहीं है। ये कार्य उनसे सम्बद्धअवश्य हैं, किन्तु उनके करने वाले कर्त्ता भिन्न हैं। अत: इन शब्दों का लक्ष्यार्थ क्रमश: बाँसुरीवादक, साकेतनगर निवासी, पृथ्वीवासी तथा शरसंधान करने वाले लक्ष्मण अभिप्रेत हैं।

लक्षण-लक्षणा

लक्षण-लक्षणा में वाक्यार्थ की सिद्धि के लिए वाच्यार्थ का परित्याग किया जाता है। इसमें मुख्यार्थ भिन्न अर्थ के लिए आत्मसमर्पण करता है। उदाहरणार्थ,

युद्ध केवल फेन ही नहीं
निर्णय है,
जिससे इतिहास बना करता है।[244]

यहाँ युद्ध को निर्णय कहने में अर्थ-बाधा है। अत: लक्ष्यार्थ है युद्ध के द्वारा किसी विशेष प्रयोजन के लिए राजनैतिक प्रश्नों का समाधान खोजना। इसी प्रकार,

राम, नहीं नर, एक चिरन्तन मनन-पुंज हिन्दू-मन का,
राम, —एक उत्कर्ष कल्पना, इक आदर्श आर्य-जन का[245]

यहाँ राम में नरत्व के निषेध से मुख्यार्थ में बाधा पड़ी है। अमूर्त आदर्शों के पूंजीभूत रूप में उनका मूल्यांकन किया गया है जिससे लक्ष्यार्थ निकलता है कि राम महामानव हैं। वस्तुत: उपादान-लक्षणा और लक्षण-लक्षणा की सीमा रेखा अत्यंत सूक्ष्म है। यह प्रयोजनमूलक विश्लेषण पर आंशिक रूप से निर्भर है।

व्यंजना

अभिधा और लक्षणा के द्वारा अपने अर्थ का बोध कराकर विरत हो जाने पर जिस शब्द और अर्थ की शक्ति के द्वारा कवि के अभिप्रेत अर्थ की प्रतीति होती है, उसे व्यंजना-शक्ति कहते हैं।[246] व्यंजित अर्थ को व्यंग्यार्थ अथवा ध्यन्वर्थ भी कहा जाता है। यह न वाच्यार्थ की भाँति स्पष्ट रूप से कथित होता है और न रूढ़ि अथवा प्रयोजन से लक्षित ही। व्यंजना की सत्ता शब्द और अर्थ दोनों पर निर्भर है। इस दृष्टि से व्यंजना शक्ति के शाब्दी व्यंजना और आर्थी व्यंजना नाम से दो भेद हैं। व्यंग्यार्थ का बोध वाचक और लक्षक दोनों प्रकार के शब्दों पर आश्रित होने के कारण इसके पुन: दो भेद—अभिधामूला

शाब्दी व्यंजना और लक्षणामूला शाब्दी व्यंजना—किये गये हैं।[247]

अभिधामूला शाब्दी व्यंजना

अनेकार्थी शब्दों के एकार्थ में नियंत्रित हो जाने पर जिस शक्ति द्वारा अन्यार्थ का ज्ञान होता है, उसे अभिधामूला शाब्दी व्यंजना कहते शाब्दी व्यंजना कहते हैं। श्लेष में दोनों अर्थ प्राकरणिक होते हैं किन्तु यहाँ अन्य अर्थ का आभास मात्र अभीष्ट होता है। यथा, अन्याय जिधर है उधर शक्ति[248]

यहाँ शक्ति के ताकत, दुर्गा इत्यादि अनेक अर्थ प्रकरण में नियंत्रित होकर दुर्गा का बोध कराते हैं। किन्तु साथ ही यहाँ यह अर्थ भी व्यंजित है कि शक्ति (सैन्य शक्ति, सामाजिक अथवा राजनैतिक शक्ति आदि) आज मात्र अन्याय के पक्ष में है।

लक्षणामूला शाब्दो व्यंजना

जिस प्रयोजन के लिए लक्षणा का आश्रय लिया जाता है और वह जिस शक्ति द्वारा प्रतीत होता है, उसे लक्षणामूलक शाब्दी व्यंजना कहते हैं।[249] यथा,

पीतम की मगन लगन में, रात्रि ने बिता दीं घड़ियाँ,
रो-रोकर खूब भिगोई सब समय श्रृंखला कड़ियाँ।
पर जिसने दिन छिन देकर, यह दिया रात को ताना
ढूंढ़े भी मिला न अब तक वह अलबेला मस्ताना।[250]

यहाँ रात्रि के प्रियतम के वियोग में रोने तथा सूर्य के रात को ताना देने के जिन व्यापारों का वर्णन है वे प्रकृति-जगत् में असम्भव हैं। अत: मुख्यार्थ की बाधा होने से यहाँ लक्ष्यार्थ है वियोगिनी का प्रियतम की स्मृति तथा उसकी उपेक्षा से विक्षुब्ध-विह्वल होना। इसमें विरहिणी की वेदना की अतिशयता व्यंग्य है।

आर्थी व्यंजना

इसमें वक्ता आदि के वैशिष्ट्य के आधार पर भिन्न अर्थ का बोध होता है। यह वैशिष्ट्य बोधव्य, वाक्य, अन्य सन्निधि, वाच्य, प्रस्ताव, देश, काल, काकु, चेष्टा आदि पर निर्भर है।[251] यथा,

हे आर्य, रहा क्या भरत-कभीप्सित अब भी?
मिल गया अकण्टक राज्य उसे जब, तब भी?
पाया तुमने तरु-तले अरण्य-बसेरा,
रह गया अभीप्सित शेष तदपि क्या मेरा?[252]

यहाँ काकु से यह व्यंग्यार्थ प्रकट होता है कि राम को वन में भेजना भरत को अभीप्सित नहीं है, अपितु उनके लिए यह अत्यन्त कष्टकर घटना है।

"हे तात, तालसम्पुटक तनिक ले आना,
बहिनों को वन-उपहार मुझे है देना।"[253]

यहाँ गुरुजन की समीपता (अन्य सन्निधि) में वक्ता सीता बोधव्य लक्ष्मण से बहिनों के लिए वन उपहार देने की बात कहती है। उससे यह व्यंग्यार्थ भी निकलता है कि वह बहिन ऊर्मिला को उपहार स्वरूप लक्ष्मण का एकांत दर्शन-लाभ देना चाहती है।

बाट जोहती रही प्रतिदिवस पर न कबूतर आया,
दाना-खाना छोड़ा उसने, छोड़ी जग की माया;
छोटी-छोटी सब कपोतियाँ उसको समझाती थीं,
बड़ी-बड़ी सब सखियाँ उसका तन-मन बहलाती थीं।[254]

यह उक्ति ऊर्मिला की है। अत: वक्ता के वैशिष्ट्य से उसकी भविष्य विरह व्यथा यहाँ कबूतरी और कबूतर के वियुक्त होने की कथा से व्यंजित है।

किन्तु बोले राम, "क्षत्रिय जाति को अभिमान है,
सर्वदा देती, नहीं लेती किसी से दान है,
दान में मैं प्राण तेरे भी न माँगूँगा कभी,
विप्र तू, दूंगा तुझं पंचतत्त्व ही आज अभी।"[255]

युद्ध में रावण राम पर व्यंग्य करता है कि स्त्री के पीछे प्राण क्यों देते हो, उसे से भिक्षा में मांग लो। तो राम रावण को ब्राह्मण कहकर उसे एक के स्थान पर पाँच तत्त्व प्रदान करने की बात कहते हैं। यह अर्थ व्यंजित है कि राम शीघ्र ही किन्तु प्रकरण तथा वक्ता के वैशिष्ट्य से यहाँ रावण का वध कर डालेंगे।

आधुनिक रामकाव्य में लक्षणा और व्यंजना के प्रसार की भूमि अपेक्षाकृत संकुचित हीं है। कवियों ने अभिधापरक इतिवृत्तात्मकता का ही अधिक आश्रय लिया है। जैसे—

1. शबरी-इच्छा से पंपासर में रुके राम
   प्रभु दर्शी ऋषि ने किया उन्हें सविनय प्रणाम
   सत्संग समय हनुमान-शक्ति की चली बात
   सर्वज्ञ राम को हुई पवन सुत कथा ज्ञात।[256]
2. लंकेश्वर का ठाठ सुरेश्वर से बढ़कर था,
   उसका अनुपम तेज दिनेश्वर से बढ़कर था।[257]
3. थमा युद्ध, रावण-दल गरजा, मचा राम दल हाहाकार,
   विकल हुआ उर रामचन्द्र का, विचल कर उठा शोक अपार[258]

यहाँ कथा-सूत्रों के जोड़ने तथा उनके क्रमिक विकास को अक्षुण्ण रखने में अभिधा शक्ति की उपयोगिता सिद्ध है।

छंद

काव्यशास्त्र में काव्य में छंद की अनिवार्यता को लेकर मतभेद रहा है। संस्कृत काव्यशास्त्र में काव्य-परिभाषा के अन्तर्गत छंद का ग्रहण दृष्टिगत नहीं होता। किन्तु व्यावहारिक स्तर पर आदिकवि वाल्मीकि से लेकर सभी प्राचीन और मध्ययुगीन संस्कृत काव्यों में छन्दोबद्धता को काव्य के लिए प्राय: अनिवार्य रूप में ही स्वीकार किया गया है। काव्य के उद्गम को भी छंद (श्लोक) के आविष्कार के रूप में ही प्राथमिक स्तर पर स्वीकार किया गया है। स्वयं वाल्मीकि भी अपने श्लोक में निहित भाव की अपेक्षा श्लोक के चरणों की समान अक्षरबद्धता तथा लयसमन्वितता की ओर ही अधिक आकृष्ट होते हैं :

पादवन्दाक्षरसम: तन्त्रीलयसमन्वित:।
शोकार्तस्य प्रवृत्तो में श्लोको भवति नान्यथा॥[259]

कात्यायन (तीसरी शताब्दी) ने भावाभिव्यक्ति के लिए छंद की उपयुक्तता पर विचार करते हुए विशिष्ट स्थितियों और विषयों के अनुरूप छंदों के चयन का उल्लेख किया है। 3 भोज ने भी महाकाव्य में छंदोबद्धता का उल्लेख करते हुए अर्थानुरूप छंदों के प्रयोग पर बल दिया है। छंद को कविता का सहज वाहन स्वीकार करते हुए उसे कविता के अनिवार्य

तत्त्व के रूप में स्वीकृति प्रदान की गई है। अत: इससे यह निष्कर्ष निकाल लेना विशेष संगत प्रतीत नहीं होता कि "संस्कृत काव्यशास्त्र का यह निर्भ्रान्त मत है कि छंद कविता का वैकल्पिक उपकरण है।"[260]

पाश्चात्य काव्यशास्त्र में अरस्तू का अनुसरण करते हुए कॉलरिज ने छंद को कविता का वैकल्पिक उपकरण अवश्य स्वीकार किया है, किन्तु उसके असंदिग्ध प्रभाव को स्वीकार करते हुए स्पष्ट कहा है कि भावोच्छ्वसित वाणी छंद-तत्त्व को स्वयं आविर्भूत करती है। छंद की विशिष्ट संरचना कवि की ऐच्छिक क्रिया पर आधृत होती है। किसी भी काव्य-रचना में इन दोनों स्थितियों का योग आवश्यक है।[261] प्रकारांतर से यह छंद के महत्त्व की स्पष्ट स्वीकृति है। आगे चलकर मिल,[262] इलियट,[263] कैर[264] जैसे आलोचक ही नहीं, अपितु बौदलेयर[265] और ह्विटमैन[266] जैसे विद्रोही कवियों ने भी काव्य-संरचना में छंद के महत्त्व को अनिवार्यत: स्वीकार किया है।

अत्याधुनिक काव्य-दृष्टि यद्यपि छंद के प्रति अधिक आग्रहशील नहीं है, तथापि नयी कविता के कतिपय अंशों को छोड़कर प्रगतिवादी काव्यधारा तक का अधिकांश काव्य छंदोबद्ध ही है। श्री सुमित्रानंदन पंत ने 'पल्लव' तथा 'निराला' ने 'गीतिका' की भूमिका में न केवल छंदों के महत्त्व अपितु उनके विधान का भी विशद विवेचन किया है। आधुनिक आलोचकों में डॉ. नगेन्द्र ने भी इसी स्थापना पर बल देते हुए लिखा है कि "यह निर्विवाद है कि रसात्मक तत्त्व के अतिशय के कारण ही कविता स्वभावतया छंद के माध्यम से स्फुरित होती है और छंद का संगीत उसके रसात्मक तत्त्व को और भी समृद्ध कर देता है।"[267]

आधुनिक रामकाव्य के संदर्भ में उपर्युक्त विवेचन इसलिए प्रासंगिक है कि वैचारिक क्षितिजों के नवीन उद्घाटन के प्रति आग्रहशील होकर भी अधिकांश कवियों ने काव्य के परम्परागत ढाँचे को सुरक्षित रखा है तथा छंद को अनिवार्य उपकरण के रूप में प्रयुक्त किया है। इसका एक कारण संभवत: यह है कि काव्य की विचारगत संप्रेषणीयता परम्परा प्राप्त सूत्रों से जुड़कर अधिक प्रभावकारी हो सकती है। अत: रामकथा के उपादानों को नवीन भावभूमि पर संयोजित करते समय कवियों की दृष्टि इस बात पर अवश्य रही है कि पाठक वर्ग तक काव्य-वस्तु को सहज संवेद्य बनाने के लिए उसे एक विशिष्ट अभिव्यक्ति के रूप में प्रस्तुत न करके साधारणीकृत रूप में ही प्रस्तुत किया जाये। जो पाठक अथवा प्रमाता जिन पूर्वगृहीत संस्कारों को ग्रहण कर नूतन रामकथा का आस्वादन करता है, उसमें छंदोबद्धता एवं लय के संस्कार एक सीमा तक विद्यमान अवश्य रहे हैं। अत: छंद-साहित्य के कारण कवि की अनुभूति से उसके तादात्म्य स्थापित करने अथवा काव्य-वस्तु को संप्रेषणीय बनाने में सामंजस्य की प्रक्रिया बाधित हो सकती है। नव कल्पित उपमानों के समान एकदम नये छंद या छंद-रहित काव्यबंध संस्कारों में अन्तर्भुक्त न होने के कारण पाठक के रागात्मक सम्बंधो से असंपृक्त रह सकते हैं। डॉ. नगेन्द्र का यह कथन इस सम्बन्ध में उपयुक्त ही प्रयुक्त होता है कि "काव्य के क्षेत्र में नूतनता का स्वतंत्र या आत्यंतिक महत्त्व नहीं है। नवीनता की स्पृहा जीवन के अन्य क्षेत्रों की भाँति काव्य में भी स्वाभाविक है, परन्तु उसकी सार्थकता नवीन उपकरणों की सृष्टि अथवा अप्रचलित उपकरणों के समाहार में इतनी नहीं है जितनी कि प्रचलित रागसम्पृक्त उपकरणों को नवीन भंगिमा से दीपित करने में।"[268]

शब्दों के प्रयोग की दृष्टि से आधुनिक रामकाव्य अत्यन्त समृद्ध है। छंद-विष-यक यह समृद्धि, जैसाकि ऊपर कहा गया है, परम्परित छंदों के अधिकाधिक प्रयोग पर ही आधृत है। इन परम्परित छंदों का विभाजन चार वर्गों में किया जा सकता है। प्रथम वर्ग में हिन्दी के उन छंदों की गणना की जा सकती है जो मध्ययुग में प्रयुक्त हिन्दी के निजी छंद हैं। यथा दोहा, सोरठा, कवित्त (मनहरण, घनाक्षरी आदि), सवैया, छप्पय, कुण्डलिया आदि। आधुनिक युग में इन छंदों का प्रयोग अपेक्षाकृत कम हुआ है। द्वितीय वर्ग के अन्तर्गत संस्कृत के वर्णावृत्त आते हैं जिनका अनुगमन आधुनिक कृष्ण-काव्यधारा के प्रमुख प्रबन्धकाव्य 'प्रियप्रवास' की पद्धति पर आधुनिक रामकाव्य में भी प्रचुरता से हुआ है। आधुनिक युग के रामेतर काव्यों में इनका प्रचलन अपेक्षा-कृत कम रहा है। तृतीय वर्ग में हिन्दी के उन मात्रिक छंदों को लिया जा सकता है जो मध्ययुग में अपेक्षाकृत कम व्यवहृत हुए हैं तथा आधुनिक प्रगीत-परम्परा में उनका व्यवहार अपनी विशिष्ट लयात्मकता के कारण अधिक लोकप्रिय हुआ है। चतुर्थ वर्ग में अत्याधुनिक काव्य के अनुसरण में गृहीत मुक्त छंदों अथवा गद्यवत्

छंदों का व्यवहार हुआ है। इसके अतिरिक्त छंदों का एक पंचम वर्ग भी हो सकता है जिसके अन्तर्गत लोकगीतों, प्रगीतों, चलचित्रों की धुनों तथा उर्दू-बहरों पर आधृत छंद भी आते हैं। 'अग्नि परीक्षा' जैसे एकाध काव्य को छोड़कर ऐसी रचनाएँ कम दृष्टिगोचर होती हैं। उक्त वर्गों के अतिरिक्त प्रचलित छंदों में कहीं-कहीं कुछ मात्रा-वृद्धि अथवा न्यूनता के द्वारा नवीन छंद-निर्माण के प्रयास भी हुए हैं। कवित्त छंद की भिन्न-भिन्न लयों का आविष्कार भी किया गया है। किन्तु रामकाव्य की मुख्य धारा से उनका सीधा सम्बन्ध नहीं है।

मध्ययुगीन छन्द

(1) कवित्त एवं सर्वया—डॉ. जानकीनाथ सिंह 'मनोज' के अनुसार हिन्दी में कवित्त का प्रयोग अकबर के दरबारी कवि गंग के समय से आरम्भ हुआ है।[269] 'निराला' के अनुसार यह छंद चिरकाल से इस जाति के कण्ठ का हार हो रहा है। यदि हिन्दी का जातीय छंद चुना जाये तो वह यही होगा।[270] आधुनिक रामकाव्य में कवित्त का प्रयोग पर्याप्त हुआ है। इसका कारण यह है कि कवित्त छंद वर्णनात्मकता को सुरक्षित रखते हुए पारिस्थितिक अथवा वैचारिक संघर्ष को अभिव्यक्ति प्रदान करने अत्यन्त सफल होता है। इसके सुविस्तीर्ण ढाँचे में एक दृश्य-बिम्ब अपनी पूरी समग्रता के साथ उद्घाटित होता है। यथा—

मैं निज अलिन्द में खड़ी थी सखि, एक रात,
रिमझिम बूंदें पढ़ती थीं, घटा छाई थी,
गमक रहा था केतकी का गन्ध चारों ओर,
झिल्ली-झनकार यही मेरे मन भाई थी।
करने लगी मैं अनुकरण स्वनूपुरों से,
चंचला थी चमकी, घनाली घहराई थी,
चौंक देखा मैंने, चुप कोने में खड़े थे प्रिय,
आई मुख लज्जा, उसी छाती में छिपाई थी॥[271]

एक पूरे दृश्य-बिम्ब की स्मृति-चित्र के रूप में सजीव अवतारणा इस छंद की विस्तृत परिधि में हुई है। ऐसे अनेक दृश्य 'साकेत' में कवित्त छंद के माध्यम से उत्कीर्ण किये गये हैं।[272] वर्ण्य वस्तु को वैचारिक अथवा नाटकीय बिन्दु पर समाहत करने में 'साकेत' के पंचम,[273] सप्तम[274] और एकादश[275] एवं द्वादश[276] सर्गों के अंत में कवित्त छंद का कलात्मक उपयोग हुआ है। घनाक्षरी के आधार पर ही गुप्तजी ने एक नवीन छंद का निर्माण किया है, जिसमें घनाक्षरी के उत्तर चरणार्द्ध का प्रयोग हुआ है—

राम, तुम मानव हो, ईश्वर नहीं हो क्या ? (8+7)
विश्व में रमे हुए नहीं सभी कहीं हो क्या ? (7+8)[277]

इस छंद को उन्हीं के नाम पर 'मैथिली छंद' से अभिधानित किया गया है।[278] 'साकेत-संत' के उपक्रम में तथा 'ऊर्मिला' के तृतीय सर्ग के मध्य में भी इसके कुछ सुष्ठु प्रयोग द्रष्टव्य हैं।

कवित्त की अपेक्षा सर्वया वर्णनात्मक अथवा प्रबन्धात्मक संदर्भों के अधिक अनुकूल नहीं है। 'साकेत' के नवम सर्ग[279] में विरह जनित उद्गारों अथवा प्रकृति-वर्णन के लिए उसका उपयोग गुप्तजी ने किया है। कवित्त के व्यंजन प्रधान स्वरूप की अपेक्षा इसका स्वर-लयात्मक रूप रागात्मक वर्णनों के ही अधिक अनुरूप है।

(2) **दोहा और सोरठा** मध्ययुग का बहुप्रचलित यह अर्द्धसम मात्रिक छंद अपभ्रंश परम्परा से गृहीत है। इसके लिए मध्ययुग में दोहक, दोहमय, दोहड़ा, दोहउ या दोधक जैसे अनेक शब्दों का प्रयोग किया गया है।[280] नीति, श्रृंगार एवं भक्ति की स्फुट उक्तियों के लिए मध्ययुग में इस छंद का ऐसा व्यापक प्रयोग दृष्टिगत नहीं होता। ब्रजभाषा काव्य-परम्परा की

दोहावलियों में इसका अस्तित्व सुरक्षित है। आधुनिक रामकाव्य में भी विरह-वर्णन, नीति-वर्णन अथवा कथा-क्रम को एक निश्चित मोड़ देने के लिए ही इसका स्फुट प्रयोग मिलता है। 'साकेत' के पंचम और एकादश सर्गों तथा 'रामराज्य' (बलदेवप्रसाद मिश्र) के प्रत्येक सर्ग के अंत में दोहे का प्रयोग कथात्मक उपसंहार की दृष्टि से हुआ है। 'साकेत' के नवम सर्ग तथा 'ऊर्मिला' ('नवीन' कृत) के पंचम सर्ग में ऊर्मिला की विरह-विदग्ध उक्तियाँ दोहों में मध्ययुगीन सूक्तियों जैसा रूप प्राप्त कर गई हैं। यथा,

ठहर अरी, इस हृदय में, लगी विरह की आग।
तालवृन्त से और भी, धधक उठेगी जाग॥[281]
\+ +
कारे, कजरारे, भरे, निरे मेघ के कोट।
मन-नभ में करि उठत हैं, भय-विद्युत विस्फोट॥[282]

'अग्नि परीक्षा' तथा 'वैदेही वनवास' में भी कथाक्रम के उपसंहार के रूप में इसका प्रयोग हुआ है।

दोहा छंद के चरणों के क्रम को उलट देने से सोरठा बनता है। इसके विषम चरणों में अन्त्यानुप्रास का प्रयोग होता है। इसका प्रयोग भी आधुनिक रामकाव्य की विरहोक्तियों में ही स्फुट रूप में उपलब्ध है। यथा,

लिखकर लोहित लेख, डूब गया दिनमणि अहा!
व्योम सिंधु सखि, देख, तारक बुदबुद दे रहा।।[283]
\+ +
ये नैना अनजान, प्रकट करत हिय दरद को
ज्यों कोऊ नादान, घाव दिखावतु आपुनो[284]
\+ +

छप्पय, बरवे, चौपाई आदि छंद भी इन कवियों के द्वारा स्फुट रूप में ही प्रयुक्त हुए हैं। द्रष्टव्य यह है कि जिन प्रसंगों में ये छंद प्रयुक्त हुए हैं, वे मूलतः मध्ययुगीन काव्य—'परम्परा के ही उपजीवी हैं।

चौदह चक्कर खायगी, जब यह भूमि अभंग।
घूमेंगे इस ओर तब, प्रियतम प्रभु के संग॥
प्रियतम के प्रभु संग आएंगे तब हे सजनी,
अब दिन पर दिन गिनो और रजनी पर रजनी।
पर पल-पल ले रहा यहाँ प्राणों से टक्कर,
कलह-मूल यह भूमि लगावै चौदह चक्कर।।[285] (छप्पय छंद)
\+ +
हानि लाभ का ज्ञान न कामी में रहता है,
करके उलटे काम सदा वह दुख सहता है।
महाविज्ञ हो अहो, ज्ञान से हीन हुए हो,
जग-विजयी हो अहो, ज्ञान से हीन हुए हो!
भूमि-भार अन्याय का, कोई सह सकता नहीं,
उत्पीड़न कर लोक का, कोई रह सकता नहीं।[286] (छप्पय छंद)
अवधि-शिला का उर पर था गुरु भार।
तिल-तिल काट रही थी दुग-जाल धार॥[287] (बरवै छंद)
\+ +

देख राम को जाते हाय, प्राण तड़पते क्यों असहाय।
धरकर रूप कौन सविशेष, तूने उर में किया प्रवेश[288] (चौपाई छंद)

केवल ब्रजभाषा काव्य परिपाटी पर रचित 'रावण महाकाव्य' जैसे काव्यों में उक्त छंदों का सर्गात्मक प्रयोग भी हुआ है। यथा 'रावण-महाकाव्य' के पहले सर्ग में घनाक्षरी, दूसरे, छठे, सातवें सर्गों में सवैया, तीसरे व दसवें सर्गों में रोला, चौथे सर्ग में दोहा, पाँचवें व आठवें सर्गों में रूपमाला, नौवें सर्ग में दोहा-चौपाई आदि का प्रयोग मिलता है।

संस्कृत वर्णवृत्त

'जानकी-जीवन', 'रामचरित-चितामणि', 'ऊर्मिला', 'भगवान् राम : तपोवन-विहार', 'साकेत' आदि के कतिपय सर्गों में संस्कृत-वर्णवृत्तों का प्रयोग हुआ है, किन्तु आधुनिक काव्य की मूल प्रवृत्ति वर्णवृत्तों के प्रयोग की विशेष नहीं है। संस्कृत वर्ण-वृत्तों की कठोरता पाण्डित्य-प्रिय पाठकों के लिए जितनी रुचिकर है, आधुनिक संवेदन-शीलता को वह उस सीमा तक उद्वेलित नहीं करती। संस्कृत और हिन्दी के संगीत की मूल प्रवृत्ति की भिन्नता की ओर संकेत करते हुए पंतजी ने उपयुक्त ही कहा है कि "संस्कृत संगीत जिस तरह हिल्लोलाकार मालोपमा में प्रवाहित होता है, उस तरह हिंदी में नहीं।" हिन्दी का संगीत स्वर की रिमझिम में बरसता, छनता-छनकता, बुद्‌बुदों में उबलता, छोटे-छोटे उत्सवों के कलरव में उछलता-किलकता हुआ-बहता है। उसके शब्द एक-दूसरे के गले पड़कर, पगों से पग मिलाकर सेनाकार नहीं चलतें, बच्चों की तरह अपनी ही स्वच्छन्दता में थिरकते कूदते हैं।'[289] किन्तु द्विवेदीजी अन्त्यानुप्रास से रहित होने के कारण संस्कृत वर्णवृत्तों को हिन्दी की स्वच्छंद भावाभिव्यक्ति के लिए अधिक अनुकूल मानते थे।[290] 'हरिऔध' जी ने भी 'प्रियप्रवास' की भूमिका में भिन्नतुकान्त कविता लिखने के लिए संस्कृत वर्णवृत्तों के चयन का पक्ष समर्थन करते हुए लिखा—"हिन्दी भाषा के छंदों से संस्कृतवृत्त खड़ी बोली की कविता के लिए अधिक उपयुक्त हैं और ऐसी अवस्था में वे सर्वथा त्याज्य नहीं कहे जा सकते।"[291] स्पष्टत: द्विवेदीयुगीन काव्य-परिपाटी में निबद्ध प्रबन्ध-काव्यों में संस्कृत वर्णवृत्तों के प्रति विशिष्ट आग्रह पाया जाता है। आधुनिक रामकाव्य परम्परा पर भी इसका प्रभाव लक्षित है। जिन काव्यों में इन संस्कृत वर्णवृत्तों का सर्वाधिक प्रयोग हुआ है, उनमें प्रमुख हैं-'जानकी जीवन' (शार्दूल-विक्रीड़ित, उपेन्द्रवज्रा, मालिनी, मन्दाक्रांता वसंततिलका, द्रुतविलम्बित आदि), भगवान् राम तपोवन-विहार' (मंदाक्रांता, वसंततिलका, मालिनी, शार्दूलविक्रीड़ित, इन्द्रवज्जा, उपेन्द्र-वज्रा आदि)। इनके अतिरिक्त 'साकेत' (नवम सर्ग में मन्दाक्रांता द्रुतविलम्बित, उपेन्द्रवज्रा, भुजंगप्रयात, स्रग्धरा, शिखरिणी, मालिनी, पृथ्वी, इन्द्रवज्रा, हरिणी, वसंततिलका आदि); 'ऊर्मिला' (प्रथम सर्ग-मंदाक्रांता आदि); 'रामचरितचिन्ता-मणि' (वंशस्थ, द्रुतविलम्बित, भुजंगप्रयात, तोटक, स्रग्वेणी, मालिनी, मंदाक्रांता आदि) में भी संस्कृत वर्णवृत्तों का प्रयोग हुआ है।

मात्रिक छंद

हिन्दी काव्य का मौलिक स्वर मात्रिक छंदों में ही अपनी पूर्ण अभिव्यक्ति पा सका है।[292] श्री पंत 'पल्लव' की भूमिका में वर्ण वृत्तों की अपेक्षा मात्रिक छंदों को हिन्दी की मूलवृत्ति के अनुरूप सिद्ध करते हैं।[293]

मात्रिक छंदों का विकास आधुनिक युग में ही अपनी पूर्णता को प्राप्त हुआ है। विविध ध्वनि संयोजनों और लयात्मक सामंजस्य के लिए मात्रिक छंद अपेक्षाकृत अधिक विस्तृत एवं उदार भूमि प्रदान करते हैं। अनेक आलोच्य कृतियों की रचना मात्रिक छंदों में ही हुई है। इनमें प्राय: लघु-काव्यों में एक ही छंद का व्यवहार आद्यन्त देखा जाता है जबकि अपेक्षाकृत बृहद् प्रबन्धकाव्यों में एक से अधिक मात्रिक छंदों का व्यव-हार हुआ है। 'साकेत' में पीयूषवर्ष, शृंगार, सुमेर, मानव, प्लवंगम, सार, सरसी, पदपादाकुलक, गीतिका, राधिका आदि; 'ऊर्मिला' ('नवीन' कृत) में सार, सुमेरु, कुंकुम, शुद्धगा आदि; 'कैकेयी' (चाँदमल अग्रवाल-कृत) में रुचिर, शक्ति, आनंदवर्धक, सिंधु, रूपमाला, प्लवंगम आदि; 'नंदिग्राम' (गया प्रसाद द्विवेदी कृत) में राधिका (कवि ने इसे शिवछंद कहा है), झूलना (शक्ति छंद), शंकर (सिद्धि छंद), पुष्पमाला (गीतिका),

सार, हरिगीतिका, नाराच, दिक्पाल, सरसी, बिहारी, सुमेरु आदि। इसी प्रकार लघु काव्यों में 'आंजनेय' में मानव और हाकलि; 'शूर्पणखा', 'पंचवटी', 'अशोक-वन' (गोकुलचन्द्र शर्मा कृत) तथा 'कैकेयी' (शेषमणि शर्मा कृत) में ताटंक या वीर; 'जय-भरत' में रोला; 'चित्रकूट के पथ पर', 'आँसू', ऊर्मिला (प्रियदर्शी' कृत) में रूपमाला; 'जय हनुमान' में मानव; 'भूमिजा' में सार जैसे एक ही छंद का आद्यन्त प्रयोग दृष्टि-गोचर होता है। 'अरुण रामायण' भी एक बृहद् प्रबन्धकाव्य है, किंतु कवि ने इसमें अद्योपांत तीन अष्टकों वाले रोला छंद का प्रयोग किया है। इस छंद का यह नवीन प्रयोग वर्णनात्मकता के प्रवाह को तीव्र करने में विशेष सहायक होता है। रोला की इस रूप में उद्‌भावना की ओर संकेत करते हुए डॉ. पुत्तूलाल शुक्ल का कथन है कि "आजकल नवीन प्रयोगों में अधिकांश तीन अष्टकों को रख दिया जाता है जिससे गति प्रबल हो जाती है।"[294]

आधुनिक कृतियों में कतिपय नवीन मात्रिक छंदों का प्रयोग भी हुआ है जिनमें मैथिलीशरण गुप्त द्वारा प्रयुक्त 'मैथिली' तथा निरालाकृत 'राम की शक्तिपूजा' में 'शक्ति-पूजा छंद' उल्लेखनीय रहे हैं। गुप्त जी ने 'साकेत' के सप्तम सर्ग में एक नये मात्रिक छंद का आविष्कार किया है। "यह सरस छंद के अंत में एक त्रिकाल या गुरु-लघु वर्णों के योग से निर्मित छंद है। इसे 'चंद्र' छंद का नव्यरूप भी कह सकते हैं।"[295] इसी प्रकार 'राम की शक्तिपूजा' में प्रयुक्त छंद को भी आलोचकों ने 'निराला' की एक नवीन उप-लब्धि के रूप में ही स्वीकार किया है। डॉ. पुत्तूलाल शुक्ल का कथन है-"तीन अष्टकों के आधार पर श्री निराला ने शक्ति-पूजा छंद की रचना की है।" निराला जी इस छंद के निर्माता हैं, अत: उनकी कविता के शीर्षक के आधार पर इस छंद का नाम 'शक्ति-पूजा' दिया गया है। ..." राम की शक्ति-पूजा' में इस छंद के कुछ ही उदाहरण प्राप्त हैं, और अधिकांश चरण तो रोला के अंतर्गत आ जाते हैं।"[296]

मुक्त छंद

भिन्न-तुकांत एवं मुक्त छंद की अन्तर्यात्रा करती हुई आज की कविता गद्यप्राय, लय, यति रहित, विभिन्न लम्बाइयों वाली पंक्तियों के पड़ाव तक आ पहुँची है। भिन्न-तुकांत कविता के प्रति आचार्य द्विवेदी ने स्पष्ट आग्रह व्यक्त किया है। इसी प्रकार 'हरिऔध' जी ने यदि भावों की स्वच्छन्द, निर्बाध अभिव्यक्ति में छंदोबद्धता की अर्गला पर खीझ व्यक्त की है[297] तो श्रीधर पाठक ने बँगला, मराठी आदि भाषाओं के अनुकरण पर अन्त्यानुप्रास रहित पद-रचना की संभावनाएँ व्यक्त कीं[298] श्री मैथिलीशरण गुप्त ने 'मेघनाद-वध' की भूमिका में अन्त्यानुप्रास युक्त कविता रचना की कठिनता का विवेचन करते हुए अतुकांत कविता को तुकांत रचना की अपेक्षा भावों के सहज प्रवाह के अधिक उपयुक्त स्वीकार किया। उनकी दृष्टि में तुकांत कविता से भाव गरिमा और कलात्मक सौंदर्य को भी क्षति पहुँचती है।[299] किंतु मुक्त छन्द के सम्बन्ध में सबसे अधिक महत्त्वपूर्ण विचार 'निराला' और पंत ने व्यक्त किए हैं। पंत ने मुक्त छन्द की सफलता को मात्रिक संगीत की लय पर आधारित माना[300] तो 'निराला' ने पंत की स्थापनाओं को चुनौती देते हुए उसके स्वर-प्रधान स्वरूप की अपेक्षा व्यंजन-प्रधान रूप पर बल दिया तथा कवित्त छन्द को ही मुक्त छंद का आधार माना।[301] इसमें संदेह नहीं कि मुक्त छंद में प्रारम्भिक रचनाएँ कवित्त छंद को आधार बनाकर ही निर्मित हुईं तथा इसी आधार पर मुक्त छंद का विश्लेषण किया गया। यह मुक्त छंद लयादर्शों तथा वार्णिक नियमों से अनुशासित था।[302] किंतु अधुनातन कविता में जो मुक्त छंद प्रयुक्त हुआ है, उसे घना-क्षरी इत्यादि वार्णिक लयों के आधार पर विश्लेषित न कर पाने के कारण उन्हें केवल गद्य प्रयोगों के अन्तर्गत रख दिया गया है।[303] कुछ आलोचकों ने भिन्न-भिन्न पर्वो के लयाधारों को स्पष्ट करने के लिए त्रिकलों, सप्तकों, अष्टकों के विधान का अन्वेषण किया है। फिर भी यह स्वीकार करने में उन्हें संकोच नहीं हुआ है कि "इस युग की बहुत थोड़ी रचनाएँ ऐसी हैं जिनमें प्रारम्भ से अंत तक किसी एक पर्व की क्रमिक आवृति हो सकी है, अन्यथा सभी लयाधारों का क्रम बीच-बीच में भंग हो गया है।"[304]

आधुनिक रामकाव्य में बहुत कम रचनाएँ मुक्त छंद में रची गई हैं। जैसा कि ऊपर कहा जा चुका है कि रामकाव्य मूलत: प्राचीन संस्कारों से किसी-न-किसी स्तर पर अवश्य संपृक्त रहा है। अत: कथ्य की संप्रेषणीयता की रक्षा के लिए

काव्य के बाह्याकार में किसी युगान्तरकारी परिवर्तन के प्रति वह आग्रहशील नहीं रहा है। 'पंचवटी-प्रसंग', 'संशय की एक रात', 'विदेह' तथा 'राम का अंतर्द्वन्द्व' जैसी कुछ रच-नाएँ ही मुक्तछंद में रची गई हैं। 'पुरुषोत्तम राम', 'अंतर्मंथन' (अंतर्दर्शन), 'व्रतबद्ध', 'कैकेयी' (चाँदमल अग्रवाल कृत), 'अभिशप्त अमरबेलि', 'प्रवाद पर्व' आदि काव्यों के कतिपय सर्ग भी मुक्त छंद में विरचित हैं। हाल में लिखी हुई 'एक पुरुष और 'तथा 'एक विश्वास और' जैसी कृतियाँ स्पष्टत: अत्याधुनिक कविता की गद्यात्मक शैली में लिखी गई हैं। इन दोनों प्रकार की रचनाओं में मुक्त छंद की सीमारेखा अत्यन्त स्पष्ट है। प्रथम वर्ग की रचनाएँ मूलत: कवित्त अथवा रोला छंद के ही विभिन्न लयाधारों की सृष्टि हैं, जबकि द्वितीय वर्ग की रचनाओं में लयाधार अथवा लय-भूमियाँ अनुपस्थित हैं।

'निराला' और मैथिलीशरण गुप्त की कृतियों में मुक्त छंद का जो स्वरूप सम्मुख आता है, वह स्पष्टत: घनाक्षरी छंद का आभास देता है। 'मेघनाद वध' की भूमिका में श्री मैथिलीशरण गुप्त ने घनाक्षरी छंद के रूप-विन्यास पर बड़ी गहनता से विचार करते हुए घनाक्षरी चंद के उत्तरार्द्ध को अतुकान्त रूप में प्रयुक्त किया है।[305] क्योंकि वर्णात्मक तथा लघु-गुरु के नियमों से मुक्त होने के कारण यही विशेष उपयोगी सिद्ध हुआ है। इससे भिन्न 'निराला' ने 'पंचवटी-प्रसंग' में घनाक्षरी के पूर्वार्द्ध अथवा उत्तरार्द्ध के विधान पर विशेष बल न देते हुए केवल कवित्त की लय को ही दृष्टि में रखते हुए मुक्तछंद का विधान किया है। क्योंकि नियमबद्धता की अपेक्षा छंदों के शासन से मुक्ति ही उन्हें कविता की स्वच्छंद सृष्टि के लिए अधिक उपयुक्त प्रतीत होती थी।[306]

हारे हैं सारे नेत्र नेत्रों को हेर हेर,—
विश्व भर को मदोन्मत्त करने की मादकता
भरी है विधाता ने इन्हीं दोनों नेत्रों में।
मीन-मदन फाँसने की वंशी-सी विचित्र नासा,
फूल दल-तुल्य कोमल लाल ये कपोल गोल,[307]

यहाँ द्रष्टव्य यह है कि कवित्त के लयाधार को सुरक्षित रखने के लिए कवि उसमें मात्रिक संतुलन का योग देता चलता है। उदाहरणार्थ प्रथम दो पंक्तियों में 25-25 मात्राएँ हैं। प्रथम पंक्ति में गुरु वर्णों की अधिकता के कारण केवल 14 वर्ण आये हैं। दूसरी पंक्ति में लघु वर्ण अधिक होने के कारण 17 वर्ण हैं, जो घनाक्षरी छंद के एक चरण को पूरा करते हैं। आगे भी एकाध मात्रा अथवा वर्ण के आधिक्य या न्यू-नता के द्वारा कवित्त के लयाधार को सुरक्षित रखा गया है। कवित्त के व्यंजन-प्रधान रूप को स्वर-प्रधानता से मिश्रित कर निराला ने मुक्त छंद को अक्षर मात्रिक स्वरूप प्रदान किया है।[308]

'विदेह' की रचना भी मुक्त छंद में हुई है। इसमें भी घनाक्षरी छंद का लया-धार ग्रहण किया गया है :

सांकाश्य नृपति ने युद्ध-घोषणा की सगर्व,
मिथिला को घेर लिया उसकी सेनाओं ने
सुविशाल सैन्यदल जमा हो गये जहाँ-तहाँ।
शत-शत घोड़े हाथी रथ जमा हुए आकर।[309]

इस उद्धरण में प्रथम दोनों पंक्तियों में घनाक्षरी का रूप है। अंतिम दोनों पंक्तियों में लघु वर्णों की अधिकता के कारण 34 वर्ण (17+17) हैं किन्तु मात्राएं प्रथम दोनों पंक्तियों की भाँति 24-24 ही हैं। अत: यहाँ रोला छंद विकर्ष[310] रूप में प्रयुक्त हुआ है। यहाँ चरणों में एक विशिष्ट लय-मैत्री दिखाई देती है।

स्पष्टत: रूप-विधान घनाक्षरी छंद का होते हुए भी यहाँ लय रोला छंद की है। मुक्त छंद में रोला छंद की लय का विधान 'पुरुषोत्तम राम' तथा 'राम का अंतर्द्वन्द्व' रचनाओं में भी हुआ है-

नवयुग संधि ! बदलता करवट अब भू-जीवन,
नयी चेतना का युग लाना होगां भू पर—
भारत जन को जूझ बाह्य-अन्तर के तम से,

नव मानव की सित आकृति गढ़, नये मूल्य पर।[311]

\+ + +

कपटी था दशशीश, छली था, बड़ा प्रपंची,
महाबली था—भस्म हो चुका दावानल में
महाक्रोध के मेरे—लेकिन कौन जानता,
उसका सुन्दर रूप नहीं मन में सीता के[312]

यहाँ रोला छन्द का विकर्षाधार मूलक छन्द प्रयुक्त हुआ है, जिससे स्पष्ट होता है कि आधुनिक रामकाव्य में मुक्त छन्द का विधान भी परम्परा की भूमिका पर ही हुआ है।

'प्रभात'—कृत 'व्रतबद्ध' काव्य में भी मात्रिक छन्द पर आश्रित कुछ ऐसे ही क्रम-विधान को लक्षित किया जा सकता है–

कंधों पर बोझ
हृदय में बल
विश्वास सखा
निष्कलुष भाव बढ़ता जायेगा आगे ही
तालियाँ बजाते रहें
राह में बैठे विरोधी कुटिल तत्त्व।[313]

यहाँ रोला के लयाधार पर कवि ने छ:-छ: वर्णों के पर्वकों में मुक्त छन्द को गति दी है। किंतु लय की सुविधा के लिए कहीं-कहीं इसमें व्यतिक्रम भी आ गया है। जैसे 'विश्वास सखा' में केवल पाँच ही वर्ण हैं किंतु मात्राएँ सात हैं। अत: जहाँ गुरु वर्ण अधिक आ गए हैं, वहां कवि ने व्यतिक्रम कर दिया है।

'संशय की एक रात', 'एक पुरुष और' तथा 'एक विश्वास और ' इन कृतियों का छन्द-विधान मूलत: गद्य की पंक्तियों को भावस्थिति के अनुकूल छोटे-बड़े आकार में तोड़ देने पर निर्भर है। 'संशय की एक रात' में गद्य प्रायता के होते हुए भी एक आंतरिक लय विद्यमान है जबकि 'एक पुरुष और' में 'गद्य-प्रायता अत्यन्त स्पष्ट है। 'एक विश्वास और' में जाने-अनजाने कवि परम्परित लयाधारों की ओर मुड़ जाता है और पुन: गद्यवत् पंक्तियों पर लौट आता है। इससे कविता की आंतर लय खण्डित हुई है—

खुले जब पूरे नेत्र स्वप्न में वसिष्ठ के,
देखा तब सम्मुख राम को उन्होंने,
जो दक्षिण भुजा से कोई संकल्प कर रहा।
लगा तब उनको शब्द हुंकार सा,
जो उद्घोष बनकर आर्यावर्त में गूंजा हो।[314]

इन पंक्तियों में कवित्त का लयाधार स्पष्ट है, जो अंतिम पंक्ति में खण्डित हो जाता है।

'एक पुरुष और' में किसी विशिष्ट लयाधार के संकेत नहीं मिलते। यदि उसके चरणों को गद्य-पंक्तियों के समान क्रमबद्ध रूप में मुद्रित किया जाये तो उसका निम्नलिखित होगा—

"मेनका की सम्पूर्ण शय्या पर एक अनबुझी तृषा मँडराने लगी।
तूफानों से लड़ता हुआ उसका मस्तिष्क हृदय को अपने ऊपर
बिठाकर परिचारिकाओं के हाथों का सामान टटोलने लगा।"[315]

यहाँ यही कहा जा सकता है कि गद्य-पंक्तियों को इस प्रकार तोड़ने से भावस्थितियों के विभिन्न परिपार्श्व अधिक सुविधा से उद्घाटित होते हैं जबकि क्रमबद्ध रूप से मुद्रित करने में यह संभावना कम हो जाती है।

'कैकेयी' (शेषमणि शर्मा कृत) में उर्दू के गज़ल और रुबाई छन्दों का भी प्रयोग हुआ है किन्तु उर्दू के छन्दों का प्रयोग आधुनिक रामकाव्य में विरल ही है।[316]

इस प्रकार आधुनिक रामकाव्य में संस्कृत वर्णवृत्त, मध्ययुगीन घनाक्षरी, दोहा आदि छन्द, हिन्दी के मौलिक मात्रिक छन्द, लोकधुनों पर आश्रित गीत, प्राचीन मात्रिक छन्दों का नवीन विकृष्ट रूप तथा मुक्त छन्दों की विभिन्न संयोजनाओं का व्यापक स्वरूप दृष्टिगोचर होता है, जिनमें रामकाव्य के शैली-विधान के पारंपरिक एवं प्रयोग-धर्मी रूपों का व्यापक संतुलन हुआ है।

सन्दर्भ सूची

1. "अत्यन्त विस्तृत राम-कथा-साहित्य में जो वैभिन्नय आ गया है, वह वाल्मीकि कृत रामायण के विकास तथा उसके कथानक पर विभिन्न प्रभावों का परिणाम माना जा सकता है।'

   -राम-कथा : डॉ. कामिल बुल्के, पृ. 730।
2. 'जैनाचार्य श्री रविषेण द्वारा रचित 'पद्मचरित' या 'पद्मपुराण' ऐसे ही महत्त्व का ग्रन्थ है। इसमें 'पद्म' (राम) का चरित्र वर्णित है। इसकी रचना में कवि का उद्देश्य है-आर्य रामायणों की अतिमानवीय घटनाओं का बौद्धिक विश्लेषण करके राम को जिन दीक्षा दिलाकर मोक्ष-प्राप्ति का साधन जिन-दीक्षा को ही सिद्ध करना।

   —जैनाचार्य रविषेण कृत 'पद्मपुराण' और तुलसी-कृत 'रामचरितमानस' (विषय-प्रवेश) : डॉ. रमाकान्त शुक्ल। दिल्ली, पु. 10।
3. "लोकविश्रुत कथानक, उसका सर्गों में विभाजन, धीरोदात्त गुण समन्वित नायक और महाकाव्यो-चित विविध प्रसंगों एवं प्राकृतिक दृश्यों का वर्णन आदि महाकाव्य के स्वरूप विधायक अनेक तत्त्व इसमें वर्तमान हैं।"हिन्दी के आधुनिक महाकाव्य–परम्परा और विकास : डॉ. गोविन्द-राम शर्मा। संस्करण सन् 1956, हिन्दी साहित्य संसार, दिल्ली। पू. 458।
4. वाङ्मय-विमर्श : आचार्य विश्वनाथप्रसाद मिश्र, पृ. 39।
5. काव्यालंकार : भामह-विरचित टीकाकार देवेन्द्रनाथ शर्मा। संस्करण सन् 1962, बिहार राष्ट्रभाषा परिषद्, पटना। पृ. 1।19-23।
6. काव्यादर्श, दण्डी-विरचित। टीकाकार सी. शंकरराम शास्त्री। संस्करण सन् 1963, श्री बाला मनोरमा प्रेस, मद्रास 1114-22।
7. काव्यालंकार, रुद्रट-प्रणीत। सम्पादक डॉ. सत्यदेव चौधरी, संस्करण सन् 1965, वासुदेव प्रकाशन दिल्ली। 1717-19
8. साहित्यदर्पण : विश्वनाथ-विरचित। टीकाकार डॉ. सत्यव्रत सिंह। संस्करण सन् 1958, चौखम्बा विद्याभवन। वाराणसी, 6।315-28।
9. मेघनादवध : भूमिका, पृ. 138।
10. वही, पृ. 139।
11. "...जिसमें किसी महत्प्रेरणा से परिचालित होकर किसी महदुद्देश्य की सिद्धि के लिए किसी महत्त्वपूर्ण, गम्भीर अथवा आश्चर्योत्पादक और रहस्यमय घटना यां घटनाओं का आश्रय लेकर संश्लिष्ट और समन्त्रित रूप से जाति विशेष और युग-विशेष के समग्र जीवन के विविध रूपों, पक्षों, मानसिक अवस्थाओं अथवा नानारूपात्मक कार्यों का वर्णन और उद्घाटन किया गया रहता है और जिसकी शैली इतनी उदात्त और गरिमामयी होती है कि युग युगान्तर में उस महाकाव्य को जीवित रहने की शक्ति प्रदान करती है।"

   -हिन्दी महाकाव्य का स्वरूप विकारा : डॉ. शम्भुनाथ सिंह। द्वितीयावृत्ति सन् 1962, हिन्दी प्रचारक पुस्तकालय, वाराणसी। पृ. 108।
12. "महाकाव्य वह विषय प्रधान रुचिर रचना है जिसमें जातीय संस्कृति के महाप्रवाह, सभ्यता के उद्गम, संगम, युगप्रवर्तक संघर्ष, महच्चरित्र के विराट् उत्कर्ष, समाज की उद्वेगजनक स्थिति, आत्मा के किसी उदात्त आशय अथवा रहस्य का उद्घाटन किया जावे।" – बीसवीं शताब्दी (पूर्वार्द्ध) के महाकाव्य : डॉ. प्रीतपालसिंह, पू. 19।
13. डॉ. नगेन्द्र के श्रेष्ठ निबन्ध : सम्पादक भारतभूषण अग्रवाल। संस्क. सन् 1962, राजपाल एण्ड सन्स। दिल्ली, प. 125
14. "They take us into a region in which nothing happens that is not deeply significant, a dominant, a noticeable symbolic purpose presides out each poem, moulds it greatly and informs it through out."

    —Lasceells Abercrombie, The Epic, p. 41-42.
15. "A Kind of success and a Kind of maginificance may be attained in stories'.."

    -W. P. Ker-Epic & Romance, Essyas on Medival Literature, Edition 1931, Published by Dover Publi-cations, London, P. 17.
16. Epic poetry.....is an imitaion in verse of characters of a higher type...... Epic poetry admits but one kind of metre, and is narr-ative in form".

    — Aristotle : Poetics: The Great Critics, Compiled and edited by James Harry Smith, Published by W. W. Norton & Company, New York, 3rd Edition 1951 p. 33.

17. हिन्दी साहित्य कोश (भाग 1), पु. 580-581।
18. वही, पृ. 581-581।
19. इस काव्य में गुरुता, गम्भीरता और सप्राणता नहीं है, क्योंकि इसमें गम्भीर जीवन-दर्शन, शैली की उदात्तता और रसात्मकता का अभाव है।"

—हिन्दी महाकाव्य का स्वरूप विकास, पृ. 693

20. ....'वैदेही-वनवास' में महाकाव्य होने की योग्यता नहीं है।" —वही, पृ. 691
21. हिन्दी के आधुनिक महाकाव्य, पृ. 179
22. उदाहरणार्थ, डॉ. देवीप्रसाद गुप्त के अनुसार 'साकेत-सन्त' सामान्य काव्य नहीं, महाकाव्य है। हिन्दी महाकाव्य : सिद्धान्त और मूल्यांकन। संस्करण सन् 1968, अपोलो पब्लिकेशन्स, जयपुर। पृ. 453
23. हिन्दी महाकाव्य का स्वरूप-विकास, पु. 769-70।
24. हिन्दी के आधुनिक महाकाव्य, पृ. 179-80।
25. बीसवीं शताब्दी (पूर्वार्द्ध) के महाकाव्य, पृ. 129।
26. आधुनिक साहित्य, पृ. 54।
27. वही, पृ. 98।
28. मैथिलीशरण गुप्त व्यक्तित्व और काव्य रणजीत प्रिंटर्स एण्ड पब्लिशर्स, दिल्ली, संस्करण सन् 1960। 445।
29. आधुनिक हिन्दी महाकाव्यों का शिल्प-विधान, डॉ. श्यामनन्दन किशोर। संस्करण सन् 1963, सरस्वती पुस्तक सदन, आगरा। पृ. 224
30. वही, पृ. 224
31. आकलन और समीक्षा (वैदेही-वनवास : पुनर्मूल्यांकन)। संस्करण सन् 1983, आशा प्रकाशन गृह, नई दिल्ली। प. 136।
32. हिन्दी के आधुनिक महाकाव्य, पृ. 294
33. "... जनक की ज्ञान भूमि पर मेरी कल्पना का भी जन्म हुआ है क्या 'विदेह' एक महाकाव्य हो गया ? इस सत्य-समाधान के लिए विश्वास को तर्क से स्वीकृति लेनी पड़ेगी।" —विदेह : प्रार्थना के फूल, पृ. पु. 5-6।
34. इसे महाकाव्य कहा जाय अथवा खण्डकाव्य, इस पर बहस नहीं है। रामराज्य एक कल्पना ही सही, परन्तु वह ऐसी कल्पना है जो व्यवहार में भी असीम लाभप्रद हो सकती है।... इसके द्वारा मैंने राम-कथा को अपने ढंग पर उत्तरकाण्ड तक पहुँचा दिया।"

-रामराज्य : भूमिका, पृ. 6-7।

35. हिन्दी महाकाव्य का स्वरूप विकास, पू. 701।
36. छायावाद का काव्य-शिल्प : डॉ. प्रतिमा कृष्णबल। संस्करण सन् 1971, राधाकृष्ण प्रकाशन, दिल्ली। पृ. 112।
37. डॉ. निर्मला जैन: आधुनिक हिन्दी-काव्य में रूप विधाएँ संस्करण सन् 1969, नेशनल पब्लिशिंग हाउस, दिल्ली। पृ. 309।
38. हिन्दी महाकाव्य का स्वरूप-विकास, पृ. 698।
39. विदेह : प्रार्थना के फूल, पृ. 5
40. 'कैकेयी' की लेखकीय भूमिका।
41. 'कैकेयी' : सन्तुलन, पृ. 2।
42. स्वातन्त्र्योत्तर हिन्दी प्रबन्धकाव्य : डॉ. बनवारीलाल शर्मा। संस्करण सन् 1972, रामा पब्लिशिंग हाउस, जयपुर। पृ. 62।
43. कैकेयी ('प्रभात'), सर्ग 3, पृ. 31-32।
44. "इसमें कोई सन्देह नहीं कि स्वतन्त्र भारत की राष्ट्रभाषा के महाकाव्य का केन्द्र होगा विश्व-मानव-और वह जिस नवीन चेतना को प्रतिष्ठित करेगा, उसका आधार होगा मानव धर्म।"

—पहिये की धुरी : केदारनाथ मिश्र 'प्रभात'। संस्क. सन् 1967, अपना प्रकाशन, पटना। पृ. 115।

45. यथा – कैकेयी ('प्रभात', चाँदमल एवं भणि रायपुरी कृत), कल्याणी कैकेयी (राधेश्याम द्विवेदी), ऊर्म्मिला ('नवीन' व प्रियदर्शी कृत), तुमुल व जय हनुमान (श्यामनारायण पाण्डेय), आजनेय (जयशकर त्रिपाठी, शत्रुहन), ('मधु'), भरत (राजेन्द्र शर्मा), व्रतबद्ध ('प्रभात'), निषादराजं (रत्नचन्द्र शर्मा) आदि।
46. यथा – एक विश्वास और (डॉ. रमेशचन्द्र शर्मा), पाषाणी (डॉ. शरणबिहारी गोस्वामी), शबरी ('वचनेश', नरेश मेहता, मायादेवी शर्मा),

सुलोचना सती (विष्णु कवि) आदि।

47. यथा-पंचवटी, लीला, धरानन्दिनी सीता, भूमिजा, अशोक वन (गोकुलचन्द्र शर्मा), प्रवाद पर्व (नरेश मेहता), सीतान्वेषण, सीता (डॉ. चन्द्रप्रकाश शर्मा) आदि।
48. यथा-आस्था की दीप (बाबूलाल शुक्ल), उत्तरायण (डॉ. रामकुमार वर्मा), तुलसीदास (निराला), देवार्चन, तमसा आदि।
49. काव्यरूपों के मूल स्रोत और उनका विकास : डॉ. शकुन्तला दुबे। संस्करण सन् 1958, हिन्दी प्रचारक पुस्तकालय, वाराणसी। पृ. 21-26
50. उत्तरायण, सर्ग 9, प. 109।
51. वही, दो शब्द, श्री सुमित्रानन्दन पन्त, पु. 7।
52. पन्त जी जहाँ नायक के सन्दर्भ में उत्तरायण को 'महाकाव्य' कहते हैं, वहाँ कवि 'काव्य मात्र' ही कहते हैं।

    (अ) "तुलसी को 'उत्तरायण' महाकाव्य का नायक बनाकर...।।"

    -वही, दो शब्द, सुमित्रानन्दन पन्त, पु. 71

    (आ) "इस काव्य के नायक के रूप में महाकवि तुलसीदास ही हैं।"

    – वही, आमुख, डॉ. रामकुमार वर्मा, पृ. 18।
53. वही, आमुख, पृ. 9।
54. 'खण्डकाव्यं भवेत्काव्यस्यैकदेशानुसारि च।" -साहित्यदर्पण, 61228-22
55. वाङ्मय-विमर्श, पृ. 39।
56. हिन्दी साहित्य कोश (भाग 1), पृ. 583।
57. वही, पृ. 583।
58. हिन्दी साहित्य कोश (भाग 1), पृ. 247।
59. कुर्यात्क्षुद्रे काव्ये खण्डकथायां च नायकं सुखिनम्।

    आपद्गतं च भयो द्विजसेवकसार्थवाहादिम्॥

    अन रसं करुणं वा कुर्यादथवा प्रवासश्व गारम्।

    प्रथमानुरागमथवा पुनरन्ते नायकाभ्युदयम्॥ —काव्यालंकार 16133-34
60. 'साकेत', 'विदेह', 'ऊर्मिला' (नवीन व प्रियदर्शी कृत), 'वैदेही वनवास' आदि में भी गीतियों के दर्शन होते है, जिनमें आत्मपरकता, भावात्मकता, संक्षिप्तता और संगीतात्मकता जैसे गुण हैं जिन्हें गीतिकाव्य का प्रधान तत्त्व माना जाता है।
61. "This peculiar range of sensibility can be expressed by dramatic poetry at its momer ts of greatest intensity."

    —T. S. Eliot : On Poetry and Poets, Edition 1957, Published by Faber Publications, London, p. 87.
62. हिन्दी गीति नाट्य संस्करण सन् 1964, भारतीय ज्ञानपीठ, दिल्ली, पृ. 11।
63. It will only be the reached a point of poetry when when the dramatic situation has intensity that poetry becomes the natural utterance because, then it is the only language in which the emotions can be expressed at all.

    — T. S. Eliot : Selected prose, Penguin Books, Edition 1955, p. p. 70.
64. डॉ. शकुन्तला दुबे : काव्यरूपों के मूल स्रोत और उनका विकास, प्र. 535।
65. आधुनिक हिन्दी नाटक : डॉ. नगेन्द्र : सप्तम संस्करण सन् 1964, साहित्य रत्नभण्डार, आगरा। पृ. 95।
66. संशय की एक रात, सर्ग 2, पृ. 61।
67. संशय की एक रात : अभिव्यक्ति के स्वरूप। सम्पादक : डॉ. रमेशचन्द्र शाह आदि, पृ. 148।
68. स्वर्णिम रथचक्र : प्रस्तावना, पृ. 5 और 14।
69. पाषाणी (प्रस्तुत), पृ. 8।
70. यथा –('भागो भाग जाओ' कहती हुई अहल्या उठ बैठती है। उत्तेजना से उसकी साँस धौंकनी की तरह चलती रहती है। महर्षि गौतम चौंककर जाग जाते और 'क्या हुआ' ? कहते हुए उचक कर उसके पास आते हैं।) पाषाणी, तीसरा दृश्य, पृ. 92
71. कवि निराला : आचार्य नन्ददुलारे वाजपेयी, संस्करण सन् 1962, वाणी वितान प्रकाशन, वाराणसी, पृ. 43।
72. काव्यरूपों के मूल स्रोत और उनका विकास, पृ. 552।

73. A poem consisting of the words of a single character who rev-eals in his speech his own nature and the dramatic situation. Unlike the stage soliloquy, in which place and time have have been previously established and during which the character is alone, the dramatic monologue itself reveals place, time and the indentities of the characters."

— A Reader's Guide to Literary Terms, by Karl Backson & Arthur Ganz, Published by Tames & Hudson, London (Edition 1972) p. 44.

74. "लघु काव्य मैं इन्हें इसलिए कह रहा हूँ कि ये साहित्य शास्त्र में प्रतिपादित खण्ड काव्य की सीमा में नहीं आते। पाठक चाहें तो इन्हें लम्बी कविता भी कह सकते हैं।" —अन्तर्मन्थन भूमिका।

75. "अशरीरी अथवा शरीरी रूप में वाल्मीकि और तुलसीदास ने इन्हें जैसा बनाया है, उसमें मेरे चुने हुए क्षणों का इतिहास नहीं है।"

—वही।

76. राम की शक्ति पूजा (अपरा), पृ. 45।
77. चिन्तामणि (भाग 1) : साधारणीकरण और व्यक्ति-वंचित्यवाद, आचार्य रामचन्द्र शुक्ल। पृ. 228।
78. "The poetic image is a more or less sensunus picture in words, to some degree metaphorical with an undertone of some human emotion in its context but also charged with and releasing into the reader a special poetic emotion or passion.'

— C. D. Lewis : The Poetic Image, Edition 1965, Published by Jonathan Cape, Lonpon, p. 22.

79. आधुनिक हिन्दी कविता में बिम्ब-विधान का विकास : डॉ. केदारनाथ सिंह। संस्करण सन् 1971, भारतीय ज्ञानपीट, दिल्ली। पृ. 136।
80. साकेत, सर्ग 8, पु. 224।
81. साकेत-सन्त, सर्ग 2, पृ. 31।
82. जानकी जीवन, सगं 5, पु. 88।
83. कैकेयी ('प्रभात' कृत), सर्ग 6, पृ. 64।
84. राम की शक्ति-पूजा (अपरा), पु. 52।
85. संशय की एक रात, सर्ग 1, पृ. 4।
86. राम की शक्ति-पूजा (अपरा), पृ. 44।
87. वही (अपरा), पृ. 45।
88. कैकेयी (प्रभात), सर्ग 1, पृ. 4।
89. संशय की एक रात, सर्ग 1, पृ. 32।
90. साकेत : सर्ग पृ. 9, 302।
91. वनस्थली : सर्ग 2, पृ. 24।
92. साकेत-सन्त: सर्ग 13, पृ. 160।
93. कैकेयी (चाँदमल अग्रवाल), सर्ग 1, पृ. 12।
94. रामराज्य, सर्ग 5, पृ. 52।
95. साकेत सन्त सगँ 13, पृ. 161।
96. जानकी जीवन, सगं 7, पृ. 131।
97. साकेत सन्त, सगं 13, पृ. 161।
98. वनस्थली, सर्ग 3, पृ. 40।
99. रावण महाकाव्य, सर्ग 1, पृ. 34।
100. राम की शक्तिपूजा, पंक्ति संख्या 3 से 6, पु. 43।
101. वही, (अपरा), पृ. 47।
102. साकेत, सगं 12, पृ. 465।
103. प्रसाद के काव्य का शास्त्रीय अध्ययन : डॉ. सुरेन्द्रनाथ सिंह। संस्करण सन् 1972, राधाकृष्ण प्रकाशन, दिल्ली पृ. 316।

104. साकेत, सर्ग 9, पु. 305।
105. रामराज्य, सगं पृ. 53।
106. शूर्पणखा, पृ. 55।
107. रस-मीमांसा : आचार्य रामचन्द्र शुक्ल, पृ. 214।
108. चित्रकूट के पथ पर, सगं 6, पृ. 45।
109. कैकेयी (चांदमल अग्रवाल), संगं 5, 36।
110. ऊमिला, सर्ग 1, पृ. 14
111. कल्याणी-कैकेयी, सगँ 3, पृ. 21।
112. शूर्पणखा, पृ. 54
113. विदेह, सगं 4, पृ. 59।
114. साकेत, सगं 12 प. 453।
115. वही, पृ. 501।
116. आधुनिक हिन्दी कविता में बिम्ब-विधान का विकास, पृ. 144।
117. अशोक वन (गोकुलचन्द्र शर्मा) पू. 21
118. धरानन्दिनी सीता, पृ. 9।
119. रामराज्य (डॉ. बलदेवप्रसाद मिश्र), सर्ग पृ. 53।
120. साकेत, सगं 9, पृ. 280।
121. वही, पृ. 291।
122. कामायनी, वासना सर्ग, पु. 102।
123. साकेत, सगं 9, पृ. 305।
124. संशय को एक रात, सर्ग 1, पृ. 8।
125. साकेत, सर्ग 8, प. 246।
126. कैकेयी ('प्रभात'), सर्ग 9, पृ. 98।
127. वही, सर्ग 1, पृ. 8,
128. विदेह, सर्ग 3, पृ. 51 52।
129. रीतिकालीन कवियों की प्रेम-व्यंजना : डॉ. बच्चन सिंह। संस्करण संवत् 2015 वि., नागरी-प्रचारिणी सभा, वाराणसी। पृ. 383।
130. छायावाद का काव्य-शिल्प : डॉ. प्रतिमा कृष्णबल, पृ. 280।
131. भूमिका : पुष्पांजलि, पृ. 63।
132. कैकेयी ('प्रभात'), सर्ग 2, पृ. 15।
133. आस्था के चरण : काव्य-बिम्ब—स्वरूप और प्रकार, प. 144
134. आधुनिक हिन्दी कविता में शिल्प : डॉ. कैलाश वाजपेयी। संस्करण सन् 1963, आत्माराम एण्ड सन्स, दिल्ली। पृ 147।
135. वही, पृ. 148।
136. कैकेयी (प्रभात), सगं 6, पृ. 62।
137. विदेह, सर्ग 2, पू. 29।
138. आधुनिक हिन्दी कविता में शिल्प डॉ. कैलाश वाजपेयी, पृ. 191।
139. संशय की एक रात, सर्ग 1, पृ. 30।
140. छायावाद का सौन्दर्यशास्त्रीय अध्ययन : डॉ. कुमार विमल। संस्करण सन् 1970, राजकमल प्रकाशन प्राइवेट लि., दिल्ली। पृ. 193।
141. राम की शक्ति पूजा (अनामिका), पृ. 150।
142. 'The rising of which we are aware is going on in us'. Empathy by Vernon Lee from 'The Beautiful', Quoted from the book 'A Modern Books of Esthetics', Edited by Melvin Rader, edition 1966, Published by Holt, Rinchart and

Winston, New York, Page 371.

143. विदेह, सगं 3, पृ. 50।

144. राम की शक्ति-पूजा (अपरा), पृ. 53।

145. नयी कविता : सं. डॉ. जगदीश गुप्त (1963-64, अंक-7), पृ. 202।

146. आधुनिक हिन्दी काव्य : परम्परा और प्रयोग। संस्करण सन् 1961, सरवस्ती प्रकाशन मन्दिर, इलाहाबाद। पृ. 239।

147. हरिओध : जीवन और कृतित्व : डॉ. मुकुन्ददेव शर्मा। संस्करण सन् 1961, नम्दकिशोर ब्रदर्स, वाराणसी। 478।

148. आधुनिक हिन्दी काव्य में विम्ब-विधान का विकास, पृ. 136।

149. रस-मीमांसा : आ. शुक्ल, पृ. 351।

150. रावण-महाकाव्य, सर्ग 2, पृ. 55-56।

151. ऊर्म्मिला, सर्ग 1, पृ. 31।

152. साकेत, सर्ग 1, पृ. 27 28।

153. वही, प. 27-28।

154. शूर्पणखा, पृ. 79।

155. जानकी जीवन, पृ. 98।

156. वैदेही वनवास, सर्ग 1, पृ. 16।

157. जानकी-जीवन, सगं 9, पृ. 159।

158. साकेत, सगं 8, पृ. 241।

159. साकेत : एक अध्ययन। संस्क. सन् 1960, नेशनल पब्लिशिंग हाउस, दिल्ली। पृ. 181-82।

160. कैकेयी (प्रभात), सगं 6, पू. 65-66।

161. तुलना कीजिए-

आभ्रातेव पुंस एति प्रतीची, गर्तारुगिव सनये धामानाम्।

जायेव पत्य उशती सुवासा उषा हस्रवे नि रिणीते अप्स: ।I-1 I12417।

-उषासूक्त (ऋग्भाष्य-संग्रह) : सं. देवराज चानना। मुंशीराम मनोहरलाल, दिल्ली। संस्करण सन् 1961।

162. उत्तरायण, सर्ग 4, पृ. 50।

163. जानकी-जीवन, सगं 16, पु. 308।

164. साकेत, सर्ग 12, पृ. 455।

165. संशय की एक रात, सर्ग 1, पृ. 8।

166. वही, पृ. 8।

167. वही, पृ. 9।

168. संजय की एक रात, सगं 1, पृ. 11।

169. वही, पृ. 12।

170. कैकेयी (प्रभात), सगं 7, पृ. 72।

171. वही, पृ. 79।

172. वही, पृ. 78।

173. वही, पृ. 77।

174. व्रतबद्ध, सर्ग 5, पृ. 79।

175. वही, 921।

176. विदेह, सगं 10, 170।

177. भूमिजा : हाथ बढ़े. फूल खिले, पृ. 46।

178. साकेत, सगं 9, पू. 270।

179. साकेत, सर्ग 1, पृ. 24।
180. विश्वास बढ़ता ही गया : डॉ. शिवमंगल सिंह 'सुमन'। संस्करण सन् 1907, आत्माराम एण्ड सन्स, दिल्ली। प. 99।
181. आधुनिक हिन्दी कविता में चित्र-विधान : डॉ. रामयतन सिंह, 'भ्रमर'। संस्करण सन् 1963, नेशनल पब्लिशिंग हाउस, दिल्ली। पृ. 31।
182. आधुनिक हिन्दी कविता में बिम्ब-विधान, पू. 284।
183. कैकेयी (प्रभात), सर्ग 3, पृ. 3.।
184. विदेह, सगं 2, पृ. 31।
185. भूमिजा : आक्रमण, पृ. 86।
186. वही, आक्रमण, पृ. 86।
187. कैकेयी (प्रभात), सर्ग 9, पृ. 98।
188. वही, पृ. 98।
189. विदेह, सर्ग 2, पृ. 32।
190. आंजनेय, पूर्व सर्ग, पू. 43।
191. व्रतबद्ध, सगं 4, पृ. 69।
192. पाषाणी : स्पर्श 4, पृ. 69।
193. चित्रकट के पथ पर प. 22।
194-96. ऊर्मिला, पृ. 34, 35, 40।
197. जानकी-जीवन, सगं 7, पृ. 129।
198. कल्याणी कैकेयी, सगं 9, पृ. 65-66।
199. वही, पृ. 65-66।
200. अशोक वन, सर्ग 12, पृ. 151।
201. भूमिजा : आक्रमण, पृ. 87।
202. जय भरत (चित्रकूट-गमन), पृ. 40।
203. अन्तर्मन्थन : कैकेयी, पृ. 16।
204. कैकेयी (प्रभात), सर्ग 2, पृ. 19।
205. प्रदक्षिणा : मैथिलीशरण गुप्त। 28वां संस्करण, संवत् 2028 वि., साहित्य सदन, चिरगाँव (झाँसी)। पृ. 15।
206. साकेत, सर्ग 11, पृ. 391।
207. मैथिलीशरण गुप्त : कवि और भारतीय संस्कृति के आख्याता, पृ. 290।
208. राम की शक्ति-पूजा (अपरा), पृ. 42।
209. रीति-विज्ञान, प. 164।
210. निराला की साहित्य-साधना : (भाग 2) डॉ. रामविलास शर्मा। संस्करण सन् 1972, राजकमल प्रकाशन, दिल्ली। पृ. 387।
211. (अ) चिर सुप्त वेदना जागी, पृ. 24।
(आ) हँसती असंख्य हुंकारें पृ. 26।
(इ) मचला वैराग्य पड़ा था, पृ. 33।
212. गगन भरता नीरद उच्छ्वास, पृ. 63।
213. दूब भी रोती रहेगी, पृ. 72।
214. राम का उच्छ्वास लाने जा रहा हूँ, पु. 64।
215. कैकेयी (प्रभात), सर्ग 9, पृ. 98।
216. वही, पृ. 98।
217. विदेह, सगं 3, पृ. 32।
218. कैकेयी (प्रभात), सगं 2, पृ. 14।

219. वही, सगं 3, पृ. 31।

220. वही, सगं 9, पृ. 102।

221. संशय की एक रात : अभिव्यक्ति के स्वरूप, पृ. 101।

222. अपरा : राम की शक्तिपूजा, पृ. 43।

223. वनस्थली, सगं 18, प. 375।

224. जानकी जीवन, सर्ग 5, पृ. 112।

225. कैकेयी (प्रभात), सगं 13, पृ.

226. माम् विद्धि त्वम् जनकनन्दिनी रामं विद्धि दशरथं त्वम्।
विद्धयटवीं त्वमयोध्या नगरीं गच्छ वनं त्वम् यथासुखम्।। —ऊमिला, सगं 3, पृ. 337।

227. काव्यशिल्प के आयाम : श्री सुलेखचन्द्र शर्मा। संस्करण सन् 1971, आदर्श साहित्य प्रकाशन, दिल्ली। पृ. 104।

228. पंचवटी, पृ. 58।

229. साकेत-सन्त सगं 13, पृ. 159।

230. वही, पृ. 160।

231. काव्य-दर्पण : रामदहिन मिश्र। ग्रन्थमाला कार्यालय, पटना; संस्करण सन् 1951। पृ. 21 तथा —साहित्यदर्पण, 215

232. काव्य-दर्पण, पृ. 22 तथा : 'रूढि प्रसिद्धिरेव'-साहित्यदर्पण, पृ. 29।

233. साकेत, सर्ग 12, पृ. 463।

234. सीता पृ. 84।

235. काव्य-दर्पण, पृ. 23।

236. साहित्यदर्पण, 2112।

237. काव्यदर्पण, पं. 23 और साहित्यदर्पण, 219 तथा उस पर वृत्ति।

238. वही, पृ. 28 और देखिए : सारोपान्या तु यत्रोक्तौ विषयी विषयस्तथा। -काव्यप्रकाश, 2/11।

239. साकेत-सन्त, सर्ग 10, पृ. 125।

240. ऊम्मिला, सगं 2, पृ. 87।

241. पुरुषोत्तम राम, पु. 50।

242. काव्य-दर्पण, पृ. 28; साहित्यदर्पण, 218 पर वृत्ति।

243. पाषाणी (शरणविहारी गोस्वामी), स्पर्शं 6, पृ. 101।

244. भूमिजा : आक्रमण, पृ. 87।

245. काव्य-दर्पण, पू. 23-24।

246. शूर्पणखा, पृ. 78।

247. काव्यदर्पण, पृ. 28।

248. कैकेयी ('प्रभात'), सगं 8, पृ. 83।

249. साहित्य दर्पण, 216।

250. विदेह, सगं 6, पृ. 106।

251. वही, सर्ग 8, पृ. 136।

252. शूर्पणखा, पु. 81।

253. उत्तरायण, सर्ग 7, पृ. 89।

254. साहित्यदर्पण, 2।7।

255. संशय की एक रात, सगं 3, पृ. 83।

256. ऊर्म्मिला, सगं 3, प . 295।

257. साहित्यदर्पण, 2।12।

258. वही, 2 । 13 ।

259. वही, 2 । 14 ।

260. राम की शक्ति-पूजा (अपरा), पृ. 39 ।

261. साहित्यदर्पण, 2 । 5 ।

262. ऊर्म्मिला, सर्ग 4, पृ. 364 ।

263. साहित्यदर्पण, 2116-17 । 5. साकेत, सर्ग 8, पृ. 246 ।

264. वही पृ. 264 ।

265. ऊर्म्मिला, सर्ग 1, पृ. 52 ।

266. अग्नि पथ, पृ. 137 ।

267. अरुण रामायण : किष्किन्धाकाण्ड, पृ. 400 ।

268. रामचरितचिन्तामणि, सर्ग 17 पृ. 236 ।

269. रामराज्य : डॉ. बलदेवप्रसाद मिश्र, सर्ग 9, पु. 102 ।

270. 'करुणोद कारया गिरा क्रन्दन्तीमुदीक्ष्य शोकवान श्लोकमुज्जगाद।'

—काव्यमीमांसा : राजशेखर। व्याख्याकार डॉ. गंगासागर राय, चौखम्बा विद्याभवन, विद्याभवन, वाराणसी, प्रथम, संस्करण, संवत् 2021, बि. । तृतीयोध्याय:, पृ. 181 ।

271. (अ) वाल्मीकीय रामायग, 1 । 2 । 18 ।

(b) "In the significant episode in the Ramayana, Valmiki goes on to the detailed aspects of the craftsmanship involved in the plastic objectfication of feəlings. He says that the narration should be in stanzes of spacious meteres, flawless in phone-tic structure.

—Sanskrit poetics by Krishna Chaitanya, published by Asia Publishing House, New Delhi, Edition 1965. p. 113.

272. Sanskrit Poetics by Krishna Chaitanya, p. 113.

273. आस्था के चरण : डॉ. नगेन्द्र, पृ. 121 ।

274. Writers on wriling edited by Walter Allen, p. 85.

275. J. S. Mills : Thoughts on Poetry and its Varities, Quoted in Sanskrit Poetics, p. 112.

276. Ibid. p. 112.

277. Form and Style, by Professor W. P. Ker, p. 101.

278. "It is clear that the system of rhetoric and prosodies are not forms of tyranny arbitraily devised..." Quoted from Sanskrit Poetics, p. 112.

279. "The rhyme and uniformity of prefect poems show the free growth of metrical laws..."

-Walt Whitman's Leaves of Grass, Quoted at Sans-krit Poetics, p.113.

280. वास्था के चरण : डॉ. नगेन्द्र, पु. 122

281. आस्था के चरण : डॉ. नगेन्द्र, पृ. 175

282. हिन्दी कवियों का छन्दशास्त्र को योगदान। प्रथम संस्करण, संवत् 2024 वि., लखनऊ विश्व-विद्यालय, लखनऊ। पृ. 119 ।

283. प्रबन्ध-पद्म : सूर्यकान्त त्रिपाठी निराला'। संस्करण संवत् 2021 वि., भारती भाषा भवन, दिल्ली। पृ. 99 ।

284. साकेत, सर्ग 9, पृ. 296 ।

285. साकेत, सर्ग 9, मंगलाचरण, पृ. 16, 297 आदि।

286. वही, पृ. 1581

287. वही, प. 218 ।

288. वही, पृ. 449

289. वही, पृ. 501।

290. वही, पृ. 9।

291. आधुनिक हिन्दी काव्य में छन्द-योजना, डॉ. पुत्तूलाल शुक्ल। संवत् 2014 वि., लखनऊ विश्व-विद्यालय, लखनऊ, पू. 202।

292. साकेत, पृ. 230

293. आधुनिक हिन्दी काव्य में छन्द-योजना : डॉ. पुत्त लाल शुक्ल, पु. 15-16

294. साकेत, सर्ग 9, पृ. 290।

295. ऊर्म्मिला, सर्ग 5, दोहा 237, पु. 438।

296. साकेत, सगं पु. 204।

297. ऊर्म्मिला, सगं 5, पु. 431।

298. साकेत, सर्ग पु. 308।

299. रामचरितचिन्तामणि, सगं 18, पृ. 254।

300. साकेत, सगं, प. 208।

301. कैकेयी ('प्रभात') सगं 10, पृ. 109।

302. गद्य-पथ : प्रवेश, सुमित्रानन्दन पन्त। संस्करण 1953, साहित्य भवन लिमिटेड, इलाहाबाद। पृ. 251

303. (क) "द्रुतविलम्बित, वंशस्थ और वसन्ततिलका आदि वृत्त ऐसे हैं जिनका प्रचार हिन्दी में होने से हिन्दी काव्य की विशेष शोभा बढ़ेगी।"

-रसज्ञ-रंजन : आचार्य महावीरप्रसाद द्विवेदी। संस्करण संवत् 1920, साहित्य रत्न भण्डार, आगरा। पु. 152

(ख) "तुकबन्दी और अनुप्रास कविता के लिए अपरिहार्य नहीं। संस्कृत का प्राय: सारा पद्य-समूह बिना तुकबन्दी का है।"

-'सरस्वती', जुलाई 1907,

304. प्रियप्रवास : भूमिका, पृ. 6।

305. "मात्रिक छन्द हिन्दी कविता की निजी विशेषता है। आधुनिक कवियों ने मात्रिक छन्दों को नई-नई लयों में विकसित किया है।

—आधुनिक हिन्दी काव्य में परम्परा तथा प्रयोग : डॉ. गोपालदत्त सारस्वत। पू. 268।

306. गद्य-पथ: प्रवेश, सुमित्रानंदन पंत पृ. 24।

307. आधुनिक हिन्दी कविता में छन्द-योजना, पृ. 289।

308. मैथिलीशरण गुप्त : व्यक्ति और काव्य, डॉ. कमलाकान्त पाठक, पृ. 694।

309. आधुनिक हिन्दी कवियों की छन्द-योजना, पृ. 290।

310. सरस्वती, जुलाई, 1907, पृ. 280।

311. "कवि-कर्म कठिन है, उसमें पग-पग पर जटिलताओं का सामना करना पड़ता है। पहले छन्द की गति स्वच्छन्द बनने नहीं देती, दूसरे मात्राओं और वर्णों की समस्या भी दुरूहता रहित नहीं-होती।

-वैदेही वनवास, भूमिका, पृ. 9।

312. बंगला, मराठी, द्रविड़, फारसी, अंग्रेजी, जापानी आदि भाषाओं के कोई छन्द यदि हिन्दी में सरसता के साथ आ सकें, तो उनका ग्रहण भी अनुचित न समझना चाहिए। शून्यवृत्त ओर संस्कृत श्लोकों की भांति अन्त्यानुप्रास रहित पद्य रचना की ओर भी ध्यान देना उचित होता है।"-प्रथम हिन्दी साहित्य सम्मेलन, कार्य विवरण, दूसरा भाग, पृ. 31।

313. मेघनाद वध, निवेदन, पृ. 11।

314. "अन्य छन्दों की तरह मुक्तकाव्य हिन्दी में सफल हो सकता है। छन्द का राग भाषा के चाहिए। ह्रस्व और दीर्घ मात्रिक संगीत की लय पर ही राग पर निर्भर रहता है। दोनों में स्वैक्य रहना

—पल्लव (प्रवेश), सुमित्रानन्दन पन्त। द्वितीय सस्करण, सन् 1948, राजकमल प्रकाशन, दिल्ली। पृ. 32।

315. "पन्त जी ने लिखा है कि स्वच्छन्द ह्रस्व-दीर्घ मात्रिक संगीत पर चल सकता है—यह उनका बहुत बड़ा भ्रम है। स्वच्छन्द छन्द में 'आर्ट आफ म्युजिक' नहीं मिल सकता, वहाँ है— 'आर्ट आफ रीडिंग' वह स्वर-प्रधान नहीं, व्यंजन प्रधान है। वह कविता की स्त्री-सुकुमारता नहीं, कवित्व का पुरुष-गर्व है। उसका सौन्दर्य गाने में नहीं, वार्तालाप करने में है। उसकी सृष्टि कवित्त छन्द से हुई है, जिसे पन्तजी विदेशी कहते हैं।"

316. कवित्त छन्द के विभिन्न लयाधारों के लिए देखिए—आधुनिक हिन्दी काव्य में छन्द-योजना, डॉ. पुत्तूलाल शुक्ल। पृ. 413-20।

317. "छन्द-संस्करण मुक्त कवियों के कुछ ऐसे भी प्रयोग हैं-जिनमें लय है ही नहीं, उन्हें छन्द के रूप में स्वीकार नहीं किया जा सकता है।"

—वही, पृ. 437।

318. आधुनिक हिन्दी कविता में शिल्प : डॉ. कैलाश वाजपेयी। प. 299।

319. "अनुवादक (मैथिलीशरण गुप्त) की राय में 15 या 16 अक्षरों के रूप में इस छन्द का प्रयोग वैसा ही होना चाहिए जैसा घनाक्षरी या रूप घनाक्षरी के किसी चरण का उत्तरार्द्ध होता है।

—मेघनाद वध, निवेदन, अनु. मैथिलीशरण गुप्त (मधुप), पृ. 15।

320. परिमल, भूमिका, पृ. 21।

321. परिमल, पंचवटी-प्रसंग, पृ. 247-248

322. "कवि के मानस में वणिकता की अपेक्षा मात्रिकता के संस्कार अधिक हैं।"

—निराला और मुक्तछन्द, शिवमंगल सिद्धान्तकर, संस्करण सन् 1974, दि मैकमिलन कं. आफ इण्डिया लि., नई दिल्ली। पृ. 77

323. विदेह, सर्ग 6, पृ. 1.05।

324. "विकर्ष अर्थ क्रमायोजन या पंक्तियों का विशेष प्रकार का रिजोल्यूशन है। लयें पुरानी ही हैं, पर उनका अन्त्यक्रम, परिसंख्यान (मात्रा-संख्या या वजन) और माता क्रम नवीन होता है, जिसमें कवि को पूर्ण स्वतन्त्रता रहती है, पर एक बार छन्द की आवृत्ति में आत्मानुशासन मानना पड़ता है।" —आधुनिक हिन्दी काव्य में छन्द योजना, डॉ. पुत्त लाल शुक्ल, पृ. 331।

325. पुरुषोत्तम राम : सुमित्रानन्दन पन्त, पृ. 49

326. राम का अन्तर्द्वन्द्व : अरविन्दकुमार। सरिता-जुलाई 1957।

327. व्रतबद्ध, सर्ग 5, प . 99।

328. एक विश्वास और पृ. 136।

329. एक पुरुष और : अनबुझी तृषा : डॉ. विनय। संस्करण सन् 1975, सन्मार्ग प्रकाशन, दिल्ली। पृ. 64।

330. देखिए : कैकेयी (शेषमणि शर्मा), सर्ग 2, पृ. 21।

उपसंहार

चिरंतन भारतीय आदर्शों तथा सम-सामयिक मूल्य-संक्रमण के बीच रामकाव्य की अन्त: यात्रा भारतीय मनीषा की बौद्धिक तथा भावात्मक प्रेरणाओं की एक विशिष्ट दिशा का संकेत देती है। सतत परिवर्तनशील युग और परिवेश के प्रश्नों और समस्याओं के समाधान के लिए भारतीय वाङ्मय ने जिन प्रज्ञा-पुरुषों को आकार दिया है उनके व्यक्तित्व के मौलिक गुण अनिवार्यत: राम कथा के ही केन्द्रीय पात्रों के मौलिक तथा अवान्तर चरित्र-सूत्रों से गठित हुए हैं। कहने का आशय यह है कि राष्ट्र के युग-विशेष के निर्माण में जिन परम्परित और प्रगतिशील तत्त्वों का योग रहा है, उनके आकलन के लिए रामकथा के प्रसंगों एवं पात्रों में क्रमिक घटित उद्भावनाओं को देख लेना भर पर्याप्त है। वस्तुत: रामकाव्य हमारे जातीय जीवन की क्रमिक जय यात्रा का प्रतीकात्मक इतिहास ही है।

आधुनिक युग राम के अवतारत्व की परिकल्पना की अपेक्षा उनके महामानवत्व की भूमिका के प्रति ही आग्रहशील है। वैदिक साहित्य में उपलब्ध रामकथा के प्रतीकसंकेतों से लेकर 'वाल्मीकीय रामायण' और संस्कृत के ललित वाङ्मय के समा-नान्तर बौद्ध तथा जैन रामकाव्य परम्पराओं में रामकथा के अनेकमुखी विकास की संभावनाएँ भी इसी स्तर पर व्यक्त हुई हैं किंतु मध्ययुगीन भाव-संस्कारों से मुक्ति की पृष्ठभूमि में वर्तमान युग के वैचारिक अन्तर्विरोधों और जीवनगत विसंगतियों का साक्षात्कार आधुनिक रामकाव्य का ही प्राप्य है। युग की जटिलताओं और विसंगतियों को स्वत: व्यक्त करती हुई राम की प्रतिमा जिस अन्तर्द्वन्द्वग्रस्त, प्रश्न-प्रतिप्रश्नों के घेरे में आबद्ध मानव के रूप में उभरी है, वह आज के द्वन्द्व तथा अनास्था की ही सीधी परिणति है। इसमें संदेह नहीं कि 'राम की शक्तिपूजा', 'संशय की एक रात' जैसी कृतियों में द्वन्द्व और अनास्था से मुक्ति का उपक्रम भी है। किन्तु इस संदर्भ में द्रष्टव्य यह है कि आधुनिक कवि के सम्मुख रामकथा के पात्र स्वयं साध्य न होकर उसके चिन्तन के परिष्कृत तथा पूर्ण माध्यम के रूप में आते हैं, जिन्हें वह अपनी व्यक्तिगत अभिरुचि के अनुसार नियंत्रित नहीं करता, अपितु नवीन संदर्भों में ढलने की स्वतंत्रता देता है। आधुनिक कवि अपनी संशयग्रस्त मन:स्थिति को रावण, शूर्पणखा जैसे प्रति-पात्रों के संदर्भ में ही नहीं, अपितु राम-लक्ष्मण जैसे आदर्श पात्रों में भी व्यक्त होते हुए देखता है। प्रकारान्तर से यह तथ्य भी उल्लेखनीय है कि वर्तमान युग में आस्था-प्रधान मूल्य भी वराबर सक्रिय रहे हैं जिनकी पृष्ठभूमि में श्रीराम पूर्णब्रह्म के रूप में सदैव प्रतिष्ठापित हैं। 'ऊर्मिला', 'साकेत', 'अशोकवन' (पंत) इत्यादि में राम के ब्रह्मत्व की स्पष्ट स्वीकृति है। राम के मानव-रूप के साथ उनके परब्रह्मत्व में भी आस्था शाश्वत आध्यात्मिक मूल्यों की स्वीकृति का ही परिणाम है। रामानन्द तथा तुलसी के भक्ति-आन्दोलन से प्रेरित ये आध्यात्मिक मूल्य मूलत: संशय-मुक्त आस्था की वाणी हैं जिसके मूल में लोकमंगल का स्वरूप-विधान भी है।

आधुनिक रामकाव्य की विचारधारा पर जिन बौद्धिक आन्दोलनों का प्रभाव पड़ा है उनके द्वारा राष्ट्रीय नवोत्थान की भूमिका निर्मित हुई है। यह दृष्टि 'साकेत', 'ऊर्मिला', 'वैदेही वनवास' में अत्यन्त सक्रिय है। इस भूमिका के निर्माण में स्वामी दयानन्द की बुद्धिवादी विचारधारा एवं सुधार-भावना के अतिरिक्त विवेकानन्द, तिलक, रवीन्द्र एवं गांधी की मानववादी चिन्तनधारा का भी विशेष योगदान है।

अपने चतुर्दिक् के वातावरण और परिवर्तित मूल्यों के प्रति भी आधुनिक राम-काव्य पूर्ण जागरूक है। अत: सांस्कृतिक पुनरुत्थान ('साकेत', 'ऊर्मिला' आदि में), गांधीवादी मूल्यों की प्रतिष्ठा ('वैदेही वनवास', 'पुरुषोत्तम राम' में), जनतांत्रिक चेतना ('साकेत', 'साकेत-संत' में), सांस्कृतिक संकट, बाह्य आक्रमण और राष्ट्रीय दायित्व ('कैकेयी', 'परशुराम की प्रतीक्षा' आदि में), युद्ध और शांति के विविध अनुषंग ('संशय की एक रात', 'वैदेही-वनवास' में) इन कृतियों में मुखर हैं। ये प्रसंग मध्यकालीन अर्थ और सीमा का अतिक्रमण कर हमारी रागात्मक प्रतिक्रिया को नवीन संदर्भ में उद्वेलित करते हैं।

'भूमिजा', 'कैकेयी' आदि कृतियों ने वर्तमान युग के संदर्भों को आत्म-सात् कर हमारी ऐतिहासिक दृष्टि को विकसित ही नहीं किया है अपितु पराधीनता के विरुद्ध उभरती हुई क्रांति एवं आत्मोत्सर्ग की भावना, अतीत के गौरव और देश की वर्तमान दुर्दशा के प्रत्यक्ष-परोक्ष चिन्तन के लिए भी राम कथा के कथा-प्रसंग उप-युक्त माध्यम सिद्ध हुए।

कथानक में नव्योद्भावना की एक प्रेरणा पुनरुत्थानवादी चेतना से भी मिली है जिसमें रामकथा को अनार्य संस्कृति पर आर्य संस्कृति की विजय के रूप में अंकित किया गया है। यह आर्य संस्कृति कुछ अपवादों को छोड़कर देश, काल और जातीयता से मुक्त विशुद्ध मानववादी पृष्ठभूमि लिये हुए है। राम के दक्षिणाभियान की जय यात्रा में आधुनिक भारत की अभिलाषाओं और आकांक्षाओं को भी देखा जा सकता है जो एक स्तर पर विदेशी आक्रमण और प्रभावों के विरुद्ध भारत की मूलभूत एकता को प्रतिष्ठित और सुरक्षित रखने के प्रयत्नों के मूल में निहित हैं। यहाँ राम-रावण युद्ध वैयक्तिक स्वार्थों का द्वन्द्व न रहकर दो आदर्श-चेतनाओं के समष्टिगत द्वन्द्व के रूप में उभरता है। इसी प्रकार आर्य और अनार्य-संघर्ष को जहाँ दो संस्कृतियों के जातीय संघर्ष के रूप में चित्रित किया गया है वहाँ उनके द्वन्द्व और वैमनस्य को दूर करने के लिए संधि-प्रयत्नों की अपेक्षित मानवतावादी भूमिका भी निर्मित की गयी है (द्रष्टव्य, 'शूर्पणखा', 'दशानन' आदि)। इस भूमिका में प्रतिनायकों को अपेक्षित मानवीय संवेदना एवं सहानुभूति मिली है तथा रावण, शूर्पणखा, मेघनाद आदि प्रतिपक्षी पात्र अपने मानववादी भाव-संस्कारों के कारण पाठकीय संवेदना को अनुकूल दिशा में अर्जित कर सके हैं।

आधुनिक रामकाव्य के विषय में यह तत्त्व भी महत्त्वपूर्ण है कि कथानक अथवा पात्र-कल्पना की नवीन उद्भावनाएँ एकांतत: कवि की स्वच्छंद कल्पना का परिणाम नहीं हैं। उसे अपने मंतव्य की पुष्टि के लिए प्राचीन रामकाव्य, विशेत: 'वाल्मीकीय रामायण', से तथ्यों का समर्थन प्राप्त करना पड़ा है। रावण जैसे प्रतिनायक के चरित्र की पुन:प्रतिष्ठा हो अथवा ऊर्मिला, माण्डवी, शत्रुघ्न जैसे व्यक्तित्वहीन पात्रों को व्यक्तित्व देने का प्रसंग हो या कैकेयी-मंथरा जैसे लांछित पात्रों के पुन:संस्कार की समस्या हो, इन कवियों ने प्रमाण-पुष्टि के लिए प्राचीन काव्यों का मंथन अवश्य किया है। और उस मंथन से प्राप्त तथ्यों को वर्तमान युग की वैज्ञानिक अथवा मनोवैज्ञानिक तर्कप्रधान अव-धारणाओं से युक्त कर कार्य-कारणमूलक परिप्रेक्ष्य में सुनिश्चतता प्रदान की है। रावण, शूर्पणखा, कैकेयी, ऊर्मिला को केंद्र में रखकर जो काव्य लिखे गये हैं उनकी कथावस्तु में निहित उद्भावनाएँ परम्परित दृष्टियों को झकझोरती हैं किंतु मूलभूत संदर्भों का एकांत तिरस्कार करके नहीं चल सकी हैं। जहाँ राम तथा उनके परिसर के अपौरुषेय कृत्यों में विश्वसनीय साधारणता की प्रतिष्ठा का प्रश्न उठा है, वहाँ भी उनके दैवी गुणों में मानवीय संदर्भों के अनुसंधान के लिए प्राचीन काव्य को ही उपजीव्य माना गया है। वैज्ञानिक अथवा मनोवैज्ञानिक कारणों से किये हुए चरित्र-परिवर्तन पर आधुनिक युग के बौद्धिक विश्लेषण का प्रभाव अवश्य है किंतु वह पूर्णत: निर्मूल नहीं है।

आधुनिक दृष्टि नायक-पूजा से हटकर जन-चेतना के आशा-विश्वासों और आकांक्षाओं को भी मूर्त करती है। आधुनिक रामकाव्य में जन-चेतना को निष्क्रिय नहीं रहने दिया गया है और इस दृष्टि से प्रसंगोद्भावनाएँ की गयी हैं। यहाँ यह भी द्रष्टव्य है कि आधुनिक युग केवल उन्हीं प्रसंगों को महत्त्व देता है जिसमें युगबोध अथवा सृजनात्मक स्तर पर संभावनाएँ हैं। अत: मुखर प्रसंगों अथवा चरित्रों की अपेक्षा मनो-वैज्ञानिक प्रसंग एवं चरित्रों को ही रचनात्मक दृष्टि से अधिक महत्त्वपूर्ण मानकर उनकी पुनर्व्याख्या की गयी है। सम्पूर्ण रामकथा में प्रसंगों का यह अनवरत क्रम संभव नहीं था, अत: सम्पूर्ण रामकथा को लेकर चलने वाली कृतियाँ अधिक नहीं हैं। जिस प्रसंग विशेष में वैचारिक अथवा मनोवैज्ञानिक संभावना आधुनिक कवि को दृष्टिगोचर हुई है उसी को केंद्र में रखकर कथानक-विन्यास किया गया है। 'संशय की एक रात', 'अग्निपथ', 'अशोक-वन' (पंत) जैसी कृतियों की शक्ति का स्रोत इन्हीं संभावनाओं में निहित है। आधुनिक भाव-बोध के स्तर पर कवियों ने उन प्रसंगों को लिया है जो एकांतत: वैचारिक हैं और मध्ययुग अथवा प्राचीन रामकाव्य में विशेष अर्थवत्ता नहीं रखते थे। आधुनिक रामकाव्य में ही युद्ध और शांति जैसे प्रश्न कथा के केंद्र में आकर सम्पूर्ण चिंतन का निकष बनने की सामर्थ्य रखते हैं।

मध्ययुगीन रामकाव्य में राम-पक्ष की सात्त्विक वृत्तियों और राम के विपक्षी पात्रों में आसुरी वृत्तियों की सीमा रेखा स्पष्ट दृष्टिगोचर होती है। दैवी और आसुरी वृत्तियों की इन एकांगी अवधारणाओं के विरुद्ध आधुनिक रामकाव्य में पात्रों

को यथार्थ की सजीवता तथा विकास की संभावनाओं से युक्त किया है। पात्रों के नये कोण उजागर किये गये हैं किंतु उनके चरित्र की गरिमा को नई अर्थवत्ता प्रदान करने में चरित्र की परम्परागत गरिमा को तोड़ा नहीं गया है। पात्रों के पुन:संस्कार में उनकी मूल प्रकृति को सुरक्षित रखते हुए ही युगानुरूप परिवर्तन किये गये हैं। आधुनिक युग के वैज्ञा-निक आलोक में जहाँ 'राम की शक्तिपूजा' जैसे काव्यों में मनोवैज्ञानिक अन्तर्द्वन्द्वों के माध्यम से राम जैसे शंकातीत नायक में भी मानवीय संवेदनाओं की अवतारणा हुई है वहाँ प्रतिपात्रों में चारित्रिक गरिमा धूमिल नहीं पड़ी है। आज समष्टि-चेतना की भाँति वैयक्तिक अन्तर्भूमि पर भी कवियों की दृष्टि बराबर रही है। नायक के विश्व-व्यापी जातीय प्रभाव के साथ उसके अन्तर्द्वन्द्व तथा ललित शृंगारिक पक्ष भी चित्रण की परिधि में आ गया है। आधुनिक युग में निवृत्ति एवं वैराग्य की अपेक्षा वर्जना-मुक्त रागतत्त्व के आस्वाद के प्रति भी आग्रह बढ़ा है। 'साकेत', 'पंचवटी', 'ऊर्म्मिला' इत्यादि काव्यों में सीता और ऊर्मिला के प्रणय प्रसंगों में वर्जनामुक्त प्रेम के संयत, तरल और कहीं-कहीं उद्दाम प्रवाह के दर्शन होते हैं, जो एक सीमा तक रामभक्ति में रसिक-सम्प्रदाय की शृंगारिक प्रवृत्ति का विकास ही है।

परम्परित रामकाव्य की पौराणिक पृष्ठभूमि को सबसे प्रबल आघात वैज्ञा-निकता एवं बौद्धिकता की अभिवृद्धि से लगा है। अतीन्द्रिय, अलौकिक तथा अतिप्राकृत तत्त्वों के समानान्तर विज्ञान विश्लेषण-परक दृष्टि को ही केन्द्र में रखकर चलता है जो धर्म और अध्यात्म जैसे प्रत्ययों को अप्रासंगिक मानता है। आधुनिक कवि ने धार्मिक आस्था और विज्ञान-प्रेरित अनास्था की भूमि पर रामकथा के शंकातीत पात्रों को संशय और वर्जनाओं की विभीषिकाओं के बीच रखकर वर्तमान आध्यात्मिक संकट का चित्र प्रस्तुत किया है। रामकाव्य के ये चरित्र-प्रतीक अब शाश्वत मूल्यों के निरपेक्ष प्रतिनिधि न रहकर मूल्यों को चुनौती देते हुए उपस्थित होते हैं। किंतु अनास्था के स्वर स्वयं में साध्य नहीं हैं। ये अंध आस्था को ही विवेकसम्मत दृष्टि देकर चरित्र-प्रतीकों की पूर्णता की ओर उन्मुक्त करते हैं। यह मूल्यों के एकांत तिरस्कार का धरा-तल न होकर उसके उदारवादी स्वर का अनुसंधान ही है।

धर्म कोई निरपेक्ष प्रतिमान नहीं, एक सापेक्ष दृष्टि है। गुरुजन के प्रति विद्रो-हात्मक आचरण अधर्म हो सकता है किंतु लोक-संग्रह की पृष्ठभूमि पर वह विद्रोह धर्म है। आधुनिक रामकाव्य में धर्म का रूप व्यापक स्तर पर मानववादी संकल्पना के संदर्भ में प्रस्तुत हुआ है। 'रामचरितचिंतामणि' से लेकर 'संशय की एक रात' प्रभृति रचनाओं का प्रस्थान-बिंदु मनुष्य की इसी मौलिकता की प्रतिष्ठा है। ईश्वर की मानवतावादी व्याख्या प्रस्तुत करके इन कवियों ने जनार्दन को जनता में ही देखने का उपक्रम किया है। अन्याय, अंधविश्वास अथवा रूढ़ियों पर आधृत स्वीकृत मूल्यों के विरुद्ध उन्होंने मानव की विलुप्त अस्मित को स्थापिता किया है।

कथा-स्थितियों को विभिन्न भाव-स्थितियों से सम्पुष्ट कर विशिष्ट रस-दशा तक पहुँचाने की अपेक्षा, स्थितियों का विश्लेषण कर उन्हें पुनर्व्याख्यायित करने की ओर आधुनिक कवि अधिक अग्रसर हैं। बौद्धिक संवेदनाओं को रसनीय बनाने की ओर नरेश मेहता, पंत और 'अरुण' जैसे कवि विशेष सचेष्ट हैं। जीवन की आस्था और अनास्था के द्वन्द्व को संवेदना की कोटि में लाकर इन कवियों ने प्राय: विचार-प्रधान काव्य का सृजन किया है जिसमें स्थिति का विश्लेषण तो है किंतु राग-तत्त्व की आनंद-मयी विश्रांति नहीं है। अत: प्राचीन रस-दशा व रस-संस्था के प्रतिमानों के आधार पर रामकाव्य की वैविध्यमयी अन्तश्चेतना अथवा जटिल मन:स्थिति का मूल्यांकन एकांतत: प्रासंगिक नहीं है। 'कैकेयी' ('प्रभात' कृत) के इतिवृत्त के केन्द्र में देश-भक्ति की ज्वलंत भावना उद्दीप्त होकर दशरथ, राम, कैकेयी जैसे पात्रों की वैयक्ति-कता को गौण तथा राष्ट्र के प्रति उनकी समर्पित भावना को काव्य का चरम प्रतिपाद्य बना देती है। आधुनिक अस्तित्ववादी स्थिति को रेखांकित करने वाले 'संशय की एक रात' जैसे काव्य की रसनीयता का धरातल भी भिन्न कोटि का है। ये काव्य क्रमश: देशप्रेम रस अथवा उद्व`ग-रस जैसी संभावनाओं की ओर संकेत करते हैं। मध्ययुगीन संस्कारों को दशरथ का वचन पालन, लक्ष्मण की अविनीतता, राम द्वारा बालि-वध जैसे संदर्भ जिस प्रकार आस्वाद्य थे, आधुनिक युग की नैतिक मान्यता से प्रेरित पाठ-कीय संवेदना को सहज अमिश्रित रूप में आस्वाद्य नहीं हो सकते। शूर्पणखा का राम से प्रणय निवेदन मध्ययुगीन दृष्टि से रसाभास का उदाहरण हो सकता है किंतु भिन्न-भिन्न सांस्कृतिक पीठिका पर (दे. 'शूर्पणखा) यह

उन्मुक्त प्रणय निवेदन अरमणीय अथवा अनैतिक प्रतीत नहीं होता। कारण स्पष्ट है, राम का चरित्र प्राचीन और मध्य-युग में ऐसे शाश्वत मूल्यों से सम्बद्ध रहा जिससे साधारणीकरण सर्वसाधारण के लिए अत्यन्त सामान्य था किंतु आधुनिक युग में राम का चरित्र अन्तर्विरोधों और मानसिक ग्रंथियों से युक्त भी चित्रित किया गया है जिसे सहज भावभूमि पर ग्रहण करना आधुनिक पाठकीय संवेदना के लिए संभव नहीं है। 'संशय की एक रात' में संकल्पों और विकल्पों से जूझता हुआ नायक का द्विविधाग्रस्त व्यक्तित्वं आस्थाशील पाठकों की मान-सिकता में सहज ग्राह्य नहीं हो सकता। इस प्रकार आधुनिक रामकाव्य की रसनीयंता और अनुभूति-प्रवणता तो निर्विवाद है किंतु उसके आस्वाद एवं सौंदर्य-बोध का धरा-तल भिन्न है जिसे ग्रहण करने के लिए आधुनिक युग के अनुकूल ऐसी पूर्वाग्रह-मुक्त मानसिकता की अपेक्षा है जो पात्रों को युगीन मानसिकता के अनुरूप परिवर्तित रूप में स्वीकार कर सके।

रामकाव्य की प्रमुख घटनाएँ मूलत: प्रकृति के कोड में घटित हुई हैं किंतु प्रकृति के आलम्बन और उद्दीपनगत परम्परित चित्रण में मध्ययुगीन काव्य जहाँ एक सुनिश्चित रूढ़ि का पालन करता रहा, वहाँ आधुनिक युग के रामकाव्य में आलम्बनगत संश्लिष्ट वर्णन, मानवीकरण तथा मानवीय संवेदना के रागात्मक धरातल पर प्राकृतिक दृश्यों का नवीन रूप भी अंकित हुआ है। नागरिक संस्कृति के संस्पर्श से प्रकृति के सरल-अकृत्रिम जीवन की प्रतिष्ठा आधुनिक रामकाव्य की केन्द्रीय संवेदना से उभरी है। प्रकृति के अविकृत मौलिक स्वरूप में आस्था व्यक्त करते हुए प्रकृति की ओर प्रत्यावर्तन का जो स्वर स्वच्छन्दतावादी काव्य में मुखर हुआ, उसकी प्रतिध्वनि 'पंचवटी', 'पंचवटी-प्रसंग' ('निराला'), 'विदेह' जैसे काव्यों में अनेक स्थलों पर सुनाई पड़ती है। सीता और प्रकृति का अद्वैत भी आधुनिक सांस्कृतिक पुनरुत्थान के साथ कृषि-युग की सृजनात्मक संभावनाओं को लिये हुए सामने आया। मानव और प्रकृति का आश्रय-आलम्बन संबंध आधुनिक रामकाव्य में एक अन्य स्तर पर भी प्रतिफलित हुआ है। मध्ययुगीन विरहिणी के समान सीता अथवा ऊर्मिला का विरह हृदय की वृत्तियों को इतना संकुचित एवं संकीर्ण नहीं बनाता कि प्रकृति के जीवंत पदार्थों के प्रति वे इतनी निष्करुण हो जायें कि उनके ध्वंस की ही कामना करने लगें या उनमें दाह, क्रूरता एवं बीभत्सता के ही दृश्य देखने लगें। आधुनिक रामकाव्य में उनकी वृत्ति पिघलकर इतनी मृदु बन गयी है कि प्रकृति के पदार्थों पर छोटा-सा आघात भी लिए रखकर प्रकृति प्रतीकों के उन्हें सह्य नहीं है। वे विरहजनित वेदना को अपने फूलने-फलने की कामना करती हैं। स्वार्थ-मुक्त मानव और प्रकृति के अन्त:संबंध का यह व्यापक विधान आधुनिक रामकाव्य की विशिष्ट उपलब्धि है।

रामकाव्य की एक विशिष्ट उपलब्धि प्रबंधकाव्य (महाकाव्य, खण्डकाव्य) के शास्त्रीय स्वरूप को शिथिल करने के प्रयासों में भी दृष्टिगोचर होती है। आधुनिक युग के अनुरूप महाकाव्य, लघु-महाकाव्य, खण्डकाव्य के साथ गीतिनाट्य, कथाकाव्य, एकालाप काव्य, प्रतीक काव्य, लम्बी कविता जैसी आधुनिक विधाओं में भी रामकाव्य की अनेक कृतियाँ प्रस्तुत हुई हैं, जो प्रबंधकाव्य के अनेकमुखी विकास को ही द्योतित करती हैं। राम के अतिरिक्त लक्ष्मण, भरत, सीता और ऊर्मिला अथवा रावण या अन्य प्रतिपात्रों को केन्द्र में रखकर जो महाकाव्य लिखे गये हैं, वे महच्चरित्र की शास्त्रीय अवधारणा की अपेक्षा आधुनिक युग की परिवर्तित जीवन-दृष्टि अथवा मूल्य-चेतना को ही रेखांकित करते हैं। नवीन जी के 'ऊर्मिला' काव्य में राम का चरित्र अत्यन्त गोण है तथा कथा के केंद्र में ऊर्मिला के होने के कारण घटना-व्यापारों में अपेक्षित संकुलता और व्यापकता का अभाव है। इसी प्रकार 'रावण-महाकाव्य' का से पूर्ण होकर महच्चरित्र का एक रावण चारित्रिक औदात्त्य एवं सांस्कृतिक निष्ठा भिन्न प्रतिमान प्रस्तुत करता है। 'साकेत संत' तथा 'नंदिग्राम' में भरत; 'वैदेही-वन-वास', 'जानकी-जीवन', 'वनस्थली' आदि में सीता कथा के केंद्र में आकर इन महा-काव्यों की सर्जनात्मक संभावनाओं को परम्परा भिन्न धरातल पर प्रस्तुत करती हैं। स्पष्टत: रावण वध जैसे महत् व्यापार की संकल्पना के स्थान पर इस काव्यों के प्रति-पाद्य में उपेक्षित पात्रों के महत्त्व की स्थापना, राष्ट्रीय-सांस्कृतिक दृष्टि की अभिव्यक्ति, युगीन समस्याओं का समाधान, परिस्थिति-चक्र में पड़े हुए प्रमुख पात्रों की मन:स्थिति की अभिव्यंजना जैसे अनेक उद्देश्य मिश्रित हो गये हैं। 'विदेह' तथा 'रामराज्य' (डॉ. बलदेवप्रसाद मिश्र) कथानक की विरलता के अभाव में विचारों की सघनता के कारण यदि महाकाव्य हैं तो 'राम की शक्तिपूजा' अपने लघु आकार में विराट् सांस्कृतिक उद्देश्य से अन्तित होकर महाकाव्योचित औदात्त्य का आभास देती है।

कहने की आव-श्यकता नहीं कि शास्त्रीय दृष्टि का यह विकल्प आधुनिक आलोचकों की दृष्टि में विवा-दास्पद रहा है। पात्र और घटनाएँ पूर्व निश्चित दिशा में अग्रसर न होकर वैचारिक संदर्भों में स्वत: विकसित होती हैं। इसी आधार पर इन काव्यों के प्रबंध रूप का मूल्यांकन अपेक्षित है। यह वैचारिक भूमि ही अन्तर्मंथन-प्रधान 'संशय की एक रात', 'पाषाणी' (जानकीवल्लभ शास्त्री), 'अग्निलीक', 'शम्बूक', 'अशोक-वन' (पंत) जैसे काव्य-रूपकों के निर्माण के लिए भी उत्तरदायी है जिनमें व्यक्ति का संघर्ष और संशय युग के गतिमान चिंतन को तनाव के विविध बिंदुओं पर रेखांकित करता है।

आधुनिक संवेदना के अनुरूप आधुनिक रामकाव्य में परम्परा प्राप्त शिल्प-प्रयोगों और रूपाकारों के साथ कुछ नवीन प्रयोग भी संक्रमणशील सांस्कृतिक संदर्भों और सृजनात्मक संभावनाओं की पृष्ठभूमि में उभर कर आये हैं जिनका विश्लेषण अप्रस्तुत-विधान, अलंकार और शब्दशक्ति के भारतीय प्रतिमानों के साथ बिम्ब और प्रतीक संबंधी पाश्चात्त्य निकषों को दृष्टि में रखकर किया जा सकता है। प्रकृति के विशुद्ध इतिवृत्तात्मक चाक्षुष चित्रों से लेकर ऐंद्रिय संवेदनाओं के मिश्रित बिम्बों के अनेकों उदाहरण द्विवेदीयुगीन इतिवृत्तात्मक और छायावादोत्तर शैली के सूक्ष्म, तरल, जटिल तथा ऋजु रूपों को समाहित करके सामने आये हैं। जहाँ शास्त्रीय दृष्टि से उपमा, रूपक, उत्प्रेक्षा, अतिशयोक्ति के सरल-परम्परित प्रयोग दृष्टिगोचर हुए हैं वहाँ ऐसे बिम्ब भी उत्कीर्ण हुए हैं जिनमें प्रस्तुत और अप्रस्तुत के पार्थक्य की रेखा प्रसंग की मनोवैज्ञानिक भूमि में विलीन होकर तथ्य की आंतरिक संवेदना को अभिव्यक्त करती है। 'निराला', नरेश मेहता, 'प्रभात' तथा 'नवीन' ने प्रत्यक्ष और स्मृति के द्वारा गठित ऐसे अनेक संश्लिष्ट बिम्बों का विधान किया है। छायावादी प्रभाव के कारण काव्य-भाषा में लाक्षणिक वैचित्र्य की जो नयी भावभूमि उद्‌घाटित हुई उसका उपयोग कर आधुनिक कवियों ने रामकाव्य की अभिव्यंजना सामर्थ्य को स्थूल इति-वृत्तात्मकता से मुक्त कर भाषिक समृद्धि की नई दिशा दी है। शब्दशक्तियों के प्रसार की भूमि रामकाव्य में संकुचित अवश्य है, किंतु नगण्य नहीं है। काव्य-भाषा की समृद्धि में शब्दशक्ति की अपेक्षा शब्दों के विभिन्न सांस्कृतिक अनुषंगों का विशेष योग हैं। रामकथा की संवेदनागत अनिवार्यता के कारण एक ओर तत्सम शब्दावली को नवीन परिष्कार और संस्कार दिया गया तो दूसरी ओर पाठकीय संवेदना तक अपते प्रति-पाद्य को सहज संप्रेषणीय बनाने के लिए कवियों ने अभिजातीय भाषा से मुक्ति के भी सफल प्रयास किये। अभिधात्मक या सपाट अभिव्यक्ति वैचारिक रामकाव्य की अनि-वार्यता है। प्रतिपाद्य के विभिन्न कोणों के अनुरूप इस अभिधात्मकता को भी कवियों ने अभिव्यंजना के विविध स्तरों पर अनूदित किया है। 'साकेत' में शैली की विदग्धता, 'विदेह' में अमूर्तता, 'भूमिजा' और 'शूर्पणखा' में सपाट संप्रेषणीयता तथा 'संशय की रात' की अंतर्विरोध-युक्त गहनता और जटिलता, 'कैकेयी' (प्रभात) की भावोच्छ्‌वास-पूर्ण अभिव्यक्ति एक सीमा तक इन कृतियों की विषयवस्तु की अनिवार्यता की परिति ही हैं। मुक्त छन्द के प्रति आधुनिक काव्य में जो एकांतिक आग्रह है आधुनिक रामकाव्य सर्वांश में उसे स्वीकार नहीं कर सका है। 'विदेह', 'संशय की एक रात', 'पंचवटी-प्रसंग' ('निराला') जैसे अपवादों को छोड़कर शेष कृतियाँ छन्दोबद्ध ही हैं। छन्द की दिशा में भी अनेक नये प्रयोग द्रष्टव्य हैं। 'निराला' का 'शक्ति-पूजा' छन्द और गुप्तजी का 'मैथिली' छन्द नवीन छन्द-प्रयोग के कुछ सार्थक उदाहरण प्रस्तुत करते हैं।

आधुनिक युग में विज्ञान, मनोविज्ञान तथा बुद्धिवाद का बढ़ता हुआ प्रभाव समाजशास्त्रीय चिंतन तक सीमित न रहकर धार्मिक अन्तश्चेतना में भी समन्वित हो गया है। किसी निवृत्तिपरक अथवा मुक्ति प्रधान आध्यात्मिक चिंतन की अपेक्षा यह चितन जीवन-मूल्यों की मानववादी व्याख्याओं तथा वैज्ञानिक संकल्पनाओं की भूमि में विकसित हुआ है। मध्ययुगीन संस्कारों से मुक्ति प्राप्त कर आधुनिक भारतीय वाङ्मय एक सुस्पष्ट यथार्थवादी वैज्ञानिक तथा मनोवैज्ञानिक चिंतन की ओर अग्रसर हो रहा है। इस चिंतन के अनुरूप रामकथा के पात्र और प्रसंग भी नवीन जीवन-मूल्यों से अवेष्टित होकर सामने आये हैं जिनके मूल में परम्परा और प्रयोग की अन्तर्धारा सतत गतिशील है। अत: यह नि:संकोच कहा जा सकता है कि आधुनिक रामकाव्य भारतीय संस्कृति की परम्पराओं को युगीन संदर्भों के अनेक स्तरों पर पुनर्व्याख्यायित ही नहीं करता, वरन् भारत की बहिर्मुखी विविधता के मूल में निहित अखण्डता को आलोकित भी करता है।

परिशिष्ट-1

उपजीव्य कृतियाँ

(सन् 1911 से सन् 1970 तक)

जहाँ प्रथम संस्करण प्रयुक्त संस्करण से भिन्न है, वहाँ कृति के आगे कोष्ठक में उसका उल्लेख कर दिया गया है।

काव्य

1. अग्नि पथ अनूप शर्मा, हिंदुस्तानी बुकडिपो, लखनऊ, संस्करण सन् 1958। 2. अग्नि परीक्षा : आचार्य श्री तुलसी, आत्माराम एण्ड संस, दिल्ली, संस्करण 1961।
3. अन्तर्दर्शन : उदयशंकर भट्ट, भारत मन्दिर, अलीगढ़, प्रथम संस्करण सन् 1958। 4. अन्तर्मन्थन : उदयशंकर भट्ट, आत्माराम एण्ड संस, दिल्ली, संस्करण सन् 1963।
5. अशोक-वन (1951) गोकुलचन्द शर्मा, हिंदी प्रकाशन मन्दिर, इलाहाबाद, द्वितीय संस्करण सन् 1953।
6. अशोकवासिनी वन मानव महाकाव्य : गणेशचन्द्र जोशी 'मन्वंतर', मन्वंतर प्रकाशन, जयपुर, संस्करण सन् 1970।
7. आंजनेय : जयशंकर त्रिपाठी, साहित्यकार संघ, प्रयाग, प्रथम संस्करण सं. 2013 वि.।
8. उर्मिला : प्रियदर्शी, साहित्यकला केन्द्र, दिल्ली, प्रथम संस्करण सन् 1959। 9. ऊर्मिला (रचना-काल सन् 1934) : बालकृष्ण शर्मा 'नवीन', अतरचन्द कपूर एण्ड संस, दिल्ली, संस्करण सन् 1957।
10. कल्याणी कैकेयी (सन् 1950) : डॉ. राधेश्याम द्विवेदी, कैलाश पुस्तक सदन, ग्वालियर, संस्करण सन् 1974।
11. कैकेयी (सन् 1951) : केदारनाथ मिश्र 'प्रभात', नवभारत प्रकाशन, खजांची रोड, पटना, संस्करण सन् 1972।
12. कैकेयी चांदमल अग्रवाल 'चन्द्र', राजकमल प्रकाशन, दिल्ली, संस्करण सन् 1969।
13. कैकेयी (रचना-काल सन् 1942) : शेषमणि शर्मा 'मणि' रायपुरी, रामनारायण लाल, इलाहाबाद, संस्करण सन् 1952।
14. कौशल किशोर : डॉ. बलदेवप्रसाद मिश्र, संस्करण सन् 1934
15. चित्रकूट : त्रिवेदी रामानन्द शास्त्री, विनोद पुस्तक मंदिर, आगरा, चतुर्थ संस्करण।
16. चित्रकूट के पथ पर डॉ. देवकीनन्दन श्रीवास्तव 'नन्दन', हिन्दी साहित्य भण्डार, लखनऊ, प्रथम संस्करण, संवत् 2026 वि.।
17. जय भरत : डॉ. लक्ष्मीशंकर मिश्र 'निशंक', आलोक मिश्र, लखनऊ, प्रथम संस्करण, सन् 1970 1
18. जय हनुमान (सन् 1962) श्यामनारायण पाण्डेय, रामनारायणलाल बेनी-माधव, इलाहाबाद, बीसवाँ संस्करण, सन् 1972।
19. तमसा (गीति नाट्य) : जानकीवल्लभ शास्त्री, राजकमल प्रकाशन, प्राइवेट लि., नई दिल्ली, संस्करण, सन् 1968।
20. तुमुल (सन् 1942) : श्यामनारायण पाण्डेय, इण्डियन प्रेस पब्लिकेशंस (प्रा.) लिमिटेड, इलाहाबाद, संस्करण, सन् 1948।
21. दशानन: जगदीश तिवाड़ी 'विद्रोही', राजस्थान विश्वविद्यालय, जयपुर, प्रथम संस्करण, सन् 1958।
22. धरानंदिनी सीता : रमेशचन्द्र शास्त्री, राजस्थान प्रकाशन, जयपुर, प्रथम संस्करण, सन् 1968।
23. नंदिग्राम : गयाप्रसाद द्विवेदी 'प्रसाद', शांतिकुटीर, गंगावली, पो. अमेठी, जिला सुलतानपुर, प्रथम संस्करण, सन् 1963।
24. पंचवटी (सन् 1925) : मैथिलीशरण गुप्त, साहित्य सदन, चिरगाँव (झाँसी), पचासवाँ संस्करण, सं. 2021 वि.।

25. पशुराम की प्रतीक्षा (1963) : रामधारीसिंह 'दिनकर', उदयाचल, पटना, चतुर्थ संस्करण, सन् 1968।
26. पाषाणी : शरणविहारी गोस्वामी, राष्ट्रवाणी प्रकाशन, दिल्ली, संस्करण, सन् 1965।
27. पाषाणी (काव्यरूपक) : जानकीवल्लभ शास्त्री, लोकभारती प्रकाशन, इलाहाबाद, द्वितीय संस्करण, सन् 1967।
28. पुरुषोत्तम राम सुमित्रानंदन पंत, राजकमल प्रकाशन, दिल्ली, प्रथम संस्करण सन् 1967।
29. प्रदक्षिणा : मैथिलीशरण गुप्त, साहित्य सदन, चिरगाँव (झांसी), अट्ठाईसवाँ संस्करण, संवत् 2028 वि.।
30. भगवान राम (मध्यम चरित, तपोपवन-विहार) : मनबोधनलाल, हेमंत प्रकाशन, इलाहाबाद, प्रथम संस्करण संवत् 2026 वि.।
31. भूमिज़ा (1961): रघुवीरशरण 'मित्र', भारतीय साहित्य प्रकाशन, मेरठ, द्वितीय संस्करण सन् 1967।
32. रामकथा कल्पलता (1948) : नित्यानंद शास्त्री।
33. रामचन्द्रोदय : रामनाथ ज्योतिषी, रामपाल साहित्य निकेतन, कुरी खुदौली-रायबरेली, प्रथम संस्करण, सन् 1937।
34. रामचरितचन्द्रिका पं. रामचरित उपाध्याय, ग्रंथमाला कार्यालय, बाँकीपुर, संस्करण सन् 1919।
35. रामचरितचिन्तामणि : श्रीरामचरित उपाध्याय, ग्रंथमाला कार्यालय, बाँकीपुर, प्रथम संस्करण 1920 1
36. राम-राज्य : डॉ. बलदेवप्रसाद मिश्र, हिन्दी साहित्य भण्डार, लखनऊ, द्वितीय संस्करण सन् 1972
37. रामराज्य : सुरेशचन्द्र शर्मा, नवज्योति प्रकाशन, आगरा, संस्करण 1968।
38. रामराज्य : पं. हरिशंकर शर्मा, राजपाल प्रकाशन, आगरा, संस्करण सन् 1953।
39. रावण-महाकाव्य : हरदयालुसिंह, आत्माराम एण्ड संस, दिल्ली, संस्करण 1952।
40. लक्ष्मण-काव्य : श्री शिवसिंह 'सरोज', रवीन्द्र प्रकाशन, 177 कैंटूनमेंट रोड, लखनऊ-226001।
41. लक्ष्मण शक्ति : राजाराम श्रीवास्तव, इण्डियन प्रेस प्राइवेट लिमिटेड, इलाहाबाद, संस्करण सन् 1944।
42. लीला (रचनाकाल सन् 1917-18) : मैथिलीशरण गुप्त, साहित्य सदन, चिरगाँव (झांसी), संस्करण सं. 2017 वि.।
43. वनस्थली (1955) नाथूलाल अग्निहोत्री 'नम्र', साहित्य निकेतन, बरेली, द्वितीय संस्करण।
44. विदेह : पोद्दार रामावतार शर्मा 'अरुण', किरणकुंज प्रकाशन, समस्तीपुर, प्रथम संस्करण सन् 1954
45. वैदेही-वनवास (1939) : अयोध्यासिंह उपाध्याय 'हरिऔध', हिंदी साहित्य कुटीर, बनारस, तृतीय संस्करण सं. 2005 वि.।
46. व्रतबद्ध : केदारनाथ मिश्र 'प्रभात', नवभारत प्रकाशन, पटना, संस्करण सन् 1971।
47. संशय की एक रात : नरेश मेहता, हिंदी ग्रंथ रत्नाकर प्राइवेट लिमिटेड, बम्बई, प्रथम संस्करण सन् 1962।
48. साकेत (सन् 1931) : मैथिलीशरण गुप्त, साहित्य सदन, चिरगाँव (झांसी), संस्करण संवत् 2022 वि.।
49. साकेत-संत : डॉ. बलदेवप्रसाद मिश्र, विद्यामंदिर लिमिटेड, नई दिल्ली, संस्करण सन् 1946 1
50. सिय-विजन-वास: रामकिशोर अग्रवाल 'मनोज', श्यामलाल अग्रवाल, पुस्तक विक्रेता, जबलपुर, संस्करण सन् 1965।
51. सीता : डॉ. चन्द्रकाश वर्मा, अर्चना प्रकाशन, सिवनी (म.प्र.), प्रथम संस्करण सन् 1958।
52. सीता-परित्याग (सन् 1919) : श्री रामस्वरूप टण्डन, राम ज्ञान मन्दिर, कानपुर, संस्करण सन् 1951।
53. सुलोचना सती (रचनाकाल सन् 1922) : विष्णुदत्त शुक्ल 'राकेश', प्रथम संस्करण सन् 1931।
54. शबरी : मायादेवी शर्मा, विद्यामंदिर लिमिटेड, नई दिल्ली, संस्करण संवत् 2020।
55. बरी : 'वचनेश', रामकुमार मिश्र विशारद, कालाकांकर, प्रथम संस्करण सं. 1993 वि.।
56. श्रीराम कथा (रचनाकाल 1922) राधेश्याम कथावाचक, श्री राधेश्याम पुस्तकालय, बरेली, संस्करण सन् 1964।
57. लोकायतन : सुमित्रानन्दन पंत, राजकमल प्रकाशन प्रा. लि., नई दिल्ली, प्रथम संस्करण सन् 1964
58. प्रवासिनी (प्रबंध काव्य) : डॉ. रामजीत। स्फुट कविताएँ
59. अशोक-वन, संवत् 2004 (स्वर्णकिरण) सुमित्रानंदन पंत, भारती भण्डार, इलाहाबाद, प्रथम संस्करण।
60. ऊर्मिला, सन् 1914, अयोध्यासिंह उपाध्याय 'हरिऔध', सरस्वती हीरक जयंती अंक, पृष्ठ 43, सन् 1961।

61. क्लियोपेट्रा का पत्र सीता के नाम (सन् 1965 इतिहास पुरुष तथा अन्य कविताएँ), भारतीय ज्ञानपीठ, दिल्ली, प्रथम संस्करण।
62. चित्रकूट, जनवरी सन् 1913 (कानन कुसुम), जयशंकर 'प्रसाद', भारती भण्डार, इलाहाबाद, पंचम संस्करण संवत् 2007 वि.।
63. जल रहे हैं दीप जलती हैं जवानी, सन् 1977 (विश्वास बढ़ता ही गया), शिवमंगल सिंह 'सुमन', आत्माराम एण्ड संस, दिल्ली, प्रथम संस्करण। 64. निर्वासिता सीता का एक गीत, सन् 1954 (आधुनिक कवि – 13) बालकृष्ण राव, हिंदी साहित्य सम्मेलन, प्रयाग, संस्करण सन् 1967।
65. पाषाणी-(युगधारा), नागार्जुन : जीवन और साहित्य : डॉ. प्रकाशचन्द्र भट्ट, सेवा सदन प्रकाशन, रामपुरा, संस्करण 1974, पृष्ठ 94 पर सूचित।
66. पंचवटी-प्रसंग सन् 1930 (परिमल) : सूर्यकांत त्रिपाठी 'निराला'। गंगा ग्रंथा-गार, लखनऊ, द्वितीय संस्करण संवत् 1995 वि.।
67. राम, 1953 (प्रगति त्रैमासिक, अंक-4), रामनारायण चौबे।
68. रामकथा : प्रबंधकाव्य का एक अंश, रचनाकाल सन् 1949, नागार्जुन 'सरस्वती' हीरक जयंती अंक 1961, पृष्ठ 131।
69. राम का अन्तर्द्वन्द्व, सन् 1957 ('सरिता' मासिक), अरविन्दकुमार।
70. राम की शक्तिपूजा, 1936 (अपरा), सूर्यकांत त्रिपाठी 'निराला', भारती भण्डार, इलाहाबाद, संस्करण संवत् 2026 वि.।
71. लक्ष्मण, संवत् 2004 वि. (स्वर्णधूलि) सुमित्रानन्दन पंत, भारती भण्डार, इलाहाबाद, प्रथम संस्करण।
72. हनुमत्, सन् 1979 (शंख ध्वनि) सुमित्रानंदन पंत, राजकमल प्रकाशन, नई दिल्ली।

परिशिष्ट-2

उपस्कारक ग्रंथ

संस्कृत, अपभ्रंश और पालि ग्रंथ

1. अथर्ववेद संहिता : (संपादक) श्रीपाद दामोदर सातवलेकर, स्वाध्याय मण्डल, पारडी।
2. अद्‌भुतरामायण : म. वाल्मीकि, श्री वेंकटेश्वर प्रेस, बम्बई।
3. अध्यात्मरामायण : गीता प्रेस, गोरखपुर, पंचदश संस्करण सं. 2027 वि.। 4. अनाम जातक (सं.) भदंत आनन्द कौसल्यायन, हिंदी साहित्य सम्मेलन, प्रयाग।
5. अभिषेक (भासनाटकचक्रम्) : सं. सी. आर. देवधर, ओरिएंटल बुक एजेंसी, पूना, संस्करण सन् 1972।
6. आनन्द रामायण टीकाकार पण्डित रामतेज त्रिपाठी, पण्डित पुस्तकालय, वाराणसी, संस्करण सन् 1966 1
7. आश्चर्यचूड़ामणि : शक्तिभद्र, चौखम्बा विद्याभवन, वाराणसी, संस्करण सन् 1966।
8. उत्तरपुराण : गुणभद्र कृत, भारतीय ज्ञानपीठ, दिल्ली।
9. उत्तररामरित : भवभूति, (संपादक) पण्डित ब्रह्मानंद शुक्ल, साहित्य भण्डार, मेरठ, संस्करण सन् 1975
10. ऐतरेय ब्राह्मण आनन्द आश्रम संस्कृत सिरीज, पूना, संस्करण द्वितीय सन् 1931।
11. ऐतरेय आरण्यक।
12. ऐतरेयोपनिषद् : गीता प्रेस, गोरखपुर, संस्करण संवत् 2009 वि.।
13. ऋग्भाष्य संग्रह, (सं.) देवराज चानना, मुंशीराम मनोहरलाल, दिल्ली; संस्करण सन् 1961।
14. ऋग्वेद संहिता (संपादक) श्रीपाद दामोदर सातवलेकर, स्वाध्याय मण्डल, पारडी, तृतीय संस्करण सन् 1957।
15. कपिष्ठल संहिता।
16. काव्यप्रकाश आचार्य मम्मट, (सं.) डॉ. नगेन्द्र, ज्ञानमण्डल लिमिटेड, वाराणसी. द्वितीय संस्करण सं. 2018 वि.।
17. काव्यप्रकाश : आचार्य मम्मट, (प्रदीप टीका : टीकाकार गोविंद ठाकुर) निर्णय सागर प्रेस, बम्बई, संस्करण सन् 1962।
18. काव्यमीमांसा : राजशेखर-रचित, व्याख्याकार डॉ. गंगासागर राय, चौखम्बा विद्याभवन, वाराणसी, संस्करण प्रथम, संवत् 2021 वि.।
19. काव्यादर्श दण्डी-विरचित, टीकाकार सी. शंकरराम शास्त्री, श्री बाला : मनोरमा प्रेस, मद्रास, संस्करण सन् 1963।
20. काव्यालंकार : आ. भामह, व्याख्या : देवेन्द्रनाथ शर्मा, बिहार राष्ट्रभाषा परिषद्, पटना, संस्करण सन् 1962।
21. काव्यालंकार : रुद्रट-प्रणीत, संपादक डॉ. सत्यदेव चौधरी, वासुदेव प्रकाशन, दिल्ली, संस्करण सन् 1962।
22. कुन्दमाला : दिनाथ।
23. कर्म्मपुराण: सं. मनसुखराय मोर, कलकत्ता, संस्करण सन् 1962। 24. कृष्णयजुर्वेदीय तैत्तिरीय ब्राह्मण : ओरिएंटल इंस्टिच्यूट, बड़ौदा।
25. गरुड़पुराण, श्रीवेंकटेश्वर प्रेस, बम्बई।
26. जातक : अनु. भदंत आनन्द कौसल्यायन, हिन्दी साहित्य सम्मेलन, प्रयाग।
27. जानकीहरण : महाकवि कुमारदास, मित्र प्रकाशन प्राइवेट लि., इलाहाबाद, 28. जैमिनि ब्राह्मण।
29. जैमिनीय उपनिषद्, विद्याविहार, देहरादून।

30. तैत्तिरीय ब्राह्मण।
31. तैत्तिरीय संहिता।
32. तैत्तिरीयोपनिषद् गीता प्रेस, गोरखपुर, संस्करण संवत् 2009 वि.। 32. ध्वन्यालोक : आनन्दवर्धन, टीका: डॉ. के. कृष्णमूर्ति, कर्नाटक युनिवर्सिटी, धारवाड़, संस्करण सन् 1974।
34. दशरूपक : श्रीधनंजय; टीका : डॉ. भोलाशंकर व्यास। चौखम्बा विद्याभवन, वाराणसी, तृतीय संस्करण सन् 1967।
35. देवीभागवत पुराण: (सं.) मनसुखराय मोर, कलकत्ता, संवत् 2017 विक्रमी। 36. नरसिंहपुराण, गीता प्रेस, गोरखपुर, सन् 1971 ई.।
37. नारदपुराण, श्री वैंकटेश्वर प्रेस, बम्बई, संवत् 1980 वि.।
38. पउमचरिउ : स्वयंभू, संपा.--अनु. डॉ. देवेन्द्रकुमार जैन, भारतीय ज्ञानपीठ, वाराणसी : संस्करण सन् 1970
39. पउमचरिय : विमलसूरि, (सं.) डॉ. जैकोबी, जैन धर्म प्रचारक सभा, भावनगर, संस्करण सन् 1914।
40. पद्मपुराण, जनरल एशियाटिक सोसायटी, कलकत्ता, संस्करण सन् 1842।
41. पद्मपुराण (जैन) : आचार्य रविषेण, सं. पन्नालाल जैन साहित्याचार्य। भारतीय ज्ञानपीठ, वाराणसी, संस्करण सन् 1958
42. प्रसन्नराघव : संपादक : डॉ. रमाशंकर त्रिपाठी, मोतीलाल बनारसीदास, दिल्ली, संस्करण सन् 1970।
43. ब्रह्मपुराण (संपादक) मनसुखराय मोर, कलकत्ता, संस्करण सं. 2010 वि.। 44. बृहदारण्यक उपनिषद्, गीता प्रेस, गोरखपुर।
45. बालरामायण : राजशेखर।
46. भरत का नाट्यशास्त्र : संपा. एवं व्याख्या. : बाबूलाल शुक्ल शास्त्री, चौखम्बा संस्कृत सीरीज आफ़िस, वाराणसी, संस्करण सन् 1972।
47. भागवतपुराण, गीता प्रेस, गोरखपुर, संवत् 2008
48. भासनाटकचक्रम् : संपा. सी. आर. देवधर, ओरिएण्टल बुक एजेंसी, पूना, संस्करण 1962।
49. महाभारत : गीता प्रेस, गोरखपुर, संस्करण सं. 2014 वि.।
50. महापुराण (सं.) पं. पन्नालाल जैन, भारतीय ज्ञानपीठ, वाराणसी, संस्करण सन् 1951।
51. महिम्नस्तोत्रम् : निर्णयसागर प्रेस, बम्बई, संस्करण सन् 1937
52. मनुस्मृति : टीकाकार पं. केशवप्रसाद, श्री वेंकटेश्वर मुद्रणालय, बम्बई, संस्करण संवत् 1955 वि.।
53. मैत्रायणी संहिता।
54. याज्ञवल्क्य स्मृति : निर्णयसागर प्रेस, बम्बई।
55. रघुवंश (कालिदास-ग्रंथावली) ' (सं.) लि., इलाहाबाद। रामप्रताप त्रिपाठी, किताबमहल प्रा.
56. रसतरंगिणी : भानुदत्त, (सं.) देवदत्त कौशिक, मुंशीराम मनोहरलाल, दिल्ली, संस्करण सन् 1974
57. वक्रोक्तिजीवितम् : आ. कुंतक, व्याख्याकार : आचार्य विश्वेश्वर, (संपादक) डॉ. नगेन्द्र, आत्माराम एण्ड संस, दिल्ली, संस्करण सन् 1955।
58. वसिष्ठसार भाषा : श्री वैंकटेश्वर प्रेस, बम्बई, संस्करण सं. 1944 वि.। 59. वायुपुराण: (सं.) मनसुखराय मोर, 5 क्लाइव रो, कलकत्ता, संस्करण संवत् 2016।
60. वाल्मीकीय रामायण : गीता प्रेस, गोरखपुर, संस्करण सं. 2024 वि.।
61. विक्रमांकदेव चरित : महाकवि विल्हण, साहित्य भण्डार, मेरठ, संस्करण सन् 1964।
62. विष्णुपुराण : गीता प्रेस, गोरखपुर, तृतीय संस्करण, संवत् 2009 वि.।
63. शतपथब्राह्मण, चौखम्बा संस्कृत सीरीज़ आफिस, वाराणसी, 64. शिवपुराण: श्री वेंकटेश्वर प्रेस, बम्बई, संवत् 2011 वि. सन् 1950।
65. शिशुपालवधम् : महाकवि माघ, रामनारायणलाल बेनीप्रसाद, इलाहाबाद, संस्करण सन् 1969।

66. शुक्ल यजुर्वेद : (सं.) पं. ज्वालाप्रसाद मिश्र, वैंकटेश्वर प्रेस, बम्बई, संस्करण संवत् 1969 वि.।
67. साहित्यदर्पण: क. विश्वनाथ विचरित, टीकाकार डॉ. सत्यव्रतसिंह, चौखम्बा विद्या भवन, वाराणसी, संस्करण सन् 1858।
68. सुभाषितरत्नभाण्डागार : सम्पादक नारायणराम आचार्य, निर्णयसागर प्रेस, बम्बई, संस्करण सन् 1952।
69. संस्कृत साहित्य का इतिहास (भाग 1) : कन्हैयालाल पोद्दार, श्री रामनिवास पोद्दार स्मारक ग्रंथमाला समिति, नवलगढ़, संस्करण सन् 1938
70. स्कन्दपुराण : संपा. मनसुखराय मोर, कलकत्ता, संवत् 2016 वि.।
71. श्रीमद्भगवद्गीता रहस्य (कर्मयोगशास्त्र) : बालगंगाधर तिलक, जयंत श्रीधर तिलक, पूना, सन् 1955।

हिन्दी ग्रंथ

72. हनुमन्नाटक : (संपादक) पण्डित जगदीश मिश्र, चोखम्बा संस्कृत सीरीज आफ़िस, वाराणसी, संस्करण सन् 1967
73. हरिवंशपुराण : गीता प्रेस, गोरखपुर, संस्करण सं. 2031 वि.। हिन्दी ग्रंथ
74. अग्निलीक : भारतभूषण अग्रवाल, राजकमल प्रकाशन, नई दिल्ली, संस्करण सन् 1980।
75. अभिशप्त अमरबेलि (प्रतीक खण्ड काव्य) : उमाकांत मालवीय, भारती भंडार, इलाहाबाद, प्रथम संस्करण सन् 1975।
76. अयोध्या की एक शाम : गोविन्द अनिल, चन्द्रमौलि प्रकाशन, गाडरवारा, संस्करण सन् 1977
77. अरुण रामायण : पोद्दार रामावतार शर्मा 'अरुण', किरण कुंज प्रकाशन, समस्तीपुर, प्रथम संस्करण सन् 1973।
78. अरस्तू का काव्यशास्त्र : अनुवादक डॉ. नगेन्द्र, भारती भण्डार, इलाहाबाद, संस्करण सं. 2023 वि.।
79. अशोक के फूल : डॉ. हजारीप्रसाद द्विवेदी, लोकभारती प्रकाशन, इलाहाबाद, संस्करण सन् 1971।
80. अस्तित्ववाद (किर्क गार्द से कामू तक) : योगेन्द्र साही, दि मैकमिलन कम्पनी आफ़ इण्डिया लि., संस्करण सन् 1975।
81. आकलन और समीक्षा : डॉ. संसारचंद्र, आशागृह, नई दिल्ली, संस्करण सन् 1973।
82. आज का भारतीय साहित्य, साहित्य अकादेमी, नई दिल्ली, संस्करण सन् 1958।
83. आधुनिक बोध और आधुनिकीकरण : डॉ. रमेश कुंतल मेघ, अक्षर प्रकाशन प्रा. लि., दिल्ली, संस्करण सन् 1969।
84. आधुनिक बोध : रामधारीसिंह 'दिनकर', पंजाबी पुस्तक भण्डार, दिल्ली संस्करण सन् 1973
85. आधुनिक भारतीय चिन्तन : विश्वनाथ नरवणे (अनु. नेमिचंद्र जैन), राजकमल प्रकाशन प्रा.लि., दिल्ली।
86. आधुनिक हिंदी कविता में चित्र विधान : डॉ. रामयतनसिंह 'भ्रमर', नेशनल पब्लिशिंग हाउस, दिल्ली, संस्करण सन् 1963।
87. आधुनिक हिंदी कविता में बिम्ब-विधान का विकास : डॉ. केदारनाथसिंह, भारतीय ज्ञानपीठ, दिल्ली, संस्करण सन् 1971।
88. आधुनिक भाव-बोध की संज्ञा : अमृतराय, हंस प्रकाशन, इलाहाबाद, संस्करण सन् 1972।
89. आधुनिक हिंदी कविता में मनोविज्ञान : डॉ. उर्वशी ज. सूरती, अनुसंधान प्रकाशन, कानपुर, संस्करण सन् 1966
90. आधुनिक हिन्दी-मराठी में काव्यशास्त्रीय अध्ययन : मनोहर काले, हिंदी ग्रंथ रत्नाकर, बम्बई, संस्करण सन् 1963।
91. आधुनिक हिन्दी कविता में प्रकृति-चित्रण : डॉ. रामेश्वरलाल खण्डेलवाल, नेशनल पब्लिशिंग हाउस, दिल्ली, संस्करण सन् 1954।
92. आधुनिक हिंदी कविता में शिल्प : डॉ. कैलाश वाजपेयी, आत्माराम एण्ड संस, दिल्ली, संस्करण सन् 1963
93. आधुनिक हिन्दी काव्य-परम्परा और प्रयोग : डॉ. गोपालदत्त सारस्वत, सरस्वती प्रकाशन मंदिर, इलाहाबाद, संस्करण सन् 1961।
94. आधुनिक हिन्दी काव्य में छंद-योजना : डॉ. पुत्तूलाल शुक्ल, लखनऊ विश्व-विद्यालय, लखनऊ, संस्करण सं. 2014 वि.।
95. आधुनिक हिन्दी काव्य में रूपविधाएँ : डॉ. निर्मला जैन, नेशनल पब्लिशिंग हाउस, दिल्ली, संस्करण सन् 1963।

96. आधुनिक हिंदी नाटक : डॉ. नगेन्द्र, साहित्य रत्न भण्डार, आगरा, सप्तम संस्करण सन् 1964
97. आधुनिक हिंदी महाकाव्यों का शिल्प विधान : डॉ. श्यामनंदन किशोर, सरस्वती पुस्तक सदन, आगरा, संस्करण सन् 1963
98. आधुनिक साहित्य : आचार्य नंददुलारे वाजपेयी, भारती भण्डार, लीडर प्रेस, इलाहाबाद, संस्करण सं. 2022 वि.।
99. आस्था के चरण : डॉ. नगेन्द्र, नेशनल पब्लिशिंग हाउस, दिल्ली, संस्करण 1968। 100 इतिहास और आलोचना : डॉ. नामवरसिह, सत्साहित्य प्रकाशन, वाराणसी, संस्करण सन् 1956।
101. उत्तरायण : डॉ. रामकुमार वर्मा, राजपाल एण्ड संस, दिल्ली, प्रथम संस्करण सन् 1972।
102. एक पुरुष और डॉ. विनय, सन्मार्ग प्रकाशन, दिल्ली, संस्करण सन् 1975।
103. एक विश्वास और डॉ. रमेशचन्द्र मिश्र, अलंकार प्रकाशन, दिल्ली, संस्करण सन् 1974।
104. एक साहित्यिक की डायरी : गजानन मा. 'मुक्तिबोध', भारतीय ज्ञानपीठ, दिल्ली, संस्करण 1969।
105. कम्बरामायण (भाग 1 व 2) : हिंदी अनुवाद न. वी. राजगोपालन, बिहार राष्ट्रभाषा परिषद्, पटना, संस्करण सन् 1953।
106. कम्बरामायण और रामचरितमानस : डॉ. रामेश्वरदयालु अग्रवाल, कल्पना प्रकाशन, मेरठ, संस्करण सन् 1973।
107. कवि निराला : आचार्य नंददुलारे वाजपेयी, वाणीवितान प्रकाशन, वाराणसी, संस्करण सन् 1962।
108. कामायनी : जयशंकर प्रसाद, भारती भण्डार, लीडर प्रेस, इलाहाबाद, द्वादश आवृत्ति, संस्करण सं. 2021 वि.।
109. काव्य का वैष्णव व्यक्तित्व : नरेश मेहता, लोकभारती प्रकाशन, इलाहाबाद, संस्करण सन् 1972।
110. काव्य-चिन्तन : डॉ. नगेन्द्र, नवभारती प्रकाशन, मेरठ, संस्करण सन् 1951।
111. काव्य-दर्पण : रामदहिन मिश्र, ग्रंथमाला कार्यालय, पटना, संस्करण सन् 1651।
112. काव्यरूपों के मूलस्रोत और उनका विकास : डॉ. शकुन्तला दुबे, हिन्दी प्रचारक पुस्तकालय, वाराणसी, संस्करण सन् 1958।
113. काव्य-शिल्प के आयाम : सुलेखचन्द्र शर्मा, आदर्श साहित्य प्रकाशन, दिल्ली, संस्करण सन् 1971
114. कुछ विचार : प्रेमचन्द, सरस्वती प्रेस, वाराणसी, संस्करण सन् 1945। 115. कुरुक्षेत्र : रामधारीसिंह 'दिनकर' उदयाचल, पटना, सत्रहवाँ संस्करण, सन् 1966।
116. केशव-सुधा : (सं.) डॉ. विजयपालसिंह, राजपाल एण्ड संस, दिल्ली, संस्करण 1961।
117. कैकेयी का अन्तर्द्वन्द्व : श्री उमेश, भागलपुर जिला हिंदी साहित्य सम्मेलन, भागलपुर, संस्करण सन् 1973 1
118. कृत्तिवास रामायण (हिंदी अनुवाद) : अनुवादक एवं लिप्यन्तरणकार नंदकुमार अवस्थी, भुवन वाणी ट्रस्ट, लखनऊ, संस्करण सन् 1975।
119. क्रांतदर्शी कवि तुलसी : श्री नारायणसिंह, हिंदी साहित्य सम्मेलन, प्रयाग संस्करण सन् 1974
120. गद्यपथ : सम्पादक डॉ. रामेश्वरलाल खण्डेलवाल, कमलकुंज प्रकाशन, दिल्ली, संस्करण सन् 1963 1
121. गद्य-पथ : सुमित्रानंदन पंत, साहित्य भवन लि., इलाहाबाद, संस्करण सन् 1953 1
122. गुप्तजी की कारुण्य धारा : धर्मेन्द्रनाथ ब्रह्मचारी, लहरिया सराय, बिहार, संस्करण सं. 1997 वि.।
123. गीतावली : तुलसीदास, गीताप्रेस गोरखपुर, संस्करण सं. 2027 वि.।
124. घनानंद कवित्त : (सम्पादक) पं. विश्वनाथप्रसाद मिश्र, सरस्वती मंदिर, वाराणसी, संस्करण सं. 2016 वि.।
125. चिन्तामणि (भाग 1) : आचार्य रामचंद्र शुक्ल, इण्डियन प्रेस लि., प्रयाग, संस्करण सन् 1953
126. चिन्तामणि (भाग 2) : आचार्य रामचन्द्र शुक्ल, सरस्वती मंदिर, वाराणसी, संस्करण सं. 2019 वि.।
127. छायावाद का काव्य-शिल्प : डॉ. प्रतिभा कृष्णबल, राधाकृष्ण प्रकाशन, दिल्ली, संस्करण सन् 1971।
128. छायावाद का सौंदर्यशास्त्रीय अध्ययन : डॉ. कुमार विमल, राजकमल प्रकाशन प्राइवेट लि., नई दिल्ली, संस्करण सन् 1970

129. जानकी जीवन राजाराम शुक्ल 'राष्ट्रीय आत्मा', ग्रंथम, कानपुर, संस्करण सन् 1971।
130. जायसी-ग्रंथावली (पद्मावत) : जायसी, सम्पादक – आचार्य रामचन्द्र शुक्ल, नागरी प्रचारिणी सभा, वाराणसी, संस्करण सं. 2025 वि.।
131. जैनाचार्य रविषेण कृत 'पद्मपुराण' और तुलसीकृत 'रामचरितमानस' का तुलनात्मक अध्ययन : डॉ रमाकांत शुक्ल, वाणी परिषद्, नई दिल्ली, संस्करण सन् 1974।
132. तीसरा सप्तक (सं.) अज्ञेय, भारतीय ज्ञानपीठ, नई दिल्ली, संस्करण सन् 1967।
133. तुलसीदास का कथाशिल्प : डॉ. रांगेय राघव, मध्यप्रदेश साहित्य प्रकाशन, बिलासपुर, संस्करण सन् 1959।
134. तुलसी-ग्रंथावली (तृतीय खण्ड) : (सम्पादक) आचार्य रामचंद्र शुक्ल, नागरी प्रचारिणी सभा, वाराणसी, संस्करण सं. 1980 वि.।
135. तुलसीदासोत्तर राम साहित्य : डॉ. रामलखन पाण्डेय, अभिनव भारती, इलाहाबाद, संस्करण सन् 1972।
136. तुलसी पूर्व राम साहित्य : डॉ. अमरपालसिंह, रचना प्रकाशन, इलाहाबाद, संस्करण 1968 1
137. दिनकर कुछ पुनर्विचार : डॉ. शम्भुनाथ, जनचेतना प्रकाशन, हावड़ा, संस्करण सन् 1976 1
138. (डॉ.) नगेन्द्र के श्रेष्ठ निबंध : संपा. भारतभूषण अग्रवाल, राजपाल एण्ड संस, दिल्ली, संस्करण सन् 1962।
139. नये साहित्य का सौंदर्यशास्त्र : गजानन माधव मुक्तिबोध, राधाकृष्ण प्रकाशन, दिल्ली, संस्करण सन् 1971।
140. नयी कविता – स्वरूप और समस्याएँ : डॉ. जगदीश गुप्त, भारतीय ज्ञानपीठ, दिल्ली, संस्करण सन् 1971।
141. नागार्जुन जीवन और साहित्य : डॉ. प्रकाशचन्द्र भट्ट, सेवासदन प्रकाशन, रामपुरा, संस्करण सन् 1974।
142. निराला : आत्महंता आस्था : दूधनाथसिंह, नीलाभ प्रकाशन, इलाहबाद, संस्करण सन् 1972
143. निराला-काव्य : पुनर्मूल्यांकन, डॉ. धनंजय वर्मा, विद्याप्रकाशन मंदिर, नई दिल्ली, प्रथम संस्करण सन् 1973।
144. निराला और मुक्त छंद : शिवमंगल सिद्धांतकर, दि मैकमिलन कं. आफ़ इण्डिया लि., नई दिल्ली, संस्करण सन् 1974
145. निराला की साहित्य-साधना (भाग-2) : डॉ. रामविलास शर्मा, राजकमल प्रकाशन, नई दिल्ली, संस्करण सन् 1972
146. निषादराज : डॉ. रत्नचंद्र शर्मा, सूर्य प्रकाशन, दिल्ली, संस्करण सन् 1976। 147. पंत, प्रसाद और मैथिलीशरण गुप्त : रामधारीसिंह 'दिनकर', उदयाचल प्रकाशन, पटना, संस्करण सन् 1965।
148. पल्लव : सुमित्रानंदन पंत, राजकमल प्रकाशन प्राइवेट लि., नई दिल्ली, द्वितीय संस्करण सन् 1958।
149. पहिये की धुरी केदारनाथ मिश्र 'प्रभात', अपना प्रकाशन, पटना, संस्करण सन् 1967।
150. पृथ्वीराज रासो संपा. मोहनलाल विष्णुलाल पाण्ड्या, नागरी प्रचारिणी सभा, वाराणसी, संस्करण सं. 1912 वि.।
151. पालि साहित्य का इतिहास : भरतसिंह उपाध्याय, हिंदी साहित्य सम्मेलन, प्रयाग, संस्करण सं. 2008 वि.।
152. पाश्चात्य काव्यशास्त्र की परम्परा सम्पादिका डॉ. सावित्री सिनहा, हिंदी विभाग, दिल्ली विश्वविद्यालय, दिल्ली।
153. प्रकृति और काव्य : डॉ. रघुवंश, नेशनल पब्लिशिंग हाउस, दिल्ली, संस्करण सन् 1963।
154. प्रतिक्रियाएँ : डॉ. देवराज, राजकमल प्रकाशन प्रा.लि., नई दिल्ली संस्करण, सन् 1966।
155 प्रबंध-पद्म : सूर्यकांत त्रिपाठी 'निराला', भारती भाषा भवन, दिल्ली, संस्करण संवत् 2021 वि.।
156. प्रवाद पर्व : नरेश मेहता, लोकभारती प्रकाशन, इलाहाबाद, संस्करण सन् 1977
157. प्रसाद के काव्य का शास्त्रीय अध्ययन : डॉ. सुरेन्द्रनाथसिंह, राधाकृष्ण प्रकाशन, दिल्ली, संस्करण सन् 1972।
158. प्राचीन भारतीय साहित्य : एम. विटरनित्ज, मोतीलाल बनारसीदास, दिल्ली, हिन्दी संस्करण सन् 1966।
159 प्रियप्रवास : अयोध्यासिंह उपाध्याय 'हरिऔध' हिन्दी साहित्यकुटीर, वाराणसी, पंचदश संस्करण, 1973 1
160. बदलते परिप्रेक्ष्य : नेमिचन्द्र जैन, भारतीय ज्ञानपीठ, नई दिल्ली, संस्क. 1968। 161. फ्राइडवाद : मोहनचन्द्र जोशी व मीरा जोशी, साथी प्रकाशन, सागर संस्करण सन् 1963।
162. बालकृष्ण शर्मा 'नवीन' : व्यक्ति एवं काव्य : डॉ. लक्ष्मीनारायण दुबे, हिन्दुस्तानी एकाडेमी, इलाहाबाद, संस्करण सन् 1964।

163. बिहारी-रत्नाकर सम्पा. जगन्नाथदास 'रत्नाकर', ग्रन्थकार, शिवाला, वाराणसी, संस्करण सन् 1965 1
164. बीसवीं शताब्दी (पूर्वार्द्ध) के महाकाव्य : डॉ. प्रतिपालसिंह, ओरिएण्टल बुक डिपो, दिल्ली।
165. भरत : राजेन्द्र शर्मा, नया साहित्य, दिल्ली, प्रथम संस्करण सन् 1976।
166. भागवत सम्प्रदाय : डॉ. बलदेव उपाध्याय, नागरी प्रचारिणी सभा, वाराणसी, संस्करण सन् 2010 वि.।
167. भारत दुर्दशा : भारतेन्दु हरिश्चन्द्र, शारदा प्रकाशन, नई सड़क दिल्ली, संस्करण सन् 1973।
168. भारतीय चिन्तन परम्परा : के. दामोदरन, पीपुल्स पब्लिशिंग हाउस (प्रा.) लि., नई दिल्ली। प्रथम संस्करण।
169. भारतीय वाङ् मय में सीता का स्वरूप : डॉ. कृष्णदत्त अवस्थी, प्रतिभा प्रकाशन वाङ्मय इलाहाबाद। प्रथम संस्करण सन् 1974 1
170. युगवाणी: सुमित्रानन्दन पन्त, राजकमल प्रकाशन प्रा.लि., नई दिल्ली, चतुर्दश संस्करण 1959।
171. मनोविश्लेषण और साहित्यालोचन: क. अहमद, अनुवादक देवेन्द्रनाथ शर्मा, भारती भवन, पटना, संस्करण सन् 1969।
172. महाकवि तुलसीदास-युग-सन्दर्भ : डॉ. भगीरथ मिश्र, साहित्य भवन (प्रा. लि., इलाहाबाद, संस्करण सन् 1973।
173. महाकवि पुष्पदन्त : डॉ. राजनाथ पाण्डेय, चिन्मय प्रकाशन, जयपुर, संस्करण सन् 1968।
174. महाप्रस्थान : नरेश मेहता, लोक-भारती प्रकाशन, इलाहाबाद, संस्करण सन् 19751
175. मानवतावाद और साहित्य : नवलकिशोर राधाकृष्ण प्रकाशन, नई दिल्ली, संस्करण सन् 1972
176. मेघनादवध माईकेल मधुसूदनदत्त, अनु. 'मधुप', साहित्य सदन, चिरगांव, (झांसी), तृतीयावृत्ति संवत् 2013 वि.।
177. मैथिलीशरण गुप्त-कवि और भारतीय संस्कृति के आख्याता : डॉ. उमाकांत गोयल, नेशनल पब्लिलिंग हाउस, दिल्ली, प्रथम संस्करण सन् 1958।
178. मैथिलीशरण गुप्त व्यक्ति और काव्य : डॉ. कमलाकान्त पाठक, रणजीत प्रिण्टर्स एण्ड पब्लिशर्स, दिल्ली, संस्करण सन् 1960।
179. रवीन्द्रनाथ के निबन्ध: हिन्दी अनुवाद, साहित्य अकादेमी, नई दिल्ली, संस्करण सन् 1965।
180. रस-मीमांसा : आचार्य रामचन्द्र शुक्ल, नागरी प्रचारिणी सभा, वाराणसी, संस्करण संवत् 2023 वि.।
181. रस-सिद्धान्त : डॉ. नगेन्द्र नेशनल पब्लिशिंग हाउस, दिल्ली, संस्करण सन् 1969।
182. रस-सिद्धान्त का पुनर्विवेचन : डॉ. गणपतिचन्द्र गुप्त, नेशनल पब्लिशिंग हाउस, दिल्ली, प्रथम संस्करण सन् 1971
183. रस-सिद्धांत का सामाजिक मूल्यांकन : डॉ. (कु.) दुर्गा दीक्षित, पुणे विद्यापीठ पुणे, संस्करण सन् 1974।
184. रसज्ञ रंजन : आचार्य महावीरप्रसाद द्विवेदी, साहित्यरत्न भण्डार, आगरा, संस्करण संवत् 1920वि.।
185. रामकथा (उत्पत्ति और विकास) : डॉ. कामिल बुल्के, हिन्दी परिषद्, प्रयाग विश्वविद्यालय, प्रयाग, द्वितीय संस्करण सन् 1972।
186. रामकथा के पात्र : डॉ. भ. ह. राजूरकर, ग्रन्थम, कानपुर, संस्करण सन् 1972।
187. राम का अन्तद्वन्द्व : आलोचना व आपत्तियों का उत्तर (रिप्रिंट), दिल्ली प्रेस, नई दिल्ली।
188. राम अष्टक : रामानन्द, आर्यभाषा पुस्तकालय, नागरी प्रचारिणी सभा, वाराणसी, हस्तलेख-संख्या 951।
189. रामचन्द्रिका : महाकवि केशवदास, सम्पादक लाला भगवानदीन, नागरी प्रचारिणी सभा, वाराणसी, संस्करण संवत् 1979 वि.।
190. रामचरितमानस: तुलसीदास, गीता प्रेस, गोरखपुर, संस्करण सं. 2008 वि.।
191. रामचरितमानस और वाल्मीकीय रामायण : डॉ. एल. पी. सीटरी, अनु. : डॉ. राधिकाप्रसाद त्रिपाठी, आनन्द प्रकाशन, फैजाबाद, संस्करण सन् 1974।
192. रामभक्ति में मधुर उपासना : डॉ. भुवनेश्वरनाथ मिश्र 'माधव', बिहार राष्ट्रभाषा परिषद्, पटना, संस्करण सन् 1957।
193. रामभक्ति में रसिक संप्रदाय : डॉ. भगवतीप्रसाद सिंह, अवध साहित्य मन्दिर, बलरामपुर, संस्करण सं. 2014 वि.।
194. रामभक्ति शाखा : डॉ. रामनिरंजन पाण्डेय, नवहिन्द पब्लिकेशंस, हैदराबाद, प्रथम संस्करण सन् 1960।

195. रावण का विक्षोभ : त्रिभुवननाथ शर्मा 'मधु', राकेश प्रकाशन, बाराबंकी, संस्क. सन् 1972
196. रामायण-कथा : विष्णु कवि, सम्पादक पण्डित लोकनाथ द्विवेदी सिलाकारी, साहित्य भवन (प्रा.) लि. इलाहाबाद, संस्करण सन् 1972।
197. राष्ट्रकवि मैथिलीशरण गुप्त अभिनन्दन ग्रंथ : संपादक डॉ. वासुदेवशरण अग्रवाल, कलकत्ता, संस्करण सं. 1959 वि.।
198 रीतिकालीन कवियों की प्रेम-व्यंजना : डॉ. बच्चनसिंह, नागरी प्रचारिणी सभा, वाराणसी, संस्करण संवत् 2015 वि.।
199. रीतिविज्ञान : डॉ. विद्यानिवास मिश्र, राधाकृष्ण प्रकाशन, नई दिल्ली, संस्करण सन् 1973।
200. वाङ्मय-विमर्श: आचार्य विश्वनाथ प्रसाद मिश्र, हिंदी साहित्य कुटीर, वाराणसी, संस्करण सं. 2007 वि.।
201. वाल्मीकि और तुलसी : साहित्यिक मूल्यांकन, डॉ. रामप्रकाश अग्रवाल, प्रकाशन प्रतिष्ठान, मेरठ।
202 विचार और विश्लेषण : डॉ. नगेन्द्र, नेशनल पब्लिशिंग हाउस, दिल्ली, संस्करण सन् 1955।
203. विद्रोह और साहित्य : (सं.) नरेन्द्र मोहन, साहित्य भारती, दिल्ली, संस्करण सन् 1974।
204. विद्यापति पदावली (संपादक) कुमुद विद्यालंकार, रीगल बुक डिपो, दिल्ली, द्वितीय संस्करण सं. 2017 वि.।
205. विनयपत्रिका : तुलसीदास, गीता प्रेस, गोरखपुर, संस्करण सं. 2027 वि.। 206. विषाद योग : कुबेरनाथ राय, नेशनल पब्लिशिंग हाउस, नई दिल्ली, संस्करण 1973 1
207. वैदिकी : डॉ. मुंशीराम शर्मा, ग्रंथम, कानपुर, संस्करण सन् 1972।
208. शबरी : नरेश मेहता, लोकभारती, प्रकाशन, इलाहाबाद, संस्करण सन् 1977
209. शूर्पणखा : प्रीतमसिंह बगरेचा, अनुपम प्रकाशन, जयपुर, संस्करण सन् 1972।
210. शम्बूक : जगदीश गुप्त, लोकभारती प्रकाशन, इलाहाबाद, संस्करण सन् 1977 I
211. संचयिता (मूल बंगाली कविताओं का हिंदी लिप्यंतरण) : रवीन्द्रनाथ ठाकुर, विश्वभारती कलकत्ता, संस्करण सन् 1953।
212. संशय की एक रात अभिव्यक्ति के स्वरूप : (संपादक) डॉ. रमेशचन्द्र साह : आदि, पुस्तकायन प्रकाशन, इलाहाबाद।
213. संस्कृति के चार अध्याय : रामधारीसिंह 'दिनकर', राजपाल एण्ड संस, दिल्ली, प्रथम संस्करण सन् 1956।
214. साकेत : एक अध्ययन : डॉ. नगेन्द्र, नेशनल पब्लिशिंग हाउस, दिल्ली, संस्करण सन् 1960।
215. साकेत में काव्य, संस्कृति और दर्शन : डॉ. द्वारिकाप्रसाद सक्सेना, विनोद पुस्तक मन्दिर, आगरा, संस्करण 1973।
216. साहित्य की आस्था तथा अन्य निबंध : महादेवी वर्मा, लोक-भारती प्रकाशन, इलाहाबाद, संस्करण सन् 1970।
217. साहित्य की समस्याएँ : शिवदानसिंह चौहान, आत्माराम एण्ड संस, दिल्ली, संस्करण सन् 1959
218. साहित्य-चिन्ता : डॉ. देवराज, गौतम बुक डिपो, दिल्ली, संस्करण सन् 1950।
219. सुकवि-समीक्षा : (संपादक) डॉ. नगेन्द्र, मेहरचन्द लक्ष्मणदास, दिल्ली, संस्करण सन् 1951।
220. सिद्धांत और अध्ययन : गुलाबराय, आत्माराम एण्ड संस, दिल्ली, संस्करण सन् 1973।
221. सीढ़ियों पर धूप में रघुबीरसहाय, भारतीय ज्ञानपीठ, नई दिल्ली, संस्करण सन् 1960।
222. सूर-सागर : (संपा. ज. प्र.) 'रत्नाकर', इण्डियन प्रेस (प्रा.) लि., इलाहाबाद, संस्करण सन् 1934।
223. स्वर्णिम रथचक्र सुमित्रानन्दन पंत, लोकभारती प्रकाशन, इलाहाबाद, संस्करण सन् 1968।
224. स्वातंत्र्योत्तर हिन्दी प्रबंधकाव्य : डॉ. बनवारीलाल शर्मा, रामा पब्लिशिंग हाउस, जयपुर, संस्करण सन् 1972।
225. श्री ओर सौरभ उमाशंकर जोशी, भारतीय ज्ञानपीठ, दिल्ली, संस्करण सन् 1968।
226. श्रीशत्रुहन : त्रिभुवननाथ शर्मा 'मधु', राकेश प्रकाशन, बाराबंकी, प्रथम संस्क सन् 1975।
227. हिन्दी कविता में युगान्तर : डॉ. सुधीन्द्र, आत्माराम एण्ड संस, दिल्ली, संस्क. सन् 1950।
228. हिन्दी कवियों का छन्दशास्त्र को योगदान : डॉ. जानकीनाथ सिंह 'मनोज', लखनऊ-विश्वविद्यालय, लखनऊ, प्रथम संस्करण सं. 2024 वि.।
229. हिन्दी कवि-समीक्षा : (सं.) डॉ. नगेन्द्र तथा बड़थ्वाल, मेहरचन्द्र लक्ष्मणदास, दिल्ली, द्वितीय संस्करण सन् 1951।
230. हरिऔध : जीवन और कृतित्व : डॉ. मुकुन्ददेव शर्मा, नन्दकिशोर ब्रदर्स, वाराणसी, संस्करण सन् 1961।

231. हिन्दी के आधुनिक पौराणिक महाकाव्य : डॉ. देवीप्रसाद गुप्त, गंदोड़िया पुस्तक भण्डार, बीकानेर।
232. हिन्दी के आधुनिक महाकाव्य (परम्परा और विकास) : डॉ. गोविंदराम शर्मा, हिंदी साहित्य संसार, दिल्ली, संस्करण सन् 1969।
233. हिन्दी गीति नाट्य : कृष्ण सिंहल, भारतीय ज्ञानपीठ, दिल्ली, संस्करण सन् 1964।
234. हिन्दी नाटक-उद्भव और विकास : डॉ. दशरथ ओझा, राजपाल एण्ड संस, दिल्ली, संस्करण सन् 1961।
235. हिन्दी निर्गुणकाव्य और उसकी दार्शनिक पृष्ठभूमि : डॉ. गोविन्द त्रिगुणायत, साहित्य-निकेतन, कानपुर, संस्करण सन् 1961।
236. हिन्दी के प्रगतिशील काव्य : डॉ. रणजीत, पीपुल्स पब्लिशिंग हाउस (प्रा.) लिमिटेड, नई दिल्ली, संस्करण सन् 1973
237. हिन्दी महाकाव्य का स्वरूप विकास : डॉ. शम्भुनाथसिंह, हिन्दी प्रचारक पुस्तकालय, वाराणसी, द्वितीयावृत्ति सन् 1962।
238. हिन्दी महाकाव्यों में नारी-चित्रण : डॉ. श्यामसुन्दर व्यास, साहित्य संगम, मथुरा, संस्करण सन् 1963।
239. हिन्दी महाकाव्य (परम्परा और विकास) : डॉ. गोविन्दराम शर्मा, हिन्दी साहित्य संसार, दिल्ली, संस्करण सन् 1959।
240. हिन्दी महाकाव्यों में मनोवैज्ञानिक तत्त्व (भाग 2) : डॉ. लालताप्रसाद सक्सेना, निर्मल प्रकाशन संस्थान, जयपुर, सस्करण सन् 1973।
241 हिन्दी महाकाव्य : सिद्धांत और मूल्यांकन : डॉ. देवीप्रसाद गुप्त, अपोलो पब्लिकेशंस, जयपुर, संस्करण सन् 1968।
242. हिन्दी साहित्य का इतिहास : आचार्य रामचन्द्र शुक्ल, नागरीप्रचारिणी सभा, वाराणसी, सत्रहवाँ संस्करण सं. 2029 वि.।
243. हिंदी साहित्य की भूमिका डॉ. हजारीप्रसाद द्विवेदी, हिंदी ग्रंथ रत्नाकर, बम्बई, संस्करण सन् 1963।
244. अमरकोश : चौखम्बा संस्कृत सीरीज़ आफ़िस, वाराणसी, द्वितीय आवृत्ति, सन् 1957।
245. मानविकी पारिभाषिक कोश (मनोविज्ञान खण्ड), संपादक : डॉ. नगेन्द्र, राजकमल प्रकाशन, दिल्ली, संस्करण सन् 1968।
246. हिन्दी साहित्य कोश (भाग 1), ज्ञानमण्डल लिमिटेड, वाराणसी, सं. 2015

अँग्रेजी ग्रंथ

247. Aesthetie, (Translated from the Italian of Benedetto croce); Douglas Ainsile, Macmillan & Co., London, Edition Second 1922.
248. A Manual of Ethics John S. Makenzie, University Tutorial Press, London, Edition 1964.
249. A Modern Book of Esthetics: Edited by Melvin Rader, Holt, Rinehart and Winston, New York, Edition 1966. 250. An Introduction to the Study of Literature: William Henry Hudson, George G. Harrap & Co. Ltd., London, Edition 1949.
251. Archetypal patterns in poetry, Maud Bodkin, oxford University press, London, Edition 1975.
252. A Reader's Guide to Literary Terms, Karl Baakson & Arthur Ganz, Tames & Hudson, London, Edition 1972.
253. Civilisation and its Discontents: Freud, Hogarth Press, London, Edition 1949.
254. Comon sense and Nuclear Warfare; Bertrand Russell, George Allen & Unwin Ltd., London, Edition 1959.
255. Critical Approaches to Literature: David Daiches, Longmans Green & Co., Ltd., London, Editiou 1956.
256. Das Ramayana : H. Jacobi, Bonn, Edition 1893.
257. Discovery of India Jawahar Lal Nehru, Asia Publishing House, New Delhi, Adition 1974.
258. Eros & Civilisation: Herbert Marcuse and Allen Lane, The Penguin Press, London, Edition 1969.
259. Failures of Criticism: Henri Peyre, Cornell University Press, Ithaca, New York, Edition 1967.
260. Form and Style in Poetry W.P. Kere, Macmillan Co., London, Edition 1966.
261. History of Indian Literature (part II) M. Winternitz, Calcutta University, Calcutta, Edition 1930.
262. Illusion & Reality: Christopher Caudwell, people publishing House, (Pvt) Ltd., New Delhi, Edition 1956.

263. Literary Criticism: William K. Wimsatt, J.R. & Clauth Books Oxforn & IBH publishing Co., New Delhi, Third Edition 1967.

264. On poetry and poets: T.S. Eliot, Faber publications, London, Edition 1957.

265. Problematic Rebel Maurice Friedman, The University of Chicago Press, Chicago, Edition 1970.

266. Sanskrit poetics: Krishana Chaitanya, Asia publishing House, New Delhi, Adition 1965.

267. Selected prose: T.S. Eliot, penguin Books, Edition 1955. 268. The Epic Lascelles Abercrombie, Martin Secker, London, Edition 1972.

270. The Epic & Romance: Essays on Medival Literature, W.P. Ker, Dover Publications. London, Edition 1931.

270. The Great Critics: Compiled and edited by James Harry Smith, published by W.W. Norton & Company, New York, 3rd Edition, 1951.

271. The Interpretation of Dreams: Sigmund Freud, John Wiley and sons, New york, Edition, 1961.

272. The Introductory Lectures on psychoanalysis: W.W. Norton & Co., New york, Edition 1965.

273. The poetic Image: C.D. Lewts, Jonathan cape, London, Edition 1965.

274. The Life Divine Sri Aurobindo, Sri Aurbindo Ashram, Pondichery, Edition 1960.

275. The Secred Wood: Essays on Poetry & Criticism, T.S. Eliot, Mathuen & Co. Ltd., London, Edition 1953.

276. Writers on Writing: edited by Walter Allen, Phoenix Honse, London, Edition 1965.

पत्रिकाएँ

1. नयी कविता।
2. सरस्वती।
3. सरिता।
4. रॉयल एशियाटिक जनरल।

❑❑❑